野人習禮

先秦名物與禮學論集

鄭憲仁 著

上海古籍出版社

圖書在版編目(CIP)數據

野人習禮：先秦名物與禮學論集／鄭憲仁著.—上海：上海古籍出版社，2017.11
ISBN 978-7-5325-8297-6

Ⅰ.①野… Ⅱ.①鄭… Ⅲ.①古器物—中國—先秦時代—文集②禮儀—中國—先秦時代—文集 Ⅳ.①K875.04-53②K892.9-53

中國版本圖書館 CIP 數據核字(2016)第 272322 號

野人習禮
——先秦名物與禮學論集
鄭憲仁 著

上海古籍出版社　出版發行
（上海瑞金二路 272 號　郵政編碼 200020）
(1) 網址：www.guji.com.cn
(2) E-mail：gujil@guji.com.cn
(3) 易文網網址：www.ewen.co
常熟新驊印刷有限公司印刷
開本 710×1000　1/16　印張 31　插頁 5　字數 446,000
2017 年 11 月第 1 版　2017 年 11 月第 1 次印刷
印數：1—1,600
ISBN 978-7-5325-8297-6
K·2272　定價：128.00 元
如發生質量問題，讀者可向工廠調換

前　言

　　禮是我國傳統文化的核心，也是中華文明的精華，舉凡人文精神、道德修養、個人儀節、人倫情理、宗族家庭、國家制度、身份職官、名物度數、觀象授時，無一不在禮的範疇。在古代中國，禮學是經世濟民之學。因此，中國歷代政府想要長治久安，無不在禮制教化上開展，《曲禮》説："道德仁義，非禮不成。教訓正俗，非禮不備。分争辨訟，非禮不決。君臣上下父子兄弟，非禮不定。宦學事師，非禮不親。班朝治軍，莅官行法，非禮威嚴不行。禱祠祭祀，供給鬼神，非禮不誠不莊。"小至個人處事，大到治國平天下，都必需依禮而行，禮的重要，可以想見。

　　本書是以周代的禮學爲中心，分成三類：名物類、禮學與制度類、文字類。名物類討論的有食器、酒器、名物圖與宗廟圖等；禮學與制度類涉及了朝聘禮、巡守、禘祭、公食大夫禮、儀節圖等；文字類多屬結合文字釋讀以禮詮釋銘文之作。這些研究都圍繞着周禮，也是本書作者對郁郁周文的關心。

　　憲仁生長在高雄，幸有愛好中華文化的父母與深受傳統文化熏陶的祖母教養成人，始有機會負笈上庠，入臺灣師範大學國語文學系，親炙於鴻儒學者，雖然自知本質駑鈍不敏，但有師長提攜教導，惇誨期勉，竟得攻讀研究所學位。自入研究所後，季旭昇師示以治學路徑，以經學、文字學兩者務必兼修，憲仁對經學則習讀三禮，於文字學則尤好彝器銘文。博士以後結合二者，日益有得，發之爲文，也幸蒙師友不棄，因此更讓我在這條路上孜孜不倦，自得其樂。

　　本書收錄了十八篇文章，最早的是 1999 年碩士班研究生時寫的《釋拜——稽首、頓首、空首、振動》，最晚的是 2015 年任教於臺南大學國語文學系時寫的《山西翼城霸伯尚盂銘文禮説》，時間跨了 16 年。其間作者進行了科學委員會、科技部的"聘禮"、"公食大夫禮"、"周代賓禮"等專題研究，本書所收《銅器銘文所見聘禮研究》、《具有巡守（巡狩）性質西周銘文的討論》、《〈儀禮·聘禮〉儀節之討論》、《以〈公食大夫禮〉爲例對〈儀禮〉儀節之分節做討論(并附《公食大夫禮》儀節圖)》、《山西翼城霸伯尚盂銘文禮說》即爲計劃之成果。有些文章是在中研院中國文學與哲學研究所國際經學研討會、中研院歷史語言研究所古文字青年論壇會議、臺灣的中國文字學會學術研討會、臺灣南區中文系聯合學術研討會中發表的，如《近六十年(1950—2010)關於〈儀禮〉食器的討論》、《對五種(飲)酒器名稱的學術史回顧與討論》、《錢玄先生的三禮名物學研究》、《銅器銘文"金甬"與文獻"鸞和"之探究》、《具有巡守(巡狩)性質西周銘文的討論》、《郭沫若〈周禮〉職官研究之探討》、《讀李雲光先生〈三禮鄭氏學發凡〉三則》、《山西翼城霸伯尚盂銘文禮說》、《關於柯尊銘文考釋的探討》等。部分文章已改寫後刊登於學術期刊或專書論集，《子犯編鐘"西之六自"探討》則發表於香港中文大學舉辦的古文字國際學術研討會。學術進展快速，本書所收多爲憲仁舊作，或有薄陋秕謬，恐見笑於大方之家；若欲全面修改更新，則爲時間與當前工作所不許，於是改正錯字與誤句，并加案語於文章之後，稍爲補救，希望讀者見諒。

本書之出版，緣起2015年復旦大學汪少華教授應邀來臺南大學發表學術論文，教授汪洋浩博，獎掖後學，盛意推薦，本書始可刊行，見於神州，憲仁銘感五內。上海古籍出版社六編室張亞莉女史，不憚其煩，細心校對，提出不少修改意見，至深感荷！

鄭憲仁記於臺南大學文薈樓
2017年9月20日

目　　錄

前言　　001

名　物　類

周代"諸侯大夫宗廟圖"研究　　003

近六十年(1950—2010)關於《儀禮》食器的討論　　041

宋代的先秦銅禮器器類定名與三禮名物學　　065

對五種(飲)酒器名稱的學術史回顧與討論　　121

錢玄先生的三禮名物學研究　　168

銅器銘文"金甬"與文獻"鸞和"之探究　　201

禮學與制度類

銅器銘文所見聘禮研究　　217

具有巡守(巡狩)性質西周銘文的討論　　245

銅器銘文禘祭研究　　264

《儀禮·聘禮》儀節之討論　　273

以《公食大夫禮》爲例對《儀禮》儀節之分節做討論(并附
　《公食大夫禮》儀節圖)　　295

釋拜——稽首、頓首、空首、振動　　　　　　　　　　341

郭沫若《周禮》職官研究之探討　　　　　　　　　　　372

讀李雲光先生《三禮鄭氏學發凡》三則　　　　　　　400

文　字　類

山西翼城霸伯尚盂銘文禮説　　　　　　　　　　　　427

子犯編鐘"西之六自"探討　　　　　　　　　　　　　444

銅器銘文札記　　　　　　　　　　　　　　　　　　455

關於珂尊銘文考釋的探討　　　　　　　　　　　　　471

名 物 類

周代"諸侯大夫宗廟圖"研究*

一、前　言

在周代禮制的研究上,《儀禮》是一部非常重要的典籍。研讀《儀禮》時,若無禮圖則難以掌握禮儀進行的具體情形,那麼,能掌握詳細而明確的禮圖便成爲禮學研究的重要工作。禮圖可分爲:器物圖、服飾圖、宮室圖、儀節圖、宗法圖幾類。近四十年來,在禮圖的研究上以器物圖、①儀節圖②有較好的研究成果。相對的在宮室圖方面的研究較少,臺灣方面,周

---

* 本文爲科學委員會補助專題研究計劃(NSC 93-2411-H-218-004)研究成果。感謝季旭昇師、葉國良師、周聰俊師與《漢學研究》兩位審查人提供寶貴的意見。

① 器物圖研究的進展實受益於考古文物的出土,不論禮器(如食器、粢盛器、酒器、水器、樂器)、車馬器、兵器等方面都有很好的成果。因爲相關著作甚多,於此不一一列舉。

② 對於儀節圖的研究,以臺灣學者着力最多,如:張光裕:《儀禮士昏禮、士相見之禮儀節研究》,臺北:臺灣中華書局,1971年。黃啓方:《儀禮特牲饋食禮儀節研究》,臺北:臺灣中華書局,1971年。吳宏一:《鄉飲酒禮儀節簡釋》,臺北:臺灣中華書局,1973年。施隆民:《鄉射禮儀節簡釋》,臺北:臺灣中華書局,1973年。鍾柏生:《儀禮有司徹儀節研究》,《花蓮師專學報》1975年第7期,頁161—180。徐福全:《儀禮士喪禮既夕禮儀節研究》,臺北:臺灣師範大學國文研究所碩士論文,1979年。汪中文:《儀禮鄉射禮儀節研究》,臺北:臺灣師範大學國文研究所碩士論文,1980年。彭妙卿:《儀禮少牢饋食禮儀節研究》,臺北:中國文化大學中國文學研究所碩士論文,1980年。吳煥瑞:《儀禮燕禮儀節研究》,臺北:文津出版社,1982年。謝德瑩:《儀禮聘禮儀節研究》,臺北:文史哲出版社,1983年。韓碧琴:《儀禮少牢饋食禮、特牲饋食禮儀節之比較研究》,《"國立"中興大學臺中夜間部學報》1997年第3期,頁1—49。韓碧琴:《儀禮有司徹、特牲饋食禮儀節之比較研究》,《"國立"中興大學文史學報》1998年第28期,頁1—40。韓碧琴:《儀禮覲禮儀節研究》,《興大中文學報》2005年第17期,頁23—70。

聰俊先生在科學委員會的獎助下進行了"禮圖考略"、"儀禮宮室圖研究"等專題計劃,對於宮室圖有系統的整理與研究,筆者曾任其助理兩年,對此課題亦多所留意。

本文所探討的範圍是宮室圖中的宗廟圖,③由於宗廟建築,即使是在周朝的封國,都可能因時代、地域、身份而有不同,因此,本文所論述的宗廟圖以周制上中層貴族(諸侯及大夫)爲對象,至於士階層的宗廟,則可能比本文所論述的體制爲小。就西周的銅器銘文與古籍相互參照研究,大致可以得出周制貴族的層級輪廓:天子以下有侯與伯,侯伯於其封國稱國君,貢職於天子,其貴者稱公。周中央亦設有大夫,有封邑,其地位或與外封之侯伯相當或略低,④故本文於此所謂"周制上中層貴族(諸侯大夫)"乃是以周制侯伯與周中央所設大夫而言。

本文之作,乃企圖以出土遺址來檢驗前人宗廟圖繪製與研究,并新繪"諸侯大夫宗廟圖"與"公之宗廟圖",以期望結合前人研究成果與出土資料,使今人在研讀《儀禮》時,有更符合歷史實況的宗廟圖相輔助。

二、禮學研究上的禮圖與歧說

傳統研究《儀禮》宮室宗廟的材料,可以分爲禮圖與文字兩個部分。

禮圖的材料具有"圖像"的特質,能達到一目瞭然的效果,由前人的記載來看,較早的禮圖有東漢的鄭玄、阮諶,隋代夏侯伏朗,唐代張鎰等撰之《三禮圖》,然皆亡佚,目前所能看到宋以前的禮圖,爲清儒輯佚,不免限於

---

③ 學界或以寢和廟之制相同,然而這一點應可再細分,由於學者對於宮室宗廟之圖或稱爲"宮室圖",或稱爲"廟寢圖"、"宗廟圖"等,本文引用學者說法時,則依該位學者用詞稱之。

④ 可參考鄭憲仁:《西周銅器銘文所載賞賜制度之研究——器物與身份的詮釋》第4章"身份:爵位與職官",臺北:臺灣師範大學國文學系博士論文,2004年。

一鱗半爪。⑤

關於宫室宗廟,歷代禮圖中著名的如:李如圭《儀禮釋宫》,楊復《儀禮圖》、《儀禮旁通圖》,任啓運《朝廟宫室考并圖》,江永《鄉黨圖考》,戴震《考工記圖》,孔廣森《禮學卮言》,張惠言《儀禮宫室圖》、《儀禮圖》,焦循《群經宫室圖》,黄以周《禮書通故》等皆成一家之言,近人則有鄭良樹《儀禮宫室考》等。

至於文字方面的材料甚多,歷來學者以鄭玄經注、《尚書》僞孔傳爲源頭,孔穎達、賈公彦以下,至清儒蜂起,但因爲無圖以將論述具體呈現,微有缺憾。

下面討論具有代表性的幾家説法,主要的重心放在"諸侯、大夫"的宗廟圖,以禮圖部分爲主,重要的文字材料著作亦擇要論之。

(一) 宋至明

當前最早且完整的禮圖便是聶崇義《三禮圖集注》,此書對於宫室結構甚少觸及。其後陳祥道著有《周禮纂圖》、《考工記解》、《注解儀禮》、《禮書》等,除了《禮書》外,其他都亡佚了,因此要瞭解陳祥道對宫室寢廟的意見,僅能就此書來探尋,《禮書》綜貫經傳,剖析深入,兹擇其意見如下:

東西厢謂之序。⑥

---

⑤ 最早可見的著録爲《隋書·經籍志》所載的《三禮圖》九卷,并云"鄭玄及後漢侍中阮諶等撰",目前可見的是清儒的輯佚,如王謨《漢魏遺書鈔》載"漢·阮諶《三禮圖》"一卷,凡十八頁(不含叙跋);馬國翰《玉函山房輯佚書》載"《三禮圖》三卷"云"後漢·鄭玄、阮諶撰"(玄字因避諱作元);黄奭的《黄氏逸書考》"阮諶《三禮圖》"一卷。請參(唐)長孫無忌等:《隋書》卷32(臺北:藝文印書館,1958年,影印清乾隆武英殿刊本),頁19。(清)王謨:《漢魏遺書鈔》,《叢書集成續編》之十三,第二函,臺北:藝文印書館,1970年。(清)馬國翰:《玉函山房輯佚書》第2册(京都:中文出版社,1979年),頁1102—1116。(清)黄奭:《黄氏逸書考》(京都:中文出版社,1986年,影印民國14年王鑒據懷荃室藏板修補本),頁658—666。

⑥ (宋)陳祥道:《禮書》卷43,《景印文淵閣四庫全書》(臺北:臺灣商務印書館,1983年),頁5。

（東堂西堂）東西厢之前堂。⑦

　　房之南有東西夾室，鄭康成釋《儀禮》謂"房當夾室北"是也。孔安國謂"西房，西夾室；東房，東夾室"誤矣。諸侯路寢與大夫士之室皆東西房，《士喪禮》男子髻髮于房，婦人髽于室，《喪大記》主人即位于户内，婦人髽于房，士禮婦人髽于室，在男子之西，則諸侯之禮，婦人髽于房，爲西房矣。士亦有西房，而婦不於此髽者，尊卑之别然也。公食大夫於廟，宰夫"饌于東房"、"贊者負東房"、"大夫立于東夾南"、"宰東夾北"，則諸侯之廟亦東西房、東西夾矣。……《鄉飲·記》曰席"出自左房"、《鄉射·記》曰"出自東"與《大射》諸侯擇士之宫，"宰胥薦脯醢，由左房"，其言相類，蓋言左以有右，言東以有西，則大夫士之房室與天子諸侯同可知，鄭氏曰"大夫士無西房"誤矣。⑧

宋代李如圭的《儀禮釋宫》⑨爲當前所見對於宫室最早的研究專著，在條目上，以舊注疏爲標題，其内容則有個人見解：

　　《聘禮·記》"若君不見，使大夫受聘，升受，負右房而立"、《大射儀》"薦脯醢由左房"，是人君之房有左右也，《公食大夫禮·記》"筵出自東房"，注曰"天子諸侯左右房"，賈氏曰："言左對右，言東對西。大夫士惟東房西室，故直云房而已。"然案《聘禮》，賓館于大夫士，君使

---

⑦　同注⑥。
⑧　同注⑥，頁 9—10。
⑨　（宋）李如圭：《儀禮釋宫》，《景印文淵閣四庫全書》。此書或疑爲朱熹所作，而《四庫全書總目提要》（臺北：臺灣商務印書館，1983 年）云：

　　考《朱子大全集》亦載此文與此大略相同，惟無序引。宋《中興藝文志》稱朱子嘗與之校定禮書，疑朱子固嘗録如圭之篇，而集朱子之文者，遂疑爲朱子所撰，取以入集，猶蘇軾書劉禹錫語《題姜秀才課册》，遂誤編入軾集耳。觀朱子《儀禮經傳通解》於《鄉飲酒義》薦出自左房、《聘禮》負右房，皆但存賈疏，與是篇所言不同，是亦不出朱子之一證也。……宋陳汶嘗序《集釋》，刻之桂林郡學舍，兼刻是篇，今刻本不傳，惟《永樂大典》內全録其文，别爲一卷，題云"李如圭《儀禮釋宫》"，蓋其所據猶爲宋本，今據以録出，仍與《集釋》相輔，其間字與朱子本稍有異同，似彼爲初稿，此爲定本，今悉從《永樂大典》所載，以復如圭之舊焉。

今從此説，以《儀禮釋宫》爲李如圭所撰。

卿還玉于館也,賓亦退負右房,則大夫士亦有右房矣。又《鄉飲酒禮‧記》"薦出自左房"、《少牢饋食禮》"主婦薦自東房",亦有左房、東房之稱,當考。⑩

此處標題爲"人君左右房,大夫士東房西室而已",但李如圭探究《聘禮》經文得出"則大夫亦有右房矣"的意見,是對"大夫東房西室"之說有所質疑。鄭玄注《儀禮》《大射儀》"宰胥薦脯醢,由左房"云"左房,東房也。人君左右房"賈公彥疏曰:"以人君左右房,故云左房對,大夫士東房而已,故云東房,不言左,以無右所對故也。"又於《燕禮》"士薦脯醢,膳宰設折俎,升自西階",疏云:"天子諸侯有左右房,故得言'左房'。大夫士無右房,故言東房而已。"是賈公彥以爲大夫士無西房(右房),而李如圭於此提出疑惑。

李如圭整理注疏,雖無圖以示之,然於其文,大抵能顯示宮室的結構名稱及其分布位置,後來學者亦多從之。禮學界對宮室的歧見除了"大夫士有無西房"之爭外,尚有對於"夾"、"廂"的不同看法,關於此二名稱,李說亦佔有舉足輕重的地位:

> 堂之東西牆謂之序……序之外爲夾室。
> 《公食大夫禮》"大夫立于東夾南"注曰"東于堂",賈氏曰:"序以西爲正堂,序東有夾室,今立于堂下,當東夾,是東于堂也。"又案:《公食禮》"宰東夾北,西面"。賈氏曰:"位在北堂之南,與夾室相當。"《特牲饋食禮》"豆邊(引者注:當作籩)鉶在東房"注曰:"東房,房中之東,當夾北。"則東夾之北通爲房中矣,室中之西與右房之制無明文,東夾之北爲房中,則西夾之北蓋通爲室中,其有兩房者,則西夾之北通爲右房也歟。⑪

上揭引文中李如圭認爲大夫有東西房,則天子至大夫則爲西夾之北通爲右房,士或爲東房西室,故云西夾之北蓋爲室中:

---

⑩ (宋)李如圭:《儀禮釋宮》,《景印文淵閣四庫全書》,頁4。
⑪ 同上注,頁11。

夾室之前曰廂,亦曰東堂、西堂。

《覲禮·記》注曰:"東箱,東夾之前,相翔待事之處。"《特牲饋食禮》注曰:"東堂、西堂,東西夾之前近南耳。"賈氏曰:"西堂即西箱也。"《釋宮》曰"室有東西箱曰廟",郭氏曰"夾室前堂"。是東廂亦曰東堂,西廂亦曰西堂也。……凡無夾室者,則序以外通謂之東堂、西堂。……此東西堂,堂各有階。案:《雜記》夫人奔喪"升自側階",注曰:"側階,旁階。"《奔喪》曰"婦人奔喪,升自東階",注曰:"東階,東面階也。"賈氏釋《燕禮》曰:"東面階、西面階,婦人之升。"東面階者,蓋<u>東堂之階,其西堂則有西面階也</u>。⑫

此處考證甚詳,其意"東西廂即東西堂"、"凡無夾室者,則序以外通謂之東堂、西堂",足以啓發後人。

宋代楊復《儀禮旁通圖》有"寢廟辨名圖"⑬(圖一)、"鄭注大夫士東房西室之圖",⑭爲宋儒禮圖的重要成果。其"寢廟辨名圖"自廟門而入,則爲庭,庭後爲廟,廟後有寢。廟有阼階、西階及兩側階、東西坫、堂、兩楹、東西廂與東西序、室、東西房、東西夾、北堂與北階。

其"鄭注大夫士東房西室之圖"則由其名稱特別標示"鄭注"而知楊復本身不從鄭說,於文字說解處,則疑之曰:"鄭氏謂大夫士無西房,恐未然也。"⑮是知楊復同意大夫士有東西房。

由楊復的另一禮學著作——《儀禮圖》來觀察,亦可以看出楊復對宮室的意見,就《士昏禮》"醴賓圖"⑯(圖二)爲例,主人的身份爲"士",其廟之結構爲一室一房、東西堂。再由其《公食大夫禮》"拜至鼎入載俎圖"⑰

---

⑫ 同注⑩,頁12—13。引文標注底綫者,似有訛誤。因爲賈疏作"東面階、西面階,婦人之階,非男子之所升"。又江永《鄉黨圖考》引用《朱子大全集》中的《儀禮釋宮》作"注曰'東階,東面階',東面階則東堂之階,其西堂有西階也。"見江永:《鄉黨圖考》,《皇清經解》卷264(臺北:復興書局,1961年),頁10。

⑬ (宋)楊復:《儀禮旁通圖》卷1,《通志堂經解》(臺北:漢京文化公司,1985年),頁1。

⑭ 同上注,頁4。

⑮ 同上注。

⑯ (宋)楊復:《儀禮圖》卷2,《景印文淵閣四庫全書》,頁5。

⑰ 同上注,卷9,頁6。

圖一　寢廟辨名圖　　　　　　　圖二　醴賓圖

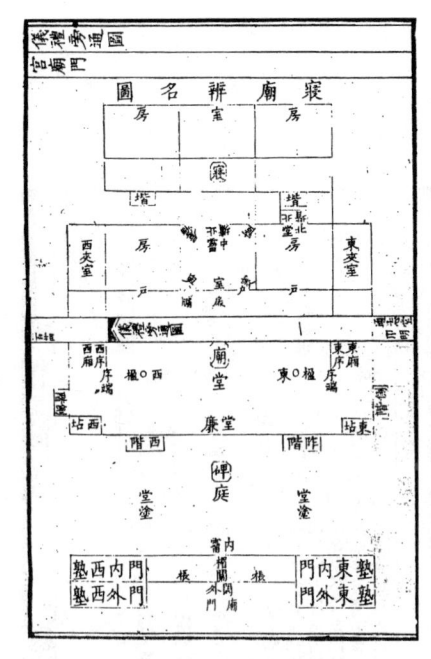

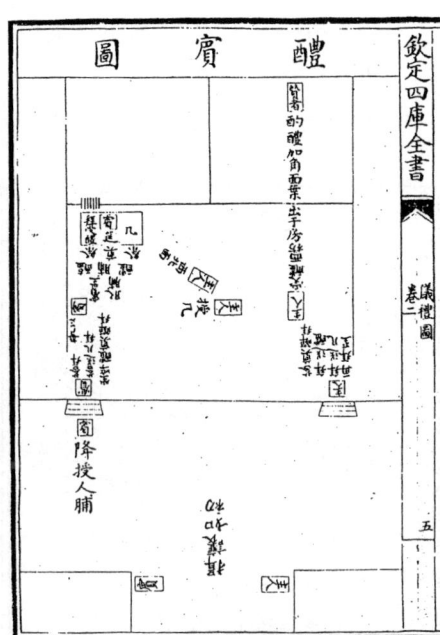

（圖三）爲例，公與賓（使者）行儀之所爲公之襧廟，其結構爲一室、東西房、東西夾、東西廂。由以上的觀察便可發現，在《儀禮旁通圖》中，楊復論大夫士有西房，而在《儀禮圖》中則士之廟僅有東房，無西房，其矛盾之處，令人費解。

元代韓信同（1252—1332 或 1257—1331）《韓氏三禮圖説》於"士寢制"圖⑱（圖四）則繪兩房兩室，其"鄉飲酒"圖⑲所繪建築亦然。其説法引録如下：

　　士之室，前後薦簷曰庪，居中脊柱曰棟，棟庪之間曰楣，前楣至庪曰南堂，當東室曰東堂、當西室曰西堂，後楣至庪曰北堂，前後楣下以横牆間之，上皆有窗，前謂之南墉，南墉各爲户，後謂之北墉，北墉極邊之直牆曰東序、西序，中之直牆曰東墉、西墉，爲二室，生居東

---

⑱　（元）韓信同：《韓氏三禮圖説》卷上，《叢書集成三編》（臺北：藝文印書館，1971年，清嘉慶六年福鼎王氏麟後山房刊本），頁 47。

⑲　同上注，頁 53。

室。……其中一間，棟下以牆間之爲門二戶，左曰東戶、右曰西戶，非如二室戶止一扇矣，其內曰東房、西房。……先儒以大夫士東房西室，天子諸侯西室之西又有房，非也。⑳

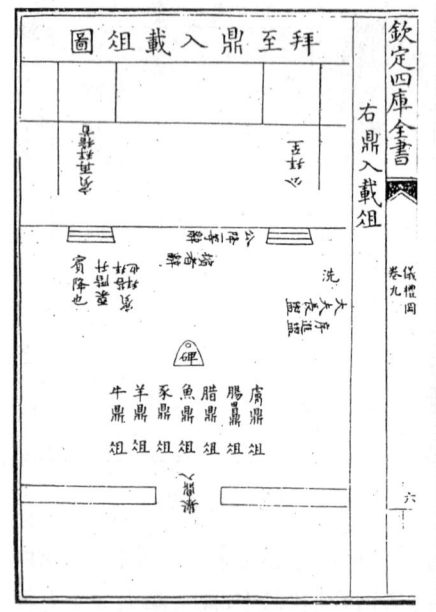

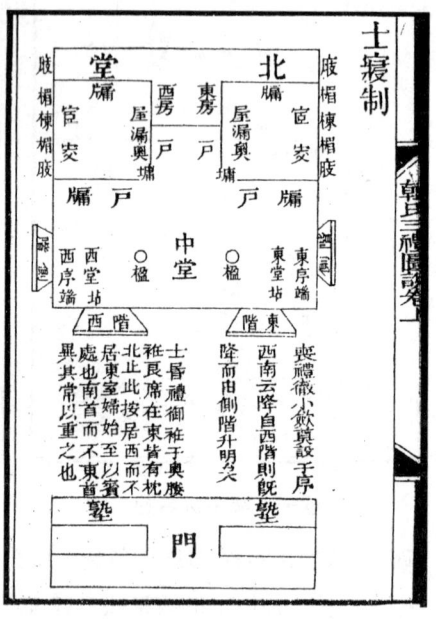

圖三　拜至鼎入載俎圖　　　　圖四　士寢制圖

由韓信同的解釋，我們可以理解他的看法，他認爲大夫士和天子諸侯都有東西室和東西房，而東西房在中，東西室在外，房室以北是北堂，以南則中間爲中堂，東西各有東堂和西堂。在"士寢制"圖中堂和北堂中間的東房和西房，未畫出輪廓。韓信同的宮室圖以兩室夾西房的意見，在宮室圖中獨樹一幟。

明代劉績《三禮圖》有"士寢制"圖㉑與"鄉飲"圖，㉒其圖及文字皆襲自元代韓信同之說。

---

⑳ 同注⑱，頁 48—49。
㉑ （明）劉績：《三禮圖》卷 2，《景印文淵閣四庫全書》，頁 8。
㉒ 同上注，頁 11。

(二) 清朝

清朝三禮學者輩出,尤精於名物之學,在宮室宗廟的研究上,多有創發,萬斯同(1638—1702)著有《廟制圖考》、《群書疑辨》等書,《房室考》云:

> 大約堂之後爲房室,室居中而東西兩房夾之,此王侯之與卿士無異制也。……《特牲》、《少牢》篇之不言西房者,非無之而不言也,物之所陳,人之所處,皆在東而不在西,無事于西房,故不言耳,使其果無,則禮但言房而已足,何以每言東房、左房耶。……試觀門之制,中爲門,而東西爲塾,自王侯以迄士庶無不同也,門既如此,房與室何獨不然,雖貴賤之等差不可以無辨,然非所語于房室之間,猶之衣裳帶履,士庶雖卑,但與王侯異其飾,豈與王侯異其制乎,且古吉凶諸禮多行于牖户之間,以其爲堂之正中也,若無西房,則牖户之前乃堂之西偏,非堂之中間矣,豈有行冠婚諸大禮不在于正中而在于旁側者哉?況堂上之有東西楹,堂下之有東西階,果可無也,寧復成其規制乎哉!㉓

其意王侯至士之宮室皆有東西房,於《夾室考》云:"在序之兩旁,東序之東爲東夾,西序之西爲西夾也。"㉔是其説法與楊復《儀禮旁通圖》"宮廟圖"同。

任啓運(1670—1744)《宮室考》云:

> 堂有房、有室、有廂、有夾室。房室之外曰堂,兩序之間曰堂,兩階之上曰堂,堂有階屬諸序。堂之北爲室……室東爲東房、西爲西房……東房半以北曰北堂,堂有階達諸寢……房東爲東廂、西爲西廂……堂東爲東堂、西爲西堂。堂上東西牆曰序,序東爲東夾室、西爲西夾室……㉕

其注云:

㉓ (清)萬斯同:《群書疑辨》卷6(臺北:廣文書局,1972年),頁21—22。
㉔ 同上注,頁23。
㉕ (清)任啓運:《宮室考》,《聚學軒叢書》第3集,收錄於《叢書集成續編》經部第10册(上海:上海書店,1994年),頁5—6。

堂五間，每間五架，就堂之地分爲十二區，堂得九區，北一區爲室，室東西各一區爲房，房外各一區爲廂，廂南各一區爲東西堂，又南各二區爲東西夾室，先儒謂大夫士無西夾，㉖則疑止四間矣。㉗

輔以其"廟寢門堂室各名總圖"（圖五）來看，知任啓運主張宗廟結構是（以下所述不含寢）：最北爲室，室旁爲東西房，而東房分其北爲北堂，㉘東房之東爲東廂，西房之西爲西廂，東廂南爲東堂，西廂南爲西堂，東堂南爲東夾室，西堂南爲西夾室，東西夾室隔堂，堂在室與東西房之南。

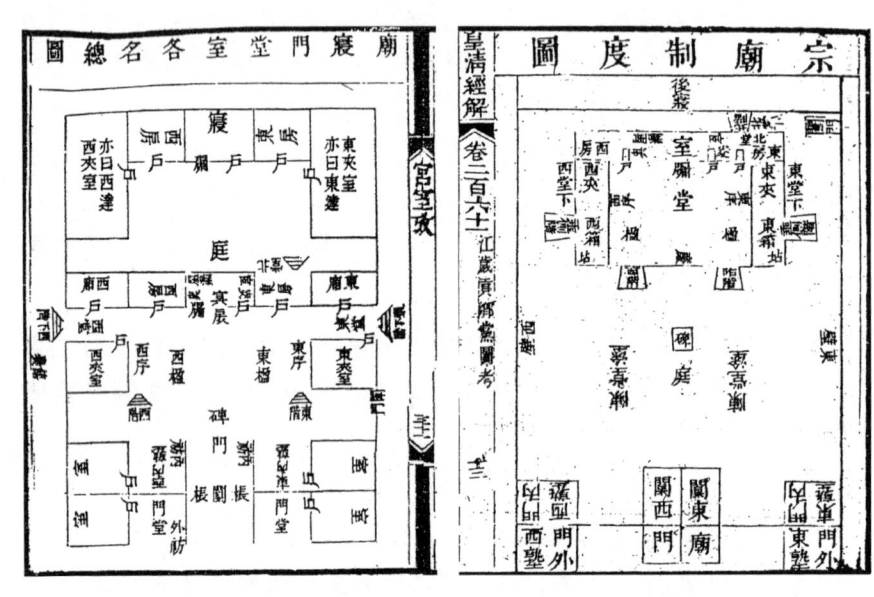

圖五　廟寢門堂室各名總圖　　　　圖六　宗廟制度圖

江永（1681—1762）據《儀禮釋宮》之文加以注釋，并畫有"宗廟制度圖"（圖六），茲就江永在宮室結構上的意見，擇要陳述：

按：天子至士，堂房室之制有廣狹降殺，堂後爲房室，左右房以

㉖　此處云"先儒謂大夫士無西夾"，恐是"無西房"之誤。
㉗　同注㉕，頁5"堂有房、有室、有廂、有夾室"下注文。
㉘　《文淵閣四庫全書》收錄的《宮室考》"廟寢門堂室各名總圖"無北堂［(清)任啓運：《宮室考》卷下，《景印文淵閣四庫全書》，頁20］，應是抄寫者漏畫。

夾室,使室居中,其制度當同,如大夫士東房西室,恐不成制度。堂上設席行禮當户牖之間,賓席不得當東西之中,偏於西北一隅,非所以尊賓,大夫賓尸,尸席不當堂之中,亦非所以尊尸,皆因《鄉飲酒義》言"設尊,賓主共之"及拘於四面之坐,以辭害意,故先儒有此説耳。朱子雖依舊説,序次歷引諸經之言右房左房東房者,云"當攷",則固疑舊説有未安矣。㉙

按:大夫士之制亦當有左右房,鄉飲於庠,亦如其制。設尊於房户之間而賓席在尊西,主人在阼階上爲近東,即是賓主共之,不必謂在東西之中,然後爲共也。……大夫士雖有東西房,而陳器服及婦人行禮常在東房,經有直言房者,省文耳,非謂止有一房,不必言東也。㉚

"省文"一詞,向來爲讀《儀禮》的困惑之一,學者在省文的判定上,常有不同的看法,影響禮學條例與隆殺的研究。其又云:

按:夾室又謂之達,《内則》:"天子之閣左達五、右達五。"注云:"達,夾室也。"又按:夾室與房有壁隔之,不相通也。《顧命》傳釋西房、東房云"西房,西夾坐東";"東房,東廂夾室"。如此則夾室與房無別。唐孔氏云:"房即室也,以其夾中央之太室,故謂之夾室。"此説誤甚,謂之夾者,以其在序外也,近内爲室,近外爲堂,謂之夾室,對東堂、西堂而言,非謂夾太室也。㉛

此處點出了禮學上對夾室位置的歧見,楊復以爲夾室在房之旁(外側),任啓運以爲夾室在東西堂之南(寢之夾則在兩房旁),江永以爲夾室在房之南,禮學家的説法甚爲分歧。

秦蕙田(1702—1764)《五禮通考》中關於宗廟宮室,亦有不少論述,關於東西房和東西夾的意見與萬斯同大致相同。㉜

馬駉《儀禮易讀》有"堂門總圖"(圖七)、"天子諸侯堂室圖"、"大夫

㉙ (清)江永:《鄉黨圖考》,《皇清經解》卷264,頁3。
㉚ 同上注,頁5—6。
㉛ 同注㉙,頁9。
㉜ (清)秦蕙田:《五禮通考》卷60,頁38—40、44—45;卷61,頁40。

士堂室圖",自云"皆依《儀禮釋宮》,略具其概,詳見《朱子全集》及楊氏《儀禮圖》"。㉝ 其"堂門總圖"東西夾接東西廂,無牆隔開,并云"東堂亦東廂"、"西堂亦西廂",特別的是其門塾亦與其他學者的禮圖有別,東塾有四,二向外,二向内,西塾亦然。圖中兩楹與房和室有牆相連,恐爲刊刻之誤。㉞ 其"天子諸侯堂室圖"、"大夫士堂室圖"則天子諸侯兩房,大夫士一房。㉟

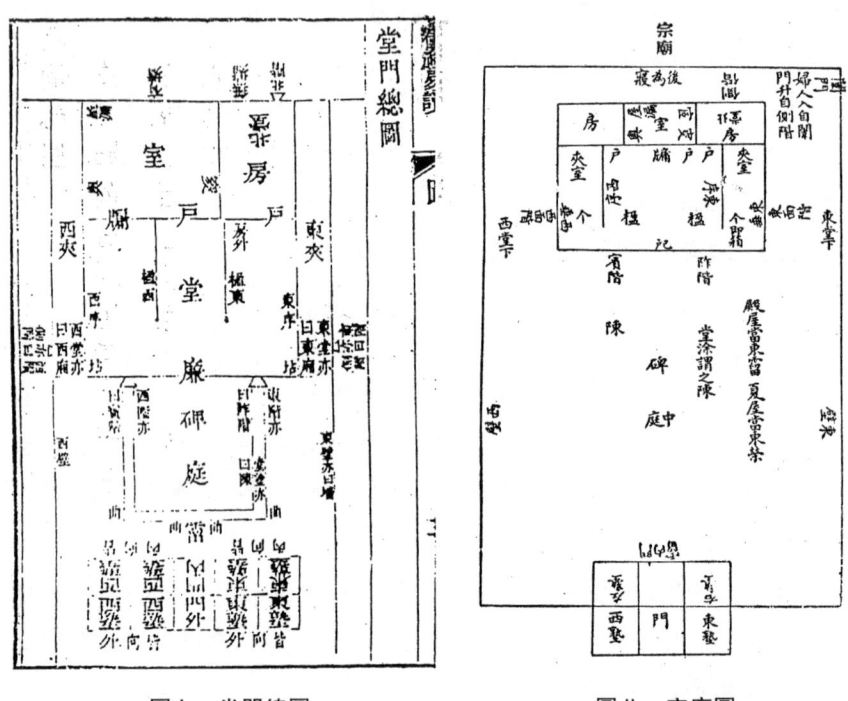

圖七　堂門總圖　　　　　圖八　宗廟圖

戴震(1732—1777)《考工記圖》有"宗廟"圖(圖八),自云:"於《顧命》見天子路寢之制,於《覲禮》見天子宗廟之制,降而諸侯下及大夫士,廣狹

㉝ （清）馬駉:《儀禮易讀》,《四庫全書存目叢書》(臺南:莊嚴文化公司,1997年,北京清華大學圖書館藏清乾隆二十年山陰縣學刻本),圖頁4。

㉞ 同上注,圖頁2。

㉟ 同上注,圖頁3。

有等矣,而制則一。"㊱由此可知戴震認爲不同的身份等級,其廟之異在廣狹,而非東房之有無,故大夫及士亦有兩房。

孔廣森(1752—1787)於《禮學卮言》對於宮室有專論,其"《儀禮》廟寢異制圖説"看法如下:

> 廂者,夾室前堂也,昏喪諸禮,凡在寢者,并不言夾室,可見廟有夾室,寢無夾室,既無夾室則亦無廂名矣。㊲

> 禮注每云:人君左右房,大夫士東房西室。……鄭君去古未遠,説有師承,《漢書》曰"家有一堂二内",一房一室合於二内之謂。廣森竊疑大夫士之廟乃左右有房,其寢固東房西室,以降於君耳。《饋食禮》每言東房,又言左房,東以對西,左以對右,以爲廟無兩房者信不然也。《昏禮》言房者五,言房中者四,《喪禮》言房者四,言房中者一,《虞禮》言房中者一,言房者二,而皆不指其東西左右,則以爲寢有兩房者,亦未必然也。㊳

> 《士喪》遷於祖,"正柩於兩楹閒",注云"象鄉户牖也",若然,户牖閒得與楹閒相鄉,其室必正中,似鄭君亦或以士廟爲有左右房矣。㊴

> 夾堂爲室,一名左達、右達,《特牲饋食禮》"豆籩鉶在東房",注云:"東房,房中之東,當夾北。"案:經之東房,不當釋爲房中之東,然據鄭意以東夾之北通爲房中,可見夾室是在房前之偏,故東房户必近西,西房户必近東,乃可以達於堂,而東房内之東,西房内之西,則皆正當夾室牆後也,近世或以兩夾與房室平列作五閒,此必不然,何則?序之外爲夾室,注疏相傳之定義也,牆在堂爲序,在房爲墉,禮之辨名絶不相紊,令夾在房之左右,但可云墉外耳,何言序外乎!《釋名》亦曰夾室在堂兩頭,不言在房兩頭也,《公食大夫禮》大夫立於東夾南,

---

㊱ (清)戴震:《考工記圖》下册,《萬有文庫薈要》(臺北:臺灣商務印書館,1965年),頁113。
㊲ (清)孔廣森:《禮學卮言》,《皇清經解》卷692,頁1。
㊳ 同上注。
㊴ 同注㊲,頁5。

宰東夾北，皆謂堂下東壁之東當棟，後者爲夾北當前楣，前者爲夾南。⑩

孔廣森的看法是廟與寢異制，就廟而言，應爲左右房。而於寢，大夫士則無西房，故言廟寢異制，其廟圖（圖九）：室之東西爲左房與右房，左房又分出北堂，左右房南分別接東夾與西夾，而東夾與西夾之寬僅左右房之半，東夾與西夾南又爲東廂與西廂。

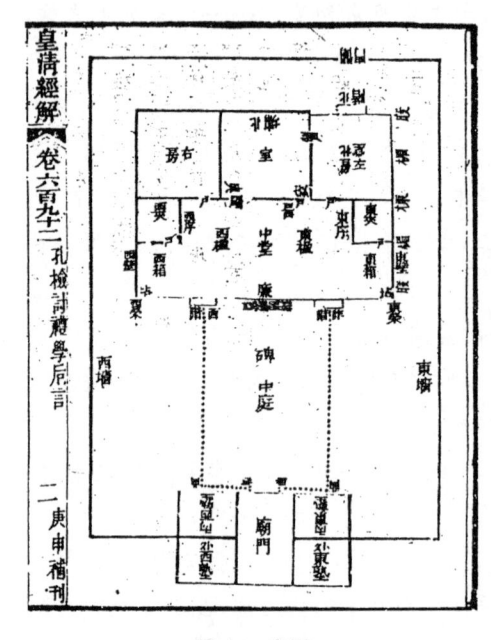

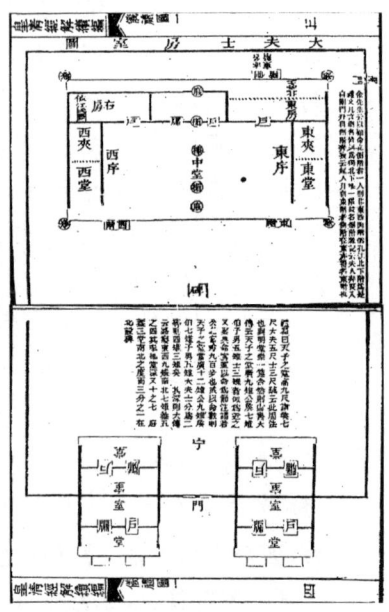

圖九　廟圖　　　　　　圖十　大夫士房室圖

張惠言（1761—1802）《儀禮圖》素爲研讀《儀禮》者所重，其"大夫士房室圖"（圖十）、"天子諸侯左右房圖"（圖十一）、"東房西房北堂"圖、"士有室無房堂"圖等四個部分，對宮室結構有明確的標示。

"大夫士房室圖"的結構爲室之兩旁分別是東房和右房（即西房），東房之北接北堂，無牆隔開，東房與右房南分別接東夾與西夾，夾室之寬約

⑩　同注㊲，頁7。

房寬的一半弱，東西夾室之南各有東堂與西堂，未有牆隔開，整個建築的中心爲中堂。㊶

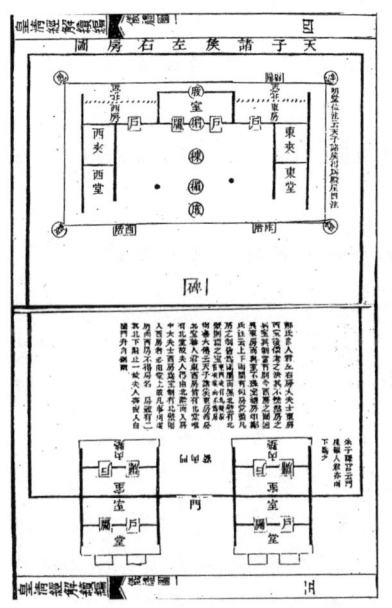

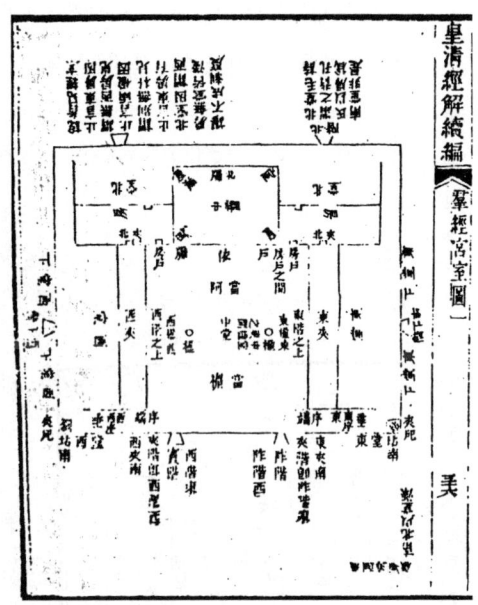

圖十一　天子諸侯左右房圖　　　　圖十二　宮圖

"天子諸侯左右房圖"的結構與"大夫士房室圖"之別主要有兩點：其一爲西房（即右房）之北與北堂相接，無牆隔開；其二爲東西夾與東西堂皆有牆隔開。㊷

"士有室無房堂"圖以北三間皆爲室，而左右兩間不稱房，中間一室較大。㊸

焦循（1763—1820）爲清代經學名儒，其《群經宮室圖》"宮圖八"㊹（圖十二）所繪路寢之特色爲有二北堂，與前儒僅於東房北爲北堂不同：

㊶　（清）張惠言：《儀禮圖》卷1，《皇清經解續編》（臺北：藝文印書館，1964—1965年），頁3—4。
㊷　同上注，頁4。
㊸　同上注，頁7。
㊹　（清）焦循：《群經宮室圖》卷1，《皇清經解續編》，頁36。

東西側之有階，經文甚明，階必當堂而設，有東堂、西堂，乃有東側階、西側階，亦猶有北堂乃有北階也。……蓋東夾即東堂之室，東堂東鄉，而室在其西，西堂西鄉，而室在其東。㊺

此段文字，可與其圖相驗，焦循之說以夾與堂之位置及兩北堂最異於前人。

洪頤煊(1765—1833)著有《禮經宮室答問》，以一問一答方式論述，兹引錄如下：

……是大夫士有左右房也，若謂大夫士直有東房西室，則堂上設席行禮，皆不得其中矣，前人已駁之。㊻

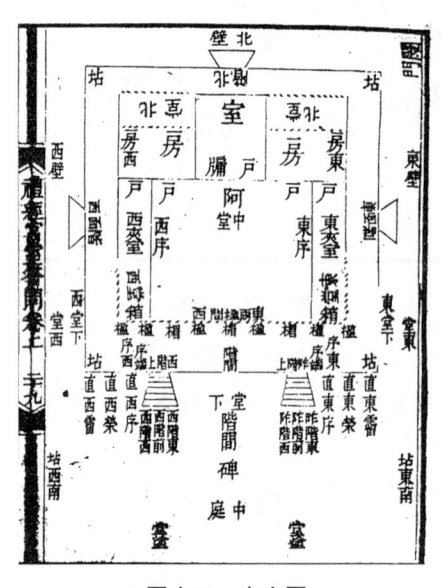

知房無北戶者，《燕禮》、《大射》皆云"羞膳者升自北階，立于房中"，不言入房，是無北壁，而無戶，是以得設洗直室東隅也。蓋房中居二筵之地，其外尚有半筵爲北階，房中半以北爲北堂，則自房中半至階一筵有半皆得通稱爲北堂……左右房其制當相同，近人謂右房無北堂者，非。㊼

輔以其宮室圖㊽(圖十三)，可知其說可留意者有二：一爲東房及西房之北皆有北堂，故有二北堂，與焦循《群經宮室圖》同；一爲東堂無東牆、西堂無西牆。

圖十三　宮室圖

㊺　同注㊹，頁37—38。
㊻　(清)洪頤煊：《禮經宮室答問》卷上，《續修四庫全書》(上海：上海古籍出版社，2002年，清嘉慶刻傳經堂叢書本)，頁10。
㊼　同上注，頁11。
㊽　同上注，頁29。

胡培翬(1782—1849)以《儀禮正義》名聞於世,其《燕寢考》爲宫室專著,卷首即爲《東房西室疑問》,卷下有《燕寢房室户牖堂階考》、《附考注疏東房西室誤説》,對禮學家於宫室諸異説,提出己見:

  人君左右房,大夫士東房西室,説始鄭氏而孔賈疏義成之,宋以後學者多決其非。……培翬按:鄭君注禮時以人君左右房釋正寢,疑出傳聞之誤,未及審定,其實東房西室是燕寢之制,鄭《詩箋》已明言之,當以此爲定説。《斯干》"築室百堵,西南其户",箋云"此築室者,謂築燕寢也","天子之寢有左右房,西其户者,異於一房者之室户也,又云南其户者,宗廟及路寢制如明堂,每室四户,是室一南户爾"。今由其説申之,蓋鄭義以天子正寢如明堂爲五室之制,燕寢爲左右房之制,諸侯以下之正寢亦爲左右房,燕寢則爲東房西室。箋云"西其户者,異於一房者之室户也"者,謂諸侯大夫士燕寢止一房,房在東,室在西。……天子燕寢有左右達,則有左右房可知,公侯伯但云"於房中"五,而不言左右,是諸侯之燕寢止一房,與大夫士同制又可知也。……《漢書》《鼂錯傳》言居民之法,"家有一堂二内"。按古者宫室之制,外爲堂,内爲房室,正寢則左右房與室而爲三,燕寢則一房一室而爲二,故云二内,此亦可證東房西室之制至漢猶有存者,鄭氏之説終有所受,必非憑臆釋經,特其注禮時以解正寢尚是未定之論,未及追改,《詩箋》又爲孔《正義》所晦。故後人徒知其非而不知其是,於鄭氏箋《詩》明言一房爲燕寢者,亦忽不加察,以致燕寢之制千餘年而不明,可悼也。㊾

  正寢之制,爲左右房,諸侯至士所不殊;燕寢之制,唯天子有左右房,諸侯以下東房西室。㊾

  天子燕寢如諸侯路寢,有左右房、左右夾室;諸侯燕寢東房西室,唯有一房,無左右夾室。㊿

㊾ (清)胡培翬:《燕寢考》,《續修四庫全書》卷首(上海:上海古籍出版社,2002年,清道光二十五年錢氏刻指海本),頁2—5。
㊾ 同上注,卷下,頁3。
㊿ 同上注,卷下,頁4。

胡培翬將正寢與燕寢之制加以區別，以諸侯大夫士之正寢皆左右房，燕寢則東房西室，成一家之言。前人之論，或以諸侯左右房而大夫士東房西室，或以諸侯大夫士皆左右房，胡氏以正寢與燕寢異制立說，別出機杼。

胡氏又云：

> 按：大夫士宗廟與正寢同制，俱有右房。㊾

> 按：自天子至士皆有廟有寢，廟在前，寢在後，廟所以象生人之有正寢也，寢所以象生人之有燕寢也，廟之制與正寢同，則寢之制宜與燕寢同。㊿

> 廟寢無東西廂，則燕寢之制，自諸侯以下亦無東西廂可知。㊁

由其說可知正寢與廟有東西房，廟與正寢結構相同，就廟、廟寢、正寢、燕寢分別異同，錢熙祚（1801—1844）於《跋》中譽之"闡明古義，可爲高密功臣矣"。

黃以周（1828—1899）《禮書通故》參考前儒禮學論著而成大作，素爲經學界所重，其書有《宮室通故》兩卷，茲擇録其論點如下：

> 以周案：禮經所説多是正寢，鄭注每以東房西室爲説，非也，惟士之正寢以昏喪兩禮攷之，鄭説無西房，似爲有據，凡尊設于房户閒，或設于東楹西，《士昏》于止寢，其設尊在房户之東，爲無西房也。《喪大記》主人括髮于東房，婦人髽帶麻于西房，而《士喪禮》"婦人髽于室"爲無西房也。……《士喪禮》君升自阼階，西鄉，祝負墉南面時立于房户東，鄉君，爲無西房也，胡氏謂士之正寢有東西房，似失察。㊂

> 夾與房非同，實亦非序外堂室之總名，經傳中東西堂無夾名，夾有室名而不謂之夾室，夾室二字一見于《小戴》《雜記》、一見于《大戴》《釁廟》，與門連文，盧注"夾室，門夾之室"最確，東西夾本偶夾，對東

㊾ 同注㊽，卷下，頁17。
㊿ 同注㊽，卷下，頁19。
㊁ 同注㊽，卷下，頁20。
㊂ （清）黃以周：《禮書通故》卷2《宮室通故一》，《續修四庫全書》（上海：上海古籍出版社，2002年，光緒十九年刻黃氏試館本），頁14—15。

西堂言之,亦偶室,東西夾偶夾室始于漢之注家,東西堂偶夾堂出于近之俗儒。……又案:兩夾在東西房之南、東西堂之北,東夾之東、西夾之西皆有牆,其北亦有牆,東夾之西、西夾之東并無牆。……明東夾之西無序牆也,則西夾之東,亦無牆矣。舊說兩夾皆有東西牆,亦誤。㊺

黄以周反對胡培翬"士之正寢有西房"之説,并認爲東夾之西與西夾之東無牆。今觀其"士庶人正寢"、㊼"天子燕寢諸侯以爲路寢大夫以下以爲廟制"㊽(圖十四)二圖則確爲東夾之西與西夾之東無牆,"天子諸侯廟制"㊾圖(圖十五)則兩夾東西皆有牆,故黄氏之意,僅天子諸侯之廟兩夾之東西皆有牆,其他宫室建築之夾僅一邊有牆。

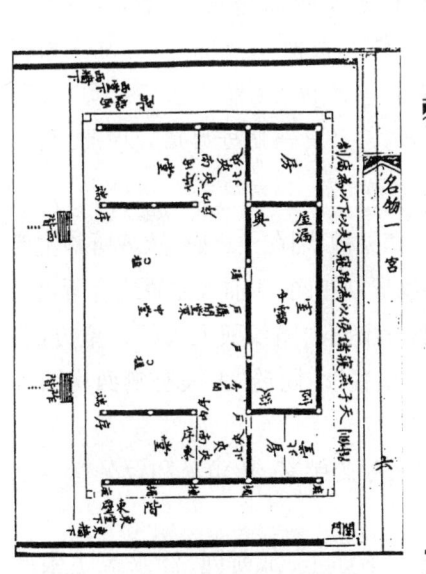

圖十四　天子燕寢諸侯以爲路寢大夫以下以爲廟制圖　　圖十五　天子諸侯廟制圖

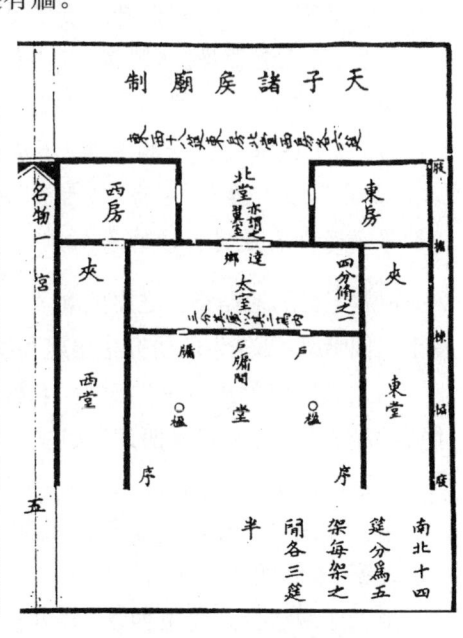

㊺　同注㊹,頁22—23。
㊼　同注㊹,卷49《名物一》,頁8。
㊽　同注㊹,頁6。
㊾　同注㊹,頁5。

清人的研究甚多，非本文所能全舉，然説法大致不出上文所引，較特别的有吴之英《壽櫟廬儀禮奭固禮器圖》所繪禮圖爲立體圖，(60)其説法仍不出前説，不再贅述。

（三）民國以下

民國以來各家所畫之儀節圖多依宋儒、清儒之舊説，近人專著中以鄭良樹《儀禮宫室考》最爲重要，由其"凡例"第一條，知此書爲復原《儀禮》《士昏禮》及《士相見禮》而作，兹擇與本文主題相關的部分如下：

> 我們可以下個結論：寢和廟似乎是兩種形制相同的建築物。(61)
>
> 自鄭玄以下，都以爲人君當是一室及左右房，大夫、士只有東房西室，而没有西房。《聘禮》曰："負右房而立。"《儀禮》全書，只有這一篇提到右房（即西房），而《聘禮》是諸侯之禮，這和他們的説法相符合。《士昏禮》及《士相見禮》不但是士的禮節，而且也只提到"房"、"房中"，没有提到"東房"、"西房"，可見只有一個房而已。因此，我們采納了鄭玄及賈公彦的意見。(62)

《士昏禮》舉行的地點爲士之寢與廟，《士相見禮》則在士之寢，該書所論主要在士這個階級，鄭先生的研究指出寢和廟形制相同，與前人之説或有所異。

由上文所引歷來各家的討論，不難看出關於諸侯與大夫的宫室方面，主要的歧異是"大夫有無西房"及"夾的位置"。關於"大夫有無西房"，大致可以歸納以下幾類説法：

第一類説法：大夫東房西室，此説來源於鄭玄、孔穎達和賈公彦等漢唐注疏家，宋儒與清儒多質疑此説。

第二類説法：大夫東西房，陳祥道、李如圭、萬斯同、江永等主張此説，從之者最多。

---

(60)　（清）吴之英：《壽櫟廬儀禮奭固禮器圖》首篇，《續修四庫全書》（上海：上海古籍出版社，2002年，民國九年吴氏刻壽櫟廬叢書本），頁1、9。

(61)　鄭良樹：《儀禮宫室考》（臺北：臺灣中華書局，1971年），頁3。

(62)　同上注，頁27—28。

第三類説法：大夫東西房亦東西室，韓信同主之。

第四類説法：大夫廟東西房、寢東房西室，孔廣森主之。

第五類説法：諸侯大夫廟及正寢東西房、燕寢東房西室，胡培翬主之。

至於"夾的位置"，大多數的學者同意"夾在房之南"之説（主流説法），不同者有：《尚書》僞孔傳以爲"夾即房"，楊復和萬斯同等以爲"夾在房之旁"，任啓運以爲夾在東西堂之南。主"夾在房之南"的禮圖，亦有分歧，較多學者主"兩夾南各爲東西堂"之説，孔廣森認爲"廟有夾，寢無夾"。焦循以爲"夾爲長條形，東夾東爲東堂，西夾西爲西堂"。

另外，較特別的是：焦循與洪頤煊認爲有二北堂，與多數學者有異；洪頤煊認爲東堂無東牆、西堂無西牆；黄以周認爲東夾之西與西夾之東無牆。下面以列表（表一）來呈現這些不同的看法。

表一　清代學者對西房及兩夾的歧説整理

大夫之宫室寢廟	大夫無西房		不限建築種類	主流説法一
			只有寢，廟例外	孔廣森
			只有燕寢	胡培翬
	大夫有西房	一室	不限建築種類	主流説法二
			只有廟，寢例外	孔廣森
			廟和正寢	胡培翬
		東西室		韓信同、劉績
夾的位置	夾在房南	夾南爲東西堂		主流説法
		夾旁爲東西堂		焦循
	夾在房旁			楊復、萬斯同、秦蕙田、馬駉
	夾即房			僞孔傳
	夾在東西堂之南			任啓運
	只有廟有夾			孔廣森

會有以上這些分歧的看法，本文認爲主要原因有三：1. 經書提到的內容有限，以致後人只能由片段重組。2. 最早作注的漢儒未能見到《儀禮》寫成時代的建築遺址，宋以前的禮圖亦未能保存下來。3. 不同地區的建築結構可能有別，以致經文的記載本身就可能不是同一個體系。

本文認爲由出土的西周與春秋建築遺址，可以對這些歧說加以檢驗，是當前對禮圖研究最有助益的方法。

三、發現宗廟宮室遺址的探討

近三十多年來發現有關西周的建築遺址，較爲完整的有：陝西岐山鳳雛村、⑥扶風召陳、⑥陝西扶風雲塘、齊鎮⑥等，春秋時代有陝西鳳翔馬家莊一號建築遺址。⑥這些考古成果提供我們新的視野。本文將此五處分別說明如下：

（一）岐山鳳雛村甲組基址

1976 年岐山鳳雛村發掘一座大型的宮室建築，考古報告稱爲甲組基址。依考古報告所言：「房基南北長 45.2 米、東西寬 32.5 米，共計 1 469 平方米。」⑥是很大的宮室遺址，可分出：影壁、前院、東門房與西門房、中院、堂、東小院和西小院、室、迴廊、東廂與西廂，左右對稱，井然有序：

> 建築物的形制以門道、前堂、後室爲中軸，東西兩側配置廂房，且

---

⑥　陝西周原考古隊：《陝西岐山鳳雛村西周建築基址發掘簡報》，《文物》1979 年第 10 期，頁 27—37。

⑥　陝西周原考古隊：《扶風召陳西周建築群基址發掘簡報》，《文物》1981 年第 3 期，頁 10—22。傅熹年：《陝西扶風召陳西周建築遺址初探——周原西周建築遺址研究之二》，《文物》1981 年第 3 期，頁 34—45。

⑥　周原考古隊：《陝西扶風雲塘、齊鎮西周建築基址 1999—2000 年度發掘簡報》，《考古》2002 年第 9 期，頁 3—26。

⑥　陝西省雍城考古隊：《鳳翔馬家莊一號建築群遺址發掘簡報》，《文物》1985 年第 2 期，頁 1—29。

⑥　同注⑥，頁 28。

以回廊相連，形成一個前後兩進，東西對稱的全封閉的院落。……前堂是基址的主體建築……由此可知前堂面闊六間，進深三間。堂前爲中院(中廷)，北側有三條斜坡狀的階道，可以升登前堂。由前堂經過廊通往後室，後室在基址北部，東西一排，共五間……基址兩側有對稱的廂房，東西各八間。……從基址出土的陶器來判斷，其使用的年代下限當在西周晚期。[68]

依考古報告的復原，整個基址有前堂一間、東西門房各一間、東廂與西廂各八間、後室五間，若依楊鴻勛的復原，則有堂一間、東西塾各一間、東西夾各一間、東西旁(房)各兩間、東西廂各四間、室四間、北堂一間，[69]可知楊先生的復原將考古報告最東的室稱爲北堂，將考古報告的廂房，分爲夾、房、廂三類。

由出土甲骨推測這建築可能始自西周早期，而下迄年代由陶器判定爲西周晚期。其性質，依考古報告推測爲宗廟使用：

在西廂房的第二室的窖穴 H11 中又出土了大批的甲骨，因此，這組建築應是作爲宗廟來使用的。[70]

此建築遺址在目前考古發掘的西周宮室遺址中是最龐大的一座，該遺址主人的身份很高，應不下於諸侯。

(二) 扶風召陳 F3、F5、F8

扶風召陳西周建築遺址已公布的十五座基址，可分爲西周上層建築基址和西周下層建築基址，以前者的 F3、F5、F8 三處較爲清楚。

F3 是這批基址群中保存最好的一座，據報告指出：

臺基夯土築成，東西長 24、南北寬 15 米……東西兩側中間凹進一段，略成工字形。……室內柱礎四十一個，布局規整，分爲東西和

---

[68] 中國社會科學院考古研究所：《中國考古學・兩周卷》(北京：中國社會科學出版社，2004 年)，頁 57。

[69] 楊鴻勛：《西周岐邑建築遺址初步考察》，《文物》1981 年第 3 期，頁 24。

[70] 同注[68]，頁 34。

中間三部分。……F3 東西共七排柱礎，六間，面闊 2.2 米（柱中距）。南北五間，進深 13.5 米。F3 東西各發現一條牆基，向南延伸綫正分別通過東西的兩個附加柱。㊆

考古報告未做任何宮室的復原，只推測了東西六間，南北五間，楊鴻勛則推想爲中間一大堂，又有東堂和西堂，四個角落各有一房。㊁ 這樣建築以三個堂爲重心，房就分布於四角落。

F5 基址殘存，經考古學者復原，其大要爲："復原後兩端南北四排柱子，中間部分南北三排柱子。東西八間，總面闊 28 米，總進深約 9 米。"㊂ 楊鴻勛對 F5 則復原爲一堂，中有五室，東西各三間的四阿瓦屋。㊃

F8 與 F3 較爲相似，其情況依考古報告所云如下：

室內柱礎東西八排……南北四排，間距 3 米。兩個 2.5 米小開間的中間各有一個附加柱，沿附加柱南北延伸各有一條牆基，把 F8 分爲三室。……中室內減去一排楣柱，而移楣柱於明間的中間。F8 東西七間，總面闊近 21 米；南北三間，總進深 9 米；中間四間，面闊 12.5 米；東西兩室各一間半，面闊各是 4.25 米。中室中間臺基之下前後各有一階，長 1.6 米，寬在 1 米以上。東西兩室的臺階破壞無存。㊄

關於 F8 的基址，楊鴻勛復原爲中間與東西各一堂的三堂結構。㊅

上述基址中，需要特別留意的是 F3 和 F8 中間附加柱所延伸的牆基，這東西的兩個牆基或許和禮學家所繪禮圖的東西序有關。這一建築遺址群的時代，考古報告以爲"西周中期"建造的，而"當是西周晚期或晚期偏早時廢棄的"。㊆

㊆ 同注㊆，《扶風召陳西周建築群基址發掘簡報》，頁 14。
㊁ 同注㊉，頁 30。
㊂ 同注㊆，《扶風召陳西周建築群基址發掘簡報》，頁 13。
㊃ 同注㊉，頁 32。
㊄ 同注㊆，《扶風召陳西周建築群基址發掘簡報》，頁 13。
㊅ 同注㊉，頁 31。
㊆ 同注㊆，《扶風召陳西周建築群基址發掘簡報》，頁 21。

(三) 扶風雲塘(F1、F8)、齊鎮(F4、F9)

扶風雲塘基址和齊鎮西周建築基址於 1999 年秋季至 2000 年發掘，兩處相近，出土的基址也近似。關於雲塘建築基址(F1)(圖十六)，其大致情況如下：

> 平面整體呈"凹"字形，凹入部分面南。……夯基東西兩邊中部各有一處臺階式門道，面南的凹入部分有兩處臺階式門道，北邊中間偏東處有一臺階。[78] 臺基表面共有柱礎坑37個，南北向7排。東邊兩排和西邊兩排(含凸出部分)每排6個，各自兩排南端兩坑之間增設1個柱礎坑(第7號和第31號)；正中一排3個，緊鄰其旁的兩排各4個。坑與坑的間距以中心計多爲3米左右。唯中間三排特殊，

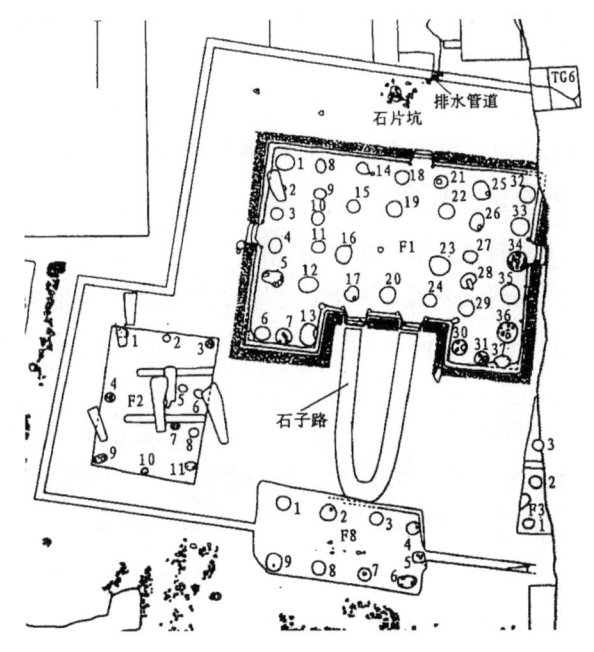

圖十六　陝西雲塘的西周建築基址
(摘自《考古》2002 年第 9 期，頁 5)

---

[78] 同注⑥，頁 4。

> 正中一排南面兩坑間距 7.2 米……此四坑之間形成一寬闊的庭堂，正處於夯基正中南半部分，應是該建築的主要活動場所，也是其主要特色之一。臺基東、西、北三邊的兩圈柱礎坑兩兩相對，間距均在 3 米左右，構成一圈圍繞中間庭堂的房間。⑲
>
> 臺階共 5 處。東、西、北三側各一處，南邊内凹部分 2 處。均呈臺階狀，每處現存三級。⑳
>
> 石子路有兩條，其北端與兩南門相接，路北界距一級臺階 0.2 米。其南端相連，内側圓弧，外側呈梯形。整體爲口朝北的"U"字形。㉑

至於 F1 的門塾 F8，依報告：

> 北距 F1 臺基南緣 14.1 米，其中綫與 F1 中綫在一條中軸綫上。㉒
>
> 從柱礎坑分布看，此建築臺基上至少有一排面闊 3 間的房子。臺基中間第 3、4、7、8 號柱礎坑之間散布有幾塊石頭，略呈對稱狀，可能與門檻類設施有關。㉓

另外，尚有 F2、F3，屬東西廂，和 F1 不相接。

扶風齊鎮西周建築基址(F4、F9)在雲塘西周建築基址東 52.4 米處，F4 相當於雲塘建築基址的 F1，F9 亦屬門塾性質，因格局相似，故不再徵引。

這兩處基址(即 F1 與 F8、F4 與 F9)，都有主體建築部分(堂室部分)與門塾，中階有二條石子路成 U 形。兩處基址的布局與傳統宮室圖最爲相近。考古報告定其年代爲西周晚期。㉔ 徐良高、王巍已指出 F1 基址的性質：

---

⑲ 同注⑮，頁 4。
⑳ 同注⑮，頁 4。
㉑ 同注⑮，頁 6。
㉒ 同注⑮，頁 8。
㉓ 同注⑮，頁 8。
㉔ 同注⑮，頁 23。

無疑屬於西周高級貴族所使用的建築。至於其具體的用途性質,可能與家族宗廟有關。⑧

若就文獻記載與禮學家所論來看,這兩處基址應屬宗廟建築。

(四) 鳳翔馬家莊一號建築遺址

鳳翔馬家莊一號建築遺址(F1)爲陝西雍城考古隊於 1981 年 3 月至 1984 年初所發掘,考古報告有兩篇:《鳳翔馬家莊一號建築群遺址發掘簡報》(以下稱"報告一")與《秦都雍城鑽探試掘簡報》(以下稱"報告二"),雖皆爲陝西雍城考古隊所發表,內容却有出入。

據報告一,此遺址"大門、中庭、朝寢及亭臺由南而北依次排列,形成建築的中軸綫:東西兩側配置廂房,左右對稱;東、西、南、北四面環以圍牆,形成一個全封閉式的建築群"。⑧ 由報告一所繪的平面圖(圖十七)與鳥瞰照片,可以看出有三個呈凹形的建築,一在北方(面向南),另二個東西相對。報告一將在北面南的建築稱爲"朝寢",東西相對的兩個建築稱爲"東西廂"。對於"朝寢",報告一描述如下:

> 兩側前突,"冂"形平面布局。東西面闊 2 080(東牆外壁至西牆外壁)、南北進深(南北牆外壁之間)1 390 釐米。"冂形"正中缺口處爲前朝(堂),其後長方形居處爲後寢(室)。朝寢兩側凸出部分可能係東西夾室,朝寢之後半部設三門,應有三室,故暫稱北三室。
>
> 前朝 平面呈長方形,無檐牆,面闊三間……
>
> 後寢 封閉式長方形……
>
> 東西夾室 位於前朝與後寢的東西兩側,形制相同。均呈曲尺形平面。……東西夾室與北室間均有隔牆……夾室均有門,分設在

---

⑧ 徐良高、王巍:《陝西扶風雲塘西周建築基址的初步認識》,《考古》2009 年第 9 期,頁 33。

⑧ 同注⑥,頁 2。

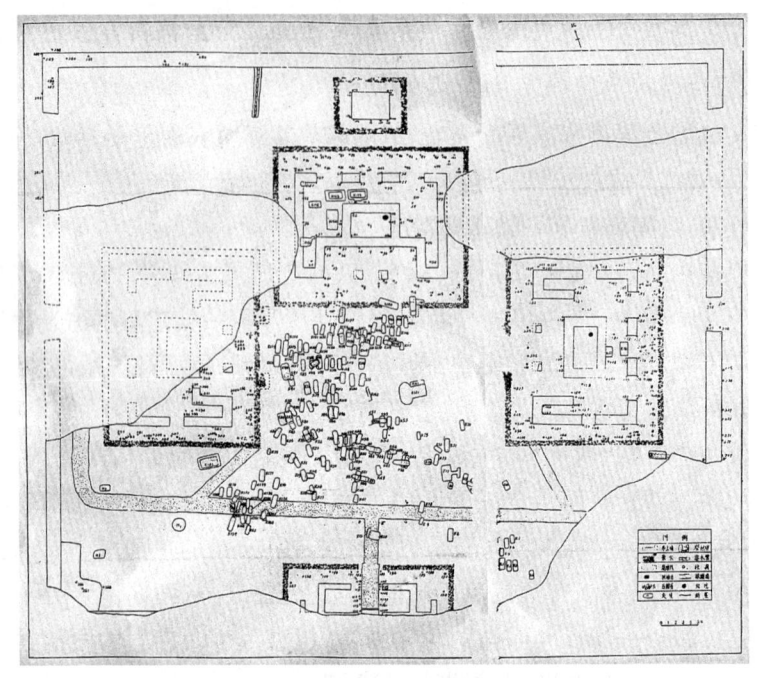

圖十七　鳳翔馬家莊一號建築遺址群平面圖
（摘自《文物》1985年第2期，頁4—5）

朝堂的東西牆上，由朝堂出入。東夾室門西向……西夾室門東向。[87]

　　北三室　在前朝、後寢及東西夾室的北部，有三門。中室與東西室亦應隔開，但未見夯牆及柱洞，推測可能由後寢北牆東西兩端向北札隔牆直抵北三室北牆。因此，中室當爲一長方形明間……門兩旁各有夯土牆一段……

　　　　階　在前朝東、西次間正前方的散水處，均發現許多近方形、近長方形旳片狀麻石……依次排列成一個略有坡度的平面。[88]

報告一所稱的北三室，依禮學家所稱，東西當是"兩房"。又東西夾室由基址看來，不是長方形的空間，而是前端凸出，爲凹形建築的兩端，這和扶風

---

[87]　同注㊋，頁5。
[88]　同注㊋，頁6。

雲塘建築基址(F1、F8)、齊鎮建築基址(F4、F9)相似。"朝寢建築"南邊有東西相對的建築，即報告一所稱的"厢房"與雲塘F2(西厢)、F3(東厢)，乍看是一樣的格局，但是雲塘建築基址的F2與F3，規模遠比F1小，而且内部的房室布局則是不同，馬家莊三個凹形建築基址，規模大小相當(北方這座稍較完備)，這一點是不可不留意的。報告二則認爲這三個凹形建築，在北的這座(即報告一所稱的"朝寢")爲"祖廟"，東西相對的兩座爲"昭廟"(東)、"穆廟"(西)，⑧并指出：

  昭廟坐東朝西，平面布局與祖廟的朝寢建築相似，只是朝堂東部的南邊和北邊與南北兩夾室相通，無牆相隔。

  穆廟坐西朝東，但破壞嚴重，僅殘留東南角。但從殘留部分來看，應和昭廟是對稱的。⑨

關於馬家莊一號建築群的性質，報告一推測有宗廟作用，報告二則直接稱之爲宗廟遺址。

本文認爲由三個凹形基址的規模相當來思考，報告二將此三個建築基址視爲祖廟、昭廟與穆廟的意見是可從的，這比報告一東西厢的説法爲佳。

馬家莊F1的時代由器物類型與成組情況，報告一推測爲"廢棄時間應在春秋晚期"，"其建築年代應在春秋中期"。⑪

以上述的考古建築基址中，與《儀禮》時代相近且能和傳世禮圖相應的，有西周晚期的"扶風雲塘(F1、F8)、齊鎮(F4、F9)建築基址"與春秋中期的"馬家莊一號遺址"。"雲塘建築基址"比"齊鎮建築基址"在布局上較爲規整，⑫與禮圖也更能相應。本文就陝西雲塘與齊鎮的西周建築基址(F1、F8；F4、F9)

---

 ⑧ 陝西省雍城考古隊：《秦都雍城鑽探試掘簡報》，《考古與文物》1985年第2期，頁7—20。此篇發表在《鳳翔馬家莊一號建築群遺址發掘簡報》之後，雍城考古隊的意見應以後發表者較可爲代表。另韓偉於《馬家莊秦宗廟建築制度研究》(《文物》1985年第2期，頁30—38)也認爲應稱此三建築爲太祖之廟(居中)、昭廟(東)與穆廟(西)。事實上韓偉也是《鳳翔馬家莊一號建築群遺址發掘簡報》、《秦都雍城鑽探試掘簡報》的撰寫人之一。

 ⑨ 陝西省雍城考古隊：《秦都雍城鑽探試掘簡報》，頁14—15。

 ⑪ 同注⑥，頁29。

 ⑫ 例如雲塘建築遺址的"唐(陳)"(即中庭U形的道)左右兩條較爲對稱，齊鎮建築遺址的東階在轉角凹處，所以呈現不對稱的現象。

爲基礎，畫製“諸侯大夫宗廟圖”，以馬家莊一號遺址畫製“公之宗廟圖”。

四、細部討論與新繪宗廟圖

（一）雲塘建築基址的細部討論

徐良高、王巍將陝西扶風雲塘西周建築基址（F1、F8）與禮圖比較，認爲戴震《考工記圖》“宗廟”較其他禮學家所繪禮圖合理，并將各部件名稱填入，重繪“雲塘西周建築基址群部位稱謂圖”[93]（圖十八）。

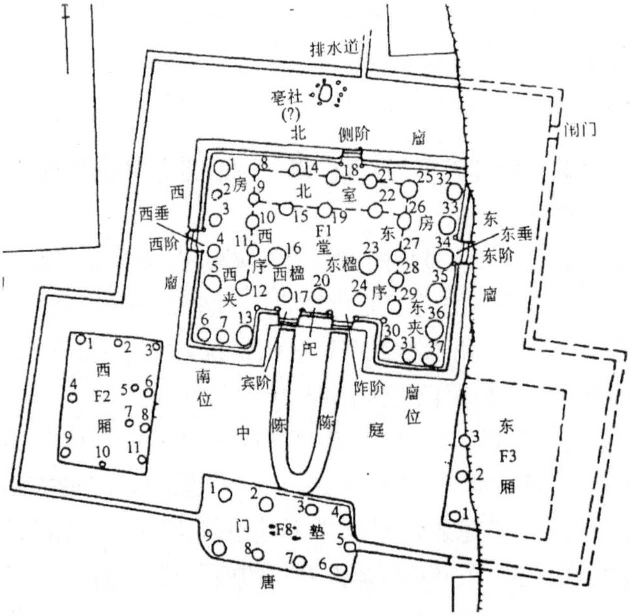

圖十八　雲塘西周建築基址群部位稱謂圖

（摘自《考古》2002 年第 9 期，頁 28）

其實，不只是戴震的《考工記圖》“宗廟”圖值得留意，由雲塘建築基址的結構來看，尚有幾家禮圖可以留意：任啓運的“廟寢門堂室各名總圖”、

---

[93] 徐良高、王巍：《陝西扶風雲塘西周建築基址的初步認識》，《考古》2002 年第 9 期，頁 27—35。

洪頤煊《禮經宮室答問》的宮室圖、黃以周"天子諸侯廟制"圖、"伏生書傳路寢"圖、"天子燕寢諸侯以爲路寢大夫以下以爲廟制"圖。

任啓運的"廟寢門堂室各名總圖"（圖五），中間部分是廟的結構，他在東西廂南畫有東堂和西堂，東堂東爲東側階（又稱東下階、東面階），西堂西爲東側階，一般禮圖都將側階置於近榮處（偏向東南和西南），而任氏將側階置於東面和西面的中間處，且合乎"堂下有階"的說法，與雲塘建築基址暗合於千年，不可不謂其獨到之處。唯有一點是較易被質疑的，大多數的禮學家都認爲東堂和西堂在東夾和西夾之南，任氏則以爲在東夾和西夾之北。

洪頤煊著《禮經宮室答問》的宮室圖（圖十三），五個階的位置與考古發掘現象完全吻合，北階在北面置中（雲塘北階置中稍偏東而齊鎮北階置中），東西側階亦置中，故其禮圖亦能暗合於千年。

黃以周的"天子燕寢諸侯以爲路寢大夫以下以爲廟制"（圖十四），將夾置於房南，房之戶在夾，不在堂，有其高明之處，由徐良高和王巍的雲塘遺址復原圖（圖十八）來看，房的南北寬度似多於室，但如此一來，則房之戶難有出口。若房之南爲夾，則房之戶面對夾，黃氏認爲夾向堂一面無堵以隔開，戶的出入就沒問題了。此圖較有可商之處是側階的位置，依雲塘基址的情況來看，此圖階應北移，那麼，便會出現階不對堂而對夾的問題。這一點或可由齊鎮建築基址（F4）的現象來考量，F4 的西側階略偏南，或許在西周晚期，側階的位置是有偏南的發展。㉔

諸侯與大夫之廟有東西房，萬斯同與江永繼宋儒意見，益以論述，可爲定說，而寢與廟爲相似之建築，故諸侯之寢與大夫之寢亦當爲二房一室，孔廣森以爲諸侯之寢二房一室，大夫則東房西室，可備一說。胡培翬以爲諸侯與大夫之正寢二房一室，燕寢東房西室，亦可備一說。囿於文獻，未能論斷是非。

本文依雲塘西周建築基址及傳世禮圖，新繪"諸侯大夫宗廟圖"（圖十

㉔ 這一點可以再討論，因爲齊鎮和雲塘兩處遺址以雲塘較爲規整，齊鎮遺址較大，再考慮當時可能宮室結構仍在發展中，春秋以後，可能側階的地點才有定制。

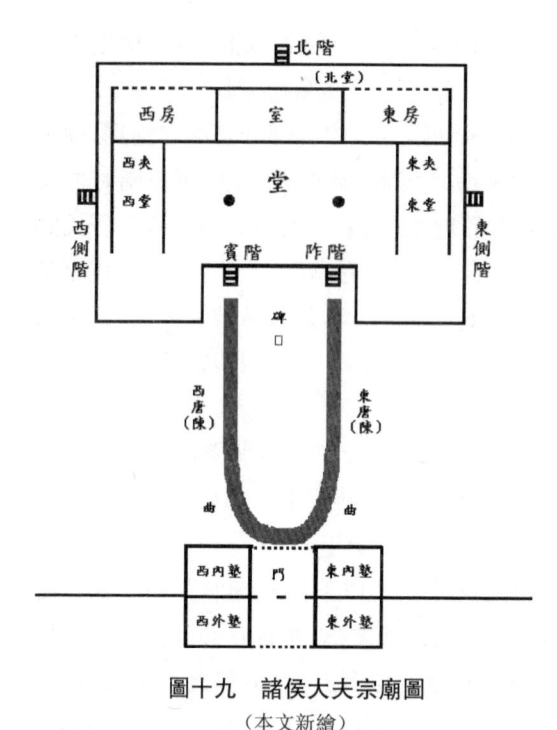

九),下面就其與禮學家所製禮圖的不同之處予以說明:

1. 整個宗廟的基址形狀爲倒凹字形,非長方形,這一點不僅是雲塘和齊鎮兩個基址,春秋時代的馬家莊 F1 三個宗廟建築亦是倒凹字形的。

2. 兩唐(又稱兩陳),即入門的兩條通向阼階和賓階的道,遺址是成"U"形,而禮學家皆以爲成"凵"形,這是肇因於《儀禮》的記錄,如《士冠禮》"每曲揖。至于廟門,揖入。三揖,至于階",鄭玄注云:"入門,將

圖十九　諸侯大夫宗廟圖
(本文新繪)

右曲,揖;將北曲,揖;當碑,揖。"傳統學者認爲是直角,故所繪之圖則有右曲、左曲,於是作"凵"形。這一點可以再商議,曲若解釋爲如 U 形的圓角亦無不可,圓角於行進時,亦當曲行,凡於行進間逢曲處,則不能直行,則因需轉身,故行揖爲禮,直角固然必須轉身,而圓曲狀的角,也是必須轉身的,故《儀禮》三處每曲揖,⑮兩唐之曲不必然爲直角,如考古所呈現的 U 形似乎更合於人情,試想主人和賓入門就一向東一向西背對而行,與入門後稍側身而行,兩者相較,主人和賓入門稍側身而行似乎更合理。也就是說,根據出土遺址的唐(陳)來看,由門塾入,主與賓將分向東唐(陳)和西唐(陳)時,在微向左右側易前,先做第一個揖,走至東西唐圓角處,主賓皆

---

⑮ 《儀禮》提到曲的有三處:《士冠禮》一處"主人揖贊者,與賓揖,先入,每曲揖。至于廟門,揖入。三揖,至于階,三讓"。《聘禮》兩處"公揖入,每門每曲揖。及廟門,公揖入,立于中庭","大夫先入,每門每曲揖,及廟門,大夫揖入"。

向北，此時做第二個揖，如此解釋，亦合於"入門，將右曲，揖；將北曲，揖"，禮學家舊說以爲將右曲時，主人右轉九十度，賓左轉九十度，是主賓相背，不若作 U 形，主賓微轉身來得合情合理。

當然，我們可以有以下幾個考量：(1) 雲塘和齊鎮的基址時代爲西周晚期，或許春秋時由"U"形演變爲"凵"形；(2) 或是禮學將"右曲"求之過甚；(3) 當時的曲或爲直角或爲圓角。不過，因爲雲塘和齊鎮兩處建築基址是考古上的實例，本文所繪之圖乃以合於實例爲重要考量。

3. 禮學家所繪廟寢圖都有碑，而兩處遺址皆無碑，據《儀禮》一書經文，的確庭中有碑，其文如：

《聘禮》"陪鼎當內廉，東面北上，上當碑，南陳"、"壺東上，西陳，醯醢百甕，夾碑，十以爲列"、"賓自碑內聽命，升自西階，自左，南面受圭，退負右房而立。大夫降中庭。賓降，自碑內，東面，授上介于阼階東"。⑯

《公食大夫禮》"士舉鼎去冪于外，次入，陳鼎于碑南"、"庶羞陳于碑內。庭實陳于碑外"。⑰

鄭玄注《聘禮》"米百筥，筥半斛，設于中庭，十以爲列，北上。黍、粱、稻皆二行，稷四行"。云：

庭實固當庭中。言當中庭者，南北之中也。東西爲列，列當醯醢南，亦相變也。此言中庭，則設碑近如堂深也。⑱

賈公彥《儀禮疏》於《士昏禮》"至于廟門，揖入。三揖，至于階，三讓"處云："碑在堂下，三分庭之一，在北。"⑲禮學家或以爲廟有碑而寢無碑，或以爲兩者皆有碑，說法分歧，本文依據考古材料考察宗廟性質之建築遺址，雖未發現有碑之遺迹，然而依《儀禮》所載，廟中是有碑的，"碑"古或作"椑"，且出土文物中亦有木製者，木製之碑可能朽滅，當然也不排除碑

---

⑯ （漢）鄭玄注，（唐）賈公彥疏：《儀禮注疏》（臺北：藝文印書館，1955年，影印嘉慶二十年江西南昌府學刊本），卷21，頁14；卷22，頁1；卷23，頁1—2。

⑰ 同上注，卷25，頁6；卷26，頁3。

⑱ 同上注，卷22，頁2。

⑲ 同上注，卷4，頁3。

（椁）是可以移動的或廟中有碑是後來的定制。本文研究目的在以出土文物與禮書相參驗以繪出宗廟結構圖，若宗廟圖不繪碑，則《儀禮》提及碑處，將無處可憑，故從禮書所載，於廟庭繪碑。金鶚（1771—1819）《求古錄禮說》《碑考》一文指出：

> 宫廟設碑之所，先儒皆無確解。鄭君注《聘禮》云"設碑近如堂深"，《士昏禮·疏》云："碑在堂下，三分庭一，在北。"李如圭《儀禮釋宫》從之，敖繼公則謂："碑居庭東西南北之中。"鶚案：二說皆非也。《士冠禮》"設洗，南北以堂深"，若設碑亦如堂深，則洗何不曰"南當碑"乎？《鄉射》"設楅于中庭南，當洗"，若碑亦當洗，何可以設楅乎？即或楅稍北於碑，而楅之南，司馬所有事，有碑則礙矣，是知三分庭一在北設碑者，非也。《聘禮》云："饗飪一牢，鼎九，設于西階前，陪鼎當內廉，東面北上，上當碑。"夫曰"階前"，則其地必近階，鼎設于此而當碑，則碑之近階可知。若碑遠在中庭，豈可謂階前乎？……竊謂設碑之所，蓋四分庭一，在北也。⑩

本文所繪"諸侯大夫宗廟圖"依《儀禮》記載，繪碑於兩唐之間，又依金鶚之說，將碑之位置由禮學家所說庭三分之一再向北移。

4. 依雲塘基址，室和房的東西長約六公尺，即三個柱礎；南北寬約三公尺，兩個柱礎；東西堂及夾的東西長度約三公尺，即兩個柱礎之間。如果依徐良高、王巍"雲塘西周建築基址群部位稱謂圖"，將房的東西長度定為兩個柱礎，那麼只有三公尺見方，似嫌太窄小，如果將房的南北長度定為六公尺，則房南便與側階相近，在禮儀進行上，有所妨礙，故本文將房室南北長度定為相同，均為一個柱礎的距離，東西長度均為兩個柱礎的距離，也就是六公尺。

最後有一點是必須要說明的：或許學者們會提出本文所繪"諸侯大夫宗廟圖"取證於西周晚期遺址，在時代上和《儀禮》撰成時代有所差距，關於這個問題，本文認為，廟制的變化會比一般建築來得緩慢，一種儀式

---

⑩ （清）金鶚：《求古錄禮說》卷10（濟南：山東友誼書社，1992年，《孔子文化大全》影印清道光庚戌嘉平木犀香館本），頁10、12。

或制度，若進入禮的範疇，那麼就會具有一定的穩定性，宗廟就是這種較有穩定格局的建築，何況兩處遺址的建築結構和古書經傳對宮室的記錄，大部分是相同的，所以本文依據西周晚期的兩處遺址繪製"諸侯大夫宗廟圖"，用於研讀《儀禮》應是可行，而且是較合乎歷史實況的。

（二）馬家莊一號遺址

馬家莊一號遺址包含了三座建築基址，一座在北面南，二座則東西互望，今以在北的這一座基址爲例（下面稱爲北座基址），探討如下：

韓偉畫有"秦公祖廟名謂圖"⑩（圖二十），以室爲中心，室兩旁爲東房和西房，室北爲北堂，東房北爲東堂，西房北爲西堂，東房東南有東夾室，西房西南爲西夾室，室房之南和兩夾室之間爲堂。

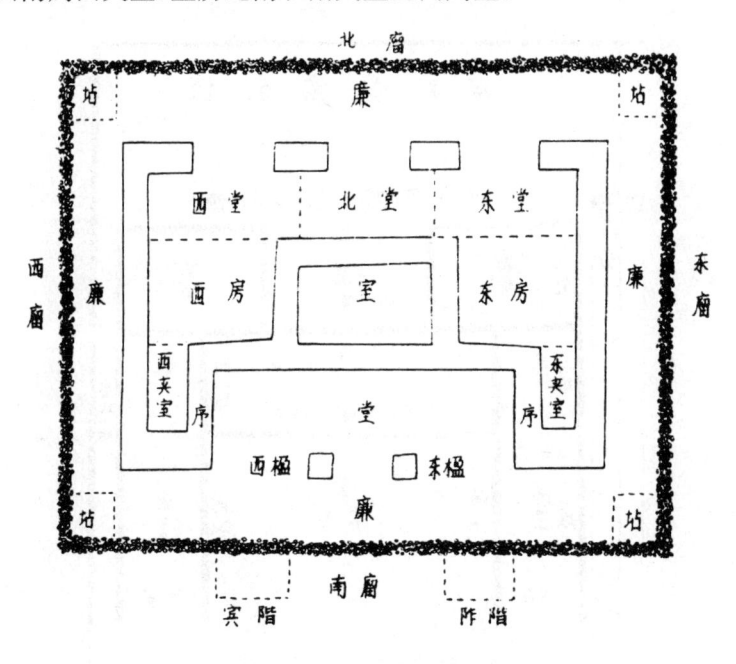

圖二十　秦公祖廟名謂圖
（摘自《文物》1985 年第 2 期，頁 31）

---

⑩　韓偉：《馬家莊秦宗廟建築制度研究》，《文物》1985 年第 2 期，頁 31。

關於馬家莊一號的北座基址是否有三個堂在北，是值得商議的，事實上這個基址和黃以周"天子諸侯廟制"圖（圖十五）、"伏生書傳路寢"圖（圖二十一）相近。馬家莊一號北座基址中間的部分，即是黃以周所稱的太室，在西周銘文中常見的"大室"一詞，亦即此，北面的三間，黃以周以爲中爲北堂，兩旁爲東房和西房，這樣的安排比韓説的三個堂來得合理，太室的兩旁爲東西夾和東西堂，在北座基址來看，似乎不好分，因爲兩處成曲尺狀的南半部甚爲狹窄，作東堂和西堂似乎太小，韓説以爲東夾室和西夾室，似較爲合理，那麽由東座（即馬家莊一號遺址位於東邊面西的基址）於其東及西各有一缺口來考慮，大室旁應爲東堂和西堂，其南可以視爲東夾和西夾，這可能有違大多數禮學家以堂在夾南的説法，但是就考古所呈現的基址來看，這兩個曲尺狀的空間，是兩個房間，又夾着大室和堂，稱爲夾

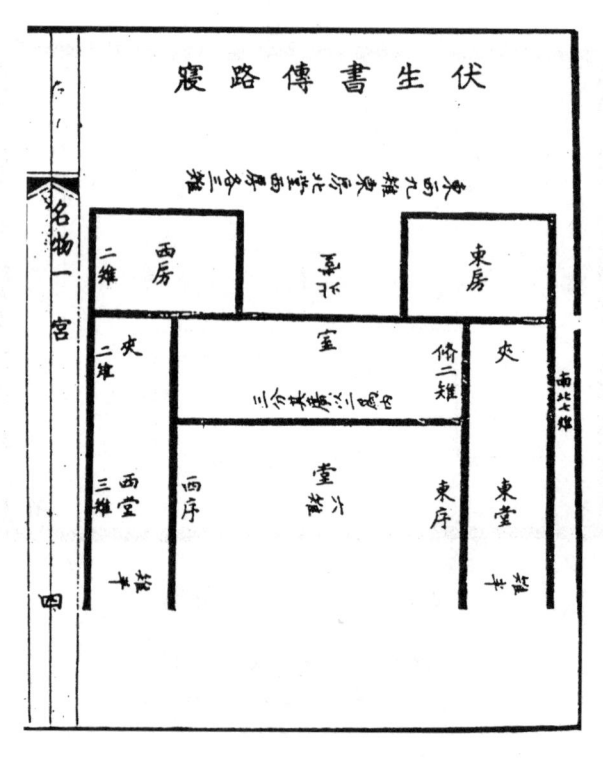

圖二十一　伏生書傳路寢圖

是較好的，至於東堂和東夾、西堂和西夾的夾和室或許可以不去細分，因爲本來其間就没墻牆隔開。本文參考馬家莊一號遺址北座新繪"公之宗廟圖"（圖二十二）。

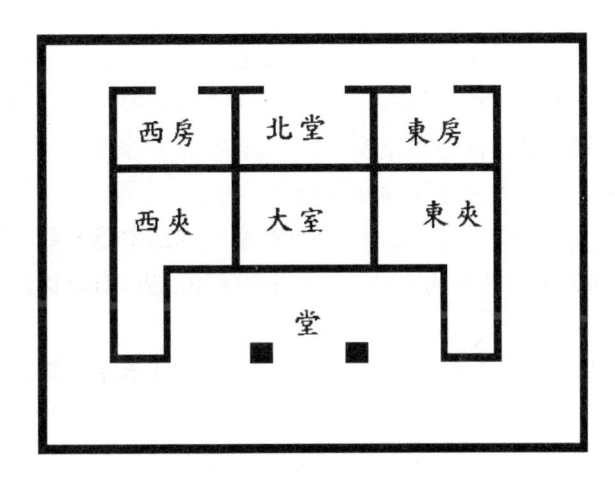

图二十二　公之宗廟圖
（本文新繪）

公的地位在諸侯中是最高的，公的祖廟和一般諸侯（尤其是畿内侯）當有區别，馬家莊一號遺址是秦公的祖廟遺址，等級比雲塘、齊鎮建築基址爲高，故分别以兩種圖表示。

五、結　語

本文探討了歷代禮學家的説法及禮圖，并且結合考古出土材料，分别繪製了"諸侯大夫宗廟圖"、"公之宗廟圖"。綜上所述，關於諸侯和大夫宗廟形制，本文認爲：

1. 整個宗廟基址是"倒凹字"形，南面中間凹入，有阼階和賓階。傳世禮圖皆以宗廟及宫室基址爲長方形結構，與出土的情況有别。

2. 東西唐（陳）之狀，宗廟遺址作"U字"形，傳世禮圖皆以爲"凵字"形，這樣當主人和賓入門，將轉向，主人向左，賓向右，此時必兩人相背，若兩唐爲"U形",則不必相背,亦較合情理。

3. 房和夾應是南北相接的,夾是否爲室,因經文未有明確記載,亦無直接材料可以論證,故存疑。有學者認爲房和夾中間隔着東西堂,論據尚嫌不足。

4. 宗廟之階依今日所見西周建築基址爲五個,北一、東一、西一、南二。北階的位置,歷來有二説:一者依東房北爲北堂之説,以爲北階在北面偏東;另一説,張惠言認爲東房和西房皆有北堂,將階置於北面近中間的位置。第二説與出土遺址的實況相合。

對於諸侯地位較高者公之宗廟形制,本文認爲中爲大室,大室北爲北堂,北堂兩側爲東房與西房,大室兩旁爲東夾和西夾,南爲堂。

後記:本文原發表於《漢學研究》2006年第24卷第2期,頁1—40。

近六十年(1950—2010)關於《儀禮》食器的討論

一、前　言

　　"名物"是禮學研究的一個課題，名物包含的範圍很廣，舉凡宮室、器物、動植物等，均屬於這個課題的範疇。就傳世經學古籍而言，對於禮經所載名物的認知主要有兩個渠道：一是禮經的訓詁著作；二是傳世的禮圖。訓詁著作大多是歷代的注疏集解等文字資料，以義界的方式爲主描述名物之形狀、樣式、材質、功用、類别、性質、地域性等，或佐以比對的方式説明，即使如此，讀者仍囿於抽象而無法明確地認知該名物之形貌。禮圖比起文字描述自然更爲具體，多數禮圖皆有文字爲輔，使讀者更能掌握該名物的相關知識。

　　前人提及漢儒注解《儀禮》有圖文相應的説法，①或讀《儀禮》者，左圖右書，得以圖文并用。禮圖歷經不斷的傳抄和因革，在可查得的相關著録

---

① 清人曹元弼云："鄭賈作《注》作《疏》時，皆必先繪圖，今讀《注》《疏》，觸處皆見其蹤迹……如《燕禮》主人盥洗象觚，《注》云'取象觚者，東面'，《疏》云'以膳篚南有臣之篚，不得北面取，又不得南面背君，取從西階來，不得篚東西面取，以是知取象觚者，東面也'。此必鄭有圖，故知東面取；賈有圖故知不得北面、南面、西面，而必東面也。"〔(清)曹元弼：《禮經學》卷1，《續修四庫全書》影印清宣統元年刻本，頁66b—67a]憲仁案：鄭玄《儀禮注》前，漢儒已有相關經注，以曹氏之理推之，鄭玄《三禮圖》前有所承，則鄭玄之前應有禮圖。

中，以鄭玄與阮諶《三禮圖》爲最早，②但目前的傳世禮圖，時代最早的是北宋聶崇義的《三禮圖集注》；③其後，歷代禮圖書籍已自成體系。北宋陸佃、陳祥道對於《三禮圖集注》多所批評，於是作《禮象》、《禮書》，④宋代金石學興盛，對於器物多有考定，⑤參考出土實物，對禮圖的發展具有很重大的意義。清代金石學與小學俱盛，在器類的判別上亦有超越前代的成果。⑥民國以來，古文字學發展迅速，經由銅器自名⑦已能確定多數的器類，1928年安陽的科學考古，開啓中國考古工作的新頁，爾後銅器的器群、器類、時代、功用、器形、身份等課題的研究取得豐碩的成果，促使禮學器物的研究有更深入的進展。

———————

②　《隋書·經籍志》記錄東漢兩家《三禮圖》爲鄭玄與阮諶所繪，又據《經義考》卷163所引張昭之說，阮圖"多不按禮文而引漢事，與鄭君之文違錯"[(清)朱彝尊：《經義考》(臺北：中研院中國文哲研究所，1997年，汪嘉玲、張惠淑、張廣慶、黃智信點校本)，頁383]。兩家《三禮圖》均不傳，清儒輯佚有王謨《漢魏遺書鈔》、馬國翰《玉函山房輯佚書》、黃奭《黃氏逸書考》三家本子。據姚振宗考證，阮諶尚有《周室王城明堂宗廟圖》，《隋書·經籍志》載作者爲祁諶，姚氏改之[(清)姚振宗：《隋書經籍志考證》卷4，《續修四庫全書》影印開明書店鉛印師石山房叢書本，頁82]。另東漢術氏著有《冠圖注》，亦爲漢儒《儀禮》禮圖見諸著錄者，術氏生平不詳，該書亦佚[(清)顧懷三：《補後漢書藝文志》，收錄於《二十五史補編》第二冊(北京：中華書局，1995年)，頁2215]。

③　收錄於《通志堂經解》、《文淵閣四庫全書》等。此書保留部分前代《三禮圖》而常有新說。

④　陸佃的《禮象》全書15卷，已佚；陳祥道《禮書》全書150卷，傳世有不少版本，以《文淵閣四庫全書》本最易取得。

⑤　今有不少銅器之類名爲宋人所定，王國維云："凡傳世古禮器之名，皆宋人所定也。曰鐘、曰鼎、曰鬲、曰甗、曰敦、曰簠、曰簋、曰尊、曰壺、曰盉、曰盤、曰匜、曰盦，皆古器物自載其名，而宋人因以名之者也；曰爵、曰觚、曰觶、曰角、曰斝，古器銘辭中均無明文，宋人但以大小之差定之，然至今日無以易其說，知宋代古器之學，其說雖疏，其識則不可及也。"[王國維：《說觥》，《定本觀堂集林》上冊卷3，收錄於楊家駱主編：《讀書札記叢刊》第1集第6冊(臺北：世界書局，1991年)，頁147]宋人所定之名如爵、觚、觶、角、鼎、鬲、盤、戈等，皆爲考古學與器物學所從，然宋人於簠、盨、敦三者，或稱簠爲敦爲彝、稱盨爲彝；甚者以彝綜稱各類器物者。其精粗臧否可視各圖錄內容而論。

⑥　如錢坫辨毁爲簋，改正宋人以來釋毁爲敦之說；嚴可均、許瀚、韓崇、黃紹箕等，皆釋毁爲簠，此爲不朽之論。參容庚：《商周彝器通考》上冊(臺北：文史哲出版社，1985年)，頁320—322。

⑦　凡器物上有文字(銘文)自載其器類之名者，稱爲自名器，以簠爲例，《殷周金文集成》編號3581爲1954年陝西省長安縣斗門鎭普渡村長甶(囟)墓出土的"長甶毁(長囟毁)"，其銘文爲"長甶乍(作)寶陴毁(簠)"，銘文自云所作之器爲毁(簠)，這樣的器便稱爲"自名器"。

在禮器的討論上，銅器成爲焦點有其原因，在衆多考古出土的器物中，帶有文字的器物可以提供更精確的資訊，固然陶器比銅器更早應用於日常生活與祭祀活動，陶器上的文字（陶文）較爲簡略，提供的訊息量也與銅器銘文相差甚大。尤其銅器的自名現象，透過文字的釋讀，對於在器物所屬時代，使用者對其呼名提供重要的佐證與依據。在1950年以前，容庚先生的《商周彝器通考》⑧是禮器研究的分水嶺之作，馬承源先生在《中國青銅器》一書中推崇此書在銅器學的成就：

> 在青銅器研究的歷史上，第一次詳盡地把有關青銅器的各類問題，組成具有科學系統的著作。在此前，青銅器的研究者大多偏重於一個特定的方面，而且大多爲銘文，本書則是較爲全面性的綜合研究……旁徵博引，材料豐富，使青銅器的研究脫離了舊日的金石學，而成爲一項專門的學科，是書具有青銅器研究史上里程碑的意義。⑨

《商周彝器通考》把先秦銅器/彝器分爲食器"鼎、鬲、甗、簋、簠、盨、敦、豆、盧、鎗、俎、匕"12類，酒器"爵、角、斝、盉、觴、尊、觚、觶、方彝、卣、觥、鳥獸尊、壺、罍、瓶、鑐、缶、鐏、卮、枓、禁、勺"22類，水器及雜器"盤、匜、鑑、盂、盆、甑、枓、盌、瓿、皿、罐、鉫、行鐙、匜、不知名器"15類，樂器"鉦、句鑃、鐸、鈴、鐘、鐘鉤、錞于、鼓"8類。這是1940年以前器類研究的總成果，事實上，也可視爲1950年以前最完整的分類。

1950年以後，在分類上最重要的發展之一是歸類問題而衍生的器類名稱的討論。如自名器"鋪"是否從"豆"中獨立，或視爲豆的分支而仍歸在豆形器中，這個問題影響"鋪"是否被視爲食器的一個獨立器別。有些器物形制相同却有不同的自名，歸類上産生分歧與矛盾，如盨自名爲簋、盉自銘爲鑾，伴隨着新出土銅器銘文的自名現象，器物的異稱也成爲討論的焦點。各種討論牽動着器物類別的分合、地域性與特殊性的問題。

1950年以後，對食器（或稱飪食器）的分類，各家亦多寡有別，試舉兩家爲例。馬承源先生主編的《中國青銅器》分成15類："鼎、鬲、甗、簋、盨、

---

⑧ 此書於1941年由哈佛燕京學社鉛印發行。
⑨ 馬承源主編：《中國青銅器》（臺北：南天書局，1991年），頁562。

簠、敦、豆、鋪、盂、盆與盨、鐳、鍪、俎、匕。”朱鳳瀚《古代中國青銅器》分成10類:“鼎(附鼎形温食器)、鬲、甗(附甗鍑)、簋、盨、簠、敦、豆(附鋪)、⑩匕、⑪俎⑫。”⑬

《儀禮》各篇所載及的器物可依使用性質分爲：食器、酒器、水器、樂器、兵器、玉器、服飾、車馬、宫室等。⑭ 本文題目所稱“食器”指的是狹義的範疇,不包括酒器。在上述的範疇裏,本文整理《儀禮》食器,有“鼎、鉶、鑊、甗、甑、鬲、簋、竹簋方、簠、敦、豆、籩、鐙、俎、匕、朼、畢、棜、杅、筐、筥”等(詳參表一),其中與銅器器類相對應者有鼎、甗(銘文作獻)、鬲、簋(銘文作毁)、敦、豆、俎、匕等。《儀禮》食器與先秦銅器器類不相對應者有幾個現象：第一是名同而實異,如《儀禮》稱簋蓋、簠蓋、敦蓋爲會,銅器中有自名器稱鐳者,爲一獨立器類,會與鐳看似相同(同名)而所指各異。第二是《儀禮》有其類而銅器分類不獨立爲一類或根本没有該器類,如鑊這類器,鑊字見於銅器銘文,器物學者多歸入鼎類,鉶見於《儀禮》多篇⑮而不見於銅器自名。第三是銅器有其類,而《儀禮》未提及該類器,這與《儀禮》記載的性質有關,也可能是地域性和時代性所造成的。如銅器自名器“盨”。其他如竹簋方爲竹器,棜與杅⑯爲木器,不與銅器相比類。棜或爲棜禁之簡稱,性質兼具食器與酒器的功能,棜亦作爲承牲之木器專名。朼與匕材質不同。

近六十年來,對於《儀禮》中所提及食器的探討,可分成兩類：器形與功能;器物制度。前者討論的焦點如簠之器形是方或是圓、鉶是否是陪

⑩　其書將以上各類器歸屬“烹煮器與盛食器”。

⑪　其書將匕獨立分在“挹取器”。

⑫　其書將俎獨立分在“切肉器”。

⑬　朱鳳瀚:《古代中國青銅器》,天津：南開大學出版社,1995年。食器在頁67—88。

⑭　以上所列,乃依前人習慣性的分類,事實上這并非同一基準的分法。若以質材分,則可有金屬、竹木、玉石、布帛等不同類别;以功能分則有祭器(彝器)、生活用器、明器等不同類别。

⑮　鉶見於《聘禮》、《公食大夫禮》、《士虞禮》、《特牲饋食禮》、《少牢饋食禮》、《有司徹》等篇。

⑯　杅爲盛湯漿的器皿,《既夕》:“用器弓矢、耒耜、兩敦、兩杅、槃匜。”鄭《注》:“此皆常用之器也。杅盛湯漿。”禮書中亦可作水器使用。

鼎；後者如用鼎制度、身份與器物數量等。本文第二節重點擇要説明近六十年《儀禮》食器相關的研究情況，第三節爲專器的研究回顧，以學界討論較多的"簋"這類器爲對象，將相關的自名器"鋪"一并論述，最後以"《儀禮》所呈現的禮學視野不同於考古發掘的現象"爲全文結語，作第四節。

二、近六十年與《儀禮》食器有關的研究擇要

以《儀禮》食器爲考察對象，相關的論著除了"儀禮"類、"三禮"類等以傳統經學爲範疇的專著與期刊外，尚可擴大到"青銅器"類、"古文字"類、"考古學"類、"器物學"類、"中國古代史"類的相關學術資料。清末至民初，禮學家所繪禮圖中的器物圖像和出土文物不一定相同，禮學家有其禮學名物考證的方法與傳承，對於出土的器物不一定采用，但民國以後，這樣的現象已有改變。

首先，回顧1950年以前關於《儀禮》食器的研究成果，在"表一"所列的二十一器類，本文先做成果簡述。

鼎類：器形、功用皆已達成定説，已開始討論到"列鼎制度"和鼎形器的各種異名。

鍘類：以清儒意見爲主，罕有討論。

甗類：甗之器若可分者，上爲甑，下爲鬲形。器形和功用已達成定説。

鬲類：能明確區分鬲與鼎，⑰器形、功用已達成定説。對於異名已有學者提出討論。

簋類：清末已有學者能分辨簋與敦，⑱但到民國初年才爲多數學者接

---

⑰　蘇秉琦：《陝西省寶雞縣鬥雞臺發掘所得瓦鬲的研究》，收錄於《蘇秉琦考古學論述選集》，北京：文物出版社，1984年。

⑱　錢坫《十六長樂堂古器款識考》始辨毁字爲簋，韓崇《寶鐵齋金石文跋尾》亦有相同的看法，黃紹箕《説毁》提出《儀禮》的簋敦兩字隸寫多譌亂的意見，容庚舉出三點論證，認爲《儀禮》的簋敦爲一字，參見容庚：《商周彝器通考》上冊，頁323—324。

受,1950年以前已將簠從簋分出,簋、敦、簠三者完全能分別。簋之功用已有定説。

簠類:自宋儒以來將覆斗方形、蓋器大小相似、而自名爲匡的器稱爲簠,功用已有定説。

敦類:清末才能將敦與簋、敦與鼎區分,到1950年爲止,已將自名爲錞的器稱爲敦。器形已有定説,功能則依先秦禮書記載。對於《儀禮》一書的簋與敦,有學者提出傳寫混訛的看法。⑲

豆類:器物自名,器形與功用已有定説。

籩類:依禮書其功用已有定説。器形上,一般認爲和豆無別,其分別在材質。有學者提出銅器自名爲鋪的器可能是籩。⑳ 但鋪和籩古音聲紐尚近,古韻稍遠。

俎類:功用已有定説,形類與異名皆有專文討論。㉑

匕類:多依禮書記載,功能已有定説。

鑊類:金文有字形,故有相關討論,功能已有定説。

甑類:器形與功用已有定説。

竹簋方類:《儀禮》中只出現一次,功能與器形已有定説。

鐙類:豆之屬,功能與器形已有定説。

朼類:匕之屬,功能已有定説。

畢類:匕之屬,功能已有定説,器形依傳世禮圖。

棜類:《儀禮》器名爲棜者有二:一爲承獸之槃類;一爲棜禁。前者依禮書記載,功能已有討論,器形依傳世禮圖;後者爲禁類,屬酒器,禁之形制與功能皆有定説。

枓類:盛湯之器,以木爲之,多依禮書注疏記載,功能已有定説,器形依傳世禮圖。

---

⑲ 參容庚:《商周彝器通考》上冊,頁320—322。

⑳ 參高亨:《説鋪》,見《古銅器雜説》,收錄於《文史述林》(北京:中華書局,1980年),頁531—533。原文於1936年發表於《河南博物館館刊》第5集。

㉑ 參王國維:《説俎上》,《定本觀堂集林》上冊卷3,收錄於楊家駱主編:《讀書札記叢刊》第1集第6冊(臺北:世界書局,1991年),頁155—157。

筐類：功能已有定説。
笞類：功能已有定説，器形依傳世禮圖。

1950年後的六十年，《儀禮》食器相關的討論如前文所歸納，主要有兩個方面，即器形與功能的討論、器物制度的討論。器類以鼎的相關論著最多，用鼎制度是最受矚目的課題，相關論著如：郭寶鈞先生《山彪鎮與琉璃閣》中提出列鼎制度的意見，㉒其後有俞偉超和高明先生《周代用鼎制度研究》，㉓郭寶鈞先生《商周銅器群綜合研究》，㉔邱德修先生《商周禮制中的鼎之研究》、㉕《商周用鼎制度之理論基礎》、㉖《鑊鼎考證——商周禮器考之（一）》、㉗《陪鼎考證——商周禮器考之一》、㉘宋建先生《關於西周時期的用鼎問題》，㉙王飛先生《用鼎制度與興衰異議》，㉚林澐先生《周代用鼎制度商榷》，㉛孫華先生《關於晉侯穌組墓的幾個問題》，㉜李朝遠先生《晉侯青銅鼎探識》，㉝周亞先生《關於晉侯穌鼎件數的探討》㉞等；對於鼎的異名和用途有張亞初先生《殷周青銅鼎器名、用途研究》，㉟杜迺松

㉒ 郭寶鈞：《山彪鎮與琉璃閣》（北京：科學出版社，1995年），頁11—13、43—45。
㉓ 俞偉超、高明：《周代用鼎制度研究》，《北京大學學報（社會科學）》（上）1978年第1期、（中）1978年第2期、（下）1979年第1期。
㉔ 郭寶鈞：《商周銅器群綜合研究》，北京：文物出版社，1981年。
㉕ 邱德修：《商周禮制中的鼎之研究》，臺北：臺灣師範大學國文研究所博士論文，1981年。
㉖ 邱德修：《商周用鼎制度之理論基礎》，臺北：五南圖書出版公司，1989年。
㉗ 邱德修：《鑊鼎考證——商周禮器考（一）》，《大陸雜誌》1989年第79卷第3期，頁122—136。
㉘ 邱德修：《陪鼎考證——商周禮器考之一》，《故宮學術季刊》1990年第7卷第3期，頁90—136。
㉙ 宋建：《關於西周時期的用鼎問題》，《考古與文物》1983年第1期，頁72—79。
㉚ 王飛：《用鼎制度與興衰異議》，《文博》1986年第6期，頁29—33。
㉛ 林澐：《周代用鼎制度商榷》，《史學集刊》1990年第3期，頁12—23。
㉜ 孫華：《關於晉侯穌組墓的幾個問題》，《文物》1995年第9期，頁50—57。
㉝ 李朝遠：《晉侯青銅鼎探識》，收錄於上海博物館：《晉侯墓地出土青銅器國際學術研討會論文集》（上海：上海書畫出版社，2002年），頁431—445。
㉞ 周亞：《關於晉侯穌鼎件數的探討》，收錄於上海博物館：《晉侯墓地出土青銅器國際學術研討會論文集》，頁446—452。
㉟ 張亞初：《殷周青銅鼎器名、用途研究》，收錄於中國古文字研究會：《古文字研究》第18輯（北京：中華書局，1992年），頁273—315。

先生《金文中的鼎名簡釋——兼釋尊彝、宗彝、寶彝》、㊱姬秀珠先生《儀禮禮鼎考》㊲等。

對於以簋爲中心的粢盛器，包含敦、簠、盨、盆、盂，亦有較多的討論，陳芳妹先生《簋與盂——簋與其他粢盛器的關係》、㊳《盆、敦與簋——論春秋早、中期間青銅粢盛器的轉變》、㊴《商周青銅簋形器研究——附論簋與其他粢盛器的關係》、㊵劉彬徽先生《東周時期青銅敦研究》。㊶ 其中簠的問題，討論文章甚多，本文將於下一節做專題式說明。

銅器命名的課題，與器物的器形、用途和自名現象有關，這段期間，也有較多的討論與反思，如劉翔先生《殷周青銅器名稱研究》、㊷杜迺松先生《青銅器定名的幾個理論問題》、㊸李先登先生《試談中國古代青銅器的命名問題》㊹等。

對於考古情境中器物的組合制度，在這段期間特別受到學者們的重視，郭寶鈞先生《商周銅器群綜合研究》、曹瑋先生《從青銅器的演化試論西周前後期之交的禮制變化》、㊺孟憲武先生《殷周青銅禮器組合

㊱　杜迺松：《金文中的鼎名簡釋——兼釋尊彝、宗彝、寶彝》，《考古與文物》1988年第4期，頁44—49。

㊲　姬秀珠：《儀禮禮鼎考》，《"國立"編譯館館刊》1997年第26卷第1期，頁1—42。

㊳　陳芳妹：《簋與盂——簋與其他粢盛器的關係》，《故宮學術季刊》1984年第1卷第2期，頁89—110。

㊴　陳芳妹：《盆、敦與簋——論春秋早、中期間青銅粢盛器的轉變》，《故宮學術季刊》1985年第2卷第3期，頁63—118。

㊵　陳芳妹：《商周青銅簋形器研究——附論簋與其他粢盛器的關係》，收錄於《商周青銅粢盛器特展圖錄》（臺北：故宮博物院，1985年），頁19—111。

㊶　劉彬徽：《東周時期青銅敦研究》，收錄於《湖南博物館文集》（長沙：岳麓書社，1991年），頁28—35。

㊷　劉翔：《殷周青銅器名稱研究》，收錄於暨南大學青年教師社會科學研究會編：《青年學者論文集》（廣州：廣東人民出版社，1989年），頁22—23。

㊸　杜迺松：《青銅器定名的幾個理論問題》，《中國文物報》1996年8月4日第3版。

㊹　李先登：《試談中國古代青銅器的命名問題》，《中國文物報》1997年11月30日第3版。

㊺　曹瑋：《從青銅器的演化試論西周前後期之交的禮制變化》，收錄於《周秦文化研究》（西安：陝西人民出版社，1998年），頁437—450。

的演化趨勢》、⑯吳十洲先生《西周墓葬青銅容器隨葬組合定量分析》⑰等,論文數量甚多,這些論著多屬考古學的成果。

此外,相關專著的出版,也取得較可觀的成果,如錢玄先生《三禮名物通釋》、⑱姬秀珠先生《儀禮食器考——鼎、簋(敦)、籩、鬲、甗》、⑲《儀禮飲食禮器研究》、⑳吳十洲先生《兩周禮器制度研究》、㉑周聰俊先生《三禮禮器論叢》㉒等,系統性研究已具相關規模,亦有專題性針對各器類做研究的。

還有一些出土材料也是在討論禮器時不可忽視的,近六十年來出土的大批楚國(含楚系文字區其他諸侯國)遣策/賵書,其中記載各種器物名稱,可與墓葬中的殉葬器物對照,對於禮器的研究亦有推進之功效,以包山楚墓爲例,李家浩先生《包山二六六號墓所記木器研究》一文,對於各類俎、禁、豆、勺做了文字的考釋與器物名稱的探討,㉓這些意見均可爲參考。

上揭爲禮器研究的部分成果,吸收各領域的成果,對於《儀禮》名物的研究有重要的推進作用,在這六十年的學術發展,一些在 1950 年以前不確定的問題,得到了確定,如列鼎與鼎簋制的興革、粢盛器在東周的轉變;一些看法得到修正,如鉶的屬性,已確其非陪鼎。㉔ 對於《儀禮》食器的討

---

⑯　孟憲武:《殷周青銅禮器組合的演化趨勢》,收錄於吉林大學考古學系編:《青果集——吉林大學考古專業成立二十周年考古論文集》(北京:知識出版社,1993 年),頁 194—201。

⑰　吳十洲:《西周墓葬青銅容器隨葬組合定量分析》,《考古》2001 年第 8 期,頁 71—80。

⑱　錢玄:《三禮名物通釋》,南京:江蘇古籍出版社,1987 年。食器在頁 68—80。

⑲　姬秀珠:《儀禮食器考——鼎、簋(敦)、籩、鬲、甗》,高雄:高雄師範大學國文研究所碩士論文,1996 年。

⑳　姬秀珠:《儀禮飲食禮器研究》,臺北:里仁書局,2005 年。全書涉及的食器有鼎、鬲、簋、敦、籩、甗。

㉑　吳十洲:《兩周禮器制度研究》,臺北:五南圖書出版股份有限公司,2004 年。

㉒　周聰俊:《三禮禮器論叢》,臺北:文史哲出版社,2011 年。全書涉及食器有鼎、鉶、簋、匡等。

㉓　李家浩:《包山二六六號簡所記木器研究》,收錄於《國學研究》第 2 卷(北京:北大中國傳統文化研究中心,1994 年),頁 525—554。

㉔　參周聰俊:《儀禮用鉶考辨》,收於《三禮禮器論叢》,頁 1—19。

論方面,最重要的是簠的確定,下一節將就此問題回顧各家説法與論辯過程。

三、《儀禮》經文與出土實物的 參照: 簠、匜和鋪

簠在《儀禮》中是一種粢盛器的專名,與簋一同使用,其他先秦古籍也往往"簠簋"合稱,簠、簋和敦的性質相近。漢代兩位具代表性的學者——許慎與鄭玄——却對簠的器形有不同的看法,許慎在當時有"五經無雙"的稱譽,而鄭玄是東漢經學集大成者,前人有禮學即是鄭學之譽。許鄭二人對簠的分歧意見一直紛擾後人。近六十年來,簠的器形可以説是禮學界與器物學界關注的焦點。

許慎《説文解字》對簋與簠的釋義與釋形如下:

簋,黍稷方器也。从竹从皿从皀。[圖]古文簋从匚飢。[圖]古文簋或从軌。[圖]古文簋。

簠,黍稷圜器也。从竹从皿,甫聲。[圖]古文簠从匚从夫。[55]

段玉裁作《説文解字注》,對於簋字,删其重文[圖],以飢非聲符;簠之重文字形作[圖],較大徐本爲佳。[56]

鄭玄的説法見於《周禮·地官·舍人》"凡祭祀共簠簋"之注語,其文如下:

方曰簠,圓曰簋,盛黍稷稻粱器。[57]

其後,歷代禮學家都依鄭《注》,亦有"内方外圓"與"内圓外方"之説法,禮

---

[55] (漢)許慎撰,(宋)徐鉉校定:《説文解字》卷 5 上(北京:中華書局,1996 年),頁 5a(總 97)。

[56] (漢)許慎撰,(清)段玉裁注:《説文解字注》卷 5 上(臺北:天工書局,1992 年,影印經韵樓本),頁 10b—11a(總 194—195)。

[57] (漢)鄭玄注,(唐)賈公彦疏:《周禮注疏》卷 16 校勘記(臺北:藝文印書館,1997 年,清嘉慶二十年阮元南昌府學重刊本),頁 20b(總頁 252)。

圖也以這些説法爲根據，畫出內方外圓爲簠與內圓外方爲簋的圖像來（如圖一與圖二）。

圖一　《三禮圖集注》卷13"簠"圖　　圖二　《三禮圖集注》卷13"簋"圖

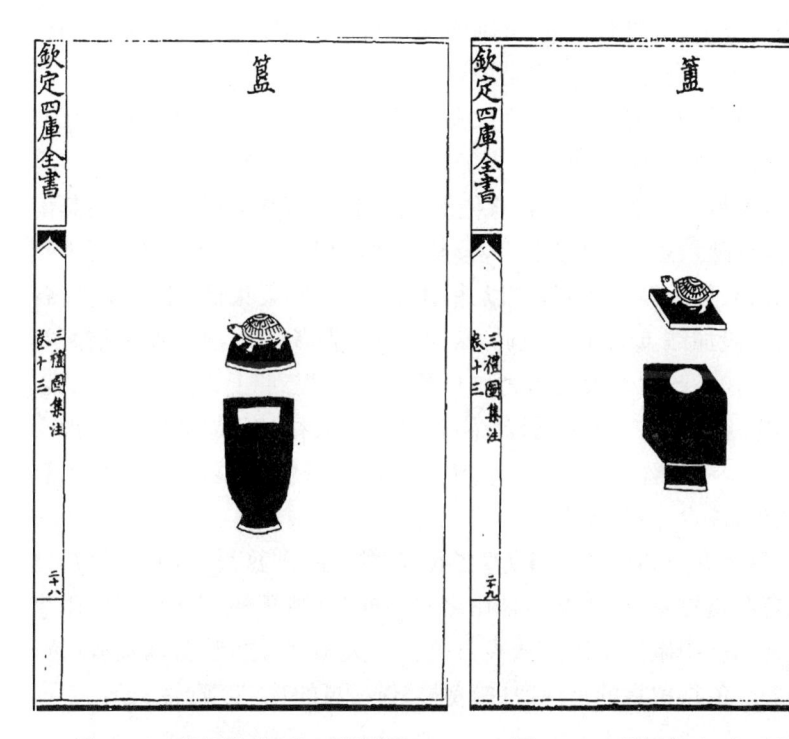

簠在《儀禮》的《聘禮》與《公食大夫禮》兩篇出現，全書共出現四次。經文對其功用記載的很清楚：《聘禮》歸饔餼儀節，堂上陳六鉶後"兩簠繼之，粱在北"，西夾陳四鉶後"兩簠繼之，粱在西，皆二以并南陳"；[58]《公食大夫禮》賓食饌三飯時，"賓北面自間坐，左擁簠粱，右執涪，以降"，《記》云"簠有蓋冪"。《聘禮》另一處文字有版本之異，即郊勞時"夫人使下大夫勞以二竹簠[59]方，玄被纁裏，有蓋。其實棗蒸栗擇，兼執之以進"，此處之簠字，有版本作簋，以簋

---

[58] 其禮則東夾與西夾陳設之物相同，皆西上。

[59] 簠，或作簋，今據阮元《校刊記》作簠。（漢）鄭玄注，（唐）賈公彥疏：《儀禮注疏》卷20校勘記（臺北：藝文印書館，清嘉慶二十年阮元南昌府學重刊本），頁1a（總頁245）。

字爲是。

上揭簠字出現四次，由《公食大夫禮》之"簠粱"，可知簠所盛者爲粱，就該篇經文查之，所設有二簠，分別盛粱與稻。《聘禮》之兩簠亦是分別盛粱與稻。對應之身份爲卿大夫階層以上。

簠在《儀禮》的《聘禮》、《公食大夫禮》與《特牲饋食禮》三篇出現，凡九見。《聘禮》郊勞時"夫人使下大夫勞以二竹簠方，玄被纁裏，有蓋。其實棗蒸栗擇，兼執之以進"，於歸饔餼儀節，堂上陳八豆後"八簋繼之，黍其南稷，錯"，西夾陳六豆後"六簋繼之，黍其稷東，錯"。《公食大夫禮》設正饌時"宰夫設黍、稷六簋于俎西，二以并，東北上"、"宰夫東面，坐啓簋會，各却于其西"，設加饌庶羞十六豆時，經文提到"先者一人，升，設于稻南簠西，間容人"，記錄"食上大夫禮之加於下大夫者"提到"上大夫八豆、八簋、六鉶、九俎，魚腊皆二俎"，記錄"君不親食使人往致"提到"簠實，實于筐，⑥⑩陳于楹內、兩楹間，二以竝，南陳"。《特牲饋食禮》嗣子共長兄弟對餕，"筵對席，佐食分簠、鉶"。

上揭簠字九見，其中"竹簠方"之器，依鄭《注》則簠爲圓，此以竹爲之而方，故特名爲竹簠方，此器與常用之簠不同。《聘禮》堂上陳八簋，兩夾陳六簋，經文已明確指出其盛黍稷，《公食大夫禮》同之，簠蓋稱爲會（簠、敦之蓋同）。值得留意的是《特牲饋食禮》僅一見的簠字，鄭《注》云：

> 分簠者，分敦黍於會，爲有對也。敦，有虞氏之器也。周制，士用之。變敦言簠，容同姓之士得從周制耳。⑥⑪

其意爲此處之簠釋爲敦，《儀禮》簠與敦二器，主流的說法認爲并無區別。⑥⑫

由宋代的各家金石著錄來看，他們把自名爲"毁"的圓形器物稱爲"敦"，這與他們對"毁"字錯誤的隸定有關，被他們稱爲"簠"的是自名爲

---

⑥⑩ 他本或作"筐"，誤。

⑥⑪ （漢）鄭玄注，（唐）賈公彥疏：《儀禮注疏》卷46，頁6b（總545）。

⑥⑫ 敦爲自名器（其銘文作錞，就字形隸定可作錞），其時代晚於簠，故漢代禮學家所言有虞氏之器，與出土器物之實際情況不合。《儀禮》一書中簠與敦，雖已有不少學者提出無別，筆者認爲可再深究。

"盙"的橢圓形器。事實上,《儀禮》一書敦出現的頻率高於簋,宋人將適合盛放黍稷的常見圓形銅器誤爲敦,可能也受到《儀禮》敦出現次數多的影響。《儀禮》一書中,只有《聘禮》、《公食大夫禮》、《特牲饋食禮》三篇出現簠,而《士昏禮》、《士喪禮》、《既夕》、《士虞禮》、《特牲饋食禮》、《少牢饋食禮》等六篇出現敦,簠和敦與行禮者的身份有關,我們可以説,在《儀禮》的系統中,使用簠的身份在大夫以上,而使用敦的以士的身份爲主,至於簋和簠常同時使用,這兩種器在先秦古書中,也常見合稱的現象,因此可以推論簋的使用者當是大夫以上的身份。

　　沒有任何傳世先秦的經籍或諸子著作中提到簋和簠是方的或是圓的,但是宋人將盛放黍稷稻粱的方形自名器——㲺、盨、匡、㔲、匵——命名爲簠(爲方便討論,下文皆稱作㲺),將盛放黍稷稻粱的橢圓形自名器——盨、須、𩰫——命名爲簋,這樣看來,宋代的金石學家大多支持鄭玄的意見。另外,把一類似豆而器腹淺平的圓形自名器——匡、𥴧、𦈢——命名爲鋪(爲方便討論,下文皆稱作鋪)。宋人對㲺(以爲簠)和鋪(以爲鋪或豆)的命名被清代的金石學家所依循,這樣的看法一直到 1976 年陝西扶風縣法門寺莊白村 1 號窖藏銅器出土㽂𥴧(H1∶27,圖參本文圖三及

圖三　㽂𥴧器形
(摘自《中國青銅器全集》第 5 卷編號 076 圖片㊽)

　　㊽ 中國青銅器全集編輯委員會:《中國青銅器全集》第 5 卷"西周(一)"(北京:文物出版社,1996 年),頁 72。

圖四）而有了新的討論。此器自名爲"簠"，這類器在宋人著録中已有多件，但各種考古資料對瘐簠大都以爲是豆形器的支派，多以豆稱之。⑭ 1978年唐蘭先生在發表討論微氏家族器群的文章中，首次提出瘐簠是禮書中的簠的看法：

  瘐簠似豆而大，淺盤平底，圈足鏤空，銘作箶，是簠的本字。宋代曾有劉公鋪，1932年出土的厚氏元匜，過去都歸入豆類，是錯了。《説文》："簠，黍稷圓器也"，就是這類器，本多竹製，在銅器中發現較晚。宋以來金石學家都把方形的筐當作簠，銘文自稱爲匡。也稱爲臣，或作匲，則是瑚的本字。學者們紛紛説許慎錯了，今見此器，可以糾正宋以來的錯誤，也可以證明這類的簠在西周中期已經有了。⑯

圖四　瘐簠銘文
（摘自《殷周金文集成》4681號銘文拓片⑮）

唐蘭先生提出簠當是圖形器物，開啓了對簠器形的論辯。高明先生發表《盨、簠考辨》，認爲瑚與臣之本名是盨，并不是簠，舉1977年陝西扶風縣黄堆公社北雲塘生産隊所得之白公父匲爲證據，此器自名爲盨，高明先生認爲是這類器的真正名稱，而并不是宋人所講的簠。簠是黍稷圓器，不是方器，許慎所言爲是。⑰

  劉翔先生《簠器略説》⑱專爲高文而發，他認爲簠的本名是匡，別稱爲

---

⑭ 如中國社會科學院考古研究所編輯：《新出金文分域簡目》（北京：中華書局，1983年，考古學專刊乙種第22號），頁62，編號35"微伯瘐豆"。

⑮ 中國社會科學院考古研究所：《殷周金文集成》第9冊（北京：中華書局，1988年），頁289。

⑯ 唐蘭：《略論西周微史家族窖藏銅器群的重要意義——陝西扶風新出墻盤銘文解釋》，收録於故宫博物院編：《唐蘭先生金文論集》（北京：紫禁城出版社，1995年），頁213。本文最早發表於《文物》1978年第3期。

⑰ 高明：《盨、簠考辨》，收録於《高明論著選集》（北京：科學出版社，2001年），頁217—225。本文最早發表於《文物》1982年第6期。

⑱ 劉翔：《簠器略説》，收録於陝西省考古研究所等編：《古文字研究》第13輯（北京：中華書局，1986年），頁458—461。下文引用時在文後以（）加注頁碼。

匚，并不是盨或䀇。其文將簠器的自名分爲四類，并由字形字音分析説明四類的關係，重要意見擇陳如下：

> 簠器既可以稱爲匠，又可以稱爲匚，并不矛盾。還可以并稱作匡匚。我們認爲簠器稱匚，當係其別名。《説文》"匚，飯器。"這與簠器自銘"用盛稻粱"也是吻合的。(459)

> 𠥓字隸定爲医，正與《説文》簠字古文"匩"同，可以認定這個字就是簠器的本名。(459)

> 關於从古得聲的匡字（包擴⑩相關的諸字），應係医字的假借字，因爲匡所从古與医字所从夫，古韻同在魚部，可以通假。(460)

> 方形簠的本字作医或𥃩，與圓形豆類的䀇自名爲匩與䀇，音形極近，極易混淆。《説文》的錯誤正是由此而導致的。(461)

劉説医爲本名，似可再議，蓋此器自名爲匠、盨等从古聲符者居多（約在七成以上），故其本名應是匠，若因《説文解字》有医，便以其爲本名，則《説文》亦有盨字、匩字，那麼此類方器何不稱爲盨或匩？故本文認爲此類器本名稱爲匠較爲宜，其實這類器到戰國晚期還是用其常見名稱"匠"稱之，這由出土遣册/賵書便可得知，如包山楚墓 M2 竹簡"大兆之金器"簡 265 有"二倉匠"，⑩即該墓所出兩件銅匠。劉説簠爲匠，認爲宋人之定名無誤，簠爲覆斗之方形器。

朱鳳瀚先生對高明先生的説法提出四點質疑：

> (1) 此種長方形斗狀器之自名皆可依其音讀簠，且器銘明言爲盛稻粱之器，均合于鄭玄之説。所以舊説并非無據；(2) 許慎、鄭玄二人釋簠之形狀一説圓一説方，説法有異。但許曾説簠是方器，而鄭説是圓器，事實證明鄭説是而許説非，而鄭説簠爲方器似無由懷疑。當然亦存在許所説圓簠并非此種長方形器，即文獻中名曰簠的器有方、圓兩種形制的可能，方器盛稻粱，圓器盛黍稷；(3)《禮記·明堂位》言"有虞氏之兩敦……周之八簋"鄭玄注"皆黍稷器，制之異同未

---

⑩ 原文用此字，宜作括字。
⑩ 湖北省荆沙鐵路考古隊：《包山楚簡》（北京：文物出版社，1991 年），頁 64、圖版 114。

聞"……可見鄭玄是不認爲瑚即是他所説的方形簋器的。而且《明堂位》所言瑚是殷器,而長方形斗狀之簠則是自西周晚期始出現,二者是否爲同一器類,從文獻資料中難以確證;(4) 自名爲"箙"的豆形器,上部作淺盤狀,容納黍稷是否合適,亦可酌酌。⑦

這四點中第 2 和第 3 點提供了不同的思考,許慎所説的簠,大多學者認爲和鄭玄所説的簠是同一物,所以有方與圓之争,但若兩人所説之物與所據之傳承各有其自,那麼朱説的"兩種形制的可能",看似打圓場的調合之論,亦不能排除這種現象的可能性(雖然可能性不高)。⑫ 再者,《明堂位》虞敦、夏璉、殷瑚、周簠并列,是否有其依據,而四者是否同器異名,或功能相同而器形不同的器物,或其所云之敦與出土自名之敦(銘文字爲鐏)各有所指,其所云之瑚與自名爲匜(猷在古文字材料中,多釋爲胡字)各有所指,正是"難以確證"的事了。至於自名爲箙(亦自名爲匠、匜)的淺盤豆形器,畢竟盤淺,又有作鏤空者,盛量有限,盛放黍稷的確不太合適(若是黍稷再製食品,勉强可以),關於箙,後文將有討論。

其後有周聰俊先生之《簠箙爲黍稷圓器説質疑》、《匜器辨》等文發表,亦反對唐蘭與高明將禮書之簠説爲銅器自名器鋪的看法,云"簠與匜、臣、匠之器用,文獻彝銘所載相同"、⑬"簠爲方器,鄭説是而許説非"、⑭"箙爲豆屬,非黍稷圓器"、⑮"出土匜器與文獻匠器爲同名異實"、⑯"出土匠

---

⑦ 朱鳳瀚:《古代中國青銅器》,頁 82—83。
⑫ 有學者對朱説此點提出反對的意見,如周聰俊云:"按朱氏此説,旨在調合鄭許二家簠器方圓之異,不足爲據。蓋據《説文》所載古文與彝銘从夫諸字互證,文獻、彝銘所載簠匠器用相同,以及文獻簠簋連言,與出土簠簋相配一致三端言之,經傳所載簠簋之簠,與出土實物曰臣曰匜等器,并無殊異,殆即鄭玄所謂'方曰簠,稻粱器也'。許説簠爲圓器,如無新資料可以爲佐證,則其説之非,蓋亦可以論定矣。"[周聰俊:《再論簠箙異實説》,收録於《三禮器物論叢》(臺北:文史哲出版社,2011 年),頁 185]
⑬ 周聰俊:《簠箙爲黍稷圓器説質疑》,收録於《三禮器物論叢》,頁 125。本文最早發表於《大陸雜誌》2000 年第 100 卷第 3 期。
⑭ 周聰俊:《簠箙爲黍稷圓器説質疑》,頁 130。
⑮ 周聰俊:《簠箙爲黍稷圓器説質疑》,頁 134。
⑯ 周聰俊:《匜器辨》,收録於《三禮器物論叢》,頁 156。本文原題名《文獻與考古資料所見匜器考辨》,發表於《慶祝周一田先生七秩誕辰論文集》,臺北:萬卷樓圖書股份有限公司,2001 年。

與文獻簠器爲同實異名"，⑦"綜合經傳載記以及出土實物資料以觀之，可知載籍匡簠二器殊異，而古器物中之匡，與載籍所言簠簋之'簠'，實爲一器之異稱。蓋以銅器之匡晚出，其制長方，形以匡（筐）笘之匡，故亦名爲'匡'"。⑦

在學術界的一連串討論後，對於簠的問題，提出可能是圓形器的有陳芳妹先生的《晉侯㐄鋪——兼論銅鋪的出現及其禮制意義》一文，⑦本文的特色在晉侯㐄鋪⑧銘文中提到器用"用旨食大饎（原字作薹）"，"饎"字從食從楚，故認爲此器是粢盛之功能，幷以墓葬資料整理得自名爲鋪者和自名爲豆者各成體系，因此認爲自名爲"鋪"的器不應放在豆屬，此文亦對鋪、𥂴、簠（匜匡）在西周中期以後的禮制意義做探究，對於《公食大夫禮》的簠，則支持圓形器的看法。陳文可爲學界鋪與豆各成體系的説法提供考古資料的支持，幷且對於鋪在粢盛器上的意義有較深入的詮釋。在此之前的銅器專著關於鋪，是呈現兩種立場，馬承源先生主編的《中國青銅器》將豆與鋪分列爲兩種器，⑧朱鳳瀚先生《古代中國青銅器》將鋪附於豆之次，視爲豆的第二類器型，⑧陳文有助於支持鋪獨立爲一類器。另外，陳文提出《公食大夫禮》賓"左擁簠粱，右執涪"之文，右手既執豆，左手必也只能執鋪，雖引用鄭《注》有誤，⑧但移至《公食大夫禮》提及的大夫相食禮，則可備一説，經文載"賓執粱與涪"，粱盛於簠而執之。賓於君擁簠，於大夫執簠，示有差等。賓同時執粱與涪，推究經文之意，右手既執豆，則只剩左手，文既不用擁字，其必然以左手執拿一簠。簠（匜）之器雖有耳，却不便於一手持。⑧

---

⑦　周聰俊：《匡器辨》，頁161。
⑦　周聰俊：《匡器辨》，頁164。
⑦　陳芳妹：《晉侯㐄鋪——兼論銅鋪的出現及其禮制意義》，《故宮學術季刊》2002年第17卷第4期，頁53—108。
⑧　此器自名之字乍視之從厂甫聲作"庯"，疑厂應是匸之泐，字應是"匍"。
⑧　馬承源主編：《中國青銅器》，豆在頁153—158；鋪在頁158—159。
⑧　朱鳳瀚：《古代中國青銅器》，豆（附鋪）在頁85—87，183。
⑧　此文將鄭《注》之抱誤爲把。
⑧　鄭憲仁：《〈儀禮·公食大夫禮〉管見》，收錄於林慶彰主編：《中國學術思想研究輯刊》第15編第13冊（新北：花木蘭文化出版社，2013年），頁165。曾有提及相同意見。若持匡以竹木爲之，則重量較輕，或可一手持之，若爲銅器，其形制雖有附耳，若盛稻粱，則有重量，將一手持之，似較不易。

古文字學者也對簠與匿做了討論。金文中匿的衆多異稱，很早便引起學者的重視，從古聲、夫聲、猷聲皆與甫聲在古音學上可以說通，因此在簠是匿或鋪的問題上，并不能提供絕對的判定依據。荆門郭店楚簡《窮達以時》第2、3 簡有"舜耕于鬲（歷）山，陶拍于河匿，立而爲天子，遇堯也"。袁國華先生認爲"河匿"讀作"河浦"，此見解已成定說。⑧⑤ 李學勤先生在《青銅器中的簠與鋪》一文中指出這筆材料有力支持了"匿"在銘文中釋爲"簠"的意見。⑧⑥ 郭店簡"河匿"讀作"河浦"提供了古聲與甫聲/從古與從甫可爲異體字的實例，對於"匿"是"簠"提供了通釋的證據。

經文獻比對、器形與古文字的研究推論後，銅器自名器"匿"是《儀禮》記錄中的"簠"可視爲成說。"簠"的爭議也告一個段落。至於"鋪"爲何不是《儀禮》記錄中的"簠"呢？這可由"鋪"的自名與器用、時代、出土材料佐證等方面說明。

鋪這類器，在宋代的金石著錄中就已獨立爲一類，他們稱此器類爲"鋪"，蓋以其有自名爲"鋪"者，由銘文中可見的資料來看，自名之字有"甫"、"匜"、"筲"、"匯"。宋代亦有將"鋪"稱爲"簠"的例字，顯然是因爲兩字皆从甫（聲），⑧⑦ 也有將其稱爲豆的。在 1950 年以前，鋪這類器主要被稱爲豆，部分書籍將其稱爲鋪，容庚先生在《商周彝器通考》中將筲歸入豆類，認爲鋪爲豆的別稱，在豆的形體分類上，他說：

其形狀可分爲兩類：一腹淺如盤，無蓋與耳。有有蓋者。有圓腹長校者。一腹圓口弇，有蓋與耳。二者雖異，然其有校，有鐙，可以執，則一也。……其稱本名者：有豆，羞豆，葦尊豆。其稱別名者：有尊鋪，旅甫，膳匜。⑧⑧

---

⑧⑤ 袁國華：《郭店楚簡文字考釋十一則》，《中國文字》1998 年新 24 期，頁 141。
⑧⑥ 李學勤：《青銅器中的簠與鋪》，收錄於《中國古代文明研究》（上海：華東師範大學，2005 年），頁 76。
⑧⑦ 如薛尚功云："以愚考之簠作鋪者，鋪非器用之名，簠之字小篆作䈰，籀文作䇑，蓋小篆从甫，而籀文从金，今篆字从金从甫，則爲簠字無疑也。"參（宋）薛尚功：《歷代鐘鼎彝器款識法帖》（北京：中華書局，1986 年），頁 72。
⑧⑧ 容庚：《商周彝器通考》，頁 369。

1950 年以後對此類器的看法仍是豆、鋪各有從之者,上文提到馬承源先生主編的《中國青銅器》將鋪獨立爲一類,但在其《青銅禮器》一書中提出以下意見:

> 豆和鋪作用相似,同爲盛肉食的器……豆的上部是一小盤,盤有深有淺,即使淺的周邊也做得比較厚,底下一半是空的,或稱之爲假腹豆。西周的豆盤一般不太闊,盤下爲一較粗的柄,向下延展爲圈足。稱之爲鋪的器也是豆屬,不過它上部是一個很淺而寬的盤,它下面的柄也相當寬,有的呈束腰形,有的作圓簋形,一盤都鏤空,圈足延展很大,自銘爲"鋪",也作"簠"或"甫"。⑧⑨

又將鋪改説爲豆屬,然於該書行文中也常對舉。鋪的定名在學術界至今仍持此兩端。

高亨先生於 1936 年提出鋪可能爲文獻的"籩",⑨⑩有些學者支持或回應這樣的看法。⑨⑪ 高先生的意見如下:

> 然豆之上體如圓盂而深,鋪之上體如圓盤而淺,其異一也;豆皆有蓋,鋪皆無蓋,其異二也。豆鋪相同者唯校與鐙耳。是此二器大異小同,以形制斷之,蓋非一器也。
>
> 余疑鋪即籩也。……籩豆爲常用禮器,古書亦時時并舉,而出土銅器,豆甚多,而籩獨無事,寧非怪事! 今乃知鋪即籩耳……銅器之鋪,上體如圓盤而淺,以盛濡物,所容甚少,以盛乾物,可以積累,所容乃多,正宜於盛乾物,而不宜於盛濡物,則鋪是籩而非豆,明矣。……聶崇義《三禮圖》所圖之豆形與銅器之豆同,所圖之籩形與銅器之鋪

---

⑧⑨ 馬承源:《青銅禮器》(臺北:幼獅文化事業公司,1996 年),頁 123。
⑨⑩ 高亨:《説鋪》,頁 531—533。
⑨⑪ 如陳夢家於《壽縣蔡侯墓銅器》(《考古學報》1956 年第 2 期,頁 105—107、122)有相同意見;李學勤於《青銅器中的簠與鋪》對山西曲沃北趙晉侯墓地第 1、2 號墓流散的豆形器(即晉侯𦉢鋪)銘文的用旨食大饗,有些想法"《儀禮・士冠禮》的'旨酒令芳,籩豆有楚'及鄭注:'楚,陳列之貌。'竊以爲這對淺盤豆形器究竟相當文獻什麼器物給予暗示","這和把淺盤豆形器稱爲籩是適應的"(頁 78)、"淺盤鏤空高圈足器,由功能看可能是文獻的籩,只是自名偶近于'簠'字,其流行時間又甚短促,仍以稱鋪爲妥"(頁 80)等意見雖非以高説爲定論,但也不排除其可能性。

同。聶圖本於漢人舊圖，漢世籩豆之器，當猶存古代遺制，然則鋪是籩而非豆，又明矣。……銘辭稱鋪而古書稱籩者，籩鋪一聲之轉，猶水邊之轉爲水浦，檽櫨之轉爲樠櫣耳。㊡

其説甚爲清楚，唯鋪實有蓋，高文寫於 1936 年，當時資訊不若今日便利，1932 年山東曲阜縣林前村出土三件魯大嗣徒厚氏元鋪，爲春秋中期器，有蓋，頂作外撇式鏤空的蓮瓣造形，器則爲直口平底盤，鏤孔之器座，下承圈足，造型紋飾皆極華麗，自名爲匜。㊣ 自名作匜雖只一例，但从匚从脯，可爲今天學者提供新的思考，从匚之器不見得是方形器。㊤ 从脯則可能與此器可以盛脯有關，故推斷其爲籩合乎器物功能與一些傳世禮圖之説法。

鋪這類器器盤甚淺，不能多置物，㊥其銘文內容所提及之功用也看不出和黍稷的關係，而匜則明確是盛放"秋稻糕粱"、"糕稻糯粱"的器物，因此綜合考量器形、功能、文獻記載相合情況，匜作爲簠解釋比鋪來得合適。

四、《儀禮》所呈現的禮學視野不同於考古發掘的現象

《儀禮》一書所記載的器物，與考古所呈現的實際情況是有所出入的，這不僅是器物名稱的不同，還有器組的差異與流行時代的分歧問題。就《公食大夫禮》爲例，對於代表國君而身份爲大夫的賓，用了七個鼎，然而晉侯墓地中 M64 與 M93 兩位晉侯都只用五個鼎殉埋，這説明有些晉侯生前的禮

㊡ 高亨：《説鋪》，頁 532—533。
㊣ 器內底鑄有銘文四行二十五字(含重文二字)，隸定爲："魯大嗣〔司〕徒厚氏/元乍〔作〕鑄〔膳〕匜(鋪)，其費(眉)/壽萬年無彊(疆)，子=/孫=永寶用之。"
㊤ 之前，學者在討論器形時，或有以匚爲方形器爲支持證據，由此器及其他从匚之字如匜，可知這種的論點不具證據力。
㊥ 馬承源：《中國青銅器》，頁 158。同頁有一説法"鋪、哺音通，哺有饋義，此或當時饋漿之器，而與一般豆的形制不同"。鋪有盤淺作鏤空者，實不宜爲餕飲之器，宜盛乾物。

制是合於五鼎的，至於酒器的爵、觶、觚等，就有更明顯的時代落差了。在器物功用上，盆在《儀禮》中作爲水器使用，但就出土實物的情況而言，盆兼有粢盛器的功能，這點也是傳世古籍文獻和出土材料有出入的地方。

當然，《儀禮》所載用器，亦有與考古發掘情況相合的部分，這些現象有助於判斷《儀禮》成書的時代，如簋（銅器、陶器）在殷商、西周及春秋早期的粢盛器中，出土數量最多，但《儀禮》書中却只有三篇提及用簋盛黍稷，而且三篇之一的《特牲饋食禮》用的簋，還有注疏家以爲是敦，因此《儀禮》全書敦的使用多於簋。考古的現象是春秋中期敦的出土量增加，漸而取代簋在粢盛器中的地位，因此《儀禮》一書中簋和敦的比例，合乎春秋晚期的器物實際情況，這樣簋和敦在《儀禮》成書年代的討論上有重要的分量。不過，光就食器來推論，難免有簡單化的嫌疑，以《公食大夫禮》爲例，經文提及的器物有"鼎、鉶、簋、簠、豆、俎、匕、鐙、筐、觶、桝、豐、洗、槃、匜、甕"，其中鉶爲鼎之屬，未見器物自名之例，然因其功能爲菜和羹之器，又陳於堂上賓席前，則其大小和簋、豆相似，因無出土實物，故無可論其時代。簋和簠流行時間都很長，此禮用簋不用敦。在考古情境，簋未必較敦爲尊，但由《儀禮》的文字來看，應該和身份有關，如簋爲大夫身份以上之用器，而敦則多爲士階層所用。筐有學者以爲即是自名器匡（匚之異名），但《公食大夫禮》此爲竹器，器形可能較簋大很多，而且所承爲簋實（黍稷）。宋人定名爲觶者，其自名爲尚（鍴）、蓳（鐘）、（㲿）等，該類器在西周中期後少見，當時較小的飲器有杯（桮）、飲壺，而觶在禮學系統中，一直到東周都存在，并且就禮家所言，還可能依容量和其他飲器做區分，東周雖然出土過自名爲尚、鍴的觶形器，但屬於非周族爲主的徐國，所以《儀禮》的觶，不必以宋人所命名的銅器觶爲參考。禮學家系統的觶，可以是小型的飲器即可（是否和爵、散、觚等在器形上有必然之區別，仍未可定說）。因此，現在考古學、器物學所稱的器，在理解與應用於《儀禮》時是要有所保留的。⑯

---

⑯ 當然，像鼎、簋、豆、槃、匜等這些器，用於理解《儀禮》經文，并不會有多少落差，只要留意時代風格即可，若《儀禮》施行的時代在春秋，那麼就應以春秋的鼎來理解經文，不可用西周早期的鼎來理解經文。

在探討《儀禮》的器物過程時，漢儒的注解對於器物名稱與功用的認識有很關鍵的作用。不過，我們也應認識到禮學家的器物說法是自成一套體系的，也應對於傳統禮圖有所尊重，⑨若強以出土實物來對應，可能落入過度詮釋的誤區。

　　本文認爲，自名器是判定器名、功用的重要依據，若一器有自名之證據，則該器物當以其名稱之，不必用《儀禮》或禮書之名稱之，故匜形器當以其最常見之名匜稱之，有學者認爲可以稱爲匡，匡(匚)字亦是其自名之一，所以稱爲匡并無不妥，只是得留意與《儀禮》之筐，不必強合。若器之自名與《儀禮》之名相同，則仍應思慮器形是否和經文所載之功用與行禮場合相符，以免將同名不同器者誤合爲同類器。

　　1950 年以來，《儀禮》食器的研究在鼎、簋器類上有較多的進展，其他如鉶、盨、敦、俎等都有很好的成果，雖然這些器在 1950 年以前大抵已能辨識了，但其禮學制度與細微形制的考定，則是在 1950 年後才達成的。

　　本文於 2012 年 7 月 12 日在中研院中國文哲研究所主辦"新中國六十年的經學研究(1950—2010)第三次學術研討會"上宣讀，會後就部分文字修正。

---

⑨　即使傳統禮圖所繪之器形和出土自名器之器形不同，仍應謹慎判定傳統禮圖之器形由何而來，是否有依據，也應留意《儀禮》成書是否有地域性的問題、禮器與生活用器在形制的改變上不一定是同時的。此處所謂"尊重"并不是不可糾正傳統禮圖之錯誤，而是要有足夠的證據才行，如戈之器，傳統禮圖依《考工記》和漢儒注解繪出與出土實物不同的圖像，因戈是自名器，而且從殷商到漢代的各階段形制演變均相當清楚，故可以糾正傳世禮圖之誤。可參鄭憲仁：《〈儀禮·公食大夫禮〉管見》，頁 47—53。

表一　《儀禮》各篇食器表

符號説明：
1. ●表示經文（正經文字，各篇記以前的文字）有此器物
2. ◎表示雖未見於經文，但記文有此器物
3. 若經記皆無而鄭《注》提及該禮有某器物，則加注○符號表示

篇名	鼎	鉶	甒	鬲	簋	簠	敦	豆	籩	俎	匕
士冠	◎①							◎②○③	◎④○⑤	●⑥	
士昏	●						●	●	○⑦	●	●
相見											
鄉飲								○⑧	○⑨	●	
鄉射								◎⑩	◎⑪	●	
燕禮								○⑫	○⑬	●	
大射								○⑭	○⑮	●	
聘禮	●	●			●			●	●	●	
公食	●	●			●	●		●	●	●	●
士喪	●			●⑯			●⑰	●	●	●	●
既夕							●	●	●	●	
士虞	●	●					●	●	●	●	
特牲	●	●			●		●	●	●	●	
少牢	●	●		●			●	●	●	●	
有司	●	●						●	●	●	●

表注：
① 經於"若不醴"一節云"若殺，則特豚載合升，離肺實于鼎，設扃鼏"。
② 經於"若不醴"一節云"再醮，兩豆：葵菹、蠃醢；兩籩，栗、脯"。
③ 經文有"脯醢"，鄭《注》云"籩豆"。《聘禮》經文云"宰夫薦籩豆脯醢"。
④ 經於"若不醴"一節云"再醮，兩豆：葵菹、蠃醢；兩籩，栗、脯"。
⑤ 經文有"脯醢"，鄭《注》云"籩豆"。
⑥ 經於"若不醴"一節云"若殺，則特豚載合升，離肺實于鼎，設扃鼏"。鄭《注》云"在鼎曰升，在俎曰載"。
⑦ 經文有"側尊甒醴"，鄭《注》云"亦有筐有籩豆"。
⑧ 經文有"脯醢"。

⑨ 經文有"脯醢"。
⑩ 記云"薦,脯用籩"。
⑪ 記云"醢以豆"。
⑫ 經文有"脯醢"。
⑬ 經文有"脯醢"。
⑭ 經文有"脯醢"。
⑮ 經文有"脯醢"。
⑯ 經文云"重鬲"。
⑰ 經文云"廢敦"。另有他處云"敦",訓詁者以爲即廢敦。

篇名	鑊	甒	竹簠方	鐙	朼	畢	枓	杆	筥	筐
士冠										
士昏										
相見										
鄉飲										
鄉射										
燕禮										
大射										
聘禮				●					●	●
公食				●						●⑱
士喪					●					●
既夕						●	●			
士虞					●					
特牲					○⑲	●	●			
少牢	●	●			●⑳		●㉑			
有司					●					

表注:
⑱ 經文"若不親食"一節有"簋實,實于筐",筐字另有他本作"筥",阮元《校勘説》認爲作筐爲是。
⑲ 經云:"賛者錯俎,加匕。乃朼。"朼爲動詞。
⑳ 經云:"宗人遣賓就主人,皆盥於洗,長朼。"鄭《注》云:"古文朼作匕。"
㉑ 此處是棜禁之簡稱。棜於《儀禮》凡二器類:一爲木製之槃類,可以承牲體,如《特牲饋食禮》"棜在其南,南順,實獸于其上";一爲棜禁之簡稱。如《少牢饋食禮》"司宮尊兩甒于房户之間,同棜",依鄭注云:"棜無足,禁者,戒酒也。大夫去足改名,優尊者。"

宋代的先秦銅禮器器類定名與三禮名物學[*]

一、前　言

三禮爲經學研究的一個領域，而名物的探究是三禮的重要課題，其研究的重心在於名物的形制、功用、度數等。在經學的各類領域中，以名物學著稱的首推"三禮"和"詩經"，禮學尤爲顯著。周何先生在《禮學概論》中提出研究的六個方向：禮文、禮制、禮義、禮器、禮圖、禮容。[①] "禮器"這一項便屬於名物，又與禮圖、[②]禮制、禮文相關。

探討三禮名物學的最直接材料可分成兩大類：第一類是傳世古籍；第二類是出土器物與文字材料。傳世古籍中以先秦典籍的可信度最高，其次便是漢儒及其後世經學家（禮學家）對三禮名物的意見。傳世漢儒的資料以鄭玄"三禮注"最爲完整，此外毛亨《毛詩詁訓傳》、許慎《說文解字》、劉熙《釋名》等，對於名物的探求亦有重要的參考價值。漢代以後至北宋中期，注疏雖多，大多以先秦古籍或漢儒注解爲依憑，均屬於文字的陳述，少有新的意見產生。傳世資料中，較值得留意的是"禮圖類"的書籍。遲至東漢，已有禮圖問世，在北宋初年聶崇義奉敕作《三禮圖集注》

---

[*]　本文爲科學委員會計劃（編號 NSC 101-2410-H-024-018-MY2）的研究成果之一，感謝科學委員會的獎助。

① 周何：《禮學概論》（臺北：三民書局，1998年），頁7。

② 禮圖可分爲"名物圖"和"儀節圖"兩大類，前者的著作數量較後者爲多。

時,云有六家禮圖,③六家中時代最早的是東漢,較晚的是唐代所作,目前對此六家的認識都是透過《三禮圖集注》的引用,以故今日吾人所能掌握的禮圖以宋代爲最早,至北宋中期前,禮學的視野仍囿於"經文——注疏文字——禮圖"的範圍,也就是傳世古籍所能提供禮學家的訊息與觀點。直到北宋金石學勃興,④三禮名物的認識才與實物接軌,禮學界的三禮名物研究也得到與出土文物參驗的契機。

北宋金石學的興盛使器物的名稱、形制,有了超出前代的進展,尤其是銅器銘文的自名現象,推動名物的形制得到進一步的確認。就經學史而言,這是一種新風氣,也是一種學術新方法的開展。王國維《説觥》一文開頭即云:

> 凡傳世古禮器之名,皆宋人所定也。曰鐘、曰鼎、曰鬲、曰甗、曰敦、曰簠、曰簋、曰尊、曰壺、曰盉、曰盤、曰匜、曰盦,皆古器物自載其名,而宋人因以名之者也;曰爵、曰觚、曰觶、曰角、曰斝,古器銘辭中均無明文,宋人但以大小之差定之,然至今日無以易其説,知宋代古器之學,其說雖疏,其識則不可及也。⑤

其文提到宋人依據古器物(先秦銅器)"自載其名"而"因以名之者"有鐘、鼎等十三種器類,宋人依古籍(主要是《韓詩》和鄭玄《注》)而以大小之差定之的有爵、觚等五器,《説觥》只是概略性的陳述,王先生的《宋代金文著

---

③ 六家中五家有記錄可查,這五家分別爲:鄭氏《三禮圖》、阮諶《三禮圖》、夏侯伏朗《三禮圖》十二卷、梁正《三禮圖》九卷、張鎰《三禮圖》九卷。另一家有二説,據《四庫全書》考證爲隋開皇時所撰《三禮圖》十二卷,此書據《宋史》載張昭等議云其圖第一題梁氏,第十後題鄭氏,則似爲兩家之書合并而成,其鄭氏是否爲鄭玄亦不能確定;另一説法乃認爲六家禮圖中有二梁,第一位不知其名,時代在鄭氏前(即用張昭之説,而推鄭氏爲鄭玄,梁氏題名於鄭氏前,故以梁氏爲東漢人,不知其名),第二梁氏爲梁正。此説詳見於《續修四庫全書提要》、王謨《漢魏叢書》。

④ 宋代以前金石之研究已存在,但風氣不盛,葉國良先生云:"簡言之,雖有其學,而不絶者如縷,猶未蔚爲風氣也。"[葉國良:《宋代金石學研究》(臺北:臺灣書房出版有限公司,2011年),頁5]

⑤ 王國維:《説觥》,《定本觀堂集林》上冊卷3,收錄於楊家駱主編:《讀書札記叢刊》第1集第6冊(臺北:世界書局,1991年),頁147。

錄表》⑥已對傳世宋代金石著錄做了全面的整理。宋代金石學家所定之名如爵、觚、觶、角、鼎、鬲、盤、戈等，皆爲今日考古學與器物學所從，然而宋人稱簋爲敦或彝、稱盨爲簋，并以彝綜稱各類器物，個別的圖錄對於器類的判定也有出入，本文乃由此着手，就現存宋代圖錄逐一處理。

　　名物之學涵蓋的範圍很廣，舉凡宮室、服飾、器物、動植物等，均屬其範疇。先秦銅器在分類上，亦有食器、酒器（飲器）、水器、樂器、兵器、車馬器、工具等分類，⑦以三禮名物而言，《儀禮》經文所提到者以食器、酒器（飲器）、水器爲多，《周禮》與《禮記》則遍及各類器物。本文設定以宋代金石著錄先秦銅器銘文自名的器類爲範圍，因此討論的類別爲食器、酒器、水器，涉及少數樂器和車馬器。

　　本文撰作之要旨在於考察"宋代金石學——器類名稱"與"北宋禮學——三禮名物"對三禮名物器類方面的定位與影響。本文設定爲兩個重點議題：（一）宋代金石學對先秦禮器名稱的考訂——藉由歷史的回顧（禮器認識史），考察宋代金石學的方法、流衍、正誤等方面；（二）宋代金石學對宋代禮學在器類器形方面的研究是否產生正面的影響。

　　北宋以前，金石學相關圖錄與記載雖見諸史冊，然其數量不多，且今亦無可親覩，故欲整理金石學之材料，當由北宋圖錄開始，《籀史》載太祖開寶九年（公元976）徐鉉有《古鉦銘碑》，⑧真宗天禧元年（公元1017）僧湛淦刻《周秦古器銘碑》，⑨前者爲一鉦，後者爲二甗之銘文，收器既少，內容無多。仁宗皇祐三年（公元1051）"詔出祕閣及太常所藏三代鐘鼎器，付修太樂所，參較齊量。又詔墨器款以賜宰執。丞相平陽公命承奉郎知國子監書學楊元明南仲釋其文"，⑩成《皇祐三館古器圖》，以上諸書皆不

---

⑥　王國維：《宋代金文著錄表》，原收於《王國維先生全集初編》第10册，本文引用之版本爲王國維編撰，羅福頤校補：《三代秦漢兩宋（隋唐元附）金文著錄表》（北京：北京圖書館出版社，2003年），頁627—705。

⑦　這是常見的分法，當然也可分成彝器、明器、車馬器、工具等，各家對於器類所切入的觀點不同，其分法自然存有差異。

⑧　（南宋）翟耆年：《籀史》，《景印文淵閣四庫全書》，頁13。

⑨　（南宋）翟耆年：《籀史》，頁27。

⑩　（南宋）翟耆年：《籀史》，頁15。

傳，而所載之器銘部分可見於較晚宋代金石著錄。仁宗嘉祐六年（公元1061）歐陽修《集古錄跋尾》成，⑪與銅器銘文有關者，多在第一卷，嘉祐八年（公元1063）劉敞刻《先秦古器記》於石，李公麟著《考古圖》，二書亦皆不傳。神宗熙寧元年（公元1068）胡俛取五銘文刻《古器圖》，⑫今亦不傳。哲宗元祐七年（公元1092）呂大臨《考古圖》成，其全錄器形與文字，爲目前傳世可見最早者。其後，流傳至今日可見之宋人金石著錄有《續考古圖》、⑬《博古圖》（《宣和博古圖》）、⑭薛尚功《歷代鐘鼎彝器款識法帖》、趙明誠《金石錄》、王厚之《鐘鼎款識》、王俅《嘯堂集古錄》、張掄《紹興內府古器評》等。

宋代的金石著錄傳之今世者，不到十分之一，楊殿珣與容庚兩位先生有《宋代金石佚書目》專文，⑮葉國良先生在其基礎上做了增補，匯得宋代金石學相關著述佚書目 112 種。⑯民國初年王國維先生集傳世可見的宋人金石著述十一種（歐陽修《集古錄跋尾》、呂大臨《考古圖》、《宣和博古圖》、趙明誠《金石錄》、黃伯思《東觀餘論》、董逌《廣川書跋》、王俅《嘯堂集古錄》、薛尚功《歷代鐘鼎彝器款識法帖》、《續考古圖》、張掄《紹興內府古器評》、王厚之《鐘鼎款識》）而成《宋代金文著錄表》。容庚先生《宋代吉金

---

⑪　此書據四庫館臣之考證"是錄之成當在嘉祐六年辛丑爲眞迹，跋尾則多係治平初年所書，亦間有在熙寧初者"（《四庫全書提要》），此書之《序》則署嘉祐八年。（北宋）歐陽修：《集古錄》"序"，《景印文淵閣四庫全書》，頁 3。

⑫　（南宋）翟耆年：《籀史》，頁 16。此事在熙寧戊申歲，即熙寧元年，而所釋器類則有誤，以簠（宋人釋簠爲敦）爲鼎、以箅（即自名器匼匚之類）爲斗。又今日研究者或有誤胡俛纂《古器圖》爲皇祐初年事者，當正［如陳致：《古金文學與〈詩經〉文本研究》，勞悦強、梁秉賦：《經學的多元脈絡——文獻、動機、義理、社群》（臺北：臺灣學生書局，2008 年），頁 294］。

⑬　此書之作者與時代可參葉國良：《宋代金石學研究》第二章第五節"續考古圖作時作者考"，頁 63—65。葉先生之意見爲"此書或果趙九成撰，而必不作於南宋"、"然則此書蓋作於崇寧、大觀間乎？至遲亦不應晚於今本《宣和博古圖》之撰成時也"，並推測趙九成爲宋之宗室，此書"確以續呂書爲事矣"。

⑭　此書據葉國良先生研究指出徽宗政和三年（公元 1113）七月完成，《初修博古圖》收器五百餘，王黼提倡重修於宣和五年至七年（公元 1123—1125）之間，收器八百餘爲《宣和重修博古圖錄》。參葉國良：《宋代金石學研究》第二章第六節"博古圖修撰始末及其相關問題"，頁 66—78。

⑮　楊殿珣撰，容庚補：《宋代金石佚書目》，《考古》1936 年第 4 期，頁 204—228。

⑯　葉國良：《宋代金石學研究》（臺北：臺灣書房出版有限公司，2011 年），頁 52—59。

書籍述評》⑰對各書之版本與校勘等多有評述，本文在上揭學者整理的基礎上，就其中的一些器類名稱提出意見，爲本文第二節"宋代金石學的器類名稱"。宋代傳世的禮學著作大多集錄在《通志堂經解》與《四庫全書》中，本文從其中摘取與三禮名物有關者，逐一翻檢，就翻檢所得，爲本文第三節"宋代禮類經學著作中的器類名稱"。既就宋代經學與金石學兩個領域做了器類名稱的整理與討論後，考察彼此是否有交流，金石學的成果是否應用於禮書的注疏、禮圖的繪製，此爲第四節，亦爲本文之結語。

二、宋代金石學的器類名稱

關於宋人對於銅器之命名，王國維的《宋代金文著錄表》有很全面的整理（表一"王國維《宋代金文著錄表》指出器類分歧意見摘錄表"），此文以列表方式，分欄記載，并以"雜記"欄爲案語，其後學者亦多有對宋代金石學器類之論述文字，本文此章重點設定爲整理宋代金石學類名之誤，并考察其命名之由。下面就現存各本宋代金石學著錄，擇其有拓本或圖像的部分，陳述之。

（一）歐陽修《集古錄跋尾》

此書先秦銅器的部分不多，集中在"卷1"，有銘文摹本與釋文（隸定）可參照，釋"𣪘"爲"敦"，⑱其文云"此敦（按指毛伯敦）原父得其蓋於扶風，而有此銘，原父爲予考"（卷1，頁1），知銘文隸定乃爲劉原父（即劉敞）所作。雖然由此無法斷定字之誤釋爲敦是否由劉敞肇其端，然以《籀史》提到王叔文於皇祐初年釋古器銘文已能通其八九，⑲似乎仁宗初年已有銘

---

⑰ 容庚：《宋代吉金書籍述評》，《學術研究》1963年第6期，頁81—97；1964年第1期，頁85—102。又收錄於曾憲通編：《容庚文集》（廣州：中山大學出版社，2004年），頁47—99。本文引自後者。

⑱ （北宋）歐陽修：《集古錄》卷1，《景印文淵閣四庫全書》，頁2—3。

⑲ （南宋）翟耆年：《籀史》，頁16。

文考釋之作流傳於士大夫之間，或許宋初對於銘文"𣪘"就釋爲"敦"了，這個現象至南宋結束皆是如此。

"龏伯彝銘"（卷1，頁3）以彝爲器類，其銘文稱"鼒彝（𤸫𢍜）"（案：《集古錄》誤釋爲"尊彝"），由此可見器之定名以銘文自稱爲依據。對於甗則有"太宗皇帝時，長安民有耕地得此甗，初無識者，其狀下爲鼎三足，上爲方甑，中設銅箄，可以開闔，製作甚精"（卷1，頁9）記載，其物由句中正識之，觀文字所述甗之形制知其說正確。

在"終南古敦銘"（卷1，頁11）的討論中，已對出土文物和《三禮圖集注》的不同作出取捨，"蓋其銘有寶尊敦之文，遂以爲敦爾"。⑳ 又如"叔高父煮簋銘"（卷1，頁11）云：

> 右煮簋銘曰："叔高父作煮簋，其萬年子子孫孫永寶用。"原父在長安，得此簋於扶風，原甫（按即原父）曰"簋容四升，其形外方內圓而小墮之，似龜有首、有尾、有足、有甲、有腹"，今禮家作簋亦外方內圓而其形如桶，但於其蓋刻爲龜形，㉑與原甫所得真古簋不同，㉒君謨以謂禮家傳其說不見其形制，故名存實亡，原甫所見可以正其謬也，故并錄之以見君子之於學貴乎多見而博聞也。治平元年六月二十日書。

因以劉敞所得之盨（宋人以自名器盨爲簋）爲據，疑傳世禮圖之非，雖其所據非簋之實器，然在出土器物和傳世禮家說法及圖像存在分歧時，乃以出土器物爲可信。

至於銘文摹作"匼匩"者，據其筆意，隸定爲匿，爲器類名，并附見薛尚功之考釋摹字作"匩"形，隸定爲"簠"（卷1，頁14—16）。

由此書已能釋之器類有鼎、甗、甑、鐘、盉、匿。另有一特別器類爲匩。

就全書銅器銘文之隸定而言，永叔所從爲劉敞之說，此亦可爲《先秦古器記》之集佚。

---

⑳ 此器依宋人以簠爲敦之現象推之，當是簠。
㉑ 四庫館臣校云"一有爾字"。
㉒ 四庫館臣校云"一有也字"。

(二) 呂大臨《考古圖》

呂大臨《考古圖》在金石學中享有盛名，民國以後的學者對此書亦以讚譽爲多，此書在銅器器類上，已能分辨"方鼎、鬴（釪）鼎、甗、爵、觚、豆、鋪、匜、盉、瓿、盤、匜、戈、鐘"，而"鼎、鬲、卣、方壺、壺、盂、耳杯"等類別則有部分未能識出。整體而言，能分辨的器類已多，但個別器類仍有誤判者，容庚先生指出：

> 其所定器名多舛：如父己鬲、方乳曲文大鬲、方乳曲文次鬲、父癸方彝乃鼎也，單㝬從彝一乃斷足方鼎也，三牛敦乃鼎蓋也，單㝬從彝五乃甗也，匕旅鬲、四足鬲、單㝬從彝四乃盉也，圜乳方文尊乃敦也，中朝事後中尊、象尊乃壺也，單伯彝（銘乃品伯）、龍文三耳卣、三耳大壺乃罍也，商兄癸彝、單㝬癸彝、父辛旅彝、祖丁彝、父己人形彝、主父己足迹彝、挈壺乃卣也，單㝬從彝二、癸舉乃觶也，持戈父癸卣、父乙卣、木父己卣、父己足跡卣乃觶也，從單彝、師艅象彝乃尊也，非有圖孰從而知之。㉓

這段文字提出誤鼎爲鬲、誤鼎蓋爲敦、誤盉爲鬲、誤敦爲尊、誤罍爲卣、誤卣爲壺等六種現象，其中誤盉爲鬲，主要原因在於鬲均袋形足（款足），部分盉亦爲袋形足，故以致誤。至於壺尊混稱乃因爲器形功能接近，不易區分。以彝稱各器，則是受到以銘文自稱爲命名原則的影響所致。下文提出對《考古圖》器類歸屬的考察所得：

1. 因銘文而定器類爲鼎，但知器形爲尊壺：如孔文父飲鼎（圖一），《考古圖》云："此器銘謂之鼎，而制度乃類尊壺之屬，疑古人制器規模亦有出入不一者，不然則或文同而音異，皆未可考。"㉔此器銘文和器形不合，有可能誤寫或僞作。㉕

2. 因誤釋銘文而以簋爲敦：這個現象事實上是宋代文字學與金石學的共通現象，㉖因爲不能正確地辨識簋字，故又將甌誤爲簋，產生了連鎖

㉓ 容庚：《宋代吉金書籍述評》，《容庚文集》，頁50。
㉔ （北宋）呂大臨：《考古圖》卷1，《景印文淵閣四庫全書》，頁20。
㉕ 器形紋飾與先秦樣式格局不同，銘文既經傳刻，亦已失真，故難以判定是繪圖之失真或器僞，亦難以判定銘文是否爲宋人僞作或誤植。
㉖ 可參容庚：《商周彝器通考》上冊（臺北：文史哲出版社，1985年），頁320—322。

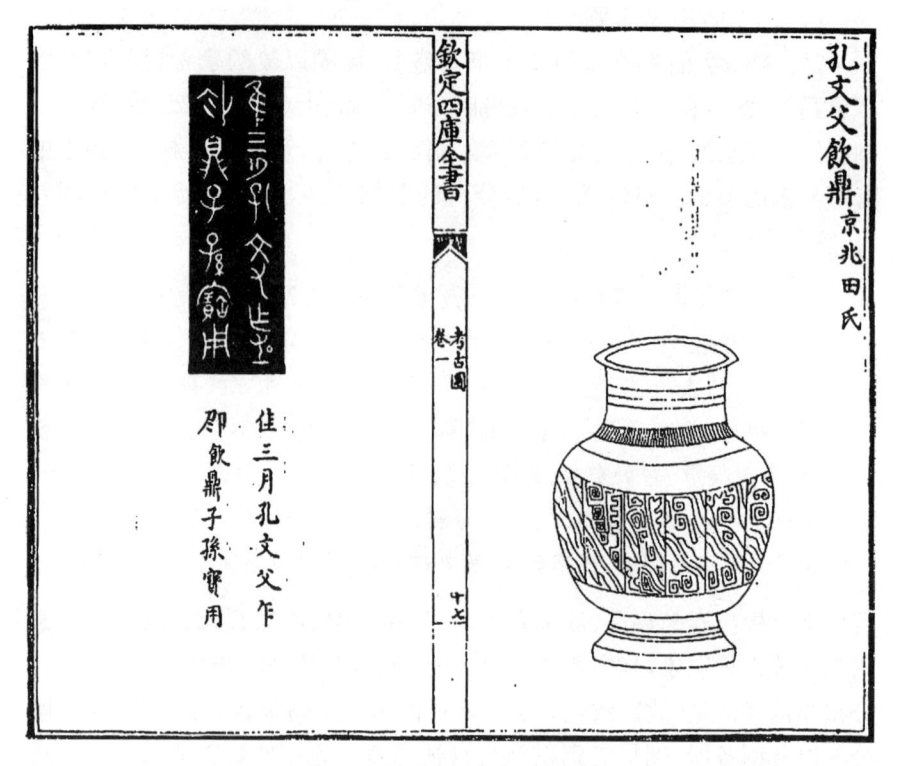

圖一 《考古圖》孔文父飲鼎

效應,結果簋被當成敦,敦被當成鼎,盨被當成簋。又因簋有方圓(圜)的爭論,由方形器或圓形器到內圓外方或外圓內方,這些看法也是誤盨爲簋的原因。《考古圖》的一處隸定應值得留意,在卷3頁13載錄的伯庶父敦(應名爲伯庶父簋,圖二)之銘文"㪫"字,隸定爲"毁"并於此字下加注"敦"字,㉗前則爲簋字之初文,後者爲"敦"之省體,《考古圖》對於"㪫"字的器類判定,處理的方式有二:一是直接隸定作"敦";二是隸定作"毁"而加注"敦"字,如應侯敦(卷3,頁15)。雖然《考古圖》已能將銘文"㪫"字隸定作"毁",但《說文解字》簋字所收的字形,其正篆(字頭)與三個重文"匭"、

㉗ 同樣現象亦見於卷3頁25之牧敦。

"甌"、"朹"形㉘皆不從殳(攴),故宋人未能將"㲃"與"簋"字聯結,況且《儀禮》中簋與敦亦有身份上的區別,簋只見於《聘禮》、《公食大夫禮》和《特牲饋食禮》,不如敦之常見,是故宋人將"㲃"字釋作"敦"。

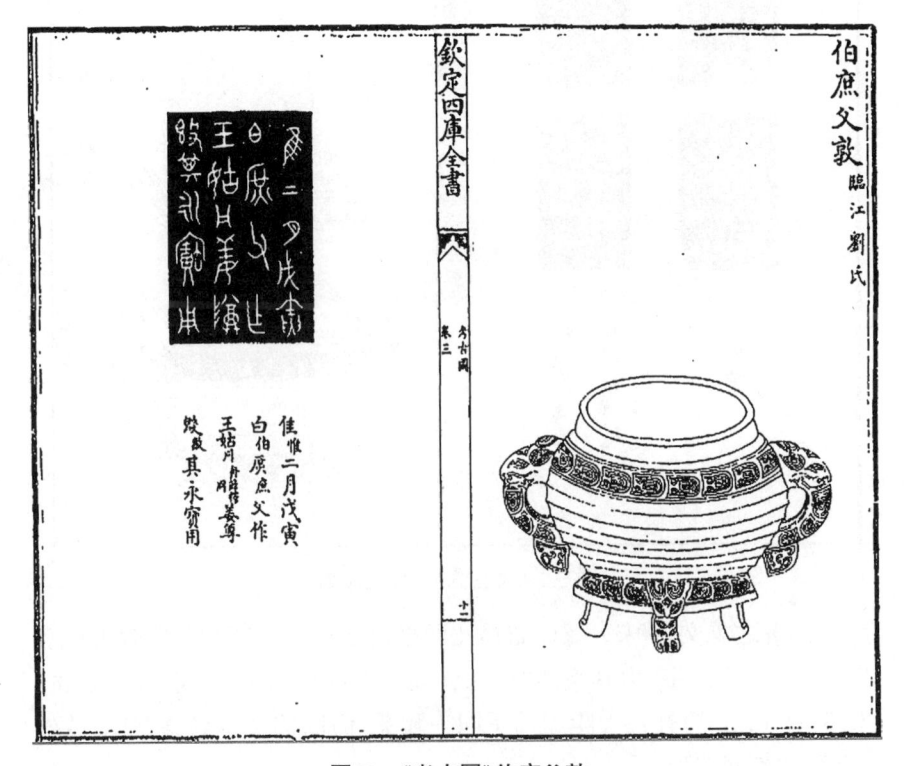

圖二 《考古圖》伯庶父敦

3. 將方盨釋爲簋:卷3頁37收有師奌父旅簋(圖三),此實爲方盨,宋人將盨釋爲簋,故此方盨亦被歸爲簋器類。

4. 匜字隸定不一,致使這種器類有不同的名稱:卷3頁41之器名作"太公匜",頁43之器名作"弝中匜",頁46之器名作"史剌匜"。這類器在銘文中有器類名可爲命名之依循,但其字異體多形,或從匚從夫,《說文解

㉘ (東漢)許慎撰,(北宋)徐鉉校定:《說文解字》卷5上"竹部"(香港:中華書局有限公司,1976年,影印同治十二年陳昌治刻本),頁5。

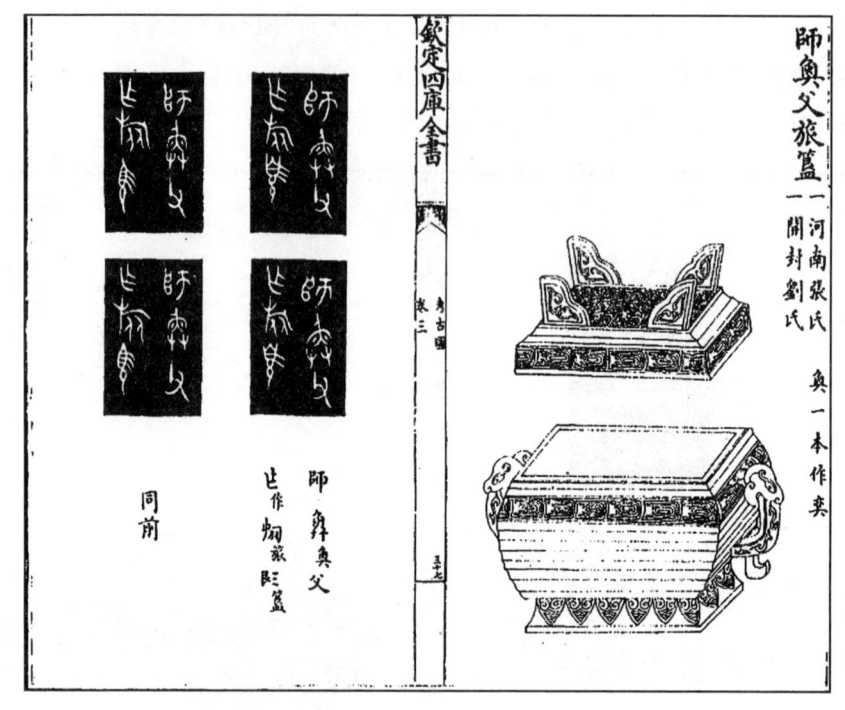

圖三 《考古圖》師奐父旅簠

字》以爲簠之重文，㉙宋人據以認爲此即禮書之簠。《考古圖》所收的區各依銘文而用不同字，由其案語"形制皆如簠㉚而方，文雖不同，疑皆簠也"（卷3，頁42）。可知呂大臨認爲是同一類器，但以銘文本名爲準則，故器類名稱用不同字形。

5. 雖知各器之器類名，仍以彝爲稱：《考古圖》一書中稱爲"彝"的器有卣（商兄癸彝、父辛旅彝），與稱爲"單骙從彝"的甗、簠、甌、盉、殘

㉙ 同注㉘。
㉚ 《考古圖》此段文字兩個"簠"字，乃依據《景印文淵閣四庫全書》這個版本。另一個版本的《四庫全書》兩處皆作"簠"字，頁碼亦不同，參（北宋）呂大臨：《考古圖》卷3，收於《宋人著錄金文叢刊（初編）》（北京：中華書局，2005年，影印《四庫全書》本），頁45。憲仁案：此叢刊所據《四庫全書》非臺北故宮博物院所藏之"文淵閣本"，據本人比較後，其頁面文句有出入。疑其爲文津閣本。宋代金石學者大多以簋爲圓器、簠爲方器，故此處云"如簠而方"，文意較好。

鼎，其他如尊（單從彝）、𣪘或罍（單伯彝）、方鼎（父癸方彝）等，有的銘文用泛稱云"作寶障彝"，故此書以彝為器類名。有的銘文只有干支名與族氏文字（族徽），并未言及作器，此應是《考古圖》在器類的命名上不完善之處。

6. 其所稱之卣，或為後世所稱之觶：卷4有多器稱為卣，器形為觶，《考古圖》無器名為觶者，觀其所載稱為卣的諸器之高度，分別為五寸七分、[31]五寸九分、七寸，與同書所載之爵高度相當。

7. 其所稱為尊者，或為壺（中朝事後中尊，圖四），[32]或為簠盂之屬（圖

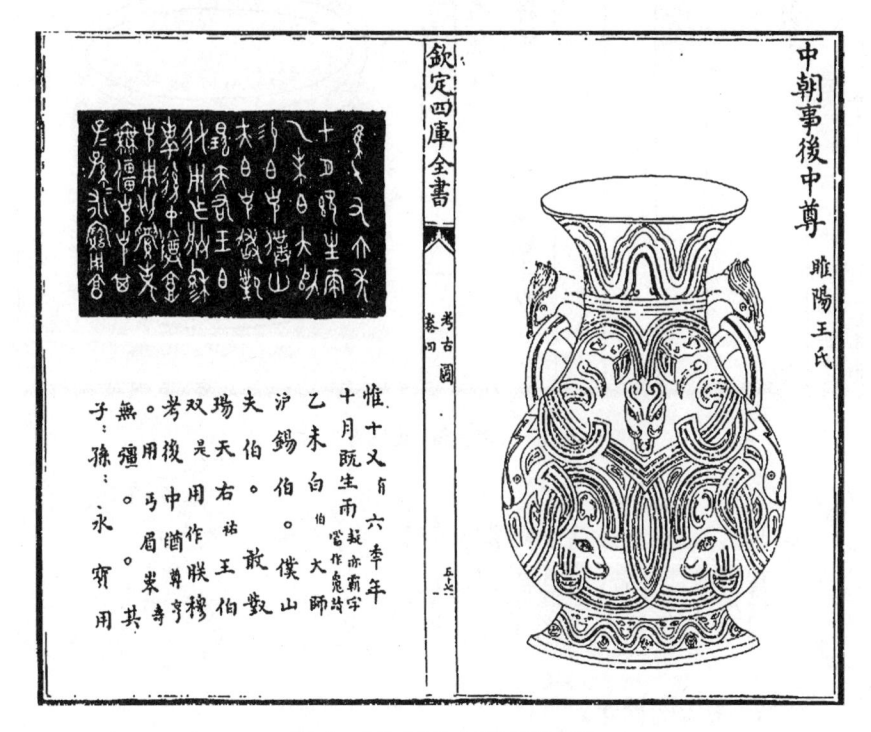

圖四　《考古圖》中朝事後中尊

---

[31]　"文淵閣本"《考古圖》以持戈文癸卣器高為五寸九分，而《宋人著錄金文叢刊（初編）》影印《四庫全書》本（疑為"文津閣本"）中《考古圖》載該器器高為五寸七分。

[32]　此器為壺，為西周晚期至春秋初年形制，這類器的銘文載器類為壺。不過，若就先秦禮書系統的角度來看，尊和壺是混稱的。

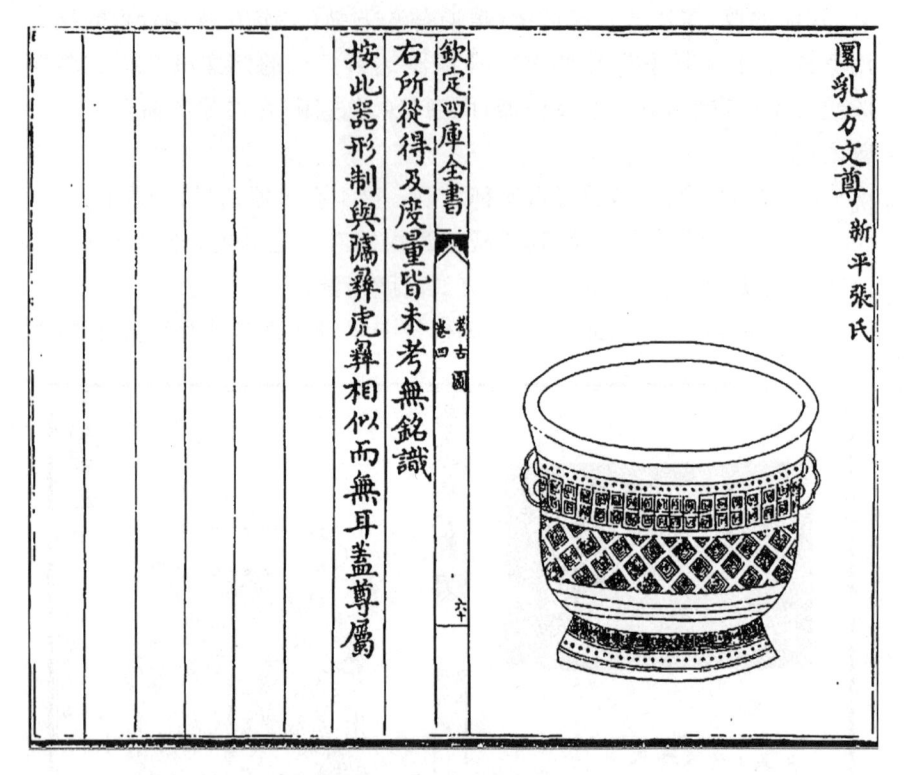

圖五　《考古圖》圜乳方文尊

乳方文尊,圖五)。㉝

8. 其所稱壺者,或爲今日學界所稱之尊、卣(挈壺,圖六)。

9. 其所稱耳杯者,爲自名器鉶或卮。

10. 其所稱舞鏡者,爲今日學界所稱之鑾鈴。

(三)《考古圖釋文》

書之作者有兩說:一說爲呂大臨;一說爲趙九成。其所引用之器與《考古圖》稍有出入,但與《考古圖》釋字則相同,原書所摹古文字字形,雖

㉝　此器器形爲簋,部分盂亦有此形,盂之器用或爲食(饋)器,或爲水器,若爲盛飯之饋盂,則爲簋之屬。

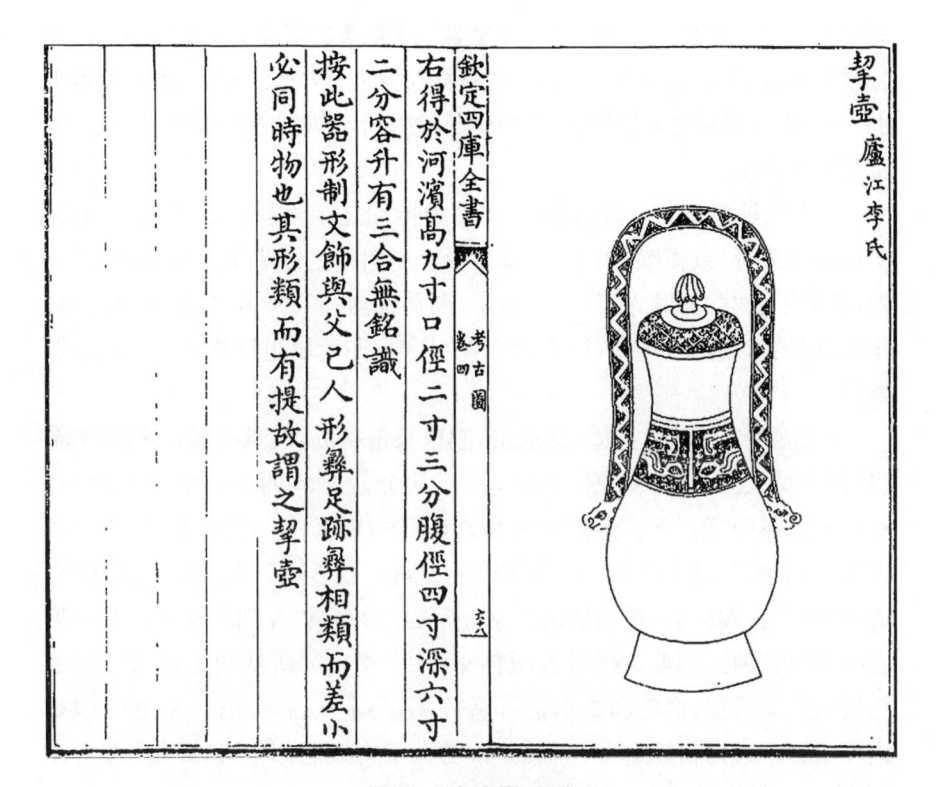

圖六 《考古圖》挈壺

偶有失真，但仍足以據之定其臧否，其於器類名之銘文而辨字有誤者，器類亦必然誤稱，故條列本文考察所得如下：

1. 字形已能釋者：匜（頁5）[34]、盤（頁11）、盉（頁13）、鼎（頁24）、獻即甗字[35]（頁27）、鬲（頁34）。

2. 誤釋字形者：

(1) 以盨、釪字爲銅，王子吳飲盨和宋君夫人鍊釪鼎是其例（頁15）。

(2) 以盅字爲簋，云"古文雖有不同，皆从皀从皿而已"（頁17）。意指

---

[34] 此處頁數乃依據《考古圖釋文》，其版本爲（北宋）吕大臨：《考古圖釋文》，《景印文淵閣四庫全書》。

[35] 并由銘文甗字作獻，其偏旁鬳字，上从虍，下从鼎，推知"古文鬳亦从鼎也"。

盨字上半部之須與皀形近，其釋文雖錯，但考釋之語亦有可以參考者，如"《説文》云白象嘉穀在裏中之形，匕㊱所以扱之，敦字亦從此，恐亦象器形也"（頁18），所説之敦字即銘文之毁字，毁字形所從之皀（即毁字初文）的確是象器之形。

（3）以鋪爲簠，又以医爲簠：銘文中器類之鋪爲圓形似豆之器，而銘文稱器類医者，或作匯、區等字，爲方形上下對稱之覆斗狀器，不宜合爲一類，其於医云"此器既方，其文又如是，則爲簠無疑"、云鋪"其器似豆而卑，作本音無義，或讀與簠同，以金爲之，故從金，亦簠屬也"（頁19）是混兩器類爲一。

（4）釋字有誤，以爲臣、區从缶，誤以爲缶與臣、區爲一類：此書將匯（其釋字爲从匚从缶）與區（區字，从匚从金，古聲）列爲一字之異體（頁23），皆以爲即"缶"字。然銘文所稱之區（臣）與医（區）爲同器形，此書既以"医"爲"簠"（頁19），又以"區"爲"缶"，同一器形被分爲兩類。匯和區這類被《考古圖釋文》釋爲从缶的字，所從之形實爲"古"形，有些銘文字形看來與"缶"的確相近，故《考古圖釋文》才會引寶字所從的缶和這些字形相近爲立説依據，但缶和古形仍可區分，這些字从古不从缶，部分字因爲剔鏽的因素或當初鑄造者在刻寫時，將古字寫成近似缶形，致使《考古圖釋文》未能精確分辨，才産生了从缶的看法。

（5）釋毁爲敦（頁27），此爲宋人之誤，已見前文。

（四）趙九成《續考古圖》

此書不載撰者姓名，錢曾以爲呂大臨所撰，四庫館臣以爲"蓋南宋人續大臨之書而佚其名氏"，㊲陸心源以爲趙九成所輯，㊳葉國良先生《續考

㊱　此字或有作"形"者，涉上而誤。（北宋）呂大臨：《考古圖釋文》，收於《宋人著録金文叢刊（初編）》，北京：中華書局，2005年，影印《四庫全書》本。憲仁案：亦疑爲文津閣本。

㊲　四庫館臣：《考古圖提要》，見《四庫全書・考古圖》（文淵閣本），頁4。亦見於《四庫全書總目》（文淵閣本）卷115，頁7。

㊳　（清）陸心源：《儀顧堂續跋》卷10，收錄於《續修四庫全書》（上海：上海古籍出版社，1995年，影印清刻潛園總集本），頁19。

古圖作時作者考》支持趙九成撰之説,并認爲"必不作於南宋"、"然則此書作於崇寧、大觀間乎?至遲亦不應晚於今本《宣和博古圖》之撰成時也"。㊴《續考古圖》之作者與成書年代均屬於北宋末年,可爲定説。

此書之作,意在續吕大臨《考古圖》,故體例仿之,而器物之排序未如吕書。今考察其器類定名,已可識之器類有:鈁、爵、卣、盤(槃)、瓿、盃、鐘、鑑、杯(耳杯)等,大致可識之器類有:鼎、鬲、兕觥、匜、尊、壺、觚等,可提出討論者如下:

1. 有以釜爲簋者:卷1頁8之旅簋(圖七),㊵觀其器型爲釜,因刻本

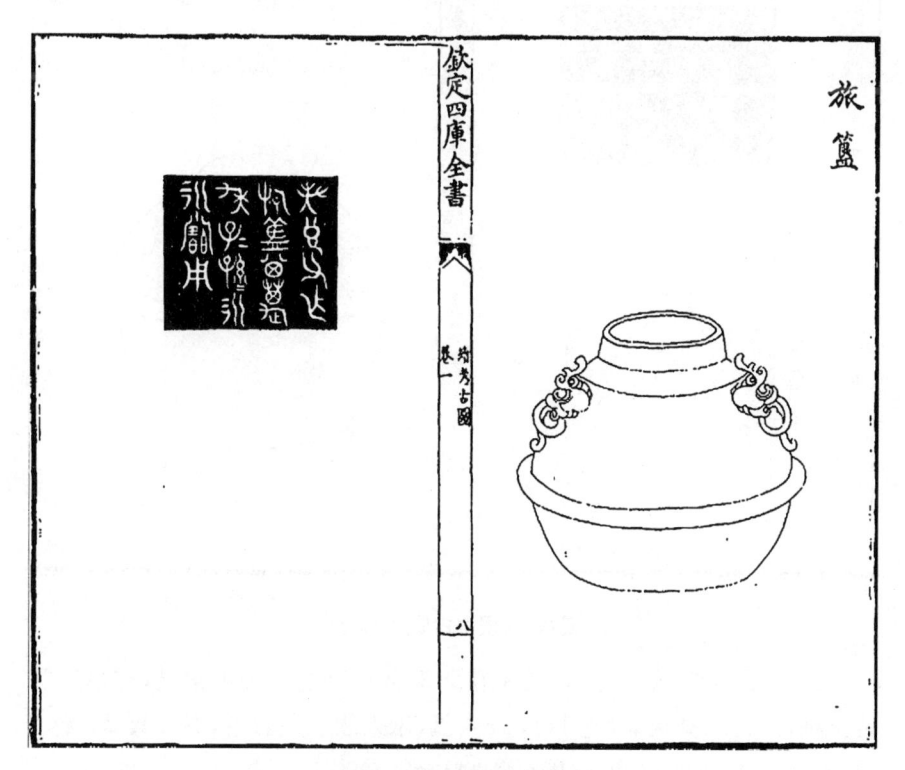

圖七　《續考古圖》旅簋

㊴ 葉國良:《宋代金石學研究》(臺北:臺灣書房出版有限公司,2011年),頁63—65。
㊵ 此處頁數乃依據《續考古圖》,其版本爲《景印文淵閣四庫全書》本。

銘文从隹从皿，若就形構可釋爲籚，然亦不排除刻本失真所致。該卷另收一漢器名爲"館陶釜"（頁13，圖八），銘文自名爲釜，與此器形相似。再觀所謂"旅簠"之器蓋與器口處，非如西周春秋器常見之接口作法，其器時代當不早於戰國時代。

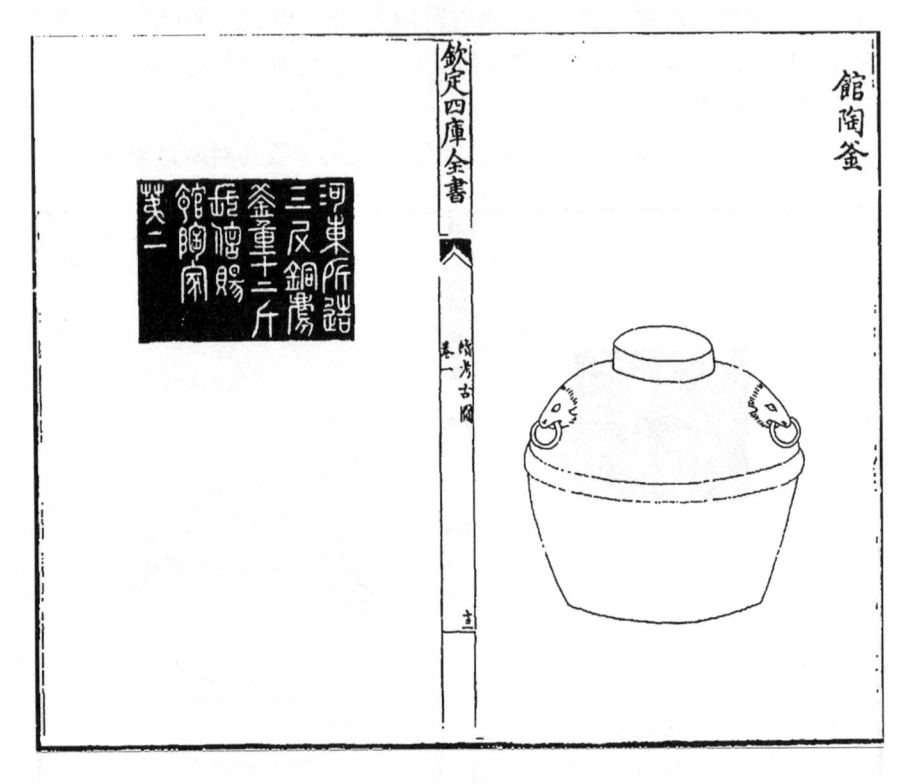

圖八　《續考古圖》館陶釜

2. 以彝稱鼎、簠、壺：此現象在北宋金石學之著錄中常見，彝爲銅器之泛稱，本書以彝稱鼎（卷1，頁18）、簠（宋人誤稱爲敦者，卷1頁20、卷2頁14、卷3頁3、卷3頁5、卷4頁24）、壺（卷2，頁25）。

3. 有誤簠爲尊者：器類簠，宋人習稱爲敦，而本書卷1頁22著錄之"鳥銅尊（圖九）"則非尊之形制，其器爲殷商至西周早期簠之形制也。

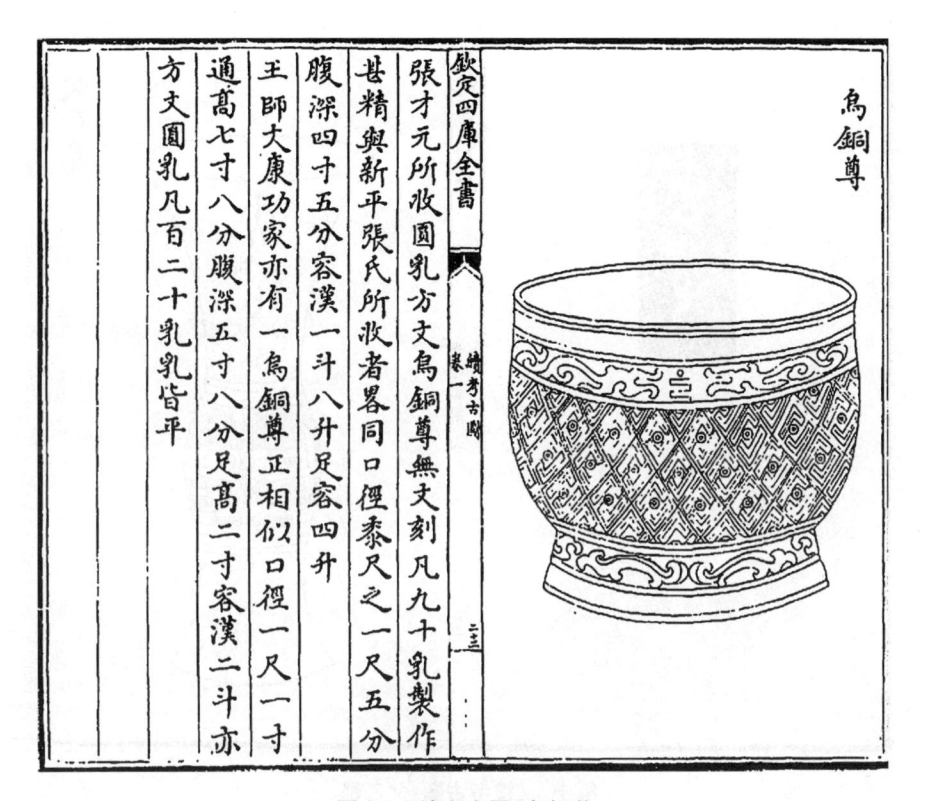

圖九 《續考古圖》烏銅尊

4. 有以尊為罍者：此書以為器類罍而實非罍者有四器：卷 2 頁 3 之父乙罍（圖十），實當稱為父乙尊，觀其案語云"王晉玉所收，狀如觚而大"（頁 4），觚為宋人定名，此器較觚為大而腹亦鼓出，器類為尊。卷 2 頁 20 之伯丁罍，器之形制亦為尊，其案語云"王師文所收，與王晉玉父乙罍正同……製作大小與父乙罍同"㊶（頁 21），知繪此器而紋飾失真，然形制大抵無誤，可以判斷器類為尊。卷 5 頁 8 載父辛父巳二罍，二器形制同，其案語云"趙周臣所收，與《考古》癸舉相似而大，刻文於底內，

㊶ 《景印文淵閣四庫全書》本此處原作"大小闕父闕"，有四字闕漏，據他本補，參（北宋）趙九成：《續考古圖》卷 2，收於《宋人著錄金文叢刊（初編）》（北京：中華書局，2005 年，影印《四庫全書》本），頁 21。憲仁案：亦疑為文津閣本。

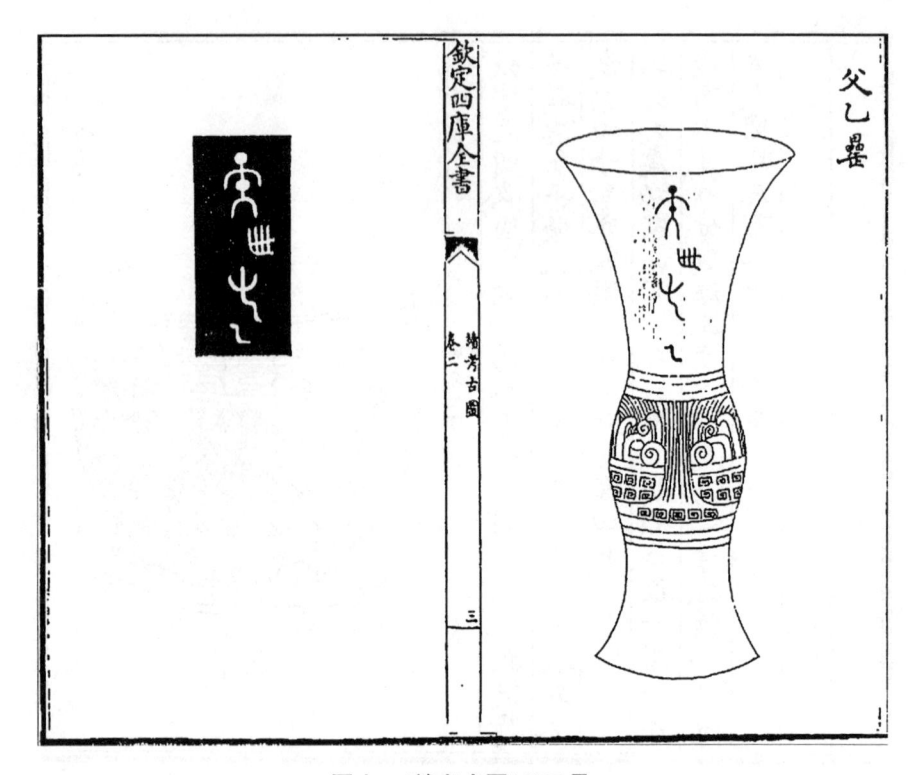

圖十　《續考古圖》父乙罍

二罍形製畧同，刻文各異……與一罍伯丁罍大小形制略同"（頁9）。《考古圖》之癸舉（圖十一）應是觚。⁴²《續考古圖》之父辛罍與父巳罍當稱爲"父辛尊"與"父巳尊"，商晚期至西周早期此類尊形常見，其形制若觚之粗大者，與觚的確有些形似之處，故《續考古圖》才會提及癸舉（當定名爲癸𠬪觚），然仔細比較，仍可區分出此二器爲尊，癸舉爲觚。

---

⁴²《考古圖》之"癸舉"器形圖在該書卷5頁17，而案語云："按此器與前觚形制畧相似，其容受有加，與禮書不合，姑附于後。"（頁18）觚之器爲宋人定名，此器與觚形制大抵相合。其云容受較觚爲多，其所繪之圖，與殷商晚期至西周早期一類尊有形似之處，相較而言與觚形制較合。又案：此器宋人所稱之舉，非器物類名，而是對此器族氏文字（族徽）的隸定。

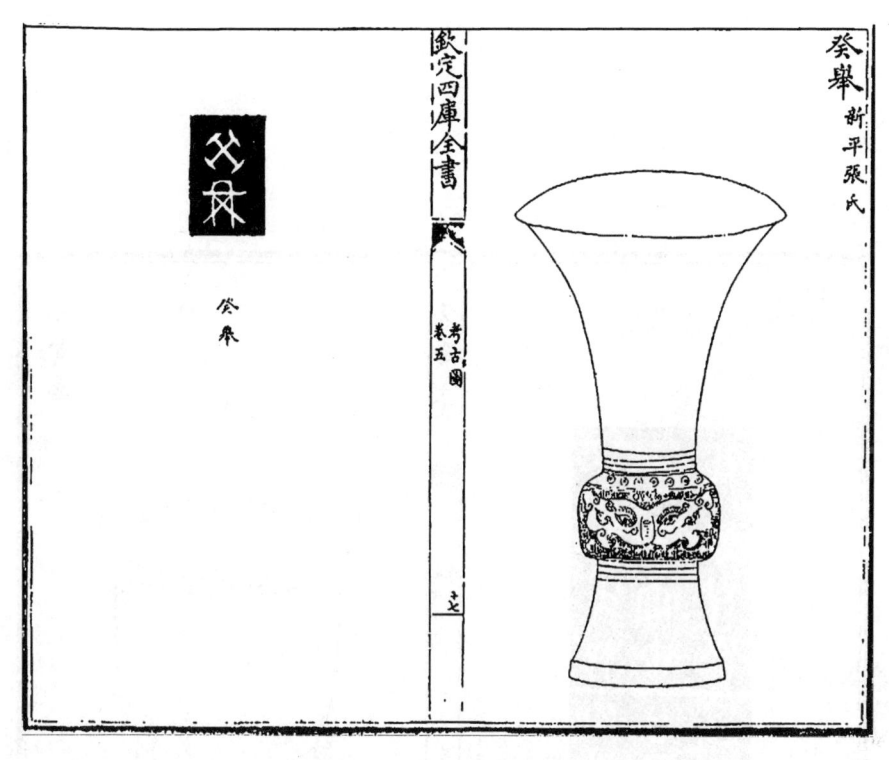

圖十一　《考古圖》癸舉

5. 有以匜爲鼎者：卷 2 頁 35 載王宮匜（圖十二），其器形爲鼎，而銘文失真，或有以爲銘文乃拚湊數器而成者。㊸

6. 商舉當爲斝（卷 3 頁 31，圖十三）。此處的舉，因其器未載銘文（亦未提及是否有銘文），《考古圖》將某些族氏文字（族徽）釋爲舉字，此書不知是否受影響，若是依循《考古圖》的考釋習慣，則舉不當理解爲器類名。

7. 誤簋爲敦。簋這類器在《續考古圖》中被誤稱爲敦與彝，另有一器被稱爲尊（見上文）。

8. 有誤匜爲觥者，卷 3 頁 34（圖十四），此爲水器匜，被誤爲酒器觥。

㊸ 劉瑞昭：《宋代著錄商周青銅器銘文箋證》（廣州：中山大學出版社，2000 年），頁 263。

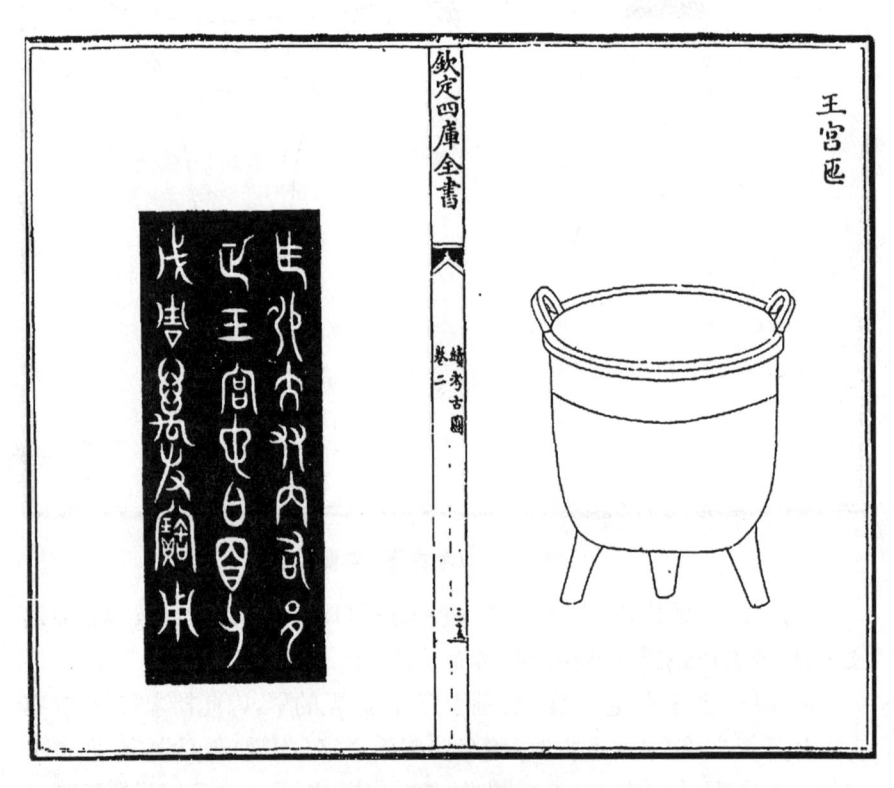

圖十二 《續考古圖》王宮匜

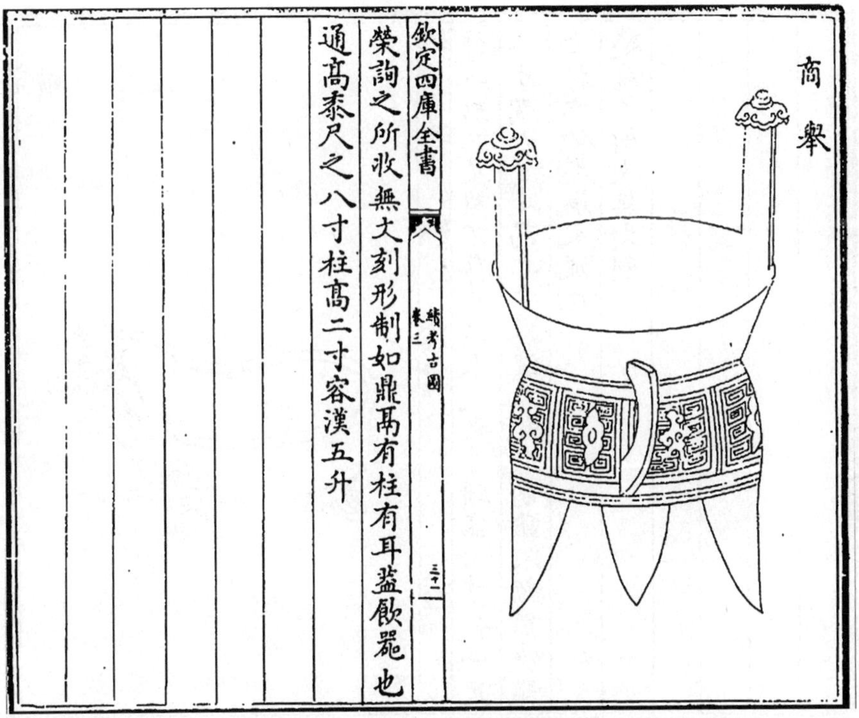
商斝
欽定四庫全書
續考古圖　卷三　三十二
榮詢之所收無文刻形制如鼎鬲有柱有耳蓋飲器也
通高黍尺之八寸柱高二寸容漢五升

圖十三　《續考古圖》商斝

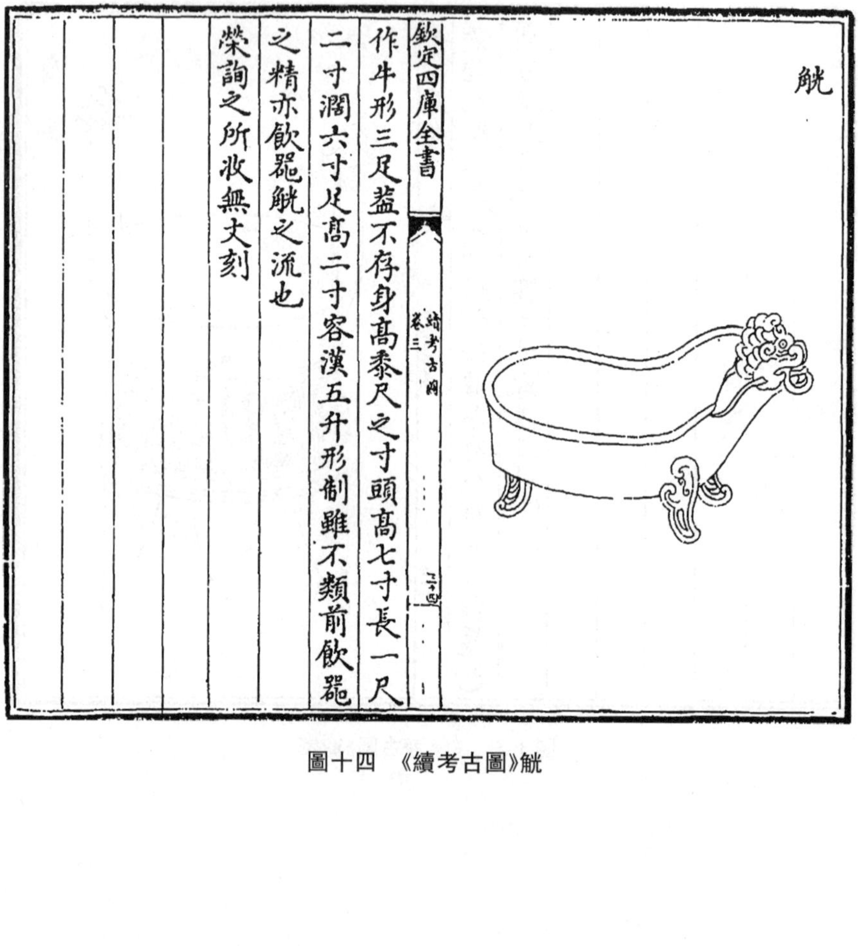
觥
欽定四庫全書
續考古圖 卷三
二十四
作牛形三足蓋不存身高黍尺之寸頭高七寸長一尺
二寸濶六寸足高二寸容漢五升形制雖不類前飲罍
之精亦飲罍觥之流也
榮詢之所收無文刻

圖十四 《續考古圖》觥

9. 有誤鼎爲鬲者，如卷 5 頁 5 之非鬲（圖十五），實爲鼎，其足有分襠但與鬲之款足（袋足）有別。

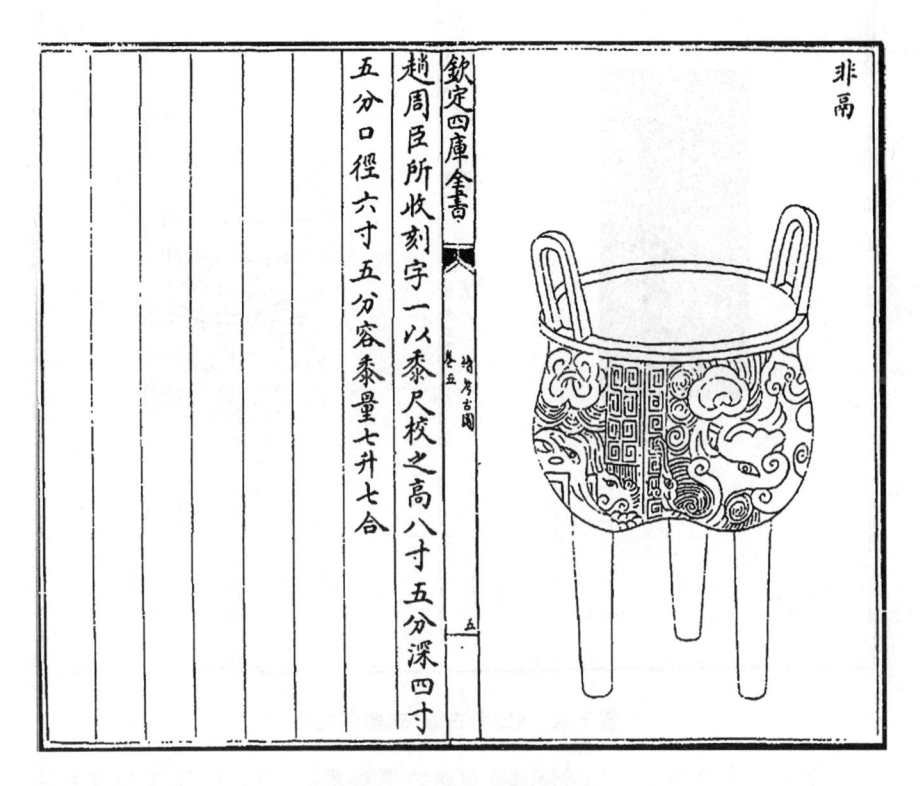

圖十五　《續考古圖》非鬲

10. 有器形與銘文相錯者，如卷 5 頁 14 器無命名（圖十六），而器形爲斝，器銘"饋鼎"，銘與器不相符。

（五）北宋徽宗敕撰《宣和重修博古圖錄》

此書因無撰著姓名，因而作者異說甚多，容庚先生指出：

案此書爲徽宗敕編，不具姓名，言者多異。有謂爲徽宗撰者，《籀史》是也。有謂仿李公麟《考古圖》而作者，《鐵圍山叢談》是也。有謂采用黃伯思《博古圖說》而作者，《直齋書錄解題》是也。有謂爲王楚

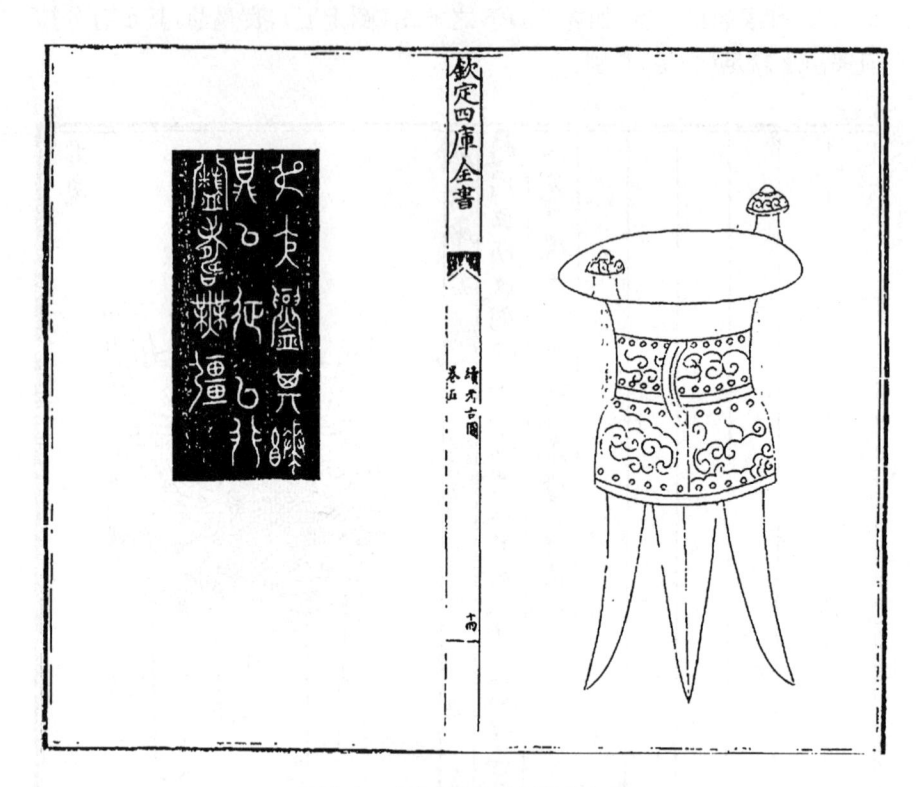

圖十六　《續考古圖》未題名之器

撰者，《郡齋讀書志》、余嘉錫《四庫提要辨證》是也。有謂成於宣和年間，而凡"臣王黼"云云，元板都爲削去者，《讀書敏求記》是也。《四庫總目》據《讀書敏求記》説，謂是書實王黼撰，楚字爲傳寫之譌。許瀚《攀古小廬文》據《讀書志》説，謂此蓋黼字譌，非楚字譌也。余謂《籀史》之説爲得其真。㊹

不只作者異説甚多，書名亦有不同的稱法，如《博古》、《博古録》、《博古圖録》、《宣和博古圖》、《宣和博古圖録》、《重修博古圖録》、《重修宣和博古圖》、《重修宣和博古圖録》、《宣和重修博古圖録》等。

㊹　容庚：《宋代吉金書籍述評》，《容庚文集》，頁59。

據葉國良先生研究指出徽宗政和三年（公元1113）七月完成《初修博古圖》，收器五百餘，王黼提倡重修是在宣和五年至七年（公元1123—1125）之間，收器八百餘爲《宣和重修博古圖錄》。㊺

本文依容庚與葉國良二位先生的意見，稱此書爲北宋徽宗敕撰《宣和重修博古圖錄》。

《宣和重修博古圖錄》在各器類前有"總説"，如卷1《鼎鼐總説》，卷7《尊罍總説》，卷8《彝總説》，卷10《尊罍總説》，卷12《瓶壺總説》，卷14《爵總説》，卷15《斝觚斗卮觶角等總説》，卷16《敦總説》，卷18《簠簋豆鋪總説》、《甗錠總説》、卷19《鬲鍑總説》、《盉總説》，卷20《盦鐎斗瓿罋冰鑑冰斗總説》、《匜匚盤㊻洗盆銅杅總説》等，都與先秦銅器器類定名有關。

考察此書，已可辨識之器類有：鼎（齋鼐）、罍、方彝、壺、爵、卮、觶、角、豆、鋪、甗、鍑、瓿、鎛鐘等，較諸《考古圖》與《續考古圖》已有更大的進展。另外大抵可釋的有尊、觚、卣、盉、斝等。下面就考察所得，對其中可商榷的部分條列討論：

1. 有誤觚爲尊者，如卷7頁3㊼之周乙舉尊（圖十七）。有一類尊，侈口，束頸而微鼓腹，腹接圈足處又縮束，圈足向下敞開，這類尊的曲綫和觚相似，唯器之容量較觚多，且腹徑亦較觚寬，觚之腹鼓者較少。

2. 以彝稱簋形器。卷8全卷，除去方彝，其他皆爲簋而名曰彝，不排除部分器爲盂（盂爲簋形器之屬）。

3. 有以瓶爲卣者，如卷10頁42之周樂司徒卣，宋代金石著録此器皆以爲卣，蓋釋 [印] 字爲卣字，此字當爲瓶字之異構者。

4. 其所載瓶，皆非自名器，均非先秦器物，其中卷12頁7漢麟瓶與先秦形制較近，但鑒并不相同。

㊺ 葉國良：《宋代金石學研究》第二章第六節"博古圖修撰始末及其相關問題"，頁66—78。

㊻ 此書將盤（洗）都稱爲匜盤，爲一種器類。

㊼ 此書所引用之卷頁依據《景印文淵閣四庫全書》本。

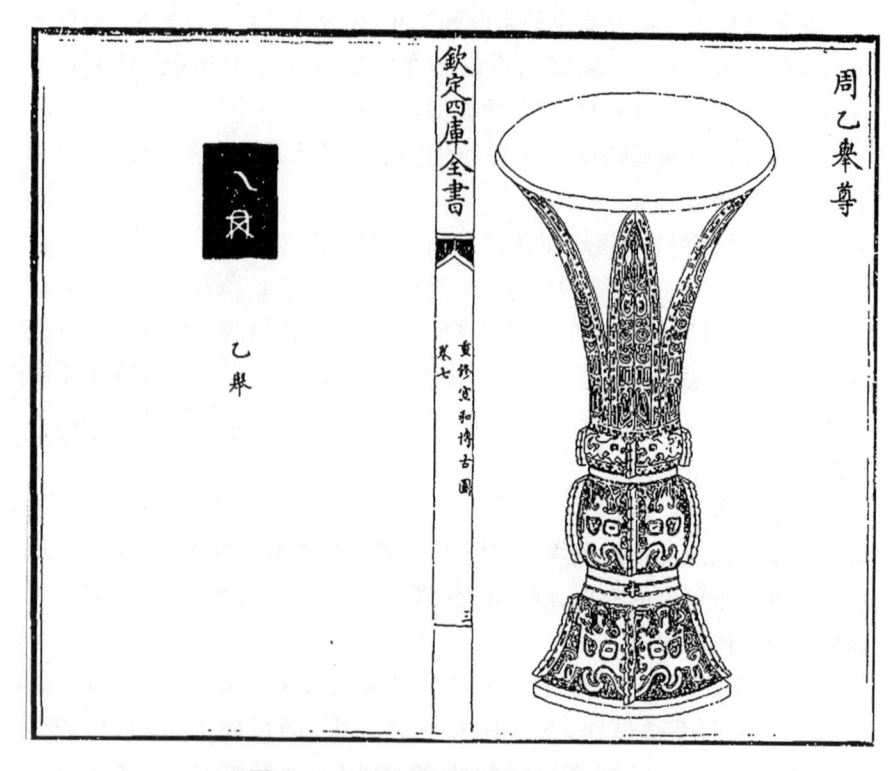

圖十七　《宣和重修博古圖錄》周乙舉尊

5. 有以盃爲斝者,卷15頁23之漢虎斝(圖十八)實爲盃。
6. 全書所稱之敦皆爲簋。此書簋或稱爲彝,或稱爲敦。
7. 誤盨爲簋,此亦宋代金石學的共同錯誤,蓋誤將銘文盨字釋作簋字。
8. 有誤今日學界所稱之觥觚爲匜者:卷20頁22至28之商啓匜、商鳳匜、商三夔匜、周父癸匜四器,及頁21之周文姬匜、卷21頁8至9之周遍地雷紋匜、周夔匜,凡七器,當爲觥觚。
9. 全書將"盤"稱爲"匜盤",卷20《匜匜盤洗盆銷杅總説》云:"若夫盥之棄水必有洗以承之,禮圖所謂承盥洗棄水之器者是也,惟以承棄水故其形若盤,抑嘗見有底間飾以雙魚者,爲其爲承水之具故也。然古人稱之有曰匜盤而不謂之洗,蓋盤以言其形,洗以言其用,而聶崇義乃以盤洗爲二器,所謂盤者,正與此洗相類,而洗復若壺形而無足,又以菱花及魚畫其腹

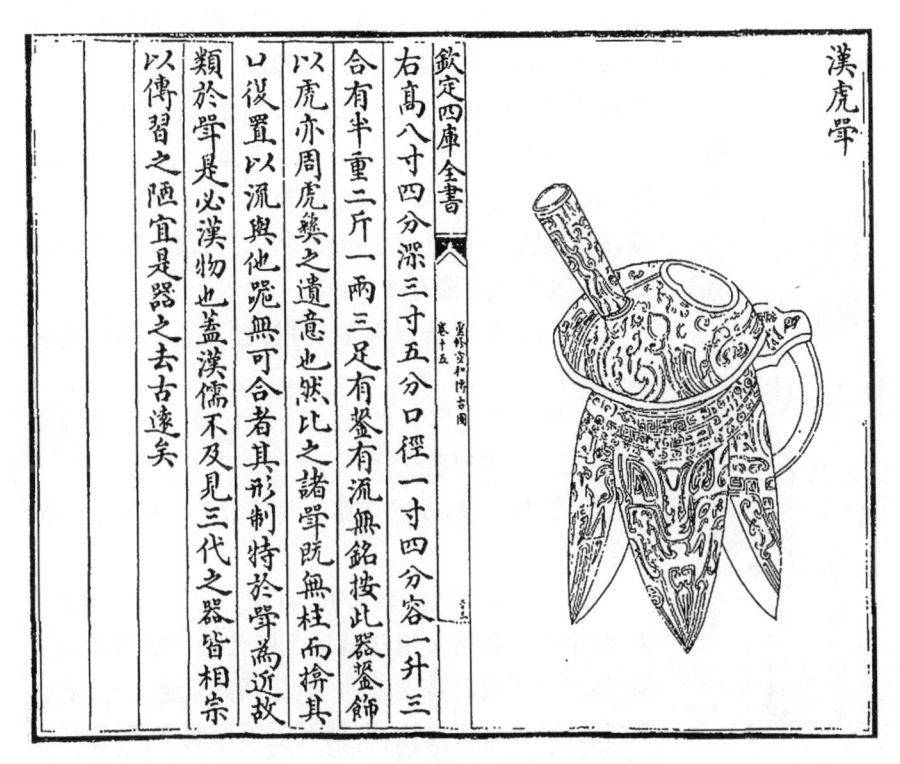

宋代的先秦銅禮器類定名與三禮名物學　091

圖十八　《宣和重修博古圖錄》漢虎斝

外，與此頗不相侔，然承棄水者宜莫若盤，則作壺形者疑非古制矣。"（頁20—21），此段文字中盤爲承水之器，其意甚明，至於匜盤爲洗則可商榷，《儀禮》一書之洗與盤宜有因身份不同而用字有別，洗與盤形似，功能亦相當，而匜與盤器形有別，以匜盤一名稱洗又無所據，卷21頁14至17載兩件器：周楚姬匜盤、周魯正叔匜盤，其器形爲盤，不必稱爲匜盤。

另外，此書有較《考古圖》與《續考古圖》進步者，如卷1頁58之"斝鼎"，在《續考古圖》中稱爲鬲，此書稱爲鼎是正確的。卷19頁32之漢獸耳鋑，即《續考古圖》誤稱爲旅簠者。

（六）薛尚功《歷代鐘鼎彝器款識法帖》

薛尚功字用敏，錢塘人，書成於南宋紹興年間，此書後人評價甚高，容庚先生稱"宋代集録彝器款識以此書爲富。而編次條理亦以此書爲優"。㊽ 此書録銘文之摹本，幷有隸定和考釋，未録器形，本文就其銘文摹本稱器物名稱和所定器名爲考察對象，以論得失。

此書可辨識之器類有：鼎、鬲、甗、豆、盂、盉、壺、匜、槃（盤）、盦、鐘鎛。器類未有銘文自名者，則不予討論，故歸納此書可辨識之器類時，未計入爵、觚、觶、斝、尊等。其有可商榷者如下：

1. 因襲北宋著録舊名，對於已被誤稱者少有更改，如仍分出器類"彝"。

2. 列"舉"爲器類名，如卷 5 有癸舉、辛舉、父辛舉一至三、父己舉等器名。

3. 誤簋爲敦，誤盨爲簠。此爲宋代金石學之共同現象。

4. 以銘文所稱之鋪爲簋，如卷 15 頁 143㊾之劉公簋（圖十九），其銘文稱器爲鋪，《歷代鐘鼎彝器款識法帖》隸定其字爲鋪是正確的，但認爲鋪是簋則非，此書既將匠、甌等器定爲簋，則鋪與匠等形制不同，器類自名又各成體系，不應合爲一類。此器在《宣和重修博古圖録》中有器形圖（圖二十），可知其爲似豆之圓器，與宋代金石學所稱之簋形制不同。

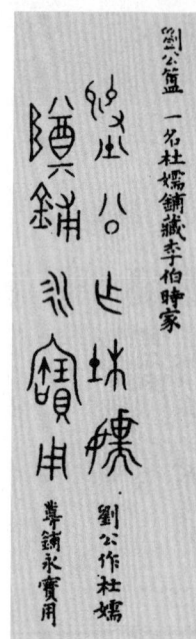

圖十九　《歷代鐘鼎彝器款識法帖》劉公簋銘文

5. 銘文有稱爲釴鼎者，誤釋爲鋓鼎。如卷 9 頁 82 之宋君夫人鼎，其銘文云"宋君夫人之餕（饋）釴鼎（鼎）"，《歷代鐘鼎彝器款識法帖》隸定作"宋君夫人之餗鋓鼎"，鋓爲先秦禮書之專器銘，釴鼎見於東周銅器自名，兩者不同。

（七）王厚之《鐘鼎款識》

王厚之，字順伯，號復齋，諸暨人，此書首以篆字題"鐘鼎款識"四字，

㊽ 容庚：《宋代吉金書籍述評》，《容庚文集》，頁 65。
㊾ （南宋）薛尚功：《歷代鐘鼎彝器款識法帖》，收録於《宋人著録金文叢刊（初編）》，北京：中華書局，2005 年，影印明朱謀㙉刻本。

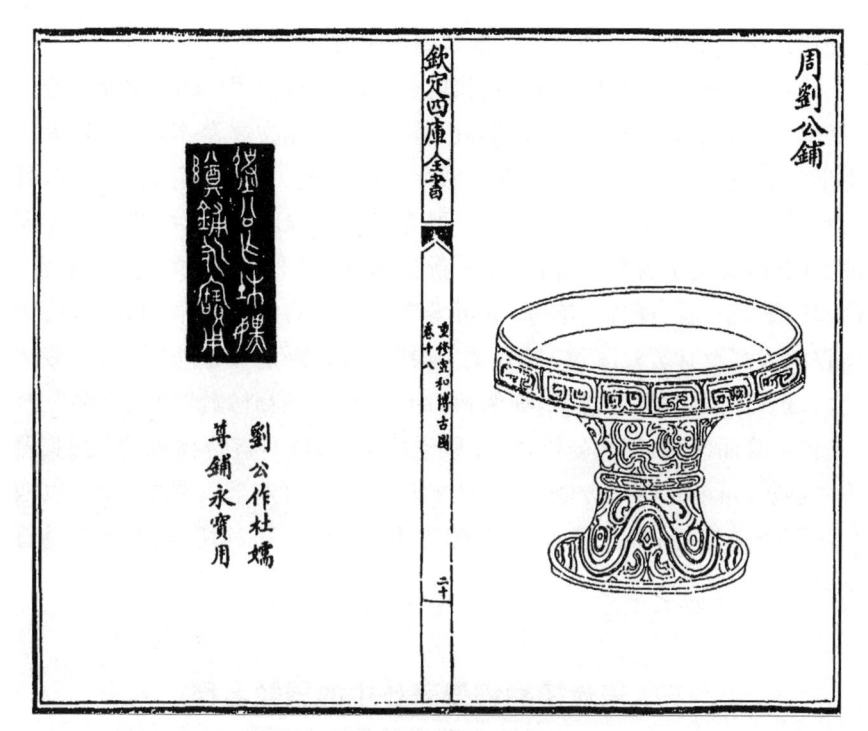

宋代的先秦銅禮器器類定名與三禮名物學　093

圖二十　《宣和重修博古圖錄》劉公鋪

爲書名，後人或以其號復齋加之，名曰《復齋鐘鼎款識》。此書在器類定名上多沿用北宋習慣，如以簠爲敦。頁3⑤⓪之商飲，由其題跋可知此爲爵，應依全書體例稱爲商飲爵。

（八）王俅《嘯堂集古錄》

王俅，字子弁，其書錄銘文摹本與隸定，書中各物之器類名，檢覈銘文，大抵爲宋人之習稱，如以簠爲敦，以盨爲簠，自名器㲴稱爲卣，器物之名皆襲前人舊名，乃受《宣和重修博古圖錄》影響，將盤稱爲"匜盤"，如頁73⑤⓵之周楚姬

---

⑤⓪ （南宋）王厚之：《鐘鼎款識》，收錄於《宋人著錄金文叢刊（初編）》，北京：中華書局，2005年，影印清阮元原刻琉球紙本。
⑤⓵ （南宋）王俅：《嘯堂集古錄》，收錄於《宋人著錄金文叢刊（初編）》，北京：中華書局，2005年，影印宋刻原本。

匜盤，其銘文稱器爲般，即盤字，無須稱爲匜盤。

除上文所舉八書外，尚有趙明誠《金石録》、黃伯思《東觀餘論》、董逌《廣川書跋》、張掄《紹興內府古器評》等書，未有銘文之摹本，且所載大抵不出上揭各書，如《金石録》所存爲跋尾，卷 11 至 13 爲先秦銅器著録，其分類爲鐘、鼎、彝、甗、敦、匜、簠、盤、爵等，《東觀餘論》上卷提及先秦銅器約十四件，有文字説明，但内容多無新意，另有《古器辨》一文，言及鼎、甗、甑、敦、鐘、鉦、爵、尊、卣、鑑等，或可參考。在各器的器類稱謂方面，這幾本書因爲都没有著録圖像，只有文字説明，較難斷定其是非，但由其叙述之言，仍有可爲討論之據者，如張掄《紹興內府古器評》於"商祖癸鼎"云："是器口圓而體方，四稜屹然，制度與他尊特異，皆商盛時物也。"㊾觀其器形之樣貌，可能是圓口方體的尊，此類尊出現於商末至西周早中期，以西周早期較爲流行，鼎未有口圓而體方者，因此可知其所云之鼎當爲尊類也。㊿

三、宋代禮類經學著作中的器類名稱

禮學類的古籍大致可分成兩個類别，一是屬於注疏類，另一是禮圖類。

注疏類典籍在三禮名物學的部分，大多是隨文注解，對於器形甚少提及，言及者亦不出《毛詩詁訓傳》、鄭玄《毛詩箋》與《三禮注》、《爾雅》、《説文解字》的範圍。由於經文對於器形形制罕有記載，《考工記》對此問題較有説明者也僅有"鳬氏爲鐘"與兵器、車器的幾段文字。與食飲器相關的部分如"陶人爲甗"、"瓬人爲簋"、"梓人爲飲器"，皆只言尺寸容量，對於形制并未提及。既然經書能提供的訊息有限，漢儒的注解就更爲重要，毛、鄭提供了一些關於器物説法，雖然也很精簡，但比起經書能給的訊息已有

㊾　（南宋）張掄：《紹興内府古器評》卷之下，收録於《宋人著録金文叢刊（初編）》（北京：中華書局，2005 年，影印明毛晉汲古閣本），頁 1。

㊿　王國維於《宋代金文著録表》（頁 11，新頁 647）已指出此器誤尊壺爲鼎。參本文表一。

增加，如《召南·采蘋》"維筐及筥"和"維錡及釜"，《毛傳》云"方曰筐，圓曰筥。……錡，釜屬，有足曰錡，無足曰釜"。㉝ 又如《邶風·簡兮》"公言錫爵"，《毛傳》云"惠下之道，見惠不過一散"，《鄭箋》云"散，受五升"，㉟再如《秦風·權輿》"每食四簋"，《毛傳》云"黍稷稻粱"，㊱又再如《小雅·伐木》"陳饋八簋"，《毛傳》云"圓曰簋，天子八簋"，《鄭箋》云"陳其黍稷矣，謂爲食禮"。㊲ 這些漢代的注解相較於經文，雖提供了器物大小、容量、功用、形狀各方面的訊息，但是用字精簡，未有詳說，以致各器的真實面貌仍難以明瞭。

宋儒三禮注疏類著作存世可查者，屬"周禮類"者有王安石《周官新義》并附《考工記解》、王昭禹《周禮詳解》、俞庭椿《周禮復古編》、鄭伯謙《太平經國之書》、葉時《禮經會元》、易祓《周官總義》、王與之《周禮訂義》、林希逸《鬳齋考工記解》（此書有名物圖，與禮圖類互見）、朱申《周禮句解》、不著作者而由陳友仁增修之《周禮集說》；屬於"儀禮類"者有張淳《儀禮識誤》、李如圭《儀禮集釋》、魏了翁《儀禮要義》；屬於"禮記類"有衛湜《禮記集說》；綜合禮類有朱熹著、黃榦續《儀禮經傳通解》，四類共十六種。本文對於這些書籍的內容做了考察，發現在各經文介紹器物的地方，大多引用鄭《注》或增以漢儒訓詁，沒有特別新的意見。這種現象也是意料中的，因爲在清代考據學興盛前的注疏類經學著作的研究方法，大抵以各經經文、先秦諸子、先秦史書、兩漢六朝唐宋注解爲參考，求其異同，以理推斷。雖然北宋金石學已對一些器類提出分類與定名，但是南宋的三禮注疏著作也未積極引用。當然，并不能排除他們認同金石學對器類形制的意見，但在注疏中不刻意引用以作爲釋形（形狀、式樣）的說明。

另一類禮學者作爲禮圖類，目前留存的宋代禮圖有六種：北宋時聶

㉝ （西漢）毛亨傳，（東漢）鄭玄箋：《毛詩》卷1，收錄於《漢魏古注十三經》上冊（北京：中華書局，1998年，上海中華書局據相臺岳氏家塾本校刊），頁6。

㉟ 同上注，卷2，頁17。

㊱ 陸德明《經典釋文》云"音軌，内方外圓曰簋"，則簋之形由許慎《說文解字》之方器至鄭玄《儀禮注》之圓器後，在六朝漸而衍生出内方外圓之說法，并影響宋代聶崇義《三禮圖集注》的圖像。

㊲ （西漢）毛亨傳，（東漢）鄭玄箋：《毛詩》卷9，頁69。

崇義的《三禮圖集注》與陳祥道的《禮書》，南宋時楊復的《儀禮圖》、《儀禮旁通圖》，林希逸《鬳齋考工記解》與車垓《內外服制通釋》，由於禮圖有文字說明與具體圖像呈現器物的樣貌，因此較能掌握宋人對三禮器物的認識情況。清查六種禮圖後，得到與器物相關的禮圖著作只有三種：聶崇義《三禮圖集注》、陳祥道《禮書》與林希逸《鬳齋考工記解》。至於楊復的《儀禮圖》爲"儀節圖"，《儀禮旁通圖》雖有"禮器圖"之目，而未見其圖，所見內容多爲文字陳述，大抵不出先秦兩漢經子、《說文解字》、宋以前注解之意見。《內外服制通釋》則爲補《朱子家禮》服制所未備，雖有圖，但與本文題旨無關。

聶崇義的《三禮圖集注》與陳祥道的《禮書》二書通貫三禮，林希逸《鬳齋考工記解》附有多圖，顧名思義以《考工記》爲範疇，下面就擇此三書在器類與器形上的意見，考察如下：

1. 聶崇義《三禮圖集注》

《三禮圖集注》於宋太祖建隆二年（公元961）四月呈上，當時對聶崇義禮學及所繪禮圖，讚譽與批評的意見皆有，[58]但此書較前世禮圖更爲完整，體系亦較前世禮圖爲大，此書所繪禮圖雖錯誤者不少，畢竟啓發後世禮學之功亦爲卓著。

全書20卷，最後一卷爲目次與釋器文字，故有圖者19卷，依其分類各自爲順序，其中第12卷以酒器爲主，卷13以食器和水器爲主，第14卷以酒器和水器爲主。因此，與本文題旨有關者集中在12至14卷，各卷器目如下：

卷12：匏爵、瓦甒、蜃尊、概尊、散尊、大罍、大璋瓚、中璋瓚、邊璋瓚、方壺、圓壺、酒壺、甕、疏勺、蒲勺、爵、觚、觶、角、散、觥、豐、棜、陳饌棜、禁……等。

卷13：斛、釜、牛鼎、羊鼎、豕鼎、鼎冪、牛鼎扃、羊鼎扃、豕鼎扃、朼、疏匕、挑匕、畢、鉶鼎、鉶柶、洗、洗罍、洗勺、盥盤、匜、簋、簠、敦、豆、籩、登、籩

---

[58] 據《宋史》載（竇）儀上奏曰："聶崇義研求師說，耽味禮經，較於舊圖，良有新意。尹拙愛承制旨，能罄所聞。尹拙《駁議》及聶崇義《荅義》各四卷，臣再加詳閱，隨而裁量，率用增損，列於注釋，共分爲十五卷以聞。"其後："詔頒行之。(尹)拙、崇義復陳玉鼎釜異同之說，詔下中書省集議。吏部尚書張昭等奏議曰：'……彊爲尺寸，古今大禮，順非改非，於理未通。……'"[(元)托克托等修：《宋史》卷431，《景印文淵閣四庫全書》本，頁3—4]

巾、棕俎、厥俎、椇俎、房俎。

卷14：雞彝、雞彝舟、鳥彝、斝彝、黃彝、虎彝、蜼彝、畫布巾、龍勺、圭瓚、瓚槃、璋瓚、獻尊、象尊、著尊、壺尊、太尊、山尊、疏布巾、玉爵、爵坫、罍。

各器之圖中，壺（方壺、圓壺）、勺、鼎大抵與出土文物相似，有的器類所繪的圖雖與出土文物形制大致相同，但風格非先秦之類，北宋去古已遠，故風格差異，在所難免。較可糾正者，當由可以確認器形的出土文物與《三禮圖集注》所繪圖像的差異來說明，以爵、匜、簠、敦爲例，⑨顯然此書之圖皆不合於出土文物之器形，爵爲有流有尾，器口上兩柱（雖有一柱或無柱者，甚罕見），器腹有鋬，三尖足，而《三禮圖集注》則繪一杯於器腹下與足間有一立體雀鳥（圖二十一）。⑩ 匜之流雖有管狀者，但幾乎都作切口爲U形狀之流，《三禮圖集注》之匜形（圖二十二）或許沿用前代禮圖之圖像，或就禮家注疏的意見推斷。⑪ 簠之形，宋代金石學者以盨爲簠，而《三禮圖集注》之簠形外圓內方，蓋上飾一龜（圖二十三），自云所據爲鄭玄注《周禮·地官·舍人》、《秋官·掌客》、《禮記·禮器》，但亦多有自己所臆測之處（卷13，頁28）。⑫ 敦之器，是器身與器蓋合爲球體形，宋代金石學者稱爲鼎，然《三禮圖集注》之敦形則受鄭賈影響，繪器之狀如其所稱之簠形，而內亦圓，蓋上有一龜爲飾（卷13，頁30，圖二十四）。上揭諸器之形則與出土文物迥異，因出土文物已得古文字與器物銘文證實，故可推《三禮圖集注》諸器之圖像爲非。

---

⑨ 匜、簠、敦都有銘文自名可以知器類形制，爵之古文字形與器形相符。
⑩ （北宋）聶崇義：《三禮圖集注》卷12（《景印文淵閣四庫全書》本），頁21。
⑪ 卷13，頁26云"孔義云：匜似羹魁，柄中有道，可以沃盥"。就引文來看，流不必然作管狀。"匜似羹魁"諸語當出自《說文解字》（卷12下，頁20）。
⑫ 鄭注《禮記·禮器》"管仲鏤簋朱紘"之簋云"鏤簋，謂刻而飾之，大夫刻爲龜耳"〔東漢〕鄭玄注：《禮記》卷7，收錄於《漢魏古注十三經》上冊（北京：中華書局，1998年，上海中華書局據相臺岳氏家塾刻本校刊），頁86］，鄭注《周禮·地官·舍人》"凡祭祀共簠簋"云"方曰簠，圓曰簋，盛黍稷稻粱器"〔東漢〕鄭玄注：《周禮》卷16，收錄於《漢魏古注十三經》上冊（北京：中華書局，1998年，上海中華書局據永懷堂本校刊），頁108］，《秋官·掌客》只云"簠，黍稷器也"（卷38，頁249］，此三處鄭玄注文皆未提及簠外圓內方，亦未云器蓋立龜爲飾，故本文云聶崇義臆測。

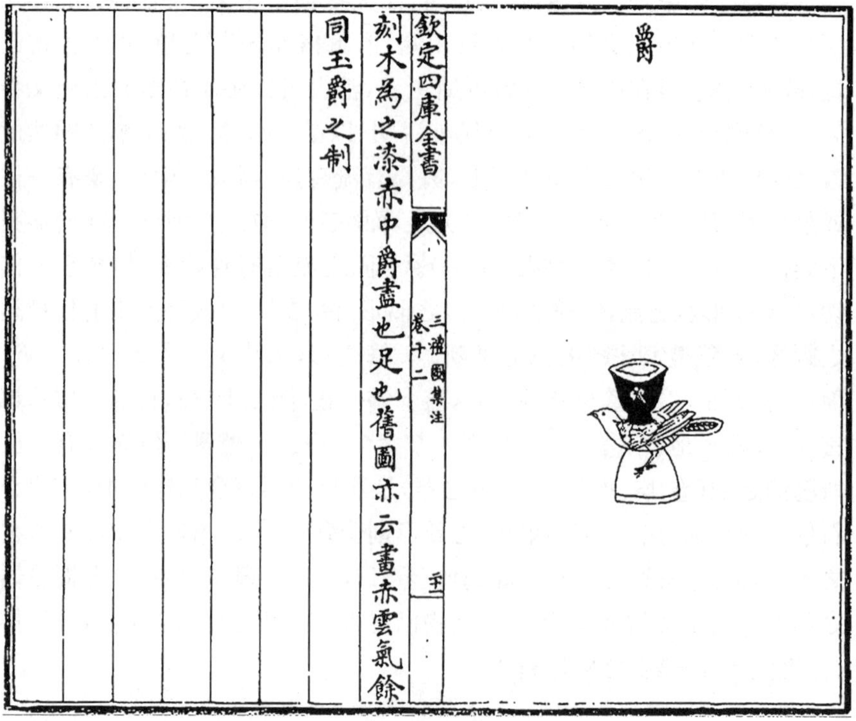

圖二十一　《三禮圖集注》爵

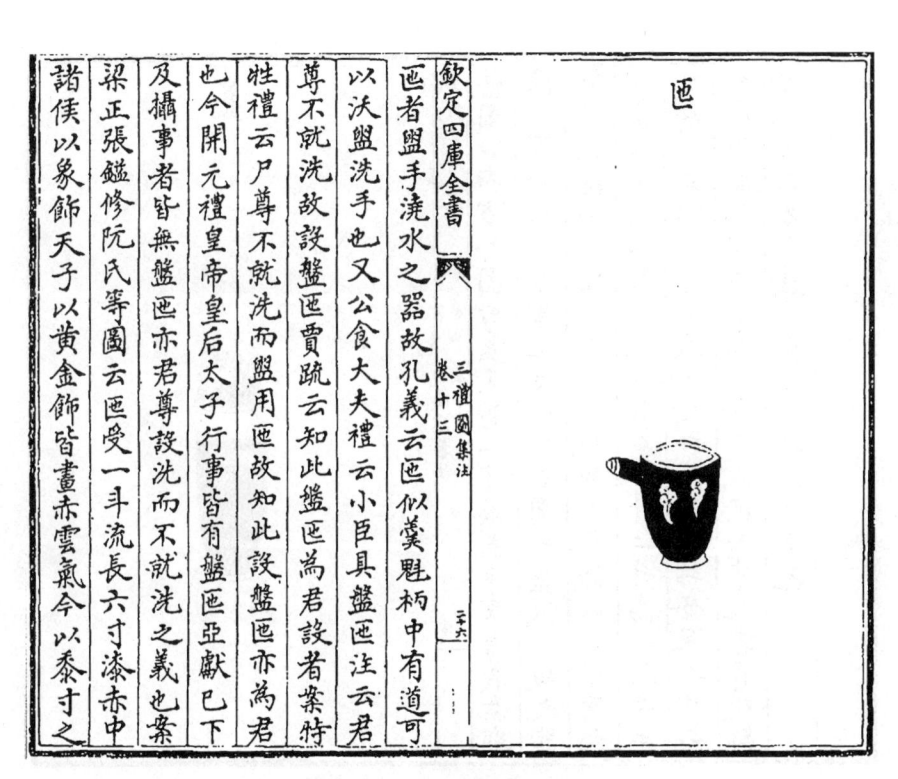

圖二十二 《三禮圖集注》匜

舊圖云內方外圓曰簋足高二寸漆赤中臣崇義案鄭
注地官舍人秋官掌客及禮器云圓曰簋盛黍稷之器
有蓋象龜形外圓函方以中規矩天子飾以玉諸侯飾
以象又案考工記旊人為簋受一斗二升高一尺厚半
寸脣寸又以黍寸之尺較之口徑五寸二分深七寸二
分底徑亦五寸二分厚八分足底徑六寸又案賈疏解
舍人注云方曰簠圓曰簋皆據外而言也

篹

欽定四庫全書　三禮圖集注　卷十三　二十八

圖二十三　《三禮圖集注》簋

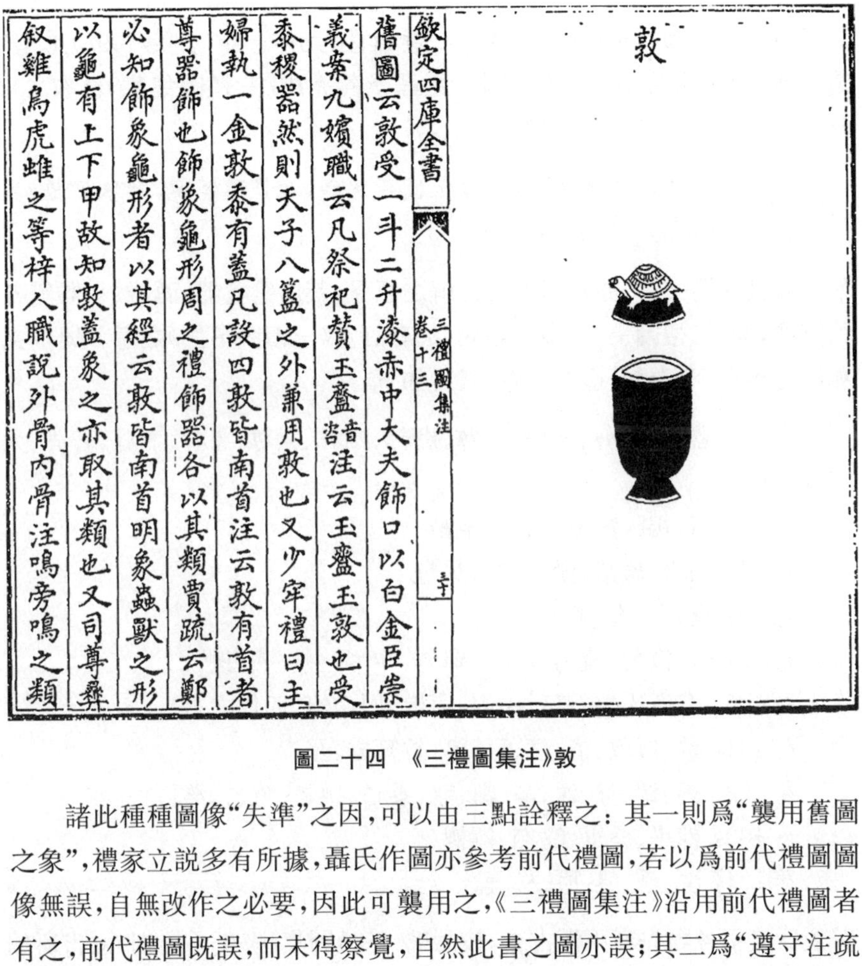

欽定四庫全書　三禮圖集注　卷十三

敦

舊圖云敦受一斗二升漆赤中大夫飾口以白金臣崇義案九嬪職云凡祭祀贊玉齍音咨注云玉齍玉敦也受黍稷器然則天子八簋之外兼用敦也又少牢禮曰主婦執一金敦黍有蓋凡設四敦皆南首注云敦有首者尊器飾也飾象龜形周之禮飾器各以其類賈疏云鄭必知飾象龜形者以其經云敦皆南首明象蟲獸之形以龜有上下甲故知敦蓋象之亦取其類也又司尊彜敘雞鳥虎蜼之等梓人職說外骨內骨注鳴旁鳴之類

圖二十四　《三禮圖集注》敦

諸此種種圖像"失準"之因，可以由三點詮釋之：其一則爲"襲用舊圖之象"，禮家立説多有所據，聶氏作圖亦參考前代禮圖，若以爲前代禮圖圖像無誤，自無改作之必要，因此可襲用之，《三禮圖集注》沿用前代禮圖者有之，前代禮圖既誤，而未得察覺，自然此書之圖亦誤；其二爲"遵守注疏之意"，蓋立説必有所據，鄭玄《三禮注》、孔賈之疏，《三禮圖集注》多有引用，注疏有誤，則禮圖自然亦誤，或有其讀注疏而自己揣測者，其失準亦在所難免；其三"金石學之風尚不興盛"，金石學自北宋仁宗後而漸有文士集録，徽宗時大盛，《三禮圖集注》成書於宋太祖初年，少有可參考之實物，故未能引用，此乃時代之限制，亦無可厚非。總之，就器物形制圖像考察，《三禮圖集注》能提供的準確器形甚少，但亦不至於全誤，此書可以視爲宋代金石學興起前，宋人對三禮名物學認識的標志性著作。

2.《禮書》

《禮書》爲陳祥道所撰，全書 150 卷，哲宗元祐七年（公元 1092）進上，這一年，呂大臨完成了《考古圖》，距聶崇義完成《三禮圖集注》已有 132 年，對於《禮書》，《四庫全書提要》云：

> 多掊擊鄭氏之學，而依據王氏新經義，然貫通經傳，綱舉目張，晁公武、陳振孫皆服其精博。[63]

然而視其論器文字，亦常引鄭玄注解之意見，其所繪食器、酒器、水器等各物圖像，和《三禮圖集注》多有差異，甚有訂定《三禮圖集注》之意。與本文相關之器自 95 卷起，迄 104 卷，其目如下：

卷 95：雞彝、鳥彝、斝彝、黃彝、虎彝、蜼彝、犧尊、象彝、壺尊、著尊、大尊、山尊

卷 96：卣、祀天犧象、山罍、金罍

卷 97：圜壺、廢禁、棜禁、豐、彝舟

卷 98：瓚、斝、爵、觚

卷 99：觥、俄勺、疏勺、蒲勺、樺勺、斗、甒、鼎、蕭、鉶

卷 100：有虞氏梡、夏后氏嶡、商椇、周房俎（四代之俎）

卷 101：敦、廢敦、簠、簋、豆、籩、竹簋方、登

卷 102：鑊、錡、釜、鍑、鬲、甗、甑、黍匕、挑匕、疏匕、桑匕

卷 103：棘畢、桑畢、醴柶、銅柶

卷 104：洗、罍、槃、匜、枓、盆

其說器廣引各類先秦兩漢古籍，較聶氏《三禮圖集注》更爲詳細，兩書所繪器形相同者甚少，其更以新圖者，如金罍，於名稱下有小字"金飾龜目"，其說器云：

> 罍或作櫑，許慎曰："罍，龜目尊，以木爲之。"則罍非特以瓦也，《詩》曰"我姑酌彼金罍"，毛氏謂"人君黃金罍"，孔穎達謂"金飾龜目，蓋刻爲雲雷之象"，《周南》王者之風，則黃金罍爲天子也，於理或然，

---

[63] 四庫館臣：《欽定四庫全書簡明目錄》（文淵閣本）卷 2，頁 41。

《韓詩》謂"天子罍以玉,大夫以金,士以梓"。此不可考。[64]

此處文字引用前人説法,於器之形制則依孔穎達説爲金飾龜目,并推斷刻爲雲雷之象,説其所以稱爲罍之名,亦提到罍可能依身份或有不同材質,同意天子用黄金罍。他的舉證和推論皆合乎古代禮學家論證方法,整體而言,此書所繪禮圖已參考多家意見。

此書亦有參考出土資料者,如説爵斝云:

《明堂位》曰:"爵,夏后氏以琖,商以斝,周以爵。"考之《爾雅》鍾之"小者謂之棧",音琖。晉元興中,剡縣民井中得鍾,長三寸、口徑四寸,銘曰棧,則棧卑而淺矣。夏爵命之以琖,蓋其制若棧然也。《祭統》"尸酢夫人執柄,夫人受尸執足",柄其尾也,有足而尾,命之以爵,蓋其制若雀然也。琖象棧、爵象雀,而斝有耳焉,則三者之制可知矣。[65]

引經據典,又以晉元興出土器銘文稱名作棧爲證據,詮釋《明堂位》之文,雖然其説未必精確,但在研究方法上是值得推許的。

《禮書》在各器器形之繪製上,并未參考宋代出土之先秦銅器,這可能和禮學向來重視前代之注疏的學術思維有關。從另

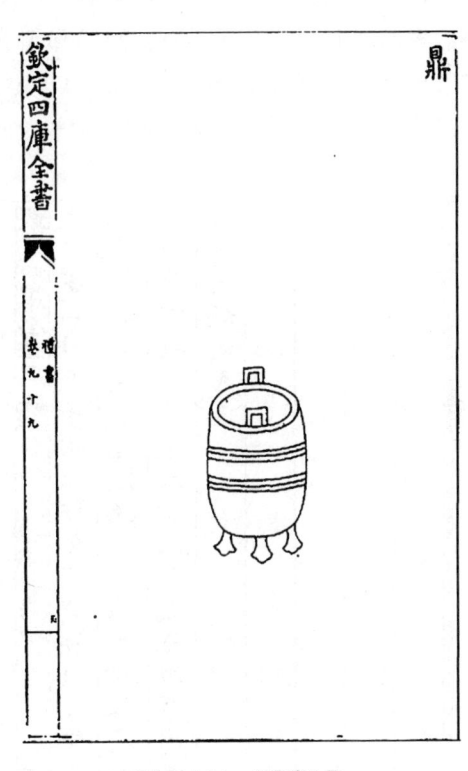

圖二十五 《禮書》鼎

---

[64] (北宋)陳祥道:《禮書》卷96(《景印文淵閣四庫全書》本),頁6。
[65] 同上注,卷98,頁7。

一方面思考，陳祥道雖引用晉代出土器物爲證據，却未有引用當時代的出土器，其書寫作之時，北宋金石學才開始走向興盛，他應該尚未接觸這類資料，元祐年間的禮學與金石學的對話未能展開。

比對《三禮圖集注》和《禮書》的食器、酒器、水器禮圖，發現異多於同。相同的如雞彝、爵、祼瓚，相同之中有細處差異的如鼎（《禮書》，卷99，頁5，圖二十五），鼎足有飾獸與否的差別（《三禮圖集注》，卷3，頁6—8，圖二十六）。又如觥皆作兕角狀，但《三禮圖集注》在角尖處飾龍首（卷12，頁26，圖二十七），而《禮書》無飾（卷99，頁1，圖二十八）。至於大多數器在器物形制上皆有差異，如鳥彝、斝彝等五彝（雞彝除外），《三禮圖集注》之形皆有蓋之瓶狀器（卷14，頁5—9，圖二十九），而《禮書》則作無蓋深腹杯狀器（卷95，頁2—4，圖三十）。斝彝之斝，《三禮圖集注》以爲稼，故器上

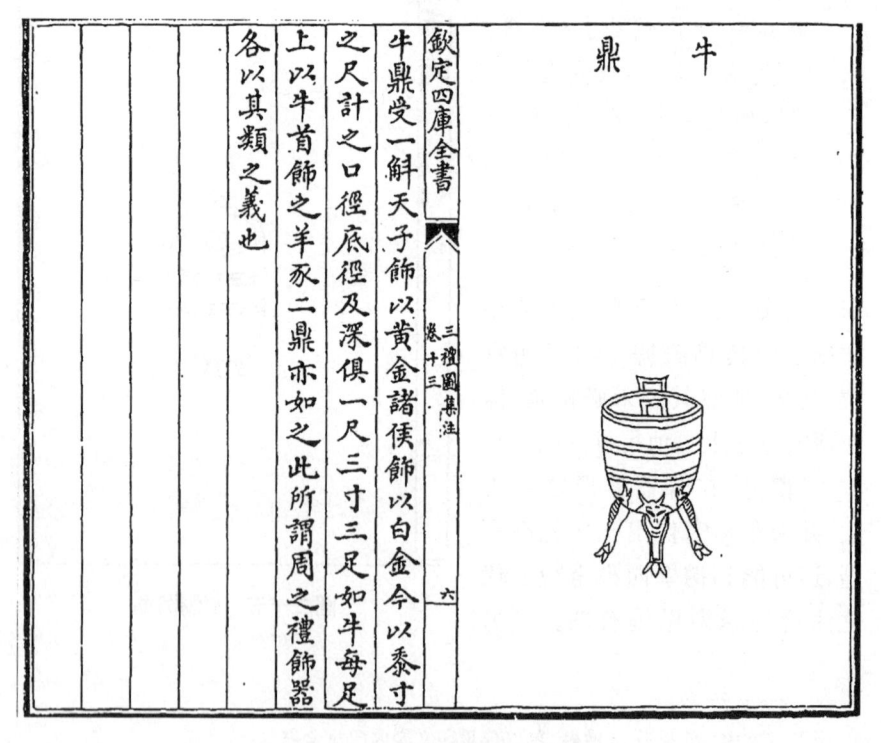

圖二十六　《三禮圖集注》鼎

畫禾稼之紋飾(卷14,頁6,圖三十一),《禮書》則不畫紋飾而有雙耳(卷95,頁2,圖三十二)。又如觚之器,《禮書》作六角狀杯形器(卷98,頁3,圖三十三)。

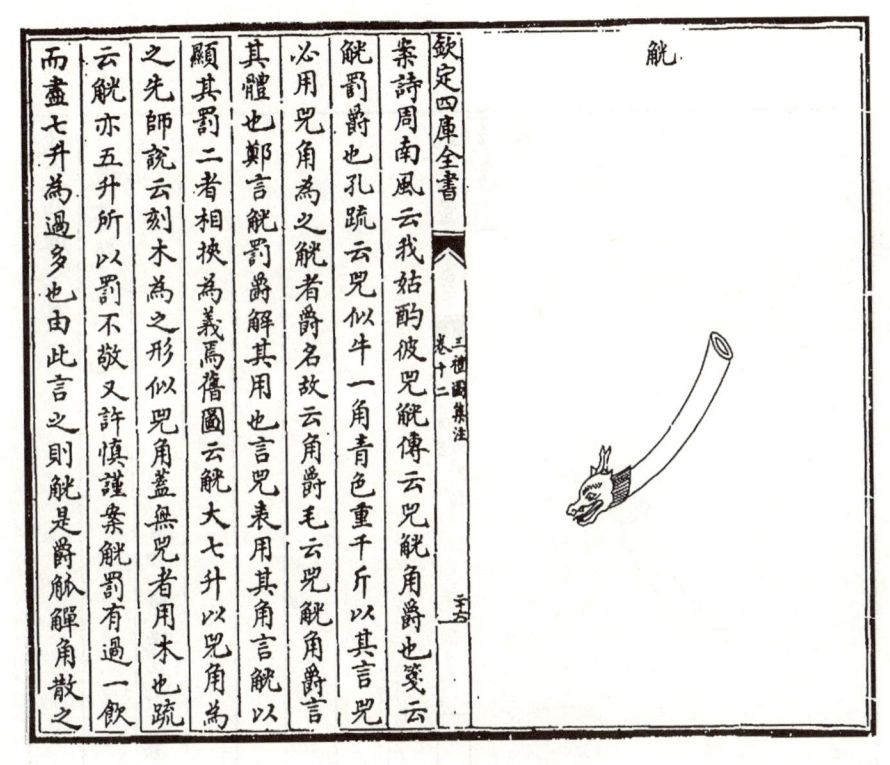

圖二十七 《三禮圖集注》兕

《禮書》雖比《三禮圖集注》晚132年,但所繪的圖未必較切合古代注疏家的意見,如"鬲"之器本當以款足為特色,《禮書》之鬲則未作款足(卷120,頁3,圖三十四);"盆"之器,形近於盂、盤,但《禮書》作杯狀(卷140,頁4,圖三十五);"甗"之器,上甑下鬲,中有箄(或甑底作箄),或一體而成,然亦似上下兩器之狀,《禮書》作筒狀(卷120,頁4,圖三十六),形簡而失真。不過《禮書》亦有較《三禮圖集注》切合出土實物者,如"匜"(卷140,頁3,圖三十七),形近戰國出土之匜形,較《三禮圖集注》以一筒加管狀流為佳(卷13,頁26,圖二十二)。

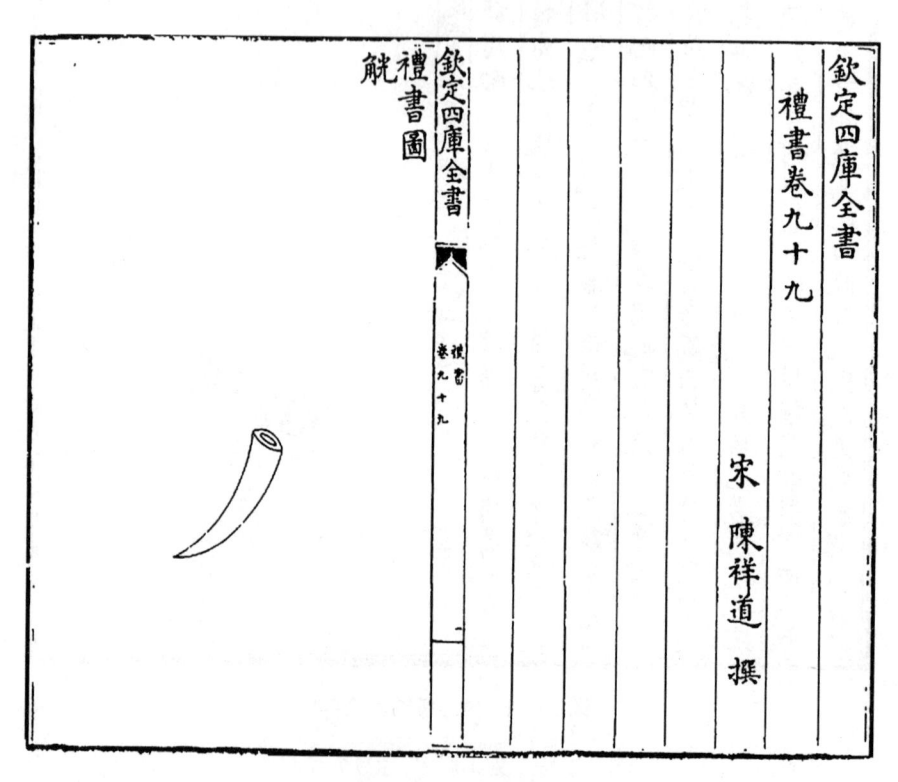

圖二十八　《禮書》觥

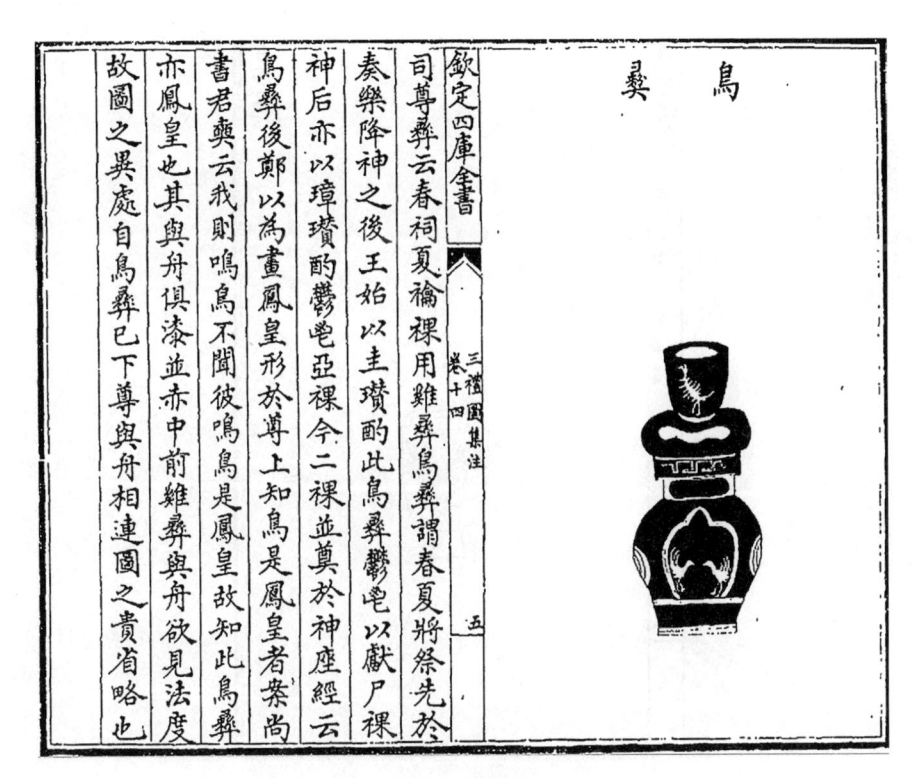

宋代的先秦銅禮器器類定名與三禮名物學

鳥彝

欽定四庫全書　三禮圖集注　卷十四　五

司尊彝云春祠夏禴祼用雞彝鳥彝謂春夏將祭先於奏樂降神之後王始以圭瓚酌鬱鬯以獻尸祼神后亦以璋瓚酌鬱鬯亞祼今二祼並奠於神座經云鳥彝後鄭以為畫鳳皇形於尊上知鳥是鳳皇者案尚書雒誥云我則鳴鳥不聞彼鳴鳥是鳳皇故知此鳥彝亦鳳皇也其與舟俱漆並赤中前雞彝與舟欲見法度故圖之異處自鳥彝已下尊與舟相連圖之貴省略也

圖二十九　《三禮圖集注》鳥彝

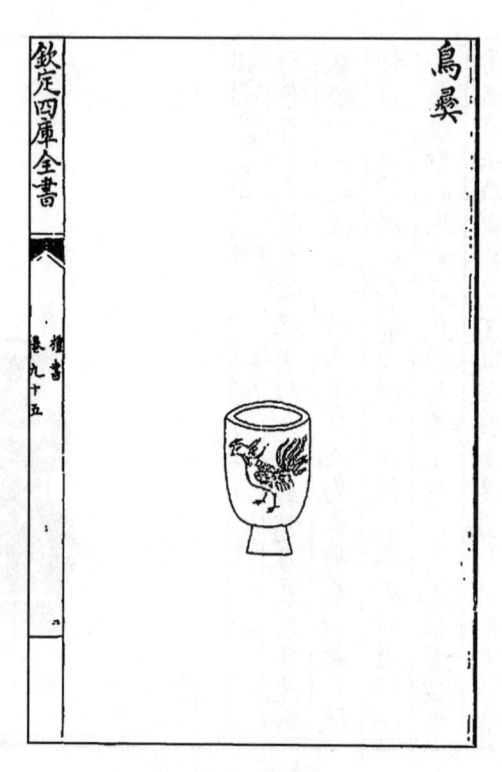

圖三十　《禮書》鳥彝

罍彝

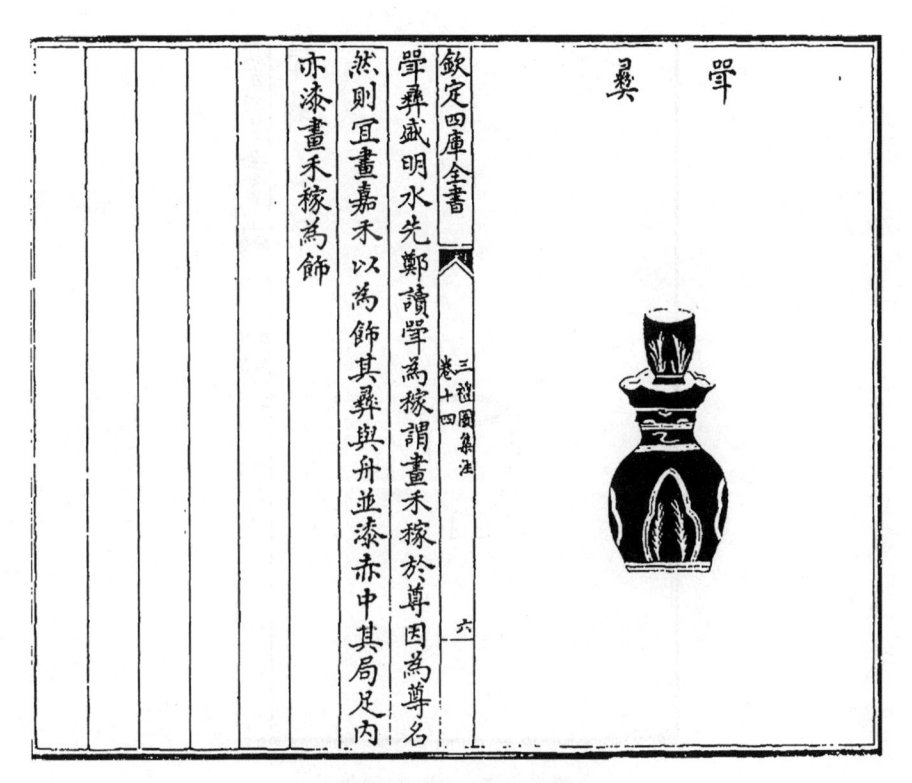

欽定四庫全書　三禮圖集注　卷十四　六

罍彝盛明水先鄭讀罍為稼謂畫禾稼於尊因為尊名然則宜畫嘉禾以為飾其彝與舟並漆赤中其屋足內亦漆畫禾稼為飾

圖三十一　《三禮圖集注》罍彝

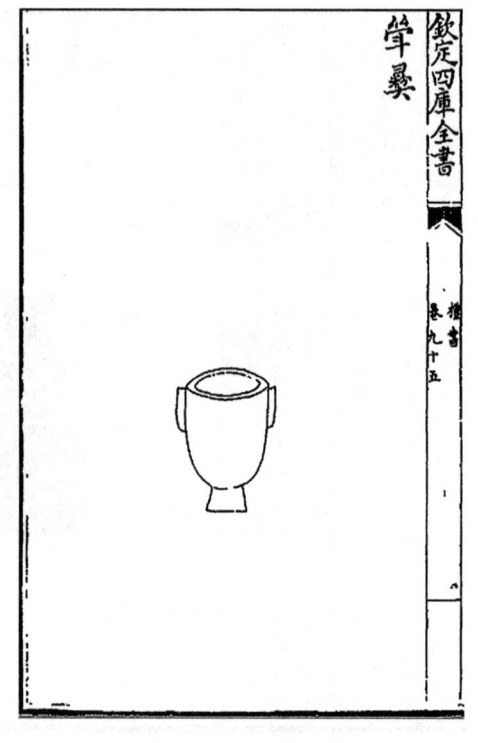

圖三十二 《禮書》犙彝

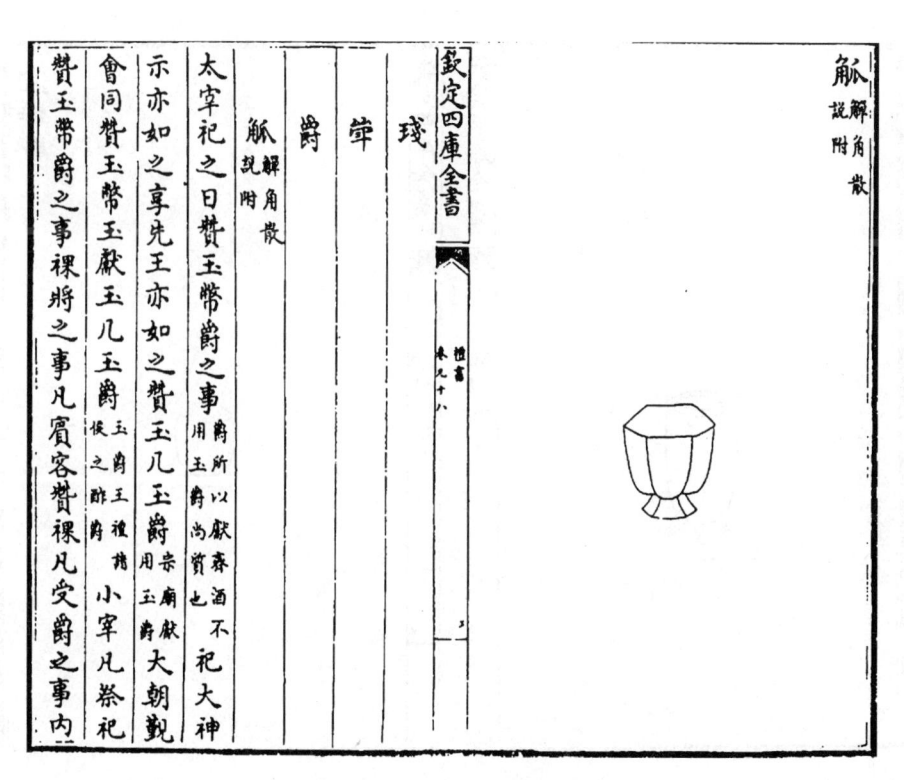

宋代的先秦銅禮器器類定名與三禮名物學　111

圖三十三　《禮書》觝

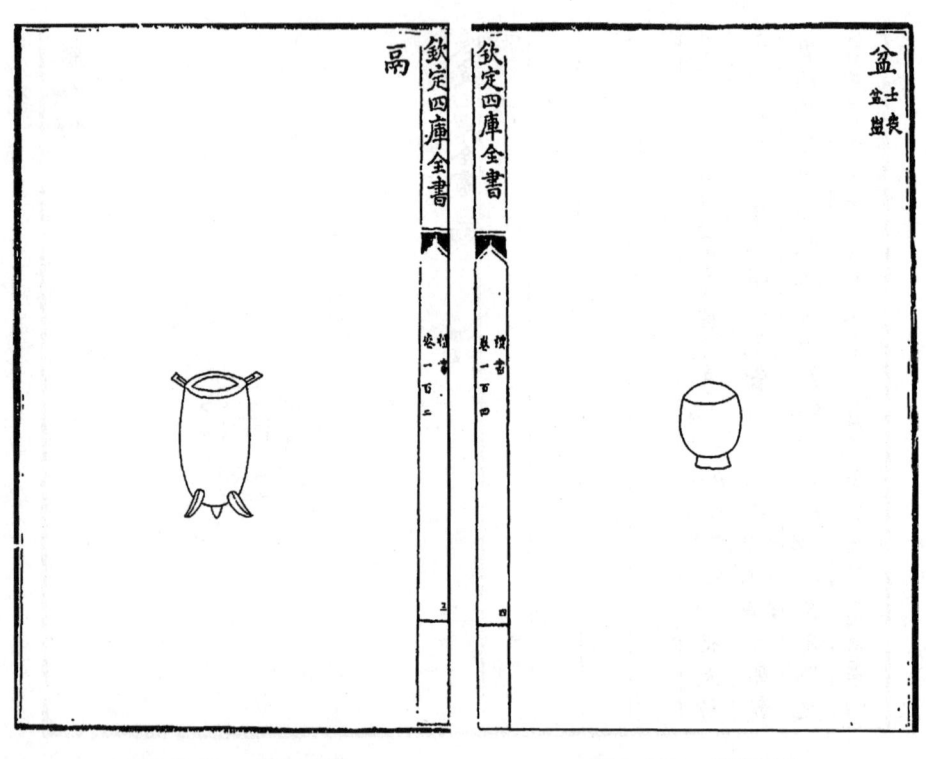

112　野人習禮——先秦名物與禮學論集

圖三十四　《禮書》鬲　　　　圖三十五　《禮書》盆

圖三十六 《禮書》甗　　　　　圖三十七 《禮書》匜

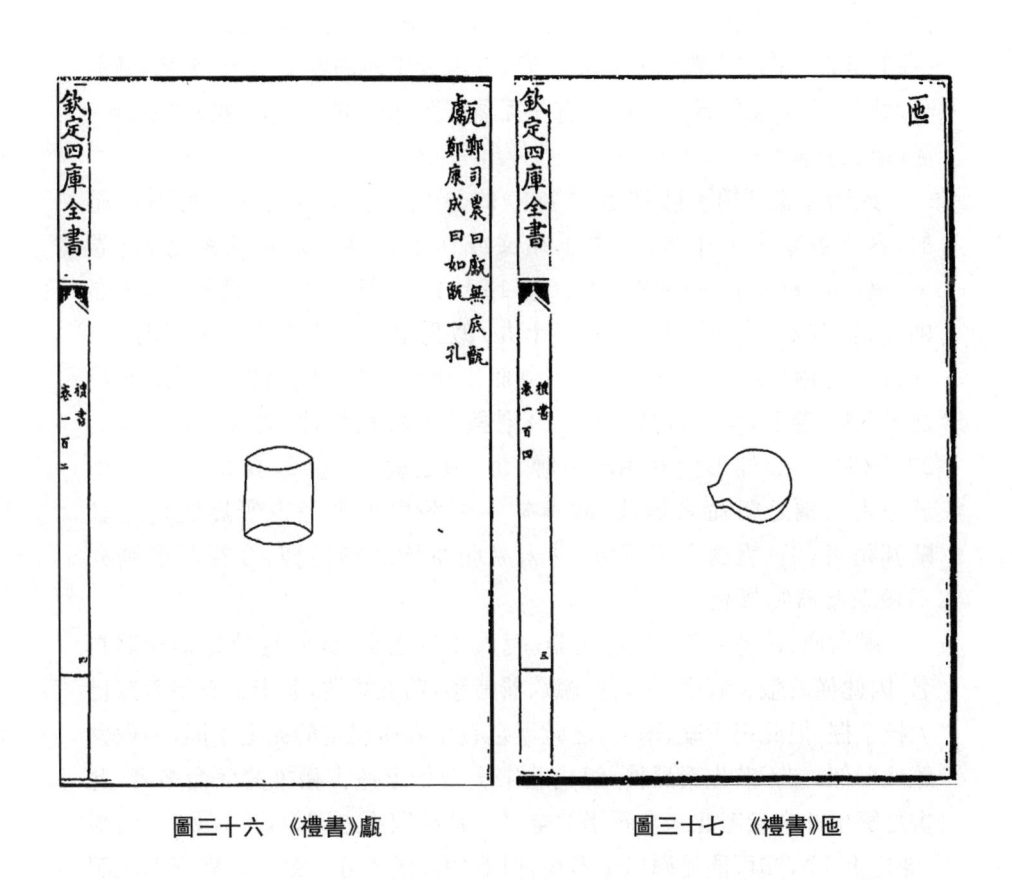

3. 林希逸《鬳齋考工記解》

南宋林希逸撰《鬳齋考工記解》，分爲上下兩卷，依《考工記》原文次序加上注解，并繪名物圖（含紋飾圖），卷上共二十七圖，細目爲車輿（含蓋）八圖、旗四圖、兵器五圖、鐘鼓二圖、量一圖、紋飾七圖；卷下則有七十圖，內含玉器二十七圖、案一圖、繅籍二圖、磬三圖、矢一圖、陶瓦器五圖、璧翣一圖、飲器三圖、射侯六圖、兵器三圖、營國及土地制度十一圖、耒耜一圖、弓六圖。與本文題旨有關的只有陶瓦器五圖（甒、䛿、盆、鬲、庾）和飲器三圖（爵、勺、觚）。

此書之甒[66]用了陳祥道《禮書》的意見（卷120，頁4），是不正確的；盆在古籍中多作水器（出土銘文或作粢盛器），此書所繪之盆（卷下，頁25，圖三十八）較《禮書》（卷140，頁4，圖三十五）爲好；鬲之器則非是，其器（卷下，頁25，圖三十九）似爲出土甒之上半器形（即甑）；此書爵之形（卷下，頁33，圖四十）似出土銅器匜（但仍失真），絕非爵之形；觚（卷下，頁33，圖四十一）則與《三禮圖集注》之觚（卷12，頁22，圖四十二）器形同并用該書觶、角、散之紋飾（卷2，頁23—25），由於考古所稱之觚命名無據，故本文不主張以現今考古學界所稱之觚斷其是否，但《鬳齋考工記解》并未說明所繪之圖何據，今視其形制亦不類先秦器物風格。

䛿與庾據《考工記》爲陶瓦器，庾爲斗量之類，皆不見於先秦銅器自名，因此僅就甒、鬲、爵、勺、盆、觚六器考察，前五類器，北宋金石學著錄已大抵掌握，但此書中甒、鬲、爵之圖與金石學者所認定的完全不同，勺與盆雖然形似，却不若先秦風格，觚爲北宋金石學家據古籍推測而命名者，此書之觚也并未參考北宋金石學的意見。其爵與鬲之圖像，一似匜，一似甑（甒之上半），亦可能見過出土器物，但器類混淆不分。總之，《鬳齋考工記解》所呈現的三禮名物，仍是傳統禮圖的圖像，治學途徑亦爲傳統注疏家之方法。

---

[66] （南宋）林希逸：《考工記解》卷下（《景印文淵閣四庫全書》本），頁25。

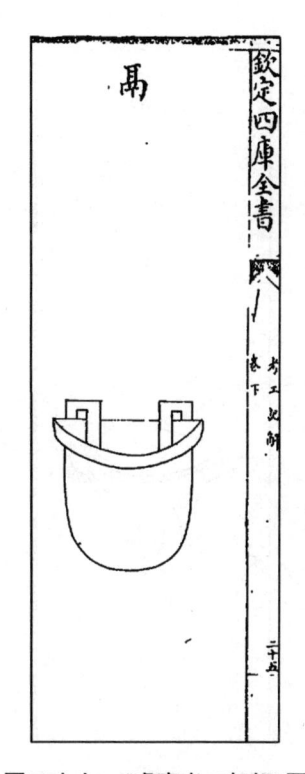

宋代的先秦銅禮器器類定名與三禮名物學　115

圖三十八　《臚齋考工記解》盆　　圖三十九　《臚齋考工記解》鬲

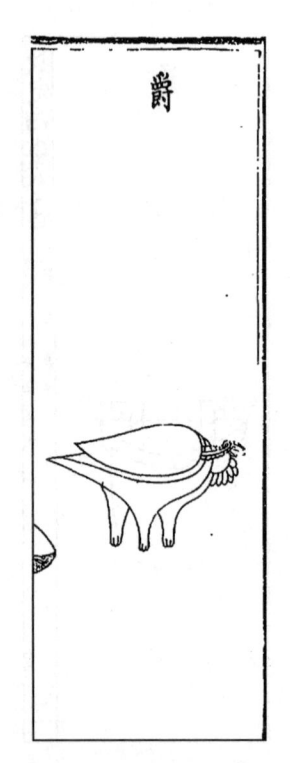

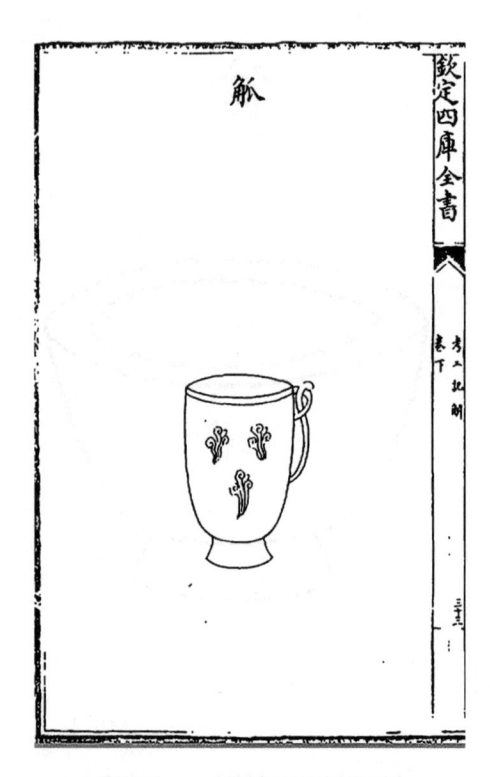

圖四十　《鬳齋考工記解》爵　　　圖四十一　《鬳齋考工記解》觚

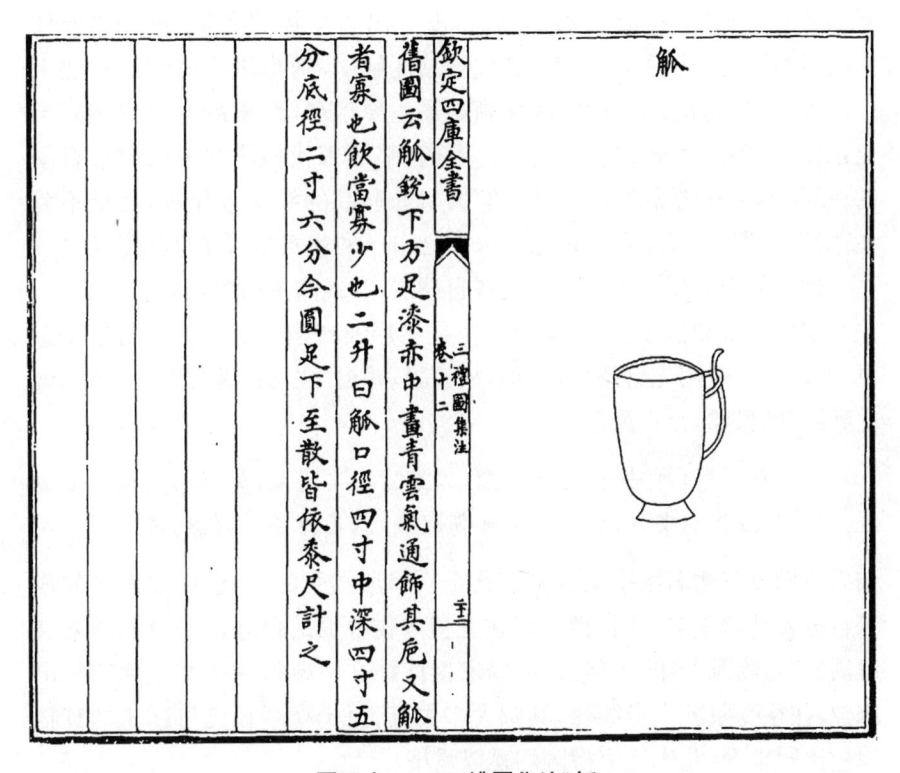

宋代的先秦銅禮器器類定名與三禮名物學　117

舊圖云觚銳下方足漆赤中畫青雲氣通飾其后又觚
者寡也飲當寡少也二升曰觚口徑四寸中深四寸五
分底徑二寸六分今圖足下至散皆依秦尺計之

圖四十二　《三禮圖集注》觚

四、各自發展的宋代禮學與金石學

禮學是中國學術中一個歷史悠久的領域，三禮名物學是禮學的一個重要課題，關於名物的認識有器形、功能、身份、時代等層面，器形與器類的判別有關，在討論器形方面，沒有出土文物的參驗，禮學界能依據的材料只是"先秦文獻"與"歷代訓詁注解"等傳世紙本材料。在北宋中葉以前，器物的形狀均以漢代訓詁爲主要依憑，北宋的金石學依據出土銅器，開啓三禮名物學的新頁。不過，整個宋代禮學并未吸收金石學的成果，本文在考察宋代"注疏類"與"禮圖類"的經學著作後，發現不論在注解或圖像方面，均沒有受到宋代已出土的先秦銅器的正面影響。

禮學與金石學在宋代是兩門各自發展、各成體系的學術，宋代出土的先秦銅器數量和器類已多，金石學家在器形與器類定命方面也有不少意見，他們往往引用先秦禮典（三禮）來論證，并提出"補經傳之闕亡，正諸儒之謬誤"的目標，呂大臨云：

> 觀其器，誦其言，形容髣髴，以追三代之遺風，如見其人矣。以意逆志，或探其製作之原，以補經傳之闕亡，正諸儒之謬誤。⑥⑦

如果我們以三禮名物學來評判宋代金石學與禮學的成就，顯然前者的成果較後者豐碩很多，并且禮學家在三禮名物方面的保守性一直到清末黄以周的"名物圖"⑥⑧仍然存在，禮學家根據經文注疏得到的文字陳述繪出圖像，往往受限於自身經驗，其圖大多失真，至少在今日已可斷定的實物原貌比對來看，北宋三家禮圖均難以爲用。

各自發展、各成體系的兩門學問——宋代的金石學與禮學，兩者同時以先秦古籍禮典、漢代以下訓詁注疏爲材料，不同的是前者留意出土器

---

⑥⑦ （北宋）呂大臨：《考古圖》"後記"，頁 2。
⑥⑧ 黄以禮《禮書通故·名物圖二》中各種食器、酒器、水器，只有鬲、甑、鼎、壺尊、盤、匕等與先秦出土實物近是，其他各器多沿用宋代禮圖，或由宋代禮圖修改而來，可參（清）黄以周：《禮書通故》第六冊"名物圖二"（北京：中華書局，2007 年，王文錦點校本），頁 2415—2522。

物,而後者相反,因此宋代禮學在三禮名物學上未能取得與金石學同等的成果。兩者因不同的學術路徑和視野,最終沒能相互影響。就經學史的角度而言,對於宋代禮學沒能吸收宋人發展出來的新學問,也算是一種遺憾吧。

後記:本文原發表於季旭昇教授所編:《孔壁遺文論集》(臺北:藝文印書館,2013年),頁9—45。收錄於此,稍飾文字。

表一 "王國維《宋代金文著錄表》指出器類分歧意見摘錄表"

頁	誤—正	器物或王國維按語
7	鬲—鼎	公非鼎—公非鬲
7	尊彝—鼎	文王鼎—文王尊彝/魯公尊彝
71	彝—鼎	季娟鼎—娟彝 父癸彝
80	鬲鼎—鼎	父己鼎—癸亥父己鬲鼎 唯叔鼎—唯叔鬲鼎
11	鼎—尊壺	祖癸鼎,張掄謂之鼎,述形制爲尊壺
11	匜—鼎	器形爲鼎,銘文僞
15	彝—簋	宋人稱簋爲敦
18	缶—簠	宋人稱臣爲簠
19	彝—甌	宋人稱甌爲簋
20	彝—盂	單從盂
21	彝—尊	從單尊—從單彝 單伯彝
27 28	彝—卣	尹卣蓋 父乙彝
31	彝—觚	單罪從彝 王國維:此器實觚而無棱

（續表）

頁	誤—正	器物或王國維按語
32	罍—瓹	父乙罍、伯丁罍、父辛罍、父己罍
33	卣—觶	父乙卣、木父乙卣、足迹父乙卣
35	盂—盤	季姜盂
37	兕觥—匜	兕觥一及兕觥二

對五種（飲）酒器名稱的
學術史回顧與討論*

一、前　言

《左傳》成公二年傳文載孔子之言云"器以藏禮",①器物（名物）一直是先秦禮學的重要課題,這個課題同時與經學、金石學、考古學、器物學、古文字學、上古史學等多個領域相關。

自漢儒注解經書以來,常以先秦五種飲酒器②——爵、觚、觶（觗）、角、散（斝）并稱,此即爲本文所聚焦的五種飲酒器。對此五種飲酒器,先秦的文獻所提供的内容大多是功用與容量的信息,漢儒注疏亦少有説明其形貌者。東漢雖有禮圖之作,然僅傳至宋代,雖見他書轉載與清儒輯佚,却無以見其全貌。是以,自漢代迄於五代之禮學與器物之學,僅以文字訓詁的方式,或就功用,或就其容量,或就其材質、推因、義界以説解,讀者只能依文字推想,未可得其形狀樣貌以資

＊　本文之撰寫得到科技部計劃(NSC 101-2410-H-024-018-MY2)之獎助,并感謝中山大學劉昭明教授惠賜資料、中正大學黄静吟教授提出修改意見。

①　(西晉)杜預注,(唐)孔穎達等疏:《春秋左傳正義》卷 25(臺北:藝文印書館,1955 年,影印嘉慶二十年江西南昌府學刊本),頁 8(總 422)。本文凡引《左傳》經文與注疏皆出於此本,後文引用時不再出注,僅於引文後加括號以標明卷頁。

②　禮學認爲"爵、觚、觶、角、散"爲五種飲酒器,而北宋金石學著録定名的五種出土銅器(散或稱爲斝)中,有些器被考古學者認爲是温酒器或盛酒器,不一定是飲器,故本文在陳述時,以禮學立場則稱"五種飲酒器",以金石學或考古學立場則稱"五種酒器",没有特意立場則將飲字加括號以示。

瞭解。

宋代對於禮器的討論，開啟了新的階段。有考校前代禮圖而成的《三禮圖集注》，以及具有創發性的《禮書》等禮圖著作傳世，於是對器物形貌有較具體的資料可為憑藉，雖然後世對於這些禮圖圖像多有批評，但是就學術史而言，這些禮圖著作豐富了禮學的內涵。宋代在禮器的學術史上，另一個引起後人矚目的是金石學的興盛與金石學家對禮器的考釋。

宋代金石學興盛，依據從地下出土的銅器器形與銘文，對不少出土器類命名，目前所稱的銅器器類中的爵、觚、觶、角、斝這五種酒器便是始於宋人的定名。雖然宋代金石學家對於各器類提出了不充分的依據，但是這無疑是中國學術史上第一次以出土文物對注疏與禮圖提出補充與不同的看法。

清代金石學再次興盛，在文字學方面也超出前代，對本文所討論的五種（飲）酒器有更多的認識，但是清代禮學界與金石學界仍持不同的意見，少數學者以出土實物繪製禮圖。民國以後，羅振玉（1866—1940）先生對散（斝）進行古文字資料的考釋，加上科學考古的傳入，在郭寶鈞（1893—1971）、容庚（1894—1983）等多位學者的持續研究，對五種酒器有了更深刻的認識，并且建立了研究器物制度的體系。

本文之作，不在於改變目前對此五種酒器的稱名，而是通過學術史的回顧，檢視論證過程的合理性，并說明現今學術界沿用北宋金石學對五種酒器的命名，在先秦禮學研究方面應留意的問題。

二、先秦古籍與注疏——以文字形式流傳的時代

先秦古籍中，提到五種飲酒器——爵、觚、觶、角、散（斝），這五種飲酒器主要見於四禮（《儀禮》、二戴《禮記》、《周禮》）、《詩經》、《左傳》、《國語》、《管子》、《晏子春秋》、《荀子》等。唯一全面載及五種飲酒器的只有《儀禮》一書，《小戴禮記》（後文簡稱《禮記》）涉及四種而無觚，《周禮》涉

及四種而無角,③《左傳》唯涉及爵、觶、斝三種,《詩經》唯涉及爵與斝二種,《大戴禮記》唯涉及爵、觚二種。諸子書中,《管子》有爵、觶、斝三種,《荀子》有爵與觶二種,《晏子春秋》有觶。是以爵最常見,觶與斝次之,經書中出現的次數較子書爲多,前者爲探討五種飲酒器的主要文獻,後者可爲補充文獻。

(一)《儀禮》

對爵、觚、觶、角、斝(散)五種飲酒器記載的經書以三禮爲首要,其中只有《儀禮》一書載及此五種器類,尤以《特牲饋食禮》一篇所載最爲全面,《大射》亦載其中四種,下面就《儀禮》各篇情況說明(本文附表一"《儀禮》各篇五種飲酒器表"):

(1)《士冠禮》爵、觶:用觶於醴冠者和醴賓。④ 若不醴,則醮用酒,以爵。

(2)《士昏禮》爵、觶:用爵者有夫、婦、舅、姑。醴使者和醴婦用觶。

(3)《士相見禮》爵:見於"臣侍坐賜食及退去之儀"。⑤

(4)《鄉飲酒禮》爵、觶:主人獻賓介、賓介酢主人以爵,主人酬賓以觶,一人舉觶於賓。主人獻樂工(獻工、獻笙)以爵。司正表位、賓酬主人以觶。主人酬介、介酬衆賓與衆賓旅酬、無筭爵諸節,經文雖未言觶,然實用觶也。《鄉飲酒禮·記》於"記器具牲羞之屬"云"獻用爵,其他用觶",⑥由經文可知不僅是獻用爵,酢亦用爵。

---

③ 《周禮》所見之斝,有一例是"斝彝",屬盛酒器,另有二例,鄭玄認爲是"嘏"的通假字。又僅見的兩處觚,鄭玄認爲是"觶"的訛字。若依鄭玄的意見,則《周禮》所見飲酒器只見爵、觶二種而無斝、觚、角。

④ 醴賓一節,經文雖不言及酒器,但由禮例可以推之,《儀禮》一書中,凡言醴皆用觶。

⑤ 各儀節名稱用(清)張爾岐:《儀禮鄭注句讀》(臺北:學海出版社,1981年)的標目。

⑥ (東漢)鄭玄注,(唐)賈公彥疏:《儀禮注疏》卷10(臺北:藝文印書館,1955年,影印嘉慶二十年江西南昌府學刊本),頁10。本文凡引《儀禮》經文與注疏皆出於此本,後文引用時不再出注,僅於引文後加括號以標明卷頁。

（5）《鄉射禮》爵、觶：鄉射禮與鄉飲酒禮相關，⑦因此所用酒器亦同。用爵者有主人、賓、樂工、笙工、大夫，亦在獻酢之儀中用之，其射不勝者用觶，無筭爵時所有與者亦用觶。

（6）《燕禮》爵、觚、觶：此禮所用器物因身份不同而材質或裝飾有別，如象觚、象觶、角觶是也。主人獻賓、賓酢主人、賓自酢於公、主人酬賓、主人獻卿及大夫以觚，主人獻公以象觚。二人媵爵用觶與象觶，其中象觶為公之專用，旅酬（卿、大夫、士）、獻士與獻庶子亦用觶。獻工、獻笙以爵，司正安卿大夫（安賓）以角觶，無筭爵用觶。

主人酬賓、二人媵爵於公時，經文有酌散一詞，鄭《注》云"酌方壺酒也，於膳為散"（卷14，頁12），經文於"公舉媵爵酬賓遂旅酬"云"若膳觶也，則降更觶，洗，升，實散。大夫拜受，賓拜送。大夫辯受酬，如受賓酬之禮。不祭。卒受者以虛觶降"（卷14，頁17）。則"實散"當是由壺中酌散酒實於觶之意，散非飲酒器而為酒名，主人獻卿時亦有實散之文。再者，此篇之爵多用通稱，依儀節與經文而推論，或指觚，或指象觚，或指觶。

另者，於"燕末無筭爵無筭樂"一節有"散爵"與"膳爵"，膳爵為君之爵，散爵為卿大夫之爵，此處所指皆為觶。

（7）《大射》爵、觚、觶、散：觚和觶於此禮使用最多，用觚飲酒者有主人、賓、卿、大夫、獲者、庶子等，公則用象觚。用觶飲酒者有賓、大夫、不勝者、士等，旅酬亦皆用觶。另有角觶和象觶，用角觶者媵爵者為下大夫、司正等，又賓侍公而公不勝時賓亦用角觶，公射不勝則飲象觶。其用散者為服不、隸僕人、巾車諸人。至於爵除一處為專名外，多為觚、觶、散之通稱。

就儀節而言，主人獻賓、賓酢主人以觚，主人獻公以象觚，主人受公酢

---

⑦ 鄉飲酒禮舉行的地點在鄉，由鄉大夫主持，雖然鄉射禮舉行的地點在州，由州長主持（依鄭玄《三禮目錄》的看法，參（東漢）鄭玄注，（唐）賈公彥疏：《儀禮注疏》卷8，頁1；卷11，頁1），然鄉射之前有飲酒諸儀，雖有等差，而大多相似。楊天宇先生說："鄉射禮實際是在鄉飲酒禮的中間插進一個射箭比賽的節目……全文共53節，可以分為四個部分。第1節至第13節為第一部分，記鄉飲酒禮的正禮部分，即行旅酬禮之前的部分，相當於《鄉飲酒禮》前14節的內容，同時略記射禮前的陳設。第14節至第44節為第二部分，記鄉射禮的全過程，這是本篇的中心部分……第45節至51節為本篇的第三部分，記鄉飲酒禮自旅酬以下的部分，相當於《鄉飲酒禮》第15節至第25節的內容，而文字較簡略。"文參楊天宇：《儀禮譯注》（上海：上海古籍出版社，1994年），頁140。

以觚，⑧主人酬賓以觚。二人媵觶有角觶與象觶，公酬賓遂旅酬以二人媵觶用觶。主人獻卿、大夫以觚。獻樂工（大師一人代表）以爵。立司正安賓以角觶。賓、諸公卿大夫不勝爲飲爵，公若不勝則飲象觶。獻獲者一節有司馬正洗散，服不飲散，司馬向量人、隸僕人、巾車及參侯與干侯的獲者獻酒以散。司射獻獲者以觚。主人獻士、庶子以觶。無筭爵有膳爵與散爵，皆以觶。

（8）《聘禮》爵、觶：主君禮賓以觶。使還奠告一節有祭禰之儀式，并有三獻、一人舉爵與行酬，凡此皆用飲酒器，依使者身份而言，大夫之祭禰諸儀式當用爵與觶。

主國君臣饗食賓介之法提到對於賓介以饗禮和食禮款待，則二禮所用飲酒器亦當含之。《聘禮·記》有記燕聘賓之禮，則燕禮相關飲酒器亦當用之。此處以《聘禮》經文所載飲酒器統計。

（9）《公食大夫禮》觶：爲賓設正饌，飲酒實于觶，加豐。

（10）《士喪禮》觶：於"陳大斂衣奠及殯具"時提到角觶。

（11）《既夕》觶：《既夕·記》記小斂大斂二節，衣物奠設時會處所儀法提到角觶的陳設。此篇銜接《士喪禮》，故所用飲酒器同。

（12）《士虞禮》爵、觶：陰厭用觶，主人獻尸、獻祝、佐食以廢爵，主婦亞獻以足爵，賓長三獻以繶爵。《士虞禮·記》"記卒哭畢餕尸與無尸可餕者送神之禮"提及三種爵。

（13）《特牲饋食禮》爵、觚、觶、角、散：尸入九飯時挼尸以觶，主人初獻（尸、祝、佐食）以角，主婦亞獻、賓三獻以爵。主人獻賓以爵，酬賓以觶，主人獻長兄弟、眾兄弟、內兄弟以爵，主人自酢亦以爵。長兄弟、眾賓長加爵以觚。嗣舉奠獻尸以觶，旅酬亦以觶。佐食獻尸祝以散，嗣子與長兄弟養用爵。《特牲饋食禮·記》記載器具物品陳設之法云"篚在洗西，南順。實二爵、二觚、四觶、一角、一散"（卷46，頁10）。五種飲酒器全載之。

（14）《少牢饋食禮》爵、觚、觶：祭日視殺視濯一節載"司宮摡豆、籩、勺、爵、觚、觶、几、洗、篚于東堂下。勺、爵、觚、觶實于篚"（卷47，頁7—

---

⑧ 雖經文只云"更爵，洗，升，酌散以降"（卷17，頁2），但依禮例推之，主人受酢以觚。

8)、主人獻尸、尸酢主人、主人獻祝、主人獻兩佐食、主婦獻尸、主婦獻祝、尸酢主婦、主婦獻兩佐食、賓長獻尸、尸酢賓長、賓長獻祝、餴（餕者三人）皆以爵。此篇與《有司徹》宜一起參看。

（15）《有司徹》爵、觶、觚：主人獻尸、主人獻侑、主人受尸酢、主婦獻尸、主婦獻侑、主婦受尸酢、上賓三獻尸皆以爵。主人酬尸以觶。主人獻長賓、辯獻衆賓、主人自酢于長賓皆用爵，主人酬賓以觶。主人獻兄弟、獻内賓、獻私人、上賓三獻亦皆以爵。二人舉觶爲旅酬、兄弟後生舉觶、次賓舉爵于尸更爲旅酬、二觶交錯爲無筭爵，諸儀節皆以觶。其中賓長加獻于尸以觚。⑨

不賓尸者，主人初獻、主婦亞獻、賓長三獻、主人徧獻、次賓長爲加爵皆以爵，無筭爵以觶，左食爲加爵以爵。

《儀禮》一書各篇對於五種飲酒禮器的使用情況如上所述，而歸納其要點，可有四點：

1. 全書中"爵"和"觶"出現的次數最多，"角"出現次數最少，只出現在《特牲饋食禮》中。其中爵之使用最爲複雜，兼含專名與通稱。

以《大射》一篇"主人獻賓"爲例，其文如下：

> 主人北面盥，坐取觚，洗。賓少進，辭洗，主人坐奠觚于篚，興對，賓反位。主人卒洗，賓揖升。主人升，賓拜洗，主人賓右奠觚荅拜，降盥，賓降，主人辭降，賓對，卒盥，賓揖升，主人升坐取觚。執冪者舉冪，主人酌膳，執冪者蓋冪，酌者加勺，又反之。筵前獻賓，賓西階上

---

⑨ 關於此段文字經云"賓長獻于尸，如初。無湆，爵不止"，鄭《注》認爲所用爲爵，云"不使兄弟，不稱加爵，大夫尊也。不用觚者，大夫尊者也"（卷50，頁9）。敖繼公認爲此儀節用觚，云："但言賓長者亦獻於尸，不嫌與三獻者同也，此獻當用觚，不言者，文省耳。《特牲饋食禮》長兄弟於三獻之後洗觚爲加爵，此節與之同，器亦宜同也，上篇實觚於篚，其爲此用與？"指出鄭《注》的盲點〔（元）敖繼公：《儀禮集說》卷17，《景印文淵閣四庫全書》（臺北：臺灣商務印書館，1983年），頁44—45〕。若依鄭玄的意見，則《少牢饋食禮》經文已明載器具有觚，但至《有司徹》完，皆未見觚用於何時，則觚豈徒具而無所用，故敖氏之説較佳，姜兆錫亦云"觚爵對文則異，散文則通。經洗觚亦稱加爵，則爲通稱可見，非爲大夫尊故用爵也"〔（清）姜兆錫：《儀禮經傳内編》卷16，收録於《續修四庫全書》（上海：上海古籍出版社，2002年，影印清乾隆元年寅清樓刻本），頁42〕。胡培翬《儀禮正義》同意敖、姜之説，云"大夫士禮止三獻，此外皆加爵，即言獻亦加也。至上篇云'勺、爵、觚、觶實于篚'，則加爵用觚明矣"〔（清）胡培翬：《儀禮正義》第三册卷40（南京：江蘇古籍出版社，1993年，段熙仲點校本），頁2398〕。三家之説爲是。

拜,受爵于筵前,反位。主人賓右拜送爵。宰胥薦脯醢。賓升筵。庶子設折俎。賓坐,左執觚,右祭脯醢,奠爵于薦右;興取肺,坐絶祭嚌之;興加于俎,坐捝手,執爵,遂祭酒,興;席末坐啐酒,降席,坐奠爵,拜告旨,執爵興,主人答拜。樂闋。賓西階上北面坐,卒爵,興;坐奠爵,拜,執爵興,主人答拜。(卷16,頁12—13)

其始,經文已載主人坐"取觚",之後兩次"奠觚"與一次"取觚",皆言所用飲酒器爲"觚",然至"賓西階上拜"以下文字,凡言飲酒器只有"執觚"一次,其他皆用"爵":一次"受爵"、一次"送爵"、三次"奠爵"、三次"執爵"與一次"卒爵"。事實上,此段文字之"爵"皆是"觚",大射之禮,主人獻賓以觚,故主人取觚以酌以獻,賓受觚以祭以啐,經文稱爵乃用通稱(泛稱)。

另於同篇之"無筭爵"(燕末盡歡),經文所稱之"爵"實爲"觶",其文如下:

> 無筭爵。士也,有執膳爵者,有執散爵者。執膳爵者酌以進公,公不拜,受。執散爵者酌以之公,命所賜。所賜者興,受爵,降席下,奠爵,再拜稽首。公答再拜。受賜爵者以爵就席坐,公卒爵,然後飲。執膳爵者受公爵,酌,反奠之。受賜者興,授執散爵者。執散爵者乃酌行之。唯受于公者拜,卒爵者興,以酬士于西階上。士升。大夫不拜乃飲,實爵。士不拜受爵。大夫就席。士旅酌亦如之。(卷18,頁21)

"無筭爵"這一段文字提到"膳爵"和"散爵",字雖用爵而此膳爵爲公所用,實爲象觶,至於散爵則是觶,爲公以下之大夫士等所用。因此,經文中云爵者,或可爲其他飲酒器之通稱或代稱。若不能掌握經文所用之爵是專名或通稱,便難以精確判定各場合所用之器物與器物之用途了。

2. "散"出現次數不多,或爲散酒,或爲飲酒器,不可不分。

作爲飲酒器器類名的散於其他先秦古籍稱爲斝,此經羅振玉與王國維(1877—1927)二位先生論述,[10]已爲禮學界定說。散只出現在《燕禮》、

---

[10] 王國維:《說斝》,《定本觀堂集林》上册卷3,收錄於楊家駱主編:《讀書札記叢刊》第1集第6册(臺北:世界書局,1991年),頁145—147。

《大射》與《特牲饋食禮》中,爲了本文討論的需要,將三篇經文中"散"作爲"專名"(專有名詞)的文句羅列出來,⑪并製成"《儀禮》一書用'散'表"(附表二)。據表所列《燕禮》中爲專名的散字出現六次,皆爲散酒,未有作飲酒器者;《大射》散字爲專名者出現十三次,而作爲散酒者十一例,作爲飲酒器者二例;《特牲饋食禮》出現三次,皆作爲飲酒之器。凌廷堪《禮經釋例》於"凡君之酒曰膳,臣之酒曰散"條云:

> 膳謂瓦大之酒,公之酒也。散謂方壺之酒,臣之酒也。(自注:瓦大,《大射》作"甒"。)惟《燕禮》、《大射》有之……蓋禮盛者酌膳酒,明君臣共之也。禮殺者,酌散酒,示臣不敢幷君也。⑫

觀《燕禮》之文,於"設具"時云:

> 司宮尊于東楹之西,兩方壺,左玄酒,南上。公尊瓦大兩,有豐,冪用綌若錫,在尊南,南上。尊士旅食于門西,兩圜壺。(卷14,頁3)

因爲散爵、散觶與膳爵、膳觶對稱,故可知膳酒盛於瓦大,散酒盛於壺。《燕禮》與《大射》中散字作爲專有名詞"散酒"的共十七例。《儀禮》全書散字作爲飲酒器的(容五升者)只有五例,僅見於《大射》和《特牲饋食禮》,使用者身份是"服不"與"尸"。

3. 材質與身份有可對應者,可提供判定器類尊卑之依據。

《儀禮》一書,提及觚有"角觚"與"象觚",提及觶有"角觶"與"象觶",有些文字只稱觚與觶,而未載明其細處差別。"象觚"與"象觶"爲公之專用,觚之地位較觶爲尊。《燕禮》主人辯獻士及旅食一節,經文云:

> 主人洗,升,獻士于西階上。士長升,拜受觶,主人拜送觶。士坐祭,立飲,不拜既爵……(卷15,頁11)

此段文字之爵,由文意知爲觶,而此處之觶,鄭玄注云"獻士用觶,士賤也,

---

⑪ 有些散字非作專名,如"散爵"、"散觶",以散字爲爵觶之形容詞,說明其所盛之酒之來源,故《大射》散字凡十七見,作爲酒名與飲酒器者只有十三例;《燕禮》散字十見,作爲酒名者出現六次。

⑫ (清)凌廷堪:《禮經釋例》卷4(臺北:中研院中國文哲研究所,2002年,彭林點校本),頁227—228。

今文觶作觚"(卷15,頁11)。燕禮獻賓以觚,而獻士以觶,是以觚較觶尊,蓋器物有使用者身份之差別也,亦可知古今文於器類或有出入,宜以禮例推之。又《特牲饋食禮》主人初獻一節,經文云:"主人洗角,升酌,酳尸。"鄭《注》云"不用爵者,下大夫也,因父子之道質而用角,角加人事略者"(卷45,頁7)。孔穎達《正義》云:

> 既辟大夫,不用爵,次當用觚,而用角者,因無臣助祭,父子相養之道,而用角者,父子是質角,加人事略,得用功少故也。(卷45,頁7)

《少牢饋食禮》主人初獻用爵,則爵又當較角爲尊。

4. 器之使用、場合與儀節性質相對應,可爲禮例之依據。

觀《儀禮》全書,有些場合之飲酒器有禮例可循,此即凌廷堪《禮經釋例》有"凡醴皆用觶,不卒爵"條,釋之云:

> ……凡醴皆用觶,但啐之而已,不卒爵也。……《士昏》、《聘禮》皆云"建柶",唯《士冠》作"捷柶",開成石經亦作"建柶",蓋後人因《釋文》而誤改,當從石經也。醴事質,如羹之大羹湆,酒之有明水,故啐而不卒爵,從其質也。⑬

據此,有些經文雖未提到所用所飲酒器是何種,但由禮例"醴用觶"可以推知該儀節用觶。又如主人酬賓(在獻酢之後,主人先飲以勸賓之儀節)用觶,故由禮例可以推其用器。旅酬亦用觶,如《燕禮》"賓媵觶于公、公爲士舉旅酬"一節,經云:

> 賓降洗,升媵觚于公,酌散。下拜,公降一等,小臣辭,賓升,再拜稽首,公答再拜……(卷15,頁13)

此文句之觚,鄭《注》云:

> 此當言媵觶,酬之禮,皆用觶。言觚者,字之誤也。古文觶字或作角旁氏,由此誤爾。(卷15,頁13)

---

⑬ 凌廷堪:《禮經釋例》卷5,頁248。

鄭玄由禮例推知該處經文之觚爲誤字,蓋以酬之禮用觶。又如《有司徹》"兄弟之後生舉觶"一節"兄弟之後生者舉觶于其長",鄭《注》云"古文觶皆爲爵,延熹中設⑭校書,定作'觶'"(卷50,頁8)。古文與今文用字不同,鄭玄於《注》中皆一一注明,爵與觶的混用較觶與觚的混用而言,無字形相近的因素,因此只能解釋觶爲爵屬,爵常爲各類飲酒器之通稱,爵爲觶之通稱於《儀禮》一書常見。《有司徹》此處文字,胡培翬有説:

> 以將行無筭爵,賓長有主人酬之奠觶可行,長兄弟無奠觶可行,故使後生者舉觶於長也。⑮

據胡氏説法,兄弟之後生者舉觶于其長,乃爲行無筭爵。無筭爵之禮例飲酒用觶不用爵,故可推知此處古文作爵,不若今文作觶爲佳。

(二) 其他先秦古籍

《禮記》(《小戴記》)亦有多處提及飲酒器,但未見觚。其中,最重要的是《禮器》經文提到:

> 有以小爲貴者。宗廟之祭,貴者獻以爵,賤者獻以散,尊者舉觶,卑者舉角。五獻之尊,門外缶,門內壺,君尊瓦甒。此以小爲貴也。⑯

爵之容量較散爲小,而尊貴於散。觶之容量較角爲小,而尊貴於角。《特牲饋食禮》主人初獻尸、祝、佐食以角,佐食獻尸祝以散。《少牢饋食禮》主人初獻則以爵。與《禮器》文字相關的有《郊特牲》的"舉斝角,詔妥尸"。漢儒有"妥尸,天子以斝,諸侯以角"的看法,⑰若合以《特牲饋食禮》

---

⑭ 胡培翬《儀禮正義》作"詔"字。(清)胡培翬:《儀禮正義》卷40,頁2395。

⑮ 同上注。

⑯ (東漢)鄭玄注、(唐)孔穎達等疏:《禮記正義》卷23(臺北:藝文印書館,1955年,影印嘉慶二十年江西南昌府學刊本),頁12。本文凡引《禮記》經文與注疏皆出於此本,後文引用時不再出注,僅於引文後加括號以標明卷頁。

⑰ 此處鄭《注》云:"妥,安坐也。尸始入,舉奠斝若奠角。將祭之,祝則詔主人拜,妥尸,使之坐。尸即至尊之坐,或時不自安。則以拜妥之也。天子奠斝,諸侯奠角。"(卷26,頁23)

載士以觶，則是身份不同，而妥尸之飲酒器亦有不同。⑱ 但何者為最尊，則有出入，⑲抑或對漢儒注解可稍為保留。《明堂位》提到魯君用天子之禮禘祀周公，"爵用玉琖，仍雕，加以璧散、璧角"（卷31，頁7），則是記載魯國國君獻尸用玉琖為爵，諸臣用散和角為加爵。若《明堂位》之記載可信，則周天子之禮，諸臣加爵亦當用散和角以獻尸。禮家記載與說解未必皆能相互符合。《明堂位》另有一條云"爵，夏后氏以琖，殷以斝，周以爵"（卷31，頁14）。則琖、斝皆爵屬，而有三代之異。以上說法各自為是。

《祭統》提到祭有十倫，其四為明尊卑之等，其文字云：

> 尸飲五，君洗玉爵獻卿。尸飲七，以瑤爵獻大夫。尸飲九，以散爵獻士及群有司，皆以齒。明尊卑之等也。（卷49，頁12）

此提到獻卿、大夫、士及群有司用器不同，認為明尊卑之差別，而爵有三種，散爵之名《儀禮》有之，而涵義不見得相同。

《周禮》載爵、觶、觚、斝而無角。較重要的是《考工記・梓人》：

> 梓人為飲器。勺一升，爵一升，觚三升。獻以爵而酬以觚，一獻而三酬，則一豆矣。⑳

鄭《注》云：

> 勺，尊斗也。㉑ 觚、豆，字聲之誤，觚當為觶，豆當為斗。（卷41，頁16）

則其文當改讀為"爵一升，觶三升。獻以爵而酬以觶"，此為經文對於爵與

---

⑱ 大夫於尸始入時妥尸以何器，未見載於《少牢饋食禮》。
⑲ 《儀禮》與《禮記》的禮制非必以同一個體系視之。
⑳ （東漢）鄭玄注，(唐)賈公彥疏：《周禮注疏》卷41（臺北：藝文印書館，1955年，影印嘉慶二十年江西南昌府學刊本），頁16。本文凡引《周禮》經文與注疏皆出於此本，後文引用時不再出注，僅於引文後加括號以標明卷頁。
㉑ 原作"升"，阮元校勘引《周禮漢讀考》作"斗"云："斗與枓同，《說文》'枓，勺也'，今本作'尊升'誤，魏晉人書'斗'字多作'升'，故易訛。"[（清）段玉裁：《周禮漢讀考》，《皇清經解》卷639（臺北：藝文印書館，1986年，《皇清經解三禮類彙編》影學海堂本），頁25；《儀禮注疏》卷41附阮元《校勘記》，校勘記頁4（總648），《校勘記》引用稍有刪減字句]作斗，意較通，茲據以改。

觶容量的唯一記録,另外《韓詩説》"一升曰爵,二升曰觚,三升曰觶,四升曰角,五升曰散",㉒二者可以相互參見。

《周禮·春官·鬱人》有"大祭祀,與量人受舉斝之卒爵而飲之"(卷19,頁21)。《夏官·量人》有"凡宰祭,與鬱人受斝歷而皆飲之"(卷30,頁7)。此二斝字,鄭玄《注》皆以爲"嘏"之聲誤。如果這樣,則《周禮》三見斝字,二處爲聲之誤,而《春官·司尊彝》"斝彝"(卷20,頁2)爲尊彝之名,故全書未有飲酒器名爲斝者。

禮書之外,《詩經·大雅·行葦》"或肆之筵,或授之几。肆筵設席,授几有緝御。或獻或酢,洗爵奠斝。"㉓認爲爵斝與獻酢相關,毛《傳》與鄭《箋》的觀點與《禮記·明堂位》相同,認爲斝爲殷爵。《左傳》昭公七年傳文有"斝耳",杜預《注》認爲是"玉爵"(卷44,頁20)。昭公十七年傳文載鄭裨竈言於子產曰:"宋、衛、陳、鄭將同日火。若我用瓘斝玉瓚,鄭必不火。"此斝,杜《注》亦認爲是"玉爵"(卷48,頁11)。《國語·魯語下》載"吳子使來好聘……發幣於大夫,及仲尼,仲尼爵之"。㉔用爲動詞,但仲尼飲賓亦當以爵,又《晉語一》載晉獻公"令司正實爵與史蘇,曰:'飲而無肴。……故賞女以爵,罰女以無肴……'史蘇卒爵",㉕三個爵字皆爲飲酒器名。《管子·侈靡》有"知神次者,操犧牲與其珪璧,以執其斝"、"逐神而遠熱,交觶者不處"㉖則提及斝與觶,皆作飲酒器用。《晏子春秋·內篇雜上》於"晉平公欲伐齊,使范昭往觀焉"一則有"觴觶具矣,范昭佯醉",㉗則春秋時飲酒仍有用觶者。《荀子》於《禮論》提及"利爵之不醮也"與"毋利

㉒ 《韓詩説》引見賈公彥《周禮疏》(《周禮注疏》卷41,頁16)。此書之作者一般認爲是西漢初年的韓嬰。爵容一升、觚容二升、觶容三升、角容四升、散容五升之説,鄭玄《儀禮注》亦説之(《儀禮注疏》卷45,頁10),應是由《韓詩説》而來,或者爲漢代經學家之共識。

㉓ (西漢)毛亨傳,(東漢)鄭玄箋,(唐)孔穎達等疏:《毛詩正義》卷17之2(臺北:藝文印書館,1955年,影印嘉慶二十年江西南昌府學刊本),頁2。

㉔ (東周)左丘明撰,(吳)韋昭注:《國語》卷5,《景印文淵閣四庫全書》(臺北:臺灣商務印書館,1984年),頁16。

㉕ 同上注,卷7,頁2。

㉖ (東周)管仲撰,(唐)房玄齡注:《管子》卷12,《景印文淵閣四庫全書》(臺北:臺灣商務印書館,1985年),頁8、21。

㉗ (東周)晏嬰:《晏子春秋》卷5,《景印文淵閣四庫全書》(臺北:臺灣商務印書館,1984年),頁9。此書各則無題,本文以首句爲題。

舉爵,主人有尊,如或觴之"。㉘《樂論》提及"二人揚觶,乃立司正"與"說履升坐,脩爵無數",㉙文中之爵與觶皆飲酒器名,知戰國晚年仍用爵觶。

由以上的討論,可以得出先秦典籍對於五種飲酒器,以爵、觶、斝最爲常見,觚與角只見於少部分禮書,因此所謂五種飲酒器只在《儀禮》與《韓詩說》中畢具,前者可以分析出用途與對應之身份,而後者則載及容量。事實上,各書所言之專器是否所指爲同一類,除去"聲誤"、"通稱",能提供後人瞭解的信息仍是很有限的,即使漢儒經注與後代訓詁,仍然受限於先秦典籍,較少提供後人器物形貌與器高等信息。

東漢末年已有禮圖見諸目錄記載,但由東漢到唐代的禮圖在現代只剩下北宋初聶崇義《三禮圖集注》中引用的片段與清代輯佚家的版本,其全貌已不可得,因此本文稱宋代以前爲以文字形式流傳的時代;雖然圖像流傳的時代以北宋爲分野,就史實而言不算精確,但就傳世文獻來說,也不得不如此劃分了。先秦至北宋以前,這段時期留給後代禮家的研究材料是經書注疏,北宋開始了注疏文字與禮圖傳世的階段。

三、禮圖與金石學——有圖像流傳的時代

禮圖包含儀節圖與名物圖(器物圖屬之),名物圖以圖像的方式呈現禮器,比起純用文字描述更爲具體詳實,也可避免讀者望文而各自想象的落差。北宋推行儒學教育,由聶崇義整理前代流傳的禮圖,集各家之圖說,考校而成專著,開啓宋代禮圖著述的風氣,也對於宋代以後讀經的學人提供了實象化的信息。宋代禮圖傳於世者有六家,其中與禮器相關的三家,圖像雖各自分歧,但對後世禮圖的繪製仍有影響力。金石學的興盛,將出土的器物運用於"補經傳之闕亡,正諸儒之謬誤",㉚這是中國學

㉘ (東周)荀況撰,(唐)楊倞注:《荀子》卷13,《景印文淵閣四庫全書》(臺北:臺灣商務印書館,1985年),頁4、22。

㉙ 同上注,卷14,頁5。

㉚ (北宋)呂大臨:《考古圖》"後記",《景印文淵閣四庫全書》(臺北:臺灣商務印書館,1985年),頁2。

術史上，第一次大量以出土器物結合先秦禮書，提出了與禮圖不同的研究方式與器物詮釋，這些金石圖錄的編纂流傳，都有助於今人瞭解另一種學術路徑所提出的禮器樣貌，宋代禮學和金石學是各自發展的兩門學問，金石學用禮書作爲器物種類定名的參考，但是禮學界并未受到金石學的影響。㉛ 到了明朝劉績的《三禮圖》吸收金石學對器類定名的看法，清代朝廷與學者各家刊印的圖錄，提供了禮學與金石學交流的學術環境，有些禮學家吸收金石學的看法，繪製了以出土器物圖像爲主的禮圖，㉜即使有些學者仍持保留態度，不過這種交流在民國初年已是禮學的主流，在五種（飲）酒器的判定上，金石學的影響往往大於先秦禮書。

(一) 禮圖

目前可見宋代禮圖或禮書插圖與器物相關的有三家：聶崇義《三禮圖集注》、陳祥道《禮書》、林希逸《鬳齋考工記解》，元明兩代禮圖雖見於著錄者有多家，但傳世亦少，本文以劉績《三禮圖》爲代表，清代禮圖數量最多，本文於前期取《欽定儀禮義疏》，後期則取黃以周《禮書通故》。其中林希逸《鬳齋考工記解》專以《考工記》爲圖像，所繪飲器圖只有《梓人》的爵與觚，故未有另三種之圖。凡此六家圖像，可參本文"六家所繪五種飲酒器圖像表"（附表三）。

爵於古代注疏其訓詁推因之法常與雀有關，故禮家理解的飲酒器爵與雀之形音相關，聶氏《三禮圖集注》於玉爵處言"今見祭器內有刻木爲雀形，腹下別以鐵作脚距，立於方板"，㉝正取雀形爲爵之形制。聶氏不同意這樣的爵形，而相信"爵形如斛"，然而却自相矛盾地用了杯中有雀的器形爲玉爵和爵的圖像。《鬳齋考工記解》誤匜爲爵，㉞劉績《三禮圖》與《欽定

㉛ 可參考鄭憲仁：《宋代的先秦銅禮器器類定名與三禮名物學》，收錄於季旭昇先生編：《孔壁遺文論集》（臺北：藝文印書館，2013年），頁9—45。

㉜ 如戴震《考工記圖》與程瑤田《考工創物小記》等，可參鄭憲仁：《〈儀禮・公食大夫禮〉管見》，收錄於林慶彰先生主編：《中國學術思想研究輯刊》15編第13冊（新北：花木蘭文化出版社，2013年），頁31—32。

㉝ （北宋）聶崇義：《三禮圖集注》卷14，《景印文淵閣四庫全書》（臺北：臺灣商務印書館，1983年），頁24。

㉞ （南宋）林希逸：《鬳齋考工記解》卷下，《景印文淵閣四庫全書》（臺北：臺灣商務印書館，1983年），頁33。

儀禮義疏》已吸收金石學者的看法，以部分出土器物爲圖像，至黃以周《禮書通故》則批評這樣的意見，而自繪了新的器物圖像。由於先秦爵的形制，學術界已有很多的討論，承襲黃氏説法的學者很少。爵的相關討論，可參見拙作《〈儀禮·公食大夫禮〉管見》"由經文的研讀到儀節圖的繪製"一節。㉟

觚的圖像方面，《禮書》所繪爲六面形器，《欽定儀禮義疏》與《禮書通故》以觚爲八面之杯形器，蓋以"古者破觚爲圜，叕體八觚，壇體八觚"，㊱故認爲觚有八面，非爲圓形。《三禮圖集注》之觚，其器耳（銴）造形特殊，而《臞齋考工記解》從之而增紋飾。可留意者《三禮圖集注》云觚"舊圖方足"、"今圓足"，㊲是不依前代禮圖而改作，據其説亦可知舊禮圖以觚下接方足。劉績《三禮圖》用金石學者所定名爲觚之器形爲圖像。對於觚之形制，上揭諸禮學著作僅二家相同。

觶爲酒杯，禮圖意見較爲一致，《欽定儀禮義疏》與《禮書通故》從《三禮圖集注》之觶形，唯劉績《三禮圖》用金石學者所定名爲觚之器形爲圖像，然所繪之形稍有失準。

角容量較觶爲多，禮圖意見亦較爲一致，《欽定儀禮義疏》與《禮書通故》從《三禮圖集注》之角形，但器耳接口處稍有不同，唯劉績《三禮圖》之角形與其觶形近而器較高，并云"角，此觚無棱"。㊳

斝與散，民國以前，禮學家認爲是兩種器類，各家形制皆不相同。劉績《三禮圖》之"殷斝"則取宋代金石學者所稱斝者爲圖像，并云"殷斝，篆文斝，象形"，㊴又云"《明堂》云璧散璧角，則二器口圓可知"。㊵黃以周《禮書通故》受鄭玄於《明堂位》注"斝，畫禾稼也"（《禮記正義》卷 31，頁 14）的影響，於杯形器（其所謂斛形）上畫稼以爲器物圖。劉績《三禮圖》以

㉟　鄭憲仁：《〈儀禮·公食大夫禮〉管見》，頁 41—47。

㊱　（北宋）陳祥道：《禮書》卷 16，《景印文淵閣四庫全書》（臺北：臺灣商務印書館，1983 年），頁 9—10。陳氏自注提及觚爲八面的説法，而圖却六面，可能圖有誤，也可能有其他依據而未説明。

㊲　（北宋）聶崇義：《三禮圖集注》卷 12，頁 22。

㊳　（明）劉績：《三禮圖》卷 3，《景印文淵閣四庫全書》（臺北：臺灣商務印書館，1983 年），頁 74。

㊴　同上注，頁 72。

㊵　同上注，頁 76。

散爲卮,畫有二器形,《禮書通故》以散爲其所認定之角形而無飾。[41]

綜上所言,本文所舉六家禮圖於五種飲酒器之形制,少有共識,僅觶有三家相同。禮學家繪製禮圖的路徑相似,主要依照漢儒注解,增以自己想象,劉績參考了金石學者的意見,《欽定儀禮義疏》則僅爵圖參考出土實物,其他則依禮經注疏之說。如此,禮學家的研究路徑是自成一個體系的,雖然繪出之圖像有所分歧,但所據之典籍是相同的,對於金石學者所提出的意見,大多采取懷疑或保留的態度,即使像黃以周這位晚清的禮學集大成的鴻儒,也是如此。[42]

(二) 金石學

首先要説明的是,這一節所説的五種酒器——爵、觚、觶、角、斝,是金石學家所認定器類及其相對應器形的稱名。金石學家希望"補經傳之闕亡,正諸儒之謬誤",所以將出土的器物與先秦禮書結合考校,對五種酒器以先秦禮書的五種飲酒器爵、觚、觶、角、斝來命名,這樣的命名在宋徽宗時的《宣和重修博古圖録》[43]大致已完成。吕大臨云:

> 觀其器,誦其言,形容髣髴,以追三代之遺風,如見其人矣。以意逆志,或探其製作之原,以補經傳之闕亡,正諸儒之謬誤。[44]

北宋金石學家由出土實物以補正經傳,對於傳世禮圖提出批判,他們無疑開創一個學術研究的新方向,建立有别於禮圖的新體系。也可以説金石學以出土實物結合先秦古籍,對於器形的研究,開啓了新的階段。宋代傳

---

[41] (清)黃以周:《禮書通故》第 6 册(北京:中華書局,2007 年,王文錦點校本),頁 2452。

[42] 金石學所定之器名有些是很可取的,如食器的鬲、甗,水器的匜,兵器戈等,但禮學界對於金石學定名無誤的部分,也常是采取懷疑或保留的態度。

[43] (北宋)王黼:《重修宣和博古圖》,《景印文淵閣四庫全書》,臺北:臺灣商務印書館,1985 年。據葉國良先生研究指出徽宗政和三年(公元 1113)七月完成《初修博古圖》,收器五百餘,王黼提倡重修於宣和五年至七年(公元 1123—1125)之間,收器八百餘爲《宣和重修博古圖録》。參葉國良:《宋代金石學研究》第二章第六節《博古圖修撰始末及其相關問題》(臺北:臺灣書房出版有限公司,2011 年),頁 66—78。本文對於此書名稱依據葉先生的考釋,一律稱爲《宣和重修博古圖》。

[44] (北宋)吕大臨:《考古圖》"後記",頁 2。

世的金石著錄關於五種酒器的記載以呂大臨《考古圖》爲最早，此書已提到爵（圖一）與觚（圖二），是目前可知二類定名之始，但有觚被稱爲彝，如單夔從彝（圖三）。《考古圖》已收現今考古學界所稱的觶，而稱之爲卣（圖四），㊺全書無收斝（散）與角。

《宣和重修博古圖錄》有爵（圖五）、觚（圖六）、觶（圖七）、角（圖八）、斝（圖九），始將觶、角、斝三類定名，㊻然有誤觚爲尊者，如周乙舉尊（圖十），有誤盉爲斝者，如漢虎斝（圖十一）。就觶的判定上，《宣和重修博古圖錄》認爲觶是"觚無稜"，這一點顯然是證據不足的。

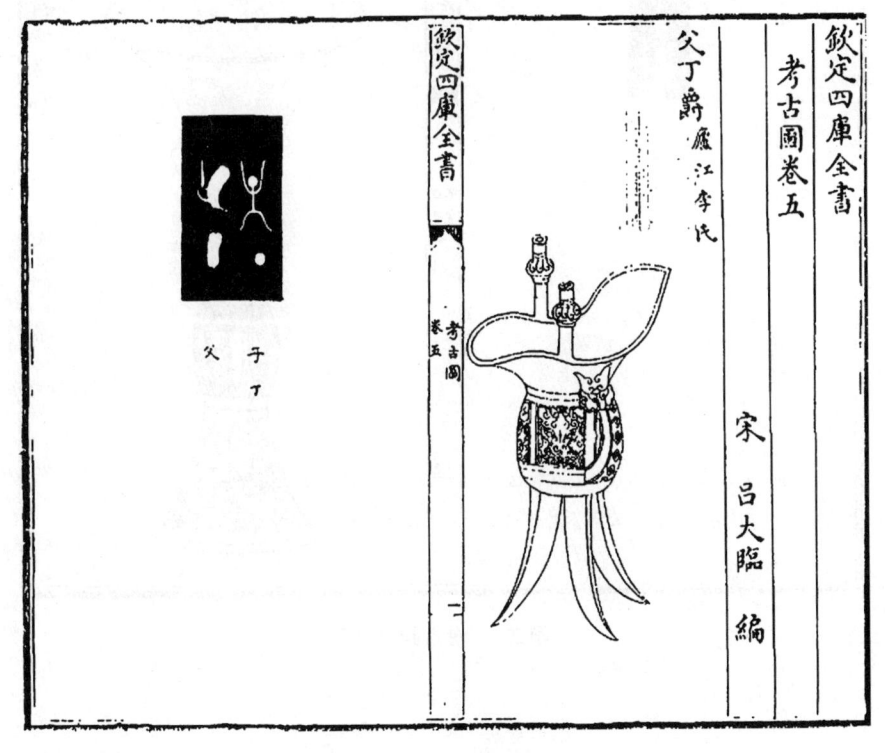

圖一　《考古圖》之爵

㊺　此現象前人已談及，參容庚：《商周彝器通考》上冊（臺北：文史哲出版社，1985年），頁19。
㊻　此書成書之前已有他書早有流傳，然只錄字形而無器之圖像，故不能作爲判斷依據。

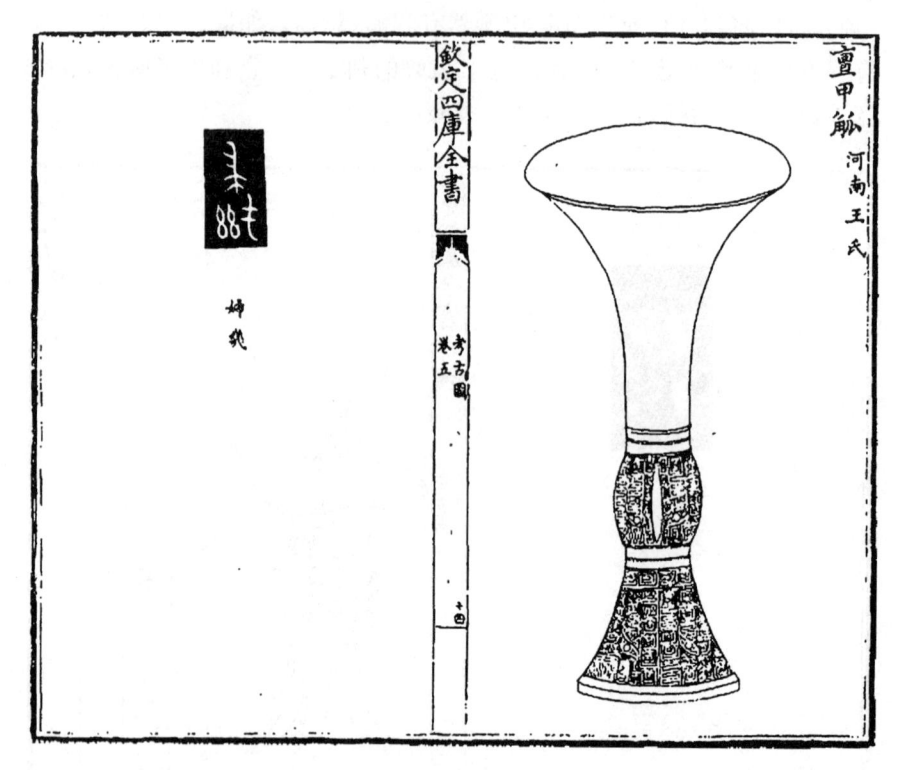

138　野人習禮——先秦名物與禮學論集

圖二　《考古圖》之觚

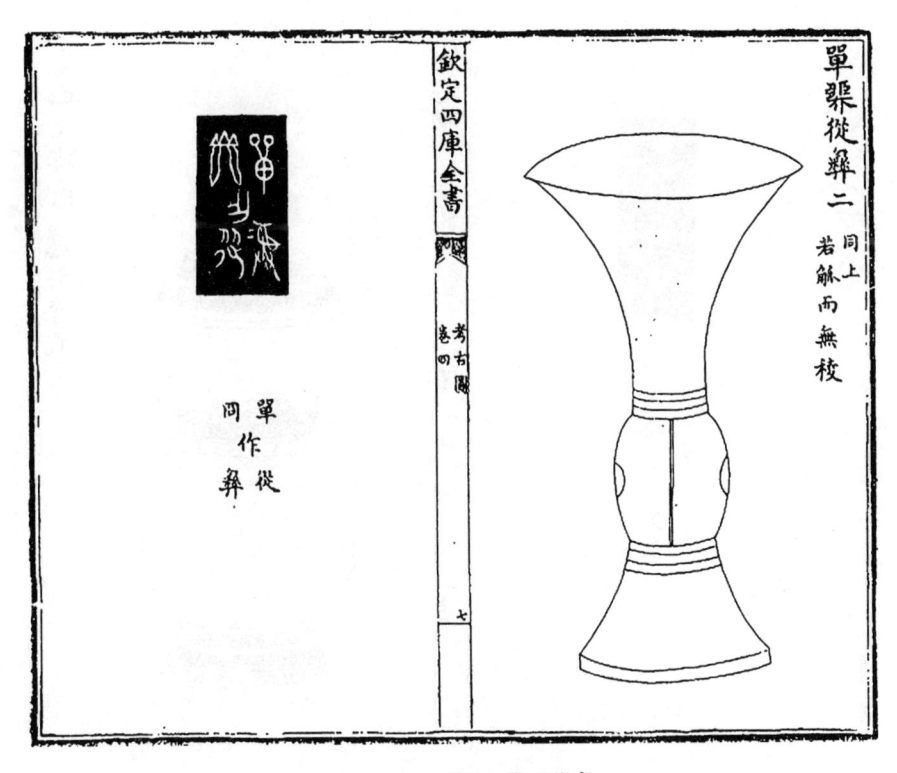

圖三 《考古圖》之單棘從彝

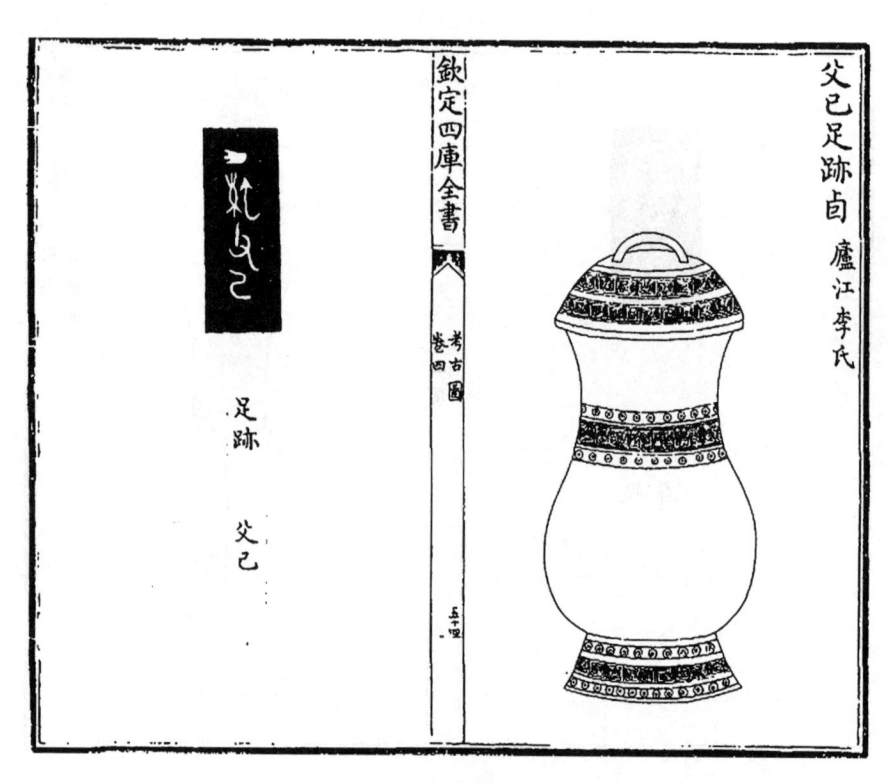

圖四　《考古圖》之卣

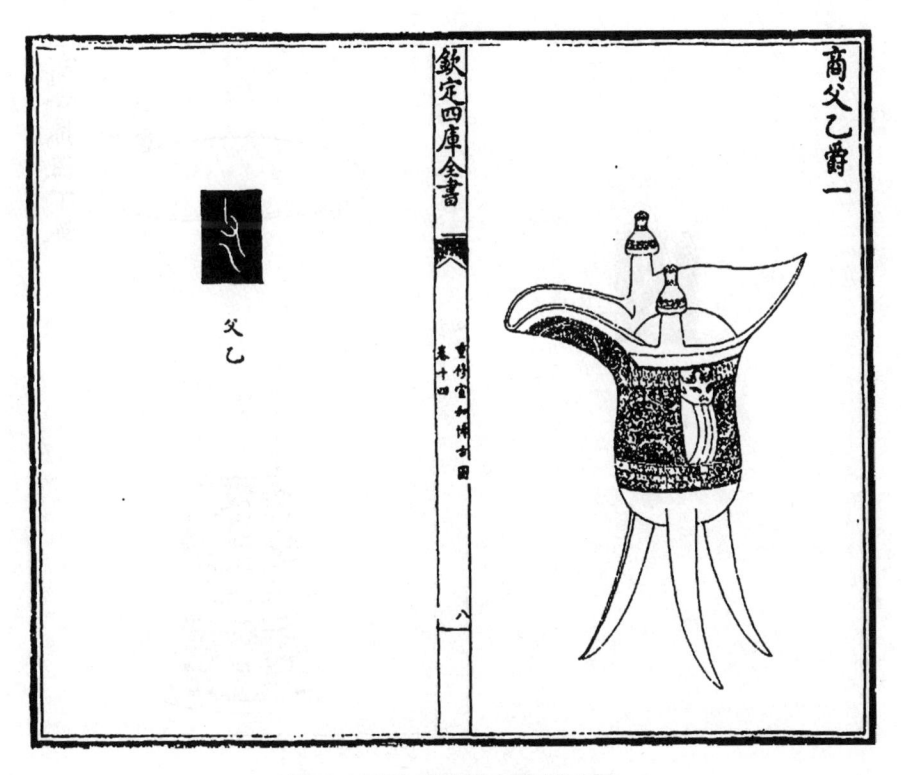

對五種(飲)酒器名稱的學術史回顧與討論 141

圖五 《宣和重修博古圖錄》之爵

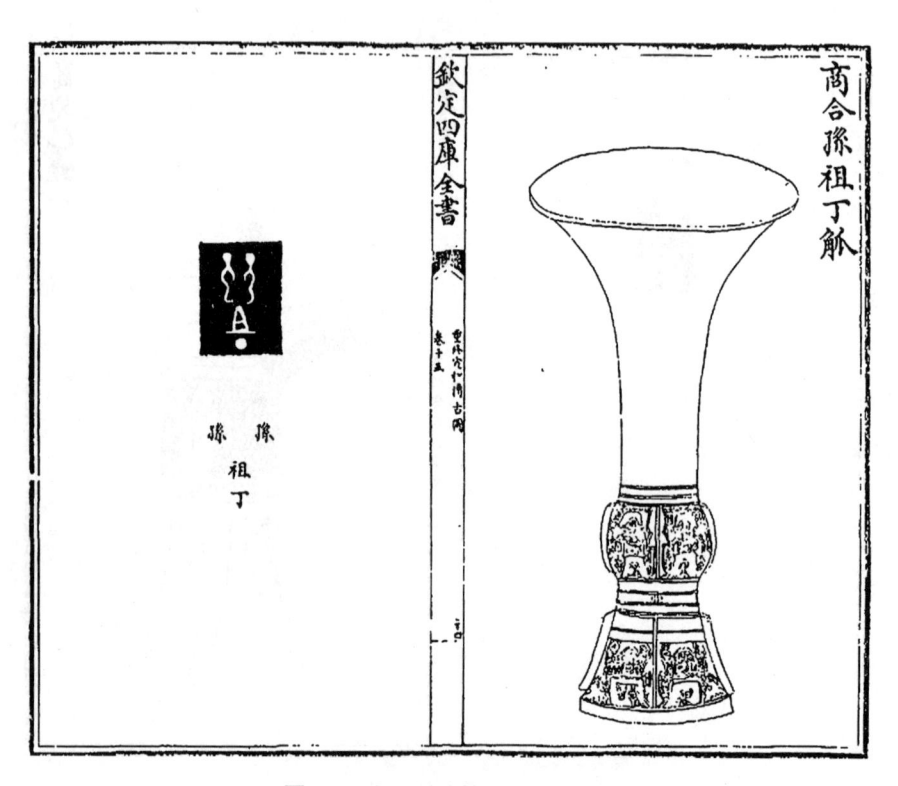

圖六　《宣和重修博古圖錄》之觚

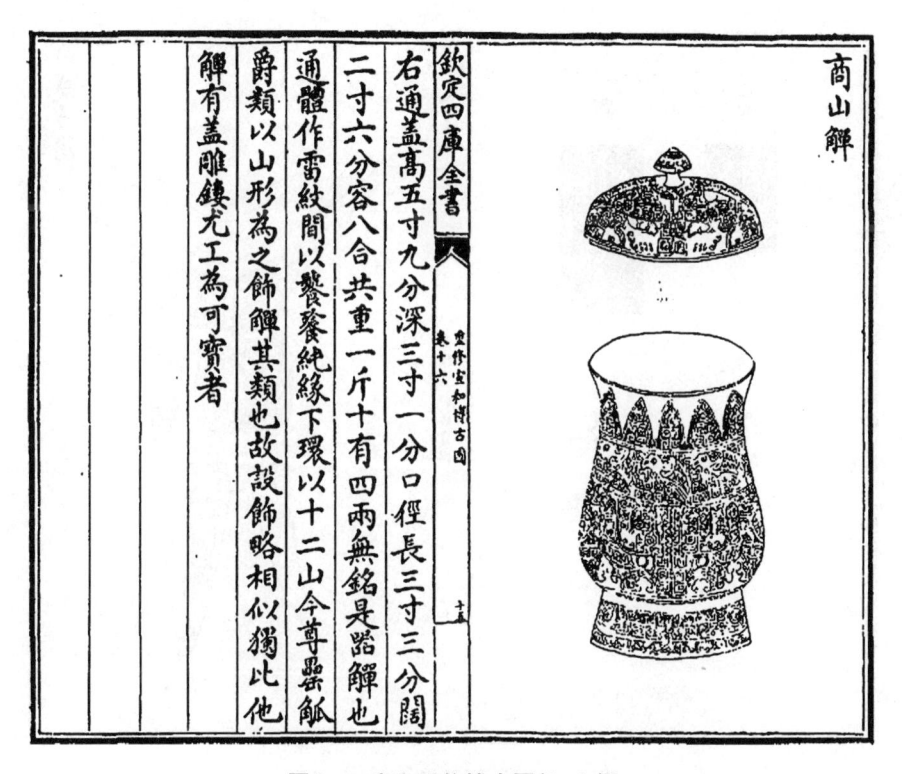

對五種(飲)酒器名稱的學術史回顧與討論　143

右通蓋高五寸九分深三寸一分口徑長三寸三分闊二寸六分容八合共重一斤十有四兩無銘是器觶也通體作雷紋間以饕餮純緣下環以十二山今尊罍敦瓿爵類以山形為之飾觶其類也故設飾略相似獨此他觶有蓋雕鏤尤工為可寶者

圖七　《宣和重修博古圖錄》之觶

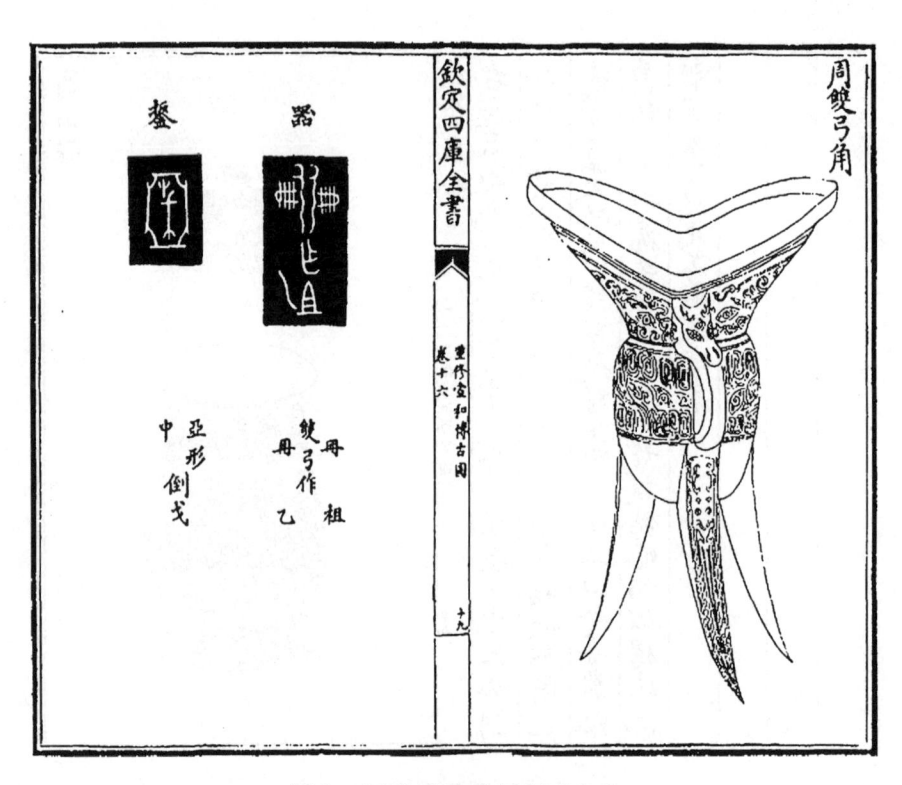

圖八 《宣和重修博古圖錄》之角

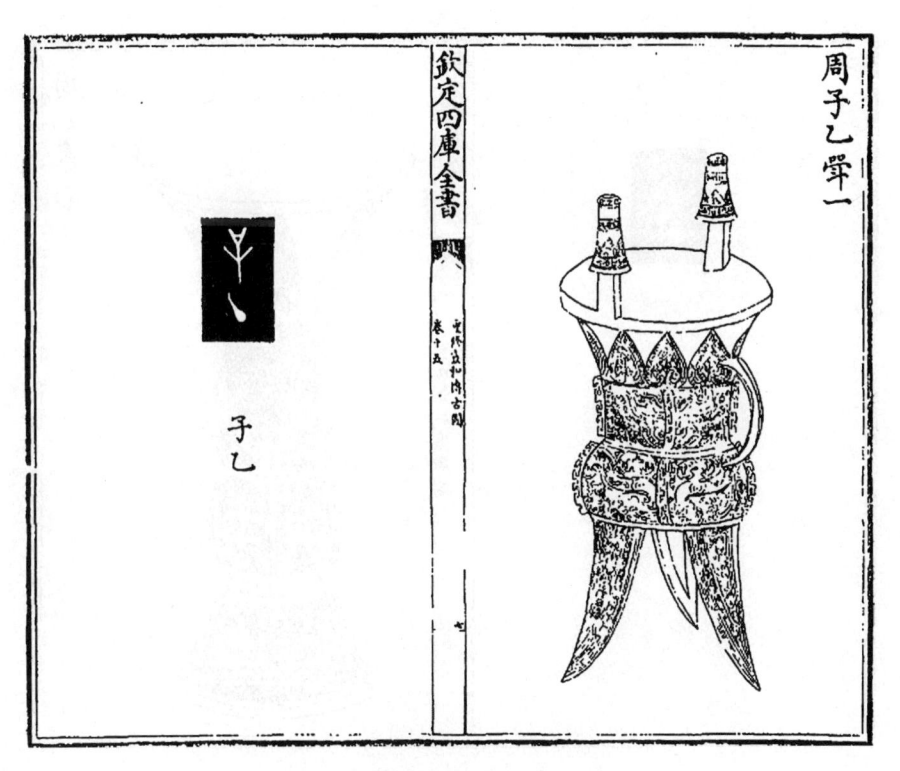

對五種(飲)酒器名稱的學術史回顧與討論　145

圖九　《宣和重修博古圖錄》之斝

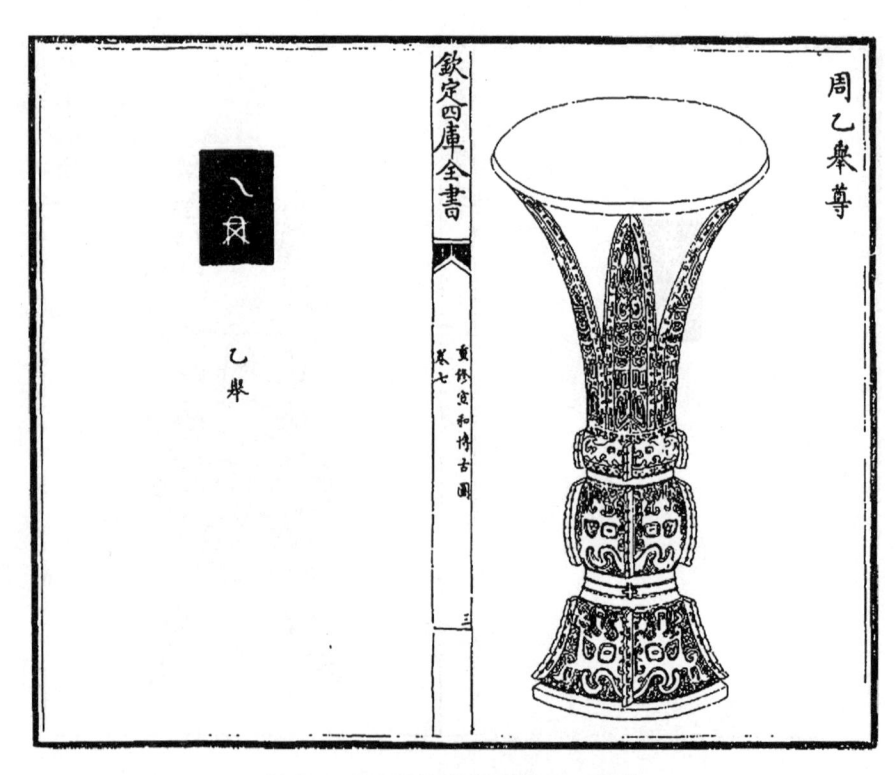

圖十　《宣和重修博古圖錄》周乙舉尊

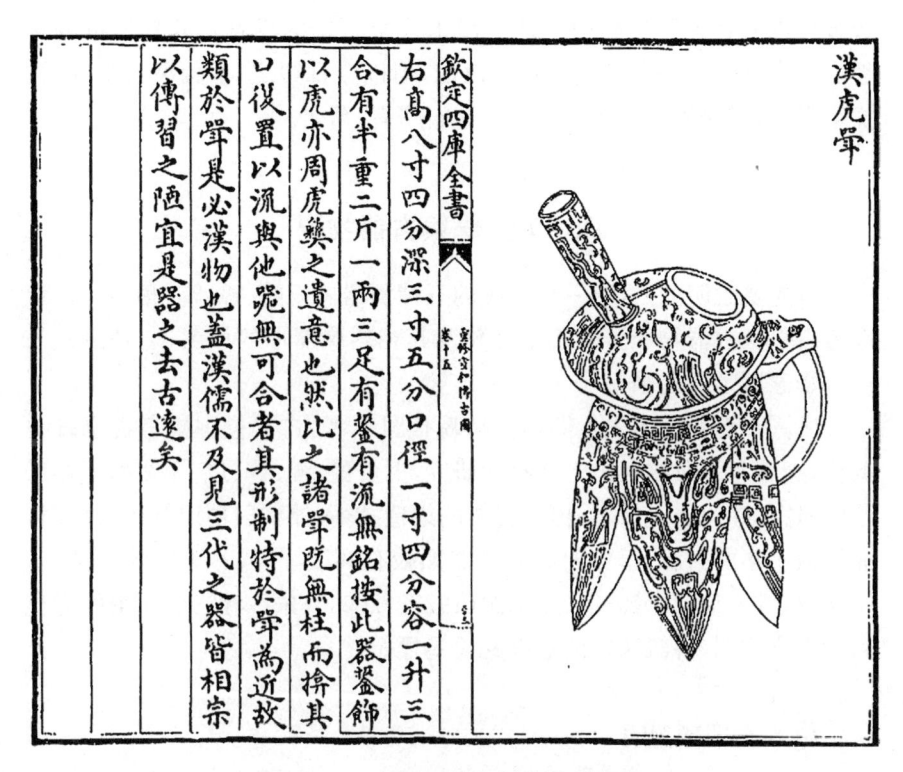

圖十一　《宣和重修博古圖錄》漢虎斝

今人所稱之爵、觚、觶、角、斝皆已由宋代金石學者定名，故王國維先生云：

> 凡傳世古禮器之名，皆宋人所定也。曰鐘、曰鼎、曰鬲、曰甗、曰敦、曰簠、曰簋、曰尊、曰壺、曰盉、曰盤、曰匜、曰盦，皆古器物自載其名，而宋人因以名之者也；曰爵、曰觚、曰觶、曰角、曰斝，古器銘辭中均無明文，宋人但以大小之差定之，然至今日無以易其說，知宋代古器之學，其說雖疏，其識則不可及也。[47]

王先生提到五種(飲)酒器，宋人在無銘辭的情況下，以大小之差定之，"至

---

[47] 王國維：《說觥》，頁 147。

今日無以易其説",的確精要地指出宋代金石學的成就及其對後世的影響。王先生的"今"是民國十六年以前,但以今日視之,不論考古學界、古文字學界、禮學界,大多沿用宋人(金石學者)舊名。[48]

四、考古學與古器物學

首先要説明的是,這一章所説的五種酒器——爵、觚、觶、角、斝,是現今考古學與古器物學界所認定器類及其相對應器形的稱名,這是由北宋金石學家所定的名稱。

民國十五年李濟先生開始主持現代科學考古,其後中國考古學日益興盛,隨着考古發掘與出土文物的研究,對於爵、觚、觶、角、斝開始了器形學的研究,并對出土情境、出土實物的鑄造技術、器群與功用等進行探討,歷經數十年的討論,學界對此五種器類較有共識,此類專著與論文甚多,下文舉容庚(1894—1983)、馬承源(1927—2004)、朱鳳瀚三位先生的意見爲代表來説明(各説法之前冠以姓氏爲標記)。

(一) 各器類説明

1. 爵

爵在五種酒器中,受到的關注最多,相關討論也最多。青銅爵在二里頭文化已出現,器形多爲二柱、有流與尾、三足,流行至西周中期而衰,但西周晚期又有自名爲爵的踐形有鋬之器出現。關於爵,三位先生的説法如下:

> (容)今之所稱爲爵者,其名定于宋人。其時代多屬于商,間及于西周前期,後此蓋未之見,則是否即《儀禮》中所用未可知也。[49]
>
> (馬)金文中爵字作 𦥯,象形,但此種爵有的有蓋作犧首形,

---

[48] 事實上,學界如此稱,有時只是一種沿用前人稱呼以避免不必要的紛爭的方式,未必真如此信服,但是學界出版各種專書與論文,的確大多對此五種出土器物作如是稱名。另外,清末已糾正宋代金石學以簋爲敦、以盨爲簋的説法。

[49] 容庚:《商周彝器通考》上册,頁 374。

與"取其鳴節節足足也"之義似無涉。……東周後期,陶爵似杯形,有一曲平形執鋬,其前飾有一鳥,此或即《説文》"象爵者,取其鳴節節足足"之説的由來。……《説文》所解釋之爵,或兼括早晚形式,字形有早期象形的迹象,而解釋爲雀之鳴節節足足,乃取東周飾雀的飲器。……前人以爲商周之爵是否即《儀禮》記載中所用之爵,尚未可知,今由銘文證明,爵爲用於饗飲酌酒之器。(50)

(朱)今日通稱爲"爵"的商周銅器,其名稱與"爵"字顯示的器型特徵是相合的,即是説將此種器類定名與"爵"還是名實相符的。……銅爵始見于二里頭文化,是目前所知最早出現的酒器,通行至西周。西周中期後基本不見,但《左傳》記春秋事仍言及爵……《儀禮》諸篇亦多次提到使用爵爲祭祀使用的飲酒器。……凡此東周文獻所言及之爵,或是飲酒器總稱,或是酒器專稱,但皆不會是指上述商、西周時期的銅爵。《三禮圖》載有爵,係刻木製成,背負琖,下有圓足,不知是否《儀禮》所記之爵。(51)

爵的字形與出土器物被稱爲爵者在器形上可以對應,馬先生與朱先生已經説明,若就文字學的角度來看,二柱三足的銅爵與甲骨文、金文一路演變到小篆的爵字形,均可以説通,這一點對於出土實物(二柱三足)爵的定名,是很有力的證據。事實上,有一件學術界有所争議的器——魯侯爵,其銘文中字,應是自名爲爵。

另外,有兩點應該説明,第一是西周晚期伯公父爵是自名器,器形則與二柱三足之爵不同,而這類似琖的器不是孤例,有學者稱之爲瓚(圭瓚),也有學者因器腹前飾有鳥形而認爲是爵。因此,馬先生乃有"《説文》所解釋之爵,或兼括早晚形式"的説法。本文同意爵的形制由二里頭文化時的二柱、有流、有尾、三足的造形使用到西周中期後,漸漸

(50) 馬承源主編:《中國青銅器》(臺北:南天書局,1991 年),頁 168—169。臺灣出版時,將簡化漢字本之"象"字改爲正體字"像",屬於誤改,本文引時均以改正。

(51) 朱鳳瀚:《古代中國青銅器》(天津:南開大學出版社,1995 年),頁 89—90。

改變形式，不再二柱三足，而應該是像琖的伯公父爵這類器，他們同樣被稱爲爵，在器以象禮的文化上，爵的使用一直延續，東周人所用的爵與西周中期以前的人所使用的已不相同（但不排除有些舊器一直在宗廟中沿用），如此來解釋先秦禮書中的爵，基本能與史實相合。張持平先生指出：

> 《禮記・郊特牲》："灌以圭瓚，用玉氣也。"注："灌謂圭瓚酌鬯，始獻神也。"《王制》"諸侯……賜圭瓚然後爲鬯"、"未見圭瓚則資鬯于天子"。注："圭瓚，鬯爵也。"據此可知，瓚是飲器——專門飲用鬯酒的酒杯，又是灌器。灌是祭禮的一種，實爲生者飲酒之習在宗教活動中的引申，因此以灌器從酒尊裏酌酒，獻諸神，與用專用的勺斗把取酒注入飲器相比，不可作等量齊觀。所以，把瓚看作飲酒器似乎更合它的本義。這裏引用鄭玄注"圭瓚，鬯爵也"，說明曾經存在專門飲用鬯酒的飲器，參證以《伯公父爵》，這個以从鬯之爵自銘的飲器，證明了宋儒據王禮爲圭瓚定名的合理性，也說明，這種專用于鬯酒的飲器，在伯公父的時代，就叫爵。[52]
>
> 從象擬爵形器的文字的下部偏旁的變化，我們推測，三足爵形器，可能是爲圈足爵形器所替代了。[53]

張先生認爲瓚可以看作飲酒器而以爵稱之，以此角度來說明爵在西周中期以後，可能已被圈足爵形器替代。此說法相對於禮書以瓚爲灌器，爵多爲飲酒器的說法，或許還可再多加論證，但對於爵的器形變化的說法，是符合出土器物實際狀況與銘文自名的現象。先秦已出土不少作杯狀有曲柄，杯前或飾一鳥的小型酒器，這類器被學界或稱爲廢爵，[54]或稱爲圭瓚，在三足爵消失後，爵的形制便作此形。第二點應說明的是《儀禮》一書的爵應該不是二柱三足的這類器，應該是像伯公父爵這類器才是，伯公父爵

---

[52] 張持平：《商周用爵制度的提出及初步研究》，收錄於吳浩坤、陳克倫主編：《文博研究論集》（上海：上海古籍出版社，1992年），頁45—46。

[53] 同上注，頁48。

[54] 將這類器稱爲"廢爵"的說法是有問題的，傳世先秦禮書中提到廢爵獨見於《儀禮・士虞禮》，而其僅用於和喪禮有關的諸儀節（饋食禮及各類祭禮不用）。

二器一組,正好與《儀禮・特牲饋食禮》所云相合。

2. 觚

宋代金石學家把外侈大口、細腰、圈足外擴的青銅酒器命名爲觚,没有充分證據,此類器在二里岡文化時期已出現,盛行於商代,至西周中期已少見。雖然現今學界沿用宋人稱名,但并不認同該器形爲觚:

(容)今之所稱爲觚者,其名定自宋人,腹小而口侈,所容不多,飲時酒易四溢;且腹下或有鈴,有端拱之意,與他飲器不類,則觚之是否爲觚,不無可疑。姑沿舊稱以俟他日之論定耳。(55)

(馬)現今考古界所通稱之觚,乃沿用宋人所訂之舊名,是否即爲古籍中的觚,無由證明,因商周之觚銘中皆無自名,但據形體定爲飲酒器,還是可信的。(56)

(朱)總之,宋以來稱爲觚的銅器未必即以觚爲其本名,但其本名迄今未有確切資料可以説明,且此種器型名觚已久,已成通稱,故以暫沿用舊稱爲妥。至于東周禮書如《儀禮》中常見的觚,其形制亦不宜以此種通稱爲觚的銅器器形去想像之。青銅觚至西周中期後已不再使用,所以其當非東周禮書中所見用爲盛酒器的觚,故其用途不便于從典籍去瞭解。(57)

觚於先秦經書及漢儒訓詁皆未提到其器形,宋代金石學家只憑容量爲爵的二倍與觚爲八角(八面)來推論,其所定名之觚亦不能與先秦古籍相合,《儀禮》所言之觚與金石學所稱之觚,實爲二物。2010年收藏家公布内史亳同(内史亳銅/内史亳觚,圖十二),(58)爲此類器第一次有自名可依循,但以其非科學考古發掘,且爲孤例,故學界仍未對此類器改稱。

---

(55) 容庚:《商周彝器通考》上册,頁401。

(56) 馬承源主編:《中國青銅器》,頁178。

(57) 朱鳳瀚:《古代中國青銅器》,頁118—119。

(58) 吴鎮烽:《内史亳豐同的初步研究》,《考古與文物》2010年第2期,頁30—33。王占奎:《讀金隨札——内史亳同》,《考古與文物》2010年第2期,頁34—39。

圖十二　內史亳同/銅

（圖引自《考古與文物》2010 年第 2 期）

3. 觶

　　銅觶之命名也是宋代金石學家開始的，這類器出現在商代中期，盛行於西周早期，至西周中期已少見。觶在五種飲酒器中，討論的文章雖不及爵，但却受到一定的關注，主要的原因是這類器在春秋晚期又有實物，即自名爲耑、鍴的徐王義楚觶（6452、[59]6513）和徐王㝬又觶（6506）；1980—1981 年在長安斗門鎮附近的花園村 M17 出土方觶（歸妞進飲壺《集成》9594）而自名爲歖；[60]現藏臺北故宫博物院的傳世器萬（諆）觶（6515）則自名爲 ▨（𥉨）；2011 年湖北省隨州市葉家山西周墓地編號 M27：10 的祖南觶則自名爲蓳（鑵）[61]（圖十三）。另外，也有像觶這類器形的酒器自名爲飲壺。對於觶，相關説法引之如下：

---

[59]　凡器名後數字爲《殷周金文集成》之器號。
[60]　陝西省文物管理委員會：《西周鎬京附近墓葬發掘簡報》，《文物》1986 年第 1 期，第 15 頁。
[61]　此器自名爲蓳（鑵），可參謝明文：《談談金文中宋人所謂"觶"的自名》，復旦大學出土文獻與古文字研究中心網頁（http://www.gwz.fudan.edu.cn/SrcShow.asp?Src_ID=2406）。

圖十三　祖南雚/鑵

(器物圖引自《禮樂漢東：湖北隨州出土周代青銅器精華》,(62)頁 108;拓片引自《湖北隨州葉家山西周墓地發掘簡報》,《文物》2011 年第 11 期)

> (容)觶之名乃宋人所定,銘文甚簡,多不稱器名。……儀楚耑形與觶同而狹長,名作耑,或祭耑,祭鍴。王國維先生以爲觶觗卮䏶牏五字同聲,亦當爲同物。他器皆不載器名,此獨有之。(63)
>
> (馬)四升、三升説與爵一升説相比較,均和商、西周早期之青銅觶容量不相合,故《儀禮》、《禮記》之諸酒器容量比,當非周初之制。觶又稱鍴,同音通假字。春秋晚期義楚鍴銘:"義楚之祭耑。"此爲鍴之用於祭祀者。(64)
>
> (朱)宋人所名之觶出現于殷代中期,通行至西周早期,西周早期以後即罕見,所以東周禮書中經常出現作爲飲酒器的觶似不大可能即是宋人名其爲觶的銅器。(65)

被稱爲觶的銅器,大約可分成三種器身:扁圓、圓、扁方。扁方觶有自名爲歖的,這是否爲周人對此器的稱法,由於實例很少,仍待斟酌。圓觶中有一類較長的徐王義楚觶,自名爲耑或鍴,因爲時代較晚且器出江西,又均是徐國器,因此雖有自名之證據,但仍無以推證殷人及西周時

(62) 深圳博物館、隨州市博物館編:《禮樂漢東：湖北隨州出土周代青銅器精華》,北京：文物出版社,2012 年。

(63) 容庚:《商周彝器通考》上册,頁 404。

(64) 馬承源主編:《中國青銅器》,頁 183。

(65) 朱鳳瀚:《古代中國青銅器》,頁 121。

之器稱。另外，西周早期後段飲壺與杯的出現可能與西周中期觶的衰退有關。

4. 角

現今學界所稱的角與爵相似，常有蓋而器無流，兩端如同鋭角（爵尾）之器，與爵之差别僅在無流與柱，其出現的時代在商代，西周早期已少見。另有一類牛角形器，也被學者認爲才是先秦禮書所稱的角，但以器之數量甚少。故學界仍沿用宋代金石學的稱名。引用學者説法如下：

（容）自宋以來所稱之角，其容量與爵略同，與《韓詩説》不合。下有三足，用以温酒，與爵相同。……其狀如爵而無柱，其口兩端射出如角之鋭，有有蓋者。有蓋作飛燕形者。有分當者。(66)

（馬）《考工記·梓人》疏引《韓詩》云："一升曰爵……四升曰角，五升曰散。"依此説，角與爵之容量爲四與一之比。自宋以來，定爵形器無流而具兩翼若尾者爲角，按爵的自身容量，雖然在西周時代也有較大的出入，若以上述容量之比例作標準來辨别角，則將無法確指爲何器。宋人所言之角，容量與爵大致相等，故不是《禮記·禮器》注和《韓詩》所云之角，或者是爵之某種變體。(67)

（朱）此種不同文獻所言之角容量頗大，似與上述宋以來所稱之銅角的容量不合，當是另一類酒器。由此亦可見宋人定名爲角的銅器其名未必恰當，惟此名沿用已久，約定俗成，故不妨仍以傳統名稱稱之。(68)

此類器與爵相似，而容量亦相當，故宋人稱爲角，應非以容量等差爲依據。朱鳳瀚先生以1990年安陽西北郭家莊發掘中型墓M160，出土十觚與十角，而未出爵，推論有以角代爵的可能，并可證角與爵功用相似。(69) 朱先

(66) 容庚：《商周彝器通考》上册，頁378。
(67) 馬承源主編：《中國青銅器》，頁177。
(68) 朱鳳瀚：《古代中國青銅器》，頁92。
(69) 同上注。

生的推論是十分正確的,殷墟時期爵與觚常成組出土,此墓以角觚爲組器,角之功能與爵應是相同,且此墓出土四十多件青銅禮器,身份亦不卑下。宋代金石學始稱的銅器角與先秦禮書所載之角,無法對應。

5. 斝

民國以前尚未知禮書中斝與散實爲同一類器而稱呼不同,故《禮圖》系統常分别繪以圖像,羅振玉先生寫《殷墟書契考釋》始證散爲斝字之譌,之後王國維先生寫《説斝》一文,舉出五個證據以證明禮書中的散即斝,(70)至此斝與散爲一器而稱呼不同爲禮學界所接受。被金石學者稱爲斝的這類器出現的時代爲商代,西周早期已少見。玆引學者説法如下:

> (容)斝之名屢見于三禮,乃今之所稱爲斝者,其定名自宋人,下有三足,其用則以温酒,有商器而無周器何也?其作斝之故,大抵爲自作或爲祖若父而作……(71)
>
> (馬)盛酒行祼禮之器,或云兼可温酒。……斝與其他禮器的組合,已見上引《特牲饋食禮》(引者案:即二爵四觶一角一散),與古墓發掘的情形基本相符。(72)
>
> (朱)羅氏之説雖不無道理,但仍多有可商榷之處,如上引甲骨文字中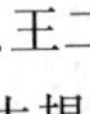等形,雖有可能是宋以來通稱爲斝的器形之象形,但斝字是否即羅氏所言由形譌變而來,其演變過程缺環較多,難以肯定。……宋以來即通稱爲斝的青銅器,其本名不清,在没有新資料發現足以説明其本名以前,仍不妨沿用斝爲其名。(73)

對於羅、王二位先生的説法,容庚與馬承源二位先生持較肯定的態度,朱鳳瀚先生提出疑點。銅斝非自名器,銘文也大多很短,故難以提供探討的

(70) 王國維:《説觥》,頁 147。
(71) 容庚:《商周彝器通考》上册,頁 381—382。
(72) 馬承源主編:《中國青銅器》,頁 190。
(73) 朱鳳瀚:《古代中國青銅器》,頁 93。

資料。《禮記・明堂位》云"爵,夏后氏以琖,殷以斝,周以爵"(卷31,頁14),與銅斝之主要時代偶合,羅振玉先生以甲骨文字字形和銅斝器形相同爲説,似乎稱此類器爲斝也并非不能成立,只是學術研究重視證據的精確性,銅斝是否應稱爲斝仍難以成爲共識。至於先秦古籍中的斝,不僅只在禮書中,《左傳》與《管子》皆有之,知東周仍有器名爲斝者,則其器若非前代之流傳,便是當時之斝如杯琖類之形了。

(二)器物組合現象與時代

除了就爵、觚、觶、角、斝個别的討論外,器組也是另一個應該切入的問題。曹瑋先生指出:

> 青銅器的大小多寡,不同的組合形式以及銘文等不僅直接或間接地表現出器主的身份和地位,而且藴涵着當時禮制的制度和思想。(74)
>
> "重酒組合"是商代銅器組合中最顯著的特點。西周初年,器制的組合中,"重食組合"固然占有一定的地位,而"重酒組合"依然是器物組合的重要組成部分,這一特點直到共懿前後才發生了改變。(75)

從考古出土的銅器組合來看,從商代到周代是"重酒組合"向"重食組合"的演變過程,曹先生指出西周恭王到懿王(西周中期)前後,在器物組合中酒器的地位才發生變化。五種酒器中,早最出現的是在二里頭時期的"爵",到二里岡時期,"爵斝"、"爵斝觚"與"爵觚"的組合成爲器組,爵一直是器組的核心,斝或觚與爵兩種器類伴隨出土,成爲器組中最常見的現象,尤其爵觚成組這種情形一直持續到西周早中期。殷墟早期酒器尊常與爵和觚搭配,鼎也逐漸成爲器組的中心成員,在食器與酒器配對中,幾乎都只用鼎來和酒器(爵觚)搭配。殷墟早期"鼎爵斝觚尊"成爲這時期的

(74) 曹瑋:《從青銅器的演化試論西周前後期之交的禮制變化》,《周秦文化研究》(西安:陝西人民出版社,1998年),頁443。

(75) 同上注。

主流組合方式,觚的重要性也逐漸超過斝。殷墟中期常有的是"爵觚"、"爵斝觚"、"鼎簋爵觚"的成組方式,簋的重要性提升,斝則漸少。殷墟晚期,器組的核心是"鼎爵觚"三類,其次是簋。到了西周早期,器組的核心是"鼎爵",觚漸漸被觶取代,雖然"爵觚"成組出現在一些小型墓葬,但是觚的數量較殷代已明顯減少,"爵觶"成組流行起來,此時酒器的另一種組合"卣尊"成爲主流,這個器組現象從殷墟晚期逐漸形成,流行於西周早中期。西周中期,爵、觚、觶都逐漸消失,酒器的成組主流是"尊卣",此時"鼎簋"成爲器組的核心,編鐘也是西周中期成組的重要成員。關於酒器成組的情形可參見本文整理各類考古論著而作之"西周中期以前酒器常見組合表"(表四)。曹瑋先生説:

> 穆共時期較爲常見的器形有尊、卣、爵、觶、觚、斝、觥、方彝、壺等。這一時期爵、觶組合是酒器最爲常見的組合形式,尊、爵、觶的組合是高一等級的組合,這些固定的組合形式在懿孝之後隨著大多酒器的消失而不復存在。(76)

張持平先生也説:

> 中國青銅器的禮器基本組合存在著爵——爵斝觚——爵觚——爵觚鼎簋——鼎簋的演變過程,它是用爵制度向用鼎制度演變的基本綫索。(77)

兩位先生的意見皆值得參考。

上面所述是二里頭文化至西周中期考古現象中的銅器器組情形,出土銅器器組的變化與五種酒器有關,尤其爵是器組中最核心的器類,從二里頭文化到西周中期,持續的時間最長,而斝因流行時間較短,地位被觚取代,到了西周早期,觶有取代觚的趨勢,朱鳳瀚先生指出:

> 觶自殷代中期始出現迄殷代晚期,其并未成爲銅禮器組合中的主要成分,與卣、罍、壺等皆爲觚爵等基本組合中的輔助成分,但至西

(76) 同上注,頁446。

(77) 張持平:《商周用爵制度的提出及初步研究》,頁63。

> 周早期，觶成爲重要組合成分，有一爵者往往配以一觶，有二爵者則配以一觚一觶，表明有以觶取代觚的趨勢，由此亦可知，觶的用途近同于觚，當是飲酒器……(78)

青銅觶的造形適合當作飲酒器，雖與觚形狀差異很大，但容量大致相當，觚比觶出現的時代要早很多，基本上西周早期後，兩類都少見，明顯不再是重要的器類，唯觶可能有所演變。至於角，出土數量較少，時代亦以殷代爲主。五種酒器同時出現的時代在殷墟時期至西周早期前段，其後已少有五種器類的交集。

如果，就上述酒器成組現象來看，"爵斝——爵觚——爵觶"，是一個變化的歷程，而《儀禮》最常提到與爵成組的飲酒器是"觶"，對於這樣的現象，可能有不同的角度來解釋。也許有學者會認爲，因爲《儀禮》的爵觶成組現象與西周早中期相合，故《儀禮》一書有西周早中期的資料，再者禮有延續性（或稱爲保守性），故出土現象與古籍記載才會如此符合。關於這樣的意見，并非不能成立，而關鍵在於目前所稱的觶是否是《儀禮》所稱的觶。青銅觶的命名精確是這一説法成立的前提。就現在所看到的資料來説，《儀禮》與先秦典籍所載之觶究竟是何器形，仍待更多證據支持。

五、不能相合的兩套體系
——"先秦禮書的五種飲酒器"與"出土的五種酒器實物"

對於爵、觚、觶、角、散（斝）五種飲酒器，先秦禮書記載了使用的場合與身份，戰國時期可能已有若干以容量等差爲依據的説法流傳，《禮記・禮器》記載了以尊卑區分飲酒器的使用，《周禮・考工記》與《韓詩説》則記録以容量等差爲區别的説法。

春秋戰國時期，先秦禮經的編纂與對禮制的討論同時在進行，五種飲酒器在這個時期可能是當時仍使用的器物，也可能是歷史文獻上的器物，

---

(78) 朱鳳瀚：《古代中國青銅器》，頁 121。

無論如何,東周可以説是五種飲酒器學術史的第一個階段。

兩漢的儒者(經學家)以注解經書的方式,作爲一種學術的特色——訓詁,以後世所稱的推因和義界的方法,對五種飲酒器做了簡要的注解與説明,這個時期或許已有禮圖流傳,但是較可信的説法是東漢後期的梁氏、鄭玄、阮諶已繪禮圖,這些禮圖均已亡佚,只能在北宋聶崇義的《三禮圖集注》中看到部分舊圖與説法。因此兩漢到唐代,是第二個階段。

北宋是開始以實物考證禮經器物的時代,在五種(飲)酒器的學術史上,進入了實物取證的階段。這個階段,禮圖和金石學圖録同時流傳,雖偶有學者結合兩個路徑研究三禮器物,但是在大多數的禮學家的著作中,金石學者的意見并未受到重視。這是五種(飲)酒器學術史的第三個階段。容庚先生説:

> 及《博古圖録》成,所定器名大體確定。然鄭玄等之圖《三禮》,因名以圖器;王黼等之圖《博古》,因器以定名,漢人固失之,而宋人亦未盡得,此則有待于吾人之理董者矣。(79)

容先生有趣地點出禮學與金石學家對於器物圖像研究的不同路徑,這是第三階段兩種學術的特色。

至民國開始了第四個階段,科學考古與古文字學將五種酒器的研究推向另一個縝密分析的學術進程,隨着更多考古的成果、銅器銘文的討論與研究,對於宋代金石學所定的五種酒器名稱有所檢討與修正,這些研究成果促進了先秦禮學研究,同時也瞭解到先秦禮經所載與金石學家所定名,是二種不同的體系。

總結本文的討論,五種(飲)酒器在"先秦禮經"與"金石學"中各有所指,可以扼要説明如下:

金石學者所定名的爵,與中國文字的演變相合,從文字學的研究來看,自甲骨文至小篆、隸書,均有清楚的流變可循,因此金石學者的定名是可信的,至於在先秦禮經中作爲專名的爵,可能已非二柱三足的這類器

(79) 容庚:《商周彝器通考》上册,頁19—20。

形,而是如伯公父爵或周代的杯形器。至於觚、觶、角,先秦禮書所載與金石學所稱是不相符合的,觚與觶是自名器,但是其器主所稱之名尚不足以說明是否爲該器類之通行名稱,因此只能沿用宋人所用的名稱來稱呼這些器類。宋人所稱的斝雖無自名,其形與甲骨文的斝字相合,但尚無精確證據可以判定其與先秦禮書所載是同一類器。因此歷代禮學注疏與禮圖成爲一個禮學的學術體系,金石學成爲另一個學術體系而影響到考古學、古器物學對這五種酒器的稱名。但是需再强調的是,對這五種酒器的稱名只是沿用而非相信宋人的命名。

很多學者都努力將出土器物與先秦古籍所載内容繫聯上,但是先秦古籍本身成書非一時一地一人,流傳過程又因增删改變,增以漢儒注解未必能得經文之原意,還可能增加了自己的意見,這些都使得出土器物雖與某書某篇所載相合,却又可能與某書某説相異,使得研究事倍而功少。

就記載五種飲酒器最多的《儀禮》一書而言,爵、觚、觶、角、散,是五種飲酒器,不一定有容量上的等差,(80)但是它們是可以區别的五種器類,與使用者的身份、場合與禮儀的性質有關。《周禮·考工記·梓人》所提到的爵與觚(一説爲觶)是否即是《儀禮》的爵與觚,也是可斟酌的。

總之,在先秦禮書所記載的五種飲酒器與被金石學者所稱的爵、觚、觶、角、散(斝)等五種酒器,在目前看來是不能相合的兩套體系,金石學者看到的是西周中期以前的五種酒器,而禮學家看到的是傳世古籍中的五種飲酒器,雖然用了相同的名稱,但在詮釋上是難以有交集的。

後記:本文原發表於劉昭明教授主編之《2014 第三届臺灣南區大學中文系聯合學術會議會後論文集》[會議由(高雄)中山大學中國文學系、宋代文學史料研究室、清代學術研究中心於 2014 年 6 月 20 日主辦,會後論文集由主辦單位於 2014 年 12 月出版],本文於 2015 年 8 月再次修改

---

(80) 《禮記·禮器》以爲散大於爵,角大於觶(卷 23,頁 12),是《禮記》中有以容量區别四種飲酒器的説法。

部分文字。

又,作者於2015年8—9月訪問復旦大學出土文獻與古文字研究中心,9月9日進行學術報告時,陳劍教授提到在一場研討會中,有學者已對出土器物觚做過研究,認爲可能是祼禮用器,這個意見比起將之視爲飲酒器而言,是更好的説法。

表一 《儀禮》各篇五種飲酒器表

符號説明:

1. ●表示經文(正經文字,各篇記以前的文字)有此器物
2. ◎表示雖未見於經文,但記文有此器物
3. 若經記皆無而鄭《注》提及該禮有某器物,或由禮例可推知者,則加注説明,以符號○表示

篇名	爵	觚	觶	角	散
士冠	●(81)		●		
士昏	●		●		
相見	●				
鄉飲	●		●		
鄉射	●		●		
燕禮(82)	●	●	●		
大射	●	●	●		●
聘禮	●		●		
公食			●		
士喪(83)			●		
既夕			◎(84)		

(81) 經文"若不醴,則醮用酒"提及爵。
(82) 經文多有散字,但非爲飲酒器散,乃指散酒。有二處角字,指質材,角觶。
(83) 經文雖有角字,指質材,角柶。
(84) 記於"陳大斂衣奠及殯具"提及角觶,經文雖有角字,指質材,角柶。

（續表）

篇名	爵	觚	觶	角	散
士虞	●		●		
特牲	●	●	●	●	●
少牢	●	●	●		
有司	●	○(85)	●		

表二　《儀禮》一書用"散"表

篇名	儀節名	經文擇要	散出現次數	用散者之身份	散字詁訓說明
燕禮	主人酬賓	主人盥洗，升，媵觚于賓，酌散，西階上坐奠爵，拜賓。	1	賓（大夫）	臣用的酒，主人酌之注觚
燕禮	二人媵爵于公	媵爵者立于洗南，西面北上，序進，盥洗角觶；升自西階，序進，酌散，交于楹北；降，阼階下皆奠觶……	1	媵爵者（下大夫）	臣用的酒，媵爵者酌之注角觶
燕禮	公舉媵爵酬賓遂旅酬初燕盛禮成	賓大夫之右坐奠觶，拜，執觶興。大夫荅拜。賓坐祭，立飲，卒觶，不拜。若膳觶也，則降更觶，洗，升實散。	1	大夫	臣用的酒，賓酌之注散觶

(85)　關於此段文字經云"賓長獻于尸，如初。無湆，爵不止"。鄭《注》認爲所用爲爵，云"不使兄弟，不稱加爵，大夫尊也。不用觚者，大夫尊者也"（卷 50，頁 9）。敖繼公認爲此儀節用觚，云："但言賓長者亦獻於尸，不嫌與三獻者同也，此獻當用觚，不言者，文省耳。《特牲饋食禮》長兄弟於三獻之後洗觚爲加爵，此節與之同，器亦宜同也，上篇實觚於篚，其爲此用與？"指出鄭《注》的盲點[（元）敖繼公：《儀禮集説》卷 17，《景印文淵閣四庫全書》（臺北：臺灣商務印書館，1983 年），頁 44—45]。若依鄭玄的意見，則《少牢饋食禮》經文已明載器具有觚，但至《有司徹》完，皆未見觚用於何時，則觚豈徒具而無所用，故敖氏之説較佳，姜兆錫亦云"觚爵對文則異，散文則通。經洗觚亦稱加爵，則爲通稱可見，非爲大夫尊故用爵也"[（清）姜兆錫：《儀禮經傳内編》卷 16，收録於《續修四庫全書》（上海：上海古籍出版社，2002 年，影印清乾隆元年寅清樓刻本），頁 42]。胡培翬《儀禮正義》同意敖、姜之説，云"大夫士禮止三獻，此外皆加爵，即言獻亦加也。至上篇云'勺、爵、觚、觶實于篚'，則加爵用觚明矣"[（清）胡培翬：《儀禮正義》卷 40（南京：江蘇古籍出版社，1993 年，段熙仲點校本），頁 2398]。三家之説爲是。

(續表)

篇名	儀節名	經文擇要	散出現次數	用散者之身份	散字詁訓說明
燕禮	主人獻卿或獻孤	主人洗,升,實散,獻卿于西階上。	1	卿、諸公(孤)	臣用的酒,主人酌之注觚
燕禮	立司正命安賓	司正降自西階,南面坐取觶,升,酌散;降,南面坐奠觶。	1	司正	臣用的酒,司正酌之注角觶
燕禮	賓媵觶于公公爲士舉旅酬	賓降洗,升媵觚于公,酌散,下拜。	1	賓(大夫)	臣用的酒,賓酌之注角觶
大射	主人受公酢	更爵,洗,升,酌散以降;酢于阼階下,北面坐奠爵,再拜稽首。公荅拜。主人坐祭,遂卒爵。	1	主人(宰夫(86)/大夫)	臣用的酒,主人酌之注觚
大射	主人酬賓	主人盥洗,升,媵觚于賓,酌散,西階上坐奠爵,拜。	1	賓(大夫)	臣用的酒,主人酌之注觚
大射	二人媵觶將爲賓舉旅酬	媵爵者立于洗南,西面北上,序進,盥洗角觶;升自西階,序進,酌散;交于楹北;降,適阼階下,皆奠觶……	1	媵爵者(下大夫)	臣用的酒,媵爵者酌之注角觶
大射	公取媵觶酬賓遂旅酬	賓大夫之右坐奠觶,拜,執觶興。大夫荅拜。賓坐祭,立卒觶,不拜。若膳觶也,則降,更觶,洗,升實散。	1	大夫	臣用的酒,賓酌之注散觶
大射	主人獻卿	主人洗觚,升,實散,獻卿于西階上。	1	卿、諸公(孤)	臣用的酒,主人酌之注觚
大射	將射立司正安賓察儀	司正降自西階,南面坐取觶,升,酌散;降,南面坐奠觶。	1	司正(大夫)	臣用的酒,司正酌之注角觶

(86) 此依鄭玄《注》。

(續表)

篇名	儀節名	經文擇要	散出現次數	用散者之身份	散字詁訓説明
大射	飲不勝者	a. 勝者之弟子洗觶,升,酌散,南面坐奠于豐上;降,反位。…… b. 若飲公,則侍射者降,洗角觶,升,酌散;降拜…… c. 公卒觶,賓進受觶,降洗散觶;升,實散,下拜,小臣正辭;升、再拜稽首,公答再拜。	4	a. 不勝者 b. 賓(大夫) c. 賓(大夫)	a. 臣用的酒,勝者弟子酌之注角觶 b. 臣用的酒,侍射者酌之注角觶 c. 臣用的酒,賓酌之注散觶(角觶)
大射	獻獲者	篚在南,東肆,實一散于篚。司馬正洗散,遂實爵,獻服不。	2	服不	飲酒之器⑧⑦
大射	賓舉爵爲士旅酬	賓降洗,升,媵觶于公,酌散,下拜。	1	賓(大夫)	臣用的酒,賓酌之注角觶
特牲	侑食獻尸	利洗散,獻于尸,酢,及祝,如初儀。降,實散于篚。	2	尸	飲酒之器
特牲	記	篚在洗西,南順,實二爵、二觚、四觶、一角、一散。	1	尸	飲酒之器

表三　六家所繪五種飲酒器圖像表

書名	爵	觚	觶	角	斝/散
聶崇義《三禮圖集注》					散

---

⑧⑦ 鄭《注》:"散,爵名,容五升。"

對五種(飲)酒器名稱的學術史回顧與討論　165

(續表)

書名	爵	觚	觶	角	斝/散
陳祥道《禮書》			無圖	無圖	散
林希逸《鬳齋考工記解》			無圖	無圖	無圖
劉績《三禮圖》	周爵				殷斝 / 散,一名厄 / 散,古酒厄

(續表)

書名	爵	觚	觶	角	斝/散
《欽定儀禮義疏》	(爵圖)	(觚圖)	(觶圖)	(角圖)	(散圖) 散
黃以周《禮書通故》	(爵圖)	(觚圖)	(觶圖)	(角圖) 無飾即散，不別出	(斝圖)

表四　西周中期以前酒器常見組合表

時　期	酒器常見組合方式	說　明
二里頭	（爵斝）	＊爵是中心器 ＊器組不是很明顯
二里岡	＊爵斝 ＊爵觚 ＊爵斝觚 ＊爵觚尊 ＊爵斝觚尊	＊爵、斝、觚為酒器的中心器，尤其爵為其核心
殷墟早	＊爵觚 ＊爵斝觚尊	＊觚重要性大於斝
殷墟中	＊爵觚 ＊爵斝觚	＊斝逐漸減少 ＊鼎簋爵觚漸成定式
殷墟晚	＊爵觚 ＊爵觚觶 ＊爵觚尊卣	＊爵、觚為中心器，其次為尊卣
西周早	＊爵觚 ＊爵觶 ＊卣尊	＊觚漸少 ＊觶有取代觚的現象 ＊卣尊成組逐漸為酒器主流
西周中	＊卣尊 ＊（爵觶）	＊爵、觶逐漸消失

錢玄先生的三禮名物學研究*

一、前　言

　　錢玄(1910—1999)先生，本名小雲，①江蘇吳江人。1934 年南京中央大學中文系畢業，師從湖北蘄春黃侃(季剛，1886—1935)、浙江嘉興胡光煒(小石，1888—1962)等先生，以三禮、漢語文史研究及校勘名於世。先生先後任教於江蘇教育學院、南京師範大學。曾擔任《漢語大辭典》編委。發表著作以三禮領域爲多，專書有《三禮名物通釋》、②《三禮通論》、③此外有《古漢語概要》、④《校勘學》⑤等書，編著有《三禮辭典》。⑥ 學術專文多篇，如《三禮名物圖表》、⑦《井田制考辨》、⑧《古婚禮札記》、⑨《鄭玄〈魯

---

　　*　本文之撰寫得到科學委員會之補助(計劃編號 NSC 101‐2410‐H‐024‐018‐MY2)。

　　①　據黄侃先生 1933 年 6 月 8 日星期四[農曆十六日乙巳(五月)]日記載云："吴江錢生小雲來問《喪服》疑義(予爲取名曰玄)，借去《儀禮疏》一本、《禮書通故》二本、《儀禮正義》三本。"知錢先生本名小雲，其師季剛先生取名爲玄，錢先生乃更名。參黄侃著：《寄勤閒室日記》，收錄於《黄侃日記》(南京：江蘇教育出版社，2001 年)，頁 886。

　　②　錢玄：《三禮名物通釋》，南京：江蘇古籍出版社，1987 年。

　　③　錢玄：《三禮通論》，南京：南京師範大學出版社，1996 年。

　　④　錢玄、吴金華：《古漢語概要》，南京：江蘇人民出版社，1983 年。

　　⑤　錢玄：《校勘學》，南京：江蘇古籍出版社，1988 年。

　　⑥　錢玄、錢興奇：《三禮辭典》，南京：江蘇古籍出版社，1993 年。

　　⑦　錢玄：《三禮名物圖表》，《國學論衡》(上册)1935 年第 5 期，頁 51—61。

　　⑧　錢玄：《井田制考辨》，《南京師大學報(社會科學版)》1993 年第 1 期，頁 28—33,84。

　　⑨　錢玄：《古婚禮札記》，《文教資料》1994 年第 1 期，頁 73—78。

禮禘祫志〉辨》、⑩《金文通假釋例》⑪和《詩經助詞》⑫等。

　　錢先生精於三禮名物，早年既已留心此專門之學，1935 年發表《三禮名物圖表》，因戰事與時局動亂，前後跨了五十年才於 1987 年完成《三禮名物通釋》，有此基礎，在最後出版的《三禮通論》一書中，便有"名物篇"將三禮名物分成"衣服"、"飲食"、"宮室"、"車馬"、"武備"、"旗幟、玉瑞"、"樂舞"、"喪葬"等類別，分條逐項說釋。《三禮通論》出版於 1996 年，書末有錢先生 87 歲病中所撰《後記》，故是書可謂其封筆之作，與《三禮辭典》爲研究錢先生三禮名物學最完整的材料。

　　名物之學是禮學的重要範疇，三禮作爲經學的一個領域，也以名物之學爲特色。⑬ 名物之學以名物之辨識爲基礎，故有禮圖以具體圖像呈現名物之形狀。既明其形狀，進而論其制度，名物制度涉及到禮文釋讀與禮意之詮釋。葉國良先生指出：

　　　　《周禮》、《儀禮》、《禮記》三書，最關名物制度。因爲禮學的內涵，不外藉著外在的禮文，來表達內在的禮意。而禮文包括宮室、禮器、飲食、車馬、旗幟、參與人員、服飾、方位、動作以及儀節先後等，這都是很具體的事項，無法概乎言之的。因此研究禮學，必須盡可能弄清楚名物制度，否則不但不能掌握禮意，甚至一談便錯。⑭

名物制度的掌握有助於精確地理解禮文與儀節，例如《公食大夫禮》陳具一儀節提到"小臣具槃匜，在東堂下。宰夫設筵，加席、几。無尊。飲酒、漿飲，俟于東房"。⑮ 句中之槃、匜、尊、席、几皆爲器物，而東堂、東房爲宮室之制度，皆屬名物範疇。再者，槃匜於東堂下爲設洗之制度，席之數量、

---

⑩　錢玄：《鄭玄〈魯禮禘祫志〉辨》，《古籍整理研究學刊》1994 年第 5 期，頁 15—22。
⑪　錢玄：《金文通假釋例》，《南京師大學報（社會科學版）》1986 年第 2 期，頁 93—112。
⑫　錢小雲：《詩經助詞》，《南京師院學報（社會科學版）》1979 年第 1 期，頁 63—76、56。
⑬　經學各類中，最關名物者，以三禮和詩經爲最，尤其三禮在經學中所佔的比例最大，相涉之名物亦最多，可謂大宗。
⑭　葉國良：《從名物制度之學看經典詮釋》，收入葉國良編：《文獻及語言知識與經典詮釋的關係》（臺北：喜馬拉雅基金會，2003 年），頁 171。
⑮　（東漢）鄭玄注，（唐）賈公彥疏：《儀禮注疏》卷 25（臺北：藝文印書館，影印清嘉慶二十年阮元南昌府學重刊宋本，1980 年），頁 3（總 300）。

設几席之法、何器以盛飲酒、漿飲、何以該禮無尊，皆爲名物制度所包含。故探求禮文與禮意，能結合名物之學，必能更加深入而且更爲全面。

本文第二節就錢玄先生禮學著作中與名物學有關的部分——《三禮名物圖表》、《三禮名物通釋》、《三禮辭典》中相關的各條目、《三禮通論》"名物篇"——爲研究對象，進行整理與分析；第三節以錢先生對三禮名物的訓詁和圖示爲考察，并以鍚、琥、虎節、祭於豆間爲例，提出意見；最後以承先啓後的禮學學者爲結語，肯定錢先生在三禮名物學上的貢獻。

二、著作概述與分析

錢玄先生的禮學著作中與名物學有關者共四類，其中《三禮名物圖表》爲早期之作，另外三種爲晚期之作，茲將四類資料分述如下：

1.《三禮名物圖表》

《三禮名物圖表》爲錢先生26歲所作，[16]發表於《國學論衡》署名"吳江錢玄小雲"，全文11頁，內容爲六表與十六圖，其表一爲"飲食器皿表"分飲食器皿爲五大類及一附類"盛牲器"（鑊、鼎、俎）、"盛薦器"（甕、豆、籩）、"盛飯器"（簋、敦、簠、瓶甒）、"盛羹器"（鍘、鐙）、"盛酒器"（尊、勺、爵、卺），附於酒器者有椸禁，表後有"總說"。表二爲"牲體名稱表"。表三爲"解體表"，分爲豚解（即以牲體分爲七體也）和體解（即以牲體分二十一體也）兩類，表列各部位名稱。表四爲"用左右胖合升表"，對於"合升"、"右胖"、"左胖"三種情況與《儀禮》諸篇相對應。表五爲"體解豚解用體表"爲表三及表四之延伸，"體解"分爲"用一胖十一體"、"用一胖九體"、"用一胖七體"三種，就"體解"與"豚解"之適用情況與《儀禮》諸篇相對應。表六爲"儀禮諸篇用鼎數表"，分別就"特牲"（一鼎、三鼎）、"少牢"（三鼎、五鼎）、"大牢"（七鼎、九鼎、十鼎、十二鼎）[17]各鼎所載之牲及禮制之適用情況與

---

⑯ 該篇發表於1935年，先生出生於1910年，推算的結果爲當時先生25歲，然錢先生於《三禮通論》之"後記"云1996年爲87歲，故以其算法1935年爲26歲。

⑰ 其表六"總說"云："凡鼎數皆奇。其十鼎者，七正鼎、三陪鼎也。其十二者，九正鼎、三陪鼎也。則正鼎、陪鼎之數仍奇也。"（錢玄：《三禮名物圖表》，頁57）

《儀禮》諸篇相對應。

圖的部分佔三頁,共十六圖:鼎、束鼏、鼎扃、房俎、俎頭正面兩足圖、簠、鉶、豆、尊、篚、柶、勺、禁、爵、合巹、牲。大多依前代禮圖,尤其是黃以周(1828—1899)《禮書通故》之名物圖,未參考出土文物,可視爲傳統禮學對於三禮名物的認知之延續。

此篇以三禮名物爲題,所製圖表對於玉器、服飾、宮室等,皆未涉及,而所引經文以《儀禮》爲主,故所提及諸禮器中,其見於《周禮》或《禮記》而不見於《儀禮》者,大多未列入圖表中。若就《儀禮》一書之名物而言,亦只歸納飲食器皿及牲體,讀之或有文未完成之感。

2.《三禮名物通釋》

此書爲南京師範大學古典文獻研究所專刊之二,書首有作者1984年之自序,對於撰作旨趣,言之甚明,以爲學禮不外四端:禮之義、禮之節、百官之職、禮之具,而尤以禮之具爲先務,其云:

> 四者之中,必先明禮之具。如不明冕、弁、冠之別,則何以論尊卑之義?如不悉門樹碑庭之制,即無法明入門三曲揖之節;不辨酒漿,則何由知酒人、漿人所掌之異?故學《三禮》應以名物爲先務也。……蓋先辨具體之物,然後能明所行之事;明所行之事,乃悉行事之義也。……是必擇其常用者,分類部居,考其形制,則讀者用志不紛,易得門徑。⑱

此書題名以名物爲通釋,不設限於名稱、器形、功用而已,對於名物制度多能扼要解說。相較於《三禮名物圖表》,此書已留意到出土文物,除了傳統注疏的意見外,更重視考古成果的印證,其云:

> 鄭玄《注》,精博貫通,徧注《三禮》,學者所宗,故并錄之。其有未盡者,再錄孔、賈疏及清人新疏。其餘古籍如《詩》、《書》、《左傳》等,有足互證者,亦錄而通釋,求厥至當。……近年考古學昌盛,出土青銅器皿、秦陵銅車馬、陝西周原基地考古,凡可與《三禮》名物

---

⑱ 錢玄:《三禮名物通釋》"自序",頁1。

相印證者,亦擇要摘録。但《三禮》文繁事富,條緒冗多,有解説紛歧,甄覈爲難者,則姑存疑;有古制茫昧,載籍未詳,不可得而考者,蓋闕如也。[19]

作者對於考釋名物的態度與方法如引文所述。此書分四個部分,分別爲"衣服篇"、"飲食篇"、"宮室篇"、"車馬篇",其中"車馬篇"參考秦皇陵出土銅車馬的形制,故其意見往往超越清代禮學家。

本書雖以"三禮名物"爲題,又選四部分爲釋,然其所列條目則有"先秦名物"之意,以"車馬篇"爲例,其所釋者,并不限於"三禮",而是大量取材於先秦典籍與秦皇陵銅車馬之制,因此可視爲"先秦車馬名物制度通釋",如"游環"、"脅驅"見於《詩經·秦風·小戎》,并未見諸"三禮",而本書有專條説明;[20]兵車名爲"軘"見於《左傳》宣公十二年及襄公十一年、《説文解字》車部,未見於"三禮"經文;[21]夫人之車稱"魚軒",見於《左傳》閔公二年,亦未見於"三禮"經文。[22]如上所舉,是篇處處可見錢先生遍釋先秦車馬名物制度之心。其實全書讀來可以發現,不僅是"車馬篇"如此,其他三篇亦皆不囿於"三禮"經文所載之名物,而能遍及先秦典籍,并且都援引出土文物之資料(如銅器銘文),展現出新時代的研究成果。

全書於各條目後皆有引文,如先生《自序》所言,多見先秦古籍與後人訓詁,前者如《詩經》、《左傳》,亦有較晚之書如《爾雅》、《方言》、《説文解字》、《釋名》等,後者以鄭《注》與孔、賈之《疏》爲多,亦有杜預注《左傳》之意見及宋儒、清儒之新疏。對於各條目,錢先生間有考辨之語,如"凡服絺綌者,須加上衣乃得出門"一條,駁朱熹之説。[23] 又如"天子冕十二旒,旒十二玉"一條,同意孔廣森之意見,以駁鄭玄王之五冕旒數遞減之説。[24] 另外,"飲食篇"之"器皿"一節多參考銅器形制,"宮室篇"之"寢廟深廣"一

---

[19] 同上注,頁 2。
[20] 同上注,頁 144—145。
[21] 同上注,頁 129。
[22] 同上注,頁 130。
[23] 同上注,頁 4—5。
[24] 同上注,頁 11—12。

節多參考岐山鳳雛、扶風召陳周代建築遺址。"車馬篇"之"馬名與馬飾"一節多參考秦始皇陵二號銅車馬。

本書各篇亦有附圖，"衣服篇"附十一圖，大抵不出前人禮圖之圖像，蓋因出土文物中衣服類較少，而先人之說亦多可從，所以"衣服篇"之圖少有新說。㉕ "飲食篇"圖最多，有二十圖，㉖一改《三禮名物圖表》的禮圖形制，而依據出土文物爲新圖，唯禁、俎、籩三圖仍維持舊款，㉗又新增名物敦之圖（圖一），但非出土文物中常見之形。"宮室篇"㉘附六圖，有鳳雛甲組建築復原平面圖（圖二），以考古成果爲先秦宮室研究之憑藉，是較前代禮學更進步之處。"車馬篇"附六圖，㉙各圖皆參考出土實物，可爲學界參考。

3.《三禮辭典》的名物條目

《三禮辭典》是錢玄與錢興奇兩位先生合編的工具書，據錢玄先生《後記》所言，此書完成於1989年。此書雖名爲"三禮"之辭典，其所取條目實包含《大戴禮記》，故所謂"三禮"乃《周禮》、《儀禮》、《（小戴）禮記》、《大戴禮記》四書之總稱。

辭典之編纂與學術專文之寫作不同，學術專文可以選題，設定較小的議題來發揮，可以避開自己不熟的課題，而辭典必須全面性地處理相關的詞彙，所面臨的問題不僅較爲廣泛，而且不能避開，必須逐一面對處理。

㉕ 所附之十一圖爲：天子袞冕、皮弁、玄冠、缺項、衣（曲領、交領斜直、直領）三圖、裳、深衣、韠、舄（同上注，頁46—48）。其圖與黃以周《禮書通故》相較，各圖幾乎相同，唯袞冕與玄冠二者，錢圖所繪之笄較爲明顯，黃以周認爲玄冠無笄[（清）黃以周：《禮書通故》（北京：中華書局，2007年，王文錦點校本），頁102—103、2301]，云"其無笄紘者謂之玄冠。舊說冠弁、玄冠不分，非"（頁2301）。《三禮名物通釋》"玄冠"該條未有相關說法，應是從前人舊說。

㉖ 所附二十圖爲：牲體解、甒、簠、簋、敦、尊、壺、卣、爵、觚、觶、畢、兕觥、禁、棜、勺、鼎、俎、豆、籩（《三禮名物通釋》，頁90—92）。

㉗ 禁圖有更改，但與清儒禮圖同制。銅禁出土已有數件，與此書所繪有所出入。俎圖與清儒禮圖同制，出土文物中俎亦有數件，與此書所繪較有出入。籩爲竹器，甚少出土，銅器中亦無自名爲籩者，高亨先生認爲銅器自名器"匡/匯/鋪"（宋代金石學命名爲鋪）的器形爲籩之形制[高亨：《説鋪》，見《古銅器雜説》，收錄於《文史述林》（北京：中華書局，1980年），頁531—533]。

㉘ 所附六圖爲：天子周城、諸侯軒城、屋架、大夫士寢、天子諸侯路寢及天子諸侯大夫士宗廟、鳳雛甲組建築復原平面圖（錢玄：《三禮名物通釋》，頁125—126）。

㉙ 所附六圖爲：輿輪軧、輪轂害輂、軛、勒銜鑣轡、當盧、鑾。

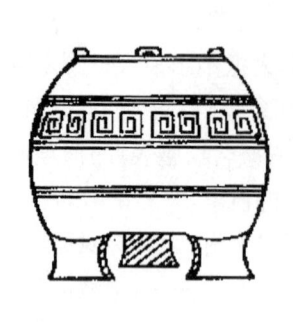

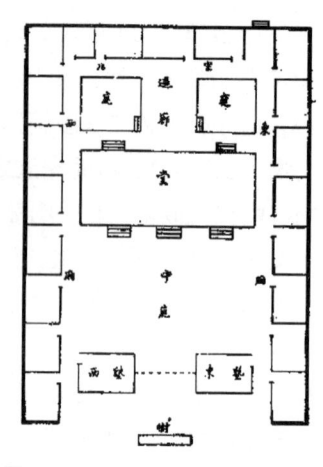

圖一　《三禮名物通釋》敦圖　　圖二　鳳雛甲組建築復原平面圖

因此,《三禮辭典》的編纂是在對於四部先秦禮書的經文和注疏都得熟稔的條件下,才能進行的艱難工作,這部辭典約五千條關於禮書篇目、職官、典章、禮儀動作、名物的專詞,全書約 110 萬字,其編纂過程投注的心力必定是巨大的。《自序》云:

> 爰依辭書之例,摘錄三禮及《大戴禮記》中有關制度、典章、禮儀、名物等專用詞語,約五千條,加以詮釋,迻錄原文及有關注釋及考證,凡《詩》、《書》、《左傳》等古籍及考古出土文物,有足互證者,亦錄而通釋,附以插圖……

專書辭典,其重要之任務在于總結前人研究之成果。而禮書聚訟特多,或各本師法,或同一師承而立說亦復歧異。又有輯引古籍,曲爲傅合。其中純駁雜陳,尤須慎加抉擇。凡說有可采者,咸與登列。其合者詳加申說,其不合者據理匡正,以定從違。有證諸實物,斷其是非者。如《周禮·春官·司尊彝》有獻尊、象尊等。鄭玄注引鄭司農云:"獻,讀爲犧,犧尊飾以翡翠。象尊以象鳳皇,或曰,以象骨飾尊。"《詩·魯頌·閟宮》孔穎達疏載阮諶《禮圖》引王肅云:"大和中魯郡於地中得齊大夫子尾送女器有犧尊,以犧牛爲尊,然則象尊爲象形也。"按今出土之尊有象牛形者,有象象形者,背有口,可以盛酒,是鄭衆之説非,應從王肅説。……有揆諸情理,定其取捨者。如《周禮·地官·媒氏》:"今男子三十而娶,女子二十而嫁。"鄭玄注:"二三者天地相承覆之數也。"賈公彦疏引王肅《聖證論》以爲男子三十而娶,女子二十而嫁,謂男女之限,嫁娶不得過此也。據史實未及三十、二十而嫁娶者,例證甚多。況男子二十而冠,女子十五而笄,是已爲成人,當然可以嫁娶。揆諸情理應從王説。……鄭氏博貫群經,立説極爲精核,固不容輕破。如鄭注確有失誤,而後人考釋有勝于注義者,當采用新説,求厥至當。兩説各有甚理,一時難定是非者,則并存以待考。至于載籍未詳,無法考辨者,則闕而不論。㉚

對於處理各條目之原則,言之甚詳,觀全書條目,考釋之語多見,本書實以工具書之樣式而成其專著之精深也。書末附有"分類索引"將約五千條目分爲三十二類,關於名物者散見於"祭祀"、"喪禮"、"喪服"、"射禮"、"樂舞"、"服飾"、"飲食"、"宫室"、"車馬"、"兵器"、"旗幟"、"玉器、符節"、"器物"、"動植物"、"其他"等類中。

全書圖 175 幅(詳見表一"《三禮辭典》圖一覽表"),圖之繪製大量參考出土文物,多數信而有徵,提供禮學研讀者重要的禮圖,尤其對於較少留意考古材料者,此書提供了重要的視野。

《三禮辭典》之名物圖與《三禮名物通釋》之圖大抵相同,有些圖已新繪,如兕觥、鼎、簋,新繪之圖更精緻。這是首次看到錢先生對於玉器名物圖的意見,從《三禮辭典》的圖來看,大多依北宋聶崇義《三禮圖集注》,少數改從清儒禮圖,少有參考出土文物者。

4.《三禮通論》"名物篇"

《三禮通論》成書於 1996 年,是錢先生一系列先秦禮學的壓軸之作,在其《後記》,有著書旨趣之説明:

……因于一九八九年輯成《三禮辭典》一書。書初成,即感辭書

㉚ 錢玄:《自序》,見錢玄、錢興奇編著:《三禮辭典》,頁 4—5。

雖便于檢索，但受體例限制，條目割裂，殊難窺見禮制發展之全貌；又以每條字數不宜過長，不便博引異義，論證是非，是以有此《三禮通論》之作。全書分爲禮書、名物、制度、禮儀四編，各列若干專題，綜述形制，考訂原委；聯繫近幾十年來考古出土中有關禮制之成就，徵引前賢研究成果，詳加辨正。㉛

"名物篇"分爲"衣服"、"飲食"、"宮室"、"車馬"、"武備"、"旗幟、玉瑞"、㉜"樂舞"、"喪葬"八個類別，可視爲《三禮名物通釋》之擴大，亦分條編寫，各條附有引文，言必有據，間以考辨，并附名物圖。

"衣服"一章附有13圖，㉝其中"深衣（二）"爲馬王堆土出文物之綫描圖（圖三），此圖於錢先生之前著作皆未見，其他各圖與《三禮辭典》同，亦見於《三禮名物通釋》"衣服篇"。

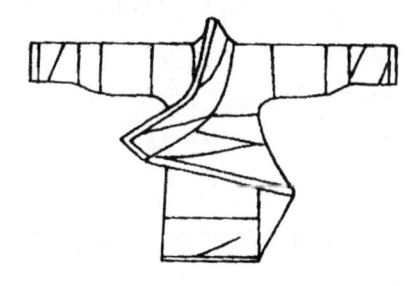

圖三　馬王堆出土文物之綫描圖　　　圖四　《三禮通論》豆圖

"飲食"一章附有23圖，㉞器皿素爲禮圖之大宗，故此章圖最多，相較以前之著作，錢先生於圖下增列時代，有的器更明確標出所舉例圖之器名，如大盂鼎。此章之圖較《三禮名物通釋》及《三禮辭典》多有更換，唯豆

㉛　錢玄：《三禮通論》"後記"，頁663。
㉜　在計算分類時，旗幟與玉瑞在此可視爲一類，這也合乎古人"旜信"一詞包含旗幟與符節（含玉瑞）的傳統。
㉝　所附之十三圖爲：冕、皮弁、缺項、玄冠、衣（曲領、交領斜直、直領）三圖、裳、深衣（一、二馬王堆出土）兩圖、韍、大帶、舄（錢玄：《三禮通論》，頁87—109）。
㉞　所附二十三圖爲：甗（西周器）、鬲（春秋時器）、簠、簋、敦（西周時器）、尊（西周時器）、象尊（商晚期器）、壺（戰國時器）、卣（商器）、彝（商器）、爵（商器）、角、觚、觶（商器）、斝（商器）、兕觥（商器）、禁（西周時器）、勺、圭瓚、鼎（西周大盂鼎）、俎、豆（春秋時器）、籩（同上注，頁139—153）。

之圖雖更換更精美之圖像（圖四），却是銅器自名器"莆（鋪）"之器形（圖五）。又新增之彝圖爲考古學界所稱之方彝（圖六）。

圖五　自名爲莆鋪之銅器　　　　圖六　《三禮通論》彝圖
（圖爲瘋莆器形，摘自《中國青銅器全集》第 5 卷編號 076 圖片）

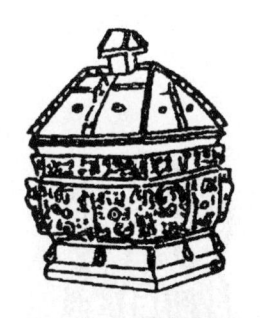

"宮室"一章附有 5 圖，㉟皆見於《三禮名物通釋》。

"車馬"一章附有 11 圖，㊱其中 6 圖見於之前著作。新增圖中，輂之圖依出土文物之形制爲例，增加戴震《考工圖記》之車輿圖，并與春秋虢國墓出土之車輿相比較，當盧圖不再用秦皇陵二號銅車之葉狀形圖像（圖七），改用上海博物館所藏獸面圖像之當盧（圖八）。

圖七　《三禮名物通釋》當盧圖　　圖八　《三禮通論》當盧圖

㉟　所附五圖爲：周城、軒城、屋架、寢廟、鳳雛建築復原圖（同上注，頁 157—181）。

㊱　所附十一圖爲：輿輪輈、轂、輪輻、輂、轆、軛（采自戴震《考工記圖》），春秋虢國墓出土、勒、銜、當盧（同上注，頁 190—200）。

"武備"一章附有 19 圖,㊲數量爲全書第二多,其中多幅圖皆較《三禮辭典》更貼近出土文物之實象,如盾用長江五里牌 106 號戰國墓出土之革盾(圖九),比其前根據後世禮書想象所繪之圖像(圖十),更合乎先秦名物之實況。劍圖(圖十一)也更精進,但與出土文物尚有落差。

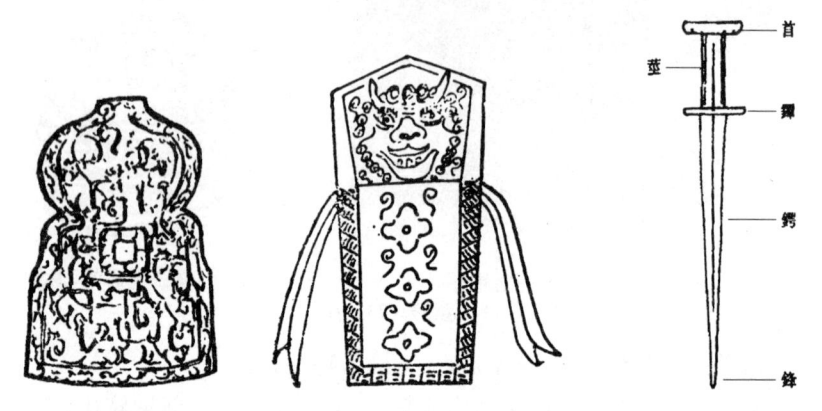

圖九 《三禮通論》盾圖　　圖十 《三禮辭典》盾圖　　圖十一 《三禮通論》劍圖

"旗幟、玉瑞"一章附有 7 圖,㊳其中旗幟僅 1 圖,玉瑞有 6 圖,未見於《三禮辭典》的有六個玉圖(圖十二)與圭(圖十三)。㊴玉器大多受到宋代禮圖影響,對於考古出土玉器較少引用。

"舞樂"一章附有 9 圖,㊵其中磬與編鐘(隨縣曾侯乙墓出土)與《三禮辭典》同圖,其他皆爲新繪,鐸(圖十四)、塤(圖十五)由傳世禮圖之圖像改爲出土文物圖像,較前作增加句鑃一圖。

"喪葬"一章附有 5 圖,㊶其中玉含與冒爲新繪之圖,其他與《三禮辭典》同圖。玉含(圖十六)爲出土之蟬形玉器圖像。

㊲ 所附十九圖爲:戈(春秋時器)、矛(春秋時器)、戟、三叉戟(戰國時器)、斧(商器)、鉞(商婦好墓出土)、戚(西周時器)、劍、弓、弩、矢、鵠、侯、乏、箙、決、甲、冑、盾(同上注,頁 207—240)。

㊳ 所附七圖爲:旗、圭、六玉圖、大圭、璧、琮、繅藉(同上注,頁 242—257)。

㊴ 圭雖於《三禮辭典》有琬圭、琰圭、瑑圭、鎮圭,但無專爲圭所繪之圖。

㊵ 所附九圖爲:鐃(商器)、鉦(商器)、句鑃(戰國時器)、金錞(春秋時器)、鐘(戰國時器)、鐸(戰國時器)、磬、編鐘(隨縣曾侯乙墓出土)、塤(錢玄:《三禮通論》,頁 261—276)。

㊶ 所附五圖爲:玉含、冒、絞、棺飾、輁軸(同上注,頁 288—305)。

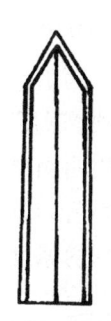

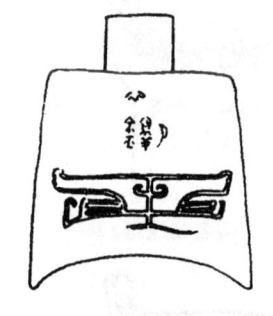

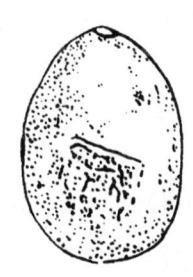

圖十二　《三禮通論》玉圖　　圖十三　《三禮通論》圭圖

圖十四　《三禮通論》鐸圖　　圖十五　《三禮通論》塤圖　　圖十六　《三禮通論》蟬形玉含圖

整體而言《三禮通論》所附名物圖比起《三禮辭典》更重視出土文物圖像，故其禮圖更有助於推進禮學研究的精進。

三、名物的訓詁與圖示

錢玄先生是近代少數對三禮名物投入研究的學者，其三禮名物學的相關著作如本文第二節所述，依新材料修正不少名物圖，以"鼎"為例，漢代經學家對於鼎的形制特徵已甚明確，二耳三足，圓口深腹，宋代金石學興起，金石著錄中，鼎為常見之古器，對於鼎形，各家禮圖均能掌握。《三禮名物圖表》所載鼎圖（圖十七）大致合乎先秦之鼎形，[42]此圖形來自《欽

---

[42] 《三禮名物圖表》，頁59。

定儀禮義疏》,㊸惟腹接三彎曲之尖足,與出土之尖足鼎有別,到了《三禮名物通釋》的鼎圖(圖十八)就選了西周早期的形制,㊹便沒有彎曲尖足的問題,在《三禮辭典》選用的是西周晚期大克鼎的綫描圖㊺(圖十九),在《三禮通論》則選用西周早期大盂鼎的綫描圖㊻(圖二十)。選用西周早期或晚期的鼎形作爲名物圖都是可行的,改用不同的圖,正可表現出錢先生對於名物圖像認真的態度。

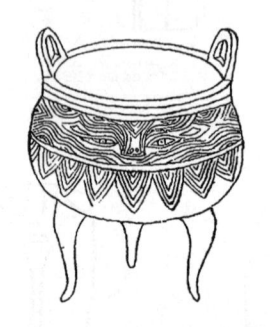

圖十七 《三禮名物圖表》鼎圖　　圖十八 《三禮名物通釋》鼎圖

圖十九 《三禮辭典》大克鼎　　圖二十 《三禮通論》大盂鼎

又如"敦"的圖像,在《三禮名物通釋》對敦的描述中僅有"今存古青銅器有簋、敦、簠,則有以銅製也"。㊼雖無專條以説敦,却附有敦之圖(圖二

㊸ (清)乾隆敕撰:《欽定儀禮義疏》卷42,《景印文淵閣四庫全書》(臺北:臺灣商務印書館,1983年),頁19。
㊹ 《三禮名物通釋》,頁92。
㊺ 《三禮辭典》,頁977。
㊻ 《三禮通論》,頁150。
㊼ 《三禮名物通釋》,頁70。"方者曰簠,圓者曰簋"一條之説明文字。

十一),⁴⁸圖像與常見的敦不同,在《三禮辭典》中對於敦有較清楚的説明,其圖(圖二十二)如下:

> 盛黍稷之器。有蓋,尊者有飾。有銅製、木製、瓦製。《儀禮·士昏禮》:"黍稷曰敦。"《儀禮·少牢饋食禮》:"主婦自東房,執一金敦黍,有蓋,坐設于羊俎之南。婦贊者執敦稷,以授主婦。……敦皆南首。"鄭玄注:"敦有首者,尊者器飾也。飾蓋象龜,周之禮飾器,各以其類。龜有上下甲。"《禮記·明堂位》:"有虞氏之兩敦,夏后氏之四連,殷之六瑚,周之八簋。"鄭玄注:"皆黍稷器,制之異同未聞。"《周禮·天官·玉府》:"若合諸侯,則共珠槃玉敦。"鄭玄注:"敦、槃類,珠玉以爲飾。"賈公彦疏:"此槃敦應以木爲之,將珠玉爲飾耳。"《儀禮·士喪禮》:"朔月奠……有黍稷,用瓦敦。"則敦有以銅製者,有以木製者,有以瓦製者。有首、有足、有蓋。舊金石學家曾將"殷"誤釋爲"敦"。⁴⁹

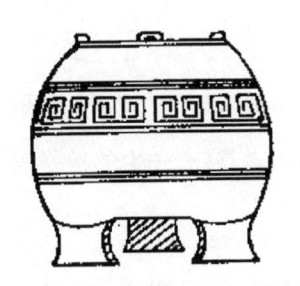

圖二十一 《三禮名物通釋》敦圖　　圖二十二 《三禮辭典》敦圖

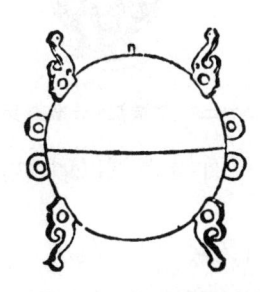

這段文字引用"三禮"經文,《士昏禮》、《少牢饋食禮》、《士喪禮》皆以敦爲盛(黍)稷之器,《明堂位》之文將敦與簋等并舉,是亦以敦爲粢盛器,故與《儀禮》三篇之用法同,《玉府》之文敦與槃并舉,似以敦之用與槃近似,此處特殊,文字甚簡,難以推論此敦是否爲彼敦。經文所載敦爲黍稷之器,其形則只能由鄭《注》以推知,鄭玄認爲敦有首以飾象龜,因此聶崇

---

⁴⁸ 同上注,頁89。
⁴⁹ 《三禮辭典》,頁811。

義《三禮圖集注》便畫一容器而蓋上有龜（圖二十三），清乾隆時《欽定儀禮義疏》之敦圖以出土簋器圖像爲之，[50]此時仍將簋誤爲敦，《三禮名物通釋》之敦圖已較接近出土文物，但與常見的敦仍有差距，《三禮辭典》所附的敦圖才與出土文物中自名爲敦的器形相同。

圖二十三　聶崇義《三禮圖集注》敦圖　　　圖二十四　《三禮名物圖表》鉶圖

下面，本章試以鉶、琥、虎節三者爲例，對錢玄先生的禮學著作做專器討論。

　1. 鉶

錢玄先生最早的著作《三禮名物圖表》已提到鉶，"實羹之器曰鉶。《聘禮》《注》：'鉶，羹器也。'"，并載鉶之名物圖（圖二十四）。[51]　其《三禮名物通釋》則未載鉶圖，而有文字提及"盛於鉶者爲羹"、[52]"食羹之器曰鉶"、[53]"食禮設正饌及加饌。正饌用黍稷，豆，俎，鉶"，[54]到了《三禮辭典》

㊿　（清）乾隆敕撰：《欽定儀禮義疏》卷 42，頁 36。
[51]　參《三禮名物圖表》，文字在頁 52。見於"飲食器皿表"盛羹器部分同，圖在頁 60。
[52]　《三禮名物通釋》，頁 67。
[53]　同上注，頁 80。
[54]　同上注，頁 83。

對於鉶才有更清楚的説明，其文字重點如下：

> 盛羹之器。所盛爲牛羊豕之羹，并和以菜者，其器曰鉶，其羹曰鉶羹。……鉶之形制：孫詒讓《周禮正義》卷73："聶氏《三禮圖》引舊圖云：'鉶受一斗，兩耳三足，高二寸，有蓋。士以鐵爲之；大夫已上，以銅爲之；諸侯飾以白金；天子飾以黄金。'案聶引舊圖説，《毛詩·召南》《釋文》引鄭説同。聶又别釋云：'受一升，口徑六寸，足高一寸。'與舊圖異。黄以周云：'《御覽》引舊圖，鉶有足，高一寸。聶氏誤以鉶爲鼎，改云三足，高二寸以合之，非也。'案黄説是也。鉶之形制，容實當與豆相近。聶圖别説近是。舊圖説兩耳三足。所容又太多，皆倍鼎制，非鉶制。"(55)

這裹主要用了孫詒讓(1848—1908)和黄以周的意見(實爲孫詒讓引用黄以周的意見)，認爲鉶不是鼎，容量與豆相近，其器形當無三足。《三禮名物圖表》與《三禮辭典》之鉶圖皆依黄以周之名物圖。

俞偉超與高明兩位先生合撰《周代用鼎制度研究》指出：

> 近馬王堆M1所出遣册，第27—29簡爲"牛苦羹一鼎"，"狗苦羹一鼎"，"一右方苦羹二鼎"。苦是苦荼，苦羹無疑是和以苦荼的鉶芼。又第19—22簡爲"狗巾羹一鼎"，"雁巾羹一鼎"，"鰿禺(藕)肉巾羹一鼎"，"一右方巾羹三鼎"。巾羹即菫羹，也是鉶芼。由此可知，鉶芼確係放在鼎内，賈疏是正確的。《詩·召南·采蘋·釋文》引鄭玄説，又把鉶解釋爲"三足兩耳有蓋和羹之器"，這除鼎屬之外，别無他物。(56)

由考古材料的佐證，鼎亦可以盛羹，鼎有大者，有小者，固無"所容又太多"之疑問，而鉶爲鼎屬，乃鄭玄之意見，宋代禮圖亦承其説。

周聰俊先生《儀禮用鉶考辨》一文支持"鉶爲鼎屬"的意見，陸德明《經典釋文》在《詩·采蘋釋文》引鄭玄的説法："鉶，鄭云三足兩耳，有蓋，和羹

(55) 《三禮辭典》，頁1027—1028。

(56) 俞偉超、高明：《周代用鼎制度研究》，《先秦兩漢考古學論集》(北京：文物出版社，1985年)，頁75。

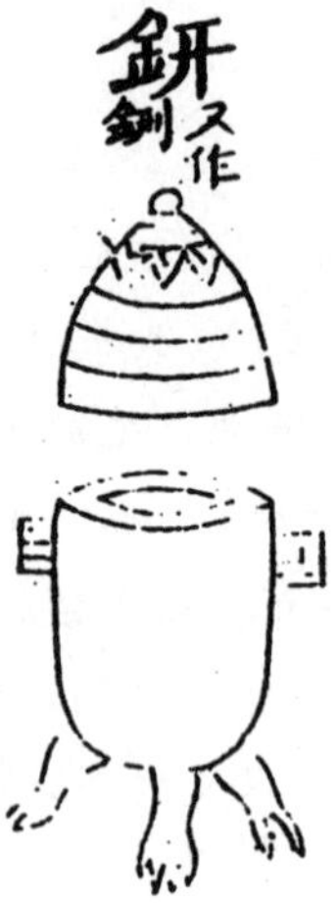

圖二十五
《三禮圖集注》鉶圖

之器。”又《禮記・禮運釋文》云:“鉶,盛和羹器,形如小鼎。”爲重要的證據,并云“可以推之兩漢經説,雖不見明説鉶爲鼎屬之言,但陸氏《釋文》之引鄭説,聶氏書之引舊圖,蓋必有所據,則鉶爲鼎屬,殆無可疑也”。(57)

由以上的説法,可以瞭解到鉶爲鼎之類,器形較小,錢先生引黄以周禮圖爲據,與鼎形差距甚大。本文認爲鉶既非自名器,而禮圖所呈現者有兩個體系,一以聶崇義《三禮圖集注》爲根據(圖二十五),鉶有三足而似鼎(事實上聶圖之鼎(圖二十六)與出土實物稍有差距)。另一説以爲鉶似釜類,無三足。在處理禮圖時,或可兩説并陳,若必擇一,則以第一説(即舊説)較爲有據。

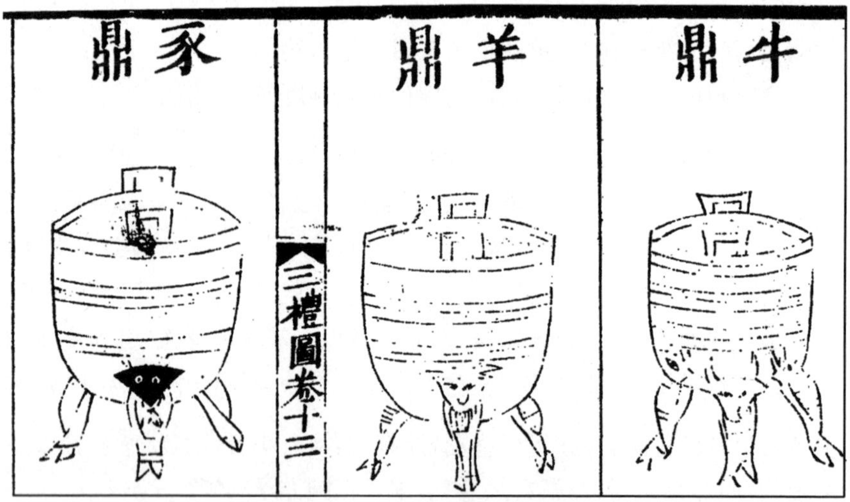

圖二十六　《三禮圖集注》鼎圖
(分爲三種,飾獸形不同,鼎足亦稍有别)

2. 琥

錢玄先生在處理玉器時,大多依聶崇義《三禮圖集注》的意見,有些則

(57) 周聰俊:《儀禮用鉶考辨》,《三禮禮器論叢》(臺北:文史哲出版社,2011年),頁7。

依照清代禮學家的説法,在《三禮辭典》和《三禮通論》兩書中,玉器名物之圖像很少引用出土材料,(58)"這些出土的玉器,它的古名、用途,不清楚。《周禮》中的牙璋究竟形制怎樣,也不清楚"。(59) 因爲玉器不像飲食器有出土銅器爲依據,出土銅器鑄有金文,提供器物之自名(即自名器(60)),可以得到名稱和器形的明確佐證,玉器上的文字甚少,可以爲證的也罕有,所以儘管先秦玉器出土數量甚多,却對玉器定名的推定幫助有限。

圖二十七
《三禮辭典》白琥圖

琥之爲器,見於《周禮》,《大宗伯》云"以白琥禮西方",賈公彦以爲"以玉爲琥形"。(61) 先秦典籍中,亦載及玉器名物琥,《左傳》昭公三十二年云"賜子家雙琥",據孔穎達之説爲"蓋刻玉爲虎形"。(62) 賈説明確指出琥之器以玉爲之,作虎形。孔説則有兩種理解方式:一是在玉上刻虎形;一是將玉刻爲虎形。

《三禮辭典》無"琥"之專條,有"白琥"與"琥璜"兩條,唯前者有名物圖,"白琥"之文圖(圖二十七)如下:

> 白玉,刻虎紋。用以祀西方。六器之一。亦作發兵之符信。《周禮·春官·大宗伯》:"以玉作六器,以禮天地四方。……以白琥禮西

(58) 在《三禮通論》"名物編:旗識、玉瑞"中,錢先生有幾處引用考古出土的材料,如頁247引殷墟婦好墓,頁250言圭表、頁253引夏鼐先生文,頁254—255言玉琮引考古出土材料,頁256言婦好墓出土玉彫虎形。但所繪玉器名物諸圖,僅璧和玉琮(前人早已論定)和出土文物相同,其他仍爲宋代以來之圖像,尤其六圭圖和大圭恐爲後世禮學家所想象而成,没有實物根據。

(59) 《三禮通論》,頁254。

(60) 凡器物上有文字(銘文)自載其器類之名者,稱爲自名器,以簋爲例,《殷周金文集成》編號3581爲1954年陝西省長安縣斗門鎮普渡村長由(囟)墓出土的"長由毀(長囟毀)",其銘文爲"長囟乍(作)寶障毀(簋)",銘文自云所作之器爲毀(簋),這樣的器便可稱爲"自名器"。

(61) (東漢)鄭玄注,(唐)賈公彦疏:《周禮注疏》卷18(臺北:藝文印書館,影印清嘉慶二十年阮元南昌府學重刊宋本,1980年),頁25(總282)。此處"琥"字,當爲"虎"字較爲通順。

(62) (西晉)杜預注,(唐)孔穎達疏:《春秋左傳注疏》卷53(臺北:藝文印書館,影印清嘉慶二十年阮元南昌府學重刊宋本,1980年),頁26(總933)。

方。"鄭玄注："琥,猛象秋嚴。"《說文·玉部》："琥,發兵瑞玉,爲虎文。"《左傳·昭三十一年》："賜子家子雙琥。"按琥,非象虎形,而于長方形玉上,刻虎紋。[63]

這條提及經注,以琥爲符信,錢先生采用在玉上刻虎紋(虎形,由其禮圖可以判知),是受到《說文解字》"爲虎文"及聶崇義《三禮圖集注》云鄭玄禮圖認爲玉上刻虎說法[64]的影響,此處沒有提到賈公彥的意見,顯然是不從賈說了。至於《說文解字》的"爲虎文",或許可詮釋爲玉上有虎之文,或玉上有虎之形。出土文物有虎符,錢先生認爲即虎節(詳見下文),但未知其意是否認爲虎節即發兵之符信(即琥)。[65] 但以錢先生之意,似可以分開叙述爲"琥—發兵之符信—玉爲之","虎節—虎符—使者之符信—玉或銅爲之"。

在《三禮通論》中則修改意見爲:

> 琥的形制有兩說:一說以玉彫成虎形,另一說在玉板上刻虎形。……聶崇義《三禮圖》引《鄭圖》云:"白琥爲玉長九寸,廣五寸,刻伏虎,高三寸。"商婦好墓出土有玉彫虎形多件,均有孔,似爲佩飾。《說文·玉部》:"琥,發兵瑞玉。"則琥亦可作爲發兵之用。後出之銅虎符即由琥發展而來。[66]

這段文字有幾點需要留意,其一是琥之形制有兩說,其二爲錢先生已留意到婦好墓出土的玉彫虎形,且判斷似爲佩飾,其三是琥可爲發兵之用,爲銅虎符之源頭。

商周出土不少虎形玉器,的確作佩飾爲多,這類玉器也被考古學界和玉器學界的學者稱爲"琥",亦有因其形狀而稱之爲虎形玉(虎形珩、玉虎)的。1974至1978年於河北省平山縣發掘的戰國中山王墓,西庫便出土寫有"琥"、

---

[63] 《三禮辭典》,頁 316。
[64] (北宋) 聶崇義:《三禮圖》卷 11,《通志堂經解》(臺北:大通書局,1969 年),頁 3。
[65] 出土銅虎符有銘文可知其用途與性質,如新郪虎符之銘文爲"甲兵之符。右才(在)王,左才(在)新郪。凡興士被(披)甲,用兵五十人目(以)上,必會王符乃敢行之。燔隊(燧)事,雖母(毋)會符,行殹(也)"(參圖三十)。此外尚有杜虎符、辟大夫虎符、乘虎符等,皆作虎形,以銅爲之,究其銘文,知爲發兵之符信。
[66] 《三禮通論》,頁 255—256。

“虎”字的玉器(圖二十八),從其文字内容來看,爲物之自名,即爲該玉器之名稱。

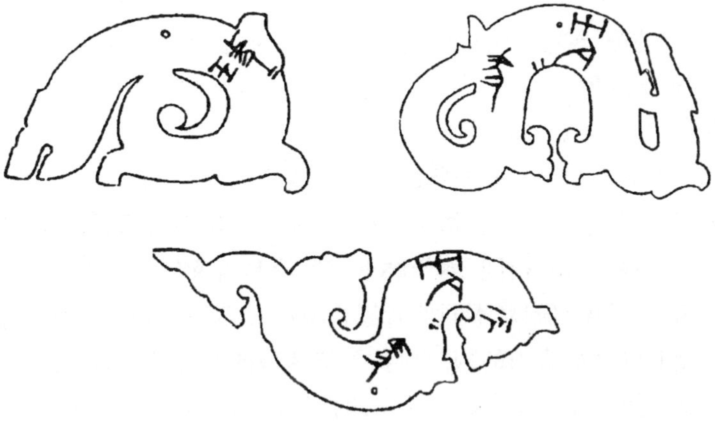

圖二十八　戰國時代中山王嚳墓出土寫有琥與虎字之玉器

[摘自尤仁德:《古代玉器通論》(北京:紫禁城出版社,2002 年),頁 178]

孫慶偉先生提出看法:

> 編號爲 XK:347、349、352、354 和 355 的五件龍形佩則均有墨書文字自名爲“虎”,這些器物的發現同時證明所謂的琥當作“龍”形而非望文生義的“虎”形。而衆所周知,這類自稱爲“虎”的龍形佩是戰國組玉佩中常見的構件,因其器體中部有一穿孔,故知其功能等同于普通的珩,其形制功能和同墓所出自名爲“珩”的器物并無二致。(67)

孫説以琥爲龍形玉,和珩無不同,可備一説。因爲琥的自名現象很罕見,而此墓之琥和寫有“珩”字的玉器器形相近似,是否可以從另一個角度思考,因爲兩者太近,故特意寫明“琥/虎”與“珩”以示區别,如果是因爲這樣的原因,那麽,琥爲虎形玉的説法仍是可行的。(68) 至於“禮書”中所稱的

---

(67) 孫慶偉:《周代用玉制度研究》(上海:上海古籍出版社,2008 年),頁 193。

(68) 即使龍形玉被當時的人稱爲琥,也不能否認琥本作虎形的看法。因爲本爲虎形,故稱作琥,時代既久,乃致後人或有以他形爲之而亦稱琥者;再者,戰國玉器有龍虎合形的例子,在此時龍與虎之區别有可能已不再那麽被重視,故琥爲虎形的命題與中山王墓出土之琥并不相悖。

“禮西方”、“發兵瑞玉”是否即應以出土虎形玉“琥”相對應，則尚可斟酌。本人於《近六十年(1950—2010)關於〈儀禮〉食器的討論》(69)一文有“《儀禮》所呈現的禮學視野不同於考古發掘的現象”提出“現在考古學、器物學所稱的器，在理解與應用於《儀禮》是要有所保留的”、“在探討《儀禮》的器物過程，漢儒的注解對於器物名稱與功用的認識有很關鍵的作用。不過，我們也應認識到禮學家的器物説法是自成一套體系的，也應對於傳統禮圖有所尊重，若強以出土實物來對應，可能落入過度詮釋的盲點”、“若器之自名與《儀禮》之名相同，則仍應思慮器形是否和經文所載之功用與行禮場合相符，以免將同名不同器者誤合爲同類器”的看法，這在“琥”這款器的辨識上也是很適用的理論。我們整理琥的經注説法，可以發現“琥”在先秦是一個玉器名物專名，《左傳》的記録支持了這一點，關於《周禮》把琥當作“禮西方”的玉器，鄭玄説爲“發兵瑞玉”，則可視爲功能兼用的現象，至於是否是出土的虎形佩飾玉器，就其功用上考量，并不相合，在“發兵”一事上，“虎節/虎符”反而是功能相符的名物，是否在鄭玄的認知裏，琥爲發兵之器，即符節中虎形者，這是今人在詮釋上可以選擇的一個説法。

總之，琥作虎形的可能性大於刻虎紋於方形玉上，在名物圖的呈現上，與其繪一虎於方形玉上，不如繪虎符之形，或者兩者并存(但應説明繪圖之根據)。如此處理更合乎錢先生《三禮辭典・自序》所揭示之原則“兩説各有甚理，一時難定是非者，則并存以待考。至于載籍未詳，無法考辨者，則闕而不論”。(70)

3. 虎節

虎節這一名物在錢玄先生的《三禮辭典》及《三禮通釋》中皆有提到，前者有較清楚的名物圖(圖二十九)，後者已見上文“琥”的説明。

---

(69) 此文發表於中研院中國文哲研究所“新中國六十年的經學研究(1950—2010)第三次學術研討會”，舉行時間爲2012年7月12—13日。傳統禮學對經文作詮釋及用出土文物對經文作詮釋，是兩個不同的學術路徑和詮釋方式，二者或許可以稱爲“禮器的兩種系統詮釋法”。亦收入在本論文集。

(70) 《三禮辭典》“自序”，頁5。

《三禮辭典》的"虎節"一條云"多山之國,使卿大夫聘於天子、諸侯,用虎節",(71)并詳參"使節"條:

> 諸侯遣使出聘所授予使者之憑信。以金屬爲之,其上有龍形、虎形、人形三種圖案,稱龍節、虎節、人節。《周禮·地官·掌節》:"凡邦國之使節,山國用虎節,土國用人節,澤國用龍節,皆金也。以英蕩輔之。"鄭玄注:"使節,使卿大夫聘於天子、諸侯,行道所執之信也。土,平地也。山多虎,平地多人,澤多龍,以金爲節,鑄象焉。必自以其國所多者,於以相别爲信明也,今漢有銅虎符。"(72)

圖二十九
《三禮辭典》虎節圖

圖三十　戰國晚期新郪虎符拓本
(摘自《殷周金文集成》編號 12108)

錢先生於此條其實没加入個人意見,完全引經注文字爲説。鄭玄以漢有銅虎符來説虎節,是以認爲虎節即虎符也,使者持之以爲憑信。如果就鄭玄的説法,那麽,出土文物中的虎符應是符合"虎節"的詁訓了。據此,虎節的名物圖似應以出土文物虎符(圖三十)爲實例,繪製

(71) 《三禮辭典》,頁 514。
(72) 同上注,頁 440—441。

名物圖。

上文以三件名物爲例,討論了錢玄先生的名物學,在錢先生的著作中,名物制度比名物圖佔更多的篇幅,不論是《三禮名物通釋》,或是最後的著作——《三禮通釋》皆是如此。在此,本文以《三禮名物通釋》的一條禮例[73]爲例子,試着討論如下:

《三禮名物通釋》對於名物制度多有整理與發明,此可謂 20 世紀禮學著作中少見的作品。在"飲食篇"之"飲食之禮"部分有"凡祭皆在豆間"一條,[74]其説明文字如下:

> 以《儀禮·公食大夫禮》賓祭正饌爲例:"祭飲酒于上豆之間。"上豆之間者,指最近身之豆間。此祭酒也。又,"賓升席,坐取韭菹以辯,擩于醢,上豆之間祭"。此祭豆也。又,"三牲之肺不離,贊者辯取之,壹以授賓。賓興受,坐祭"。鄭玄注:"祭於豆祭。"言祭於前豆祭之處。此祭俎也。又,"贊者東面坐取黍,實于左手辯,又取稷辯,反于右手,興以授賓,賓祭之"。鄭玄注:"祭之於豆祭也。"此祭黍稷也。[75]

關於《公食大夫禮》之祭處,除了"豆間"外,尚有"醬湆之間",醬盛於豆,湆盛於鐙,鐙爲豆屬,故"醬湆之間"雖與"上豆之間"不同處,是仍屬於"豆間",但《公食大夫禮》提到四鉶之祭,便不在"豆間"了,拙作《〈儀禮·公食大夫禮〉管見》對此有過討論,文字如下:

> 經明載祭處者,本篇有"豆間"、"上鉶之間"、"醬湆之間",他篇則大多爲"豆間/豆祭"(《士虞禮》、《特牲饋食禮》、《少牢饋食禮》、《有司徹》),另有"祭于苴"(《士虞禮》)爲喪葬之事。獨《公食大夫禮》祭於豆間之外當有他處,茲整理正饌及加饌之祭處如下表:

---

[73] "禮例"是禮學研究的一個重點項目,錢先生的《三禮名物通釋》是"禮例"類的著作之一,將之和淩廷堪的《禮經釋例》相比較,自可清楚瞭解錢先生的心意。
[74] 淩廷堪《禮經釋例》卷 5"飲食之例下"有"凡祭皆于豆籩之間,或上豆之間"。
[75] 《三禮名物通釋》,頁 86。

饌別	品物	祭處
正饌	菹醢六豆	上豆之間祭
	黍稷六簋	經未言，各家以爲上豆之間祭
	三牲之肺	經未言，各家以爲上豆之間祭
	三牲四鉶	上鉶之間祭
	飲酒	上豆之間祭
加饌	粱稻二簠	醬湆之間祭（按醬湆爲正饌之加）
	庶羞十六豆	經未言 或以爲醬湆之間祭 或以爲庶羞上豆之間祭

正饌除鉶外，其他皆於豆間祭之，而加饌粱稻祭於醬湆之間爲第三祭處，故庶羞之祭處乃有分歧之意見，以爲醬湆之間者，視加饌皆祭于此，"不言可知"；以爲豆間祭者，庶羞十六豆，上豆爲膷臐，而豆間之祭於《儀禮》一書最爲常見，此篇之正饌除鉶祭外，均於豆間祭，盛之以豆之醬醢如此，黍稷屬粱盛者各家說亦如是。兩說各有其理，而經又不具文，故論者紛紜。前祭粱稻於醬湆之間，此同爲加饌，或應在醬湆之間祭，祭處近席也……⑯

《儀禮》全書言祭食物之處有三，醬湆用豆和鐙，鐙爲豆形器之屬，故醬湆之間亦可視爲豆間，而"上鉶之間"不屬於"豆間"則是清楚的，前文已討論過鉶這類器物形似小鼎，或可視爲鼎屬（或說爲釜屬），祭處不全在"豆間"可知。

四、一位承先啓後的禮學學者

周何先生認爲研究禮學有六個方向：禮文、禮制、禮義、禮器、禮圖、

---

⑯ 鄭憲仁：《〈儀禮·公食大夫禮〉管見》，收錄於林慶彰主編：《中國學術思想研究輯刊》第15編第13冊（新北：花木蘭文化出版社，2013年），頁160。

禮容。⑦"禮器"屬於"名物"這一項，但與禮文、禮制、禮圖乃是密切相關而不可分的。名物的形制與功用成爲禮學探究的重要課題，鄭玄注三禮，名物之學爲其重要工作，也是鄭《注》爲後代推崇的原因之一。宋代對於禮圖（名物圖）有重要的專著傳世，尤其金石學的勃興，由銅器銘文的自名現象，使得名物的形制得到進一步的確認。清代禮學的興盛，吸收金石學的成果，在注解、名物、制度、禮例等著作，均有極高的成果。

三禮名物學在民國以後有了新的進展，承接乾嘉時期禮學、古音學、金石學（尤其是文字的隸定）等領域的成果，在民國初年結合了西方考古學及突飛猛進的古文字學，研究三禮名物已不限於禮學學者，不同領域的交流融通，新出土材料的引證，正是二十世紀三禮研究的特色。

錢玄先生由名物切入三禮研究，最後以《三禮通論》和《三禮辭典》成其在禮學研究之貢獻。錢先生在三禮名物上的看法，早期重視宋代禮圖，晚年則多參考清代禮學家之意見與考古出土材料，這樣的歷程正是清末迄今，禮學學風的變化。在三禮名物學的類別中，飲食類、車馬類、武備類、樂舞類由於出土文物最多，結合銅器銘文及遣册賵書之研究，因而取得較晚清更大的進展，喪葬類對於殮具、墓制等級、明器等，亦有較好的研究成果。這些成果大多呈現在《三禮辭典》與《三禮通論》中。

本文雖就某些名物提出討論，但這絲毫無損錢玄先生在三禮名物學上的地位，尤其《三禮辭典》的編纂、《三禮通論》的出版，是二十世紀先秦禮學研究的豐碑。三禮名物的樣貌，漢儒已不能盡知，宋代聶崇義之禮圖亦疑信相參矣，因此三禮名物學由漢代至今，是一個重建的過程，錢先生在耄耋之年，仍撰作不輟，他給予學術界的，不僅是專書、辭典、論文，還有對於後學者在禮學研究上的啓發與引導。

後記：本文於 2012 年 11 月 23 日在中研院中國文哲研究所主辦"新中國六十年的經學研究（1950—2010）第四次學術研討會"上宣讀，會後就部分文字修正。

---

⑦ 周何：《禮學概論》（臺北：三民書局，1998 年），頁 7。

表一 《三禮辭典》圖一覽表

附圖頁碼	條目	圖內容	說明
10	九服	九服圖	
24	二十八星	二十八宿圖	云：1978 年湖北隨縣戰國早期曾侯乙墓出土一漆箱，蓋上繪二十八宿圖。 參考出土文物
26	人節	人節圖	
34	几	几	參考西漢墓出土木製曲几
67	勺	勺圖	參考出土銅勺
86	大圭	大圭	
145	中	中圖	
150	乏	乏圖	
160	五服	五服圖	
165	五架之屋	五架之屋圖	各部位名稱及結構圖
214	天時	天時圖	
222	戈	戈圖	參考出土器戈之形制
228	方明	方明圖	
229	方壺	方壺圖	
232	木桁	桁圖	
233	木鐸	木鐸圖	
239	牙璋	牙璋圖	
245	王畿	王畿圖	
255	功布	功布圖	
257	匜	匜圖	參考出土器匜之形制
278	四圭有邸	四圭有邸圖	

(續表)

附圖頁碼	條　目	圖　内　容	説　　明
292	布	空首布錢、平首布錢	參考出土文物
294	弁	弁圖	
303	玄冠	玄冠圖	
306	玄璜	玄璜圖	
314	甲	甲圖	參考秦始皇陵出土武士俑
316	白琥	白琥圖	云：非象虎形，而于長方形玉上刻虎紋。
318	矛	矛圖	參考出土器矛之形制
320	矢	矢圖	
328	兆域圖	兆域圖	參考 1978 年河北平山縣戰國中山王䑞墓出土銅板兆域圖
341	合巹	合巹圖	
345	圭璧	圭璧圖	
362	曲裾	曲裾圖	
369	缶	缶圖	參考出土器缶之形制
375	耒	耒圖	
388	卣	卣圖	參考出土器被稱爲卣者之形制
401	抗木	抗木圖	
403	抉	抉圖	
404	折	折圖	
405	攻駒	攻駒圖	
407	束帛	束帛圖	
425	角	角圖	參考出土器被稱爲角者之形制
426	角柶	角柶圖	

(續表)

附圖頁碼	條 目	圖內容	説 明
428	豆	豆圖	
429	足鼓	足鼓圖	
443	佩玉	佩玉圖	
444	兕觥	兕觥圖	參考出土器被稱爲兕觥者形制
445	兩圭有邸	兩圭有邸圖	
458	周城	周城圖	
480	并夾	并夾圖	
482	弩	弩圖	
506	物	物圖	
514	虎節	虎節圖	
520	金版	金版圖	參考河南扶溝古城村出土金版
522	金鐃	鐃圖	參考出土器鐃之形制
527	俎	俎圖	
528	俑	俑圖	參考1978年山東萊西縣岱野西漢墓出土俑
530	侯	侯圖	
535	冒	冒圖	
538	削	削圖	參考出土器削之形制
557	拾	拾圖	
562	柷	柷圖	
563	梱	梱圖	
574	盾	盾圖	其圖恐不合先秦之樣式
581	胄	胄圖	參考出土器胄形制
601	重	重圖	

(續表)

附圖頁碼	條目	圖内容	説明
602	重屋	重屋圖	
604	革帶	革帶圖	
644	晉鼓	晉鼓圖	
648	案	案圖	
669	笏	笏圖	
678	缺項	缺項圖	
693	軒城	軒城圖	
701	鬲	鬲圖	參考出土器鬲之形制
705	冕	冕圖	
724	帶	帶圖	
726	帷裳	裳圖	
732	戚	戚圖	看似出土器戚圖,實未精確
734	掩	掩圖	
735	敔	敔圖	
738	旌節	旌節圖	
744	楎椸	楎椸圖	
747	深衣	深衣圖	
757	笄	笄圖	
783	勒	勒圖	云：古金文作攸勒。參考出土器勒之形制
797	尊	尊圖	參考出土器尊之形制
803	戟	戟圖	參考出土器戟之形制
811	敦	敦圖	參考出土器敦之形制
814	罼	罼圖	參考出土器被稱爲罼者之形制

錢玄先生的三禮名物學研究　197

(續表)

附圖頁碼	條　目	圖内容	説　　明
827	棺飾	棺飾圖	
828	梡	梡圖	
828	梡禁	梡禁圖	參考出土器被稱爲梡禁者之形制
830	椑	椑圖	
838	琮	琮圖	參考出土器琮之形制
839	琬圭	琬圭圖	
839	琰圭	琰圭圖	
840	琴	琴圖	
841	畢	畢圖	
842	疏匕	疏匕圖	
846	祼圭	祼圭圖	
856	絞	絞圖	
867	象尊	象尊圖	
867	象觚	象觚圖	
872	軥	軥圖	
872	軸	軸圖	
895	雅	雅圖	
905	塤	塤圖	
914	楅	楅圖	與古文字字形不合
917	楹鼓	楹鼓圖	
921	瑟	瑟圖	
922	瑑圭	瑑圭圖	
928	禁	禁圖	

(續表)

附圖頁碼	條目	圖内容	説明
947	韏	韏圖	
957	觥	觥圖	參考出土器被稱爲觥者之形制
968	遣車	遣車圖	
969	鉦	鉦圖	
977	鼎	鼎圖	參考出土器鼎之形制
986	寢廟	寢廟圖	
988	旗	旗圖	
991	槃	槃圖	參考出土器盤之形制
996	瑱	瑱圖	云：漢墓中常發掘到尸首旁有長形玉飾，或即玉瑱。 參考出土器瑱之形制
1001	管	管圖	
1003	籈	籈圖	
1008	緇布冠	緇布冠圖	
1009	翠	翠圖	
1011	臺門	臺門圖	
1017	襌衣	襌衣圖	
1028	鍘	鍘圖	
1029	銘	銘圖	
1031	銜勒	銜勒圖	
1033	輓	輓圖	
1042	劍	劍圖	後世之形制
1063	璋	璋圖	
1065	璋邸射	璋邸射圖	

(續表)

附圖頁碼	條目	圖內容	說明
1072	編鐘	編鐘圖	參考湖北隨縣曾侯乙墓出土編鐘
1102	圓壺	圓壺	參考出土器圓壺之形制
1119	磬	磬圖	參考出土器磬之形制
1122	簋	簋圖	
1123	簏	簏圖	
1139	輻	輻圖	
1141	錞	錞圖	參考出土器錞于之形制
1148	龍節	龍節	
1151	屨	屨圖	
1152	應	應圖	
1158	爵	爵圖	參考出土器爵之形制
1160	爵弁服	爵弁圖	
1170	簠	簠圖	參考出土器簠之形制
1176	繅藉	繅藉圖	
1186	鍚	鍚圖	云：秦始皇陵出土二號銅車馬有當盧，金鍚，形如葉。參考出土器鍚之形制
1187	鐘	鐘圖	參考出土器鐘之形制
1193	黼	黼圖	與出土器不合
1200	璧	璧圖	
1201	璧羨	璧羨圖	
1205	簞	簞圖	參考出土器匜之形制
1217	鎛	鎛圖	
1218	鎛	鎛圖	參考出土器鎛之形制

(續表)

附圖頁碼	條 目	圖内容	説 明
1219	鎮圭	鎮圭圖	
1225	鵠	鵠圖	
1231	牘	牘圖	
1234	簫	簫圖	
1241	觶	觶	參考出土器被稱爲觶者之形制
1243	犪	犪圖	
1249	鼗	鼗圖	
1254	獻尊	犧尊圖	參考出土器犧尊之形制
1264	韠	韠圖	
1269	甒	甒圖	參考出土器甒之形制
1270	罍	罍圖	參考出土器罍之形制
1275	馨鼓	馨鼓圖	
1283	篸	篸圖	
1287	體解	體解圖	
1289	籩	籩圖	
1290	鞞	鞞圖	
1292	纚	纚圖	
1293	觸	觸圖	
1296	鸞	鑾圖	參考出土器鑾鈴之形制

銅器銘文"金甬"與
文獻"鑾和"之探究

一、前　　言

　　古器物學的研究隨着考古的發現與文字學的發展，有更多新的意見，當前器物學研究的課題在器名、斷代、藝術風格等方面取得較好的成果，身份方面的探討仍是今後必需着力的課題。西周銅器銘文中提到不少器物名稱，除了器物自名外，大多是賞賜物，自名器爲器物名稱的研究提供直接的證據，在研究上容易取得成果，至於賞賜物的研究雖經歷宋儒、清儒及民國以來多位學者的努力，已提出很多意見，然而學界仍爲分歧的看法所困擾。本文研究的對象是西周銅器銘文"金甬"一詞，希望能藉由古籍的梳理、結合考古學的成果，對銘文中的金甬，提出看法，也將古文字材料和古籍記載串連起來。

二、賞賜物"金甬"的研究

　　西周銅器銘文提到賞賜成組的車馬器中，有一類器物稱爲"金甬"，相關的銘文如下：

　　　　●《毛公鼎》02841：①"金車：㮂縟較（較）、朱䩗𥎦（靳）虢

---

① 器名後的數字爲中國社會科學院考古研究所《殷周金文集成》（北京：中華書局，2007年）之編號。

（靳）、虎㡇熏裏、右厄（軛）、畫轉、畫輻、金甬、錯衡、金踵、金豙、約䡅、金簟彌、魚葡（服）、馬三（四）匹、攸（鋚）勒、金鉽、金雁（膺）、朱旂二鈴。"

●《彔伯㺇毁蓋》04302："金車：㚒冒（幦）較（較）、㚒㒼（鞃）朱虢䩦（靳）、虎㡇寏裏、金甬、畫輻、金厄（軛）、畫轉、馬三（四）匹、鋚勒。"

●《三年師兌毁》04318－319："金車：㚒較（較）、朱虢㒼（鞃）䩦（靳）、虎㡇熏裏、右厄（軛）、畫轉、畫輻、金甬、馬三（四）匹、攸（鋚）勒。"

●《師克盨》04467－468：②"駒車：㚒較（較）、朱虢㒼（鞃）䩦（靳）、虎㡇③熏裏、畫轉、畫輻、金甬、朱旂、馬三（四）匹、攸（鋚）勒。"

●《𧽙盨》04469："駒車：㚒較（較）、朱虢㒼（鞃）䩦（靳）、虎㡇熏裏、畫轉、畫輻、金甬、馬三（四）匹、鋚勒。"

●《吳方彝蓋》09898："金車：㚒㒼（鞃）朱虢䩦（靳）、虎㡇熏裏、㚒較（較）、畫轉、金甬、馬三（四）匹、鋚勒。"

●《四十三年逨鼎》：④"駒車：㚒較（較）、朱虢㒼（鞃）䩦（靳）、虎㡇熏裏、畫轉、畫輻、金甬、馬三（四）匹、攸（鋚）勒。"

以上諸例除《吳方彝蓋》爲西周中期器，《彔伯㺇毁蓋》的時代介於中晚期之間，其他器的時代都在西周晚期。這七例都屬於册命賞賜銘文，因此我們可知"金甬"屬於車器，且應具有身份的象徵意義。

"金甬"引起文字學界的注意而加以考釋，乃與此物記載於《吳方彝》與《毛公鼎》的銘文中有關，尤其是《毛公鼎》銘文的字數較多，晚清時就有

---

② 尚有一器爲美國聖路易市（Saint Louis）私家收藏《師克盨》（參楊曉能：《美國聖路易斯市私藏師克盨的再考察》，《考古》1994年第1期）。

③ 集成編號爲04467的師克盨於銘文鑄造時漏㡇字，由集成編號爲04468的青銅器可以補足。

④ 陝西省考古研究所、寶雞市考古工作隊、眉縣文化館、楊家村聯合考古隊：《陝西眉縣楊家村西周青銅器窖藏發掘簡報》，《文物》2003年第6期，頁4—42。鑄器人逨，或隸定爲逨、逑、逑，隸定爲逑實較逨爲佳，然學界提及此組器多有分歧，姑暫依考古報告隸定爲逨，以免困擾。

多位清儒加以考釋,迄今對《毛公鼎》銘文考釋的學者甚多。⑤ 對於金甬的看法,有二派意見最值得注意,一派認爲金甬是青銅車的一種套子,另一派認爲金甬是一種青銅樂器,尤其第一種說法至今爲較多學者所從。

第一種說法以徐同柏和上海博物館《商周青銅器銘文選》爲代表,認爲是一種車軸上的套子。清代徐同柏認爲"金甬"當釋作"金釭":

> 金釭,字作甬,《說文》:"釭,車轂口鐵也。"《釋名》:"釭,空也,其中空也。"甬乃鐘柄,釭形似之,故假借甬爲釭。⑥

徐同柏的意思是甬爲釭的假借字,金甬是車轂口的銅件,《商周青銅器銘文選》解釋"金甬"爲"車軸頭上的青銅套子"⑦可能受徐說的影響。徐同柏指出甬爲釭的假借字,認爲金甬是金釭,依《說文解字》對釭的釋義,釭是車轂口的鐵質部分,這類器的材質爲鐵,或有學者認爲亦可以銅質爲之,但釭這類車馬器的出現應晚於西周,西周車馬中未見,爲東周中期以後才漸漸發展出來,秦漢時代的車軸上就很常見了,因此以金甬爲金釭的說法,在器物時代上是不合的,也欠缺實例證明。《銘文選》未指出是否同意金甬爲金釭,然其云"車軸頭上的青銅套子"則和車釭的位置相似,或有他指,但沒提出什麼論證。

另一說是以金甬爲樂器,或以爲鐘,或以爲鈴。清代阮元(1764—1849)在考釋《吳彝》(即《吳方彝》)時提出甬爲"古鐘字"的看法。⑧

郭沫若先生考釋《毛公鼎》"金甬"時,以鈴釋之:

> 觀諸器銘之言"金甬"者,均與軛衡及其附屬物相連帶,本鼎言"右厄、畫轉、畫輯、金甬、趙衡",《彔伯毀》言"金甬、畫輯、金厄、畫

---

⑤ 歷來的重要學者如:徐同柏、吳式芬、吳大澂、孫詒讓、劉心源、王國維、郭沫若、容庚、高鴻縉、董作賓等諸位先生,都做過考釋,而唐蘭、陳夢家兩位先生也曾對其中的部分賞賜物做專題研究。

⑥ (清)徐同柏:《從古堂款識學》卷16(清蒙學報館影石校印本),收錄於北京圖書館編:《國家圖書館藏金文研究資料叢刊》第9冊(北京:北京圖書館出版社,2004年),頁29。

⑦ 馬承源主編:《商周青銅器銘文選》第3冊(北京:文物出版社,1988年),頁176。

⑧ (清)阮元:《積古齋鐘鼎彝器款識》卷5,北京:中華書局,1985年。

轊"，《吳彝》言"畫轊、金甬"，《望盨》言"畫輴金甬"——衡者轅（今言車柄）端之橫木，輴者伏兔下之革帶（伏兔在車下，車轅衡軸之處），後端縛於軸，前端縛於衡，厄在衡上所以叉馬頸，輴通作轉，厄之裏也。——轊輴均附屬於軛衡之物，則"金甬"亦必屬於軛衡，斷不至於軛衡諸物中而突闌以轂口之鐵。故徐説決非。然則"金甬"當爲何物？曰，《續漢書‧輿服志》所屢見之"吉陽筩"者，是也。《志》曰"乘輿：龍首銜軛，左右吉陽筩，鸞雀立衡"，又曰"六百石以上施車轓，得銅五末（五粲），軛有吉陽筩"。又曰"凡轓車以上軛皆有吉陽筩"。據此，可知"吉陽筩"乃施於軛上之物，左右各一。然此究爲何物，舊注無説。余謂"吉陽"當即吉祥，"筩"當即《説文》鐘下重文之鋪。"吉祥鋪"殆謂鸞鈴。（今傳世有漢牛馬鈴，多書吉宜字，器甚小，疑即此類。）觀《續漢志》於"乘輿左右吉陽筩"之下即著以"鸞雀立衡"，於公侯大夫之車則否，可知天子之車於衡上立鸞雀，即以鸞雀銜其鈴，公侯大夫之車則僅繫鈴而不著鸞雀。彝銘之"金甬"，有鸞與否不得而知，然其爲金鈴金鐘，則毫無可疑。⑨

郭先生的論點中，引用《續漢書‧輿服志》的意見很值得留意，兹再引錄《輿服志》文如下：

乘輿、金根、安車、立車，輪皆朱班重牙，貳轂兩轄，金薄繆龍，爲輿倚較，文虎伏軾，龍首銜軛，左右吉陽筩，鸞雀立衡。

景帝中元五年，始詔六百石以上施車轓，得銅五末，軛有吉陽筩……

皇太子、諸侯王，倚虎伏鹿，文畫軶輴，吉陽筩，朱班輪……二千石以下各從科品，諸轓車以上，軛皆有吉陽筩……

雖然"吉陽筩"見載於《續漢書》，而陳述內容僅及西漢，與"金甬"一詞的時代西周在時間上間隔甚長，但是由"筩"與銘文"甬"同屬車器，名稱相當，筩是甬的後起字。其他車器名稱如"較"、"軛"、"衡"等，不論西周或西漢

---

⑨ 郭沫若：《金文叢考》（北京：人民出版社，1952年），頁288—289。

皆無不同，郭説的確值得重視。漢代吉陽筩稱筩，可能沿自較早的金甬之名。

楊樹達先生在《录伯致毁跋》一文中也以金甬爲金鈴：

> 錫物又有金甬。金甬者，余去歲撰《釋甬篇》，謂甬爲鐘之象形初文，此云金甬，即金鐘也。（薛氏《款識》卷壹釋《商鐘》之甬爲鐘，阮元釋《吴彝》亦謂甬即鐘字。）此文皆言車上之物，車上不得有鐘，而云金鐘者，車上有鈴。《廣韻》云："鈴似鐘而小。"鐘與鈴大小雖異，而形制則同，故云金鐘也。《番生毁》記王賜諸物與此文略同，此文之金甬，彼文作金童，童爲鐘之省，亦足證明余説。⑩蓋此器用象形初文，彼用後起字鐘之省形字也。⑪

楊先生以爲"甬"字爲鐘之初文，是以甬爲甬鐘之象形，然目前所能見到甬鐘最早的例子是西周的，商所見樂器與甬鐘形近者爲鐃，鐃之柄在下，而甬最早亦見於西周銘文，在銘文考釋上，甬字的釋形至今仍有分歧，有學者認爲甬是樂器的象形，也有認爲甬是桶字的初文，當前研究"甬"字形構的較新意見是江學旺先生《"甬"字構形試探》⑫一文的看法，是文舉遣策、古文字材料和文獻比對，以爲甬爲俑之初文，這一説還待商榷。

郭、楊兩位先生考定金甬爲金鈴，甚具卓見，漢人猶將"鈴"稱爲"筩"，可爲旁證。車馬器的確有"鈴"這類器物，考古報告習稱爲"鑾鈴"或"鑾"。

陳漢平先生提出疑問：

> 或説金甬爲銅質鈴鐺，在馬頸下或車衡、車軛下，但册命賜物另有鑾鈴一項，故金甬似非銅鈴，亦誌此存疑。⑬

這樣的疑問涉及到賞賜物"旂"上的"鈴"，《毛公鼎》02841 的"朱旂二鈴"

---

⑩ 另外，要澄清的是楊樹達先生此處以《番生毁》論説金童與金甬爲一物，是不準確的，《番生毁》的金童即爲《毛公鼎》的金踵（或隸定爲金𨀁），和金甬爲兩物，不應混爲一談。

⑪ 楊樹達：《積微居金文説》（北京：中華書局，1997 年），頁 3。該文作者自注日期爲 1941 年 1 月 14 日。

⑫ 江學旺："甬"字構形試探》，《古文字研究》第 23 輯（北京：中華書局、合肥：安徽大學出版社，2002 年），頁 201—204。

⑬ 陳漢平：《西周册命制度研究》（上海：學林出版社，1986 年），頁 247—248。

和《番生毁蓋》04326"朱旂旜金芳二鈴"。⑭ 這和杜預《春秋左氏經傳集解》對桓公二年臧哀伯所言"錫、鸞、和、鈴,昭其聲也"所做的注釋"鈴在旂"是完全相合的。陳漢平先生的質疑是將西周銘文的旂鈴與考古報告所稱的鑾鈴相混了。

三、"鸞"、"鑾"與"䜌"所指稱的器物

（一）文獻中關於"鸞（鈴）"的問題

關於車馬器鸞（鑾）鈴,古書作"鸞",今之考古報告多用"鑾"字。在經文中,以《毛詩》出現的"八鸞"一詞最爲常見：

《小雅‧采芑》"八鸞瑲瑲"
《大雅‧烝民》"八鸞鏘鏘"、"八鸞喈喈"
《大雅‧韓奕》"八鸞鏘鏘"
《商頌‧烈祖》"八鸞鶬鶬"

還有《秦風‧駟驖》"輶車鸞鑣",《小雅‧蓼蕭》"和鸞雝雝",《小雅‧庭燎》"鸞聲將將"、"鸞聲噦噦",《小雅‧采菽》"鸞聲嘒嘒",《魯頌‧泮水》"鸞聲噦噦",《毛詩》以外,尚有：

《周禮》《夏官司馬‧大馭》"凡馭路儀,以鸞和爲節"
《禮記》《少儀》"鸞和之美,肅肅雍雍"
《玉藻》"故君子在車,則聞鸞和之聲"
《經解》"升車,則有鸞和之音"
《仲尼燕居》"行中規,還中矩,和鸞中采齊"
《春秋左氏傳》桓公二年"錫、鸞、和、鈴,昭其聲也"

先秦其他典籍如：《荀子》《正論》、《禮論》、《大略》"和鸞之聲"等。

由以上所引先秦典籍,皆可知"鸞"與"和"爲車馬器的鈴之專名,"鸞

---

⑭ 由二人的職嗣和受賜物,可推得"朱旂二鈴"是目前所見西周銘文中等級最高的旂,可能是"朱旂二鈴"與"朱旂旜金芳二鈴"只是名稱繁簡有別而已。

和"常并稱。但是,這些文獻都没提到鸞所置之處及其形狀,因此不得不求諸漢儒以下的注解。

《小雅·蓼蕭》"和鸞雝雝",毛傳云:"在軾曰和,在鑣曰鸞。"鄭箋云:"此説天子之車飾者。"

《秦風·駟鐵》"輶車鸞鑣",鄭箋云:"輕車,驅逆之車也,置鸞於鑣,異於乘車也。"孔疏云:"謂異於彼玉、金、象也。《夏官·大馭》及《玉藻》、《經解》之注皆云'鸞在衡,和在軾'。謂乘車之鸞也,此云鸞鑣,則鸞在於鑣,故異於乘車也。鸞、和所在經無正文。《經解》注引《韓詩内傳》曰:'鸞在衡,和在軾。'……"

《禮記》《玉藻》鄭注:"鸞在衡,和在式。"孔疏曰:"鸞在衡、和在式,《韓詩外傳》文也。若鄭康成之意,此謂平常所乘之車也。若田獵之車則鸞在馬鑣也。"

《周禮》《夏官司馬·大馭》賈疏:"鄭知鸞在衡、和在軾者,鄭見《韓詩傳》云'升車則馬動,馬動則鸞鳴,鸞鳴則和應'。乘車先馬動,次鸞鳴乃和應,明鸞近馬首,和更近後,故知鸞在衡、和在軾也。且按秦詩云'輶車鸞鑣',毛云'鸞在衡',鄭云'鸞在鑣',不從毛義者,鄭以田車鸞在鑣,乘車鸞在衡。"

又《史記》《禮書》裴駰《集解》引服虔曰:"鸞在鑣,和在衡。"

由此可知,在漢儒的看法上,乘車的鸞在衡,田車的鸞在鑣,至於和,或云在軾,或云在衡。

《春秋左氏傳》桓公二年"錫、鸞、和、鈴,昭其聲也"。杜注:"錫在馬額,鸞在鑣,和在衡,鈴在旂,動皆有鳴聲。"孔疏:"鸞、和,亦鈴也,以處異故異名耳。"杜預認爲和在衡,與服虔説同,又和毛亨"在軾曰和"不同。

梁履繩《左傳補釋》云:"東萊吕氏《讀詩記》引《韓詩》説'在軾曰和,在軶曰鸞'。與諸説又異,蓋衡軶相連,稍變其文,無足取也。"⑮吕祖謙的説法或有其出處,考古出土周代車軶上常有"鑾鈴",與吕説相合。

---

⑮ (清)梁履繩:《左傳補釋》卷2,《皇清經解續編》(臺北:藝文印書館,1964—1965年),頁3上。

208　野人習禮——先秦名物與禮學論集

由以上的説法，我們可以列表如下：

專　名	鈴 的 位 置	提出説法的學者
鸞	（乘車）在衡	鄭玄
	（田車）在鑣	毛亨、鄭玄、服虔、杜預
	在軛	呂祖謙引韓詩
和	在軾	毛亨、鄭玄
	在衡	服虔、杜預

　　由出土的周代車馬器來看，衡和軛上都有鈴，形制大抵相同，古器物學界稱爲"鑾鈴"或"鑾"（參圖一、二），至於軾上置"和"，則猶未見之。

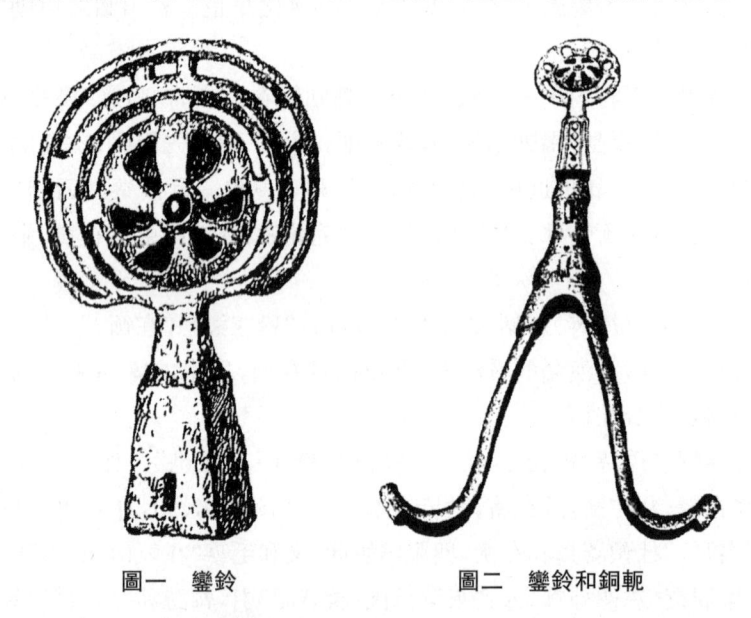

圖一　鑾鈴　　　　　　圖二　鑾鈴和銅軛

〔圖引自劉永華：《中國古代車輿與馬具》（上海：上海辭書出版社，2002年），頁32〕

（二）鸞旂和旂上的鈴

　　由西周銘文來看，鸞作爲器物名，其用法主要有二：一是作器物的專名，單獨使用，如《柞鐘》00133－139"載、朱黃、鸞"、《七年趞曹鼎》02783

"載市、同黃、䜌"、《望毀》04272"赤⊙市、䜌";另一種現象就是與旂、旐結合爲旂幟專名使用,如《善夫山鼎》02825"玄衣黹屯、赤市、朱黃、䜌旂"、《頌毀》04332-339"玄衣黹屯、赤市、朱黃、䜌旂、攸勒"、《走馬休盤》10170"玄衣黹屯、赤市、朱黃、戈琱㦰彤沙厚必(柲)、䜌𠂤(旂)"、《輔師𤸫毀》04286"載市、素黃、䜌旐"。因此西周銘文中所稱的"䜌"不屬於車馬器,而是屬於旂(䜌旂)的器物。考古報告所稱的鑾鈴和西周銘文中的䜌,分屬不同的器物。也就是説,衡或軛上被考古學界稱爲鑾的鈴,在册命賞賜銘文中并不稱爲"䜌"。

關於"䜌"、"䜌旂",陳夢家先生有系統地考釋,提出意見:

文獻上比較統一的説法是(1)鈴在旂上,(2)和在軾上,(3)鸞在衡上,(4)鑾鈴在鑣上。

出土之鑾鈴屬于軛首,乃車器之在衡者。

金文"䜌旂"出現了十多次,而在共、懿時代三器上但稱"䜌",另外又有"䜌叔"一器。凡此䜌字,自然是鑾或鸞之初形,但其意義可有三解:(1)讀作鑾和旂,是二物,故所賜可有鸞無旂,《漢書·郊祀志》上"賜爾旂鸞";(2)鸞旂是畫鳥之旂,《文選·東京賦》"鸞旗皮軒"薛注云"鸞旗謂以象鸞鳥也"。則似旛一類;(3)是有鑾鈴之旗,猶有鈴之刀爲鸞刀。《詩·信南山》"執其鸞刀"鄭箋云"鸞刀,刀有鸞者言割中切也";《公羊傳》宣公十二年"右執鸞刀"何注云"鸞刀,宗廟割切之刀,環有和,鋒有鸞";《郊特牲》"割刀之用而鸞刀之貴,貴其義也",《正義》云"必用鸞刀取其鸞鈴之聲。"

(2)見于《文選》薛注,乃是晚出的注解,恐不可取。金文但賜"䜌"的,可能爲鑾旂之鑾,我們舊以爲是"䜌旂"之省,恐不可以。(3)則一般金文的"䜌旂",應作有鈴的旂解,有鈴之"旜"則爲"䜌旜"。⑯

陳先生由傳世古籍上的記録得到的結論是"金文的䜌旂應爲有鈴的旂

---

⑯ 陳夢家:《西周銅器斷代》,《燕京學報》1995年新1期,頁287。又見於陳夢家:《西周銅器斷代》上册(北京:中華書局,2004年),頁441—442。後者誤"懿"爲"以"(本處引文第4行),又本處引文第3行之"鑾鈴"爲挐器物形。

解"。這一點由西周銘文來檢驗大致是合理的,而且又於文獻有據。

以出土文物和文獻相比對,軛與衡上都有"鑾鈴",形制大抵相同,文獻或將軛上的鈴稱爲"鸞",衡上的鈴稱爲"和",本文認爲:文獻所稱的"鸞"與"和"是位置的不同,形制無別。因此,考古報告將出土在軛及衡上的鈴都稱爲"鑾鈴",是合宜的。

關於"鈴",最值得留意的是《毛公鼎》02841"朱旂二鈴"與《番生毁蓋》04326"朱旂旜金芳二鈴",這兩例是目前所見西周銘文中等級最高的旂,而旂上有鈴作爲身份的等級象徵。另外,《班毁》04341 銘載賞賜"鈴鏊"是比較特別的,班的爵位是公(本來是伯,接續虢馘公服,升爲公爵),賞賜物"鈴鏊"在釋讀上有二說可爲參考:李學勤先生以爲:"大約是一種表示身份的馬勒,有似師虎鼎的'太師金膺'。"⑰而《商周青銅器銘文選》則認爲"鈴和勒",并指出鈴是旂:"旗上的銅鈴,鈴亦可代表旗,毛公鼎銘'朱旗二鈴',鈴爲旗之量詞。"⑱由銘文中旂和鈴的伴隨現象來看,《銘文選》的解釋較爲有據,依其說鈴鏊是旂和鏊。

四、出土文物的研究

西周出土文物中,有一類被古器物學界稱爲"鑾鈴"或"鑾"的車馬器,這類器具有身份的代表性。吳曉筠女士在"商周時期車馬埋葬研究"⑲中對"張家坡西周墓地"提出以下的看法:

> 大型墓葬隨葬的車馬器器類較多,軎轄(以軎的發現爲主)、鑾、衡、鑣爲車馬器的基本組合。實用型車馬器的發現較爲普遍,車器與馬器似乎同樣受到重視。在車馬器的埋葬上,軎轄作爲車的象徵,衡鑣作爲馬的象徵,而鑾鈴則表現禮的概念。⑳

---

⑰ 李學勤:《毛簋續考》,《古文字研究》第 13 輯(北京:中華書局,1986 年),頁 183。
⑱ 馬承源主編:《商周青銅器銘文選》第 3 冊(北京:文物出版社,1988 年),頁 109。
⑲ 吳曉筠:《商周時期車馬埋葬研究》,北京:北京大學考古文博學院博士論文,2003 年。
⑳ 同注 19,頁 126。

對於"天馬──曲村晉國墓地"其意見爲：

　　這一階段晉侯墓地已經不再強調墓葬内的車馬隨葬，所留下來的，也只是鑾鈴而已。而鑾作爲墓葬内發現次數最多的一種車馬器，在實車及實用性車馬器隨葬已經衰落的時代裏還能繼續保持，也說明了鑾作爲葬車之禮的最後代表，是西周時期等級最高的一種車禮器。㉑

張家坡墓地北區是井叔家族的墓地，時間由西周早期一直延續到晚期，吳文指出的"鑾鈴則表現禮的概念"，很有啓發。由晉侯墓地的研究也顯示鑾成爲具有身份象徵意義的車馬器，時代爲西周晚期到春秋早期的虢國墓地亦呈現出以鑾鈴爲身份等級標誌的現象。"鑾鈴"在車馬器中的突出地位，是由西周中晚期一直延續到春秋時代，也可以說鑾鈴是車馬禮器中等級最高的禮器。

由上述研究中，可以清楚明瞭西周中期以後至春秋早期，"鑾鈴"在車馬器中，最具有身份等級的代表性，既然"鑾鈴"這麼重要，那麼在爲數不少的西周賞賜銘文中，在陳述車馬器時，不該沒有提及，我們就成組的詳細車馬器來看：

　　較─㽥─䩹─㡇─軛─轉─𫐓─甬─衡─踵─豪─約䡅─金簟弼─魚䈠─攸勒─鑣─雁

這些名稱中，唯一有可能是鈴這類樂器用字的只有"甬"，而鑾鈴在西周至春秋考古研究上所呈現的重要性，與西周銅器銘文以金甬爲具有身份象徵的賞賜物，恰有相合之處。吳女士的研究提供了重要的佐證，車馬器作爲冊命賞賜物本有身份的象徵意義，漢代的吉陽筩這類置於車上的樂器（鈴）乃是沿用了周朝車馬禮器中的金甬，由其名稱便可以聯繫，甬釋爲樂器亦由此得到重要的佐證。吉陽筩和金甬都是劃定身份等級的器物，而周代考古的研究顯示鑾鈴又是車馬器中最具身份代表性的禮器，本文認爲考古學上所稱的"鑾鈴"應即爲銅器銘文中的"金甬"。

㉑　同注19，頁131。

五、結　語

　　出土車馬器在衡或軛上，常有鈴這類器物，考古報告常稱爲"鑾鈴"或"鑾"，文獻或稱爲"鸞"、"和"，然而銘文并不稱爲"䜌（鸞、鑾）"，本文認爲這類器物就是"金甬"。而在西周銅器銘文中"䜌"多用於旂類，旂上的鈴這類器物，銘文稱爲"鈴"，文獻也稱爲"鈴"。關於"鸞"、"鑾"、"䜌"這三個字，都從"䜌"，讀音又相同，不免讓人感到困擾，本文在此將其名稱依"銘文記錄"、"文獻記錄"、"考古學界及古器物學界稱呼"分別開來，以表格顯示其異同如下：

銘文記錄	文獻記錄	考古學界、古器物學界
金甬	鸞	鑾鈴
	（和）	（鑾鈴）
鈴	鈴	鈴
䜌	鸞旂	（鈴）

　　"金甬"具有身份的代表性，是成套車馬賞賜物中的組成要件之一，在西周墓葬制度中，是最具代表性的車馬器物，其數量可作爲身份劃分的參考。

　　後記：本文曾於2005年"第十六屆中國文字學會"（高雄師範大學國文學系主辦）上宣讀，其後修改并正式發表於《東海中文學報》2006年第18期，頁11—24。

　　關於銅器銘文中的"金甬"，張長壽先生《說鑾與金甬》一文（原署名王平，《考古》1962年第7期）提到"金甬既然和畫轄連言，足見它不是軛上的鑾鈴，而很可能是車軸上的器物"、"軸上的銅車器，目前已發現的有軝、軎、軏和書、轄。金甬如上所說是軸上之物，則有可能是指其中的一件或幾件"、"唯有車書，形細長，中空，酷似鐘甬。如此，則金甬很可能就是䝙"、"䝙雖細微,却是車上的重要器物。東周墓葬多隨葬䝙、轄作爲車子的象徵,銘刻中之所以要提到金甬,也許正是由於這個緣故"。張先生的意見我在寫此文時未能參考,實在很遺憾。

當初寫作本文時,也曾考慮過金甬是車䝙的可能,甬有桶這類詞義的關聯,金甬若因桶狀物包覆車軸而得名,似也有可能。但考慮到吉陽筩這個綫索所以選擇了金甬在車衡的説法。

鑾鈴之説的缺點有二:一是形制和名稱關連性小;另一則是金文在記載車馬器賞賜物時,金甬大多在畫輯後連着排序(少數先金甬後畫輯,有一例金甬後接錯衡)。

不過金文中記載賞賜車馬器的車器部分,在陳述次第上似乎并非依一定位置來陳述(但器之先後有陳述的習慣性),這應該還能再仔細討論。

作者本人并不堅持此文金甬的考釋意見,將此文未加修改而收入論文集只是爲記錄過去。

禮學與制度類

銅器銘文所見聘禮研究

一、前　言

在銅器銘文的研究上，聘禮仍是較少被關注到的議題，而在經學的研究方面，也少有學者引用銅器銘文來探究聘禮。① 因此本文乃以銅器銘文中所見的聘禮爲題，與傳世文獻相印證以探討先秦禮制。本文所采用的方法是根據傳世文獻所記載的聘禮資料，歸納條例，作爲判斷銘文是否屬於聘禮的依據，接着全面性地檢尋具有聘禮性質的銅器銘文，加以分組探究，以期對禮學與銘文研究，提出新的看法。

---

① 研究銅器銘文的學者，於各器銘文考釋時，或提及與聘禮有關的内容，但少有專門探討的著作，目前可見對聘禮銘文做較大篇幅的論述爲劉雨先生《西周金文中的"周禮"》"相見禮"一節[收録於《燕京學報》(北京：北京大學出版社，1998年新3期)，頁24—31(總78—85)]。本文所認定的聘禮銘文數量較劉先生提及得多，再者，劉先生認爲《九年衛鼎》是眉敖覿王，屬於覿禮[頁26(總80)]，本文認爲屬聘禮，此銘文明確提到遣使，不宜作覿禮解讀。
　　關於朝聘制度，兩岸學者以此做專題或學位論文者亦有幾篇，較可觀者爲李无未先生《周代朝聘制度研究》(長春：吉林人民出版社，2005年)。此書雖以傳世文獻爲主，但采用不少西周銘文以補充、參驗，很值得參考。又，本文在聘禮銘文的認定上與此書或有出入，如該書云："諸侯遣使聘問天子。有關西周諸侯遣使聘問天子的情況銅器銘文記載明確。《史話簋》記：'(康)王話畢公，乃易(錫)史話貝十朋。'……史話奉命聘問康王，因此受到了賞賜。"(頁126)本文認爲《史話毀》銘文提到周王話畢公，未提到史話是否爲畢公使者，而王話諸侯亦不可能是由諸侯遣使至周中央，并且也存在畢公至周王處的可能，因此李先生認爲《史話毀》爲聘禮銘文是不宜的，本文不收入此銘。
　　目前所見其他以朝聘或聘禮爲題所做的論文，大多整理《左傳》與《三禮》，罕能與銘文結合，更乏全面性的探討之作。

二、聘禮的判斷條件及銘文的聘禮資料

（一）聘禮的性質與範圍

聘禮於五禮屬賓禮，是專爲維繫"天子與諸侯"、"諸侯與諸侯"的交誼，諸如：繼好、結信、謀事、補闕等（《左傳》襄公元年文）所設計的禮制。天子與諸侯或諸侯間，非朝覲、會盟，則沒機會見面，爲了聯絡情誼，因此派遣使者（卿大夫）代替天子或國君相互訪問，這種禮儀，便是聘禮。關於聘禮，先秦文獻提及者甚多，以《儀禮·聘禮》、《禮記·聘義》最爲詳細，《周禮》、《大戴禮記》、《左傳》等亦有不少記載。

《周禮·秋官·大行人》云：

> 掌大賓之禮及大客之儀，以親諸侯。春朝諸侯而圖天下之事，秋覲以比邦國之功，夏宗以陳天下之謨，冬遇以協諸侯之慮。時會以發四方之禁，殷同以施天下之政，時聘以結諸侯之好，殷覜以除邦國之慝，間問以諭諸侯之志，歸脤以交諸侯之福，賀慶以贊諸侯之喜，致禬以補諸侯之災。

關於"朝、覲、宗、遇、時會、殷同"鄭玄注認爲"此六事者，以王見諸侯爲文"、對"時聘、殷覜"認爲：

> 此二事者，亦以王見諸侯之臣使來者爲文也。時聘者，亦無常期，天子有事，諸侯使大夫來聘，親以禮見之，禮而遣之，所以結其恩好也。天子無事則已。殷覜，謂一服朝之歲也。慝猶惡也。一服朝之歲，五服諸侯皆使卿以聘禮來覜天子，天子以禮見之，命以政禁之事，所以除其惡行。

對"間問、歸脤、賀慶、致禬"認爲"此四者，王使臣於諸侯之禮也。間問者，間歲一問諸侯，謂存省之屬"。於《大行人》注中，鄭玄已指出"王見諸侯之使臣"與"王使臣於諸侯"爲聘問中的兩個類型。聘禮必有使臣，若是諸侯見天子，則爲朝覲，其事有六：朝、覲、宗、遇、時會與殷同。至於王親臨者或云巡守與殷國。諸侯與諸侯會面或曰遇、會、朝、盟。

孫希旦(1736—1784)《禮記集解》引吕大臨(1040—1092)的説法：

> 聘禮，有天子所以撫諸侯者，《大行人》"一歲徧存，三歲徧覜，五歲徧省"是也。有諸侯所以事天子者，《大行人》"時聘以結諸侯之好，殷頫以除邦國之慝"是也。有鄰國交脩好者，《大行人》"凡諸侯之邦交，歲相問，殷相聘"是也。②

吕大臨將聘禮分爲三類，屬於天子和諸侯間的有二，屬於諸侯間的有一。傳世文獻中，《儀禮·聘禮》與《禮記·聘義》便是諸侯與諸侯間之聘禮，其他如《周禮·秋官·大行人》云："凡諸侯之邦，交歲相問也，③殷相聘也，世相朝也。"《禮記·曲禮下》云："諸侯使大夫問於諸侯曰聘。"也都屬於此類。關於"天子與諸侯間的遣使往來"的聘禮，以《春秋》、《左傳》、《周禮》三書最爲常見，如：《春秋》隱公七年載"冬，天王使凡伯來聘"。《左傳》桓公四年載"夏，周宰渠伯糾來聘"。宣公九年載"王使來徵聘。夏，孟獻子聘於周。王以爲有禮，厚賄之"。《周禮·春官·大宗伯》載"以賓禮親邦國：春見曰朝，夏見曰宗，秋見曰覲，冬見曰遇，時見曰會，殷見曰同，時聘曰問"。《周禮·秋官·大行人》載"春朝諸侯而圖天下之事，秋覲以比邦國之功……時會以發四方之禁，殷同以施天下之政，時聘以結諸侯之好，殷頫以除邦國之慝，間問以諭諸侯之志"。《禮記·王制》載"諸侯之于天子也，比年一小聘，三年一大聘，五年一朝"。這些都是天子和諸侯間的聘問之禮。

聘禮的作用除了固定地聯絡兩國交誼外，結信與謀事也是很重要的功能。《儀禮·聘禮》"若有言，則以束帛如享禮"。指的是在聘禮時，若有特別的告請，可以在夫人聘享禮儀後，再以束帛加書致命於主君。查《左傳》中所載聘禮，有不少爲"結盟"、"尋盟"、"軍事"、"謀事"而聘，或因聘而告請他事。例如隱公七年"齊侯使夷仲年來聘，結艾之盟也"。成公三年

---

② （清）孫希旦：《禮記集解》下册（臺北：文史哲出版社，1990 年），頁 1456。
③ 關於《大行人》這段文字，前人斷句爲"凡諸侯之邦交，歲相問也"，李无未先生主張斷句爲"凡諸侯之邦，交歲相問也"，將"交"字屬下讀（《〈周禮〉"諸侯之邦交"之斷句正誤》，《文獻》1998 年第 4 期，頁 253—256）。并舉出《大戴禮記》的例證，甚是。

"冬,十一月,晉侯使荀庚來聘,且尋盟。衛侯使孫良夫來聘,且尋盟"。成公十一年"卻犫來聘,且涖盟"。是結盟、尋盟而聘。有軍事目的如文公十二年"秦伯使西乞術來聘,且言將伐晉"。成公二年"及共王即位,將爲陽橋之役,使屈巫聘于齊,且告師期"。成公八年"晉士燮來聘,言伐郯也,以其事吳故"。謀事的如僖公十三年"春,齊侯使仲孫湫聘于周,且言王子帶"。王子帶奔齊,齊使仲孫湫至周行聘禮時,請周天子召回王子帶,又如宣公十一年"公孫歸父以襄仲之立公也,有寵,欲去三桓,以張公室。與公謀而聘于晉,欲以晉人去之"。謀事也包含"歸田"、"召聘"、"通路",如襄公三十一年"吳子使屈狐庸聘于晉,通路也"。聘禮的功能很廣,可以稱得上是高級貴族的見面禮,藉由這樣的見面,商議事項,因此聘禮之用,可謂大矣。

在禮學的研究上,"聘"和"問"④是有差別的,常用的説法是"問是小聘"。這主要是依使者(正使)的身份區分,鄭玄《三禮目録》:"大問曰聘。諸侯相於久無事,使卿相問之禮,小聘使大夫。"此處的"小聘使大夫"是相對於《儀禮・聘禮》以"卿"爲正使而説的。聘和問的差異在於,"聘"是三年施行、正使爲卿、七介或五介;⑤"問"是比年行之、正使爲大夫、三介、不享、獻不及夫人、不筵几、不用醴、私覿不升堂、不郊勞。"聘"、"問"二字雖然嚴格來説,是可以區分的,但在古人的用法上,常混稱、通用。二者對文則別,散文則通。

(二) 聘禮的儀節與判斷指標

呂大臨將聘禮區分爲三類,關於天子遣使至諸侯、諸侯遣使至天子兩類因傳世文獻未有詳細的記録,因此其儀節無可説;至於"諸侯和諸侯間"的聘禮因保留於《儀禮・聘禮》,故其儀節可援引以説之,可將主要的儀節

---

④ 此處所提及之"問"是《儀禮・聘禮》"小聘曰問"及鄭玄《三禮目録》"大問曰聘"的"問"。問又有一意:《周禮・春官・大宗伯》"時聘曰問",所指爲天子有事,諸侯使臣來聘,因無常期,故稱"時聘",又稱爲"問"。"小聘曰問"與"時聘曰問"的"問"不同。

⑤ 《禮記・聘義》"聘禮:上公七介,侯伯五介,子男三介"。

歸類如下：⑥

　　1. 出使前諸儀：包含"圖事命使介"、"授幣"、"告禰"、"受命遂行"。
　　2. 途中諸儀：包含"過他邦假道"、"習儀"。
　　3. 至受聘國聘享前諸儀：包含"及竟"、"入竟展幣"、"郊勞"、"致館展幣"、"設飱"、"至朝及廟門"。
　　4. 聘享諸儀：包含"聘"、"享"、"聘享夫人"。
　　5. 禮賓勞賓諸儀：包含"禮賓"、"私覿"、"公送賓問勞"、"卿勞賓"。
　　6. 歸饔諸儀："歸饔餼於賓介"、"賓介問卿大夫"、"夫人歸禮於賓介"、"大夫餼賓介"、"饗食賓介"。
　　7. 反行前諸儀：包含"還玉報享"、"賓將行君館賓"、"賓行主國贈送"。
　　8. 反至國諸儀：包含"使者反命"、"使還奠告"。

這些是常禮的狀態，至於權變在《儀禮》《聘禮》中也有清楚的說明。

　　由傳世文獻歸納，用於聘禮的名物應有下列幾類：

　　　　聘幣：圭、璧、璋、琮、皮、束帛……等
　　　　饔餼：禾、米、黍、稷、粱、（大）牢、薪芻……等
　　　　禮器：鼎、鉶、簋、簠、竹簠方、筥、籩、豆、觶、壺、瓦大……等
　　　　贄侑：鴈禽、（羔）、束紡……等

以上四類，聘幣和饔餼兩類是聘禮有關文獻中常爲論述的部分，如《禮記·聘義》載：

　　　　以圭璋聘，重禮也。已聘而還圭璋，此輕財而重禮之義也。諸侯相厲以輕財重禮，則民作讓矣。
　　　　主國待客，出入三積。餼客於舍，五牢之具陳於內。米三十車，禾三十車，芻薪倍禾，皆陳於外……賜無數，所以厚重禮也。

　　討論到此，可以提出判斷聘禮銘文的三指標：

---

⑥　鄭憲仁：《聘禮儀節探討》，《南臺科技大學學報》2006 年第 31 期，頁 69—83。

主要指標"必須有使者出使到周中央或諸侯國",非遣使者,則不稱爲聘。凡使者出使到周中央或其他諸侯,則合乎聘禮的基本條件。

輔助指標一"其内容應有結好、謀事、問候的意涵",其所用動詞未必爲聘、問,聘禮的功用以《左傳》爲例,有邦交互訪(初聘、報聘、通嗣君、召聘、拜朝)、結盟(含尋盟、涖盟)、軍事征討、修好(修平)、夫人寧、通路、問疾、致田、勘界……等等。

輔助指標二"提及名物可和聘禮相聯繫",重要的爲圭、璧、璋、琮等玉器,《左傳》昭公四年記載蓮啓强論及聘禮,云"朝聘有珪,享覜有璋"。足見圭璋在聘禮中的重要地位。其他各類也值得留意。

三指標可助於判斷傳世或出土文獻之性質是否與聘禮有關。

(三) 聘禮相關銘文的初步整理

這部分所列的銘文,并非本文已認爲是聘禮銘文,我們在此是先將可能的銘文分組,以便下一章節的探討。

檢尋已公布的銅器銘文資料,由銘文内容可直接判斷與聘禮有關的爲西周中期的《九年衛鼎》2831、⑦《匍盉》*62、⑧齊威王的《陳侯因㟒敦》4649、秦孝公時的《商鞅量》10372,⑨凡四器,只有《商鞅量》銘文直接使用"聘"字,而《陳侯因㟒敦》銘文"淖(朝)聞(問)諸厌(侯)"則用了"問"字。

由釋讀銘文,依其可能與聘禮有關的動詞,又可分成幾組:

(1) "迨"字組:殷代銅器《戍甬鼎》2694 一例一件。⑩
(2) "安"字組:西周昭王時代器《作冊睘卣》5407 與《作冊睘尊》5989

---

⑦ 數字爲中國社會科學院考古研究所《殷周金文集成》(北京:中華書局,1984—1994 年)之編號。

⑧ 凡器銘加"*"者,爲《殷周金文集成》編輯後公布之銘文,乃依據鍾柏生、陳昭容、黃銘崇、袁國華四位先生所編之《新收殷周青銅器銘文暨器影彙編》(臺北:藝文印書館,2006 年)的器號,故加"*"以區別之。

⑨ 此器左壁銘文載秦孝公十八年(公元前 344)齊使來聘之事,器底銘文爲後刻。

⑩ 凡銘文相同的組器,稱"同銘器",因銘文内容相同,故視爲同例,以一例計算;件數爲實際器數,同銘者分開計算。如士上所作之器有"卣"二件、"尊"一件、"盉"一件,凡四件銅器,而銘文相同(同銘器),本文皆視爲一例四件。

（此二器下文稱爲"作册睘諸器"）、⑪西周中期的《公貿鼎》2719，凡二例三件。

（3）"寧"字組：西周早期器《盂爵》9104，一例一件。

（4）"毁"字組：毁、寴爲一字之異體，銘文或於字加"宀"者，如"親"與"窺"，其用法無別，凡此類，皆可視作一字之異體，故毁與寴合爲一組。此組包括西周早期的《士上卣》5421－5422、《士上尊》5999、《士上盉》9454（以上四件器下文稱爲"士上諸器"）、《保卣》5415－5416、《保尊》6003（以上三件器下文稱爲"保諸器"）、《作册䰧卣》5400、《作册䰧父乙尊》5991（以上二器下文稱爲"作册䰧諸器"）、《小臣傳毁》4206；西周中期的《豐作父辛卣》5403、《豐作父辛尊》5996（以上二器下文稱爲"豐諸器"）；西周晚期的《士百父盨》、⑫《駒父盨蓋》4464。共七例十四件。

（5）"省"字組：此組包含西周早期的《臣卿鼎》2595、《臣卿毁》3948（以上二器下文稱爲"臣卿諸器"）、《中甗》949、《中方鼎》2751－2752、⑬《静方鼎》* 1795、《小臣夌鼎》2775；西周中期的《獻鼎》2721；⑭西周晚期的《史頌鼎》2787－2788、《史頌毁》4229－4236（以上十件器下文稱爲"史頌諸器"）。共七例十八件。

（6）"事"字組：金文"事"、"史"、"吏"、"使"爲一字之分化，在銘文釋讀時，必須依文例判定應讀爲何字，而銘文中有"事"、"吏"諸字者甚多，爲能準確討論，本文將銘文一一檢視，字作"派使"、"遣使"之意者，擇出爲一組。此組包含西周早期的《逨父乙毁》3862、《小臣宅毁》4201；西周中期

---

⑪ 《作册睘卣》、《作册睘尊》銘文稍有出入，尊銘少"隹十又九年，王"六字，卣銘作"王姜令作册睘"，尊銘作"君令余作册睘"；卣銘作"賓睘貝、布"，尊銘作"賓用貝、布"；卣銘作"文考癸寶障器"，尊銘作"朕文考日癸寶"；尊銘有族徽而卣銘無之。卣與尊之銘文出入如上述，然依西周器物學慣例：西周早期至中期"尊卣"成組而銘文亦多相同。作册睘之尊與卣銘文雖有小異，然内容一致，故仍視爲一例銘文兩件器。

⑫ 此器由張光裕先生首次公布，參見張光裕：《西周士百父盨銘所見史事試釋》，《第一屆古文字與古代史學術討論會論文集》，中研院歷史語言研究所主辦，2006 年 9 月 22—24 日，第 12 篇頁 1—9。張先生已同意本研究可引用此資料。

⑬ 《中甗》和兩件《中方鼎》爲同一人所鑄，其事有所關聯，但甗和鼎不是同銘之器，故視爲二例三器。

⑭ 獻所鑄器尚有《遇甗》，獻和遇，字形雖有異，但都從禹，且銘文與師雍父有關，應爲一人，本文依"銘文與聘禮有關的動詞"爲分類，故《遇甗》分在不同組，參"事字組"。

的《生史殷》4100－4101、《遇甗》948、《小臣鼎》2678、《小臣守殷》4179－4181、《仲幾父殷》3954,共七例十件。

上揭六組涉及的銅器是二十五例四十七件,加上銘文内容直接可判斷的四器,便是二十九例五十一件,也就是說有二十九篇不同的銘文是和聘禮可能有關。另外銘文中有"出入使人"的字句,也有學者認爲與聘禮有關,本文稱爲"出入使人組",亦在下個章節探討。

三、銅器銘文中的聘禮探討

上一章節已初步清理銅器銘文,依其内容可能與聘禮有關的動詞分組,接着,便是加以論證探究。

(一) 由内容可直接判斷與聘禮有關銘文的四例

1.《九年衛鼎》

《九年衛鼎》2831 爲 1975 年陝西岐山縣董家村窖藏出土,時代爲西周恭王世,本器銘文提到眉敖遣使者見周王:

> 隹九年正月既死霸庚辰,
> 王才(在)周駒宫,各(格)廟。眉敖者
> 膚卓吏(使)見于王……

因爲銘文後面的内容和聘禮無關,故不徵引。眉敖亦見於《乖伯殷》4331"王命益公征眉敖"、"眉敖至見,獻賮",殷銘提到周王命益公征討眉敖,眉敖臣服來朝覲周王,眉敖可能是外族,依周制,其身份可視爲諸侯。鼎銘敖眉遣使見王,合乎聘禮——"諸侯遣使聘王"一類。若眉敖親自見王,屬"朝覲",《乖伯殷》的眉敖至見,便是覲禮,而《九年衛鼎》的眉敖者膚卓使見于王,事屬聘禮。

2.《匍盉》

西周中期的《匍盉》* 62 爲 1988 年於河南平頂山滍陽嶺應國墓地 M50 出土,銘文五行四十四字,是西周諸侯間聘禮的重要文獻:

佳(唯)四月既生霸戊申,匍
即于氐(柢),青公史(使)嗣史[圖]
曾(贈)匍于束：麀韋韋兩、赤
金一匀(鈞),匍敢對鷸(揚)公休,
用乍(作)寶䵼彝,其永用。

應國的使者匍出使至柢,青公派使者嗣史[圖]饋贈匍,匍達成聘禮任務,回應國便鑄此器以為紀念。

3.《陳侯因𧊒敦》

《陳侯因𧊒敦》4649 為戰國齊威王之器,銘文"陸侯因𧊒"即文獻所載田齊之齊威王"因齊",銅器命名習慣依銘文所稱,故不稱齊侯因𧊒敦。銘文提到"朝問諸侯"：

佳正六月癸未,陸(陳)厌(侯)因𧊒(齊)
曰：皇考孝武趄(桓)公,龏(恭)截(哉)大
慕(謨)克成,其惟(唯)因𧊒(齊)鷸(揚)皇考,
卲(紹)練(緟)高且(祖)皇啻(帝),俅(邇)嬰(嗣)趄(桓)文,淖
(朝)聞(問)者(諸)厌(侯),合鷸(揚)厥恵(德)。……

問字作[圖],此字為聞本字,假借為聘問之問,"朝問諸侯"猶"朝聘諸侯"為聘禮之事。

4.《商鞅量》(《商鞅方升》)

《商鞅量》10372 右壁銘文云：

十八年齊□ ⑮卿大夫眾來聘。

---

⑮ 此字左邊从辵,另半邊殘泐,器藏上海博物館,由目前最新的拓片亦未能看清楚[陳佩芬：《夏商周青銅器研究》東周下(上海：上海古籍出版社,2004 年),頁 472]。此字由上海博物館馬承源先生等人所撰寫之《商周青銅器銘文選》卷 4(北京：文物出版社,1990 年),頁 612,則釋為"逹",就殘泐筆畫與上下文來看,可能性不高。中國社會科學院考古研究所：《殷周金文集成釋文》(香港：香港中文大學中國文化研究所,2001 年),頁 204,則隸定作"師",與从辵字形不合。張亞初先生《殷周金文集成引得》(北京：中華書局,2001 年),頁 160,隸定作"遣",與此字右邊殘泐筆畫亦不能合。

冬十二月乙酉,大良造鞅。……

《史記·秦本紀》載孝公"十年,衛鞅爲大良造",故知此十八年齊使來聘秦之事,爲公元前 344 年。云齊使來聘,明確爲諸侯間聘禮之事。

(二)"迨"字組

迨字从辵合聲,合爲聲符兼義。殷商銘文《戍甬鼎》2694 載殷王派遣宜子與西方諸侯會面,戍甬因有功得到賞賜,鑄父乙的祭祀用鼎,其銘文云:

亞[圖]。丁卯,王令宜子迨西

方于省。隹反(返),王賞(賞)

戍甬貝二朋,用乍(作)父乙彝齋。

《説文解字》以佮爲會字古文,而迨與佮實爲一字,古文字中从彳與从辵可通(辵乃由彳與止合成),字从合得聲,聲符表義,合與會的字義可通,故宜子去會見西方諸侯之意甚爲明確。

銘文迨字除《戍甬鼎》外尚有《保卣》5415(《保尊 6003》同銘)與《麥方尊》6015,其文例如下:

◎《保卣》5415:乙卯,王令保及殷東或(國)五厌(侯),征兄六品,蔑曆于保,易(賜)賓,用乍(作)文父癸宗寶障彝。遘于三(四)方,迨王大祀,祓于周,才(在)二月既望。

◎《麥方尊》6015:王令辟井厌(侯)出[圖],厌(侯)于井,雩若二月,厌(侯)見于宗周,亡[圖](尤),迨王饗荼京酉祀。

這兩例銘文的"迨"字是周王與諸侯會面,《金文形義通解》釋迨爲"朝見天子"并云:

此乃會合一義之特指義,臣與君會合也。此義于春秋後或用"迨"字,典籍作"會"。《戍甬鼎》:"丁卯。王令宜子迨(會)西方……"《保卣》:"遘(遘)于三(四)方迨(會)王大祀,祓于(于)周。"孫稚雛《匯釋》:"是説恰逢四方會王大祀祐于周之年。"《麥尊》:"雩(粵)若二月,厌見疘(于)宗周,亡述(尤)。迨(會),王客(格)……""迨(會)"指邢侯覲見周王。⑯

由《保卣》與《麥方尊》二銘文,可以釋"迨"爲"朝見天子"(即覲禮),不過《成䣙鼎》的迨,所指是殷王使者宜子與諸侯見面,由這樣的現象,應可推論殷周於禮制用字,或未如傳世禮書之精確,迨字實指會面、會合,若依禮書的分類,成䣙可能是代殷王去見西方諸侯,性質近於"殷國"之禮(巡狩禮的一類)。

(三) "安"字組

"安"字組包含三件銅器:《作册睘卣》5407、《尊》5989 與《公貿鼎》2719,因爲銘文都以動詞"安"來表現使者出使的目的,因此合爲一組探討。

1. 作册睘諸器

作册睘諸器的時代爲西周早期,卣銘與尊銘字數與用詞稍有出入,然記載同一事,周王后——王姜派遣作册睘到夷國:

卣 5407:
隹十又九年,王才(在)斥,王
姜令乍(作)册睘安尸=(夷)白(伯)=,
(尸白)賓睘貝、布,覲(揚)王姜休,用
乍(作)文考癸寶陴器。

尊 5989:
才(在)斥,君令余乍(作)册
睘安尸=(夷)白=(伯),(尸白)賓用貝、
布,用乍(作)朕文考
日癸肇(旅)寶。

---

⑯ 張世超等:《金文形義通解》卷 2(日本京都:中文出版社,1996 年),編號 0237,頁 297—298。

銘文的關鍵在"安夷伯"，關於安的訓釋，楊樹達先生以爲與"寧"同意，并由《詩經》《葛覃》"歸寧父母"談及后妃夫人古禮：

> 按安今言問安，寧與安同義，故經傳皆言寧。《詩》《周南·葛覃》云："歸寧父母。"《毛傳》云："寧，安也，父母在則有時歸寧耳。"《孔疏》云："此謂諸侯夫人及王后之法。《春秋》莊二十七年，杞伯姬來。《左傳》曰：凡諸侯之女，歸寧曰來，是父母在得歸寧也。父母既没，則使卿寧於兄弟。襄十二年《左傳》曰：楚司馬子庚聘于秦，爲夫人寧，私也。是父母没不得歸寧也。《泉水》有義不得往，《載馳》許人不嘉，皆爲此也。"樹達案：彝銘記王姜令作册睘安夷伯，據古禮言之，知王姜之父母既没，故使睘往寧，與《左傳》襄公十二年楚司馬子庚爲夫人秦嬴寧秦爲一例，然則夷伯當爲王姜兄弟或兄子之類，孫仲容謂爲王姜之母黨，是也。⑰

《商周青銅器銘文選》同此說。⑱ 依周代婦人名稱的慣例，王姜的父家姓姜，因此學者又將姜姓與夷伯聯結。⑲ 另外，日本學者白川静先生認爲：

> 我推考王姜是河南姜姓國出生的人，隨從今次王出行，是在靠近本籍貫的地方協助王，爲撫恤諸侯而努力。⑳

> 作册諸官掌管祭事等爲主，由此關係，自然也有被君婦命令的情況，特別在本器，正如其所指出的，王姜是在出生的地域實施撫恤政策，可視爲份外的策略性行爲。㉑

白川静先生認爲王姜"撫恤"本籍貫的諸侯夷伯，這個意義，是具有聘禮作

---

⑰ 楊樹達：《積微居金文説》（北京：中華書局，1997 年），頁 164。作者自署 1949 年寫。

⑱ 馬承源主編：《商周青銅器銘文選》卷 3（北京：文物出版社，1988 年），頁 65。

⑲ 學者對於此銘之夷伯，多用陳夢家說，陳夢家云："王姜令作册所安之夷伯乃是姜姓之夷國。《左傳》桓十六'衛宣公烝於夷姜'，又取公子之娶於齊女者爲'宣姜'。此夷姜是夷國之女；《左傳》隱元'紀人伐夷'，杜注云'夷國在城陽莊武縣'，今濮陽。此器夷伯之夷作尸，即此國。"［陳夢家：《西周銅器斷代》上册（北京：中華書局，2004 年），頁 62］

⑳ 白川静通釋，曹兆蘭選譯：《金文通釋選譯》（武漢：武漢大學出版社，2000 年），頁 29。引文中的"隨王出行"有必要説明，過去學者認爲厈是河南地名，但依據盧連成先生《厈地與昭王十九年南征》（《考古與文物》1984 年第 4 期，頁 76—77）一文的研究，厈在陝西。故出行的看法是應修正的，但王在厈并不影響王姜本籍是否爲河南的推測。

㉑ 同前注，頁 30。

用的。

楊樹達先生的歸寧説，與白川靜先生的撫恤説，并不衝突，西周時期，南方諸侯叛服不定，王姜遣使至本籍之夷伯，於禮固有歸寧之意，亦有安好南方諸侯的作用，《周禮·秋官·大行人》"王之所以撫邦國諸侯者"，鄭玄注"撫，猶安也"。《公貿鼎》亦云"安夷伯"，《盂爵》云"寧鄧伯"，安和寧是"安撫"或"安好"的意思。王姜爲周王后妃，在西周早期後段銘文中常見記載，甚具雄才，是一位對當時政治很有影響力的女性。王姜遣使者作册睘安夷伯，合於遣使至諸侯國行聘禮的性質，㉒聘禮本有"繼好、結信、謀事、補闕"的作用，安撫亦有繼好、結信等作用，因此作册睘諸器應視爲聘禮銘文。

2.《公貿鼎》

《公貿鼎》2719 的時代爲西周中期前段，内容爲叔氏派遣貧出使䙴國：

> 隹十又二月初吉
> 壬午，叔氏事（使）
> 貧安䙴白（伯），賓
> 貧馬兩乘，
> 公貿用牧休
> 䀇，用乍（作）寶彝。

貧出使完成任務，得到賞賜，銘文"賓"字爲常見的賞賜動詞，如《萬殷》4195"王命萬眔叔䌛父歸吴姬飴器，自（師）黄賓萬章（璋）一、馬兩，吴姬賓帛束，萬對䨻天子休"。《公貿鼎》銘文中提到的人物有"叔氏"、"䙴白"、"貧"與"公貿"，關於使者貧受賞賜，而作器人爲"公貿"，楊樹達先生有很好的解釋：

㉒ 依三禮與後世禮學的標準，后妃聘諸侯僭禮，然西周早期的周王后妃王姜遣師賜"田"《旗鼎》2704、中期的王姐姜遣内史賞賜貴族"玄衣朱襮䘳"《致方鼎》2789 等，都是當時認可的事，尤其"玄衣"爲朝服，具有身份的象徵意義，爲周王於册命禮對諸侯大夫之賜服。因此，於後世禮學觀點爲僭越的行爲，在當時可能不是這樣看待的。賜服是一例，遣使安夷伯也是一例。

按貧爲人名，其字从貝从父，《說文》未見。以字形言之，疑是泉布之布本字也。泉布字經傳通作布，乃假布帛之布爲之，此字从貝，乃與泉布之義相合。銘文云"公貿用△休蠢"，知其人字公貿，蓋泉布爲貿易所需，故名字義互相應合如此。㉓

楊說認爲一名一字，有助於通解銘文，銘文中清楚地說明叔氏派使者貧去安撫異伯，叔氏與異伯皆爲諸侯，貧使者，他出使的目的是"安好"，也就有"結好、繼好、補闕"的作用，可以斷定爲諸侯遣使行聘禮。

此處討論了兩例以安爲聘禮動詞的銘文，第一例的性質是天子后妃遣使聘諸侯，第二例爲諸侯遣使行聘禮。

(四)"寧"字組

"寧"字組僅一件，即日本小川睦之輔所藏《盂爵》9104，爲西周早期器，銘文提到盂受王命到异(鄧)國：

> 隹王初莽于
> 成周，王令盂
> 寧异(鄧)白(伯)，賓
> 貝，用乍(作)父寶尊
> 彝。

銘文的動詞"寧"與作册睘諸器、《公貧鼎》的動詞"安"是同樣的用法，陳夢家先生已指出"'寧登白'猶睘尊'安夷伯'"。㉔《銘文選》釋曰：

> 寧：安。《尚書·洛誥》："伻來毖殷，乃命寧。"孔安國《傳》："文武使已來慎教殷民，乃見命而安之。"又《儀禮·覲禮》"歸寧乃邦"，鄭玄《注》："寧，安也。"此當作安撫解。㉕

銘文首句依銘文之例，或爲"以事紀年"，故不必以爲事在成周發生，周王

㉓ 同注17，頁88。作者自署1946年6月20日寫。
㉔ 同注19，頁63。
㉕ 同注18，頁44。

遣孟出使鄧國，爲王遣使聘諸侯之禮，故可歸爲聘禮銘文。

（五）"殷"字組

"殷"字作動詞使用，亦與聘禮有關，本文將應討論的銘文篩選出七例十四件，於此討論。

1. 士上諸器

士上諸器傳 1929 年於河南省洛陽邙山馬坡出土，爲西周早期昭王時代器，包含《士上卣》5421－5422 二件、《士上尊》5999 一件、《士上盉》9454 一件，四器同銘，依卣銘隸定其文如下：

> 隹王大龠（禴）于宗
> 周，徣饔莽京年，
> 才（在）五月既朢（望）辛
> 酉。王令士上眔史
> 寅寇于成周，䞣㉖
> 百生（姓）豚，眔賣（賞）卣、鬯、
> 貝，用乍（作）父癸寶
> 隣彝。　臣辰冊光

銘文提及周王派遣士上和史寅爲使，寇（殷）成周百姓，百姓的身份爲各族各姓族長，具有貴族的身份。而寇的訓釋是決定此銘文是否屬於聘禮的關鍵，陳夢家先生以"寇于成周"爲"異姓侯民的集會受命"，并認爲"殷見之事皆行于成周"，㉗是以寇爲殷見，郭沫若先生也認爲寇字"用爲殷同或殷覜之殷"、"寇當是殷之緐文"。㉘ 由銘文來看，周王派士上和史寅殷見成周百姓，可知殷見或殷同之禮，不必周王親臨，可以遣使代之。

㉖ 此字，《商周青銅器銘文選》云："辭書未見，或釋豐、禮。從辭義看，應包涵有賞賜的意思。"（卷 3，頁 82）

㉗ 同注 19，頁 42。

㉘ 郭沫若：《兩周金文辭大系圖録考釋》下册（上海：上海書店，1999 年），頁 32。

2. 保諸器

保諸器的時代爲西周早期，包含《保卣》5415－5416 二件、《保尊》6003 一件，三器同銘，依卣銘隸定其文如下：

乙卯，王令保及
殷東國五厌(侯)，徂
貺六品，蔑曆弜
保，易(賜)賓，用乍(作)文
父癸宗寶障彝，遘
弜三(四)方，迨王大祀，祓
弜周，才(在)二月既望(望)。

"及殷東國五侯"一語是討論的重心，學者或認爲此與殷人反抗、周公東征有關，《説及解字》云"及，逮也，从又从人"，以逮捕爲及字本義，郭沫若先生認爲：

"及"同逮，即逮捕之意。此爲本義，後假爲暨與之及，而本義遂失。㉙

《商周青銅器銘文選》承之云：

王令保及殷東或(國)五侯，王命太保逮捕殷之東國五侯。或説，此句應讀爲王令保及殷，東國五侯，徂兄(貺)六品。
及，《説文·又部》"及，逮也，从又从人"，本義爲逮捕。
殷，指武庚祿父。㉚

此銘的"殷"字，另一説爲"殷見"之禮，蔣大沂云：

爲什麽説這"殷"是大合內外臣工而會見之的典禮，而不説它是"殷商"的"殷"呢？這是由於銘文後面記時的語句中，有"四方會王大祀"的話。"四方會王大祀"正就是"大合內外臣工而會見之"，但這也正就是"殷"……會合者"衆"則會合的規模也"大"，所以《廣雅·釋

㉙ 郭沫若：《保卣銘釋文》，《考古學報》1958 年第 1 期，頁 1。
㉚ 同注 18，頁 22。

詁》又説"殷,大也";此言"大祀",則又因大會合内外臣工必舉行大祭祀之故。㉛

蔣説將殷釋爲"大合内外臣工而會見之的典禮",作動詞"及"的"賓語"。對於"及",蔣先生認爲"有與聞、參預的意義":

《説文·彳部》"彶,急行也",要想伸手把前面的人逮捕住,必須急行趕上前去,所以急行實在也正該是這"及"字另一方面的意義。會合了兩方面的訓詁,則"及"字引申的第二義應該是趕及前人。由趕及前人之義再引申出來,又可以作趕上時期解。……而這裏的"及殷",也就是説從速趕上大合内外臣工典禮的日期。能夠趕上這件事,就是能夠與聞這件事,參預這件事。㉜

"及"字的訓解影響此銘"殷"字的説法,目前可見"及"有兩種解釋:

第一説是依《説文解釋》將及釋爲"逮也",那麼"殷"則釋爲"殷商"或"殷族"。於是將"及殷東國五侯"解釋爲"逮捕殷之東國五侯",如此説法,則下文"征貺六品"就不好理解了,不可能既逮捕又貺賜之,再者,銘文中的及字用法,未見做逮捕用的,因此,釋"及"爲"逮捕"之説并不好。

第二説是將"及"解釋爲"參與"的意思,那麼"及殷東國五侯"可以解釋爲"參與殷見東國五侯之禮",殷作"殷見"或"殷同"解釋。此説較佳。

"遘于三(四)方,迨王大祀祓于周,才(在)二月既望(望)"和士上諸器的"隹王大龠(禴)于宗周,祣饗蓁京年"、作册翻諸器的"隹明僳殷成周年"都近似以事紀年的性質,蔣大沂先生將殷和"遘于三(四)方,迨王大祀祓于周"等同,似可再商議。本文認爲此銘器主保因王令而參與殷見東國五侯的典禮,并且完成了王賜諸侯六品的使命,此行亦意在安撫東國五侯,并宣揚王命。

㉛ 蔣大沂:《保卣銘考釋》,《中華文史論叢》1964 年第 5 期,頁 96。李學勤先生亦同意此説[李學勤:《青銅器與古代史》(臺北:聯經出版事業股份有限公司,2005 年),頁 169—171]。

㉜ 同上注,頁 97。

3. 作冊翻諸器

作冊翻諸器包含《作冊翻卣》5400 與《作冊翻父乙尊》5991，皆爲西周早期器，卣尊同銘，茲依卣銘隸定如下：

隹明儴殷
成周年，公易（賜）
乍（作）冊翻鬯、貝，翻
對公休，用乍（作）父乙
寶障彝。 青冊舟

對於本器"殷"字，《商周青銅器銘文選》釋爲"殷見"，云：

> 經籍中"殷見"是諸侯會同朝王，即所謂"六服盡朝"。殷，傳統解釋爲大或盛的意思。但金文辭意中的殷多作動詞。小臣傳簋"令師田父殷成周"，士上盉"王令士上眔史寅寢于成周"，寢殷通用，皆是動辭。據辭義，殷或寢是朝覲于成周的意思，不僅是諸侯王臣之朝可稱殷，而且王遣使于諸侯亦可稱殷。豐尊銘："王在成周，令豐寢大矩，大矩錫豐金。"表明豐是王使而受大矩錫賓之禮，故金文中之殷并無上下尊卑的區別。字當讀爲覲，覲與殷同部，殷影紐，覲群紐，此兩紐在同部條件下通轉之例甚多。如佳、街見紐，娃、洼影紐。奇、掎、敧見紐，猗、椅、欹影紐。殷之與覲，是在同部條件下的音變之假借字。覲爲見義，殷在此也用爲見義。後來殷訓覲見之義泯没，因而又別造與殷同音之字，而皆爲見視義。《玉篇·見部》：覾，"視貌"。覾與殷爲雙聲疊韻字。覸、眏，《集韻》皆云視貌，視見同義。㉝

《銘文選》以殷當讀爲覲，可備一說，但覲禮銘文作"堇"，亦或用"見"字，而覲與殷二字仍有別。㉞

㉝ 同注18，頁80。
㉞ 劉雨先生指出"西周金文中，諸侯邦君朝見周王稱'覲'（寫作"堇"）或'見'"[劉雨：《西周金文中的"周禮"》，《燕京學報》（北京：北京大學出版社，1998年新3期），頁24（總78）]；"西周早期金文記諸侯見周王又可稱'見事'"、"某貴族朝見高一級貴族也可稱'見'"[頁24（總79）]。本文認爲除了用堇和見二字外，亦不能排除用"殷"。

4.《小臣傳毁》

西周早期的《小臣傳毁》4206 記載周王派遣師田父到成周與諸侯殷見：

> 隹五月既朢(望)甲子,王〔才(在)莽〕
> 京,令師田父殷成周〔年〕,
> 師田父令小臣傳非余,傳……

年字殘缺,只存上筆,諸家皆補"年"字,可從。

5. 豐諸器

豐諸器爲微史家族器群之一,1976 年於陝西省扶風縣莊白一號窖藏出土,豐諸器包含《豐作父辛卣》5403 與《豐作父辛尊》5996,爲穆王時代器,亦爲卣尊同銘,依卣銘隸定其文如下：

> 隹六月既生
> 霸乙卯,王才(在)
> 成周令豐叚
> 大₌矩₌,(大矩)易(賜)豐金、
> 貝,用乍(作)父辛
> 寶隣彝。 木羊册

王派使者豐殷大矩,殷亦用於上對下的關係,王派使者與諸侯會見。器主豐爲王使出使到大矩處,屬王遣使聘諸侯之禮。

6.《士百父盨》

此器依張光裕先生的研究定其年代爲宣王器,[35]張先生指出與"殷見"、"殷同"之禮有關,本器銘文隸定如下：

> 唯王廿又三年八月,
> 王命士百父殷南邦
> 君者(諸)戻(侯),乃易(賜)馬,王命

---

[35] 張光裕：《西周士百父盨銘所見史事試釋》,《第一屆古文字與古代史學術討論會論文集》(臺北：中研院歷史語言研究所,2006 年 9 月 22—24 日),第 12 篇頁 1—9。(此處引用已徵得作者同意)

☒曰:"達道于小南。"
唯五月初吉,還至于成
周,乍(作)旅須(盨),用䢖(對)王休。

此銘"王命士百父殷南邦君諸侯"是討論的關鍵句子,殷字顯明爲動詞,因諸侯會見不在王都,故宜將殷字釋爲"殷國"而非"殷見"。

7.《駒父盨蓋》

《駒父盨蓋》4464 於 1974 年陝西省武功縣回龍村出土,爲西周晚期器,其銘文如下:

唯王十又八年正月,南
中(仲)邦父命駒父毀(殷)南者(諸)
厌(侯),率高父見南淮尸(夷),乎(厥)
取乎(厥)服,堇(謹)尸(夷)俗,豕(遂)不敢
不苟(敬)畏王命逆見我,乎(厥)
獻乎(厥)服,我乃至于淮小大
邦,亡敢不☒具(俱)逆王命。
四月還至于蔡,乍(作)旅盨,
駒其䖈(萬)年永用多休。

銘文第二行第七字,依字形看是毀字,應爲殷字之訛,這一點張光裕先生已指出。㊱

細分之,此七例中王遣使者殷諸侯的有五例:士上諸器、保諸器、《小臣傳毀》、豐諸器、《士百父盨》,特別的是保諸器,由銘文可以肯定保受王命參與殷東國,但保不是主持殷東國之禮的使者,何人是主要的使者并未交待。其他二例中作册翻諸器則提到明保殷成周,《駒父盨》爲公卿遣使者殷南國。故七例中以王命使者殷諸侯比例最高,就地點而言,大多在成周,這很可能與文獻記載諸侯固定的年數要至周中央述職有關,若周王於

㊱ 同前注,第 12 篇頁 4。

成周,則諸侯覲王,若周王不能親臨,則命使者與諸侯殷見,雖亦遣使,但仍屬於覲禮的範疇。

"殷見"或"殷同"於禮書系統中,指王大會諸侯,地點在王城,其在外地者(如某一諸侯國),稱爲"殷國",然由銘文"殷"的使用來看,王遣使亦得稱爲"殷"。殷字的本義,學界多從于省吾先生的考釋:

> 古文殷字象人内腑有疾病,用按摩器以治之。商器光簋有🅇字(隸定作㱃),象病人卧于牀上,用手以按摩其腹部。又商器父癸卣有🅇字(也見甗文和觶文,隸定作㱃),象宅内病人卧于牀上,用按摩器以按摩其腹部,而下又以火暖之之形。㱃乃㱃字的繁構。魏三體石經《書·多士》的古文殷作🅇,隸定作㱃,是㱃與殷古通用。……商人患病除乞佑于鬼神外也用按摩療法。㊲

殷爲按摩治病之形構,引申有安撫之義,觀銘文以"安"、"寧"爲聘禮動詞,則以"殷"爲聘禮動詞,也是同理可喻的,豐諸器的"殷"應具有聘禮性質。

另外,劉雨先生認爲:

> 西周早期,周王凡有重大政令頒布或重要任命宣布,往往由宗周派遣特使去成周發布,金文稱"殷于成周"。㊳
>
> 郭沫若先生認爲金文中的"殷"禮與《周禮》中的"殷同"、"殷覜"等相同,各家多從其説。但《周禮》所説的"殷同"、"殷國"等是指周王對諸侯的巡視,這在西周金文中稱"省",不省"殷"。而且從金文看,殷禮乃王之使臣所爲,他們"殷于成周"是代宣王命。……在西周時,王室的主要政治活動仍以豐京、鎬京和菜京等周原老家一帶地點爲核心來進行,只是遇有重大政令、任命和重要會見需向全國頒布時,才派特使去"天下之中"的成周發布。金文所記殷禮皆行於成周,無一例外,正説明這一點。㊴

其意見是以殷于成周爲王遣使於成周宣布政令。這裏有兩點可以補充:

㊲ 于省吾:《甲骨文字釋林》(臺北:大通書局,1981年),頁322—323。
㊳ 劉雨:《西周金文中的"周禮"》,頁28(總82)。
㊴ 同前注,頁29(總83)。

殷禮不是皆行於成周的,《士百父盨》與《駒父盨蓋》載遣使殷南國,此其一也;由銘文内容,未見殷禮有宣布什麽重大的政策,反而以“安撫”的意味較爲濃厚,此其二也。

本文認爲,諸侯前來朝見周王固然爲覲禮,若王不親見,以使代之,亦屬於覲禮。若王至一侯國而其他諸侯來見,屬於殷國,王亦可遣使代之。若周王遣使至諸侯處,非諸侯本有朝見之意,則爲聘禮,因此以上的七例中只有豐諸器合乎聘禮的性質。

(六)“省”字組

《周禮·秋官·大行人》“王之所以撫邦國諸侯者,一歲徧存,三歲徧覜,五歲徧省”、《秋官·小行人》“存、覜、省、聘、問,臣之禮也”,賈公彦疏云:“存、覜、省三者,天子使臣撫邦國之禮。聘、問二者,是諸侯使臣行聘時聘殷覜問天子之禮。”故禮學家以“省”屬聘問之禮,銅器銘文中省可能作爲聘問動詞的有以下幾例:

◎《臣卿鼎》2595、《毁》3948:公違省自東,才(在)新邑,/臣卿易(賜)金,/用乍(作)父乙寶彝。

◎《中甗》949:王令中先省南或(國)貫行,埶/应在曾,史兒至,吕(以)王令曰:/“余令女(汝)史(使)小大邦,氒(厥)又舍/女(汝)苑[40]量,至玙(于)女(汝)庶小多。”/中省自方、龏(鄧),復邦在噩(鄂)/自(師)餗……

◎《中方鼎》2751－2752:隹(唯)王令南宫伐反/虎方之年,王令中/先省南或(國)貫行,埶/王应在夒隇真/山……

◎《静方鼎》* 1795:隹十月甲子,王才(在)宗周,令/師中眔(暨)静省南或(國)□/埶应……

◎《小臣夌鼎》2775:正月王才(在)成周,/王迖于楚麓,令/小臣夌先省楚应,/王至于迖应,無遣(譴)……

---

[40] 字舊釋芻,今改釋爲苑。劉釗:《釋金文中从夗的幾個字》,《古文字考釋叢稿》(長沙:岳麓書社,2005年),頁105—116。

◎《敔鼎》2721：隹十又一月，師/雚父徇(省)道㊶至/于敔，敔從。……

◎《史頌鼎》2787－2788、《𣪘》4229－4236：隹三年五月丁巳，王才(在)宗/周，令史頌徇(省)𣏜(蘇) [字] 友、里君/百生(姓)，帥䣕盩于成周，休又(有)/成史(事)……

上列各例中《中甗》與《中方鼎》應是同一作器人，所載也是同一事件。明確與省南國、南征有關的爲《中甗》、《中方鼎》、《静方鼎》、《敔鼎》四例。這四例皆因軍事目的，遣使省諸侯國，依《左傳》之例，文公十二年"秦伯使西乞術來聘，且言將伐晉"。成公二年"及共王即位，將爲陽橋之役，使屈巫聘于齊，且告師期"。襄公八年"晉范宣子來聘，且拜公之辱，告將用師于鄭"。都以聘禮而行軍事目的，爲省道、通路的如襄公三十一年"吳子使屈狐庸聘于晉，通路也"。故這四例銘文爲聘禮之屬。又以《敔鼎》爲例，師雚父將軍隊駐於古師，胡國是南方重要封國，因此師雚父派了使者敔前往胡國聯絡，師雚父的身份爲周中央卿大夫，周制中央卿大夫有封邑，亦爲封君，胡侯是地方諸侯，雚父遣使到胡國，得以聘禮視之。

史頌諸器云"王令史頌省蘇"，陳夢家先生云："此銘記王在宗周命史頌東至于成周省視蘇國、存問里君百姓并聚教其黎民，蘇有所賓獻，因以作器。"㊷《商周青銅器銘文選》云"王命令史頌視察蘇國"、"[字]友邦之里君，百姓得相率來至成周，事情辦得很成功"，㊸王之使者省問諸侯國里君百姓，亦所以省問諸侯國，此賈公彥所謂"存、覜、省三者，天子使臣撫邦國之禮"是也，故史頌諸器銘文爲聘禮銘文。

臣卿諸器云公違由東國省視回到新邑(成周)，推測可能是奉周王命出使，但亦不排除其他可能，故僅列爲"聘禮參考器"。

㊶ 對於"道"，郭沫若先生初認爲是道國，後又改釋爲道、導(《兩周金文辭大系圖錄考釋》下册，頁60)。陳夢家先生依郭先生舊說，其意見爲"今案'省道'猶史頌鼎之'省穌'。《左傳》僖公五年'於是江、黃、道、柏方睦於齊，皆弦姻也'。《左傳》昭公十一年楚滅蔡後'靈王遷許、胡、沈、道、房、申于荊焉'，杜注'道、房、申皆諸侯'"(同注19，頁118)。《商周青銅器銘文選》云"徇道，巡視通道。古代戰爭使用戰車，故作戰須察看戰車馳騁的通道"(卷3，頁131)。目前所見說法有此三說，不論道是國名或道路，并不影響討論。

㊷ 同注19，頁306。

㊸ 同注18，頁300。

《小臣夌鼎》是王遣小臣夌省楚垈，這個楚可能爲南方的楚地，也可能是某一地名（楚麓），而省楚垈應是純粹地省視王的垈所，這和《中甗》、《中方鼎》、《静方鼎》的省南國，性質有别，故不列入聘禮銘文。

（七）"事"字組

事與使字爲一字之分化，銘文中"事△"或"事于△"有可能和出使某國或某地有關，因此本文篩選可能與聘禮有關的銅器銘文爲探討對象，得出以下諸器：

◎《𨒪父乙殷》3862：公史（使）徵事（使）又（有）／息……

◎《小臣宅殷》4201：隹五月壬辰，同公才（在）豐，／令宅事白（伯）懋父，白（伯）易（賜）／小臣宅畫冊、戈九，易（錫）／金車、馬兩……

◎《生史殷》4100－4101：囗白（伯）令生史事（使）于／楚，白（伯）錫（賜）賞，用乍（作）寶／殷……

◎《遇甗》948：隹六月既死霸／丙寅，師雍（雍）父戍／才（在）古𠂤（次），遇從。師／雍（雍）父肩史（事）遇事（使）／于𣄰厌（侯）=，（侯）蔑遇厤，／易（賜）遇金……

◎《小臣鼎》2678：唯十月，事（使）于／曾，𠭯（密）白（伯）于成／周休𣂪小臣／金……

◎《小臣守殷》4179－4181：隹五月既死霸辛未，／王事（使）小臣守事于夷，賓／馬兩、金十匀（鈞），守敢對／𩁹（揚）天子休令（命）……

◎《仲幾父殷》3954：中（仲）幾父史（使）幾事／于者（諸）厌（侯）、者（諸）監……

這七例[44]銘文都是作器人被派遣"事△"或"事于△"。由内容來看，

---

[44] 另有一件器：《叔卣》銘文云："隹王奉于宗周，／王姜史（使）叔事于大（太）／僳（保），賞（賞）叔鬱鬯、白／金、苑牛，叔對大（太）僳（保）／休，用乍（作）寶陴彝。"李无未先生認爲是聘禮銘文《周代朝聘制度研究》，頁124），然本文認爲《叔殷》記載周王奉於宗周，王姜隨王來宗周，乃遣叔至太保處辦事，周初由周公與召公分治，召公治理宗周，此器時代爲昭王世，銘文的太保爲第二代太保，此時太保爲王室重要的公卿，叔赴太保處，或是助奉，或是處理政事，不一定有交誼或安撫等因素。

除《小臣宅毁》外，六例銘文都是出使於諸侯國（息、楚、猷、曾、夷），受到賞賜而鑄器紀念。

出使諸侯國的六例銘文中只有《小臣守毁》可由銘文知是王遣使至夷，應是天子遣使聘諸侯，其他五例爲公卿諸侯遣使至諸侯國，故亦當是諸侯互聘之事，故此六例屬聘禮銘文。

《小臣宅毁》與六例銘文有別，同公派小臣宅去伯懋父處，若是去問候結好，那麼便屬於聘禮性質，但伯懋父給小臣宅的賞賜物是兵器和車馬器，而且賞賜金車，等級不低，聘問之禮侑以兵器并非常例，加上伯懋父是周初重要的將領，不能排除同公遣小臣宅的任務是去幫伯懋父，而非聘問。不能確定是問候結好，或是協助事務，因此這件器宜列爲"聘禮參考器"。

（八）"出入使人組"

銅器銘文中有常用套語"（饗王）出入"、"出入使人"，或作"逆造使人"，對此不少學者曾提出看法，李无未先生匯合諸説：

> 天子遣使聘問諸侯。從西周銅器銘文中能夠見到周天子遣使聘問諸侯的記載。《伯矩鼎》，成王時器："白（伯）矩乍（作）寶彝，用言（歆）王出內（入）吏（使）人。"唐蘭認爲：言就是音字，此處讀爲歆。《詩·生民》毛傳："歆，饗也。"《國語·周語上》"王歆太牢"。"歆"有宴享義，伯矩當是燕國的行人之官，掌迎接周王的聘問使者。吏人就是使人，即成王派出的使者。……《衛鼎》，昭王時器，則説，衛"乃用饗王出入吏（使）人"。……也是進行聘問活動。⑤

本文認爲"出入使人"是習慣用語，而"使人"是指派事給某人或被任命事情的人，凡是指派他人做事，皆可稱爲"使人"，而出入則是出入朝廷或國都，因此"出入使人"的確很有可能是天子或國君派人出入（辦事或傳話），當然不排出是當使者出使至他國。

---

⑤ 李无未：《周代朝聘制度研究》，頁124。

李學勤先生指出：

> 這類文句最易解的見于生尊（《殷周金文集成》6001）：用鄉（饗）出入吏（使）人，是説用該器款待受派出入的使者。派遣使人的是周王，而"出入"是出入王朝，所以宅簋云：用鄉（饗）王出入，"王出入"是王所派出入朝廷的使人，并不是王親自出入。[46]

因此，由這樣的詞彙認定與聘禮相關，是很有可能的。這類器有《伯矩鼎》2456、《伯密父鼎》2487、《衛鼎》2733、《圽簋》3731、《仲禹簋》3747、《伯者父簋》3748、《小臣宅簋》4201、《作册夨令簋》4300－4301、《叔趯父卣》5428－5429、《小子生尊》6001、《麥尊》6015、《保員簋》*1442、《矩鼎》*1664、《伯龢鼎》*1690等皆可視爲有與聘禮相關的可能性。至於《敔卣》5354"用言出入"亦疑似，《麥方彝》9893"出入遱（將）令"亦不排除可能性。由上所列"出入使人組"有十六例十八件，屬於與聘禮有相關性之銘文，列入"聘禮參考銘文"統計。

四、結　語

本文得出"聘禮銘文"共十九例二十件，"聘禮參考銘文"十八例二十一件。分析所得如下：

1. 在聘禮銘文的十九例中，就時代來看，僅《陳侯因𦉢敦》與《商鞅量》兩例爲戰國器，其他的十七例皆爲西周。時代跨度雖然甚大，西周器數量較多，與聘禮賞賜而鑄器之習慣有關，就史料而言，這些銘文都是彌足珍貴的。

2. 就性質來看，十九例中屬於王遣使聘諸侯的有七例：《盂爵》、豐諸器、《中甗》、《中方鼎》、《静方鼎》、史頌諸器、《小臣守殷》；后妃遣使聘諸侯有作册睘諸器一例；諸侯遣使聘王有《九年衛鼎》一例；諸侯遣使互聘有十

---

[46] 李學勤：《釋"出入"和"逆造"——金文釋例之一》，本文引自中國社會科學院歷史研究所先秦史研究室網頁(http://www.xianqin.org/blog/archives/1465.html)，原發表於《傳統文化研究》第16輯（北京：群言出版社，2008年），頁32—34。

例：《匍盉》、《陳侯因𦀚敦》、《商鞅量》、《公貿鼎》、《𢆷鼎》、《遹甗》、《䢦父乙毁》、《生史毁》、《小臣鼎》、《仲幾父毁》。因此，以諸侯互聘和王遣使聘諸侯的數量最多。

3. 具有聘禮性質的動詞，有"聘"、"安"、"寧"、"殷"、"省"、"事（使）"六類，以"省"和"事（使）"最爲常見。

4. 士上諸器銘文提到士上和史寅殷見成周百姓，可知殷見或殷同之禮，不必周王親臨，可以遣使代之。

5. "殷見"或"殷同"於禮書系統中，指王大會諸侯，地點或在王城，或在外地，然由銘文"殷"的使用來看，王遣使亦得稱爲"殷"。更明白地說，殷禮不必行於周都（宗周或成周）。

6. "出入使人組"有十六例十八件，屬於與聘禮有相關性之銘文，列入"聘禮參考銘文"。是各類中數量最多的一類。

另外，值得留意的是經學家有"下聘"是否合於禮制的討論，這個問題出自於《穀梁傳》隱公九年的一段話："春，天王使南季來聘。南氏，姓也；季，字也。聘，問也。聘諸侯，非正也。"其意爲天子聘諸侯不是正禮，晉范甯《集解》引用許慎的說法"禮：臣病，君親問之，天子有下聘之義"。與《穀梁傳》此處持不同意見，今由銅器銘文可以看出天子聘諸侯是西周常見的禮儀，《穀梁傳》"下聘非正"之說并不合於實情，許慎的說法是正確的。

最後補充一件聘禮玉器：《太保玉戈》，其銘依李學勤先生的意見隸定爲：

　　六月丙寅，王才豐，令太保省南國，帥漢，遂殷南，令𠙹侯辟，用鼄走百人。[47]

---

[47] 李縉雲編：《李學勤學術文化隨筆》（北京：中國青年出版社，1999年），頁367。李先生又指出"'遂殷南'，'殷'意爲殷見，即諸侯會集向王朝見。這種典禮是在王主持下進行的。……此銘'殷南'，是殷見南國的諸侯，請注意，'殷'的主語是'王'，不是太保，舉行殷見典禮的地點，估計是在周都，并不在南國"（頁398）。這樣的說法似可再商榷，銅器銘中不少例子是周王派使者殷諸侯，故殷禮之舉行不必然在周都，也不必然由周王親臨。

王派太保省南國,省爲天子撫諸侯之禮,屬於聘禮範疇,由玉器銘可知太保爲周王使者,至南國行聘禮省問諸侯,後又有殷見之禮,是一件難得的玉器銘文,亦可見西周時代省南國一直是大事,本文雖以銅器銘文爲探討對象,然此器可以爲輔證,故補充於此。

　　後記:本文於2007年8月初稿,2008年12月再次修改,原發表於林慶彰研究員主編之《經學研究論叢》第十六輯(臺北:臺灣學生書局,2009年),頁123—152。
　　此文在收入本論文集時又對小部分內容進行了修改。
　　又,文中統計聘禮銘文時未提到2011年山西翼城縣出土的"霸伯尚盂",此器銘文之聘禮相關討論,參見本論文集之《山西翼城霸伯尚盂銘文禮說》。

具有巡守（巡狩）性質
西周銘文的討論*

一、前　言

　　巡守又作巡狩，先秦古籍《尚書》、《周禮》、《禮記》、《孟子》、《國語》、《晏子春秋》、《列子》、《竹書紀年》均見之，後世訓詁著述亦多引上揭諸書爲依據。前代禮書中以清代秦蕙田《五禮通考》全書巡守 325 見、巡狩 284 見，匯集各代資料，最爲詳贍。傳統禮學界對於巡守（巡狩）之討論，實多限於傳世文獻資料。

　　目前各類專業工具書對於"巡守"或"巡狩"一詞也以先秦古籍及相關注疏爲引證，如《中國歷史大辭典·先秦史卷》"巡守"條云：

　　　　亦作巡狩。古時天子每隔五年要巡視諸侯所守之境，稱巡守。《尚書·堯典》："五載一巡守。"孔傳："諸侯爲天子守土，故稱守，巡行之。"《左傳·莊公二十一年》："王巡虢守。"《孟子·梁惠王下》："天子適諸侯曰巡狩。巡狩者，巡所守也。"朱熹集注："巡所守，巡行諸侯所守之土也。"①

---

*　本文之撰寫感謝"科學委員會人文社會科學研究中心——青年學者學術輔導與諮詢"計劃（NSC 101-2420-H-002-006-Y10204、NSC 102-2420-H-002-001-Y10204）之獎助，文中金文材料之檢索感謝中研院"殷周金文暨青銅器資料庫"（http://app.sinica.edu.tw/bronze/qry_bronze.php）提供協助。

①　先秦史編纂委員會：《先秦史卷》，《中國歷史大辭典》（上海：上海辭書出版社，1996 年），頁 226。此條撰寫人爲王連升。

巡守(巡狩)向來被歸爲經學(尤其禮學)的内涵,禮學經書中《周禮》經文多次提及,《禮記》記録最爲詳細。《三禮辭典》對於"巡守"作如下的詮釋:

> 天子出外巡視諸侯各國。虞夏之時,天子五年一巡守;周制,十二年一巡守。守,亦作狩。《禮記·王制》:"天子五年一巡守,歲二月,東巡守至于岱宗,柴而望祀山川。……五月,南巡守,至于南嶽,如東巡守之禮。八月,西巡守,至于西嶽,如南巡守之禮。十有一月,北巡守,至于北嶽,如西巡守之禮。"鄭玄注:"天子以海内爲家,時一巡省之。五年者,虞夏之制;周則十二歲一巡守。"《文選·東都賦》李善注:"《禮記》逸禮曰:王者以巡狩之禮,尊天重人也。巡狩者何?巡者,循也。狩,牧也。謂天子巡行守牧也。"《周禮·秋官·大行人》:"十有二歲,王巡守、殷國。"言十二歲,王或巡守各國,或殷國。殷國,王巡至一國,不再徧巡各國,而由各諸侯均來此國朝覲。②

二書所釋,大抵可歸納重點爲"自虞夏至周代,天子每隔一定年數巡視諸侯國的制度稱爲巡守"。清末以前,除了少數學者提出部分制度爲後人增繁外,各家對於巡守(巡狩)的看法大抵近同。

《尚書》、《周禮》、《禮記》、《左傳》、《國語》均作"巡守",《孟子》、《戰國策》、《晏子春秋》、《列子》等書均作"巡狩",《逸周書》則"巡守"、"巡狩"各見。本文引書時,依其用字,陳述時一律用巡守,必要時以括符巡狩標示。

自甲骨文出土,由古文字的研究帶動上古史與禮制的新進展,甲骨學者由田、獸(獸,即狩)字與省(眚,即巡)字的文例,認爲田獵爲巡守制度的起源,田或獸具有軍事活動的性質,商王至某地田、獸,或以田獵操演軍隊,或威服邊境。省或作徣,指省視巡查各地。省和獸,即發展爲禮制之巡守(巡狩)。這是巡守禮制溯源的部分。亦有學者選出甲骨文中相關内容,以殷商巡守(巡狩)禮爲題發表專文。對於西周時代,已有幾篇論文討論到巡守(巡狩)禮金文,本人對於學者所提到的具有巡守禮性質的西周

---

② 錢玄、錢興奇:《三禮辭典》(南京:江蘇古籍出版社,1998年),頁380—381。

銘文，認爲有必要再做釐清，故有本文之作。

二、巡守釋名與判別準則

關於記載"巡守"的先秦古籍中，最爲前人重視的是《尚書》、《周禮》、《禮記》與《左傳》，《尚書》與《禮記》對於巡守內容記載較爲詳細，《禮記》和《周禮》巡守一詞出現次數較多，《左傳》記載春秋時代語論及史實可爲徵驗，其他如：《孟子》三見、《逸周書》二見、《國語》一見、《戰國策》一見、《晏子春秋》一見、《列子》亦一見。③ 至於先秦古籍獨用"巡"、"狩"數量更多。茲將其要者擇引如下：

  1.《尚書·舜典》：歲二月，東巡守，至于岱宗，柴，望秩于山川。肆覲東后。協時、月、正日；同律、度、量、衡。修五禮、五玉、三帛、二生、一死贄。如五器，卒乃復。五月，南巡守，至于南岳，如岱禮。八月，西巡守，至于西岳，如初。十有一月，朔巡守，至于北岳，如西禮。歸，格于藝祖，用特。五載一巡守，群后四朝。敷奏以言，明試以功，車服以庸。④

  2.《禮記·王制》：諸侯之於天子也，比年一小聘，三年一大聘，五年一朝。天子五年一巡守，歲二月，東巡守，至于岱宗，柴而望祀山川，覲諸侯，問百年者就見之。命大師陳詩以觀民風，命市納賈以觀民之所好惡，志淫好辟。命典禮，考時、月、定日，同律、禮樂、制度、衣服正之。山川神祇，有不舉者爲不敬，不敬者，君削以地。宗廟，有不順者爲不孝，不孝者，君絀以爵。變禮易樂者，爲不從，不從者，君流。革制度衣服者，爲畔，畔者，君討。有功德於民者，加地進律。五月，南巡守，至于南嶽，如東巡守之禮。八月，西巡守，至于西嶽，如南巡

---

③ 有的先秦古籍雖有記載巡守之內容，但未出現"巡守"一詞，如《儀禮·覲禮》有一段文字"祭天，燔柴；祭山丘陵，升；祭川，沈；祭地，瘞"，是巡守的文字，但前後文字中未特別標舉。此類則不在本文此處統計中。

④ （西漢）孔安國傳，（唐）孔穎達疏：《尚書正義》卷3(臺北：藝文印書館，影清嘉慶二十年阮元南昌府學重刊宋本，1980年)，頁9(總38)。

守之禮。十有一月,北巡守,至于北嶽,如西巡守之禮。歸,假于祖禰,用特。⑤

3.《周禮・秋官・大行人》:十有二歲,王巡守、殷國。⑥

4.《周禮・秋官・掌客》:王巡守、殷國,則國君膳以牲犢,令百官百姓皆具。從者,三公眡上公之禮,卿眡侯伯之禮,大夫眡子男之禮,士眡諸侯之卿禮,庶子壹眡其大夫之禮。⑦

5.《左傳・莊公二十一年》:王巡虢守,虢公爲王宮于玤,王與之酒泉。⑧

6.《左傳・莊公二十三年》:朝以正班爵之義,帥長幼之序;征伐以討其不然。諸侯有王,王有巡守,以大習之。⑨

7.《孟子・告子下》:天子適諸侯曰巡狩,諸侯朝於天子曰述職。⑩

8.《孟子・梁惠王下》:天子適諸侯曰巡狩。巡狩者,巡所守也。諸侯朝於天子曰述職。述職者,述所職也。⑪

9.《晏子春秋》卷4:聞天子之諸侯爲巡狩,諸侯之天子爲述職。⑫

上列各條除了第一條外,第二條《王制》明顯取自第一條《舜典》之內容而增飾,所載是否爲周代禮制宜當闕疑,⑬其他各條皆可視爲書者之意,其

---

⑤ (東漢)鄭玄注,(唐)孔穎達疏:《禮記正義》卷11(臺北:藝文印書館,影清嘉慶二十年阮元南昌府學重刊宋本,1980年),頁27—30(總225—226)。

⑥ (東漢)鄭玄注,(唐)賈公彥疏:《周禮注疏》卷37(臺北:藝文印書館,影清嘉慶二十年阮元南昌府學重刊宋本,1980年),頁20(總565)。

⑦ 同上注,卷38,頁16(總582)。

⑧ (西晉)杜預注,(唐)孔穎達疏:《春秋左氏傳正義》卷9(臺北:藝文印書館,影清嘉慶二十年阮元南昌府學重刊宋本,1980年),頁20—21(總161—162)。

⑨ 同上注,卷10,頁2(總171)。

⑩ (東漢)趙岐注,(北宋)孫奭疏:《孟子注疏》卷12下(臺北:藝文印書館,影清嘉慶二十年阮元南昌府學重刊宋本,1980年),頁1(總218)。

⑪ 同上注,卷2上,卷10(總33)。

⑫ (東周)晏嬰:《晏子春秋》卷1,《景印文淵閣四庫全書》(臺北:臺灣商務印書館,1984年),頁1。

⑬ 有學者認爲《王制》爲漢文帝時博士所作。

所載所言爲周之禮制，依《大行人》所載周王十二年一巡守，⑭而《尚書·舜典》及《禮記·王制》主五年一巡守，歷代禮家或以爲虞周之制不同，或以爲五年才是巡守之期，又或有六年一巡守之説者，⑮詳見秦蕙田《五禮通考》卷178。第五、七、八、九條則解釋此禮作"巡守"的原因與定義。《周禮》一書提到王巡守，隨行者除了公卿六大外，相關的職官尚有：玉人、土訓、誦訓、戎僕、土方氏、大行人、掌客、職方氏……等。天子巡守載主而行，告祭柴望，觀諸侯，觀風俗，考制度，明賞罰，同行的職官也説明了王巡守有公卿、大夫及大批武力隨行，因此明賞罰，其重者，可以征伐之。

我們由上揭引文可以得出巡守的判定條件在於"天子到諸侯巡視"，這一點是各書皆同的。至於天子巡守有"至一國"與"至四岳"的説法，至四岳的説法承自《尚書·舜典》、《周官》與《禮記·王制》，此説以王於四季各至一方，一方諸侯至方岳覲王。關於至四岳的説法前人已指出受到陰陽五行的影響，可能是後人擬古之作。

另有"殷國"一詞，與巡守連稱，三見⑯於《周禮》一書，其他先秦古籍均未見。鄭玄認爲"十二歲，王若不巡守，則六服盡朝，謂之殷國"、⑰"其殷國則四方四時分來如平時"⑱是以殷國爲巡守之權變，依鄭説則殷國爲王與一方諸侯相見，若然則一年仍是四方皆各自舉行，如此則與巡守至四岳之説，僅是地點的差別。賈公彥認爲"王殷國所在無常，或在畿內國城外即爲之，或向畿外諸侯之國行之"⑲補充鄭《注》的説法。秦蕙田認爲"《大宗伯》之殷見、《職方氏》之殷國，其禮一也"、"殷國之期與巡守同，非

---

⑭ 關於十二年爲期，《尚書》有一處文字或可視爲另一例，《尚書·周官》云"六年五服一朝。又六年，王乃時巡"，認爲六年五服一朝後，再六年王時巡，此巡即巡守，亦爲十二年之期。

⑮ 此指《鄭志》云"夏殷六年一巡守"，秦蕙田已辨其非，云"康成臆度之言耳"，參（清）秦蕙田：《五禮通考》卷178，《景印文淵閣四庫全書》（臺北：臺灣商務印書館，1983年），頁10。

⑯ 上文所引《大行人》與《掌客》文外，《職方氏》云"王將巡守，則戒于四方，曰：'各脩平乃守，攷乃職事，無敢不敬戒，國有大刑！'及王之所行，先道，帥其屬而巡戒令。王殷國，亦如之"〔(東漢)鄭玄注，(唐)賈公彥疏：《周禮注疏》卷33，頁18(總502)〕。

⑰ (東漢)鄭玄注，(唐)賈公彥疏：《周禮注疏》卷33，頁18(總502)。

⑱ 同上注，卷37，頁21(總566)。

⑲ 同上注，卷33，頁19(總503)。

巡守即是殷國也"。⑳ 方承觀也有相同的看法：

> 殷見與殷國是一事，殷國與巡守是二事。十二年王當巡守，如有故不巡守則行殷國之禮，是殷國乃巡守之變。蓋巡守王出巡侯國，殷國則諸侯來會京師也。今《掌客》所云似殷國亦王自行者，按《職方氏》《疏》"殷國所在無常"，"或向畿外侯國爲之"是不必專在京師，則王亦有所過之國可知矣。㉑

又胡培翬認爲"殷同，即殷見也。王十二歲一巡守，若不巡守，則殷同。……殷同，四方四時分來，歲終則徧矣。殷同又謂之殷國"，㉒關於殷同/殷見與殷國混爲一談，金鶚與黃以周已辨其非。金鶚又認爲鄭賈之説有誤，殷國應是王在一諸侯國，招四方諸侯同至，其云：

> 一是王不巡守四方，諸侯皆會京師，《大宗伯》云"殷見曰同"，鄭注云"殷猶衆也。十二歲如王巡守，則六服盡朝，朝禮既畢，王亦爲壇合諸侯以命政焉"，《大行人》所謂"殷同以施天下之政"也。此二者皆行於境内者也。一是王巡守，諸侯會于方岳，《尚書·周官篇》所謂"王乃時巡"、"諸侯各朝于方岳"也。一是王不巡守而殷國，諸侯畢會於近畿，若周宣王會諸侯于東都，《詩》言"會同有繹"是也。二者皆行於境外者也。時見、時巡所會皆止一方諸侯，是會同之小者也。殷見、殷同所會則四方六服諸侯畢至，故曰"殷"，是會同之大者也。㉓

> 夫國者，侯國也，若在境内何謂之殷國。《大行人》、《掌客》皆言"巡守、殷國"，可知殷國與巡狩略相似，故《職方氏》亦有戒令之事，其不在畿内城外明甚，如鄭、賈説，是殷國與殷見何異乎？殷見曰見，謂諸侯皆來見天子也；殷國曰國，謂天子出至侯國，諸侯盡朝也。豈得

---

⑳ （清）秦蕙田：《五禮通考》卷224，《景印文淵閣四庫全書》（臺北：臺灣商務印書館，1983年），頁4。

㉑ 同上注，頁8。

㉒ （清）胡培翬：《儀禮正義》第二册卷20（南京：江蘇古籍出版社，段熙仲點校本），頁1313。

㉓ （清）金鶚：《求古録禮説》卷13（濟南：山東友誼出版社，影道光庚戌嘉平木犀香館刻本），頁25。

混爲一邪？殷國與巡守同年，其與巡守異者蓋王有故不能遠巡，故止于近畿巡行（近于王畿之地，大約在侯甸二服中），而令四方諸侯畢來朝也，天子出在侯國有似于時巡之會，四方諸侯來朝又有似于殷見之同，是合二事而爲一矣，《周官》所言會同多是巡守與殷國之會。㉔

因爲經文甚簡，"殷國"一詞又僅見於《周禮》，不據鄭《注》則不可知其詳，故金鶚以此分別"巡狩"與"殷國"、"殷國"與"殷見"之異。作爲禮制的"殷見"一詞僅一見於《周禮》，其他先秦古籍未見。金鶚認同巡狩（巡守）是王至四方巡視，令一方諸侯各至方岳。殷國是王至近畿（其説近畿爲畿外諸侯二服）令四方諸侯畢至。殷見是天子在京，四方諸侯來朝。金説可成一家之言。黃以周對於殷國禮則有不同的見解：

> 殷國則見之于東都明堂。周公于土中營洛邑，以均四方朝覲會同，時人于西都謂之京，于東都謂之國，故東都亦稱東國。……王不巡守而出之東都以會諸侯，曰殷國，謂王出就東國見諸侯也，若《逸周書・王會解》所云"成周之會"，《詩・車攻》序所云"宣王復會諸侯于東都"是也。㉕

西周有宗周與成周，皆爲王畿，殷國爲王會諸侯於東都之説是否可以成立，雖無決定性的證據，仍可備一説。

事實上，殷國與殷見在先秦古籍出現的次數都很少，也都只見於《周禮》，經文於殷見之質性已有説明，禮家因以認爲"殷見"即"殷同"，屬於朝見之禮，地點在王都或畿內。經文對於殷國則只與巡守并舉，能提供的信息過少，但巡守和赴京朝覲是明顯有別的，自然可知殷見禮與殷國禮不同。據禮家所論，"巡守"與"殷國"是兩種禮，巡守乃指王至諸侯國巡視，而殷國是諸侯們同至一地（王畿外）覲王。

綜合上述討論，對於巡守的判定應留意兩個特點，其一是王之諸侯國，也就是地點不會在京師王畿，而此地點應在周的册命封國之內，若是

㉔ 同上注，頁 26。
㉕ （清）黃以周：《禮書通故》卷 30（北京：中華書局，2007 年，王文錦點校本），頁 1280—1281。

不在周人領土中，就不是巡守，而是純粹的擴土與軍事活動，或許"率土之濱，若非王土"是周人以自我爲中心、伸張王權的想法，但是不可能天下皆爲周人所有，否則玁狁、淮夷、南夷、犬戎豈皆受周人管轄乎？其二是巡守可以只巡一國，也可能各諸侯皆至一地（當然不在京師王畿）觀王，然是否所有四方諸侯都來，可以稍微保留，如果只來一方諸侯，也應認定其具有巡守之性質，但究竟屬於巡守或殷國，則受限於先秦文獻所載不足，難以區分。㉖ 總之，巡守是指周王離開京師王畿到諸侯國，進行的內容可以是巡視、省察、征伐、祭祀等的禮制。

三、具有巡守性質銘文的再討論

學者在考釋個別銅器銘文時，或指出某器具有巡守之性質，如黃盛璋、李凱先生指出晉侯穌編鐘與巡守（巡狩）有關；㉗或在考釋詞彙時，提出某詞可釋爲巡守（巡狩），連帶這些器都具有同樣的性質，如陳雙新先生指出"遹省"應解釋爲巡視、巡守，大盂鼎、㝬鐘、晉侯穌鐘銘文中皆提到巡守；㉘或以專文討論巡守，指出相關銅器，如寒峰先生《古代巡守制度的史迹及其圖案化》指出商代的小臣艅尊、戍甬鼎，周代的宰甫卣、交鼎、員鼎、貉子卣、啓卣、中方鼎、中甗、宜侯夨簋、臣卿鼎、大盂鼎、寓鼎等器，爲巡守金文或銘文內容提及與巡守有關事件；㉙何平立先生《巡狩與封禪——封建政治的文化軌迹》一書指出大盂鼎、中方鼎、中觶、寓鼎、臣卿鼎、㝬鐘、

㉖ 由於《尚書》與《王制》將一方諸侯於方岳覲王視爲巡守禮，故禮家或有認爲四方諸侯畢至某一諸侯國覲王爲殷國禮者，如此以諸侯至一方諸侯爲殷國和巡守的區分。本文認爲四方諸侯畢至京師或京畿，較有可能，若皆至一地，雖於古籍載之，但不排除有後人增飾的可能性。

㉗ 黃盛璋：《晉侯穌鐘重大價值與難拔丁子指迷與解難》，《文博》1998年第4期，頁38—39。李凱：《晉侯穌編鐘所見的西周巡狩行爲》，《文物春秋》2009年第5期，頁3—8。

㉘ 陳雙新：《樂器銘文考釋（五篇）》，安徽大學古文字研究室：《古文字研究》第二十二輯（北京：中華書局，2000年），頁120。又見其《金文新釋三則》，《古漢語研究》2002年第2期，頁47。

㉙ 寒峰：《古代巡守制度的史迹及其圖案化》，《中國史研究》1990年第3期，頁40—42。

啓卣、史墻盤等爲巡守(巡狩)金文或記載巡守(巡狩)事件。㉚

前文說過近代學者對於巡守(巡狩)的考察成果甚好，尤其以殷商甲骨文爲材料，得出狩獵方式的武裝巡視是巡守(巡狩)的早期形式，寒峰先生歸納前人成果說：

> "巡狩"一詞在甲骨金文裏還沒有出現，當時武裝巡視的實際活動却經常進行，分別用"省"字、或"獸(嘼)"字來表示，"嘼"是以狩獵方式巡視，"省"則主要地指軍事行動中的巡視，由於當時征伐途中兼及行獵，兩者在實質上并無原則的區別。商代的"田"有時也指這種行爲。㉛

周禮因於殷禮，故仍有結合狩獵的巡視活動，但應留意西周時封建諸侯國的制度對於巡守(巡狩)作爲一種禮制而言，是一種身份等級與王權統馭的再制度化過程，本文認爲狩獵和巡狩仍應區分，純打獵的活動，不見得具有巡守(巡狩)的意圖，而巡守(巡狩)也不見得都以打獵形式表現。甲骨文嘼字與獸字不應視爲一字，嘼字應和争戰、作戰有關。金文中從單從犬的，可隸定爲獸字，作爲動詞可詮釋爲田獵，至於嘼和遳字，則應理解爲戰字，最早裘錫圭先生指出嘼字和遳字，應釋讀爲戰爭的戰字，陳劍先生詳細說明：

> 後來裘錫圭先生告訴我，此銘(指交鼎)的"嘼"字和大盂鼎中從"辵"從"嘼"的那個字，都應該釋讀爲戰爭的"戰"。考察有關材料，我認爲裘先生的這一意見是完全正確的。其實，郭店楚墓竹簡《六德》篇第16簡說"……弗敢嘼(憚)也"；又《成之聞之》篇第22簡引《君奭》的一句話，其中"嘼"今本《尚書·君奭》作"單"，裘錫圭先生的按語說："'嘼'在古文字中即'單'字繁文，《說文》說此字不可信。"已經簡明地指出了問題的要害所在。……按狩獵的"狩"古作"獸"，本從單從犬會意……在戰國文字及傳抄古文字中，"戰"字所從的聲符

㉚ 何平立：《巡狩與封禪——封建政治的文化軌迹》(濟南：齊魯書社，2003年)，頁36、42。此書引同一銅器而名稱常有不同，如寓鼎於別頁稱㝬鼎，臣卿鼎於別頁稱卿鼎。

㉛ 寒峰：《古代巡守制度的史迹及其圖案化》，頁39。

"單"多作"嘼";上舉郭店簡及《汗簡》、《古文四聲韻》、王存乂《切韻》等書中保存的傳抄古文資料,都有以"嘼"表示"單"和"單"聲字的例子;因此從文字學的角度説,"嘼"即"單"字的繁體無可懷疑。㉜

銘文中提到獸(狩)和嘼/遣(戰)的事件,是否和巡守(巡狩)有關,得依銘文内容判斷。我們在可以確信的西周文字資料中,并未見到"巡守"或"巡狩"一詞,這并不是説這種禮制概念或史事不存在,而是這個詞很可能是東周才確定的禮制名詞,即使東周時,王權已經弱化,但是東周仍有不少瞭解前代史實的貴族提及了巡守活動,而且以文字記錄下來,在記錄過程又或多或少地將這種制度理想化、規律化與精細化。關於西周時期天子的巡守禮,有兩類文字紀録,一類是以傳世的先秦古籍爲主,而後派演的秦漢以下的經注、禮典;一類是具有實録性質的銅器銘文。後者没有經過傳抄與改動,是第一手資料,今日欲探討西周時期的巡守,自當以此爲首要。

既然西周金文中没有巡守這個詞,那麼要説明西周有巡守的活動,勢必得先確定周人概念裏的巡守是什麼?禮制的界定標準爲何?本文在前一節得出:巡守是指周王離開京師王畿到諸侯國,進行的内容可以是巡視、省察、征伐、祭祀等禮制。有學者提出"金文中有許多'王在某某',也是巡狩"。㉝ 這樣的意見應該再分辨這個"某某"的地點是否在宗周或成周的王畿裏(王畿有很多畿内諸侯),王若在王畿内,便不算巡守,當然某些地名無法考證出確切地點,本文覺得就研究的嚴謹要求而言,不能明確判定的,可以提出來作爲參考,但仍應有所保留。

下面就學界提及的西周具有巡守性質的銘文,擇取數例討論:

1. 㝢鐘(宗周鐘)

㝢鐘又名宗周鐘,唐蘭先生考定爲周厲王所鑄器,㉞是一件標準器。

㉜ 陳劍:《據郭店簡釋讀西周金文一例》,《甲骨金文考釋論集》(北京:綫裝書局,2007年),頁28—29。

㉝ 何平立:《巡狩與封禪——封建政治的文化軌迹》,頁36。

㉞ 唐蘭:《周王㝢鐘考》,收於故宫博物院編:《唐蘭先生金文論集》(北京:紫禁城出版社,1995年),頁34—42。

銘文 111（又重 9，合文 2）字，隸定部分銘文如下：

　　王肇（肇）遹省文武，堇（勤/覲）彊（疆）
　　土，南或（國）𠨇𤔲敢舀（陷）處
　　我土，王𢦏（敦）伐其至，𢿘（撲）
　　伐乎（厥）都，𠨇𤔲迺遣閒
　　來逆卲王，南
　　尸（夷）東尸（夷）具見（視），廿
　　又六邦，隹（唯）皇上帝、
　　百神保余小子……

𢆶鐘銘文被認爲具有巡守性質主要依據是"遹省"、"舀處我王"、"王𢦏（敦）伐其至……南尸（夷）東尸（夷）具見（視），廿又六邦"諸詞句，關於"遹省"，陳雙新先生提出：

　　我們認爲"遹省"應解作巡視、巡守。《爾雅·釋詁》："遹，循也。"《説文·眉部》："省，視也。"巡守是周代一項重要的政治制

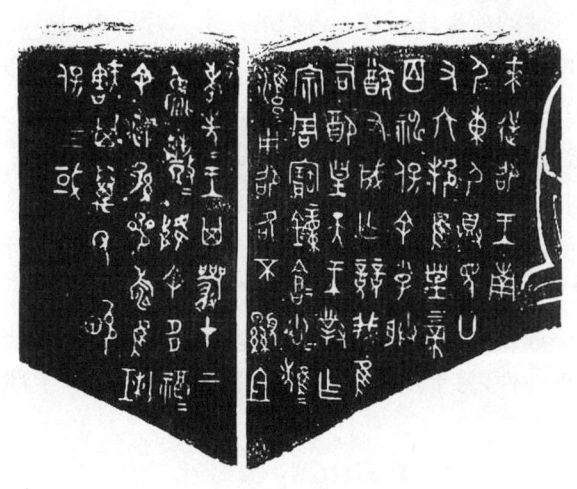

度……"遹""巡"同意,"遹省"又可稱"巡省"……㉟

并將"王肇遹省文武勤疆土"解作"王(周厲王)巡守其先祖文王武王勤勞治理過的疆土"。㝬鐘銘文除了遹省一詞可以作爲巡守的判定外,東夷和南夷的二十六邦與王的見面,也是可作爲討論的一段文字,周人稱這二十六邦而不稱國,并且説明他們的族屬是東夷和南夷,表示他們原先可能并不臣屬於周王朝,這次周王朝征伐的對象是南國𠬝孳,周人不稱其爲南夷而稱爲南國,或許在用字上,視其爲周王朝的南國,以表示這件事不是侵略的事件,而是以王對叛臣佔領自己土地的一次討伐戰爭,在銘文一開頭就明白指出"𠬝處我土",𠬝孳佔領了周王朝的土地(這當然是周人立場),周王爲了護衛文王、武王所建立的疆土,不得不展開討伐。事件發生的地點是不是在周王朝的領土,也只能依據周人單方面的認定了,而東夷和南夷見周王,據銘文的陳述是"俱[視]",這是以周人立場看待的一次"賓禮",[視]字可能釋爲"視"較好,當然釋爲"見"也并非不可。就意義上,東夷與南夷二十六邦與周王見面,對周人而言是朝見,也可以説成是周王巡視這二十六邦,就周禮來看,這可以稱得上是一次因出征而進行的巡守活動。

上文提到巡守判定的原則,周王離開京師王畿到諸侯國,㝬鐘銘文清楚地説王去南國討伐𠬝孳,也就是到了周的南土,符合巡守判定的原則,這是就銘文事件的前半段而言。再來的二十六邦俱視/見,這二十六邦如果向周王表達臣服,周王省視二十六邦,是可以判定爲巡守的;如果這二十六邦本來并未臣服於周,只是因爲這個事件,攝於周王之威,而請求朝見周王,雖然與巡守的"諸侯爲王守"這個意義有殊(因爲這二十六邦本非周王之臣,固非周王之守土者),但也不妨礙事件前半段的巡守認定。因此㝬鐘銘文的確可以就周人觀點、周禮内涵認定爲具有巡守性質的銘文。

2. 晉侯穌編鐘

晉侯穌編鐘出自山西省天馬曲村遺址北趙晉侯墓地 M8,共十六件,其中墓地出土二件,另十四件被盜,由上海博物館購回,全部銘文合讀爲

㉟ 陳雙新:《樂器銘文考釋(五篇)》,頁 120。

具有巡守(巡狩)性質西周銘文的討論　257

355字,隸定部分銘文如下:

　　隹(唯)王卅又三年,王窺(親)遹
　　省東或(國)、南或(國)。正月既生
　　霸戊午,王步自宗周,二
　　月既望癸卯,王入各成周。二月
　　既死霸壬寅,王⃞坒(往)東,
　　三月方死霸,王至于⃞,

分行，王寴（親）令晉厌（侯）穌："達（率）
乃自（師）ナ（左）洀▨北洀□伐夙（宿）尸（夷）。"晉
厌（侯）穌折首百又廿，執
訊廿又三夫。王至于
匐城，王寴（親）遠省自（師），王
至晉厌（侯）穌自（師），王降自車，立，南鄉（向），
寴（親）令晉侯穌："自西北

遇（隅）𠦪（敦）伐𩼦城。"……
……王隹（唯）反（返），歸在成周，公族整師（師）……

關於晉侯穌編鐘，黃盛璋先生提出此銘文是記載王巡守南國與東國的大事，并以銘文字詞和記錄時程的文句爲綫索，其説法爲：

> 作爲西周統治諸侯國的"國家機器"巡狩制度，穌鐘開頭就開門見山交代"王親遹省巡狩東國、南國"，"遹省"就是"循省"、"巡省"，亦即巡狩，穌鐘全過程就是王以成周爲中轉地，巡狩南國與東國。"正月既生霸戊午，王步自宗周"，即自鎬京出發，"二月既望癸卯，王入格成周"，爲巡狩南國，"二月既望壬寅，王饋往東"，就是又自成周往東國巡狩，"饋"字也是巡狩的確證，無人識出，"三月方死霸，王至于范，分行"，攻伐夙夷，自此才開始。以前約一個月，皆用于巡狩，比行旅多出一倍以上時間，至于晉侯穌隨王征行，與受命伐夙夷，只是巡狩過程中一個組成部分，但晉侯穌專爲此事而刻銘紀功，所以首尾無關全皆未記。伐夙夷之戰至遲四月上旬可以結束，其後至少還有一個多月至"六月初吉戊寅"前，王返至成周，王只能用于巡狩東國，穌鐘所記三處行程時間就是最好的證明。㊱

黃説很值得參考，但也有部分是推測的，依黃説由正月至六月周王都進行巡守（巡狩），部分時間用於對宿夷的作戰，先是巡守（巡狩）南國，約有一個多月的時間，接着又以一個月時間巡守（巡狩）東國，戰後再以一個多月巡守（巡狩）東國，這個流程在銘文中未能證實，本銘只記載三月方死霸開始作戰，戰事多久沒有記錄，王何月回成周也未明載，但王由宗周至戰地時程約兩個多月，六月初吉已在宗周舉行典禮，由戰地回宗周時間和往程大約相當，其巡守（巡狩）之進行應是逐一就所經各國而言，又依銘文陳述之序，巡守（巡狩）南國不排除爲戰後回程。另外，"󰈲"作爲巡守（巡狩）判定的依據，也待補強。

此銘文作爲巡守（巡狩）的重要依據在於"王覜遹省東或、南或"一句，

㊱ 黃盛璋：《晉侯穌鐘重大價值與難拔丁子指迷與解難》，頁38—39。

而且就王的行進路綫來看，"王步自宗周"→"王入各成周"→"王⬛生東"→"王至于⬛"，此次的巡守(巡狩)，以征伐宿夷爲目的之一。巡守禮雖然不以征伐爲必要內涵，但由於巡守禮的起源和狩獵軍事活動有關，益以銘文有記功耀祖的目的，目前所能判定的巡守銘文大多伴隨着軍事功勳。周王親征之所以被認爲具有巡守的意義，除了是依照後人對巡守的概念外，在親征過程會經過諸侯封國，依禮諸侯要奉侍天子，天子可巡視諸侯國，因此此銘不是因作戰被判定爲巡守，㊲而是天子至諸侯國才是被判定爲巡守的依據。

再者，晉侯穌編鐘銘文提到王遹省東國和南國，而整個事件的時間由正月至五月(由於六月初吉王已在宗周舉行典禮，合理的推測王在五月回到宗周)，季節上是冬天跨到夏天，戰爭的月份在春天，巡守(巡狩)東國和南國兩個方位，用了約兩個季節，由此來看，巡守四方四時的說法或許不是全然虛構的。

接下來，本文就本節對巡守銘文的判定原則，選出以下四例(相關器物有五件)說明，以重申巡守銘文判定原則的落實，這四例被學界提及具有巡守性質的西周銘文，但是就銘文內容，實不足以判定與巡守有關。

3. 貉子卣

貉子㊳卣銘文 36 字，全文隸定如下：

　　唯正月丁丑，王各于
　　呂䲴，王牢于⬛，
　　咸宜。王令士道
　　歸(饋)貉子鹿三，貉
　　子對𫆻(揚)王休，

　㊲ 依巡守禮的內涵，征伐的對象應是有過錯的諸侯國，西周大多數戰爭銘文征伐的對象是和周人活動區相鄰的異族，這種戰爭的性質有些是侵略性，就周人的立場可以美化爲擴土展地、威服四方，但就這些異族而言，實在是以武力佔領或侵擾的行爲。

　㊳ 另有一器爲己侯貉子簋蓋，與此器貉子爲同一人。

用乍(作)寶隣彝。

王至呂䱷一地打獵,這個地點并不能認定在諸侯國——呂國,雖然巡守(巡狩)起源於狩獵與視察,但是狩獵不見得可以判定爲巡守禮。有學者㊴認定此器銘文爲巡守金文,在證據上是不夠的。

4. 臣卿鼎、臣卿簋

臣卿鼎銘文三行十八字,臣卿簋二行十八字,銘文內容相同。有學者認定爲巡守(巡狩)金文,㊵茲據鼎銘隸定如下:

公違省(省)自東,
才(在)新邑,臣卿易(賜)金,
用乍(作)父乙寶彝。

此銘中提到"省自東",是學者認爲巡守銘文的依據,省(省)雖有巡視、省察的意義,但是這次"省自東"的人物是公,不是周王,巡守是周王所專有的禮制,由於此銘文未有足夠證據可釋讀爲公從周王省東國,因此只有省字就認定爲巡守銘文,在證據上很薄弱。

5. 員方鼎

員方鼎又稱爲員鼎,銘文 26 字,也被歸爲巡守(巡狩)銘文,㊶茲將其銘文隸定如下:

唯征(正)月既望,癸酉,
王獸(獸,狩)于眠🔲(麇)。王令

㊴ 如寒峰:《古代巡守制度的史迹及其圖案化》,頁 41。
㊵ 如寒峰:《古代巡守制度的史迹及其圖案化》,頁 41。何平立:《巡狩與封禪——封建政治的文化軌迹》,頁 36。何平立:《先秦巡狩史迹與制度稽論》,《軍事歷史研究》2003 年第 1 期,頁 84。商艷濤:《金文中的巡省用語》,《殷都學刊》2007 年第 4 期,頁 66。
㊶ 如寒峰:《古代巡守制度的史迹及其圖案化》,頁 41。雖未明指此器爲巡守銘文,但是把此器與其他巡守銘文并舉。商艷濤:《金文中的巡省用語》,《殷都學刊》2007 年第 4 期,頁 68。

鼎(員)執犬,休嘉(善),用乍(作)
父甲鼐(鼒)彝。獎。

此銘文之內容爲周王打獵,器主員負責執犬,表現很好,於是做了紀念父甲的鼎。"王獸于眠■"一句,既不能由地點證明周王到諸侯國,銘文內容也缺乏堅確與巡守禮相關的證據。因此員方鼎在巡守金文的認定上宜持保留態度。有學者提出這件器和大蒐禮有關,[42]這視周王打獵和軍事活動之關係的緊密程度而定。

6. 𢆶鼎

𢆶鼎又稱爲寓鼎、寓鼎,也被學者認定爲巡守(巡狩)金文,[43]銘文30(又合文1)字,茲隸定如下:

佳(唯)十又一月,師
雄(雍)父徣(省)衛(道)至
于敄(胡),𢆶從,其
父蔑𢆶曆,易(賜)
金,對𩫊(揚)其父
休,用乍(作)寶鼎。

由其銘文只能得知𢆶跟隨"師雄(雍)父"省道至于敄,我們由銅器銘文繫聯,得出師雍父的各器(遇甗、𢆶尊、穚卣)及伯雍父的各器(彔簋、彔卣、彔尊、彔戈卣),也找不出師雍父、伯雍父是從周王南征的證據,只能知伯雍父戍守於■自,是出於周王的命令,與淮夷入侵內國有關,但沒能把此與周王親征繫聯上,因此這些器都沒有足夠證據認定爲具有巡守性質的金文。

---

[42] 張秀華:《西周金文六種禮制研究》(長春:吉林大學博士論文,2010年),頁59。
[43] 如何平立:《巡狩與封禪——封建政治的文化軌跡》,頁36。何平立:《先秦巡狩史迹與制度稽論》,頁84。

四、結　語

巡守的起源和狩獵與巡視有關，屬於軍事武裝活動的性質，并且有聯繫已臣服的部族或邦國的作用，到西周時期，巡守仍保留這樣的形式，在禮制化的進展下，鞏固王權、彰顯天子崇高的地位成爲巡守禮的核心精神。

目前被學界指出具有巡守性質的西周金文多與武力征伐或狩獵有關，本文認爲兼顧周人思維與歷史事實，對周代巡守禮的定義當爲"周王離開京師王畿到諸侯國，進行的內容可以是巡視、省察、征伐、祭祀等的禮制"。巡守是專屬天子的禮，天子親臨諸侯國是最重要的判定指標。

有些器銘記載周王狩獵或動詞"省"，就被認定是巡守金文，這樣的認定缺乏足夠的證據，現今能判定與巡守有關的金文大多依據周王親征，這與銘文記錄功勳的特質有關，所以如果銘文中指到周王親豐/遷（戰）的事件，可以認定與巡守相關。事實上，周禮系統對於巡守，有更廣的界定，重心逐漸放在巡省視察，東周時更提出具有道德理想的"展義"這種禮義詮釋。

本文討論了六例（七器）的西周銅器銘文，認爲默鐘與晉侯穌編鐘銘文具有巡守性質，不同意貉子卣、臣卿鼎和臣卿簋、員方鼎、敔鼎等銘文具有巡守性質，這些器就其銘文內容與人事繫聯都未能得到令人信服的證據。

後記：本文原於中研院歷史語言研究所舉辦之"古文字學青年論壇"（2013 年 11 月 26 日）上宣讀，會後修改部分文字。

銅器銘文禘祭研究

　　禘祭爲中國古代祭禮中極其重要的一種，在吉禮中也最難明曉，自漢儒注疏以來，説法甚多，歷代學者紛紜聚訟。由於《儀禮》未見禘禮之文，而《禮記》、《左傳》所載又未能全面，於是歷來研究者從漢代以來注疏中爬羅剔抉，以論其制，然而至清儒仍未能形成定説。民國以後甲骨文的研究風氣大興，學者多從甲骨文所見禘字（字原作帝）來探究，補闕匡正文獻所載，本文乃就銅器銘文中所見禘字的使用，以探討西周禘祭的現象及禘祭與銅器斷代的關係。

一、文獻所載禘祭

　　文獻中言禘者，多見於《禮記》，然各篇所載或有出入，《禮記》非一人一時所作，其各篇所言有所殊異，本爲意料之事。若就漢代以來至於清朝禮學家的説法，關於禘祭其要者大致可分爲三：

　　1. 大禘：天子祀天地于郊，而以其始祖配之，此郊禘之禘。《禮記·明堂位》："祀帝于郊，配以后稷，天子之禮也。"《禮記·大傳》："禮，不王不禘。王者禘其祖之所自出，以其祖配之。"

　　2. 時禘：天子諸侯廟祭，夏天舉行的稱禘。《禮記·王制》："天子諸侯宗廟之祭：春曰礿、夏曰禘、秋曰嘗、冬曰烝。"鄭康成注云："此蓋夏殷之祭名，周則改之：春曰祠、夏曰礿，以禘祭爲殷祭。"

　　3. 吉禘：三年喪事畢，舉行專祭，每世一舉，屬"吉禘"，即終王之祭也。鄭康成注《禮記・王制》"禘祫"云:"魯禮,三年喪畢而祫於大祖,明年春禘於群廟。自爾之後,五年而再殷祭,一祫一禘。"

在所引説法中,郊禘之禘禮唯天子能行,至於時禘則天子諸侯皆可舉行。

周何先生從前人注疏諸説中,析縷條目,關於禘祫説法得一百零六條,關於宗廟之禘所舉行之年月方面,約有八種説法:1. 每王一舉;2. 五年一爲;3. 三年一爲;4. 間歲一行;5. 每歲一行;6. 三年一禘,五年再禘;7. 禘於午月;8. 禘於巳月。① 由此可知文獻中所載禘祭舉行之間隔年限,有五年、三年、一年等不同之説。

歷代文獻中關於禘祭的説法,雖然異説甚多,若就所祭對象而言,除了郊禘所祭以始祖配天祭一先王外,其他所祭皆爲先王至前一代的王。也就是説,如果禘祭對象爲一人,則爲始祖,否則便是其他祖考先王連着爲祭祀的對象。

對於周代是否爲以始祖配天的郊禘,詹鄞鑫先生認爲并不可信。他提出"(周代)凡文獻中的'禘'祭都是廟祭"的看法:②

> 文獻中的周代"禘"禮只有二義:或是王者(或其冑裔)尊其祖之所自出(如黃帝、帝嚳、帝舜)而以其祖(如顓頊、文王、契)配之的祭祖大禮;或是合祭祧祖禰祖於始祖大廟的宗廟大禮,實爲"祫"祭的別名。③

他指出周代的兩種禘祭,其對象皆是合祭,或爲"其祖之所自出者和其祖",或爲合祭始祖至先王,都無獨禘一王的情況。

不過《天亡殷》04261-2777④記載了武王祭祀文王以配上帝的祭典,這個祭祀的特點和文獻中郊禘的禘祭性質相近,因此文獻中的郊禘以始祖配天仍可保留再議。本文認爲由《天亡殷》的記載來看,獨禘一王的現

---

① 周何:《春秋吉禮考辨》(臺北:嘉新水泥公司文化基金會,1970年),頁101—102。
② 詹鄞鑫:《禘禮辨》,收於李圃、臧克和:《中國文字研究》第一輯,南寧:廣西教育出版社,1999年。
③ 同上注,頁60。
④ 數字前者爲《殷周金文集成》之編號,後者爲《金文總集》之編號。

象是存在的，而郊禘之説也絶非前人無根妄造。

二、甲骨文禘祭

甲骨文帝字或作祭祀用，學者認爲即禘字，然其祭祀對象和方法與文獻中的禘或有不同，如：

△貞：帝于王亥？　　　　　　　　（《合集》14748）
△丙戌卜，貞：叀犬屮豕帝？　　　（《合集》15983）
△癸巳卜，其帝于巫？　　　　　　（《合集》32012）
△癸亥卜，帝西？　　　　　　　　（《合集》34156）
△禘黄奭，三犬？　　　　　　　　（《合集》3506）

不難看出甲骨文中的帝和歷代學者對禘禮研究的意見有很大的出入。關於殷代禘祭，丁山先生早已指出：

> 禘在殷商，爲汎祭各神之名，不盡是郊祀上帝、配以始祖的專名。虞、夏之禘黄帝，商、周之禘帝嚳，此周人新説，決不合於殷商祭典。⑤

丁山先生指出殷禘乃泛祭各神，關於這一點，黄然偉先生歸納卜辭中禘的對象有七：1. 禘先公先王；2. 禘自然神祇；3. 禘巫；4. 禘方向；5. 禘于某地；6. 禘秋；7. 禘風。⑥ 董蓮池先生補充"以先臣爲對象，專祭"一類。⑦ 周聰俊先生則將甲骨文中所記載的禘，歸納爲三個特點：

> 1. 殷人用禘之祭，對象甚廣。除用以禘祭其先祖外，亦用以祭自然之神祇……蓋兼括内外神。唯不見有禘祭上帝之記録。
> 2. 殷人禘祭用於祖先者，其方式約可別爲兩類：一是合數先公

---

⑤ 丁山：《中國古代宗教與神話考》（上海：上海文藝出版社，1988年），頁477。
⑥ 黄然偉：《殷禮考實》（臺北：臺灣大學中國文學研究所碩士論文，1965年），頁75—78。
⑦ 董蓮池：《殷周禘祭探真》，《人文雜志》1994年第5期，頁75—76。

以上於一祭，一是特祀某一遠祖先公或近祖先王者……

　　3. 殷人禘祭之對象，不限專用於先公先王，而亦用於地位崇高之舊臣。⑧

詹鄞鑫和董蓮池兩位先生對殷代的禘祭做了全面的研究，詹說指出殷代的禘祭以止息災氣爲常，⑨而董說則指出殷代禘祭舉行季節并無固定。⑩

三、金文中禘祭及銅器斷代

金文"禘"祭作啻字。記載啻祭的銅器目前已知的有：

▲《小盂鼎》02839－1329"啻周王、囗武王、成王囗……"

▲《剌鼎》02776－1272"啻卲（昭）王"

▲《鮮毁》10166－6784"啻于卲（卲、昭）王"⑪

▲《𦉢卣》05430－囗"公啻酓辛公祀"

▲《大乍大中毁》04165－2688"用啻于乃考"

▲《蔡侯龖尊》06010－4887、《蔡侯龖盤》10171－6788"祇盟嘗啻"。

然而文獻中的禘和銘文中的啻、帝（祭），在解釋上是有差異的。上引

---

⑧　周聰俊：《殷周古文字所見禘祭考》，《第二屆近代中國學術研討會論文集》，頁 68。
⑨　詹鄞鑫指出：
　　殷代的"帝"祭是止息災氣的祭祀。帝祭的對象多爲四方神；帝祭的目的多爲止息風災或蠱（蜮）災；用牲多用犬，也用羊豕；祭祀法多用辜磔，即磔狗掛在城邑的門上，也用燎或埋的辦法。
　參《神靈與祭祀──中國傳統宗教綜論》（南京：江蘇古籍出版社，1992 年），頁 344。
⑩　董蓮池對殷代的禘祭下如此之定義：
　　禘祭是殷王一年中任何一個季節都可舉行的一種祭典，用以祭祀先公、先王、先臣以及除上天之外的其他神祇，它是一種膜拜對象廣泛的祭祀活動，祭中僅用牲而無賞賜。（《殷周禘祭探真》，頁 77）
⑪　《鮮毁》現藏於倫敦埃斯肯納齊行，此器歷來有不同的名稱，如《鮮盤》、《三十四祀盤》等，《集成》10166 號按語云據不列顛博物館證實是毁而非盤。又李學勤、艾蘭所編《歐洲所藏中國青銅器遺珠》第 108 號附有《鮮毁》照片（北京：文物出版社，1995 年）。

諸器中《小盂鼎》可勉強説成文獻用法中的"享先王"或"祭群廟"。⑫ 而《蔡侯龖尊》、《蔡侯龖盤》可以用"時享"解釋。《大乍大中毁》則爲大禘祭其父考，而《䛒卣》載公禘祭及祔祭辛公，由這一點可以知道貴族亦可行禘祭。《剌鼎》與《鮮毁》皆禘祭卲（昭）王，且只禘祭一王，和周代文獻中的禘祭并不相同。再者，《鮮毁》載穆王禘祭昭王，事在穆王三十四年（後詳），也不是文獻中三年之喪畢的吉禘。所以金文的禘和文獻中的禘有同有異，值得討論。

上引諸器中只禘祭一人的有《剌鼎》、《鮮毁》、《䛒卣》、《大乍大中毁》四器，這四篇銘文中所禘祭的對象，直接影響着西周禘祭的研究，并可補充文獻所載不足之處，下面乃就此而論：

《剌鼎》（圖一）鑄有銘文六行五十二字，其中重文二字（子、孫⑬）、合文二（五月、卅朋），茲隸定其文如下：

　　　　唯五月，王才（在）㇒，辰才（在）丁
　　　　卯，王啻（禘），用牡于大室，
　　　　啻（禘）邵（昭）王，剌钘（御），王易（賜）剌
　　　　貝卅朋。天子䢧（萬）年，剌對
　　　　𩁹（揚）王休，用乍（作）黃公䵍
　　　　䵼彝，期（其）孫＝子＝永寶用。

《鮮毁》（圖二）是穆王時代標準器中最受爭議的一件，何時流出中國已不可考，何時何地出土亦不可得知，對於器形則或稱爲毁，或稱爲盤，學者對此器真僞亦存有疑惑，後由李學勤與艾蘭兩位先生合編的《歐洲所藏中國青銅器遺珠》一書中載其器物照片、銘文拓片、收藏地點，乃可斷此器

---

⑫ 《小盂鼎》云"啻周王、□王、成王囗……"，其中成王之前一王，其稱雖泐，由次序可以推知爲武王，西周自武王始代殷商而爲天下共主，所以周王當指文王，因爲周自姬昌始稱王，而姬昌之前皆不稱王，所以此周王當指文王，唐蘭先生認爲周王包含"太王、王季與文王"[唐蘭：《西周青銅器銘文分代史徵》（北京：中華書局，1986年），頁188]，乃受漢儒以下對禘祭説法的影響。

⑬ 由拓片視之，孫字下似無重文符號"＝"，然依《殷周金文集成》2776號按語"孫字下重文號不清"，故知孫字亦有重文。

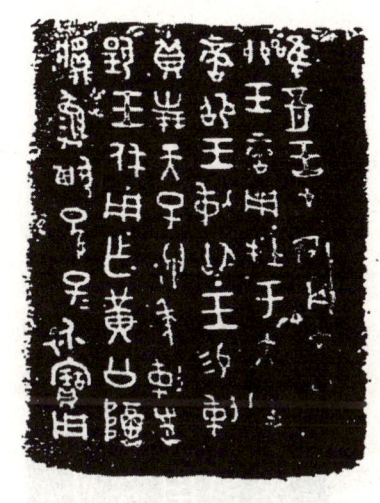

圖一　剌鼎　　　　　　　　　圖二　鮮毁
（出處：《商周青銅器銘文選》）　（出處：《歐洲所藏中國青銅器遺珠》）

爲真，形制爲毁。其器器內底清楚地鑄有銘文五行四十三字〔其中廿朋合文〕，茲隸定其文如下：

　　隹（唯）王卅又三（四）祀，唯五月
　　既朢戊午，王才（在）葊京，啻（禘）
　　于卲王，鮮䕅曆（歷），䟒（祼），王靭（賞）
　　䟒（祼）玉三品、⑭貝廿朋（合文），對王
　　休，用乍（作），子孫其永寶。

《𣄰卣》（圖三）器蓋同銘，七行六十二字：

---

⑭　字下畫綫的部分，銘文在斷句和通讀上仍有問題，可參考黃盛璋：《穆世標準器——鮮盤的發現及其相關問題》（四川大學歷史系編：《徐中舒先生九十壽辰紀念文集》，成都：巴蜀書社，1990 年）、李學勤：《中日歐美澳紐所見所拓所摹金文彙編》（李學勤：《新出土青銅器研究》，北京：文物出版社，1990 年）、李學勤與艾蘭合著：《鮮毁的初步研究》（李學勤：《走出疑古時代》，瀋陽：遼寧大學出版社，1994 年；又收於李學勤與艾蘭合編：《歐洲所藏中國青銅器遺珠》，北京：文物出版社，1995 年）、鄭憲仁：《周穆王時代銅器研究》（臺北：臺灣師範大學國文研究所碩士論文，1999 年），頁 166—171。

隹(唯)九月初吉癸丑,公肜
祀。雩旬又一日,辛亥,公
蒕(禘)肜辛公祀,衣(卒)事亡尤。
公穢鯀曆(歷),易(錫)宗彝一肆(肆)、
車、馬兩。鯀捧(拜)手頴(稽)首,對
勴(揚)公休,用乍(作)文考辛公
寶隣彝,其禹(萬)年寶。或。

图三　鯀卣
(出處:《商周青銅器銘文選》)

图四　大乍大中殷
(出處:《商周青銅器銘文選》)

《大乍大中殷》(图四)銘文四行四十字:

唯六月初吉丁子(巳),王
才(在)奠(鄭),穢大曆,易(賜)𤰈羍(驛)
䩚,曰:"用蒕(禘)于乃考。"大
捧(拜)頴(稽)首,對勴(揚)王休,用

乍(作)朕皇考大中䵼毁。

《大乍大中毁》清楚記載周王讓大禘祭其父考，獨禘一人。《鯀卣》記録着公祭辛公，有學者認爲辛公是銘文中舉行啻酌的"公"的祖輩，筆者認爲辛公是"公"的父輩。《剌鼎》、《鮮毁》中皆獨禘昭（卲）王一人，昭王絶非周朝的始祖，那麽就只能是前一代先王。由此，《剌鼎》及《鮮毁》乃是穆王禘祭其父昭王。而《鯀卣》公禘祭的辛公，最可能是銘文中"公"的父考，否則"辛公"只能解釋爲始祖。

《剌鼎》和《鮮毁》爲穆王時代器，《鯀卣》時代爲西周中期偏後，而《大乍大中毁》的時代在西周中期至晚期初，時代都在西周，也就是說西周啻祭一人時，可以只祭父考，若天子禘祭對象爲一位先王則可能是前一代周王，這一點除了有助於對西周禘祭的瞭解之外，對於西周銅器斷代上也是很重要的認識，如果銘文中載獨禘祭某王，那麽這件器就應該是下一個王所作的器。

再者，西周中期不只天子才能舉行禘祭，一般貴族也可舉行禘祭，至於西周早期是否一般貴族也可以舉行禘祭，則囿於資料仍不可知。

關於西周的禘祭，董蓮池先生根據《小盂鼎》、《剌鼎》、《鯀卣》及《大簋》四器歸納西周之禘祭有六特點：1. 祭主：周初只有"王"才能禘祭，其他人無權行禘。到了"穆王"時，"公"才有權行禘。後來甚至一般臣下也有此權利。2. 對象：一律只限于祭祀先祖先考。3. 方式：周初可合祭，以後只專祭。4. 地點：在宗廟。5. 時間：在夏秋兩季。6. 其他：用雄性牲，祭後王有賞賜。⑮ 這些意見值得參考，但也應留意到董説所根據材料是有限的，由此得出"到了穆王時，公才有權行禘"、"周初可合祭，以後只專祭"的意見，似乎還可以再研議。

---

⑮ 參見《殷周禘祭探真》，頁78。對於西周之禘祭則定義如下：

西周之時在夏秋兩季于宗廟内專以祖考爲對象的一種祭典。最初只能由周王舉行，後漸發展至公及一般臣下也可舉行。以專祭爲主。祭中用牲并有賞賜。

同樣的，還是有商量的餘地。

四、餘　論

董蓮池先生對殷周兩個時代的禘祭做了以下的比較：

> 相同者主要在於都是以先祖先考爲對象，合祭或專祭，并且都以專祭爲主，合祭偶或爲之。都不用以祭天。不同之處則是：殷禘對象廣泛，周禘則只限祖考；殷禘一律由王舉行，周禘則初由王舉行，後發展爲"公"及臣下也可舉行；殷禘在每個季節中都可以舉行，而周禘只限于夏秋兩季。⑯

這樣的意見確實反映了殷周禘祭的某些異同，但是應留意的是探討殷代禘祭的材料是甲骨文，而探討周代禘祭的材料是金文，銅器上的記載内容和甲骨上的記載内容各有其特色及局限，二者的不同是顯而易見的，拿這樣記載性質不同的資料來比較，自然會有不少限制。就以銅器銘文來説，如果周朝有祭先王以外的對象，是否會在銘文中呈現？銘文内容的記載是有局限的，只反映了當時的某些層面，其他以外，便是我們所未能知的了。雖然如此，但在所見材料上，仍可以着要地説明，如"殷代禘祭對象十分廣泛"、"周代有由臣子舉行的禘祭的情況"、"周代禘祭對象若爲先人，則由父考向上推諸幾代祖先；單獨禘祭先人時，則可能是始祖配天，或爲父考"等。

另外，《天亡毀》載武王祭祀文王配天，地點是大室（學者或稱天室），其銘文爲"衣〔卒〕祀于王不〔丕〕顯考文王，事喜上帝，文王監才〔在〕上"。衣字之前學者釋爲"殷"，而將此祭稱爲"殷祭"，然而金文中卒字由衣字演化而來，因此兩形區別很小，甚至不易分别。《天亡毀》這裏不論是否是"卒祀……"或"殷祀"，都應和禘祭相關。

後記：本文寫於作者碩士班時期，於 2001 年 6 月修改後發表於《大陸雜誌》2002 年 104 卷第 3 期，頁 22—28。保留原貌，以爲紀念。

---

⑯　參見董蓮池：《殷周禘祭探真》，頁 78。

《儀禮·聘禮》儀節之討論*

《聘禮》是《儀禮》的第八篇，聘禮在禮制的分類中，屬於賓禮。這是以天子和諸侯國爲中心，派遣使者相互訪問的禮儀制度。《儀禮·聘禮》以諸侯派遣卿爲使者出訪另一諸侯國爲背景，內容詳細豐富，是目前記載周代聘禮最完整的文獻。本文以探討儀節爲重心，兼及聘禮名稱的問題。在儀節的討論上，本文認爲《儀禮》（除去《喪服》）各篇儀節應區分爲"主要儀節"和"權變儀節"，並且嘗試將《聘禮》的儀節分出層次，輔以表格呈現。

一、聘禮釋名

聘禮是專爲諸侯間維繫交誼而設計的禮制。"聘"一詞的使用很廣，如果就現存的《儀禮·聘禮》來看，僅屬於"諸侯遣使交聘"，①如果由《春秋》、《左傳》來觀察，則包含了"諸侯遣使互訪"、"天子與諸侯遣使往來"及"嫁娶之聘"。另外，"問"、"覜"和"聘"也常連用，在此有必要先對這些名稱做界定。

---

* 本文爲科學委員會補助專題研究計劃（NSC 93-2411-H-218-004）研究成果之一。感謝兩位審查人提供寶貴意見。
① 清儒秦蕙田於《五禮通考》（《景印文淵閣四庫全書》，臺北：臺灣商務印書館，1983年）卷230、231列出"諸侯遣使交聘"，本文此處名稱乃依其説。就《儀禮·聘禮》全文觀之，未言及天子，歷來學者由經文斷定《聘禮》的諸侯爲侯伯（大國）這級，至於《公食大夫禮》則認定是"小聘"之禮。

（一）廣義與狹義的聘禮

《儀禮·聘禮》所載的禮儀，前人稱爲"聘"或"大聘"，即爲聘禮之狹義定義，《儀禮》另有一篇《公食大夫禮》，前人稱爲"小聘"，兩者的差異最明顯在於派任的使者的身份等級，《聘禮》所載的主要使者是卿，《公食大夫禮》則是大夫。這兩篇都屬於狹義的聘禮。

《禮記·曲禮下》云"諸侯使大夫問於諸侯曰聘"②句中大夫爲泛稱（卿與大夫），這些所指的聘禮，都屬於狹義的聘禮。就其性質來看，都是屬於"諸侯遣使交聘"。

廣義的聘禮依先秦古籍所載，可包含"諸侯遣使交聘（即狹義的聘禮）"及"天子與諸侯間的遣使往來"。《周禮·秋官·大行人》云：

> 掌大賓之禮及大客之儀，以親諸侯。春朝諸侯而圖天下之事，秋覲以比邦國之功，夏宗以陳天下之謨，冬遇以協諸侯之慮。時會以發四方之禁，殷同以施天下之政，時聘以結諸侯之好，殷覜以除邦國之慝，間問以諭諸侯之志，歸脤以交諸侯之福，賀慶以贊諸侯之喜，致禬以補諸侯之烖。③

由此引言可知，"聘"亦用於天子和諸侯間，周之禮諸侯遣使者至王所行禮，藉此結好諸侯，亦稱爲"聘"。由《春秋》、《左傳》觀察：

（1）《春秋》對天子遣使至諸侯稱聘，如：

隱公七年：冬，天王使凡伯來聘。④

隱公九年：春，天子⑤使南季來聘。（卷 4，頁 13）

---

② （東漢）鄭玄注，（唐）孔穎達疏：《禮記注疏》卷 5（臺北：藝文印書館，1955 年，影印嘉慶二十年江西南昌府學刊本），頁 7。本文凡引《禮記》經文與注疏皆出於此本，後引用時不再出注，僅於引文後加括號以標明卷頁。

③ （東漢）鄭玄注，（唐）賈公彥疏：《周禮注疏》卷 37（臺北：藝文印書館，1955 年，影印嘉慶二十年江西南昌府學刊本），頁 9—12。本文凡引《周禮》經文與注疏皆出於此本，後文引用時不再出注，僅於引文後加括號以標明卷頁。

④ （西晉）杜預注，（唐）孔穎達疏：《左傳注疏》卷 4（臺北：藝文印書館，1955 年，影印嘉慶二十年江西南昌府學刊本），頁 4。本文凡引《春秋》、《左傳》經傳與注疏皆出於此本，後文引用時不再出注，僅於引文後加括號以標明卷頁。

⑤ "子"字，據阮元《校勘記》云："《石經》、《宋本》、《岳本》、《足利本》子作王，是也。"（卷 4，頁 4）依《春秋》全書文例，以作"天王"爲佳。

桓公八年：天王使家父來聘。（卷7，頁2）

宣公十年：秋，天王使王季子來聘。（卷22，頁11）

（2）《左傳》對天子遣使至諸侯稱聘，如：

桓公四年：夏，周宰渠伯糾來聘。（卷6，頁7）

（3）《左傳》對諸侯遣使至天子稱聘，如：

宣公九年：九年春，王使來徵聘。夏，孟獻子聘於周。王以爲有禮，厚賄之。（卷22，頁10）

成公十七年：却至聘于周。（卷28，頁24）

天子遣使至諸侯結好，可稱爲聘，諸侯遣使至天子也可稱爲聘。

另外，聘字在先秦典籍中又可指"嫁娶之聘"，⑥屬於昏禮（婚禮），與本題無關，故不贅述。

（二）聘與問

關於"聘"與"問"，⑦胡培翬云："聘之與問，對文異，散則通。"⑧前人注經或以問訓聘，蓋取其相通之義。其對文則異，是就相別處言。《周禮·秋官·大行人》云："凡諸侯之邦，交歲相問也，殷相聘也，世相朝也。"（卷37，頁22）《大戴禮記·朝事》的記載"使諸侯世相朝，交歲相問，殷相聘"、"天子之制，諸侯交歲相問，殷相聘，相厲以禮"⑨是一致的。關於"問"和"聘"，依上揭經記所載，每年一次的邦交往來叫做"問"，而聘的含義則受到"殷"字解釋的影響，鄭玄《注》云"殷，中也。久無事又於殷朝者及而相聘也"（卷37，頁22），是指諸侯殷見時亦互訪叫做"聘"，對"殷朝"

---

⑥　如《考工記·玉人》："穀圭七寸，天子以聘女。"（卷41，頁5）《周禮·春官·典瑞》："穀圭以和難，以聘女。"（卷20，頁23）《左傳·哀公十一年傳》："初，晉悼公子憖（此字即憖，阮元十三經刻本從火）亡在衛，使其女僕而田，大叔懿子止而飲之酒，遂聘之，生悼子。"（卷58，頁26—27）皆是嫁娶之聘。嫁娶必遣使行事，做嫁娶亦稱聘。

⑦　此處所提及之"問"是《儀禮·聘禮》"小聘曰問"及鄭玄《三禮目錄》"大問曰聘"的"問"。問又有一意：《周禮·春官·大宗伯》"時聘曰問"，所指爲天子有事，諸侯使臣來聘，因無常期，故稱"時聘"，又稱爲"問"。"小聘曰問"和"時聘曰問"的"問"不同。

⑧　（清）胡培翬：《儀禮正義》卷16（南京：江蘇古籍出版社，1993年），頁942。

⑨　黃懷信主撰：《大戴禮記彙校集注》下冊卷12（西安：三秦出版社，2005年），頁1288、1299。本文句讀與其有異。

的解釋，禮學家以爲周之制，王十二年一巡天下，若不巡天下，則諸侯至王都朝會。就鄭玄的注解來看：問是一年一次的互訪，聘的次數較少，會見於王都（可能也意指諸侯在王都相見）。

《儀禮‧聘禮》有一則記錄如下：

> 小聘曰問。不享、有獻，不及夫人、主人不筵几、不禮、面不升、不郊勞。其禮，如爲介三介。⑩

關於這段文字，有必要加以說明：

(1) "獻"的釋義

對於上文的"獻"，歷來注疏有不同的意見，首先是鄭玄注解時提出："獻，私獻也。"賈公彥《儀禮疏》："云'不享'者，謂不以束帛加璧，獻國所有。"（卷24，頁2）賈說以束帛加璧、獻國所有以區別享、獻。盛世佐說：

> 案：享與獻皆聘君之所以遺主君也。而其別有二：享必以玉帛庭實，獻則隨其國之所有而已，一也；享，君與夫人皆有之。獻，君而已，不及夫人，二也。大聘享而不獻，小聘獻而不享，輕重之差也。《注》以獻爲私獻，非。⑪

盛說以兩點分析享與獻之別，甚有見地。聘禮儀節本有享與獻（私覿之獻）⑫而小聘不享，僅獻國之所有，與私覿之獻不同，故此強調"不享、有獻"的獻不是私覿之獻。關於小聘此段文字之"獻"在"享"後、"不筵几"之前，推其次，當在私覿前，故釋爲私獻則恐有可商之處。小聘因不享，僅有獻，故強調有獻一事。

---

⑩ （東漢）鄭玄注，（唐）賈公彥疏：《儀禮注疏》卷24（臺北：藝文印書館，1955年，影印嘉慶二十年江西南昌府學刊本），頁2—3。本文凡引《儀禮》經文與注疏皆出於此本，後文引用時不再出注，僅於引文後加括號以標明卷頁。

⑪ （清）盛世佐：《儀禮集編》，《景印文淵閣四庫全書》卷18（臺北：臺灣商務印書館，1983年），頁24—25。

⑫ 《聘禮‧記》云："既覿，賓若私獻，奉獻將命。"（卷24，頁12）言私覿後，使者若有時珍將獻主君，則行私獻之儀。私獻非必然有之事。

(2)"禮"與"醴"的歧見

經文此處云"不禮",查諸經文"主君禮賓"一節,其文有"宰夫實觶以醴,加柶于觶,面枋"(卷21,頁4)。《儀禮》一書中,用醴者,如《士冠禮》有"醴賓"一節,《士昏禮》有"贊者醴婦"一節,故學者或疑《聘禮》此處"禮"當作"醴"。

關於此處"禮"字,鄭玄無注,賈公彥《儀禮疏》則指出"云'不禮'者,聘訖,不以齊酒禮賓"。賈說不以齊酒禮賓,當更明確地說"不以醴禮賓"爲是。⑬ 張爾岐《儀禮鄭注句讀》:"不禮者,聘訖,不以醴禮賓也。"⑭甚是正確。而敖繼公於《儀禮集說》則提出:

"禮"亦當作"醴",凡受禮而設筵几,乃醴賓;此不筵几,故不醴賓,亦相因而然也。⑮

敖說或受到賈公彥《儀禮疏》的影響。在《士冠禮》"乃醴賓,以一獻之禮",鄭《注》未指出古今文有別,而賈《疏》則云"此'醴'亦當爲'禮',不言可知也"。賈《疏》的說法并非無據,《士昏禮》"擯者出請,賓告事畢。入告,出請醴賓"。鄭玄《注》云"此醴亦當爲禮"。因此,鄭《注》傾向於禮字,敖說則傾向於醴字。

本文認爲對於鄭玄注明古今文有異字者,可就其所舉以論之,若無古今文之異字,則仍依經文,不宜私改。醴與禮并不會影響儀節的內涵,爲尊重《聘禮》原文,此處仍用"禮"字,其意則爲"醴"。

基於以上的討論,大聘與小聘之別在於:大聘有享國君及夫人而無獻;小聘無享,而對國君有獻,不及夫人。小聘不設筵几,也不用醴酒禮

---

⑬ 《周禮·天官·酒正》:"辨五齊之名,一曰泛齊,二曰醴齊,三曰盎齊,四曰緹齊,五曰沈齊。"(卷5,頁10)故賈說齊酒只是泛稱,又《周禮·秋官·司儀》賈疏云:"《聘禮》禮客用醴齊,異於君鬱鬯也。"(卷38,頁11)其意爲"不以齊醴(醴齊)禮賓"。

⑭ (清)張爾岐:《儀禮鄭注句讀》卷8(臺北:學海出版社,1981年),頁31。本文凡引《儀禮鄭注句讀》皆出於此本,後文引用時不再出注,僅於引文後加括號以標明卷頁。

⑮ (元)敖繼公:《儀禮集說》卷8(臺北:大通書局,1970年,通志堂經解本),頁92。又褚寅亮云:"《冠禮》、《昏禮》注讀'醴'爲'禮'者,從此經也。敖氏力欲異鄭,故於《冠禮》、《昏禮》從經文,而此則讀'禮'爲'醴'。"[(清)褚寅亮:《儀禮管見》卷8,《皇清經解續編》(臺北:藝文印書館,1964—1965年),頁7]

賓，私覿時僅在庭中而不升堂，不遣使郊勞。

《禮記·王制》云："諸侯之于天子也，比年一小聘，三年一大聘，五年一朝。"（卷11，頁27）這裏的聘是指天子和諸侯間的，即本文所稱廣義的聘禮，又《禮記·聘義》："故天子制諸侯，比年小聘，三年大聘，相厲以禮。"（卷63，頁4）則可以狹義的聘禮來看待，屬諸侯之間的聘禮。比年小聘即"歲相問"，三年大聘或可和"殷相聘"互參。⑯ 至於《左傳·昭公十三年》載叔向言"是故明王之制，使諸侯歲聘以志業，間朝以講禮，再朝而會以示威，再會而盟以顯昭明"（卷46，頁14），此聘當是泛稱，即聘問泛稱爲聘，別之則有聘、有問之名。

又鄭玄《三禮目錄》："大問曰聘。諸侯相於久無事，使卿相問之禮，小聘使大夫。"⑰此處的"小聘使大夫"是對《儀禮·聘禮》中以卿爲使而說的，那麼，鄭玄的意思是：

◎聘＝大問→卿爲使

◎問＝小聘→大夫爲使

在周代，國君與士之間的貴族，其身份統言皆稱大夫，析言之，卿爲上大夫，而下大夫（含中大夫）以大夫稱之。因此聘與問之別也，可以由"使者身份"區別之。

綜合以上的討論，可以對聘和問做一表格來區別（表內資料據經傳之記載，未必與西周春秋之實際情況相符）：

---

⑯ 徐杰令提出看法加以圓說："諸侯在朝覲的間隔期遣使問候周天子，并向周天子匯報本國的各方面情況。《禮記·王制》云：'諸侯之于天子也，比年一小聘，三年一大聘，五年一朝。'即諸侯每年派大夫擔任使節對天子進行一次小聘問，每三年派卿擔任使節對天子進行一次大聘問；第二種是諸侯之間，爲促進相互之間的邦交關係，派遣使節互致問候。《周禮·秋官·大行人》云：'凡諸侯之邦交，歲相問也，殷相聘也，世相朝也。'鄭玄注云：'小聘曰問。殷，中也；久無事，又于殷朝者及而相聘也。'即諸侯之間每年小聘，在相朝之中間大聘，在君主交替之際朝之。《大戴禮記·朝事》'使諸侯世相朝，交歲相問，殷相聘'，與此同。《禮記·聘義》云：'故天子制諸侯；比年小聘，三年大聘，相厲以禮。'則與此異。而與《禮記·王制》諸侯聘問天子之文同。但我們認爲二者并不矛盾，因爲'殷相聘'是虛指，而'三年大聘'是實數。所以說，諸侯之間亦是每年一小聘，三年一大聘。"見徐杰令：《春秋邦交研究》（北京：中國社會科學出版社，2004年），頁71—72。

⑰ 鄭玄《三禮目錄》參見《儀禮注疏》引文。（卷19，頁1）

表一　聘與問比較表

事類＼項目	聘	問
規　格	大問、大聘	小聘
頻　率	三年	時聘（比年）
使的身份	卿	大夫
禮節之異	享 私覿之獻與私獻 筵几 用醴 私覿升堂 郊勞	不享 獻不及夫人 不筵几 不用醴 私覿不升堂 不郊勞

(3) 聘與覜

覜，《爾雅·釋詁》云"視也"，漢儒也常以"視"訓釋經文中的"覜"字。聘與覜連用亦見於古籍，如《周禮·春官·典瑞》："瑑圭璋、璧琮，繅皆二采一就，以覜聘。"(卷20,頁18)但聘和覜二者實有分別：

《周禮·春官·大宗伯》：以賓禮親邦國：春見曰朝，夏見曰宗，秋見曰覲，冬見曰遇，時見曰會，殷見曰同，時聘曰問，殷覜曰視。(卷18,頁12—13)

《周禮·秋官·大行人》：掌大賓之禮及大客之儀，以親諸侯。春朝諸侯而圖天下之事，秋覲以比邦國之功，夏宗以陳天下之謨，冬遇以協諸侯之慮。時會以發四方之禁，殷同以施天下之政，時聘以結諸侯之好，殷覜以除邦國之慝，間問以諭諸侯之志，歸脤以交諸侯之福，賀慶以贊諸侯之喜，致禬以補諸侯之災。(卷37,頁9—12)

這兩段文字指出："覜"的作用是"除慝"，"聘"的作用是"結好"，所謂"時聘"是指天子有事，諸侯派使者來聘；而"殷覜"是指"侯服"，諸侯親自來朝見而其他諸侯派使臣來聘，禮學家認為周制六服諸侯朝見天子有定期，侯服年年來朝，甸服、男服、采服、衛服、要服分別為二年、三年、四年、五年、六年朝見天子一次，由於在天子十二歲巡守後的第一年、第七年與第十一年,僅有"年年來朝"的侯服朝見天子,故亦規定"所有各服諸侯均應遣使者來聘",這樣的禮稱爲"覜"。"聘"與"覜"就其性質是可區別的。

鄭玄於《典瑞》"覜聘"處注云:"大夫衆來曰覜,寡來曰聘。"(卷20,頁18)於《考工記・玉人》:"瑑圭璋八寸,璧琮八寸,以覜聘。"注云:"覜,視也。聘,問也。衆來曰覜,特來曰聘。"(卷41,頁6)則這兒的鄭注以"衆來"和"寡來、特來"作爲"覜"和"聘"的差別。殷覜除侯服外,皆使(卿)大夫來聘,故爲衆來。而時聘則來者數少,故曰"寡",又爲天子有事而聘,故曰"特"。鄭玄《注》文可和《大宗伯》、《大行人》文句參看。

以上所論,"聘"和"覜"有別,然而在大多數的先秦文獻中,是合稱爲"覜聘"或"聘覜"的。古人用詞,於通稱、泛稱,常是不着重區別,但若於別稱、專稱,是有所別的。

二、聘禮儀節之歷代舊説與討論

(一) 歷代舊説

關於《儀禮・聘禮》分節,鄭注未有提及,歷來學者分法各異,研究儀節的論文,也大多依前人的意見,較少提出自己劃分儀節的看法。

以儀節爲研究主題,在臺灣已有不少著作。1965年東亞學術計劃委員會李濟先生倡導以復原實驗的方法研究《儀禮》,由臺静農先生召集、孔德成先生指導的"儀節復原小組"已對《儀節》的某些篇章進行儀節的研究,如張光裕先生《儀禮士昏禮、士相見之禮儀節研究》、[18]黃啓方先生《儀禮特牲饋食禮儀節研究》、[19]吳宏一先生《鄉飲酒禮儀節簡釋》、[20]施隆民先生《鄉射禮儀節簡釋》、[21]鍾柏生先生《儀禮有司徹儀節研究》[22]等。接着有以"儀節"爲學位論文的,如:徐福全先生"儀禮士喪禮既夕禮儀

---

[18] 張光裕:《儀禮士昏禮、士相見之禮儀節研究》,臺北:臺灣中華書局,1971年。另張先生有科學委員會獎助的《儀禮士虞禮儀節研究》。

[19] 黃啓方:《儀禮特牲饋食禮儀節研究》,臺北:臺灣中華書局,1971年。

[20] 吳宏一:《鄉飲酒禮儀節簡釋》,臺北:臺灣中華書局,1973年。

[21] 施隆民:《鄉射禮儀節簡釋》,臺北:臺灣中華書局,1973年。

[22] 鍾柏生:《儀禮有司徹儀節研究》,《花蓮師專學報》1975年第7期。

研究"、㉓汪中文先生"儀禮鄉射禮儀節研究"、㉔彭妙卿先生"儀禮少牢饋食禮儀節研究"。㉕ 其他專著如：吳煥瑞先生《儀禮燕禮儀節研究》、㉖謝德瑩先生《儀禮聘禮儀節研究》。㉗ 其後，儀節的研究，約有十年較少有專文發表，近幾年，以韓碧琴先生對儀節有較深入的探討：《儀禮少牢饋食禮、特牲饋食禮儀節之比較研究》、㉘《儀禮有司徹、特牲饋食禮儀節之比較研究》、㉙《儀禮覲禮儀節研究》㉚最為出色。

至此，《儀禮》在儀節的研究方面，於"集釋"、"考證"方面已有很好的成果，對於各儀節的方位、進行程序、動作方式……都有詳細的論述，"儀節的比較研究"是更新的研究方式。前人在儀節的劃分上，大多依張爾岐《儀禮鄭注句讀》或胡培翬《儀禮正義》，較少涉及儀節劃分本身的問題。儀節的劃分在張爾岐之前已有學者提出，如敖繼公的《儀禮集說》在這個問題上，是很有開創性的一部著作。張爾岐之後，亦有不少清代學者對《儀禮》各篇提出不同的分節，如江永的《禮書綱目》與秦蕙田的《五禮通考》等，各具特色。下面以《儀禮·聘禮》為例，舉在儀節的研究上具有代表性的四家來說明：

敖繼公將《儀禮·聘禮》分為四十四儀節，張爾岐分為二十八儀節，江永分為三十九儀節，秦蕙田分出四十三儀節。本文則分為"主要儀節"二十九，兩處移為"權變儀節"。㉛

㉓　徐福全：《儀禮士喪禮既夕禮儀節研究》，臺北：臺灣師範大學國文研究所碩士論文，1979年。
㉔　汪中文：《儀禮鄉射禮儀節研究》，臺北：臺灣師範大學國文研究所碩士論文，1980年。
㉕　彭妙卿：《儀禮少牢饋食禮儀節研究》，臺北：中國文化大學中國文學研究所碩士論文，1980年。
㉖　吳煥瑞：《儀禮燕禮儀節研究》，臺北：文津出版社，1982年。
㉗　謝德瑩：《儀禮聘禮儀節研究》，臺北：文史哲出版社，1983年7月。
㉘　韓碧琴：《儀禮少牢饋食禮、特牲饋食禮儀節之比較研究》，《"國立"中興大學臺中夜間部學報》1997年第3期。
㉙　韓碧琴：《儀禮有司徹、特牲饋食禮儀節之比較研究》，《"國立"中興大學文史學報》1998年第28期。
㉚　韓碧琴：《儀禮覲禮儀節研究》，《興大中文學報》2005年第17期。
㉛　此二處分別是"因聘有言"（張爾岐歸在"聘享"）、"主國大夫有故"（張爾岐稱為"大夫代受幣"），另於"主國君臣饗食賓介法"部分文字也視為"權變儀節"，請見本文第三節。

茲將各家儀節列表於下：

表二　各家儀節表

敖繼公《集說》	張爾岐《句讀》	江永《綱目》	秦蕙田《通考》	本文看法
命使介具聘物	命使	圖事命使介	命使介	圖事命使介
夕幣	授幣	具齋幣	具幣齋	授幣
		授使幣	授使幣	
釋幣	將行告禰與行	釋幣于禰及行	將行告禰及行	告禰
受命遂行	受命遂行	受命于朝	受命遂行	受命遂行
		遂行		
假道	過他邦假道	過他國	過他邦假道	過他邦假道
習儀	豫習威儀	習儀	習儀	習儀
及竟	至竟迎入	及竟	入竟	及竟
請事				
展	入竟展幣	三展幣	入竟展幣	入竟展幣
請行郊勞	郊勞	郊勞	郊勞	郊勞
致朝	致館設飧	至朝	至朝	致館展幣
致館		致館	致館	
設飧		設飧	設飧	設飧
賓至朝	聘享	聘	賓至朝	至朝及廟門
迎賓			迎賓	
聘			揖賓入及廟門	
			聘	聘
享		享	享	享
聘享于夫人		聘享夫人	聘享夫人	聘享夫人
因聘有言		有言	因聘有言	（權變儀節）

《儀禮·聘禮》儀節之討論　283

（續表）

敖繼公《集說》	張爾岐《句讀》	江永《綱目》	秦蕙田《通考》	本文看法
醴賓	主君禮賓	禮賓	禮賓（五節）	禮賓
賓私覿	私覿	私覿	賓介私覿（六節）㉜	私覿
介私覿		介私覿		
賓出公送	賓禮畢出公送賓	公送賓問勞	公送賓問君問大夫勞賓介	公送賓問勞
卿大夫勞賓介	卿勞賓	卿大夫勞	卿大夫勞賓介	卿勞賓
歸賓饔餼	歸饔餼於賓介	歸饔餼	歸賓饔餼（四節）	歸饔餼於賓介
歸上介饔餼			歸上介饔餼	
餼衆介			餼士介	
問卿	賓問卿面卿	問卿	問卿	賓介問卿大夫
賓私面		賓私面於卿	賓私面於卿	
上介私面	介面卿	介私面於卿	介面卿	
衆介私面			介私面於卿	
賓退				
問下大夫嘗使者	問下大夫	賓問嘗使者	問嘗使者	
代受問	大夫代受幣	主國大夫有故	主國大夫有故	（權變儀節）
夫人歸禮於賓介	夫人歸禮賓介	夫人歸禮	夫人歸禮於賓	夫人歸禮於賓介
大夫餼賓介	大夫餼賓介	大夫餼賓介	大夫餼賓介	大夫餼賓介

㉜　依其文，當有七節，其云"上介覿爲第六節"（《五禮通考》卷230，頁37），又云"士介覿爲第六節"（《五禮通考》卷230，頁38），士介雖從上介，然其私覿上介以客禮，而士介不以客禮，當有別，觀其文，亦區別分節，故"士介覿爲第六節"之"六"字疑爲"七"字之誤。

（續表）

敖繼公《集説》	張爾岐《句讀》	江永《綱目》	秦蕙田《通考》	本文看法
饗食燕羞獻	主國君臣饗食賓介法	食饗燕羞獻	食饗燕羞獻	饗食賓介（部分移爲權變儀節）
大夫饗食		大夫饗食賓介	大夫饗食賓介	
還玉及賄禮	還玉報享	還玉賄禮	還玉報享	還玉報享
公館賓	賓將行君館賓	主君就賓館	主君就賓館	賓將行君館賓
賓拜賜	賓行主國贈送	拜賜逆行	賓拜賜遂行	賓行主國贈送
贈		贈送	贈送	
歸反命	使者反命	歸反命	歸反命	使者反命
釋幣于門釋奠于禰	使還奠告	禮門及禰	禮門及禰	使還奠告

敖繼公凡爲小儀節亦必分出，故所分儀節於諸家中最多；張爾岐則以大賅小，故於諸家儀節中所分最少，以其"聘享"一節最能看出差別。分爲較多的儀節，優點在於精細，而缺點爲繁瑣；分爲較少的儀節，優點是以簡馭繁，缺點是不易彰顯儀節内容。然而，有可以細分以理經文者，如張爾岐列"聘享"一儀節，其内容甚多，本文認爲可分出"至朝及廟門"、"聘"、"享"、"聘享夫人"，如此則更能掌握進行内容與次序；有不必分者，如江永的"具齋幣"和"授使幣"，其所分儀節經文甚短，實可爲一儀節觀之，故并而不分。

（二）分節的討論

儀節的劃分很難有固定的標準，但是有一原則當留意："凡是爲一儀節者，應考慮其完整性。"如同一段經文，張爾岐的"聘享"一節，敖繼公則細分爲"賓至朝"、"迎賓"、"聘"、"享"、"聘享于夫人"、"因聘有言"。江永則分爲四個儀節，以"聘"一節包含敖繼公的"賓至朝、迎賓、聘"，而秦蕙田則又再析出"揖賓及入廟門"，以上各家的分法，每個儀節都可説是具有完整性。但是分之過多則令人感到瑣細；分之過少，則該儀節過於龐大。本文認爲張爾岐所分的"聘享"可以區分出"聘"與"享",聘禮諸儀節中,聘與享固爲其重要項目,故析分之,較能突顯其重要性。何況"聘之大小"與"享之有無"有關,因此享應獨立成節,而"因聘有言"爲權變儀節,可以從主要儀節中删去。"賓至朝"、"迎賓"、"揖賓及廟門"等,均是較小的儀節,可以并之爲"至朝及廟門",不必凡事皆列爲儀節,以避免瑣碎。儀節的割分若能考慮到完整性,就没有對錯的問題,只是適不適當、好不好的問題了。

另外,有一處也可討論,即是"展幣"㉝的問題,《聘禮》有所謂"三展幣":

> 入竟,斂旜,乃展。布幕,賓朝服立于幕東,西面,介皆北面,東上。賈人北面坐,拭圭。遂執展之。上介北面視之,退復位。退圭,陳皮,北首,西上,又拭璧,展之,會諸其幣,加于左皮上。上介視之,退。馬則幕南北面,莫幣于其前,展夫人之聘享,亦如之。賈人告于上介,上介告于賓。有司展群幣,以告。及郊,又展,如初。及館,展幣於賈人之館,如初。(卷19,頁13—15)

第一次"展幣"在"入竟"時,第二次"展幣"在"及郊"時,也就是説,入竟後,再行至郊時,第二次"展幣",至此學者間大致無歧見,然而第三次"展幣",就有二説:

第一説以鄭玄爲代表。鄭玄於《儀禮・聘禮》"及館,展幣於賈人之館,如初"注云:

> 館,舍也。遠郊之内有候館,可以小休止、沐浴。展幣不於賓館者,爲主國之人,有勞問己者就焉,便疾也。(卷19,頁15)

則鄭玄認爲此館在遠郊。

第二説,認爲這次的展幣是在"國中之館"。蔡德晉《禮經本義》云:

> 郊,遠郊也。……及郊又展,亦因遠郊内之候館爲之;館,國中舍也,即後章卿所致者。此以展幣而連及之。賈人之館,館之旁室也。

㉝ 所謂展幣,是指檢查核實聘禮所用的禮品,包含圭璧、束帛、皮馬等。

展幣不于賓館者,慮主國使命往來,見之爲不恪也。㉞

謝德瑩先生認爲:

> 鄭氏但以此文在近郊受勞之前,遂謂此乃遠郊侯館,㉟而未念及此以三展幣連上文乃次於此也。且由遠郊行至國中,道途遠矣,恐又有所疏虞,乃於聘前一日又展幣,亦所以重慎其事也。其展於賈人之館者,一以恐賓館中有往來勞問之事,一以賈人乃主幣者,時間迫促,遂乃由便也。㊱

兩說的差異在於第三次展幣的地點"館",鄭玄認爲郊之館,而蔡德晉及謝德瑩先生認爲是國中之館。經文明言"賈人之館",那麼這個館應和"致館"的館不同,"郊勞"一節經文云"賓至於近郊",是第二次展幣在遠郊,那麼第三次展幣經文因行文之便,於"入竟展幣"㊲時隨文寫入,事實上不必認爲必然在近郊,否則"郊勞"開始的"賓至于近郊,張氈",則豈在張氈前又展幣於賈人之館乎?故蔡德晉與謝德瑩先生的意見可從,"郊勞"後"致館",應是使者致館,乃於賈人之館展幣,爲慎重其事,乃於聘享前一日再展幣確定。

關於"入竟"和"展幣",幾位學者的處理是:敖繼公《儀禮集說》以"展"賅之,張爾岐《儀禮鄭注句讀》稱"入竟展幣",秦蕙田《五禮通考》同,江永《禮書綱目》認爲"三展幣"。入竟是聘使至他國的一個重要階段,所以在儀禮上,應儘可能標舉,而展幣有三,入竟時展幣一次,至郊再展幣一次,"入竟展幣"是包含"入竟"到"郊勞"前,所以這一儀節是"入竟、二展幣","致館"時在賈人之館第三次展幣,本文乃以"致館展幣"標舉之,若僅於"入竟展幣"一節標舉展幣,而於"致館"未有標示,那麼容易使讀者誤爲展幣皆在入竟時,對於儀節的釐清顯然是不足的。

㉞ (清)蔡德晉:《儀禮本義》卷9,《景印文淵閣四庫全書》(臺北:臺灣商務印書館,1983年),頁10。
㉟ "侯館"當作"候館"。該書皆用"侯館",此引其文,故不改字。
㊱ 謝德瑩:《儀禮聘禮儀節研究》(臺北:文史哲出版社,1983年),頁85—86。
㊲ 儀節的劃分非經文寫定時所有,爲後人所分。

今人的分法中,最具特色的是錢玄先生的分法,《三禮通論·聘禮通釋》分聘禮爲十大段,三十六個儀節,[38]因不全依《聘儀》經文,故不收入表二與諸家比較,然其說法甚有見地,茲列引如下:

1. 出使前之禮:"命使者"、"授幣"、"行釋幣禮"、"受命于朝",四個儀節。

2. 過邦假道:"誓于境"、"次介假道",兩個儀節。

3. 至受聘國諸禮:"預習禮儀"、"謁關人入境"、"展幣"、"郊勞之禮"、"致館、設飧",五個儀節。

4. 聘、享之禮:"行聘禮"、"行享禮"、"聘享夫人",三個儀節。

5. 禮賓、私覿:"君禮賓"、"賓私覿"、"上介、士介私覿"、"禮畢送賓",四個儀節。

6. 歸饔餼:"歸饔餼于賓"、"歸饔餼于介"、"夫人歸禮"、"卿歸饔餼于賓介"、"請觀",五個儀節。

7. 君臣饗賓介:"君爲賓介行饗、食、燕之禮"、"君有事,不親自行禮,即使卿致送酬幣、侑幣于賓館"、"主國之卿亦爲賓行饗禮、食禮",三個儀節。

8. 賓介問卿大夫:"賓以國君之幣,問主國之三卿"、"上介以私幣面主國之三卿"、"凡主之下大夫曾出使己國者,上介亦奉幣面之,以敘舊誼",三個儀節。

9. 賓返行前諸禮:"還玉"、"賄"、"禮"、"君至賓館送賓"、"賓行,君臣贈送",五個禮節。

10. 使者返國諸禮:"使者返命"、"釋幣、奠禰",兩個儀節。

這樣的分法,綱舉目張,條理清晰,很有啓發性。錢先生依《聘禮·記》提出"請觀"一節,亦有其獨創性。

---

[38] 錢玄:《三禮通論》(南京:南京師範大學出版社,1996年),頁635—643。在錢玄與錢興奇合著的《三禮辭典》則提出十九個儀節:"命使"、"授幣"、"行釋幣禮"、"受命于朝"、"過邦假道"、"預習、展幣"、"郊勞、致館、設飧"、"行聘禮"、"行享禮"、"私覿"、"歸饔餼"、"請觀"、"君臣饗賓介"、"賓介問卿大夫"、"還玉"、"賄、禮"、"送賓,君臣贈送"、"返國復命"、"釋幣奠禰"。[錢玄、錢興奇:《三禮辭典》(南京:江蘇古籍出版社,1998年),頁940—942]雖是同一研究者於儀節之劃分,亦未能全同。

本文認爲若就大者而言，《聘禮》儀節可以分成三部分：

其一：至受聘國前諸事（"圖事命使介"至"習儀"）

其二：至受聘國行聘禮（"及竟"至"饗食賓介"）

其三：返國諸事（"還玉報享"至"使還奠告"）

此三部分之分段點爲"使者至所聘國國境"和"使者準備返國"，故將《聘禮》"主要儀節"三分之。再分層次，可爲八個階段，以賅二十九個儀節（參表三）：1."出使前諸儀"，包括"圖事命使介"、"授幣"、"告禰"、"受命遂行"，這個階段是使者出國境前諸事。2."途中諸儀"，包括"過他邦假道"、"習儀"，這是在路途中的諸事。3."至受聘國聘享前諸儀"，包括"及竟"、"入竟展幣"、"郊勞"、"致館展幣"、"設飧"、"至朝及廟門"，這是到了所聘國，在正式的聘享儀節前的諸事。4."聘享諸儀"，包括"聘"、"享"、"聘享夫人"，這個階段是正式行禮聘享，爲聘禮的中心部分。5."禮賓勞賓諸儀"，包括"禮賓"、"私覿"、"公送賓問勞"、"卿勞賓"，這個階段是主君禮賓、勞賓、卿大夫勞賓諸事。6."歸饗諸儀"，包括"歸饔餼於賓介"、"賓介問卿大夫"、"夫人歸禮於賓介"、"大夫餼賓介"、"饗食賓介"，是以歸禮和饗食爲主的諸事。7."將返前諸儀"，包括"還玉報享"、"賓將行君館賓"、"賓行主國贈送"，使者準備回國，主君贈送諸事。8."至國諸儀"包括"使者反命"、"使還奠告"，是使者回國覆命，并告廟諸事。

分層次是研究儀節的一個原則，但必須先將儀節分出"主要儀節"和"權變儀節"，能釐清這點，儀節的"層次"才能展現出來。

三、"主要儀節"與"權變儀節"

關於《儀禮》各篇分節，鄭注未有提及，歷來學者分法各異，本文認爲各篇儀節，可區分爲"主要儀節"與"權變儀節"兩類，所謂的"主要儀節"乃指聘禮正常而完整的儀節，而"權變儀節"是因特別狀況有所改變的儀節。禮之施行，本有因革權變，至《儀禮》寫定之時，雖具載禮儀内容，然於不同之時地因革，亦於"記"中載之。《儀禮》一書多篇於篇末附有"記",㊴"記"的性質及內容爲"對禮儀做補充或説明其權變"。然而,細看《儀禮》經文,會發現非屬"記"的部分也有與記相同性質的文句,這些就是本文所稱的"權變儀節"。《儀禮》除《喪服》專記喪服制度,無儀節外,都應區分出"主要儀節"和"權變儀節"。

以《聘禮》的行文而言,本文認爲經文"行酬乃出,上介至,亦如之"(屬"使還奠告"儀節)以上爲"主要儀節"。"行酬乃出,上介至,亦如之"以下爲"權變儀節",但在"行酬乃出,上介至,亦如之"之前者雖歸爲"主要儀節",其中仍有三處是屬於"權變儀節"的,兹分述如下:

1. 經文"若有言,則以束帛,如享禮"(卷21,頁2),這段文字在夫人聘享禮畢後,敖繼公《儀禮集説》與秦蕙田《五禮通考》稱"因聘有言",張爾岐《儀禮鄭注句讀》合在"聘享"一節中,江永《禮書綱目》稱"有言"。這一儀節是指若有所告請,再用束帛致命於主君,《聘禮·記》就有一條:"若有故,則卒聘。束帛加書將命。百名以上書於策,不及百名書於方。"(卷24,頁3)卒聘,張爾岐《儀禮鄭注句讀》釋曰:"卒聘,倉猝之聘,不待殷聘之期也。"(卷8,頁31)也就是説,依禮制聘本有定時,但有突發情況如災難之類,則因事遣使行聘禮以向他國告請,這是卒(猝)聘,爲特殊狀況,卒聘歸爲"記",則與之性質相同的"若有言,則以束帛,如享禮",亦爲突發情況,應屬於"權變儀節"。

2. 經文"大夫若不見,君使大夫各以其爵爲之受。如主人受幣之禮,不拜"(卷22,頁10—11):敖繼公《儀禮集説》稱"代受問"、張爾岐《儀禮鄭注句讀》稱"大夫代受幣"、江永《禮書綱目》及秦蕙田《五禮通考》稱"主國大夫有故"。這一儀節是指"問卿"、"問大夫"之事,若卿和大夫不能與使者相見,則主君使同爵之卿或大夫代受之,屬於變動情形(不能依正常儀節進行,於是采取權變),在《聘禮·記》有一條:"若君不見,使大夫受。自下聽命,自西階升受,負右房而立,賓降亦降。"與此性質相似,所以應歸爲"權變儀節"。

㊴ 《儀禮》十七篇中,有四篇無記:《士相見禮》、《大射儀》、《少牢饋食禮》、《有司徹》。另要説明的是《士喪禮》與《既夕》爲同一禮分爲兩篇,故《士喪禮》之記,見於《既夕》。

3. 經文"若不親食，使大夫各以其爵，朝服致之，以侑幣。如致饗，無儐。致饗以酬幣，亦如之"（卷22，頁14）、"若不親饗，則公作大夫致之以酬幣，致食以侑幣"（卷22，頁14）。前一引文爲主國君不能親食聘賓及上介，鄭玄《注》"君不親食，謂有疾及他故也"。後一引文是大夫有故，故不能親饗，主國君乃派同等級的卿或大夫代爲行禮，鄭玄《注》"作，使也。大夫有故，君必使其同爵者爲之致之"。這兩則都說明，"若不親食"、"若不親饗"爲變例，應該列爲權變儀節。

饗食之禮，依《聘禮》經文爲"公於賓，壹食，再饗。燕與羞，俶獻，無常數。賓介皆明日拜於朝。上介壹食壹饗"（卷22，頁13—14），這是常禮，《聘禮·記》云"大夫來使，無罪，饗之。過，則餼之"（卷24，頁18—19），是說使者來聘，禮無失誤，則主國君嘉之，乃饗食之，此段文字性質可爲本處討論權變儀之參考。大夫於賓介，依經文爲"大夫於賓，壹饗壹食。上介，若食，若饗"（卷22，頁14），屬於常禮。因此《聘禮》"饗食賓介"一節的經文"若不親食，使大夫各以其爵，朝服致之，以侑幣。如致饗，無儐。致饗以酬幣，亦如之"、"若不親饗，則公作大夫致之以酬幣，致食以侑幣"都不宜視爲"主要儀節"，而應列爲"權變儀節"。

除了上述於"使還奠告"前的三處經文外，自經文"聘遭喪"以下，歷來學者也分爲不少儀節，茲舉張爾岐《儀禮鄭注句讀》爲例，有"遭所聘國君喪及夫人世子喪"、"出聘後本國君喪"、"賓聘有私喪"、"出聘賓介死"、"小聘"等五段，雖在《聘禮》中編於"記"之前，然這些儀節實和記的性質是相似的，例如"出聘後本國君喪"一段，經文云"聘。君若薨于後……"，明顯是特殊情況，非正常聘禮所有的儀節，本文也均視爲"權變儀節"。

另有兩處經文必須說明，"若"字并非判斷爲"權變儀節"的必然條件，"權變儀節"必有"主要儀節"可參較比對，《聘禮》經文云"若"表現的意思有二：其一是"特殊情況時當如何"，這是本文所稱的"權變儀節"；第二類是"也可以如何"、"遇到這情況，就如何"，這屬於兩可狀況（可選擇狀況）或說明處理方式，而非特殊情況而產生的權變儀節。例如：

● 若過邦，至於竟，使次介假道，束帛將命于朝，曰："請帥。"奠幣。（卷19，頁9）

● 大夫於賓,壹饗壹食。上介,若食,若饗。(卷22,頁14)

第一條"若過邦",過邦非"特殊情況"而是正常情況,聘問之國或為鄰國或在遠方,鄰國固無"若過邦"問題,而遠處之國,過邦為必然的情況,是正常的,無特殊性,亦非屬權變儀節。

第二條是指大夫對來聘的上介,可以在"食"和"饗"二者中擇一,性質上是正常的"主要儀節",不算權變儀節。

由上面的討論,"若"字句與"權變儀節"的關係,可以畫成圖一表示:

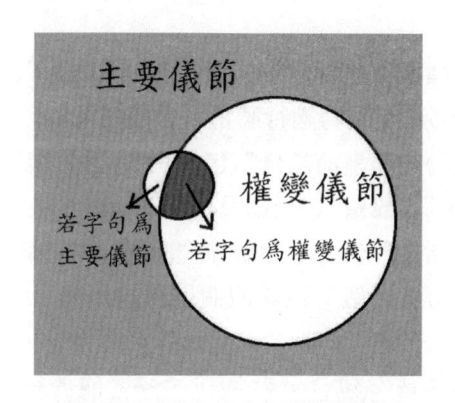

[圖：主要儀節與權變儀節關係圖，標示「若字句為主要儀節」及「若字句為權變儀節」]

圖一　"若"字句與儀節性質關係圖

四、結　　論

本文探討《儀禮・聘禮》,得到的結論總結為如下三點:

1. 大聘與小聘之別在於:大聘使卿,小聘使大夫;大聘七介或五介,小聘三介;大聘三年為期,小聘比年舉行;大聘享國君及夫人;小聘無享,而對國君有獻,不及夫人。小聘不設筵几,也不用醴酒禮賓,私覿時僅在庭中而不升堂,不遣使郊勞。

2. 本文認為《聘禮》全篇可區分為"主要儀節"與"權變儀節"兩類。所謂的"主要儀節"乃指聘禮正常而完整的儀節,而"權變儀節"是因特殊狀況有所變動的儀節。經文"若有言,則以束帛,如享禮"、"大夫若不見,君使大夫各以其爵為之受。如主人受幣之禮,不拜"、"若不親食,使大夫各以其爵,朝服致之,以侑幣。如致饗,無儐。致饗以酬幣,亦如之"、"若不親饗,則公作大夫致之以酬幣,致食以侑幣"及"聘遭喪"以下,皆歸入"權變儀節"。

3. 本文認爲儀節應分出層次,"主要儀節"可分爲三個部分,八個階段,二十九個儀節(參表三):

(1) 第一個部分"至受聘國前諸事",含兩個階段

階段一"出使前諸儀",包含四個儀節:"圖事命使介"、"授幣"、"告禰"、"受命遂行"。

階段二"途中諸儀",包含兩個儀節:"過他邦假道"、"習儀"。

(2) 第二個部分"至受聘國行聘禮",含四個階段

階段三"至受聘國聘享前諸儀",包含六個儀節:"及竟"、"入竟展幣"、"郊勞"、"致館展幣"、"設飧"、"至朝及廟門"。

階段四"聘享諸儀",包含三個儀節:"聘"、"享"、"聘享夫人"。

階段五"禮賓勞賓諸儀",包含四個儀節:"禮賓"、"私覿"、"公送賓問勞"、"卿勞賓"。

階段六"歸饗諸儀",包含五個儀節:"歸饔餼於賓介"、"賓介問卿大夫"、"夫人歸禮於賓介"、"大夫餼賓介"、"饗食賓介"。

(3) 第三個部分"返國諸事",含兩個階段

階段七"將返前諸儀",包含三個儀節:"還玉報享"、"賓將行君館賓"、"賓行主國贈送"。

階段八"至國諸儀",包含兩個儀節:"使者反命"、"使還奠告"。

表三　本文所分主要儀節層次圖

至受聘國前諸事	出使前諸儀	1	圖事命使介
		2	授幣
		3	告禰
		4	受命遂行
	途中諸儀	5	過他邦假道
		6	習儀

(續表)

至受聘國行聘禮	至受聘國聘享前諸儀	7	及竟
		8	入竟展幣
		9	郊勞
		10	致館展幣
		11	設飧
		12	至朝及廟門
	聘享諸儀	13	聘
		14	享
		15	聘享夫人
	禮賓勞賓諸儀	16	禮賓
		17	私覿
		18	公送賓問勞
		19	卿勞賓
	歸饔諸儀	20	歸饔餼於賓介
		21	賓介問卿大夫
		22	夫人歸禮於賓介
		23	大夫餼賓介
		24	饗食賓介
返國諸事	將返前諸儀	25	還玉報享
		26	賓將行君館賓
		27	賓行主國贈送
	至國諸儀	28	使者反命
		29	使還奠告

後記：原文舊題爲《〈儀禮·聘禮〉儀節之研究》，刊登於《南臺科技大學學報》2006年第31期，頁69—83。

本文於出版前就部分文字做修正。再者本文的"主要儀節"在作者後來發表的文章中,改稱爲"正經"即"禮制正文",本文的"權變儀節"在作者後來發表的文章中,改稱爲"似記經文"。此文因存其舊,故於此説明之。

以《公食大夫禮》爲例對《儀禮》儀節之分節做討論（并附《公食大夫禮》儀節圖）*

一、前　言

對於《儀禮》一書的探討，自東漢經學大家鄭玄作《儀禮注》後，①經魏晉南北朝迄於隋朝，對全書注解者有王肅、劉兆、劉昌宗、李軌、范宣、謝超宗、黃慶、沈重、張沖、李孟悊等，或長於音義之學、或爲義疏之體。②唐賈公彦作《儀禮疏》，參以黃慶《儀禮章疏》與李孟悊《儀禮注》，益以己見，是《儀禮》學的另一重要訓釋之作。其後，宋元明三代《儀禮》學，以朱熹與其門人、元之敖繼公、明之郝敬等爲後儒重視。有清一代《儀禮》之學興盛，成就更超乎前代。

《儀禮》之學素有注解、禮圖、名物、釋例等範疇，而儀節實爲研讀《儀禮》各篇的重要門徑，禮學家注解經文時，往往將之區分爲段落，示其節

---

*　本文爲科學委員會補助專題研究計劃(NSC 95-2411-H-024-005-)的研究成果，本文承蒙臺灣大學葉國良教授與匿名審查人提出寶貴意見，謹此致謝。
①　鄭玄之前有班固《儀禮班氏義》、盧植《儀禮解詁》之作，今皆不傳。
②　曹魏王肅有《儀禮注》、《儀禮音》等，晉朝有劉兆《儀禮注》、劉昌宗《儀禮音》、李軌《儀禮音》、范宣《儀禮音》等，南齊謝超宗《儀禮注》、黃慶《儀禮章疏》等，北周有沈重《儀禮義》，隋有張沖《儀禮傳》、李孟悊《儀禮注》，另有《隋書·經籍志》載作者不詳的《儀禮義疏》等。又禮學名家如賀循、孔衍、蔡謨、傅隆、雷次宗、皇侃、崔靈恩、沈文阿等，各有著作，或爲喪服專著，或精於三禮，惜皆不傳。

目，以彰顯該篇之重要進程，亦由此以説明行禮之步驟。儀節雖爲小道，亦有其在研討《儀禮》時的重要功用，不可輕略。

《儀禮》十七篇中，除去《士相見禮》與《喪服》兩篇外，其他各篇都可在"儀節劃分"上，加以探究，囿於篇數過多，難以全數探討，有些篇章已有學者做過儀節的疏理，而《公食大夫禮》至今無人寫作專門的文章對其儀節進行論述，其篇幅又適中，故本文選擇以此篇爲例，探討儀節劃分的原則與要點。本文首先回顧歷代以儀節爲編排的《儀禮》著作，整理已有的研究成果。接着第三節重點提出儀節劃分的四點原則，并以朱熹《儀禮經傳通解》和楊復《儀禮圖》爲例，比較兩書關於《公食大夫禮》的儀節名稱和分節，同時探討了《公食大夫禮》一篇中，學者分節較爲歧異的四處經文，提出個人的看法。第四節則以儀節分層次爲重點，討論了《儀禮》經文中的經記相雜的現象，再提出將《公食大夫禮》分爲六階段和十四儀節，并以表格呈現。

二、"儀禮儀節"研究的回顧

本文所謂的"儀節"指《儀禮》各篇之節目或章次，即將《儀禮》各篇經文依其行儀次序、步驟，析分爲"節"或"目"，學界習慣稱爲"儀節"。

劃分儀節在經文的詮釋上有其重要性，可以説是清理經文、研讀經文的重要方法。雖然對於"儀禮學"，劃分儀節似乎只是入門的層次，相較於專題研究，似乎有深度上的懸差，然而《儀禮》的經文仍有值得細理的工作，即使清儒已有很好的成果，但仍存在着不同的見解與爭議。

對於儀節的認識，或可溯及更早的義疏，③然今可見者，最早應是唐代賈公彦的《儀禮疏》，他在注解中，一再以"自此盡……（經文的某句），論……之事"的方式説明經文的分節，雖然他的注解尚未明確以"儀節"做分段編排，然其書劃分儀節之意甚爲明確，至宋代朱熹及門人楊復的著作

---

③ 鄭玄三禮之注集兩漢之大成，未見其對儀節之説明，而賈公彦之《儀禮疏》已有相關文字，其間有南北朝之經學，雖諸多著作已未可見，然南北朝重義疏之學，或已留意到儀節之事，亦屬合理推論。

已用儀節爲編排的體例，到了清代，禮學家對儀節更爲重視，并論及儀節（即章次）之重要性，吳廷華曾云：

> 章次不分，則禮之始終度數與賓尸介紹，冠服玉帛牲牢尊俎之陳，如滿屋散錢，毫無條貫。④

因爲《儀禮》經文如程序單，同篇中雷同之文句多有，益以名物、方位、進退之陳述，頭緒衆多，若不分儀節目次，往往讀至後文已忘前文，若能析分儀節，則有益於經文連貫與理解。茲將歷來研究成果陳述如下：

（一）目前所見最早論及儀節之著作——唐代賈公彥《儀禮疏》

傳世《儀禮》注解中，時代最早的爲鄭玄的《儀禮注》，然該書對於經文未做分節，賈公彥《儀禮疏》實爲目前可見最早就經文內容予以分節者，茲以《公食大夫禮》爲例說明其儀節分法（不含記的部分）：

第一節：經文"使大夫戒，各以其爵"後《疏》云："自此盡'如聘'，論主君使大夫就館，戒聘客使來行食禮之事。"⑤

第二節：經文"公如賓服，迎賓于大門內"後《疏》云："自此盡'階上北面再拜稽首'，論主君迎賓入拜至之事。"（卷25，頁4）

第三節：經文"士舉鼎，去幂于外，次入……右人抽肩，坐奠于鼎西，南順，出自鼎西，左人待載"後，《疏》云："自此盡'逆退復位'，論鼎入已載之事。"（卷25，頁6）

第四節：經文"公降盥"後，《疏》云："自此盡'各却于其西'，論公與宰夫爲賓設正饌之事。"（卷25，頁8）

第五節：經文"贊者負東房，南面告具于公"後，《疏》云："自此盡'醬湆不祭'，論賓所祭饌之事。"（卷25，頁11）

第六節：經文"宰夫授公飯粱，公設之于湆西。賓北面辭，坐遷之"

---

④ （清）吳廷華：《儀禮章句》，《皇清經解三禮類彙編》（臺北：藝文印書館，1986年），卷首爲其子吳壽祺轉述語（頁1273）。

⑤ （東漢）鄭玄注，（唐）賈公彥疏：《儀禮注疏》卷25（臺北：藝文印書館，1955年，影印嘉慶二十年江西南昌府學刊本），頁1。本文凡引《儀禮》經文與注疏皆出於此本，後文引用時不再出注，僅於引文後加括號以標明卷頁。

後,《疏》云:"自此盡'降出',論設加饌粱與庶羞之事。"(卷25,頁12)

第七節:經文"贊者負東房,告備于公"後,《疏》云:"自此盡'兼壹祭之',論贊告饌具、賓祭之事。"(卷25,頁14)

第八節:經文"賓降拜"後,《疏》云:"自此盡'魚腊不與',論賓正食受侑幣,至于食終之事。"(卷25,頁14)

第九節:經文"明日,賓朝服拜賜于朝。拜食與侑幣,皆再拜稽首"後,《疏》云:"自此盡'訝聽之',論賓拜謝主君之事。"(卷26,頁1)

第十節:經文"若不親食"後,《疏》云:"自此盡'聽命',論主君不親食,使大夫致禮於賓館之事。"(卷26,頁2)

第十一節:經文"大夫相食,親戒速"後,《疏》云:"自此盡'大夫之禮',論主國大夫食賓之禮別於主君之事。"(卷26,頁4)

上述十一節是賈《疏》明確標明分節及儀節內容的部分,其例爲"自此盡某(經文),言某某之事"。另有可討論者:

其一:第一節的結尾在"賓朝服即位于大門外,如聘"處,再一次提到分節便由"公如賓服,迎賓于大門內"開始,這中間"即位。具。羹定……凡宰夫之具,饌于東房"(卷25,頁2—3)等文句,《疏》未加說明,然由其體例推之此亦宜立爲一節。

其二:由經文"公如賓服,迎賓于大門內"到"階上北面再拜稽首"這一節,《疏》既言此"論主君迎賓入拜至之事"(卷25,頁4),而於"公當楣北鄉,至再拜,賓降也,公再拜"處《疏》云"自此盡'稽首',論公拜至賓荅拜之事"(卷25,頁5);又於"公降一等,辭曰:'寡君從子,雖將拜,興也。'"《疏》云"自此盡'稽首',論賓降荅拜之事"(卷25,頁5),則於一節中,三次做了說明,然并無再獨立分節之意,乃是就此節重點"主君迎賓入、公拜至、賓降荅拜"各別強調,分出層次。

其三:第九節結束於"訝聽之",而第十節由"若不親食"開始,中間"上大夫八豆、八籩、六鉶、九俎,魚、腊皆二俎……加於下大夫以雉、兔、鶉、鴽"未有任何關於分節說明,這段文字內容即鄭《注》所云"記公食上大夫,異于下大夫之數",(卷26,頁1)賈《疏》未有說明,蓋依鄭《注》。而這一段文字事實上也不是儀節,而是與"記"性質相當的文字(詳後文)。

其四：經文於"其他皆如公食大夫之禮"後有"若不親食，則公作大夫，朝服以侑幣致之"。（卷26，頁5）賈《疏》亦無分節說明，而此段文字內容亦與"記"性質相當。

由以上的討論可知，《儀禮疏》對於分節還在隨文說明階段，依其疏文，可將《公食大夫禮》的正文分爲十二個章次，亦即十二個儀節，分別是"主君使大夫就館，戒聘客使來行食禮"、"即位具"、"主君迎賓入拜至"、"鼎入已載"、"公與宰夫爲賓設正饌"、"賓祭饌"、"設加饌粱與庶羞"、"贊者告饌具，賓祭"、"賓正食受侑幣，至于食終"、"賓拜謝主君"、"主君不親食，使大夫致禮於賓館之事"、"主國大夫食賓之禮別於主君"。

（二）宋元明禮學家對"儀節"的開展

宋代是經學的興盛時期，可惜禮學著作傳世不多，對於《儀禮》分節，可見者有朱熹(1130—1200)《儀禮經傳通解》（下文簡稱《經傳通解》）⑥與楊復《儀禮圖》⑦兩種，已較賈公彥《儀禮疏》進一步標示"儀節名稱"，綱目清楚。

鄧聲國先生指出：

> 劃分章節是儀制訓詁的特殊方式之一。唐代以前，各家注釋都沒有從具體形式上給《儀禮》經文劃分章次，⑧到宋代朱熹作《儀禮經

---

⑥ 《儀禮經傳通解》初名爲"集傳集注"，朱熹取《儀禮》爲經，《禮記》與諸經史書籍中關於禮者，附於經之下以撰述，書未成而歿，喪禮部分由門人黃幹成之，祭禮則尚未完成而黃幹歿，乃由楊復重修祭禮部分。《公食大夫禮》據清代丁丙《善本書室藏書志》卷2云："其孤在嘉定丁丑八月謹記，云此先君晚歲親定絕筆，惟《書數》一篇缺而未補，而《大射禮》、《聘禮》、《公食大夫禮》、《諸侯相朝禮》皆未脫稿。《王朝禮・卜筮篇》亦缺，余皆草定而未刪改。"由此，則《公食大夫禮》乃據朱熹草稿而定。（宋）朱熹：《儀禮經傳通解》，《景印文淵閣四庫全書》，臺北：臺灣商務印書館，1983年。本文凡引《儀禮經傳通解》皆出於此本，後文引用時不再出注，僅於引文後加括號以標明卷頁。

⑦ （宋）楊復：《儀禮圖》，《景印文淵閣四庫全書》，臺北：臺灣商務印書館，1983年。本文凡引《儀禮圖》皆出於此本，後文引用時不再出注，僅於引文後加括號以標明卷頁。

⑧ 關於"唐代以前，各家注釋都沒有從具體形式上給《儀禮》經文劃分章次"這句話，似可商討。案：若就編排層面來說，目前可見最好的專著是宋儒的著作，然唐賈公彥《儀禮疏》已於疏文指出章次之劃分，而唐代以前"義疏"之學已盛，亦不排除有相關著作而今未得見之。

傳通解》時，始仿章句體著作體例，開始按行禮之節次將經文各篇劃分章節次第，釐析經文每一節截斷後一行題云右某事。此後楊復《儀禮圖》、敖繼公《儀禮集說》俱分章段而與朱熹《通解》微有異同。⑨

朱子的《經傳通解》確實開啓了新的學術視野，以新的體例編排《儀禮》經文，將賈公彦《儀禮疏》已展現的儀節概念，用更清楚的標注方式，分段編次，成爲後來禮學家著作的範式。《經傳通解》之《公食大夫禮》分爲十七個儀節，其名稱爲"戒賓賓從"、"陳器饌"、"迎賓即位"、"拜至"、"鼎俎入"、"設正饌"、"賓祭正饌"、"設加饌"、"賓祭加饌"、"賓正食"、"侑幣"、"卒食"、"賓出"、"拜賜(賜)"、"食上大夫禮"、"不親食"、"大夫相食禮"。

楊復爲朱熹門生，亦精於禮，朱熹《經傳通解》的祭禮部分，由其重修完成，其所著之《儀禮圖》將《公食大夫禮》分爲十八儀節"戒賓賓從"、"陳器饌"、"迎賓即位"、"拜至"、"鼎入載俎"、"公設醯醬遂薦豆設俎簋"、"公設大羹遂設鉶實犓"、"賓祭正饌"、"公設飯粱爲加饌先"、"賓祭加饌"、"賓食正饌"、"侑幣"、"卒食"、"賓降"、"歸賓俎及賓拜賜"、"食上大夫禮"、"不親食"、"大夫相食禮"。

元代敖繼公《儀禮集說》⑩(下文簡稱《集說》)乃取鄭《注》、賈《疏》，益以創見所成之禮學著作，爲朱熹之後另一位禮學大家，對後代禮學影響很深。⑪其劃分《公食大夫禮》爲二十一儀節，爲歷代禮學家對該禮篇分節最多者，其儀節爲"戒賓"、"賓即位"、"陳設"、"迎賓"、"群臣及介即位"、"拜至"、"鼎入匕載"、"設正饌"、"賓祭正饌"、"設加饌"、"賓祭加饌"、"賓食"、"侑幣"、"賓拜侑幣"、"卒食"、"賓出歸俎"、"賓拜賜"、"食上大夫禮"、

---

⑨　鄧聲國：《清代儀禮文獻研究》(上海：上海古籍出版社，2006年)，頁45—46。

⑩　(元)敖繼公：《儀禮集說》，《景印文淵閣四庫全書》，臺北：臺灣商務印書館，1983年。本文凡引《儀禮集說》皆出於此本，後文引用時不再出注，僅於引文後加括號以標明卷頁。

⑪　《欽定儀禮義疏》稱其"《儀禮》自《注》、《疏》而外，前人解詁頗少，即《經籍》、《藝文》偶有其目，而書或不傳。閒見一二，亦多撦取《注》、《疏》，刪改成文，罕有自出心裁者。惟元儒敖繼公《集說》，細心密理，抉摘闡發，頗能得《經》之曲折，其偶駁正《注》、《疏》，亦詞氣安和"(文淵閣四庫全書本，《凡例》頁1)。對於敖氏《集說》甚爲稱美，程克雅云："敖繼公的《儀禮集說》不論是在體例或是在注釋學方面，皆值得與朱熹禮學相提并論。"(程克雅：《敖繼公"儀禮集說"駁議鄭注"儀禮"之研究》，《東華人文學報》2000年第2期，頁298)

"致食禮"、"大夫相食"、"大夫致食"。敖氏於禮意，常有創見。

明代郝敬《儀禮節解》⑫（下文簡稱《節解》）分《公食大夫禮》爲十五個儀節"始戒賓"、"陳器具"、"迎賓"、"鼎入載俎"、"設正饌"、"賓祭正饌"、"設加饌"、"賓祭加饌"、"賓食食"、"公以幣侑賓食"、"卒食送賓歸俎"、"賓拜賜"、"公食上大夫之禮"、"君不親食，使人致食之禮"、"大夫相食，主國卿食賓之禮"。郝敬所分儀節有其精要之處，如將宋元禮學家所分的"迎賓"、"即位"、"拜至"合爲"迎賓"一節。蓋主國大夫既戒賓于館而賓從之（戒賓），同時主國於禰廟設饌物（陳器饌），大夫引領賓至大門外，此時主國君於大門内迎之，遂入門而引至禰廟，群臣各即其位，接着乃拜至。由主君迎賓到拜至過程無需分爲三儀節，以免過於瑣碎。

（三）清代禮學著作對儀節的劃分

清代爲經學極盛的時代，《儀禮》的著作亦多，質與量皆超乎前代，在儀節的分法上，吸收前代禮學家朱熹、敖繼公、郝敬的成果，并且有新的成果，尤以張爾岐與吳廷華兩位最值得留意。

張爾岐（1612—1677）《儀禮鄭注句讀》⑬（下文簡稱《句讀》）一書之儀節分次，素爲後世禮學家所從，如胡培翬（1782—1849）《儀禮正義》（下文簡稱《正義》）⑭僅爲儀節名稱不同，⑮其分節起迄皆與《句讀》相同。《句讀》一書"坊間通行之本舛誤頗多，無一精校細勘之本"，幸有韓碧琴先生之校對，使《句讀》可爲學者依據。⑯《句讀》是繼朱子《儀禮經傳通解》後，

---

⑫ （明）郝敬：《儀禮節解》，《續修四庫全書》，上海：上海古籍出版社，1995年，萬曆郝千秋郝千石刻九部經解本。本文凡引《儀禮節解》皆出於此本，後文引用時不再出注，僅於引文後加括號以標明卷頁。

⑬ （清）張爾岐：《儀禮鄭注句讀》，臺北：學海出版社，1981年。本文凡引《儀禮鄭注句讀》皆出於此本，後文引用時不再出注，僅於引文後加括號以標明卷頁。

⑭ （清）胡培翬：《儀禮正義》，南京：江蘇古籍出版社，1993年。

⑮ 如《句讀》之"戒賓"，《正義》作"戒賓賓從"；《句讀》之"載實於俎"，《正義》作"鼎入載俎"；《句讀》之"禮終賓退"，《正義》作"禮終賓出"；《句讀》之"歸俎于賓"，《正義》作"歸俎實於賓"；《句讀》之"君不親食使人往致"，《正義》作"君不親食使人致食"；《句讀》之"大夫相食之禮"，《正義》作"大夫相食禮"，此六處名稱有别，其他都一致。

⑯ 韓碧琴：《儀禮鄭注句讀校記——公食大夫禮第九》，《興大中文學報》1993年第6期，頁145—168。韓碧琴：《儀禮鄭注句讀校記》，臺北：編譯館，1996年。

對於儀節提出重要看法的著作，也開啓了清代"儀禮學"的研究風氣。在《儀禮》第一篇《士冠禮》的"送賓歸俎"儀節後，另起新行注明"以上《士冠禮》正經"（卷1，頁12），繼朱子之後再次提出《儀禮》於"記"前的經文可分出"正經"文字的觀點。《句讀》將《公食大夫禮》分爲十八個儀節"戒賓"、"陳具"、"賓入拜至"、"載實於俎"、"爲賓設正饌"、"賓祭正饌"、"爲賓設加饌"、"賓祭加饌"、"賓食饌三飯"、"公以束帛侑賓"、"賓卒食"、"禮終賓退"、"歸俎于賓"、"賓拜賜"、"食上大夫禮之加於下大夫者"、"君不親食使人往致"、"大夫相食之禮"、"大夫不親食君使人代致"。又於注解中，重視儀節的層次，如"陳具"後注云"上二者爲將食大夫，戒備之事"（卷9，頁1）；於"賓卒食"注云"自爲賓設正饌至賓卒食，凡七節，詳食賓之節"（卷9，頁4）；於"禮終賓退"注云"此下別言食禮之異者"（卷9，頁10）。

姚際恒（1647—1715）《儀禮通論》⑰分《公食大夫禮》爲十八個儀節"戒賓"、"陳設"、"迎賓"、"群臣及介即位"、"拜至"、"鼎入載俎"、"設正饌"、"賓祭正饌"、"設加饌"、"賓祭加饌"、"賓食食"、"侑幣"、"卒食"、"賓出歸俎"、"賓拜賜"、"食上大夫禮"、"不親食"、"大夫相受"。其分儀節，或受到《節解》的影響，如經文"即位"二字，歸入"戒賓"而不在"陳設"。"賓食食"爲較特別儀節名稱，乃由《節解》來。

江永（1681—1762）《禮書綱目》皆依朱熹《經傳通解》，對於《公食大夫禮》僅"舉鼎載俎"一儀節名稱不同。⑱

吳廷華（1682—1755）《儀禮章句》⑲全書各篇皆重視儀節之層次，清楚標示，將儀節研究又跨前一步。以《公食大夫禮》爲例，其分法爲：

"第一章食前之事，凡二節：一戒賓、二陳設"

"第二章賓入，凡三節：一迎賓、二即位、三拜至"

"第三章鼎入載俎"

---

⑰ （清）姚際恒：《禮書通論》，北京：中國社會科學出版社，1998年，陳祖武點校本。

⑱ 江永認爲朱熹《儀禮經傳通解》修於晚年而未能完成，後來黃幹等弟子補成，然全書體例或有不一，於是江永以黃幹《喪禮》部分爲體式，著成《禮書綱目》。（清）江永：《禮書綱目》，《景印文淵閣四庫全書》，臺北：臺灣商務印書館，1983年。

⑲ （清）吳廷華：《儀禮章句》，《景印文淵閣四庫全書》，臺北：臺灣商務印書館，1983年。

"第四章陳正饌"

"第五章食賓，凡五節：一正饌、二加饌、三三飯、四侑賓、五賓卒食出"

"第六章食後之禮，凡二節：一歸俎、一拜賜"

"第七章食之餘禮，凡三節：一俎豆多少之制，二不親食，三大夫相食"[20]

層次清楚，對於瞭解《公食大夫禮》行禮之程序與儀節之所重，裨益甚大。

蔡德晉《禮經本義》[21]分《公食大夫禮》爲十六儀節"戒賓賓從"、"陳器饌"、"迎賓賓入"、"鼎入載俎"、"設正饌"、"賓祭正饌"、"設加饌"、"賓祭加饌"、"賓食"、"侑幣"、"卒食"、"賓出歸俎"、"賓拜賜"、"食上大夫禮"、"致食"、"大夫相食"。

盛世佐《儀禮集編》[22]分《公食大夫禮》爲十九個儀節"戒賓"、"即位"、"陳設"、"迎賓"、"拜至"、"鼎入載俎"、"設正饌"、"賓祭正饌"、"設加饌"、"賓祭加饌"、"賓食"、"公以束帛侑"、"賓卒食"、"賓出歸俎"、"賓拜賜"、"食上大夫禮"、"致食禮"、"大夫相食禮"、"大夫致食禮"。其分法近於敖氏《集說》而有小異。

以上爲清代學者著作中，對於儀節有清楚標示而成體系者的情形，另有官修的《欽定儀禮義疏》，亦應留意：

《欽定儀禮義疏》[23]爲乾隆十三年（1748）敕撰，其《公食大夫禮》儀節則參考敖氏《集說》，故不同者僅名稱二處、分合不同一處。[24] 其經文歸入

---

[20] 其分節標次有所疏忽，將第四標爲第五章，致使先有第五章，後有第四章之倒錯紊亂；又第六章誤寫爲第五章，以致有兩個第五章；第七章誤寫爲第十章，以致無第七、八、九章，而直接跳爲第十章，本文引用時已對其內容進行校改。（卷9）

[21] （清）蔡德晉：《禮經本義》，《景印文淵閣四庫全書》，臺北：臺灣商務印書館，1983年。

[22] （清）盛世佐：《儀禮集編》，《景印文淵閣四庫全書》，臺北：臺灣商務印書館，1983年。

[23] 乾隆十三年敕撰：《欽定儀禮義疏》，《景印文淵閣四庫全書》，臺北：臺灣商務印書館，1983年。

[24] 名稱不同者：《集說》稱"賓即位"，而此稱"賓即位于大門外"；又《集說》"鼎入匕載"，而此稱"鼎入載俎"。分合不同者：《集說》之"賓出歸俎"，此書分爲"賓出"與"歸賓俎"。

不同儀節者亦僅"贊者負東房,告備于公"一句。㉕

(四) 民國以後的節儀研究

以儀節爲研究風氣,是民國以後才勃興的,臺灣禮學界對此有很好的成果,1965年東亞學術計劃委員會獎助臺灣大學"儀禮復原小組",㉖相關成果有:張光裕先生《儀禮士昏禮、士相見之禮儀節研究》、㉗黃啓方先生《儀禮特牲饋食禮儀節研究》、㉘吳宏一先生《鄉飲酒禮儀節簡釋》、㉙施隆民先生《鄉射禮儀節簡釋》、㉚鍾柏生先生《儀禮有司徹儀節研究》。㉛

其後以儀節爲題撰寫學位論文者如:徐福全先生《儀禮士喪禮既夕禮儀節研究》、㉜汪中文先生《儀禮鄉射禮儀節研究》、㉝彭妙卿先生《儀禮少牢饋食禮儀節研究》㉞等。專書與期刊論文如:吳煥瑞先生《儀禮燕禮儀節研究》、㉟謝德瑩先生《儀禮聘禮儀節研究》、㊱韓碧琴先生《儀禮少牢饋食禮、特牲饋食禮儀節之比較研究》㊲和《儀禮有司徹、特牲饋食禮儀節之比較研究》、㊳《儀禮覲禮儀節研究》、㊴鄭憲仁《儀禮聘禮儀節之研究》㊵等。

㉕ 《集説》歸於"設加饌",此歸入"賓祭加饌"。
㉖ 此小組由臺靜農先生召集,孔德成先生指導。
㉗ 張光裕:《儀禮士昏禮、士相見之禮儀節研究》,臺北:臺灣中華書局,1971年。
㉘ 黃啓方:《儀禮特牲饋食禮儀節研究》,臺北:臺灣中華書局,1971年。
㉙ 吳宏一:《鄉飲酒禮儀節簡釋》,臺北:臺灣中華書局,1973年。
㉚ 施隆民:《鄉射禮儀節簡釋》,臺北:臺灣中華書局,1973年。
㉛ 鍾柏生:《儀禮有司徹儀節研究》,《花蓮師專學報》1975年第7期,頁161—180。
㉜ 徐福全:《儀禮士喪禮既夕禮儀節研究》,臺北:臺灣師範大學國文研究所碩士論文,1979年。
㉝ 汪中文:《儀禮鄉射禮儀節研究》,臺北:臺灣師範大學國文研究所碩士論文,1980年。
㉞ 彭妙卿:《儀禮少牢饋食禮儀節研究》,臺北:中國文化大學中國文學研究所碩士論文,1980年。
㉟ 吳煥瑞:《儀禮燕禮儀節研究》,臺北:文津出版社,1982年。
㊱ 謝德瑩:《儀禮聘禮儀節研究》,臺北:文史哲出版社,1983年。
㊲ 韓碧琴:《儀禮少牢饋食禮、特牲饋食禮儀節之比較研究》,《中興大學臺中夜間部學報》1997年第3期,頁1—50。
㊳ 韓碧琴:《儀禮有司徹、特牲饋食禮儀節之比較研究》,《中興大學文史學報》1998年第28期,頁27—66。
㊴ 韓碧琴:《儀禮覲禮儀節研究》,《興大中文學報》2005年第17期,頁23—70。
㊵ 鄭憲仁:《儀禮聘禮儀節之研究》,《南臺科技大學學報》2006年第31期,頁69—83。

上揭著作以考辨、訓詁各儀節中經文的字詞、內容、方位爲主，其中較特別者可述之如下：

張光裕先生在探討《士相見禮》成篇的課題時，提出"記"有混入"正經"的現象，與"正經"中有"與經文同時或稍後補正經文之辭"。

施隆民先生與吳宏一先生較早采用分出層次的方式來表現儀節，施書分七章，各章再分節，以第四章"第二番射事"分十三節最多，全篇一共分爲五十一節。吳書分六章二十八節，皆能展現儀節之層理。

韓碧琴先生分別以《儀禮》中相關的篇章（《少牢饋食禮》與《特牲饋食禮》、《有司徹》與《特牲饋食禮》）做比較，對儀節的探討很有助益。

鄭憲仁以經文性質區分爲"主要儀節"和"權變儀節"，并將《聘禮》儀節分爲三個層次。此文指出"記"以前的經文可分爲"主要儀節"與"權變儀節"，前者爲"正常而完整的儀節"，後者爲"因特別狀況有所改變的儀節"（頁 79—80），[41]并對《聘禮》經文的"若字句（以若字開首之句）"做了分析。

三、儀節的分節原則與相關討論

《儀節》經文如行禮之程序單，不分儀節則難以卒讀，故自賈《疏》已於注解中提示分節段落，以使讀者知其重點。宋元以後，注解《儀禮》者，亦能以儀節爲綱目，提示程序，辨明要項。然儀節劃分各家不同，後出者雖參考前人意見，或糅合各家看法，或以已意定之，是故學者多謂儀節無一定原則。若然，則儀節之劃分豈爲各隨己意乎，必不然也。本文對於儀節分節，希能提出原則，以便於分析經文時，更能掌握其程序與各階段要點。

歷來的學者對於儀節的分節原則幾無論及，即使在注解《儀禮》時參看前人的著作，而自己所分儀節與之不同，亦未說明原由，大概是因爲某一經文，語意已自成一個段落，便逕自分節。鄭憲仁《儀禮聘禮儀節之研

---

[41] 其後在《儀禮·公食大夫禮研究》（《2007 經學與文化學術研討會論文集》，2007 年 12 月，頁 9）將"正常儀節"的文字稱爲"禮制正文"，將"權變儀節"的文字稱爲"補充經文"。

究》曾提出看法：凡是爲一儀節者，應考慮其完整性，重要的項目宜析分之，以便突顯其重要性，儀節亦應分出層次。㊷ 接續上文之研究，本文進一步提出儀節的劃分與定名應符合四點要求：

1. 完整性：起迄經文能完整表達該儀節的内涵
2. 簡明：儀節名稱宜簡明扼要，使讀者容易掌握
3. 代表性：能精確代表該段經文内容
4. 分層次：能凸顯經文重點、彰顯禮制要目

下面，本文以兩種方式來說明儀節分節原則及其所涉及的相關討論。

（一）比較不同儀節的劃分方式——以朱熹《經傳通解》與楊復《儀禮圖》爲例

經由比較不同儀節的劃分方式，有助於説明上揭四點原則在檢視各家《儀禮》著作之分節是否合宜中的作用。歷代禮學著作甚多，本文在舉例時，擇選《儀禮經傳通解》和《儀禮圖》爲例，一則因此二書爲目前所見最早以儀節爲編排體例的著作，再則朱熹與其弟子楊復有學術上的傳承關係，在選例上，亦較具特色。

比較《經傳通解》與《儀禮圖》二書對《公食大夫禮》之分節，可得儀節名稱不同者三處，儀節分合不同者四處，述評於下：

1. 名稱有不同者

（1）《經傳通解》"鼎俎入"與《儀禮圖》"鼎入載俎"：此節爲士舉鼎入陳于碑南，載者面西，匕者將鼎中之體取出，載於俎上，故《儀禮圖》之"鼎入載俎"較《經傳通解》之"鼎俎入"更能清楚表達鼎入與載體於俎之過程，故"鼎入載俎"之名爲佳。

（2）《經傳通解》"設加饌"與《儀禮圖》"公設飯粱爲加饌先"：《經傳通解》之儀節名稱"設正饌"與"設加饌"相對，"賓祭正饌"與"賓祭加饌"相對，較《儀禮圖》名稱工整，亦能由名以知其實，《儀禮圖》之名稱則顯得冗長，儀節命名目的在提示重點，過於冗長則反而達不到這樣的效果。

㊷ 鄭憲仁：《儀禮聘禮儀節之研究》，頁 76、80。

(3)《經傳通解》"賓正食"與《儀禮圖》"賓食正饌"：此儀節乃賓於祭正饌與加饌後，開始食三飯。按：賓食者加饌之粱稻，非正饌之黍稷。何以知之？其文云"左擁簠粱，右執涪"，蓋正饌無粱，賓擁簠粱者，乃加饌之粱，經文甚爲清楚，至公以幣侑賓，"賓卒食會飯，三飲"，此時乃食正饌之黍稷，鄭《注》亦云"會飯，謂黍稷也，此食黍稷，則初食稻粱"（卷25，頁16）。在祭加饌後，賓食加饌之稻粱三飯及正饌之涪醬，由此可知，稱"侑賓"之前的儀節爲"賓食正饌"或"賓正食"都是不宜的，這些稱呼皆不能合於實際内容。

2. 分合有不同者

(1)《經傳通解》的"設正饌"一節，《儀禮圖》分爲"公設醯醬遂薦豆設俎簋"、"公設大羹遂設鉶實菹"兩節。此二者皆爲正饌之事，《儀禮圖》剖爲二節，稍嫌瑣碎，宜合爲一儀節較具完整性。

(2)《經傳通解》的"卒食"一節，《儀禮圖》分爲"卒食"、"賓降"[43]兩節。賓卒食會飯三飲爲重要食儀，"捝手興"乃表示賓將親徹，因已卒食，故將徹饌，"東面再拜稽首"鄭《注》云"卒食拜也"，接着"公降，再拜"是公答拜，故卒食宜到此處成禮，《經傳通解》將之定爲"卒食"較《儀節圖》分爲二節更能彰顯儀節的完整内容，其分節較佳。再者《儀禮圖》"賓降"一節命名過於空洞，賓降常見於《儀禮》各篇經文，爲賓常有之動作，用爲儀節命名，實令人難以知此儀節之要旨。

(3)《經傳通解》的"賓出"、"拜賜(賜)"二儀節，《儀禮圖》合爲"歸賓俎及賓拜賜"一節。拜賜爲明日之事，不宜與歸賓俎合爲一節，《儀禮圖》將賓出以下合爲一儀節而跨日，較不宜。

(4)"賓祭加饌"結束的經文有所不同，《經傳通解》至"賓受，兼壹祭之"則止，而《儀禮圖》將其後的"賓降拜，公辭。賓升，再拜稽首。公荅再拜"歸入此節。蓋依《經傳通解》之意，"賓降拜"諸句爲將食三飯而拜，有拜將食之意。《儀禮圖》乃依鄭《注》云"拜庶羞"之意，其拜庶羞即以庶羞

---

[43]《儀禮圖》將"不以醬涪"止，分爲"卒食"，以下"捝手，興，北面坐取粱與醬以降"分出爲"賓降"。

已具乃拜賜，二説皆有其理。賓受主國君之賜食，其食前固當先拜，以示感謝，故拜將食之説於此得之，然若如此則庶羞之設，賓皆不拜謝，亦不合情理。故此拜宜爲拜賜將食兼具，蓋庶羞具而設饌成，當拜，接着將食，又當拜，經文僅一處"賓降拜（賓拜，本當降堂），公辭。賓升，再拜稽首。公答再拜"似兼兩者有之，若必分於某一儀節，則姑且依鄭《注》應將這些文句歸入"賓祭加饌"。

上面討論提出的"《儀禮圖》之'公設醯醬遂薦豆設俎簋'、'公設大羹遂設鉶實銷'可合爲一儀節"、"《儀禮圖》之'卒食'、'賓降'可合爲一儀節（即"捝手興"歸入卒食）"、"'拜賜'與'歸賓俎'不宜合并"是依據"完整性"的原則。"《儀禮圖》'公設飯粱爲加饌先'不好"是因爲"簡明"的原則。"'鼎入載俎'之名較'鼎俎入'佳"、"《經傳通解》'賓正食'與《儀禮圖》'賓食正饌'兩者之儀節名稱皆不宜"、"《儀禮圖》'賓降'一節名稱難以知其特色"則以"代表性"爲判斷的原則。

（二）《公食大夫禮》幾處經文的討論

在前一節，本文回顧了歷代的儀節分法，已提到朱熹《經傳通解》、敖繼公《儀禮集説》、郝敬《儀禮節解》、張爾岐《儀禮鄭注句讀》四本書，對禮學界影響較大，以下的討論就此四本著作爲主，若其他著作有應討論者，亦擇之列舉。又於此討論者，以上文所揭舉的分節原則爲辨析之依據，亦申述分節原則之作用。

1. 經文"宰夫東面，坐啓簋會，各却于其西。贊者負東房，南面告具于公。公再拜，揖食。賓降拜"。（卷25，頁11）

其中的"贊者負東房，南面告具于公"是屬於"（爲賓）設正饌"抑或"賓祭正饌"，歷來禮學家的意見分歧。賈《疏》、《經傳通解》、《集説》、《節解》皆歸入"賓祭正饌"，而《句讀》歸入"爲賓設正饌"。

要判定何者較優，可由這段文的性質來看，在此之前，經文提到設六豆（韭菹、醓醢、昌本、麋臡、菁菹、鹿臡）、七俎（牛、羊、豕、魚、腊、腸胃、膚）、六簋（黍三、稷三）、一鐙（大羹湆）、四鉶（牛二、羊、豕）、一觶一豐（飲酒），之後宰夫將簋的蓋揭開，仰放在簋的西邊，贊禮的人背朝東房，面朝南，向國君(公)報告食物已陳設完備了。關鍵的句子爲其後的"公再拜"，公之再拜所拜爲何？鄭《注》云"再拜，拜賓饌具"，敖繼公云"再拜者，欲賓食，禮之也"(卷9，頁17)，二人之説各有所重，㊹當贊者告具于公，公再拜乃拜賓也，非拜贊者，其拜賓乃爲正饌具欲賓祭之，故公再拜後揖賓(揖賓乃欲賓行食前之祭，故經文直云"揖食")，才有賓祭正饌之事。因此，本文認爲如果把"贊者負東房，南面告具于公"歸入"祭正饌"，那麼前面"設正饌"就不完備了，贊禮者向國君"告具"的動作雖也有示國君可以請賓祭正饌之意，但主要的用意是在向國君報告準備工作完成，是爲賓設正饌之事完成。因此，《句讀》的劃分較爲合理，且告具爲"告正饌具備"之意亦較能清楚表達出來。本文認爲"贊者負東房，南面告具于公"屬於"設正饌"一節，而"公再拜，揖食。賓降拜"則爲"賓祭正饌"。《公食大夫禮》另有"贊者負東房，告備于公"一句，亦涉及到儀節劃分的判斷(詳下)。

2. 經文"衆人騰羞者盡階、不升堂，授，以蓋降，出。贊者負東房，告備于公。贊升賓。賓坐席末，取粱，即稻，祭于醬湆閒"。(卷25，頁13)

這段文字前半部爲"(爲賓)設加饌"，後半部爲"賓祭加饌"，然兩個儀節的分斷處歷來禮學家有歧説，關鍵的句子在於"贊者負東房，告備于公"，《經傳通解》與《節解》歸爲"賓祭加饌"，而《集説》與《句讀》都歸入"設加饌"一節，與上一則討論的"贊者負東房，南面告具于公"相對看，告具與告備意同，《集説》分法顯然標準不一。上則討論時，本文認爲告具應屬設正饌，此處告備亦應屬於"設加饌"，至贊者告備于公，才表示爲賓設加饌完成，鄭《注》云"復告庶羞具者，以其異饌"，異饌乃指加饌有別於正饌，故於前有告具，此又告備，鄭説甚是。

3. 經文"贊者北面坐，辯㊺取庶羞之大，興，一以授賓。賓受，兼壹祭之。賓降拜，公辭。賓升，再拜稽首。公荅再拜。賓北面自閒坐，左擁簠粱，右執湆以降"。(卷25，頁14)

㊹ 若依鄭《注》，這段文句的斷句應爲"贊者負東房，南面告具于公，公再拜。揖食……"，而敖説之斷句爲"贊者負東房，南面告具于公。公再拜，揖食……"，二人之説在"公再拜"的禮義認定上有別。

㊺ 《儀禮注疏》作"奠"(卷25，頁14)。今據《儀禮正義》改(卷19，頁1227)。

其中的"賓降拜,公辭。賓升,再拜稽首。公荅再拜",《經傳通解》、《集説》、《節解》歸入"賓食",⑯而楊復《儀禮圖》與《句讀》則歸入"賓祭加饌"。關於此二種分法,判斷的關鍵在於"賓降拜"所拜爲何事。

鄭《注》認爲"拜庶羞",此庶羞依經文所示,乃加饌所包含諸食物。敖繼公(1983)云"拜者,爲將食故也"(卷9,頁24),在上文已討論過。

4. 經文"賓入門左,没霤,北面再拜稽首。公辭。揖讓如初,升。賓再拜稽首,公荅再拜。賓降辭公如初。賓升,公揖退于箱。賓卒食會飯,三飲。不以醬湆。挩手,興,北面坐取粱與醬以降,西面坐奠于階西。東面再拜稽首。公降,再拜。介逆出,賓出。公送⑰于大門内,再拜。賓不顧。有司卷三牲之俎,歸于賓館。魚、腊不與"。(卷25,頁16—18)

各家所分儀節不同,而主要有五種,除了朱子《經傳集解》、敖氏《集説》、郝氏《解節》、張氏《句讀》外,尚有楊復《儀禮圖》,由於《儀禮圖》分出"賓降",并合"歸賓俎"與"賓拜賜"爲一節,已於上文討論過,故在此僅列於"五家分節異同表"中,下文不再重複討論。這段經文,可就三處探討:

表一　五家分節異同表

經文	賓入門左,没霤,北面再拜稽首。……賓再拜稽首,公荅再拜。賓降辭公,如初。	
朱	卒食	
楊	卒食	
敖	賓拜侑幣	
郝	公以幣侑賓食	
張	賓卒食	

---

⑯ 《經傳集説》稱爲"賓正食",前文已指正此食者非僅正饌,稱正食易産生誤解,《集説》稱"賓食"雖非最佳名稱,已較《經傳通解》好。《節解》稱"賓食食",意與"賓食"同,故此行文暫稱"賓食"。

⑰ 據嘉慶二十年江西南昌府學刊刻《儀禮注疏》,此字作"逆",依孫詒讓《十三經注疏校勘記》作"送"。由文意判斷,當是"送"字。參(清)孫詒讓:《十三經注疏校記》,北京:中華書局,2009年,雪克輯校本。

(續表)

經文	賓升，公揖退于箱。賓卒食會飯，三飲。不以醬湆。挩手，興，北面坐取梁與醬以	
朱	（卒食）	
楊	（卒食）	賓降
敖	卒食	
郝	公以幣侑賓食	卒食送賓歸俎
張	（賓卒食）	禮終賓退
經文	降，西面坐奠于階西。東面再拜稽首。公降，再拜。介逆出，賓出。公送于大門內，	
朱	（卒食）	賓出
楊	（賓降）	歸賓俎及賓拜賜
敖	（卒食）	賓出歸俎
郝	卒食送賓歸俎	
張	（禮終賓退）	
經文	再拜。賓不顧。有司卷三牲之俎，歸于賓館。魚、腊不與。明日，賓朝服拜賜于朝。	
朱	（賓出）	拜賜
楊	（歸賓俎及賓拜賜）	
敖	（賓出歸俎）	賓拜賜
郝	卒食送賓歸俎	賓拜賜
張		歸俎于賓	賓拜賜

4-1. 經文"賓入門左，沒雷，北面再拜稽首。公辭。揖讓如初，升。賓再拜稽首，公荅再拜"，《經傳通解》與《句讀》歸入"（賓）卒食"，《集說》認為"賓拜侑幣"，《節解》合在"公以幣侑賓食"，三種分法或各有其見解，孰者優劣則當視這段經文所記載的動作之性質而定。

這段經文在"賓執庭實以出"之後，是公侑幣之後的動作，鄭注"賓入門左"云"便退則食禮未卒。不退則嫌,更入行拜,若欲從此退"、注"公辭"云"止其拜,使之卒食"、注"賓再拜稽首,公荅再拜"云"賓拜,拜主國君之厚意"、注"賓降辭公如初"云"將復食"。鄭玄之意這段文字實有二層意思,其一乃答謝主國君之厚意,其二乃因食禮未卒,當復入以完成。鄭《注》的"拜主國君之厚意",吳廷華有很好的詮釋:

> 蓋公既侑賓,賓出,公即降立中庭以待賓反,其意良厚,故入門即拜之,因君辭其拜,故升堂再拜。㊽

綜上所說:因為主國君侑幣,賓接受後則出。其後賓又入門左,將以終食禮,先再拜稽首以感謝主君厚意,主國君止其拜,故未成拜,接着賓揖讓升,再拜稽首而成拜,主國君答再拜,賓乃降以辭公。

敖繼公《集說》於"賓入門左,沒霤,北面再拜稽首"下云"拜者,謝侑幣之賜也"(卷9,頁28)。故其將此段文句獨立為"賓拜侑幣"一節。其說"謝侑幣之賜",褚寅亮《儀禮管見》則指正如下:

> 《聘禮》禮賓於授幣後,亦曰公壹拜,賓降也。公再拜,賓執左馬以出,下遂行覿,并未更入門而行再拜稽首禮也。然則此禮之拜,不蒙上事可知,故注云"若欲從此退",《集說》以為謝侑幣,非。凡飲食無論酒與幣,皆賓先拜受,而後主人拜送,無送後復拜謝之禮。㊾

賓謝侑幣的說法應修正,不宜分出"賓拜侑幣"一節。

由以上的討論,本文認為"賓入門左"這段經文是因賓尚未完成卒食之禮,於是復入以成禮,而其意固不在拜侑幣,因此應歸入"卒食"。

4-2. "賓卒食會飯,三飲。不以醬湇"後的"挩手,興,北面坐取粱與醬以降,西面坐奠于階西。東面再拜稽首。公降,再拜",《經傳通解》與《集說》歸入"卒食",《解節》歸入"卒食送賓歸俎",《句讀》則歸入"禮終賓退"。從挩手開始,是賓卒食將親徹(鄭《注》如此),故可歸入"卒食"。

㊽ 此當是吳廷華《儀禮疑義》之文句,因書未見,故轉引自胡培翬:《儀禮正義》第二冊卷19,頁1234。

㊾ (清)褚寅亮:《儀禮管見》卷9,《皇清經解續編》(臺北:藝文印書館,1964—1965年),頁6。

又此段文字，敖氏《集說》合在"卒食"中，張氏《句讀》則與後文合爲"禮終賓退"。鄭《注》認爲"示親徹也"、"卒食拜也"，是自"挽手，興"至"東面再拜稽首"皆爲卒食之事，而"公降，再拜"乃答賓東面再拜稽首之禮，故至此，皆應爲"卒食"一節，當以敖氏《集說》之分節爲佳。

4-3. 經文"介逆出，賓出。公送于大門內，再拜。賓不顧"與"有司卷三牲之俎，歸于賓館。魚、腊不與"，《經傳通解》與《集說》皆合爲"賓出（歸俎）"，《節解》則與前段經文合爲"卒食送賓歸俎"，《句讀》將"介逆出，賓出。公送于大門內，再拜。賓不顧"合於前段經文稱爲"禮終賓退"，并將"有司卷三牲之俎，歸于賓館。魚、腊不與"稱爲"歸俎于賓"。

自"介逆出"到"賓不顧"乃禮終賓出（退），而"有司卷三牲之俎"以下爲歸俎之事，《經傳通解》只稱"賓出"則於"歸俎"未標示，鄭《注》云"三牲之俎，正饌尤尊，盡以歸賓，尊之至"，故《集說》"賓出歸俎"比僅稱爲"賓出"更具代表性。至於《節解》合這幾段經文爲"卒食送賓歸俎"，則一儀節包含較多重要節目，不如將"卒食"分出，以區別重點。

四、儀節的層次探討與《儀禮》經文的問題

《公食大夫禮》和大多數的《儀禮》篇章一樣，篇末有"記"，㊾爲了討論的方便與避免讀者閱讀上的困惑，本文將《儀禮》經文分爲"正經"㊿與"記"。也就是將"記"以前的經文稱爲"正經"。

(一)《儀禮》"正經"文字中雜有"似記經文"

在探討儀節的劃分與名稱時，我們不難由禮學家對"正經"所定的儀

㊾ 《儀禮》十七篇中，有四篇無記，這四篇是：《士相見禮》、《大射儀》、《少牢饋食禮》、《有司徹》。《士喪禮》與《既夕》是一篇，因過長而分爲兩篇，《士喪禮》之記在《既夕》之後。《有司徹》爲《少牢饋食禮》之下篇，《少牢饋食禮》之記，本應在《有司徹》，然《有司徹》無記，故知《少牢饋食禮》亦無記。

㊿ 此名稱可參張爾岐《儀禮鄭注句讀》於《士冠禮》"逆賓歸俎"之注解（卷1，頁12），張光裕先生《儀禮士昏禮、士相見之禮儀節研究》之附錄一《士相見禮成篇質疑》亦沿用此之稱法。

節名稱看出經文內容的特別處,如張氏《句讀》於《公食大夫禮》的儀節名稱"食上大夫禮之加於下大夫者"、"君不親食使人往致"、"大夫相食之禮"、"大夫不親食君使人代致",這些儀節名稱似乎和前面的"戒賓"、"載鼎實於俎"、"爲賓設正饌"……不同。也就是説《儀禮》各篇"記"以前的"正經"就其內容性質可以再區分。例如《公食大夫禮》有一則:

> 若不親食,使大夫各以其爵,朝服以侑幣致之。豆實,實于甕,陳于楹外,二以并,北陳。簠實,實于筐,陳于楹內、兩楹間,二以并,南陳。庶羞陳于碑內。庭實陳于碑外。牛、羊、豕陳于門內西方,東上。賓朝服以受,如受饔禮。無儐。明日,賓朝服以拜賜于朝。訝聽命。(卷26,頁2—4)

這段文字在"記"前,禮學家或稱之"若不親食"、"若不親食使人往致"、"致食禮",是記載若國君(公)不親自以食禮宴請來聘的賓,則派使大夫向賓致侑幣與饔餼,鄭《注》云:"謂主國君有疾病,若它故。"賈疏云:"别云'他故'者,君有死喪之事,故《聘禮》云'主人畢歸禮,賓唯饔餼之受',謂畢致饗食,但賓不受之。"張爾岐《儀禮鄭注句讀》云:"他故,謂死喪及賓有過,或大客繼至之屬,按《聘禮》聘遭喪,'主人畢歸禮,賓唯饔餼之受',謂有死喪而致饗與食,則賓不受之。若疾病及餘事不親食者,其致之,皆可受也。"(卷9,頁11)

參看《聘禮》的一則"記":

> 若君不見,使大夫受。自下聽命,自西階升受,負右房而立,賓降亦降。不禮。(卷24,頁13—14)

這段文句被禮學家稱爲"記君不親受之禮"。鄭《注》云:"君有疾,若他故,不見使者。"對比上文所引《公食大夫禮》文字,兩則性質相同,然一列爲"記",一列在"正經"中,是可證"正經"有與記性質相同的"似記經文",應區分出來。

這種現象有兩種可能:一是在《儀禮》各篇寫作之初,即有書寫"不同情況或變通方式"的文字,這類文字看起來像是另外説明的性質,如今人所稱的"但書",和記有相似功能。也就是説本文所指的"正經"與"似記經文"是同時或稍後書寫的。

另一種情況是由於《儀禮》各篇之初成，只有"正經"後來疊加具有補充性質的"似記經文"，再來又有"記"的産生，接着有獨立成篇的"記"，關於這種情形，周何先生在論及《禮記》成書時，提出四階段的説法：附經而作、單獨成篇、彙編成書、鄭《注》之後始有定本。第一個階段"附經而作"其説明如下：

> 案記與經每相比附，如《儀禮·士冠禮》、《士昏禮》、《鄉飲酒禮》……《燕禮》等十一篇末皆附有記。……此記實爲《禮記》之最初形態，即讀經之後，有所感發或領悟，順手寫於餘簡之上，是爲附經而作之形態……有解説禮義者……有補經之不足者……亦有補足禮制者……㊾

本文認爲，附經而作的文句可能因書録於早期，或由於未清楚標示，竟混入經文中。也有可能這些文句已標示爲"記"，但因傳抄既久，乃至經、記相混。以故"正經"後面一小部分爲"似記經文"。《儀禮》一書"正經"文字中有"似記經文"的現象并不只見於《聘禮》與《公食大夫禮》兩篇，張光裕先生《儀禮士昏禮、士相見之禮儀節研究》在分析《儀禮·士相見禮》的體例時，已提出"今數《士相見禮》自首段至臣見於君四章中，問答文字與《士昏》記文極相似。這很可能是記文所竄入者"。并指出經文的幾則問答語"類似記文性質，應該是不屬於經文的"、"最後之問答之辭，疑應是記文，傳抄者誤入於經故爾"，㊿最後推測記文混入經文的情況：

> 因此懷疑前面的四章，每章本屬單篇的經文，而有"記"者則於經文後附之，但因爲字少而且性質類似的緣故，便合起來書之簡册，而以首章首句名篇，傳抄既久，至是"經"、"記"相混，無復分别了。
> 因疑此章起初亦僅有無問答之經文，爲"記"者置問答之辭於經後，因爲没有標明"記"的字樣，後之治經者乃綴合成篇，成了通篇的

㊾ 周何：《禮學概論》（臺北：三民書局，1998年），頁112。
㊿ 張光裕：《儀禮士昏禮、士相見之禮儀節研究》，頁165。

經文。㉞

這種"記"因"輾轉傳抄，乃與經文合而爲一"，即校勘學者所云"後人注補文字誤入經文"的情形。

除了"問答"體的文句可能由記誤入經文，另有一類"與經文同時或稍後補正經之辭"的情況，張光裕先生舉了朱熹與張爾岐的意見，并闡釋這種現象，茲移其文於下：

> 朱子《儀禮經傳通解》在《士冠禮》"右醴賓第十八章"下云："今按此章以上正禮已具，以下皆禮之變。"張爾岐亦於同篇"右逆賓歸俎"（與朱子所斷相當，只章目不同）下云："此上《士冠禮》正經。"朱、張二氏給了我們很大的啓示，知道了"若不醴、則醮用酒"以前皆是所謂"正禮"或"正經"的文字，而"若不醴……"以至"三服之屨"，我們從它的體例看來，可以說它只是與以上經文同時或稍後之"辭"，用以補充經文的不足的，而它與所謂"記"的性質相似；至於它是否撰"經"之人所益，或另有其人予以"補充"？則不可得而知了。根據這樣的推論，士冠禮的成篇先後，依順序便是先有"經文"，再有"與經文同時或稍後補正經之辭"，而後始有"記"，這大概是非常可靠的。㉟

張先生的推論非常合理，也能說明"正經"中與"記"相同性質的文句所形成的過程。

在《公食大夫禮》"正經"的文字中，由"明日，賓朝服拜賜于朝，拜食與侑幣，皆再拜稽首。訝聽之"止，爲公食大夫禮的完整儀節（《經傳通解》稱爲"正禮"），食禮至此實已結束，而從"上大夫八豆、八簋、六鉶、九俎，魚、腊皆二俎"開始，以下的"食上大夫禮之加於下大夫者"、"君不親食使人往致"、"大夫相食之禮"、"大夫不親食君使人代致"等儀節，都爲補充性質的内容（"似記經文"），與"記"的性質相同。

在探討儀節層次時，必須先釐清哪些文句爲補充性的"似記經文"而

㉞ 同上注，頁166。
㉟ 同上注，頁167。

非"正經",因爲儀節分層次,應以"正經"文字爲範圍。

(二)《公食大夫禮》的儀節層次

在辨明"似記經文"後,將這類文字排除,剩下來的"正經"文句,便是公食大夫禮的基本程序(即朱子所謂"正禮"),本文認爲到"明日,賓朝服拜賜于朝,拜食與侑幣,皆再拜稽首。訝聽之"爲止,⑤⑥是爲公食大夫禮的基本程序,這些文句可以分成六個階段:

第一個階段是"戒賓陳具",這是事前的準備工作。

第二個階段是"賓至鼎入載俎",這是公親設饌之前的諸事。

第三個階段是"正饌",公設正饌,賓祭之。

第四個階段是"加饌",公設加饌,賓祭之。

第五個階段是"三飯卒食",由正饌到卒食是食禮的重要活動。

第六個階段是"禮終拜賜",這是結尾的部分。

至此,本文將《公食大夫禮》之內容排除"似記經文"後,以表呈現,如表二:

表二 《公食大夫禮》儀節層次表

階　段	儀　節		經文起訖
一、戒賓陳具 (事前的準備工作)	1. 戒賓	2. 陳具	1. 使大夫戒,各以其爵……賓朝服即位于大門外,如聘。
			2. 即位。具。羹定……凡宰夫之具,饌于東房。
二、賓至鼎入載俎 (公親設饌前諸事)	3. 賓入拜至		公如賓服,迎賓于大門內……階上北面再拜稽首。
	4. 鼎入載俎		士舉鼎,去鼏于外……匕奠于鼎,逆退,復位。

---

⑤⑥ "訝聽之"以下記變動之儀,張爾岐《儀禮鄭注句讀》云"以下別言食禮之異者:食上大夫之禮、君不親食禮、大夫相食之禮、大夫不親食禮,凡四事"(卷3,頁10)。這些儀節的性質即爲鄭憲仁《儀禮聘禮儀節之研究》所稱的"權變儀節"(頁79—80)。

(續表)

階　段	儀　節	經文起訖
三、正饌	5. 設正饌	公降盥,賓降……贊者負東房,南面告具于公。
	6. 賓祭正饌	公再拜,揖食……祭飲酒於上豆之間,魚、腊、醬、湆不祭。
四、加饌	7. 設加饌	宰夫授公飯粱,公設之于湆西……贊者負東房,告備于公。
	8. 賓祭加饌	贊升賓,賓坐席末……賓升,再拜稽首。公荅再拜。
五、三飯卒食	9. 賓食饌三飯	賓北面自閒坐,左擁簠粱……賓坐祭,遂飲,奠於豐上。
	10. 侑幣	公受宰夫束帛,以侑……上介受賓幣,從者訝受皮。
	11. 卒食	賓入門左,沒霤……東面再拜稽首,公降,再拜。
六、禮終拜賜（卒食後諸事）	12. 賓退	介逆出,賓出,公送于大門內,再拜,賓不顧。
	13. 歸俎	有司卷三牲之俎,歸于賓館。魚、腊不與。
	14. 賓拜賜	明日,賓朝服拜賜于朝,拜食與侑幣,皆再拜稽首。訝聽之。

因爲"戒賓"和"陳具"是同時進行的,故製表時,將二者左右并列而不以上下排列。各儀節名稱乃參考前人著作,尤其朱熹《儀禮經傳通解》、敖繼公《儀節集説》、張爾岐《儀禮鄭注句讀》爲多。

五、結　語

儀節的劃分是對《儀禮》經文的章次綱目做分析的基礎工作,儀節的分析與經文的詮釋緊密相關，也是研讀經文的重要方法。《儀禮》經文如行禮的程序單，儀節發揮着提示重要節目、行禮要項的作用，因此歷代《儀禮》注解的著作也着重標舉出各篇的儀節。

本文認爲儀節的劃分與定名應符合四點的要求：第一是"完整性"原則，指起迄經文能完整表達該儀節的內涵；第二是"簡明"原則，儀節名稱宜簡明扼要，使讀者容易掌握；第三是"代表性"原則，該儀節能精確代表其經文的內容；第四是"分層次"原則，以凸顯經文重點、彰顯禮制要目。

目前學界或認爲自宋儒始將《儀禮》經文析分儀節，其實不然，依本文的探討，自賈公彥《儀禮疏》已於注解中提示分節段落，辨明要項，甚至已有儀節分層次的意見。其後朱熹的《儀禮經傳通解》便以儀節爲章次，清楚地標舉出各儀節要點。《經傳通解》之後以敖繼公《儀禮集說》與張爾岐《儀禮鄭注句讀》最具影響力。

本文認爲《儀禮》各篇經文，在記前的部分（本文稱爲"正經"），仍可就其性質再析分出"正禮（依朱熹《儀節經傳通解》命名）"與"似記經文"，這些"似記經文"附經而作以補充"正禮"不足，或記錄禮制變動的情形，可能當初記錄時，沒有標示爲記，後人乃與經文合寫，也有可能是傳抄既久，乃至經、記相混，以故"正經"後面一小部分爲"似記經文"。

本文以《公食大夫禮》一篇爲例，討論了幾處經文的內容，由其性質判斷該屬於何種儀節，經由這樣的分析之後將《公食大夫禮》的"正經"除去"似記經文"，分爲六階段十四儀節：階段一爲"戒賓陳具"，包含"戒賓"與"陳具"二儀節，這是事前的準備工作。階段二爲"賓至鼎入載俎"，包含"賓入拜至"與"鼎入載俎"二儀節，是賓到、公親設饌前之事。階段三爲"正饌"，包含"設正饌"與"賓祭正饌"二儀節。階段四爲"加饌"，包含"設加饌"與"賓祭加饌"二儀節。這兩個階段皆爲設饌與祭饌的部分。階段五爲"三飯卒食"，包含"賓食饌三飯"、"侑幣"與"卒食"三儀節。從階段三至階段五爲食禮的重心。階段六爲"禮終拜賜"，包含"賓退"、"歸俎"與"賓拜賜"三儀節，是卒食後的諸事。這六個階段、十四個儀節已能清楚而有層次、扼要地涵括《公食大夫禮》的要目。

後記：原文篇題爲《關於〈儀禮〉儀節研究的探討——以〈公食大夫禮〉爲例》，發表於《"國立"臺南大學人文與社會研究學報》2009年第43卷第2期，頁1—23。

收入本論文集時，對篇題和部分文字稍作修改，并增補附録之儀節圖。

增附《公食大夫禮》儀節圖

説明：

一、作者曾出版《儀禮公食大夫禮管見》一書，於 2013 年刊行增訂版，由新北市花木蘭文化出版社發行，今就部分禮圖修正，并將未修改者，一并引用於此。

二、經文分段，配合禮圖，以説明繪圖依據。關於經文之注釋參《儀禮公食大夫禮管見》（增訂版）原書。

三、圖之表現形式與符號説明如下：

1. 儀節圖中人物之行進動作的次序皆以"數字"表示之，并於圖旁或前後加上文字説明。

2. "箭頭"表示方向。

3. 人物以"圓圈内加注身份文字"的方式表示之，字之方向爲人物面朝的方向，主國君以"公"代之，作○公（字首向北表示"面北"），賓、介、儐、贊皆以其字，大夫、士、宰夫、小臣等則視儀節圖之需要於該圖旁加注説明。

（一）戒賓

● 公食大夫之禮。使大夫戒，各以其爵。上介出請，入告。三辭。賓出，拜辱，大夫不答拜，將命。賓再拜稽首。

地點：賓館大門外

人物：主國大夫㊅、賓㊇、上介㊤、介二位㊼㊌㊌

● 大夫還，賓不拜送，遂從之。賓朝服即位于大門外，如聘。

㊼ 《儀禮·聘禮》云："小聘曰問。不享，有獻，不及夫人。主人不筵几，不禮。面不升。不郊勞。其禮，如爲介，三介。"因《公食大夫禮》之賓爲大夫，故有三介，除上介外當有介二人。

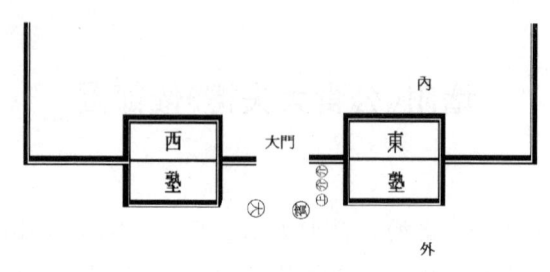

"主國大夫戒賓圖"

（二）陳具

● 即位。具。羹定。甸人陳鼎七，當門，南面，西上，設扃鼏。鼏若束若編。

（符號說明：鼎雖有方者四足，然大多爲圓鼎三足，以銘文之位置與花紋可爲辨其正面之據，三足中其兩足者爲正面，故面向北方之鼎的符號爲▽）

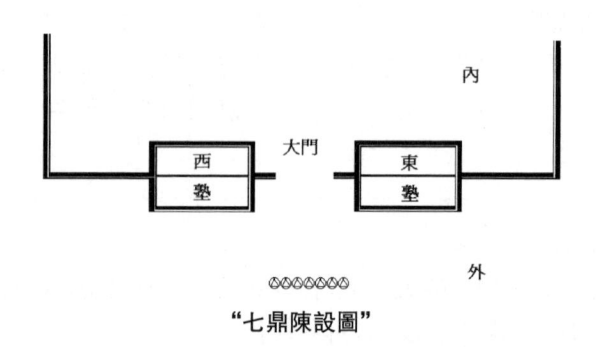

"七鼎陳設圖"

● 設洗如饗。小臣具槃匜，在東堂下。宰夫設筵，加席、几。無尊。飲酒、漿飲，俟于東房。凡宰夫之具，饌于東房。

（三）賓入拜至

● 公如賓服，迎賓于大門內。大夫納賓。賓入門左，公再拜。賓辟，再拜稽首。公揖入，賓從。

（說明：紹擯以下人數視主國君之身份而定，圖中上擯以⊗爲之，紹擯下以三●表示，取三爲多之意，介人數亦三人以●表示）

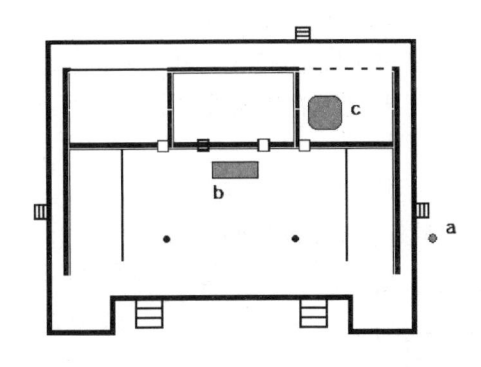

a. 槃匜在東堂下
b. 筵、席、几，席在筵上，几在左
c. 飲酒、漿飲、豆、簋、簠等，
   依設饌之次序南上
d. 洗當東霤，南北以堂深，水在洗東

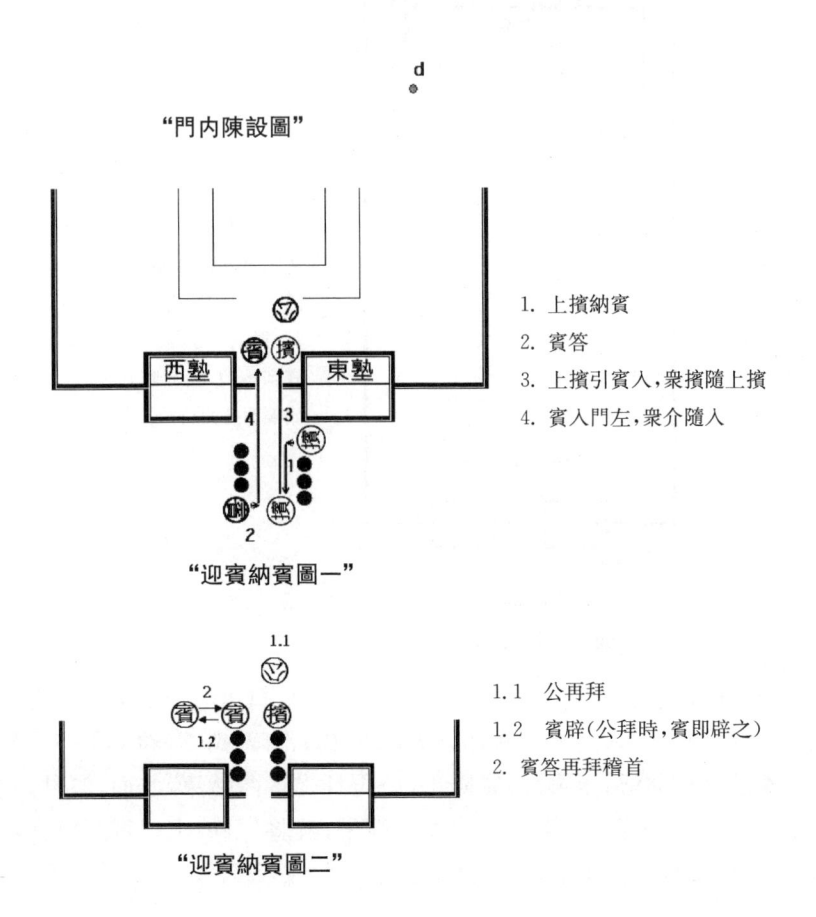

"門內陳設圖"

1. 上擯納賓
2. 賓答
3. 上擯引賓入，眾擯隨上擯
4. 賓入門左，眾介隨入

"迎賓納賓圖一"

1.1 公再拜
1.2 賓辟（公拜時，賓即辟之）
2. 賓答再拜稽首

"迎賓納賓圖二"

● 及廟門，公揖入，賓入。三揖。至于階，三讓。公升二等，賓升。大夫立于東夾南，西面，北上。士立于門東，北面，西上。小臣，東堂下，南面，西上。宰，東夾北，西面，南上。內官之士，在宰東北，西面，南上。介，門西，北面，西上。

（地點：主國君禰廟。門口已陳七鼎。即位之說明：大夫七人，士、小臣、內官之士眾人，以三●示其多。宰夫眾人亦以三●示其多）

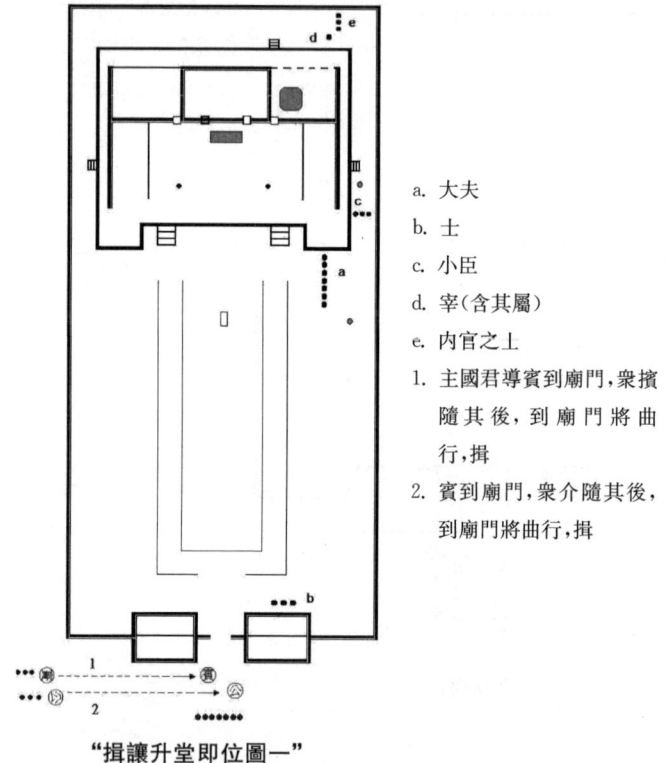

a. 大夫
b. 士
c. 小臣
d. 宰（含其屬）
e. 內官之上
1. 主國君導賓到廟門，眾擯隨其後，到廟門將曲行，揖
2. 賓到廟門，眾介隨其後，到廟門將曲行，揖

"揖讓升堂即位圖一"

（揖讓升堂之說明：《士冠禮》"至於廟門，揖入。三揖，至于階，三讓"。鄭《注》云："入門將右曲，揖；將北曲，揖；當碑，揖。"（卷2，頁9））

● 公當楣北鄉，至再拜，賓降也，公再拜。賓西階東，北面，答拜。擯者辭。拜也。公降一等辭。曰："寡君從子，雖將拜，興也。"賓栗階升，不拜。命之，成拜。階上北面，再拜稽首。

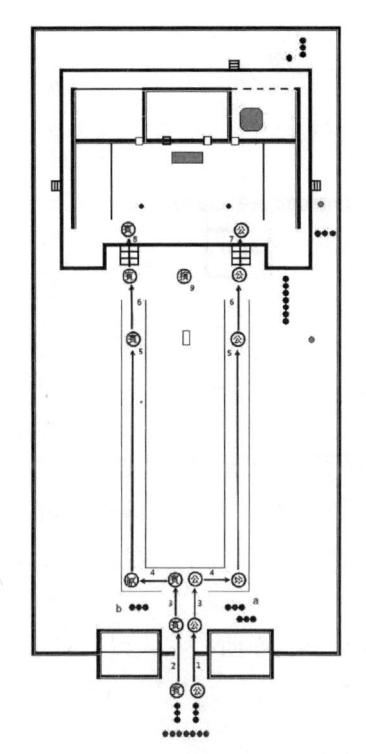

以《公食大夫禮》爲例對《儀禮》儀節之分節做討論　325

1. 公揖賓入門，公先入
2. 賓及介入門
3. 入門將右曲揖
4. 將北曲揖
5. 當碑揖
6. 讓升
7. 主國君先升
8. 賓升
9. 上擯即位
a. 眾擯即位（以三●示其多）
b. 眾介即位
a、b 或在公及賓入門後，將北曲揖時行之。

"揖讓升堂即位圖二"

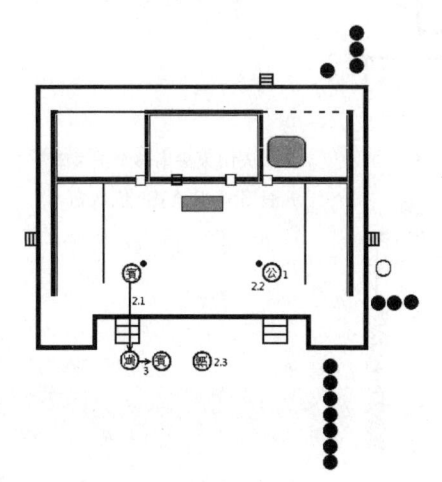

1. 公當楣北面一拜
2.1 賓降
2.2 公再拜
2.3 上擯辭
3. 賓西階東，答一拜

"拜至圖一"

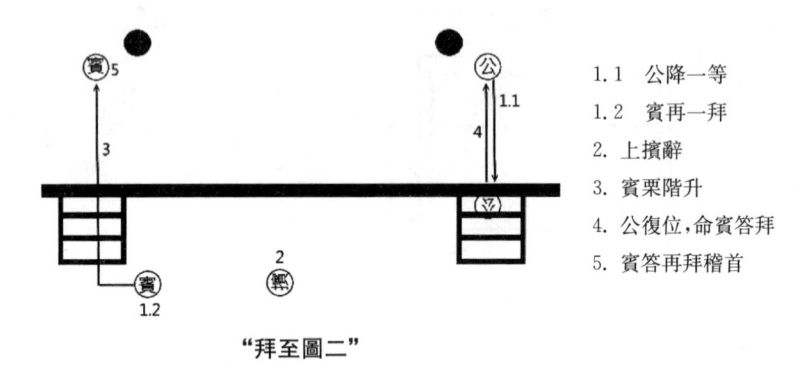

326　野人習禮——先秦名物與禮學論集

1.1　公降一等
1.2　賓再一拜
2.　上擯辭
3.　賓栗階升
4.　公復位，命賓答拜
5.　賓答再拜稽首

"拜至圖二"

（四）鼎入載俎

●士舉鼎，去冪于外，次入。陳鼎于碑南，南面，西上。右人抽扃，坐奠于鼎西，南順，出自鼎西，左人待載。雍人以俎入，陳于鼎南。旅人南面加匕于鼎，退。大夫長盥，洗東南，西面，北上，序進盥。退者與進者交于前。卒盥，序進，南面匕。

（説明：鼎俎已陳設，左人在鼎之東，面西。左人以㊧表示，只畫出最東之鼎，以表示相對位置）

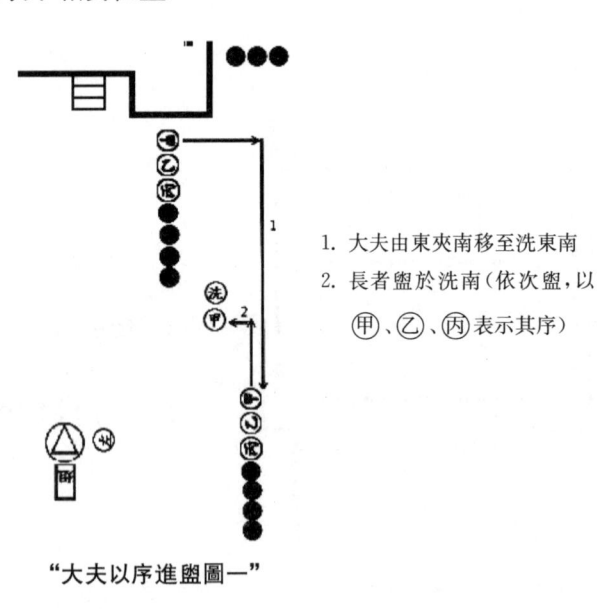

1. 大夫由東夾南移至洗東南
2. 長者盥於洗南（依次盥，以㊤、㊦、㊥表示其序）

"大夫以序進盥圖一"

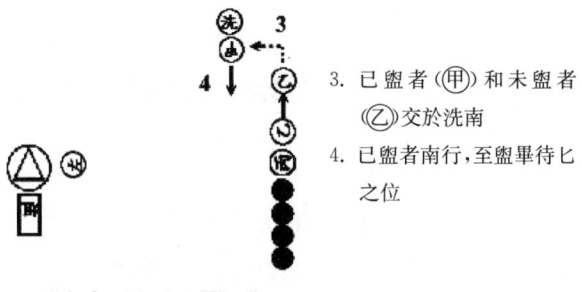

3. 已盥者(甲)和未盥者(乙)交於洗南
4. 已盥者南行,至盥畢待匕之位

"大夫以序進盥圖二"

● 載者西面。

（説明：大夫以甲表示,左人以左表示,鼎與俎皆南面,匕亦當南面）

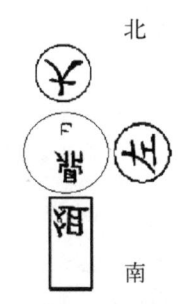

"載體於俎相關位置圖"

● 魚、腊飪。載體進奏。魚七,縮俎,寢右。

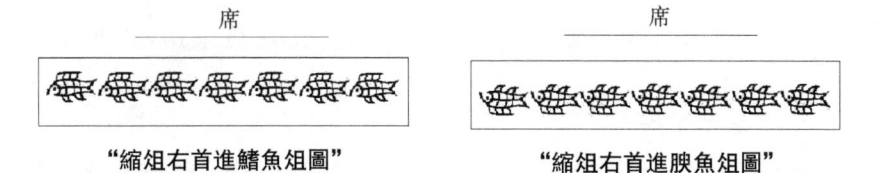

"縮俎右首進鰭魚俎圖"　　　"縮俎右首進腴魚俎圖"

● 腸、胃七,同俎。倫膚七。腸、胃、膚,皆橫諸俎,垂之。大夫既匕,匕奠于鼎,逆退,復位。

（五）設正饌

● 公降盥。賓降,公辭。卒盥,公壹揖、壹讓,公升,賓升。宰夫自東房授醯醬,公設之。賓辭,北面坐遷而東遷所。公立于序內,西鄉。賓立于階西,疑立。宰夫自東房薦豆六,設于醬東,西上。韭菹以東醓醢、昌本,昌本南麋臡,以西菁菹、鹿臡。士設俎于豆南,西上,牛、羊、豕、魚在牛西,腊、腸胃亞之。膚以爲特。旅人取匕,甸人舉鼎,順出,奠于其所。宰夫設黍、稷六簋于俎西,二以并,東北上。黍當牛俎,其西稷,錯以終,南陳。大羹湆不和,實于鐙。宰右執鐙,左執蓋,由門入,升自阼階,盡階,不升堂,授公,以蓋降,出,入反位。公設之于醬西,賓辭,坐遷之。宰夫設鉶四于豆西,東上,牛以西羊,羊南豕,豕以東牛。飲酒,實于觶,加于豐。宰夫右執觶,左執豐,進設于豆東。

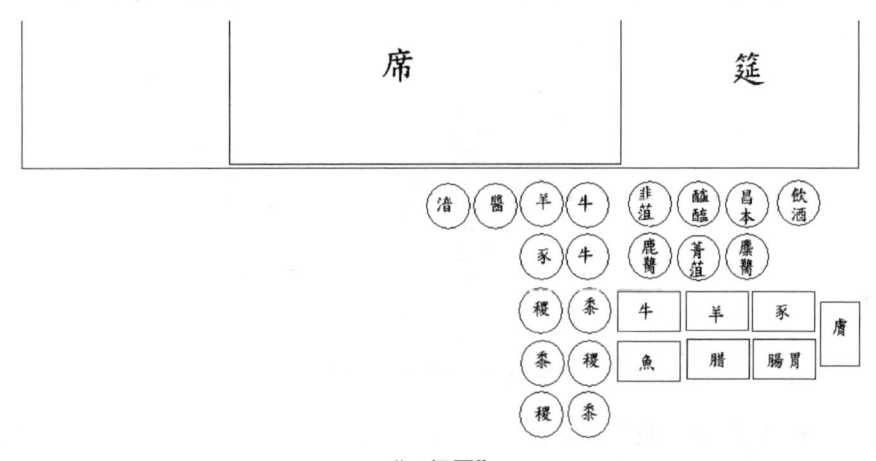

"正饌圖"

● 宰夫東面,坐啓簋會,各却于其西。贊者負東房,南面告具于公。

（六）賓祭正饌

● 公再拜,揖食。賓降拜。公辭。賓升,再拜稽首。賓升席,坐取韭菹,以辯擩于醢,上豆之間祭。贊者東面坐,取黍,實于左手,辯,又取稷,辯,反于右手,興以授賓。賓祭之。三牲之肺不離,贊者辯取之,壹以授賓。賓興受,坐祭。挩手,扱上鉶以柶,辯擩之,上鉶之間祭。祭飲酒於上豆之間。魚、腊、醬、湆不祭。

1. 公再拜，揖食
2. 賓降階
3. 公辭（上擯辭賓）
4. 賓升，再拜稽首

"賓祭正饌圖一"

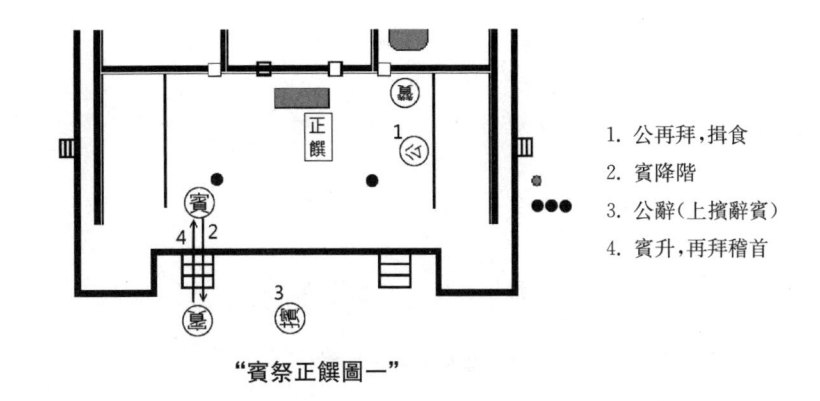

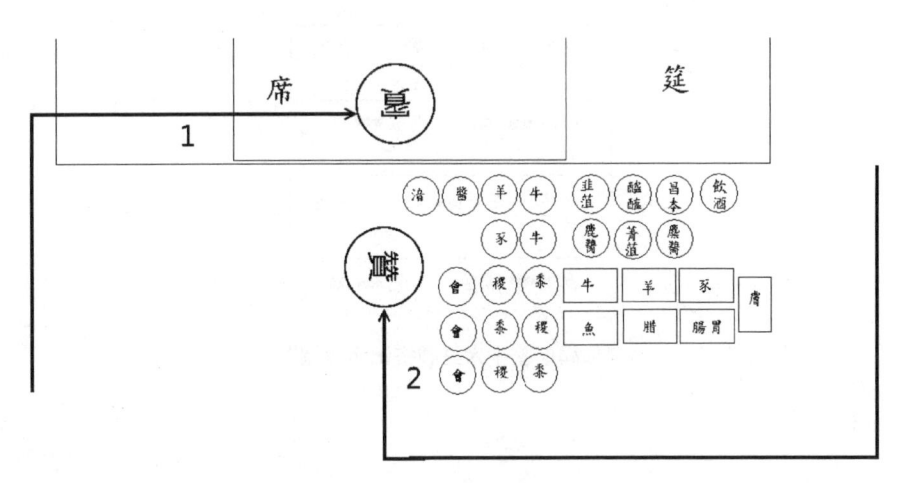

1. 賓升席，祭豆
2. 贊者至席前，東面坐，佐賓祭（黍稷、肺）

"賓祭正饌圖二"

（七）設加饌

● 宰夫授公飯粱，公設之于湆西。賓北面辭，坐遷之。公與賓皆復初位。宰夫膳稻于粱西。士羞庶羞，皆有大、蓋，執豆如宰。先者反之，由門入，升自西階。先者一人，升，設于稻南籩西，閒容人。旁四列，西北上。膷以東臐、膮、牛炙。炙南醢，以西牛胾、醢、牛鮨。鮨南羊炙，以東羊胾、醢、豕炙。炙南醢，以西豕胾、芥醬、魚膾。

"加饌庶羞十六豆圖"

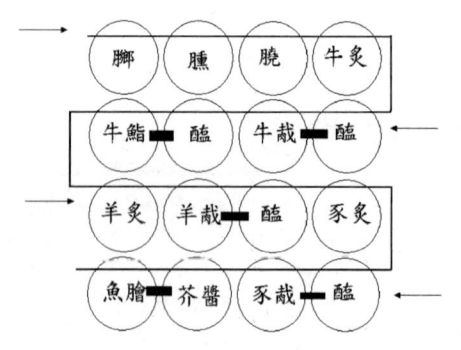

"加饌庶羞十六豆圖搭配示意圖"

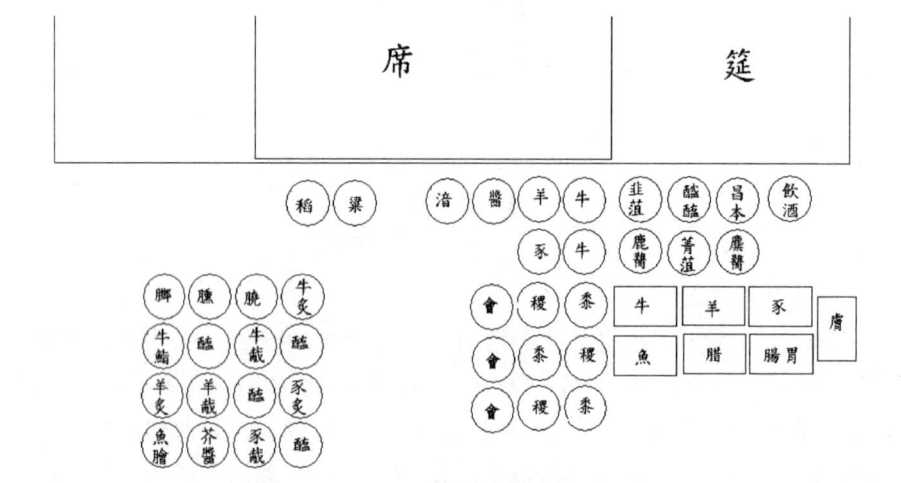

"公食大夫設饌圖"

● 衆人騰羞者盡階、不升堂,授,以蓋降,出。贊者負東房,告備于公。

(八) 賓祭加饌

● 贊升賓。賓坐席末,取粱,即稻,祭于醬湆間。贊者北面坐,辯取庶羞之大,興,一以授賓。賓受,兼壹祭之。賓降拜,公辭。賓升,再拜稽首。公荅再拜。

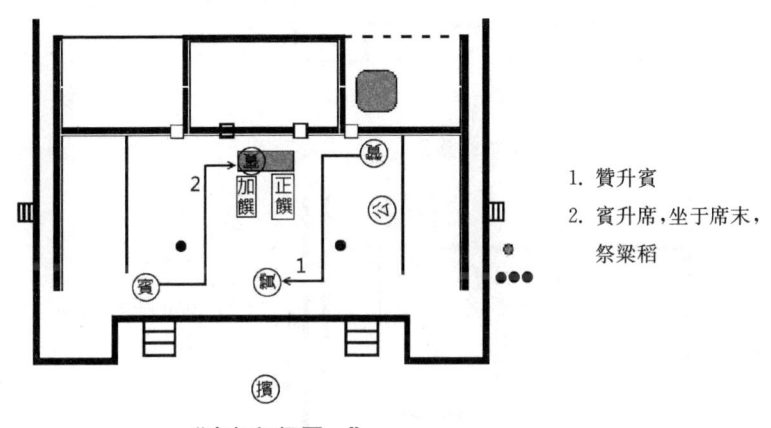

1. 贊升賓
2. 賓升席,坐于席末,祭粱稻

"賓祭加饌圖一"

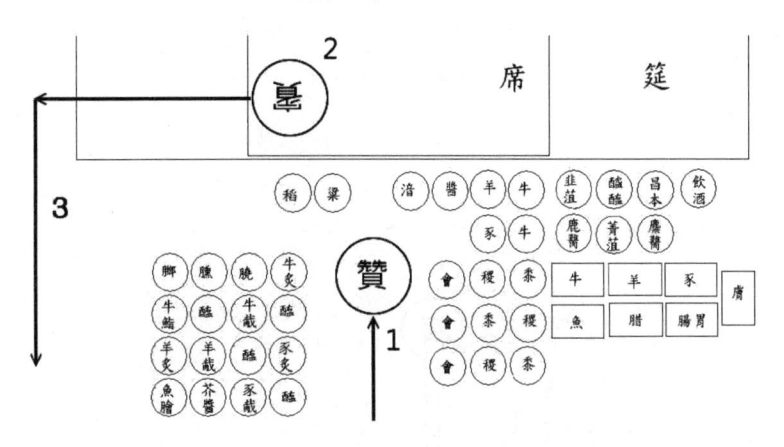

1. 贊者席前北面坐,佐賓祭庶羞 2. 賓祭 3. 賓降席,將下階拜

"賓祭加饌圖二"

(九) 賓食饌三飯

● 賓北面自閒坐,左擁簠粱,右執湆以降。公辭。賓西面坐奠于階西,東面對,西面坐取之,栗階升,北面反奠于其所,降辭公。

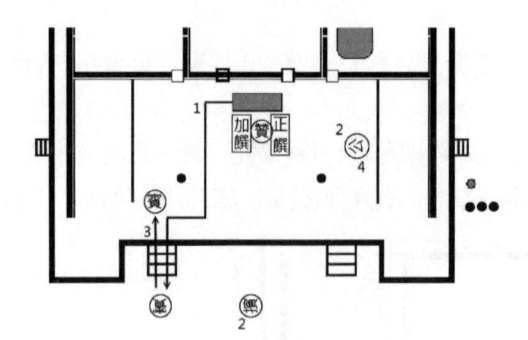

1. 賓降拜
2. 公辭，上擯辭賓
3. 賓升，再拜稽首
4. 公荅再拜

"賓祭加饌圖三"

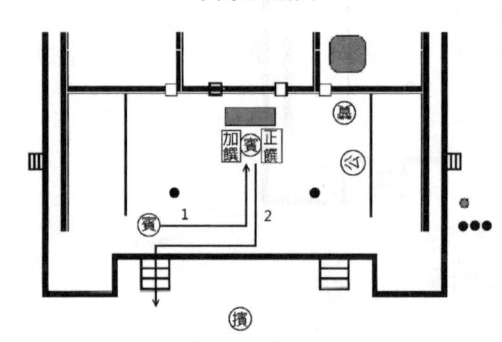

1. 賓北面兩饌間坐，左擁簠粱，右執淯
2. 賓降

"賓食饌三飯圖一"

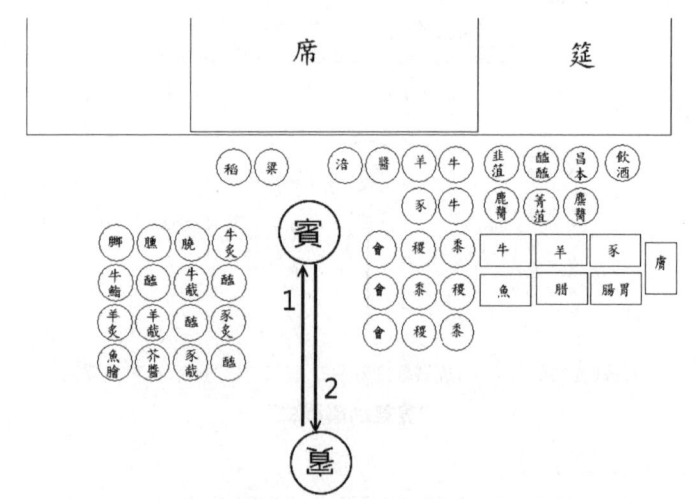

1. 賓北面兩饌間坐　2. 賓左擁簠粱，右執淯以降。

"賓食饌三飯圖二"（此爲上圖之局部放大圖）

1. 賓降
2.1 公辭
2.2 上擯辭賓

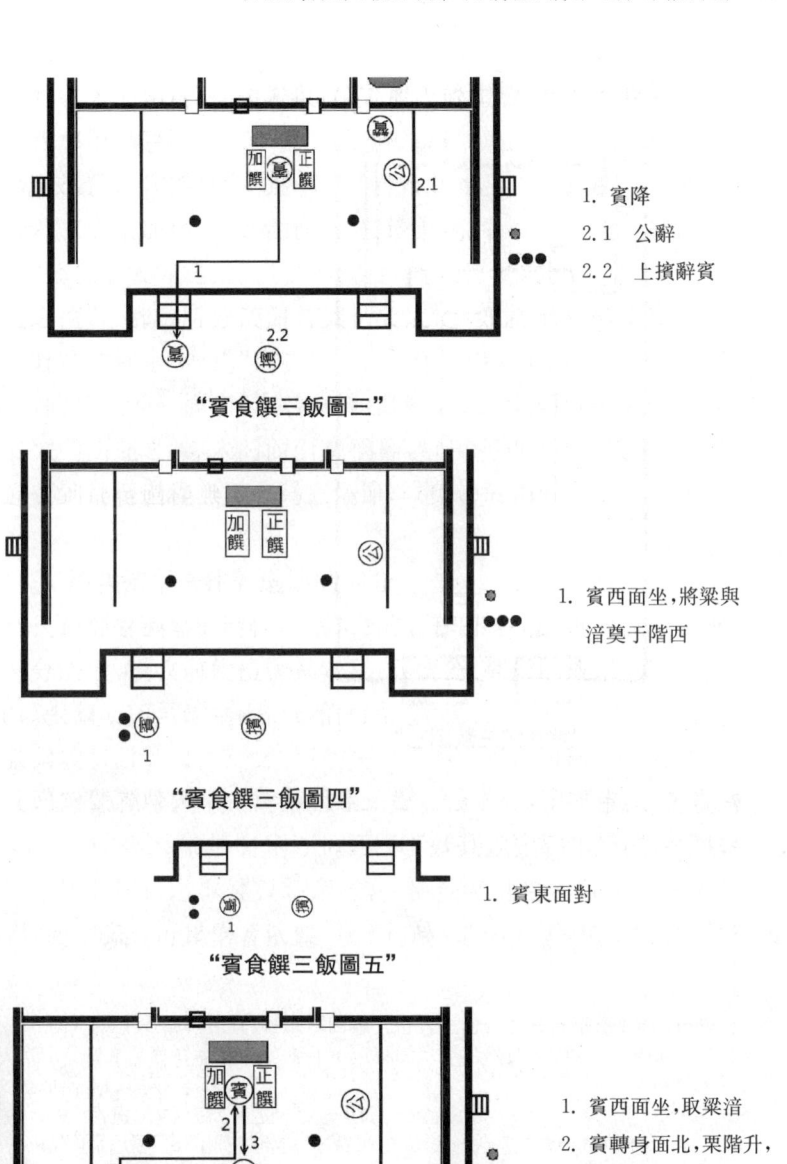

"賓食饌三飯圖三"

1. 賓西面坐,將粱與湆奠于階西

"賓食饌三飯圖四"

1. 賓東面對

"賓食饌三飯圖五"

1. 賓西面坐,取粱湆
2. 賓轉身面北,粟階升,將粱湆奠于其所
3. 賓將降辭公

"賓食饌三飯圖六"

● 公許,賓升,公揖退于箱。擯者退,負東塾而立。

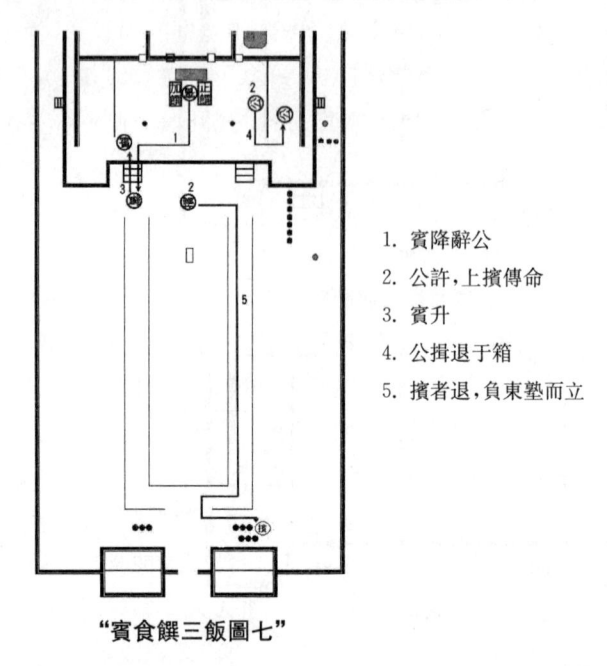

1. 賓降辭公
2. 公許,上擯傳命
3. 賓升
4. 公揖退于箱
5. 擯者退,負東塾而立

"賓食饌三飯圖七"

● 賓坐,遂卷加席,公不辭。賓三飯以湆醬。宰夫執觶漿飲與其豐以進。賓挩手,興受。宰夫設其豐于稻西。

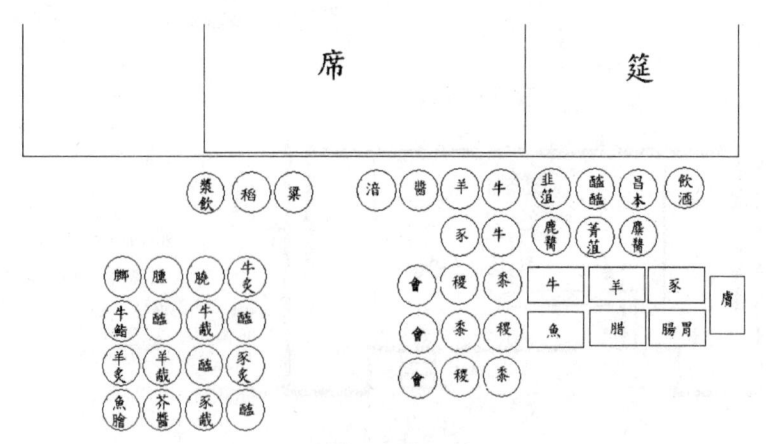

"公食大夫設饌全圖"

● 庭實設。賓坐祭,遂飲,奠於豐上。

(十) 侑幣

● 公受宰夫束帛以侑,西鄉立。賓降筵,北面。

(說明:宰夫以㊗表示)

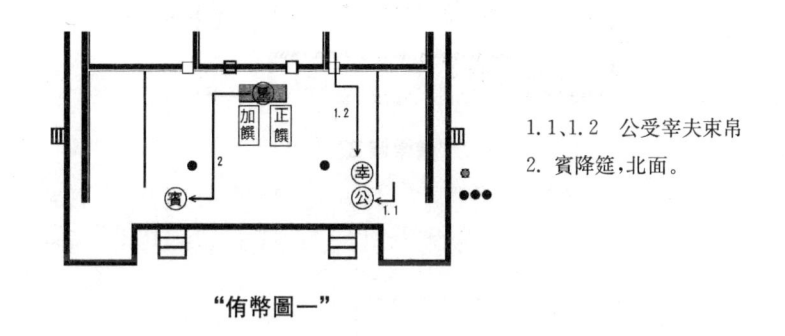

1.1、1.2　公受宰夫束帛
2.　賓降筵,北面。

"侑幣圖一"

● 擯者進相幣。賓降辭幣,升,聽命。

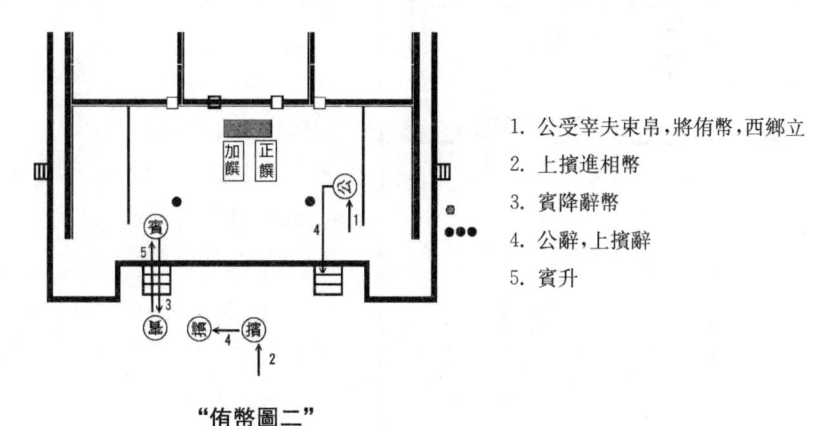

1. 公受宰夫束帛,將侑幣,西鄉立
2. 上擯進相幣
3. 賓降辭幣
4. 公辭,上擯辭
5. 賓升

"侑幣圖二"

● 降拜。公辭,賓升,再拜稽首,受幣,當東楹,北面。
● 退,西楹西,東面立。公壹拜,賓降也,公再拜。介逆出。賓北面揖,執庭實以出。公降立。上介受賓幣,從者訝受皮。

(十一) 卒食

● 賓入門左,沒霤,北面,再拜稽首。公辭。

"侑幣圖三"

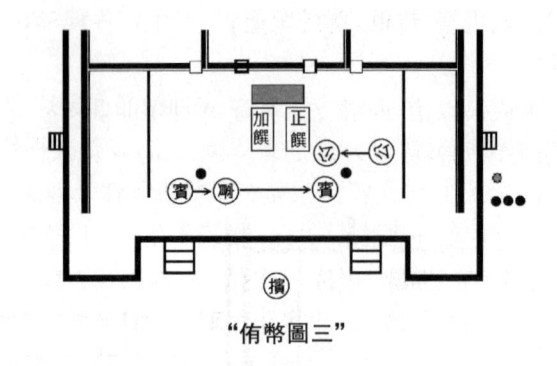

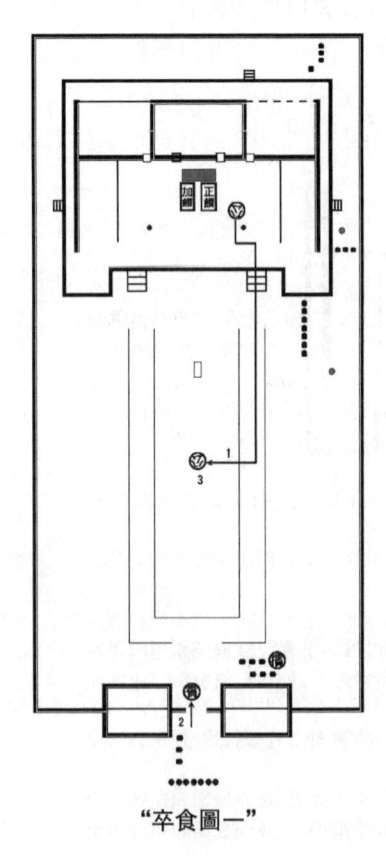

1. 公降立中庭
2. 賓入門左,沒霤,北面拜
3. 公辭

"卒食圖一"

以《公食大夫禮》爲例對《儀禮》儀節之分節做討論　337

● 揖讓如初,升。賓再拜稽首,公荅再拜。賓降辭公如初。賓升,公揖退于箱。

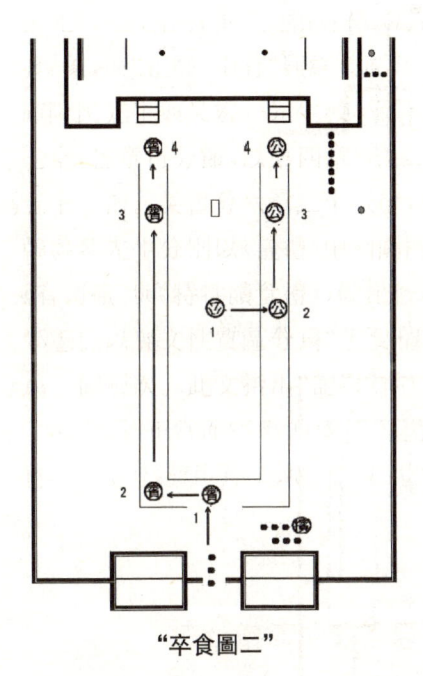

1. 公與賓各一揖
2. 公與賓各第二揖
3. 公與賓各第三揖
4. 讓升
(接下來的升堂,賓降辭,公揖退于箱,賓食會飯於儀節九"賓食饌三飯"已繪圖,可參考)

"卒食圖二"

● 賓卒食會飯,三飲。不以醬湆。挽手,興,北面坐取粱與醬以降,西面坐奠于階西。東面再拜稽首。公降,再拜。

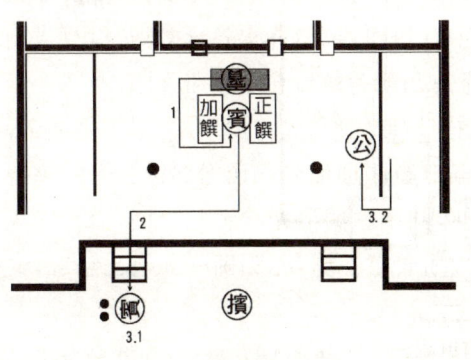

1. 賓興,降席至席前北面坐
2. 賓取粱與醬以降
3.1 賓西面坐奠粱醬于階西
3.2 公出,至序內之位

"卒食圖三"

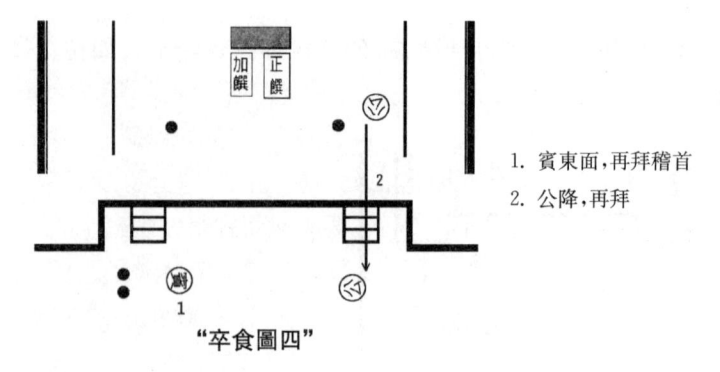

338　野人習禮——先秦名物與禮學論集

"卒食圖四"

1. 賓東面，再拜稽首
2. 公降，再拜

（十二）賓退

● 介逆出，賓出。公送于大門內，再拜。賓不顧。

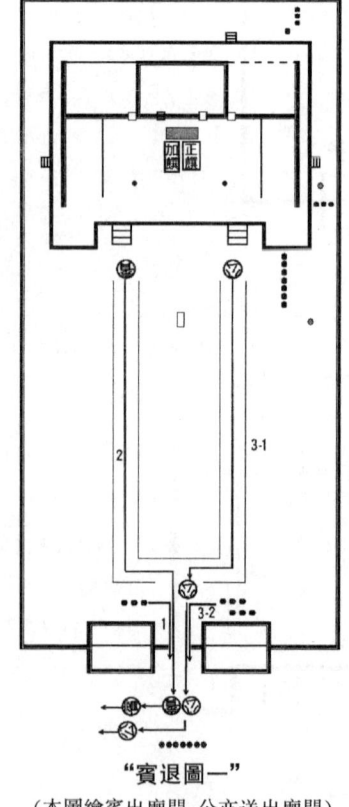

1. 介逆出
2. 賓出
3.1 公送
3.2 擯出

"賓退圖一"
（本圖繪賓出廟門，公亦送出廟門）

（地點：大門口）

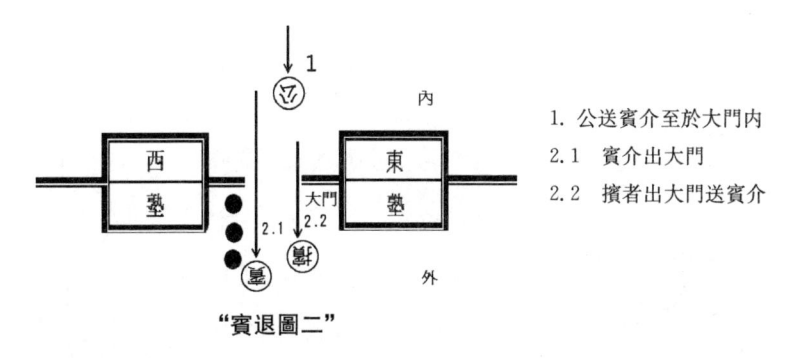

1. 公送賓介至於大門內
2.1 賓介出大門
2.2 擯者出大門送賓介

"賓退圖二"

（十三）歸俎
● 有司卷三牲之俎，歸于賓館。魚、腊不與。

（十四）賓拜賜
● 明日，賓朝服拜賜于朝。拜食與侑幣，皆再拜稽首。訝聽之。

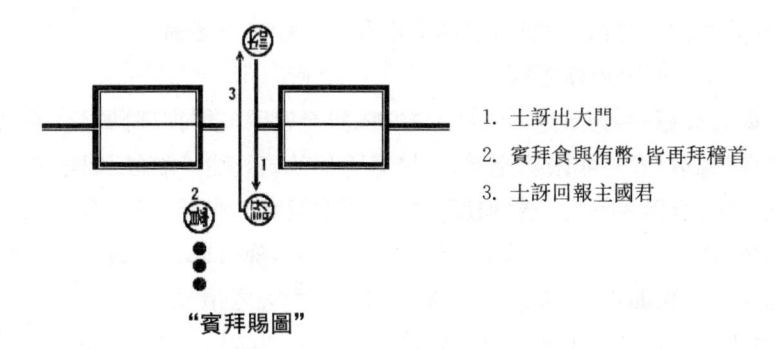

1. 士訝出大門
2. 賓拜食與侑幣，皆再拜稽首
3. 士訝回報主國君

"賓拜賜圖"

（十五）食上大夫禮之加於下大夫者
● 上大夫八豆、八簋、六鉶、九俎，魚、腊皆二俎。魚、腸胃、倫膚，若九若十有一，下大夫則若七若九。庶羞，西東毋過四列。上大夫庶羞二十，加於下大夫以雉、兔、鶉、鴽。

（十六）君不親食使人往致
● 若不親食，使大夫各以其爵，朝服以侑幣致之。豆實，實于甕，陳于楹外，二以竝，北陳。簋實，實于筐，陳于楹內、兩楹間，二以竝，南陳。庶羞陳于碑內。庭實陳于碑外。牛、羊、豕陳于門內西方，東上。賓朝服以

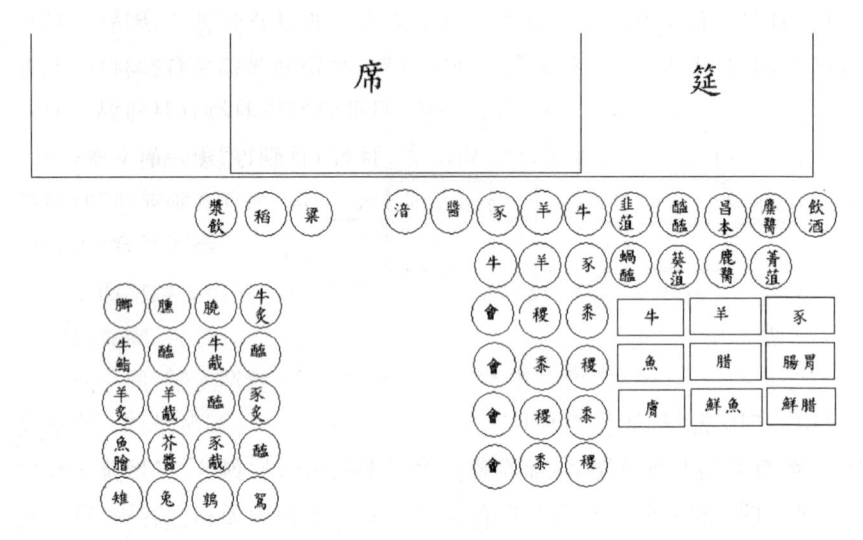

"公食上大夫全饌圖"

受,如受饗禮。無儐。明日,賓朝服以拜賜于朝。訝聽命。

(十七) 大夫相食之禮

● 大夫相食,親戒速。迎賓于門外,拜至,皆如饗拜。降盥,受醬、湆、侑幣,束錦也,皆自阼階降堂受,授者升一等。賓止也。賓執粱與湆,之西序端。主人辭,賓反之。卷加席,主人辭,賓反之。辭幣,降一等,主人從。受侑幣,再拜稽首。主人送幣亦然。辭於主人,降一等,主人從。卒食,徹于西序端。東面再拜,降出。其他皆如公食大夫之禮。

(十八) 大夫不親食君使人代致

● 若不親食,則公作大夫,朝服以侑幣致之。賓受于堂。無儐。

釋拜——稽首、頓首、空首、振動

一、前　言

　　前人注解古書，時有不同的見解，這些不同的意見對後人有一定的啓發，然而如此衆多的說法不但使人莫知所從，而且常留下不斷的爭論。就以《周禮》中的"九拜"爲例，在漢代鄭康成注《周禮》前已存有不同的看法，鄭康成之後一直至清代，乃至於民國仍是衆說紛紜。本文便是對九拜這一主題擇其中的一部分做探討。由於學識所限，所提出的看法恐流於淺薄，尚祈博學之士有以教我。

二、拜字釋義

　　關於"拜"字，《說文解字》說：

　　𢲷，首至地也，从手𠭴聲。𢬝，古文拜，从二手。𢪙，揚雄說："拜从兩手下。"段玉裁改"首至地也"爲"首至手也"，又改重文"𢬝"爲"𢬝"。於《說文解字注》云：

　　　　各本作"首至地也"，今正。"首至地"謂稽首，拜中之一，不可賅九拜。拜之名生於空首，故許言"首至手"。……詳言曰拜手，省言曰拜，拜本專爲空首之偁。引申之則稽首、頓首、肅拜，皆曰拜。①

段氏改各本"地"字爲"手"字,其論據之一爲"首至地謂稽首,拜中之一,不可賅九拜",這一點似乎段氏自己亦難自爲圓説,因爲空首也是九拜之一,爲何空首(拜專名之一)可以引申爲九拜之通名,而稽首(拜專名之一)不可以爲九拜之通名,段氏并未舉出有力之證據,所以徐承慶在《説文解字注匡謬》中便提相反的看法:

> 按《周禮》明言九拜,"一曰稽首,二曰頓首,三曰空首",何得云"拜專爲空首之偁",但言"首至手"亦不可賅九拜,鄭注"稽首,拜頭至地也","頓首,拜頭叩地也",許言"首至地"舉拜之重者言之也。②

又評論説:"段氏以肊見改篆,非也。"這一争論肇因段説舉證未密,至於段玉裁所改動是否正確,我們驗諸金文便可知曉。

金文中拜字主要字形有三種寫法,兹擇數例於下:

𢪒	幾父壺	𢪒	智壺	𢪒	戜鼎	𢪒	師慰鼎
𢪒	井侯殷	𢪒	吳方彝				
𢪒	虢殷	𢪒	友殷				

其中第一種字形與第二種字形較接近。

第一種字形从手从柔(或認爲一種植物),故吳大澂《字説》便認爲"以手折䕻形",并以此解《詩經》"勿翦勿拜"。

第二形从手从米,此偏旁米和第一字形所从偏旁恐是一字,形稍有變。揚雄所據字形及《説文》古文字形即可能由此形訛爲手形,許慎乃認爲从二手。

第三形則从手从首(頁),張光裕由此字形判斷段氏"首至手"説可從,其説見下面引文:

---

① 段玉裁:《説文解字注》12 篇上(臺北:蘭臺書局,影印經韻樓藏本,1970 年),頁 23—24。

② 徐承慶:《説文解字注匡謬》,引自丁福保:《説文解字詁林正補合編》第 9 册(臺北:鼎文書局,1977 年),頁 1142。又見徐承慶:《説文解字注匡謬》卷 2,《寒松閣秘笈》,頁 45。

釋拜——稽首、頓首、空首、振動　343

……今據《兩周金文辭大系》及《三代吉金文存》所錄器物，集其有關"拜䭫首"之辭者，計八十餘器，并以郭氏所斷諸器之年代爲準。知凡穆王以前銘文皆作"拜䭫首"，穆王以後始間有"拜手䭫首"之出現，且爲數甚少。

……可知"拜手䭫首"實較"拜䭫首"爲晚出，然則"拜䭫首"於䭫首禮中當爲最早見之者矣。至若"再拜䭫首"、"䭫首再拜"、"拜"或"再拜"，甚而有所謂"九拜"者（《周官·太祝》），乃時代愈後，禮變愈繁故也。

"拜"金文作❉（班殷）❉（師虎殷）❉（師奎父鼎）❉（諫殷）❉（裹盤）❉（令鼎）❉（師晨鼎）❉（友殷）❉（虢殷）❉（康鼎）諸形。

……他本《說文》皆謂"捧，首至地也"。而段玉裁獨改"地"爲"手"，最具卓識。"蓋首至地"者，猶喪禮之稽顙耳，而"䭫首"之禮則爲據掌於地後彎身向下，拜首於手，與"稽顙"有別。金文中"拜䭫首"、"拜手䭫首"者，乃既拜首至手復據掌於地而拜首至手之禮。故"首至手"、"首至地"二者，其義固有所分屬也。

……竊意以爲金文中"拜"字偏旁之類禾草者，蓋取其下垂之象，而旁著手形，意味行拜禮之際，俯首下垂於手之意，如：

虢殷　　友殷　　康鼎

其"拜"字正似首至手之形，故"拜"義非"首至地"又顯而易見矣！古文捧字從二手，是又遺其作拜之際，兩手相拱之意乎？

……段氏除引用後起之辭解說（若空首）稍嫌拘泥外，對"拜"之解釋最爲明白。"拜"本爲專名，而後始引申爲通名。"拜"本身之動作只是"首至手也"（《說文》。從段注改）。友殷、虢殷、康鼎之"拜"字（見上引），正示以首及手之形。故邐殷所謂"拜首䭫首"（❉❉），"❉"或即"❉"（虢殷）之孳乳（憲仁案孔當爲乳之誤字，手民之誤），蓋又或因"首至手"之義而別出"㠯"字,然并無妨礙禮意,釋者則據文有"拜手稽首"一辭及先秦文獻中亦多見之,故以"首"爲"手"之誤字。惟竊意以爲正之者固可,若仍作"首"舊亦未爲非也。

……段氏於《釋拜》中云:"拜者,拜手之省文。"則是未明"拜手"出於"拜"之後,其語固不待辯。……

……洹子孟姜壺(齊器)云:

齊侯拜嘉命。(銘文漫漶,不摹)

此乃"拜字獨用之最早見者"。③……

這裏有兩個問題是應提出來的:第一是時代先後的問題,"拜稽首"和"拜手稽首"在演變上的先後;第二是拜爲"首至地"或者"首至手"的問題。

(一) 拜的時代先後問題

這個問題牽涉到這麼多拜的名稱,其出現的先後及變化的情況,根據周何先生、季旭昇先生及汪中文先生等合編的《青銅器銘文檢索》,④其中涉及"拜"和"稽首"共181條171器。在探討上,我們依器爲主,去除一器多條的現象,將一器計爲1點,而不管一器出現相同形式的"稽首"詞幾次,都算做1點。至於一器中出現不同形式的"稽首"詞,目前知道的有舀鼎出現"拜稽首"和"稽首"各計1點,又如叔夷鎛出現"拜稽首"和"再拜稽首",所以各計1點,除此之外,各器皆以1點計之,所以全部是171器而173點。列表如下:

編號	1	2	3	4	5	6	7	8	9	10	11	12	13	14	15
項目	拜稽首	拜手稽首	拜手	再拜稽首	拜稽手	拜稽	拜手稽手	拜首稽首	拜稽	拜手頁首	拜嘉命	手稽首	用稽	稽首	三拜稽首
點數	127	20	5	3	2	1	1	1	1	1	2	1	2	5	1

---

③ 張光裕:《雪齋學術論文集》(臺北:藝文印書館,1989年),頁245—248、250。

④ 周何總編,季旭昇、汪中文主編:《青銅器銘文檢索》第四冊(臺北:文史哲出版社,1995年),頁1591—1594。

對此我們做以下的探討：

△ "拜手"可看成是"拜手𩒨首"的省略，亦可視爲一獨立詞彙。在這裏我們比較傾向第一個看法。

△ "再拜𩒨首"僅見於叔夷編鐘，時代上乃春秋晚期。古籍中常見"再拜𩒨首"，這一點或者可爲考證古籍年代之參考。"三拜𩒨首"僅農卣。

△ "拜𩒨手"可視爲"拜手𩒨首"訛成"拜手𩒨手"之省，或視爲"拜𩒨首"之訛。

△ "拜手𩒨"爲"拜手𩒨首"之省。

△ "拜手𩒨手"、"拜首𩒨首"爲"拜手𩒨首"之訛。

△ "拜𩒨"爲"拜𩒨首"之省，當然也可能是"拜手𩒨首"之省，但我們認爲"拜手𩒨首"本由"拜𩒨首"而來，且"拜𩒨首"所占的比例高，所以由"拜𩒨首"省的可能性也較高。

△ "拜手頁首"之頁可視爲"𩒨"省略聲符"旨"，所以可視爲"拜手𩒨首"一類。

△ "拜嘉命"爲拜的獨用，時代上也較晚。

△ "手𩒨首"爲"拜手𩒨首"之省或爲"拜𩒨首"拜字訛爲手字。

△ "𩒨首"獨用目前可見最早者爲西周中期的曶鼎，而由銘文來看其例子分布在西周中、晚期，目前未見春秋以後的例子。

我們大致可以看出，"拜𩒨首"的形式占了全部筆數的百分之七十三以上，而"拜手𩒨首"和"拜手𩒨手"、"拜首𩒨首"、"拜手𩒨"、"拜手頁首"等占了不到百分之十四，在比例上相當懸殊。而"拜手𩒨首"出現的銘文時代，西周中期的有臣諫簋、彔白㲌簋、曶壺蓋及繁卣四件器物，其中彔白㲌簋及繁卣有學者認爲亦穆王時代器。其他器皆爲西周晚期器，"拜手𩒨首"在銅器銘文中出現，始於西周中期至晚期之間，比起"拜𩒨首"是晚了些，且使用上也少多了。"手𩒨首"出現在王臣簋上，而其代亦爲西周中期。"拜手頁首"只出現於西周中期的卯簋蓋。"拜首𩒨首"出現在西周中期的遹簋。"拜手𩒨手"則只出現於西周晚期的吳生鐘。"拜手𩒨"亦只出現於西周晚期的逆鐘。我們推測"拜手𩒨首"、"拜手頁首"及"拜首𩒨首"皆在西周中期才出現，其他則更晚,因此我們可以提出"拜手䭫首"是詳式,而"拜䭫首"是略式、常用式,而"拜手䭫首"乃由"拜䭫首"演變而來,在行禮動作上二者根本是相同的,只是詞彙詳略不同耳,而詞彙的不同可能與時代有關。

(二) 拜的定義問題

張光裕言:"其'拜'字正似首至手之形,故'拜'義非'首至地'又顯而易見矣!"其論證以字形爲説,像以首至手,然憲仁觀字形从手从頁(首),或有从采者,此現象亦有一可能,即拜本字作揉,後从頁(首)以示其義,於是有揲及𢱭二種字形,一則省从手,另一省从采,如下所示:

揉 — 𢱭 — 拜 ⟨ 𢱭 友殷(从手)
幾父壺　師酉殷　吳方彝　　𢱭 虔殷(从采,由采簡省而來)

所以段玉裁所改不在對與錯的問題,而是有没有"必要"的問題,許慎《説文》的原貌既不可見,那麼從各本亦無不可,畢竟各本的"首至地"亦是拜的特色。

三、稽首(䭫首)

《周禮・春官・大祝》中提及古有九拜,其文曰:

> 辨九拜:一曰"稽首",二曰"頓首",三曰"空首",四曰"振動",五曰"吉拜",六曰"凶拜",七曰"奇拜",八曰"褒拜",九曰"肅拜",以享右祭祀。⑤

後人皆由此立説,鄭康成注《周禮》九拜時已引杜子春、鄭大夫、鄭司農的説法,自此以下,如唐代賈公彦,宋代鄭鍔、易祓,而清代江永、段玉裁、惠士奇、淩廷堪、孫希旦、黄以周等皆有創説,蓋《周禮》僅有條目而無解説,

---

⑤ 鄭玄注,賈公彦疏:《周禮注疏》卷25(臺北:藝文印書館,1955年,影印嘉慶二十年江西南昌府學刊本),頁12—13。

故自漢代已無定説,而宋人或不從鄭注而創新解,及清代考據之學盛,學者各以羣經異文歸納辯證,各有異説,對於九拜,於是有多家説法,今人見此不免感到紛亂,憲仁乃整合各家之説,分述如下:

稽首本作𩠐首,爲九拜之首,關於稽首,鄭注云:

> 稽首,拜頭至地也。⑥

而陸德明《經典釋文》云:"𩠐音啓,本又作稽。"稽字據《説文》有留止的意思,《説文》中𩠐和稽是二字,對於"𩠐"字的字義,《説文》解爲:

> 下首也。从首旨聲。

由此可知𩠐是𩠐首本字,金文中亦用"𩠐"字而不用"稽"字。至於稽,《説文》則説解爲:

> 留止也。从禾从尤,旨聲。

"稽"字甲骨、金文皆未見,稽有留止之義,恐和𩠐有關,"稽"字和"𩠐"字皆由旨得聲,由稽字的形構中看不出有留止之意,故推其有留止之意乃因假借所致。但我們當留意鄭康成注稽首只書"拜頭至地",并未有留止之意,但是稽字在古代文獻中作留止之意亦是存在的,《管子·君臣上》云"是以令出而不稽"中"稽"字便是。

關於稽首,前人的説法主要有"拜頭至地"及"拜頭不至地"兩類,我們各引其説於下:

(一) 主"拜首至地"之説者

此説法如《白虎通·姓名》:

> 必稽首何? 敬之至也,頭至地。何以言首? 謂頭也。(憲仁案:"陳立疏證其句讀爲"必稽首何? 敬之至也。頭至地何? 以言首,謂頭也。"今不從)⑦

---

⑥ 同⑤,卷25,頁13。
⑦ 班固著,陳立疏證:《白虎通》,收錄於王雲五編:《國學基本叢書》(臺北:臺灣商務印書館,1968年),頁347—348。

而鄭康成同之，其說見上面之引文，鄭康成之後主此說者甚衆，其説如下：

　　△賈公彥《周禮疏》云：一曰稽首，其稽，稽留之字。頭至地多時則爲稽首也。⑧

　　△王昭禹《周禮詳解》云：稽首，拜而頭至地也。⑨

　　△易祓《周官總義》云：荀卿曰："平衡曰拜，下衡曰稽首，至地曰稽顙。"稽之爲義一也。知喪非至哀不稽顙，則知禮非至尊不稽首，書言稽首必拜手，拜手則手至于地也，稽首則首下於衡，至地而稽留也。⑩

　　△王與之《周禮訂義》引鄭鍔曰：稽之爲言久也。拜頭至地，其留甚久，此拜之最重者也。⑪

　　△孫希旦《禮記集解·檀弓上》云：一曰稽首，先拱兩手至地，加首於手，又引首至地，稽留而後起也。⑫

　　△段玉裁《經韻樓集·釋拜》云：稽首者何也？拜頭至地也，既拜手而拱手下至於地而頭亦下至於地。⑬

　　又於《説文解字注》"䭫"字下注云：蓋䭫首者，拱手至地，頭亦至於地，而顙不必觸地，與頓首之必以顙叩地異矣。䭫首者，稽遲其首也。

　　又於"頓"字注云：若稽首、頓首則拱手皆下至地，頭亦皆至地。

　　又於"拜"字下注云：䭫首者何也，拜頭至地也，既跪而拱手下至於地，而頭亦下至於地。荀卿所謂下衡曰䭫首，《白虎通》、鄭注《周禮》、何注《公羊》、某氏注《尚書·召誥》、趙注《孟子》皆曰拜頭至

---

⑧　同⑤，卷25，頁13。
⑨　王昭禹：《周禮詳解》卷22，《景印文淵閣四庫全書》（臺北：臺灣商務印書館，1983年），頁17。
⑩　易祓：《周官總義》卷15，《景印文淵閣四庫全書》（臺北：臺灣商務印書館，1983年），頁20—21。
⑪　王與之：《周禮訂義》卷43，《景印文淵閣四庫全書》（臺北：臺灣商務印書館，1983年），頁12。
⑫　孫希旦：《禮記集解》（臺北：文史哲出版社，1990年），頁168。
⑬　段玉裁：《經韻樓集》，《皇清經解》卷663（臺北：漢京文化出版社，1990年），頁27。

地曰稽首是也。⑭

△ 枝協《"九拜"摭談》云：稽首拜的情形與頓首拜相近。只是頭觸地後不馬上抬起，要停留一段時間；身體跪伏，抬臀，塌腰，額貼地。字面上，"稽是稽留之義，頭至地多時，則爲稽首也"。⑮

△ 鄧國光《中國文化原點新探——以〈三禮〉的祝爲中心的研究》云："拜稽首"和"拜首稽首"義無所別，禮容是先俯首拜，頭身平衡，然後再下衡，額觸地面而拜。⑯

△ 李建國《古代的九拜禮》云：稽首重于空首，分兩步進行：先跪拜、頭至手，而拱手下至膝前地上，手仍不散；再慢慢伸頭下至手前地上。《禮記·玉藻》："君賜，稽首，據掌，致諸地。"鄭玄注："致首于地，據掌，以左手覆按右手也。"

△ 孔穎達疏云："謂頭及手俱至地，左手按于右手之上至地也。"事實上，是由拜手和稽首共成一拜之禮。它是拜禮中最隆重的禮節。⑰

此皆同於鄭康成之說者，其謂稽首爲頭至地，并由稽字而言稽留之，值得注意的是清人有"加首於手，又引首至地"之說，此或可視爲對稽首之補說，然如此說法并無有力之證據，只是以理推之。再者，在"頭至地"之詮釋上亦有分歧：段玉裁云"頭亦至於地，而顙（顙，《說文》以爲額）不必觸地"，而其他說法皆認爲頭觸地。段說以稽首乃顙不至地，則不知其意首至地爲何？是以頂觸地乎？抑或以"首至手而手至地"爲"首至地"？蓋首觸地者，必顙額至地。首若不觸地，則首即不至地，否則便牽強了。

（二）主"頭不至於地"之說者

此說法始自清人，以毛奇齡及惠士奇爲代表，今人張光裕亦主此說，其說如下：

---

⑭ 段玉裁：《說文解字注》（臺北：蘭臺書局，1970年，影印經韻樓藏本），"稽"字（9篇上，頁16），"頓"字（9篇上，頁8），"拜"字（十二篇上，頁23）。

⑮ 枝協：《"九拜"摭談》，《文史雜誌》1991年總34期，頁60。

⑯ 鄧國光：《中國文化原點新探——以〈三禮〉的祝爲中心的研究》（廣州：廣東人民出版社，1993年），頁114。

⑰ 李建國：《古代的九拜禮》，《文史知識》1993年第4期，頁35。

△ 毛奇齡《辨定祭禮通俗譜》云：凡拜皆跪，無所謂立拜者，亦無不以手先至地，而首下至手者，所謂拜手也。……其曰稽首者，謂拜手而稽其首也。稽者留也，首至手稽留不即起也。……而鄭又誤注以稽首爲首至地……⑱

△ 惠士奇《禮說》云：《說文》䭫與頓皆云下首，而不書至地。《荀子·大略篇》："平衡曰拜，下衡曰稽首，至地曰稽顙。"蓋平衡謂頭與腰平，下衡謂頭下於腰，《說文》所謂下首。則䭫首、頓首皆頭至手而不至地也。……何休曰："顙者猶今叩頭矣。"……則稽首非叩頭，明矣。……賈誼《容經》曰："跪以微磬之容，揄右而下，進左而起。手有抑揚，各尊其紀。拜以磬折之容，吉事上左，凶事上右，隨前以舉，項衡以下，寧速無遲，背項之狀如屋之霤。"所謂項衡以下者，蓋稽首也。⑲

△ 張光裕《淺談〈儀禮〉中的拜禮》云：稽首，《禮記·玉藻》："據掌致諸地。"言跪於地，以手據地而首下叩，有如後世的叩首，而並非鄭氏所說"拜頭至地也"（《周禮·太祝·注》）。拜頭至地便變成"稽顙"那是在喪時的專禮。⑳

又於《拜䭫首釋義》云：而"䭫首"之禮則爲據掌於地後始彎身向下，拜首於手，與"稽顙"有別。㉑

在討論䭫首之儀是否頭至地時，我們必須先討論一個句讀上歧異的問題。在上面引文中，我們發現李建國和張光裕二位在引用《禮記·玉藻》的文字時顯然在斷句上有不同。其經文爲"君賜稽首據掌致諸地"，鄭注云："稽首，致首於地。"是鄭康成以"據諸地"者，首也。李建國斷爲"據掌，致諸地"，是同鄭康成之說，以首致地，而手亦至地。張光裕以"據掌致諸地"

---

⑱　毛奇齡：《辨定祭禮通俗譜》卷3，《景印文淵閣四庫全書》（臺北：臺灣商務印書館，1983年），頁10。

⑲　惠士奇：《禮說》，《皇清經解》卷221（臺北：漢京文化出版社，1990年），頁25—26。又惠士奇：《禮說》卷8，《景印文淵閣四庫全書》（臺北：臺灣商務印書館，1983年），頁35—36。

⑳　同③，頁243。

㉑　同③，頁246。

爲一句,是以手至地也。一説以致諸地者首也。一説以致諸地者掌也,二者於此有異。對這段經文孔穎達《禮記正義》則解釋爲:

> 稽首者,頭至地也。據掌者,據,按也,謂却右手而覆左手,按於右手之上也。致諸地者,致,至也,謂頭及手俱至地,左手按於右手之上至地也。㉒

這一説法中"謂却右手而覆左手按於右手之上也",惠士奇《禮説》已駁其非,此不贅述。鄭康成之説、孔氏疏亦以頭首并至於地,此爲自漢以下,唐宋諸儒,逮清代所盛行之説,依此説則稽首和稽顙皆頭至地,憲仁以爲額至地即爲稽顙,所謂"觸地無容"也,稽首之禮額不觸地,故不書觸地無容,觸地無容者哀之甚也,稽顙主哀也,而稽首主敬,故無觸地,其首至手(手至地)。此爲稽首與稽顙之分也(二者除了吉凶之別外,在動作上亦不能無別,額至地否與、尚左尚右是其別也)。至於稽首和頓首之別,我們將在下一部分探討頓首時一同論述。

另外鄧國光認爲稽首與稽顙均頭至地,只有拱手的不同,其説法如下:

> 與稽首的拜儀大致相同的有稽顙,《荀子·大略》謂:"下衡曰'稽首',至地曰'稽顙'。"稽首已是"頭至地",和稽顙沒有差別,《荀子》這類叙述,於辭例稱爲"變文",即經注常説的"婉其辭"。……凡凶拜,手尚右,右手按左手而拱。稽首與稽顙的分別,在拱手的不同。……稽首和稽顙,一吉一凶,分別在拱手的左右,於其他禮容則完全相同。㉓

首先我們得討論《荀子·大略》這幾句話是否是"婉其辭",憲仁認爲由《大略》所載這三句文字來看:"平衡曰拜,下衡曰稽首,至地曰稽顙。"分明是三句以層次排列,并非"變文",也無所謂"婉其辭",《大略》明白地將拜、稽

㉒ 孔穎達:《禮記正義》卷30(臺北:藝文印書館,1955年,影印嘉慶二十年江西南昌府學刊本),頁18。

㉓ 同⑯,頁114—115。

首和稽顙以輕重排列，拜（此指拜之專名）最輕，稽首次之，稽顙至地最重。如此則稽首和稽顙不同可知，二者之不同不只是尚左尚右及吉凶而已，其在首至地與否亦有不同，稽顙之名特強調"顙"，正因其必以顙觸地無容，而稽首則首至在地上的手，故《荀子》言下衡，而不言至地，在拜儀中，除了凶拜的稽顙外，稽首是最重的拜了。其所以有言稽留不立即抬頭之說，或得之於由稽字代𩒹字之後，稽有留止的意思，或者我們可以這樣思考：正因𩒹首不立刻抬頭以示敬，稽假爲𩒹首字（二字皆由旨得聲），故稽有留止的意思。

接下來我們再討論拜和𩒹首的關係。

前文在談及"拜"字的字義時，前人已說拜有通名及專名之分，近人對此發揮最多者爲張光裕，他的說法如下：

> "拜"本爲專名，而後始引申爲通名。"拜"本身之動作只是"首至手也"。
>
> ……"拜𩒹首"實拜禮中最原始之專名，其義當爲先跪地，兩手拱於胸前，然後拜頭至手，再俯身據掌於地，然後拜頭至手。而"拜手𩒹首"則因"拜首至手"之義而孳生。其後因禮之省略，乃有"𩒹首"一辭之獨用。㉔

拜既有作通名用，亦有作專名用，作專名時可能即是後人所說的"拜手"（鄭康成認爲即"空首"，後詳）。金文中"拜𩒹首"的出現比"拜"及"𩒹首"的獨用都早，這裏有一個問題："拜𩒹首"是一或是二，若是一，也就是說最初即爲一體而不能分割的詞彙（即拜和𩒹首爲"同位詞"），後來因禮之分化乃有"拜"和"𩒹首"之分，若然，則"拜"和"𩒹首"是由"拜𩒹首"分出，然而在目前所能見得之資料并未能解決此一問題。就以金文資料來看，"拜"獨用的情況，只有"拜嘉命"兩條，加上由於金文原本即有使用者身份上的局限，所以仍不能斷言其真實情況，不過，在當時可能"拜𩒹首"是一專用的詞彙了，但在證據上仍有不足。若認爲"拜"和"𩒹首"是二，"拜𩒹

㉔ 同③，頁249、250。

首"乃先"拜"而後"䭫首",則這一説也無有力的證據,再者對金文中的現象也不如第一説來的理順。這一個問題是有待學者再努力研究的。

四、頓　首

《周禮・春官》九拜中的第二個拜爲頓首。關於頓首,鄭康成云:

> 頓首,拜頭叩地也。㉕

鄭康成以稽首爲"拜頭至地",頓首爲"拜頭叩地",關於叩地,後人的詮釋與説解如下:

　　△ 賈公彦《周禮疏》云:頓首者爲空首之時,引頭至地,首頓地即舉,故名頓首。……二曰頓首者,平敵自相拜之拜。㉖

　　△ 易袚《周官總義》:其次則頓首,許慎曰:"頓,下首也。"首頓于手而已。㉗

　　△ 王與之《周禮訂義》引鄭鍔云:頓之爲言暫也。頭雖叩地,頓而便起,不久留焉,此稍重者也。㉘

可見唐賈公彦及宋人鄭鍔皆以"頭叩地即起"來詮釋頓首,并以此和稽首進行區分。其實在鄭康成的注解中,稽首和頓首的分别并不明顯:稽首是拜頭至地,頓首是拜頭叩地,後人由稽字有留止之意推説稽首有"頭至地多時"、"其留甚久"的説法。這樣以首留止與不留止來區分稽首及頓首,接着又因稽首拜首至地、稽留未即起爲最重之禮,頓首因叩地即起,故其禮不如稽首重,以此得出稽首爲對上之拜而頓首爲平敵之拜。當然,後來的學者對頓首的説解,也有和上述正好相反的看法,即以頓首爲最重之禮,稽首則次之。值得注意的是宋人易袚認爲頓首頭未至地,而是至手,他的説法不同於鄭康成及賈公彦一派的意見。也有學者認爲頓首其實就

㉕　同⑤,卷25,頁13。
㉖　同⑤,卷25,頁13。
㉗　同⑩,卷15,頁21。
㉘　同⑪,卷13,頁12。

是稽顙。另外,有學者認爲頓首就是稽首,各種説法很多,現在我將各類的説法梳理如下:

(一) 頓首頭是否至地的分歧

1. 首至地

這一説實啓自鄭康成的注解,唐宋學者從鄭説,其要如下:

△ 賈公彥《周禮疏》云:頓首者爲空首之時,引頭至地,首頓地即舉,故名頓首。㉙

△ 王與之《周禮訂義》引鄭鍔云:頓之爲言暫也。頭雖叩地,頓而便起,不久留焉,此稍重者也。㉚

△ 江永《周禮疑義舉要》:……是有求於人者用頓首,頭觸地而無容者,爲喪禮之稽顙。㉛

△ 段玉裁《説文解字注》"頓"字注云:若稽首、頓首則拱手皆下至地,頭亦皆至地,而稽首尚稽遲,頓首尚急遽,頓首主於以顙叩觸,故謂之稽顙,或謂之顙。㉜

△ 黃以周《禮説略》:案頓首與稽顙同爲以頭擊地,但分吉凶言之爾。㉝

△ 林洪文《頓首、稽首、空首》一文云:古人席地而坐,姿勢和跪差不多,頓首時只須俯身引頭至地,就立即舉起。由於頭觸地面的時間很短暫(也即"頓"的意思),在古代拜禮中是較輕的……㉞

△ 鄧國光云:《説文》釋"頓"爲"下首",義與"頷首"無別,鄭玄注:

㉙ 同⑤,卷25,頁13。
㉚ 同⑪,卷43,頁12。
㉛ 江永:《周禮疑義舉要》,《皇清經解》卷247(臺北:漢京文化出版社,1990年),頁9。
㉜ 同①,9篇上,頁9。
㉝ 黃以周:《禮説略》卷2,《皇清經解讀編》(臺北:漢京文化出版社,1990年),頁20。
㉞ 林洪文:《頓首、稽首、空首》,《文史知識》1982年總16期,頁64。

"拜，頭叩地也。"叩是敲的意思。拜時磕頭至地，不稍停留便抬頭，稱"頓首"。頓首也是頭至地，但勾留時間稍短，所以列在"九拜"之次。㉟

△ 枝協《九拜摭談》云：因爲觸地，故稱"頓首"。㊱
△ 李建國《古代的九拜禮》云：頓首即稽顙，叩顙，也單稱顙。顙是額頭。頓首也是先拜手，而後拱手至地，頭急遽伸下，以額頭叩地。㊲
△ 葉國良先生云：……頭要碰觸地面，有時情急，會碰出血來，"頓首"後世謂之"叩首"或"碰響頭"。㊳

我們由引文中可以發現，這一說多就"頓"字來論說，以頓字有暫的意思，和稽字的意思作區分，由此推成其說，他們所論及的是稽首和頓首皆頭至地，而其分別在至地停留的長短。主張頓首頭至地一派的說法中有主張頓首即稽顙的，這在後文我們會再論述。

2. 首不至地

認爲首不至地者，或以許慎《說文》頓字言"下首也"，其說較早者是宋代的易祓，清代則如惠士奇皆是，其說如下所引：

△ 易祓《周官總義》：其次則頓首，許慎曰："頓，下首也。"首頓于手而已。㊴
△ 惠士奇《禮說》：《說文》䭫與頓皆云下首，而不言至地。……《說文》所謂下首，則䭫首、頓首皆頭至手而不至地也。㊵

清人毛奇齡亦認爲首不至地，又張光裕以稽首即頓首，故由其以稽首頭不至地，可知其意爲頓首亦不至地。此皆主頓首頭不至地者。另外，易祓是唯一主張稽首頭至地，而頓首頭不至地的學者，其他幾位則都是認爲稽首和頓首皆頭至手。所有的學者都同意稽顙是頭(額)至地。在主張頓首頭

㉟　同⑯，頁 115—116。
㊱　同⑮。
㊲　同⑰。
㊳　參見葉國良：《古代禮制與風俗・跪與拜》，《中山文庫》(臺北：臺灣書店，1993年)，頁 33。
㊴　同⑩，卷 15，頁 21。
㊵　同⑲，卷 8，頁 35。

不至地的學者中自然沒有認爲頓首是稽顙的。由漢代史籍所記述者觀之，此説蓋誤。

（二）對頓首的不同詮釋

1. 以頓首爲頭叩地即起者

這一類説法在上文的第一類説法中已見過，此類説法的根據在上文也已提及，此不再贅述。兹引其要者如下爲證：

△ 賈公彦《周禮疏》云：首頓地即舉，故名頓首。㊶

△ 王與之《周禮訂義》引鄭鍔云：頓之爲言暫也。頭雖叩地，頓而便起，不久留焉。㊷

△ 林洪文《頓首、稽首、空首》一文云：頓首時只須俯身引頭至地，就立即舉起。由於頭觸地面的時間很短暫（也即"頓"的意思），在古代拜禮中是較輕的……㊸

△ 鄧國光云：拜時磕頭至地，不稍停留便抬頭，稱"頓首"。頓首也是頭至地，但勾留時間稍短。㊹

2. 以頓首爲稽顙者

這一説在上文（一）的第一説亦已見過，然尤可注意者，此説多爲清人所主張，其主要説法如下：

△ 江永《周禮疑義舉要》："頓首"見於傳者三，穆嬴抱大子頓首於趙宣子，季平子頓首於叔孫，申包胥如秦乞師賦《無衣》三頓首，是有求於人者用頓首，頭觸地而無容者，爲喪禮之稽顙。㊺

△ 段玉裁《説文解字注》"頓"字注云：凡經傳言頓首，言稽顙，或單言顙，皆九拜之頓首。何休注《公羊》曰："顙，猶今叩頭。"《檀弓》稽顙注曰："觸地無容"皆與《周禮》頓首注合……若稽首、頓首則拱

㊶ 同⑤。
㊷ 同⑪，卷 43，頁 12。
㊸ 同㉞。
㊹ 同⑯，頁 115—116。
㊺ 同㉛，卷 247，頁 9。

手皆下至地，頭亦皆至地，而稽首尚稽遲，頓首尚急遽，頓首主於以顙叩觸，故謂之稽顙，或謂之顙。……《經》於吉、賓、嘉曰稽首，未有言頓首者也；於喪曰稽顙，亦未有言頓首者也。然則稽顙之即頓首無疑矣。

又於"拜"字下注云：頓首者，拜頭叩地也，既跪而拱手下至於地。而頭不徒下至地，且叩觸其顙，是之謂頓首，荀卿所謂"至地曰踊顙"也，《周禮》之頓首即他經之踊顙。故《周禮》注云："頓首頭叩地。"《士喪禮》、《檀弓》踊桑注云："頭觸地。"叩、觸一也。

又"踊"字下注云：頓首亦曰踊顙，踊顙者稽遲其顙也。㊻

△ 莊存與《周官說》自注：凶拜則此經頓首，即他經所謂稽顙……㊼

△ 黃以周《禮說略》：案頓首與稽顙同為以頭擊地，但分吉凶言之爾。鄭注此云："頓首，頭叩地。"又注《士喪禮》稽顙云："頭觸地。"叩地、觸地一義也……鄭注吉拜云："吉拜，拜而後稽顙，其拜與頓首相近。"則頓首、稽顙同義，特分吉凶言之審矣。㊽

△ 李建國《古代的九拜禮》云：頓首即稽顙，叩顙，也單稱顙。顙是額頭。頓首也是先拜手，而後拱手至地，頭急遽伸下，以額頭叩地。它和稽首不同的是，稽首頭至地時略有停留，動作舒緩而不顯著；頓首則頭快速叩地，動作明顯。㊾

這一說認為稽首和頓首之分為吉凶之別，而二者皆稽留其首（顙），這和持頓首不稽留其首之看法的學者，對於頓首和稽首的分別（以稽首稽留其首，頓首則否）所采用的標準是不同的。再者，段玉裁認為"頓首尚急遽，頓首主於以顙叩觸，故謂之稽顙"，又說"稽遲其顙也"，也就是說依段說之意，頓首是稽顙而稽留其顙，這和以頓首為叩地即起的說法正好相反，但是尤可注意的是這相反的兩說都以文字字義為說：一者以頓為"暫"，不

㊻ 同①。"頓"字（九篇上，頁 9），"拜"字（12 篇上，頁 24），"踊"字（9 篇上，頁 16—17）。

㊼ 莊存與：《周官說》卷 2，《皇清經解續編》（臺北：藝文印書館，1964—1965 年），頁 4。

㊽ 同㉝，卷 2，頁 20。

㊾ 同⑰。

稽遲；另一者則以"稽"顙説"頓"首爲稽留其顙。這的確是很有趣的現象，然而段説實不矛盾，其説頓首尚急遽是指下首急遽，至於到了地面便稽留其顙，如此解説段説應對於"頓"和"稽"都兼顧了。另外，段説以稽首尚稽遲，而頓首急遽，以二者於動作上，有快慢之别，這似乎對"稽首"和"稽顙"的稽采用了不同的標準來詮釋。至於江水、莊存與、黃以周是否也認爲頓首當稽留其顙，我們就其説頓首是稽顙一點，便可得到答案了。

附帶一提，孫詒讓亦以頓首即稽顙，然其意稽顙、頓首、稽首可通用，又以稽顙和稽首有輕重之别，故於此暫不引其説，而於下文别出一類見之，其説參下文。

3. 以頓首爲稽首者

另外，説法最特别的恐怕是一反前人説法而以頓首爲稽首道一説了，張光裕《淺談儀禮中的拜禮》云：

> 按《儀禮》中有"稽首"拜是男子獨具之拜禮（見《士冠》、《士昏》等篇）但却無"頓首"拜之稱，金文中亦然，其實稽首即頓首，只是時代不同所用的名稱有别而已。⑩

張説以頓首和稽首同，這一説的論説，在孫詒讓的《周禮正義》中已有類似的看法，只是孫説有些不甚明確，所以没有歸入上面任何一類，然别立一類又有困難，現在我們來看：

> 此經云頓首，猶《吳語》云頓顙，此注云頭叩地，猶何邵公以叩頭釋《公羊》之顙也。《孟子·盡心下篇》云："若崩厥角稽首。"趙注云："額角犀厥地。"《漢書·諸侯王表·顏注》引應劭云："厥者頓也。"是角犀即顙，厥地即稽首，亦即頓首也。《孟子》以厥角稽首并舉者，通言之，稽首、稽顙、頓首，亦可以互稱，故《一切經音義》引《蒼頡篇》云："稽首，頓首也。"《公羊》説齊侯昭公及子家，昭公及子家皆再拜顙。高子國子致穀，昭公則再拜稽首，明顙重於稽首。《荀子》説拜亦以稽顙重於稽首，兩文正足相證。《左昭二十五年傳》説季平子稽顙於叔

---

⑩ 同③，頁243。

孫昭子,《史記·魯世家》載其事作頓首,此尤漢人以頓首爲即稽顙之塙證。但鄭雖釋頓首爲頭叩地,然仍以頓首與稽顙爲二,其意蓋謂頓首爲吉凶相兼之拜,稽顙乃專爲喪拜,故後注以稽顙釋吉拜凶拜,又謂拜稽顙與頓首相近,不知頓首即稽顙,其拜至重,古多用之於凶拜,其非喪禮而頓首,若穆嬴、申包胥者……又案頓首與稽首,俱頭至地,但頓首以叩顙爲異,《賈疏》謂稽首至地多時,頓首至地即舉者,失之。[51]

孫氏之説實合各家之見,我們歸納爲如下幾點:

(1) 厥地即稽首,亦即頓首也。稽首、稽顙、頓首,亦可以互稱。頓首即稽顙。

(2) 頓首與稽首,俱頭至地,但頓首以有叩顙而區別於稽首。稽顙重於稽首。

其意似指稽顙(即頓首)和稽首有時是可以通稱的,而有時是有别的,頓首重於稽首,那麽孫氏雖主頓首即稽顙之説,然又以頓首偶可和稽首通,此和上文(二)的第2點説法不同。孫氏以稽首偶可通於頓首,張光裕之看法與孫詒讓頗接近,然張説以頓首即稽首,此又有小别,甚者張説以頓首和稽顙不同,而孫氏則以稽顙即頓首。

看完了以上這麽多的説法之後,我們不免有不知所從之感,我們可以將前人與近人的説法歸爲二個問題來探討:

(1) 頓首是否拜首至地

頓字,許慎《説文》只云"下首",而鄭康成則云"拜首叩地",另一條漢人注解的資料是何休的"顙,猶今叩頭",而先秦古籍中頓首出現的次數甚少,《左傳》凡三次,皆有求於人之拜:穆嬴抱大子頓首於趙宣子、季平子頓首於叔孫、申包胥如秦乞師賦《無衣》三頓首,此即江永所説:"是有求於人者用頓首。"除了《左傳》外,先秦文獻《墨子·備梯》中亦有一條,此篇寫成時代甚晚,總之,春秋末年始可見文獻有頓首之禮,而金文中絶無頓首。事實上,由青銅彝器使用者的身份和賞賜雙方的身份來看,即使當時有行

[51] 孫詒讓:《周禮正義》卷49(臺北:臺灣商務印書館,1967年),頁17。

頓首之禮，也不太有可能出現在銘文中。由於資料不足，的確難以判斷，在前面所引較早的説法除許慎所説太過簡略外，鄭康成及何休的説法結合起來看，頓首是拜頭叩地（至地），驗之《荀子》"至地曰稽顙"的説法來看，那麽"頓首如稽顙，而拜頭至地"之説是有所證驗的。至於其他説法以頓首拜不至地皆引《説文》爲據，而《説文》只言下首，不言拜至手或拜至地，因此論證上猶難爲據。又張光裕由金文及文獻推頓首即稽首，亦無確鑿證據，因此説頓首拜頭叩應較他説來的可信些。

（2）頓首、稽顙及稽首三者的異同

前面我們説過稽首是拜首至手，而稽顙則是拜頭至地，二者皆有稽留義。頓首於文獻上出現甚晚，由孫詒讓所引的古籍及古人注解資料中可知，稽首和頓首有互通現象，而頓首至漢代才大量使用，所以我們可以如此推測，頓首本於稽顙，皆頭至地，乃用於請求，本非常有之拜，因稽顙用於喪拜，而頓首用於喪事之外的凶事，所以名稱不同，其動作所別甚小。頓首之所以和稽首有互通的現象主要是到了漢代，因二者皆拜下首，稽首雖至手而實和稽顙相距無大，故注解家每統言之，漸而混稱成習，乃於後世常以通名拜統之。稽首用於吉嘉之事，而稽顙用於凶喪之事，頓首本於稽顙，於非喪之凶事則稱頓首，而用於喪事則稱稽顙。其實其動作無大別，頓首應是頭叩至地便起，而稽顙則稽留之。張光裕説頓首即稽首主要是看到了頓首出現甚晚，且於古籍中和稽首或有通稱，此實是古人混而統稱的現象。然而頓首和稽首是有別的。頓首源於稽顙應是較可信的，本來稽顙爲凶喪之拜，然因急請於人或謝罪於人乃急下首叩頭至地以示其敬誠，此所以頓首也，亦別於稽首，若用稽首無可表現其非常之急，其心之誠，故以稽顙爲之，由《左傳》的三處頓首，正可知頓首絶非稽首，而頓首之拜爲特殊用法。至於爲何筆者認爲頓首未有稽留的現象呢？因爲頓首之言頓者，暫也，此和稽首有別，而和稽顙亦以此有別。

五、空首（拜手）

《周禮·春官》九拜第三曰空首。鄭康成注云：

拜頭至手,所謂拜手也。㊷

鄭康成之注,其文甚簡,故後人各以其說詮補之,而由是有歧義,今分別歸納爲以下諸說,以論述之:

(一) 首至手,手至地

鄭康成注《周禮》只言拜頭至手,未言及手是否至地,賈公彦則詮補之以兩手至地,後來亦有繼之者,其書如下:

△ 賈公彦《周禮疏》:空首者,先以兩手拱至地,乃頭至手是爲空首也。以其頭不至地,故名空首。……云空首拜頭至手,所謂拜手也者,即《尚書》拜手稽首。㊸

△ 惠士奇《禮說》云:《商書》"拜手稽首",《孔傳》云"拜手,首至手"然則手先據地,首乃至手,是手與首俱至地,其實手在地,首在手,故拜手與稽首連言,是一事,非兩事,《孔傳》合爲一得之矣。《孔疏》分爲兩,云:"初拜,頭至手乃復申頭以至地,至手爲拜手,至地爲稽首。"豈其然乎!㊹

△ 鄧國光云:空首不及地,額祇觸及拱手按地的左手手背上,所以鄭玄說"頭至手"。這是身軀彎俯,背如穹邱。……"空首"的"空",疑是"穹"的借字,"工"、"弓"同音可得假借。"穹",謂天宇彎垂。拜時,頭觸在手背,側望身軀如小拱圓的形態,便以"穹"字形容。㊺

惠士奇由拜手稽首來看拜手,以拜手乃和稽首爲一體動作,其言稽首則首不至地,故拜手及稽首則一事,此說似乎於拜手和稽首之分甚含糊,是否其意爲手先據地,首下爲拜手,其稽留乃爲稽首,則不可知也。鄧國光以穹說空,甚有新意,然其意與《荀子》之平衡曰拜,甚不合,是否頭必至地上之手方是穹邱之象,彎身拱手,首至手,首手皆和心平是否便不可謂穹邱之象,亦有可疑。

㊷ 同⑤,卷 25,頁 13。
㊸ 同⑤,卷 25,頁 13—14。
㊹ 同⑲。
㊺ 同⑯,頁 116—117。

(二) 首至手，手不至地

另一説以手拱不至地，而首至手，首手皆不至地，其説以段玉裁爲主，孫詒讓皆同意此説，近人亦有從之者，兹引録如下所示：

△ 段玉裁《説文解字注》"拜"字注云：《周禮》之空首，他經謂之拜手。鄭注曰："空首，拜頭至手，所謂拜手也。"何注《公羊傳》曰："頭至手曰拜手。"某氏注《尚書·大甲召誥》曰："拜手，首至手也。"何以謂之頭至手，足部曰"跪者，所以拜也"。既跪而拱手，而頭俯至於手與心平是之謂頭至手。《荀卿子》曰"平衡曰拜"是也。頭不至於地是以《周禮》謂之空首，空首者對稽首、頓首之頭箸地言也。

又於"頓"字注云：頭至手者，拱手而頭至於手，頭與手俱齊心，不至地，故曰空首。⑤⑥

△ 孫詒讓《周禮正義》云：蓋鄭謂空首首至手，明首與相箸，首既不至地，則手亦不當至地。⑤⑦

△ 李建國《古代的九拜禮》云：空首又稱拜手，簡言之又稱拜。它的動作程序是先跪而拱手，再低頭到手上，與心平衡。因爲頭不至地，所以叫空首。⑤⑧

△ 葉國良先生云：空首：跪而拱手，頭、手與心同高。⑤⑨

這一説合乎《荀子》"平衡曰拜"的説法，而又和鄭注相合。故在清人的説法中最具代表性。

(三) 首不至手

尚有一説以空字爲論，而以首不至手，故主"空其首"，其説啓自宋人，其要如下所引：

△ 易祓《周官總義》云：空首者，鄭氏謂頭至于手，恐非，其義正謂不

---

⑤⑥ 同①，9篇上，頁23—24。
⑤⑦ 同㊶，卷49，頁18。
⑤⑧ 同⑰，頁34。
⑤⑨ 同㊳，頁31。

至於手,空其首而已。⑥

△ 王與之《周禮訂義》引鄭鍔云：空首,頭略至手,其中空闊,頭手不相密邇,其禮輕矣。⑥1

△ 毛奇齡《辨定祭禮通俗譜》云：空首,首不至手,虛之也。⑥2

(四) 首先至手,手再至地

此說乃黃以周所主張,以首先至手,此合鄭注首至手之意,又以手再拜至地,以合揚雄拜兩手下之意,其說晚出,而甚具創見,以下節錄其說：

> 案空首即拜手。諸經傳之單言拜者即空首拜也……凡拜皆跪伏,故渾稱之皆曰拜,析言之拜爲空首之專稱。空首者,男子之常拜也,拜必先跪而拱手,而首俯至手與心平,乃下兩手拱至地。鄭注此空首云："拜頭至手,所謂拜手。"又注《少儀》拜手云："手至地。"二義兼備,惟其頭至手與心平,故《周禮》謂之空首,《荀子》謂之平衡曰拜也；惟其兩手下至地,故《尚書》謂之拜手,《少儀》謂之手拜也。據孔、賈二疏,拜先以手拱至地而頭來就手,是頭亦至地矣,非特與《荀子》平衡曰拜相悖,且與稽首之例不分也。據段氏說頭俯與心平,手未嘗下于心,是手不至地矣,非特與《少儀》鄭注相悖,且失拜字兩手下之義矣。⑥3

另外尚有未歸入上面四類的,如宋代的王昭禹在《周禮詳解》云"空首,拜而頭至手也",則全承鄭注,清人如孫希旦《禮記集解》云："三曰空首,加首於手,首不至地,故曰空首。"則未知其意手是否至地,故不歸入上述三類,又閻若璩《潛邱札記》云："三空首謂下手,首不至地。"則又甚簡略矣。

看完以上三類說法之後,我們大致可以掌握有關空首的幾個歧見。

---

⑥ 同⑩。
⑥1 同⑪,卷43,頁12。
⑥2 同⑱,卷3,頁10。
⑥3 同㉝,卷2,頁20—21。

其主要的歧見之一爲"首是否至手",另一則是"手的位置":有手至地之說,有拱手與心平之説。以下我們就依此論辨之:

空首的"空"字,依歷來學者的看法,其義不外乎三説:

1. 一以空爲首未至地(首至手),故言"空"也。
2. 一以首未至手,故言"空"也。
3. 一以空爲穹之假借(此亦以首至手而未至地,故可歸爲首未至地之説)。

目前可見最早對空首作解釋的便是鄭注,而多數學者皆認爲拜手是空首,事實上在九拜中主要的五拜中稽首、頓首、振動、肅拜皆不可能是拜手(即專書之拜,最常見的拜),所以學者們自然會認定空首是拜手,此亦不得不如此也,既然空首是常言之專名拜,故《荀子》所謂平衡曰拜,便是空首了,空首是平衡之拜,則首不可能至地,亦不可能至按在地上之手,所以只有三種可能:

1. 手至地上,首不至手。
2. 手與首皆不至地上。
3. 首先至手,手再至地。

然而這三説中,空字的解説便各有看法,從第一種説法的學者便主張"空"爲首和手"空",不接觸。從第二種説法的學者便主張"空"爲首、手和地"空",不接觸。從第三種説法的學者主張首和地"空",仍先和手觸再"和"手空。此三説實難遽定孰是。但漢人注解皆曰頭至手,憲仁以漢儒解經常有師説,則鄭康成及何休之説應於古説有據。若依金文拜字觀之,拜字是以首就手爲是,若然,則以第二種説法爲是,再者手至地而首和心齊,此動作有學者認爲是"伏"(古文字中或有似人跪而手在地之形,學者釋爲伏),而此爲第一、三種説法之不周之處。然證據仍嫌不夠充分,姑闕疑之。

六、振　　動

前面討論了稽首、頓首、空首,接下來要探討《周禮・春官・大祝》九拜中的第四種——振動。"拜"是整個身體的動作，主要包含頭、身、手的動作，就"拜"字的造字取象來看，字形有兩類（參第一節），但从手是很明顯的共同點，所以有學者認爲拜字的取意是偏向手的動作，而稽首、頓首、空首三者是取名較強調頭部的動作。若然，"振動"的取名便是較偏向於身或手的動作。到底所謂的振動是強調身體的動作呢，抑或只是強調手的動作呢？這也是前人爭論不已的問題，早在鄭康成注《周禮》前便有不同的說法，我們由鄭注中可以看到不同的說法：

> 杜子春云："振讀爲振鐸之振，動讀爲哀慟之慟。"……鄭大夫云："動讀爲董，《書》亦或爲董振董以兩手相擊也。"（憲仁案：此句歷來有二讀，一爲"或爲董，振董以兩手相擊也。"；另一讀爲"或爲董振，董以兩手相擊也。"）……玄謂振動，戰栗變動之拜。《書》曰："王動色變，一拜，答臣下拜。"⑭

分析這段文字，杜子春認爲"振動"讀爲"振慟"，似乎和凶喪有關，這也啓發後來學者將振動以喪禮中的踊進行詮釋。鄭大夫的說法是這段文字中最具體的，他認爲振動是兩手相擊的拜，鄭康成的看法是戰栗變動之拜，沒有具體的動作說明，只是說明了振動使用的情境或振動的性質。杜子春和鄭大夫、鄭康成的切入角度不同，或說動作、或說性質、情境，三者之說實不相悖，然亦未可遽說相同。以上的說法可以視作兩漢學者的詮釋，此後學者的意見大多不出這幾類，有專主某說者，有兼合兩說者，有對上面三者說法做詮釋而不置可否者，下面便是較具代表性的看法：

（一）振慟說的詮釋

杜子春的說法以"振慟"讀"振動"，後來有學者由此得到啓發，於是以踊來詮釋。更清楚地說，這一說可以分爲二支流：第一種看法是振動是喪禮的"踊"，如凌廷堪、夏炘皆主此說；第二種說法以"舞蹈"來說振動，并

---

⑭ 同⑤，卷25，頁13。

認爲振動在吉禮中爲舞蹈,在凶喪中爲擗踊。此二種説法不同之處在於一者僅以凶喪説振動,而另一者認爲吉凶皆有振動,兹引文如下:

1. 第一種説法

△ 淩廷堪《禮經釋例》:四曰振動,此即喪禮拜而後踊也,振動之拜,諸儒言人人殊。惟杜子春得之,蓋凶事之有振動,猶吉事之有稽首,皆拜之最重者。《士喪禮》君使人弔襚,及君臨大斂;《既夕禮》君使人賵,主人皆拜稽顙成踊,非君之弔襚賵則拜而不踊,是拜而後踊,於君始行之,故曰與稽首同也。踊與稽顙皆非拜,拜而成踊謂之振動,猶之拜而後稽顙謂之吉拜,稽顙而後拜謂之凶拜也。杜子春曰"……(前面引文已引,此略)",其義甚明,惜乎先後鄭之失其解也。⑥

△ 夏炘《學禮管釋》:惟淩次仲《九拜解》取杜子春之説爲獨具隻眼,其言曰凶事之有振動猶吉事之有稽首,皆拜之最重者。……炘案:《士喪禮》屢言哭拜稽顙成踊。踊者,振也;哭者,慟也。稽顙之拜無有重於哭,成踊凶拜之首,振動不杜子春之從而誰從哉!⑥

△ 李建國《古代的九拜禮》:振動即振慟,稽顙而後踊踊。也就是説,頓首拜畢起而踊跳,與哀樂節奏相應,表示十分震動哀慟。這是喪禮祭祀中最重的禮節,只有臣對君才行此禮。⑥

此説法以"凶事有振動猶吉事之有稽首"爲主幹,而源自杜子春的説法,這樣以振動爲凶事所獨有,而和吉事的稽首(杜子春的説法中并無此意,此爲後人推衍)相當,事實上吉事最重拜是稽首,而凶事最重拜當是稽顙,踊實非"拜"的一種,又以踊説振動,杜子春未有此説,後人以意推之,在可見的古籍文獻中實未有可證此説的依據。

2. 第二種説法

王與之《周禮訂義》引黄氏云:

---

⑥ 淩廷堪:《禮經釋例》,《皇清經解》卷784(臺北:漢京文化出版社,1990年),頁31。
⑥ 夏炘:《學禮管釋》卷9,《皇清經解續編》(臺北:藝文印書館,1964—1965年),頁8—9。
⑥ 同⑰,頁36。

振動在吉禮若今舞蹈也,魏犨曲踊三百其類歟,凶禮振動,擗踊。[68]

黄氏的説法認爲振動涵蓋吉禮和凶禮,於吉禮則是舞蹈,於凶禮則爲擗踊。這樣的説法是將舞蹈及踊視爲拜的一種,猶可商議。孫詒讓對於以踊説振動之説有如下的評論:

但拜必跪,而踊則立。喪禮之拜而成踊者,必拜畢興,乃踊,是踊與拜二事迥别。然則以踊爲拜,杜説如是,究不甚通,恐非經義。[69]

孫氏的評論是很正確的。杜子春的説法事實上只是注出"慟"的意思來,而黄氏又加之吉禮舞蹈,不無推之太過之嫌。總之,以踊説振動的説法不可行。而"振慟"説亦非是。

(二) 兩手相擊

兩手相擊的説法爲鄭注所引鄭大夫之説,在引文中有斷句上的歧義:"《書》亦或爲董振董以兩手相擊也。"此句歷來有二讀:一爲"或爲董振,董以兩手相擊也"。主要的是賈公彦在《周禮疏》中所言:"四曰振動,附稽首。……鄭大夫云動讀爲董,《書》亦或爲董振之董者,此讀從《左氏》董之以威,是董振之董,云以兩手相擊,此後鄭皆不從。"[70]是賈説以在振字下斷。另一讀爲"或爲董,振董以兩手相擊也。"段玉裁在《周禮漢讀考》中説:"鄭大夫云動讀爲董,《書》亦或爲董。振董以兩手相擊也"。并在董字下自注:"句絶,《疏》誤。"[71]是段説以賈疏斷句有誤。查《尚書》無董振一詞,僅有董字獨用。此二者以段説爲佳,事實上,不論是哪一類斷句在文意上并没有什麽大的差異。

陸德明《經典釋文》中提出日本人拜的動作以證成鄭大夫之説:

---

[68] 同[11],卷 43,頁 12—13。

[69] 同[51],頁 20。

[70] 同[5],卷 25,頁 13—14。

[71] 段玉裁:《周禮漢讀考》,《皇清經解》卷 636(臺北:漢京文化出版社,1990 年),頁 36。

> 振動如字。……今侲人拜以兩手相擊,如鄭大夫之説,蓋古之遺法。⑫

宋代時婦女的拜有以兩手相擊的,王與之《周禮訂義》引鄭鍔的説法便認爲即是振動:

> 振動者或云以兩手相擊,振動其身,今綏(四庫本作婦)人之拜如此,有所肅敬變動悚慄而下拜也。⑬

鄭鍔的看法除了"以兩手相擊、振動其身"説振動之外,也兼含了鄭康成"戰栗變動"的説法。兩手相擊的説法看來於古有據,可備一説。

(三) 戰栗變動之拜

此説爲鄭康成所執,王昭禹《周禮詳解》從鄭説,此外黃以周《禮説略》亦主此説:

> 案戰栗變動之拜,非常拜也,如稽首、頓首爲臣拜君之拜,而振動拜有不必稽首而稽首者,如成王拜手稽首于周公是也;有不必頓首而頓首者,如穆嬴頓首于趙宣子是也。惠天牧云:"振動者,舞蹈之容也。"別一義。⑭

黃氏對"舞蹈之容"之説仍然存留,而其説則主鄭康成説。關於舞蹈之説,前面我們已議其非。

另外,宋代易祓在《周官總義》中亦主"非常拜"的看法,但是他認爲鄭康成的説法有誤:

> 振動者,鄭氏引王動色變爲義,恐非,所以爲振動之拜正謂以首叩地,施於事變之不常者而已。⑮

清代惠士奇在《禮説》中則兼有杜子春和鄭大夫的説法:

---

⑫ 同⑤,卷 25,頁 13。
⑬ 同⑪。
⑭ 同㉝,卷 2,頁 22。
⑮ 同⑩,卷 15,頁 26。

《通禮義纂》曰："自後魏以來臣受君恩皆手舞足蹈,以鳴喜歡。蓋本古者拜手稽首之禮。"愚謂拜有容,惟凶拜無容。振動者舞蹈之容也,振動或作振董,鄭大夫謂振董者兩手相擊。兩手相擊曰抃,《吕氏春秋》曰:"古者帝嚳乃令人抃,或鼓鼙擊鐘吹笭展管,因令鳳鳥天翟舞之,帝嚳大喜,乃以康帝德,是爲抃舞。"後世舞蹈實出於此,今倭人拜猶然,古之禮也。⑯

在前文我們説過拜和舞蹈有別,雖然本文不排除拜由舞蹈演變而來(事實上這樣的可能性不大),但是拜非舞蹈。孫詒讓批評惠士奇的説法:

> 詒讓案:兩手相擊,古謂之抃,與拜儀無涉。⑰

振動爲拜之一種,就字義上可推者,手振動或身振動,若手振動則當是"兩手相擊"的説法。若是身體的振動,則是惶恐時的跪拜。兩手相擊之説,孫氏議其非,其説《吕氏春秋》所載之抃非振動則是,而以兩手相擊爲抃來推兩手相擊非振動這一説法則可商榷,一來前人舉日本及宋代女子猶存之拜爲據,二者《吕氏春秋》之抃乃指舞蹈,舞蹈有兩手相擊之動作,而振動之儀或有兩手相擊,其相擊雖同,而其含義不同,孫氏以此論斷,值得再商榷。

當然,我們大可兼合這二種説法,因惶恐戰栗,其兩手相擊而拜。兩手相擊是説手之動作,惶恐是説拜的情境,戰栗是説身體的振動,應當變動可以説是拜的性質。但是振動是否真是如此,就不可得而知了,依常理推之,這樣的説法是有可能的。

(四)樂節相應,有振動之儀

這是孫詒讓提出的看法,孫氏認爲前人主張皆非,於是提出新解,他認爲:

> 竊謂振動之拜,禮經無明文。以意求之,疑即拜儀之應樂節者

---

⑯ 同⑲,卷221,頁26。
⑰ 同⑱。

也。《樂師》教樂儀云："環拜以鐘鼓爲節。"先鄭注云："環謂旋也；拜，直拜也。"蓋吉拜之最者，當與樂節相應，故有振動之儀，猶之鄉射五物之有和容興舞與！⑱

孫詒讓的説法實有未當之處，其説行拜時"與樂節相應，故有振動之儀"，不知其意是依樂節而跪拜，故樂振而人有動作之意，或行拜禮時因樂而搖動其身，此皆不若鄭康成及鄭大夫之注爲當。

不管如何，振動在取名時所偏重的意義和稽首、頓首、空首不同。這也牽涉到《周禮》一書的體系問題，在九拜中，或以首之位置、或以次數、或以吉凶、或以性別、或以情境，所取之角度不同，而皆合以爲九拜，葉國良先生説：

> 可見"九拜"有的是就其頭、手、身、足的配合動作説的，有的是就行禮時的情境説的，有的則是就次數説的，并非有九種完全不同的拜。⑲

葉先生的説法很值得參考。總之，鄭大夫和鄭康成的説法皆可從，而二人之説并不相悖。

七、結　語

本文主要以文獻爲主，輔之銘文，然仍有其限制，蓋文獻所載有斷代和地域的問題，禮本有地域之別及時代之異，各種拜法於《周禮》中九拜并列，而先秦文獻中并非皆出現，加上禮書（三禮）的記載於斷代上只能定其大時段，未能細密地斷代，故本文中所論述之各拜儀，時代範圍大致只以西周晚期（甚至更晚）至戰國時期爲主，然不排除稽首、頓首、稽顙、空首等存在地域性的差別。

先秦文獻中對拜在動作上有較明確提及者爲《荀子・大略》（前文已

---

⑱　同㊶。
⑲　同㊳，頁32。

引用），而兩漢主要的説法爲鄭康成的注解，然而鄭注甚爲簡略，後來學者也有不同的詮釋（當然不排除鄭注本身有誤）。筆者認爲稽首頭不觸地，而稽顙則頭觸地。頓首爲稽顙的一種，稽可訓爲"至"，也可訓爲"留止"，二者在解釋"稽顙"和"頓首"上其實可以不相悖，頓訓爲暫可以指首之動作，而稽則指至地時停留之時間，稽顙和頓首在使用的時機上有別。空首則頭與心齊，至於手的位置，筆者傾向於手未至地，然證據仍有不足，所以只好在此以存疑的方式處理了。振動，本文采用鄭大夫（《周禮》鄭注引）及鄭康成的説法。

在《周禮》九拜中，本文討論了前四者，李建國在《古代的九拜禮》中説："九拜禮最初皆主祭祀，後來施行中因實際需要而各有損益。其中稽首、空首、頓首、振動爲拜儀之正，是常行之禮。"⑧我們可以説前三者爲拜儀中主要而常行之禮，而振動則爲變時之禮，四者實已大致涵蓋了古代男子行禮中的拜儀。

　　後記：本文發表於《"國立"編譯館館刊》1999 年第 28 卷第 1 期，頁 1—23。是作者就讀於臺灣師範大學國語文學系碩士班時（1988 年 6 月）寫的，也是作者發表在期刊上的第三篇論文。

　　本文對於"稽首"（即金文之"頴首"、"𩒨首"）的説法應當修正，尤其稽字不應詮釋爲稽留。2015 年 5 月，復旦大學汪少華教授來臺參與研討會，告知顔春峰教授有《稽首、頓首、稽顙考辨》一文，發表於《杭州師範學院學報（人文社會科學版）》2001 年第 2 期，頁 100—102。并惠賜電子檔，我讀後覺得顔教授的説法比我精彩而深入，足以糾正本文的錯誤，對於"稽首"、"頓首"、"稽顙"的看法，研究者應參考顔教授的論文。

　　本文既寫於十多年前，其中錯誤已有學者提出新的看法，着實無改寫之必要，但留其舊貌，以爲紀念。

---

⑧　同⑰，頁 36。

郭沫若《周禮》職官研究之探討*

一、前　　言

　　《周禮》原名《周官》，劉歆改稱爲《周禮》，爲後世沿用。此書據較早的記錄來看，是西漢河間獻王從民間所得，《漢書・河間獻王傳》云：

> 河間獻王德以孝景前二年立，修學好古，實事求是。從民得善書，必爲好寫與之，留其真，加金帛賜以招之。繇是四方道術之人不遠千里，或有先祖舊書，多奉以奏獻王者，故得書多，與漢朝等。……獻王所得書皆古文先秦舊書，《周官》、《尚書》、《禮》、《禮記》、《孟子》、《老子》之屬，皆經傳說記，七十子之徒所論。其學舉六藝，立《毛氏詩》、《左氏春秋》博士。①

河間獻王得書後，獻於帝，入祕府，是故禮學家多不得見。《周禮》既爲諸經中最晚出者，又爲古文經，因而未立學官，一直未能被重視。王莽時，曾因劉歆之奏請立古文《周禮》博士，《周禮》取得經的地位。關於此書，古文經學家認爲是"周公致太平之迹"的經典，是周初爲統治天下而設職官的記錄，東漢經學大師鄭玄申之，自後禮學家亦多從此說，然而今文經學家

---

　　*　本文之修改，先後承蒙臺北市立大學張曉生教授、臺灣大學葉國良教授與匿名審查人提出實貴意見，謹此致謝。
　　①　（東漢）班固：《前漢書》卷53（臺北：臺灣中華書局，1984年影四部備要中華書局據武英殿校刊本），頁1。

認爲此書乃戰國人所作,所謂"末世瀆亂不驗之書"、"六國陰謀之書",更甚者認爲是劉歆僞作或妄篡的,②是故《周禮》成爲爭議很大的經書。從劉歆引發的第一次今古文經之爭開始,加上涉及爭議的歷史人物如王莽、王安石等因素,都使得《周禮》真僞與時代一再被質疑。近代的質疑從康有爲《新學僞經考》③開始,掀起疑古之風的高潮,這次的討論,已不限於經學家,歷史學者及古文字學者也都參與,對於《周禮》一書的時代與真僞也有了較細密而深入的分析。

從清末到民國初年,學術界對經學的視野有了巨大的改變,向來爲中國學術重心的經學如同當時政治社會的轉變,也進入"變動時代",疑古與整理國故的思潮對《周禮》這部經書的檢視也有了更新的方法與切入面。即使在民國以前已有學者提出"六經皆史"的看法,④但經學被視爲史學的風氣却是民國以後才匯爲巨流,這時期隨着考古學的引進、新材料的發現、古文字學的發展、西方思想的傳入,經學也在這股潮流中,有了各種類型的研究。

郭沫若(1892—1978)是二十世紀中國學術史上的重要學者,出生於清光緒十八年,距清朝覆亡僅差二十年,身處中國歷史與文化巨變的時代。郭沫若小學和中學時期的兩位師長帥平均與黃經華都是四川經學家廖平的高足,⑤廖平是晚清今文經學的大家,師長應對郭沫若的經學觀有

---

② 對《周禮》真僞持懷疑的說法中,除了劉歆妄篡的說法外,亦有認爲其他人妄篡的,如宋代范浚疑《周禮·司關》"凡貨不出於關者,舉其貨,罰其人"有問題,"此必漢世刻斂之臣如桑羊輩,欲興權利,故附益是説於《周禮》,託周公以要説其君耳"。雖以《周禮》爲周公作(其云"周公作六典,謂之《周禮》,至於六官之屬,瑣細悉備,疑其不爲古書也"),但有後世如漢代桑弘羊等附益。參(宋)范浚:《讀周禮》,《香溪集》(文淵閣四庫全書本)卷5,頁4—5。

③ 這次對《周禮》的質疑,可由清中晚期算起,早於廖平、康有爲者如劉逢禄與魏源等亦疑《周禮》爲劉歆僞作,然仍未翻轉學術風氣,至廖平(於《今古學考》提出《周禮》爲戰國燕趙人作)、康有爲再起質疑之説,益以古史辨學派的興起,才使質疑《周禮》的學風成爲論辯的重要課題。1980年,徐復觀再提劉歆僞造之說,然此說已少爲學界所從。

④ 提出此說法者甚多,如隋代王通《文中子》、宋代劉恕《資治通鑑外紀·序》、元代郝經《經史論》、劉因《靜修續集》、明代宋濂《大學微》、潘府《南山素言》、王陽明《傳習錄》、王世貞《藝苑卮言》、李贄《焚書》、胡應麟《少室山房筆叢》、清代顧炎武《日知錄》、袁枚《隨園隨筆》、章學誠《文史通義》等,在著作中皆明確提出六(五)經皆史的主張。可參田河、趙彥昌:《"六經皆史"源流考論》,《社會科學戰綫》2003年第3期,頁125—129。

⑤ 周藝:《郭沫若史學思想中幾個問題的探討——兼與國內外一些研究意見的商榷》(桂林:廣西師範大學碩士論文,2005年),頁6。

所影響。

　　一九二二年，郭沫若選譯了《詩經》四十首，名爲《卷耳集》，⑥於一九二三年出版，這是一項重要的嘗試，他在序言中提到"就是孔子再生，他定也要説出'啓予者沫若也'的一句話"，由此可以看出，他由"舊紙堆中尋生活"，企圖對經典以"藉古人的骸骨來另行吹噓些生命進去"來達到"古爲今用"的目的。⑦

　　一九二八年，郭氏以唯物史觀發表的著作中，《周易的時代背景與精神生產》（後更名爲《周易時代的社會生活》）、《詩書時代的社會變革與其社會思想上的反映》⑧雖屬於史學的著作，也涉及了經學與先秦思想。

　　一九二九年發表《周金中的社會史觀》（後更名爲《周代彝銘中的社會史觀》）⑨論及"井田制"、"五服五等"等與經學相關的問題。

　　一九三二年發表的《金文叢考》收有《金文所無考》、《周官質疑》、《諱不始於周人辨》三篇與經學有關的論文。⑩

　　之後，較少相關文章發表，直到一九四四年《由周代農事詩論到周代社會》，⑪一九四七年《"格物"解》、⑫《考工記的年代與國別》，⑬一九五六年《讀

---

　　⑥　《卷耳集》，收入郭沫若著作出版委員會編：《郭沫若全集·文學編》卷5（北京：人民文學出版社，1984年），頁155—248。

　　⑦　周藝：《郭沫若史學思想中幾個問題的探討——兼與國內外一些研究意見的商榷》，頁12。

　　⑧　《周易時代的社會生活》與《詩書時代的社會變革與其社會思想上的反映》後收錄爲《中國古代社會研究》第一篇與第二篇，參郭沫若著作出版委員會編：《郭沫若全集·歷史編》卷1（北京：人民出版社，1982年），頁32—186。

　　⑨　《周代彝銘中的社會史觀》後收錄爲《中國古代社會研究》第4篇，頁250—270。

　　⑩　《金文叢考》，收入郭沫若著作出版委員會編：《郭沫若全集·考古編》卷5（北京：科學出版社，2002年），《金文所無考》參頁19—48（總頁81—120）、《周官質疑》參頁49—81（總頁121—186）、《諱不始於周人辨》參頁102—108（總頁227—239）。

　　⑪　《由周代農事詩論到周代社會》，收入郭沫若著作出版委員會編：《郭沫若全集·歷史編》卷1（北京：人民出版社，1982年），《青銅時代》第4篇，頁405—433。

　　⑫　郭沫若：《"格物"解》卷16，《沫若文集》（北京：人民文學出版社，1960年），頁373—380。

　　⑬　郭沫若：《考工記的年代與國別》，收入葉聖陶編：《開明書店二十周年紀念文集》（北京：中華書局，1985年），頁149—155。

了"關於〈周頌・噫嘻〉篇的解釋"》⑭才又有與這方面相關的著作。

郭沫若以經學爲研究對象的作品雖然不多,但他善於用不同的角度切入,常能提出新見,是位勇於開拓的學者。就二十世紀中國人文學術的發展來看,郭氏不但有開創性的先驅地位,更有深遠的影響。《周官質疑》是二十世紀對《周禮》研究的一篇重要論作,郭沫若以新材料對歷代頗受爭議的禮學經書提出新的研究,下列就以此文爲主,輔以郭氏其他提到周代職官的文章,做分析與探討。

二、郭沫若對《周禮》職官的研究方法與論點

一九〇五年清代經學大家孫詒讓(1848—1908)投入近三十年精力,薈萃一生心血編寫的《周禮正義》以鉛鑄版印行,這部書的完成,不僅是"周禮"研究集大成的巨著,也標誌着總結民國以前"注疏"體裁成爲經學研究的高峰。

在經學史上,《周禮》是一部爭議很大的經書,自西漢末迄於今,其疑信相參,論者不絕。民國以後的學術風氣與"經術昌明"的清朝大異其趣,經學漸失地位,經書的研究更趨向於由文學、史學、思想等領域的角度切入。一九三二年是《周禮》研究史上重要的一年,這年郭沫若的《周官質疑》⑮與錢穆的《周官著作時代考》⑯開啓新的研究序幕。

郭沫若以史學和古文字學著稱於世,被學者譽爲"新史學的五位大家"、⑰"甲骨學四堂",⑱在銅器研究上,提出標準器斷代法,引領研究風

---

⑭ 郭沫若:《讀了"關於〈周頌・噫嘻篇〉的解釋"》,收入郭沫若著作出版委員會編:《郭沫若全集・文學編》卷 17(北京:人民文學出版社,1989 年),頁 157—160。

⑮ 郭沫若:《周官質疑》,郭沫若著作出版委員會編:《郭沫若全集・考古編》卷 5。本文引用此篇所標頁數亦爲本書之總頁數。

⑯ 錢穆:《周官著作時代考》,《兩漢經學今古平議》(臺北:東大圖書公司,1983 年),頁 285—434。

⑰ 指受馬克思主義影響的五位中國史學家:郭沫若、范文瀾、呂振羽、翦伯贊、侯外廬。

⑱ 指羅振玉(雪堂)、王國維(觀堂)、郭沫若(鼎堂)、董作賓(彥堂)。

潮。在經學上，郭氏由新材料入手，以之爲證據，對《周易》、《毛詩》、《周禮》、《左傳》或有專文，或在其史學、文字學相關著作中提出看法，雖然經學專著不多，但其著作對後世自有一定的影響力，關於《周禮》則以《周官質疑》爲代表，也是他在周代職官的問題上唯一的專文，其他意見則散見於各類銅器銘文考釋的著作中。

《周官質疑》由文題乍視之，似若史學之論文，實其題文之"周官"正是書名，是爲《周禮》之初名，此文首行"言《周官》之來歷者"云云，可知郭氏作此文乃先論《周官》來源可疑，再以新出土的金文材料以論證其說。下面就此文之論述方法與行文結構做分析。

《周官質疑》第一個部分爲"由文獻記錄分析《周官》爲可疑之書"。郭氏推考傳世文獻中對《周禮》一書來歷最早的二條記錄：《漢書·河間獻王傳》與馬融《周官傳叙》，⑲再以此論歷代紀錄的歧異與派衍：

> 據此二書可知《周官》以孝武之世（獻王以武帝元光五年薨）出於河間，乃民間所獻，旋入祕府。至孝成帝時始爲劉歆所箸錄，而有《冬官》亡佚之說，以《考工說》補之。馬融、班固均去古未遠，而融尤劉歆三傳弟子，其說必是事實。（頁122—123）

在肯定馬融《周官傳叙》與班固《河間獻王傳》所載"必是事實"之後，郭氏將陸德明《釋文序錄》、《隋書·經籍志》、杜佑《通典·禮篇》以河間獻王用《考工記》補《周禮》的說法，及《後漢書·儒林傳》載孔安國獻《周禮》、楊泉《物理論》說漢武帝以《考工記》補《周禮》、《禮器》孔穎達《正義》云漢孝文帝使博士作《考工記》諸說，批爲"繆悠之說"。郭氏針對《玉藻》、賈誼《新書》文句與《周禮》相同，提出：

> 蓋安知非《周官》之取材於諸書，或諸書與《周官》之同出於一源耶？（頁128）

後說"同出於一源"，甚有見地，與今日學界視出土戰國楚簡與文獻傳世材

---

⑲ 郭氏自注云："賈公彥《序周禮興廢》所引，原作'馬融傳'，孫詒讓云'蓋即《周官傳叙》之佚文'，今從之。"（頁122）

料相互同異,故推論有更早之底本,郭氏之見解與此有相同之處。

郭氏如此論叙的目的在於說明:欲由傳世文獻的記錄,對《周官》的成書與真偽做探討,會陷入"疑者自疑,信者自信,紛然聚訟者千有餘年,而是非終未能決"的困境中,郭氏明白指出"良以舊有典籍傳世過久,嚴格言之,實無一可以作爲究極之標準者,故論者亦各持其自由而互不相下也"(頁128—129),因此必須以新的材料與新的論證方法來探討:

> 余今於前人之所已聚訟者不再牽涉以資紛擾,僅就彝銘中所見之周代官制揭櫫於次而加以攷覈,則其真偽純駁與其時代之早晚,可以瞭然矣。(頁129)

《周官質疑》第一個部分可以視爲寫作動機與研究方法的自述。第二個部分爲全文的主幹,内容爲"以金文所載職官論《周官》所載與史實有異"。文中舉出二十則西周至春秋的金文所載的職官,以出土材料爲實錄,論證《周禮》一書爲晚出之作,與史實多不相合。二十則條目如下:

1. 卿事寮、大史寮
2. 三左三右
3. 作册
4. 宰
5. 宗伯
6. 大祝
7. 司卜、冢司徒
8. 司工
9. 司寇
10. 司馬
11. 司射
12. 左右戲緐荆
13. 左右走馬
14. 左右虎臣
15. 師氏
16. 善夫
17. 小輔與鼓鐘
18. 里君
19. 有司
20. 諸侯諸監

其中,以第一則"卿事寮與大史寮"與第十三則"左右走馬"討論篇幅最多。歸納其討論方式有二:

(方式一)先陳列金文,次引古籍所載各家説法,最後提出自己的看法。

(方式二)先陳列金文,次就金文内容陳述看法,或引古籍參考,最後又補充金文例子。

下面舉二則說明其體例：

例一："卿事寮與大史寮"：

對於"卿事寮與大史寮"的論述是上述的第一種方式。

（1-1）條列金文中有"卿事寮"與"大史寮"者→《令彝》、《番生毁》、《毛公鼎》。

（1-2）條列金文中僅有"卿事"者→《小子䍼毁》、《𠂤叔多父盤》。

（2-1）陳述卜辭中亦見"卿事"，引用羅振玉《殷虛書契攷釋》并加以評論。

（牽涉之古籍有：《毛詩》、《周禮》及相關注疏，《漢書·古今人表》）

（2-2）引孫詒讓《周禮正義》説"卿士爲孤"（《掌次》疏）并加以評論。

（牽涉之古籍有：《尚書》、《毛詩》、《左傳》及相關注疏）

（3-1）郭氏由《曲禮》六大立説，以六大乃古之六卿，即"六事之人"。五官古祇三官：司徒、司馬、司空。并提出"寔則《周官》之確爲周制與否，尚大有疑問也"。

（牽涉之古籍有：《尚書》、《毛詩》、《周禮》、《禮記》、《大戴禮記》及相關注疏）

（3-2）郭氏在論六大時，依次論及大士與大史"大士，余謂當即内史"、"則大史爲左史，大士爲右史"。

（牽涉之古籍有：《尚書》、《周禮》、《禮記》、《大戴禮記》及相關注疏）

（3-3）提出結論。

郭氏於"卿事寮與大史寮"一則的結論爲：

> 卿事寮當指此天官六大，其或別大史于外者，大史正歲年，大師抱天時與大師同車，其位特尊，故別出之，使異于其他之五大也。六大均在王之左右，故有左卿士、右卿士之名。六大之上有兼攝群職者，爲冢卿，亦即所謂孤。孤若冢卿，可由六大中之一大兼領，自亦仍可稱爲卿士矣。（頁135）

依其説，"六大"爲"左卿士（事）與右卿士（事）"，六人中有一人爲"冢卿（即孤）"兼攝群職，這六大或總稱爲"卿事（士）寮"。至於大史寮，則未多加論述，其意似以六大中有二史官——"大士（即内史、右史）"與"大史（即左史）"，然大士屬卿事寮，只有"大史"可以確認屬大史寮，至於大士即爲史官之屬，何以不屬於大史寮，并沒有清楚地論述。

另外，這一則牽涉到第二則的"三左三右"、第三則的"作册"、第四則的"宗伯"與第六則的"大祝"。在論"三左三右"時，郭氏輔以《尚書·顧命》，認爲三左三右即《曲禮》六大，大士、大宗、大宰爲三右，在王之右，大史、大祝、大卜在王之左，爲三左。在論"作册"時提出"作册乃左史右史之通名"云云。

郭沫若在較早的《令彝令毁與其他諸器物之綜合研究》對卿事寮已有考釋，《兩周金文辭大系考釋》在《大盂鼎》注釋中亦提到"六大"的看法，此皆可與《周官質疑》相參，試引之如下：

> "尹三事四方，受卿旃寮"：旃與事爲一字，《小子師毁》之"卿旃"，《毛公鼎》之"卿旃寮"雖同此作，而《番生毁》蓋之"卿事大史寮"則作𠭻，藉此可以知之。"三事"乃《立政》之"立政（正）：任人、準夫、牧作三事"之任人、準夫、牧……以《毛公鼎》及《番生毁》文按之，鼎曰"叔（及）兹卿旃寮大史寮于父即尹"，毁曰"王令籍嗣公族卿事大史寮"，則"卿事"之上尚有尹司之之人，自不得爲冢宰。以其與大史爲對，又以其稱寮而言，可知卿事必不止二人。卿事寮之組織，其詳雖不可得而考知，然要非冢宰之謂也。此言王命明保尹正三事四方，授之以卿旃寮，蓋使卿旃寮歸其管轄。⑳
>
> 　　六大即古之六卿，與劉歆所竄改之《周禮》異撰。六卿之上有總其成者即冢卿，亦稱孤，大抵即由六卿中之一人兼任之。㉑

其以金文内容推論卿事上有尹司之人，卿事寮雖不得其詳，然由尹管轄。上引兩條資料與《周官質疑》對於卿事寮與六大的意見雖詳略有别，然内

---

⑳ 郭沫若：《殷周青銅器銘文研究》卷1（北京：科學出版社，1961年），頁47—48。

㉑ 郭沫若：《兩周金文辭大系圖録考釋》下册（北京：科學出版社，2002年），頁37。以下本文引用《大系》所標頁數亦同此注出處。

容并無不同。

例二:"宰"

對於"宰"的論述是上述的第二種方式。

(1-1) 金文中有"宰"而職司記錄較詳者爲代表→《蔡毁》

(2-1) 先就金文提出看法,并引用古籍(含注疏家意見)參照,進而評論,得出看法"今據此銘,則大宰内宰均稱宰,其職以外内爲正對"(牽涉之古籍有:《周禮》、《禮記》及相關注疏)

(3-1) 補充西周銅器銘文中有"宰"者→《吳彝》、《頌鼎》、《師湯父鼎》、《望毁》、《師遽彝》、《師㝨毁》、《裒盤》、《害毁》,其陳列未依時代先後

(3-2) 補充列國銅器銘文中有"大宰"者→《齊子仲姜鎛》、《歸父盤》、《㝬父毁》、《邾大宰簠》

在對"宰"探討後,郭氏得出的看法爲:宰有二,王之左右爲太宰,守内宮者爲内宰(文獻或稱宮宰),"其職以外内爲正對,則其位階亦當相埒"。

《周官質疑》的二十則内容各有輕重,亦有重要的看法提出來,本文試整理郭氏指出《周官》與金文不合或補充《周禮》者如下(上述二例不再重述):

"大祝""此太祝自當爲《曲禮》天官六大之一,而非《周官》所云下大夫也"。

"司卜、冢司徒""冢嗣土者大司徒"、"今大司徒亦言冢司徒,則冢之稱不限于冢宰矣"、"《周官》以大卜屬諸宗伯,又以爲下大夫,凡此均與古器銘文不合者也"、"司徒之官,凡器之較古者均作嗣土……其所職司之事之可知者,有耤田……有林衡、虞師、牧人"。

"司工""嗣工,司工,凡司空之職彝銘均作嗣工,無作司空者"、"以司空而兼司寇,足證司寇之職本不重要,古者三事大夫僅司徒、司空,而不及司寇也"。

"司寇""小臣,《周官》屬司馬,爲大僕所領轄。善夫,膳夫,屬於冢宰。虎,殆虎賁,屬於司馬。此均與古器不合"。

"司馬" "今據古器,則家司馬亦王所親命"、"《周官》夏官有射人、大僕、隸僕、司士、司右之屬,即銘中之僕射、士、大小右也"、"觀此,則家司馬之職掌與王之司馬無以異矣"、"都司馬、家司馬,均爲王臣,則《周官》之都宗人、家宗人,與都士、家士,亦必爲王臣無疑"。

"左右走馬" "《周官》之趣馬其多如此,故其職甚低賤,僅爲下士。然此與見於《詩》及彝銘者多不合"、"古者校人、僕夫、馭夫等蓋均名走馬若騶,猶大史内史之屬之均稱史,大宰、小宰、宰夫、内宰之屬之均稱宰也"、"古校人亦名趣馬,校人有左右,故趣馬亦有左右,必如是而後始與古器銘及古書諧合也"。

"師氏" "師氏之見於彝銘者,乃武職,在王之側近。是則師氏之名蓋取諸師戍也"、"即此一職已可斷言《周官》一書壙曾經後人竄改也"。

"小輔、鼓鐘" "小輔,官名,《周官》所無。吴大澂釋爲少傅,近是。又鼓鐘與小輔對文,亦是官名"、"需龠殆《周官》之籥師、鼓鐘,鐘師也"。

郭氏舉出此二十則,目的在以周代銅器銘文論證《周禮》與周代官制扞格,其意固不在西周官制之深究,經義亦非其所重。不過,這些現在看來不算新穎的看法,放在當時的學術環境和水準來看,這些是很重要的意見。

《周官質疑》第三個部分爲"提出對《周官》成書時代與過程之推論"。郭沫若首先批評"《周禮》爲周公致太平之迹"與《四庫全書總目‧周禮叙錄》的意見,認爲劉歆的周公創制之説"亦徒逞肊而已"。接着以"天地四時配六官"始見於《管子‧五行》篇,論云:

> 此固周末學者承五行説盛行之流風而虛擬之傳説,以託諸《管子》者也。《大戴禮‧千乘》篇亦言"司徒典春"、"司馬司夏"、"司寇司秋"、"司空司冬",託爲哀公與孔子之問答,此則周末或漢初儒者之所爲。今《周官》以冢宰配天、司徒配地、宗伯配春、司馬配夏、司寇配秋、司空配冬,三説雖小有出入,然其用意則同,且同爲五行説之派演。是則作《周官》者乃周末人也。(頁184—185)

郭氏有《金文所無考》㉒一文已論及"五行"，然由今日視之，其論證多有不足，以金木水火土爲思孟五行，則由馬王堆出土帛書五行（仁義禮智聖）所推翻，又以《洪範》出於孟子之手，亦屬"逞肊"。

其論《周官》爲周末人所作，相同見解亦見於《中國古代社會研究》："《周禮》大約是纂成於晚周的文獻。"㉓《釋干鹵》："《周禮》乃周末儒者所述録。"㉔説《周禮》爲周末/晚周/戰國晚期之書，稱不上創見，這從宋代以來，已是禮學界的主流説法之一，郭氏《周官質疑》一文的特色在於以金文材料證成此説。

郭氏對於《周禮》的成書，提出由荀卿弟子纂集的看法：

> 余謂《周官》一書，蓋趙人荀卿子之弟子所爲，襲其師"爵名從周"之意，纂集遺聞佚志，參以己見而成一家言。……作者本無心託之于周公，託之于周公者乃劉歆所爲。……《周官》既爲劉歆所表彰，且由彼託之于周公，則其舊簡自不能保無竄亂割裂之事，蓋劉歆乃慣于作僞之名手也。（185—186）

其説推《周官》爲荀子弟子所作，實無堅確證據。云劉歆將《周禮》與周公聯繫，乃據馬融《周官傳叙》之説，然言《周禮》爲劉歆竄亂，則是受今文經説的影響。關於劉歆竄亂《周禮》之論，亦見於其考釋銅器銘文的著作中，茲以一九五七年修定出版的《兩周金文辭大系圖録考釋》㉕爲例：

> （《小盂鼎》）：六大即古之六卿，與劉歆所竄改之《周禮》異撰。（頁37）
>
> （《彔茲卣》）：《周禮·師氏》職文甚釘餖，半叙爲師保之師，半叙爲師戍之師，其經劉歆改竄爲無疑。（頁61—62）
>
> （《師望鼎》）：《周禮》大師屬春官爲下大夫，小子屬夏官爲下士，

㉒ 郭沫若著作出版委員會編：《郭沫若全集·考古編》卷5，頁81—120。
㉓ 郭沫若著作出版委員會編：《郭沫若全集·歷史編》卷1，第三篇第二章，頁235。
㉔ 郭沫若著作出版委員會編：《郭沫若全集·考古編》卷5，頁407。
㉕ 《兩周金文辭大系圖録考釋》於一九三二年出版，并於一九三四至一九三五年間做了增訂，此所據爲一九五七年再修訂後出版的本子。

師氏屬地官爲中大夫,大率乃劉歆所編配。(頁80)

(《揚毀》):余意《周禮》舊簡確有其物,特經劉歆竄改編配,故成爲今本所有之形制,所言與彝銘多不合,而亦非全不合。故視《周禮》爲周公之書者固幻妄,然如康有爲輩視《周禮》爲全出于劉歆之手者,則又未免視劉歆爲超人矣。(頁118)

(《休盤》走馬):(趣馬)《周禮》以爲下士者,乃劉歆所爲。(頁152 郭氏自注)

其他如《長安縣張家坡銅器群銘文匯釋》"備於大左"之注語云:"《周禮》師氏之職合文武而混淆之,乃劉歆所竄亂。"㉖郭氏認爲《周禮》原有其書,爲荀子弟子所編輯并增以個人意見,傳至西漢劉歆又再改竄,所以郭氏所說的僞是針對前人說《禮》爲周公所撰,以及劉歆改竄,這兩個部分,他反對《周禮》全出劉歆一手作僞的看法。

要瞭解郭沫若對周代職官的看法,除了《周官質疑》一文外,仍應與其各類文章相參看,尤其是銅器銘文考釋的著作,如此方能掌握郭沫若後來修正的看法。例如在"小輔、鼓鐘"一則中,《周官質疑》云"小輔,官名,《周官》所無。吳大澂釋爲少傅,近是",後又於書頁的上欄以行書書寫"小輔爲鎛師,掌擊鎛"(頁177),做了修正,其一九五八年發表的《輔師嫠毀考釋》一文云:

> 今以本毀銘勘合,銘言"更乃祖考司輔"可知即屬王命師嫠司小輔時事。器即作於厲世。"小輔",吳大澂以爲"當讀爲少傅"(《古籀補》一四·五),余前以爲"近是"(《大系考釋》一四九),今案有問題。以本銘勘合,此言"司輔",并稱嫠爲"輔師",則"輔"當讀爲鎛。"輔師"即《周禮·春官》之"鎛師"也。……鎛師的職責主要管擊鼓。"輔"言"小"者,蓋鼓有大小,或鎛師之職有大小……司輔是管擊鼓的,所以在宣王時代又叫(引者案:叫)師嫠兼管"鼓鐘"(即鐘師),業務相近。㉗

㉖ 郭沫若著作出版委員會編:《郭沫若全集·考古編》卷6,頁290。
㉗ 郭沫若著作出版委員會編:《郭沫若全集·考古編》卷6,頁207—208。

在《周官質疑》中他同意"小輔"爲"少傅"的看法，而在《輔師嫠毀考釋》已改爲"鎛師"之小者，并認爲職司是管擊鼓，則《周官質疑》書頁的上欄以行書書寫"小輔爲鎛師，掌擊鎛"應是郭氏於一九五八年以後添注。鎛師掌擊鎛比擊鼓合理，由此可看出郭氏之前立說不夠嚴謹。

上述這類關於職官看法的修正，在郭氏的著作中并不多見，即使在《周官質疑》寫完的三十年後，對於銅器銘文中的職官，郭氏幾乎都沿用他以前的看法。

三、對郭沫若《周禮》職官研究的評論

本節就《周官質疑》、郭氏各類銅器銘文考釋及古代史的文章，分成"研究方法"、"職官考釋"、"關於《周禮》成書與學派"三方面進行評論。

（一）關於研究方法的評論

民國以前的學者對周代職官的研究因爲受限於材料，故都以《周禮》爲依據，《周禮》是古代傳世文獻中，唯一專門記錄周代官制的典籍，前人探討相關職官時，即使能由《尚書》、《毛詩》、《左傳》、《國語》等書中得到一些資料，但是仍不得不依憑《周禮》。《周禮》所載的職官系統具有理想性與各類爭議，不可能是西周職官全面真實的情況，甚至在東周，也不可能有任何國家實行這樣的一個職官架構，雖然歷代研究《周禮》的著作很多，到孫詒讓《周禮正義》印行爲止，都擺脫不了材料的局限性。㉘

新出土材料大量被引用於學術研究，以宋代金石學爲開端，清儒則又爲另一高峰，如錢坫證宋人命名之鐘（錞、敦）爲毀，打破前人對於簋和敦錯亂混淆的現象，晚清學者亦常以銅器銘文之曆日推斷其時代，雖結論多不可信，亦不失爲新的嘗試。民國以來，最引人注目者，爲王國維以卜辭所載商王論《史記·殷本紀》世系之可信，打破中國古史層累之論。二重

㉘ 雖然清末已有學者由銅器銘文提出對周代職官的意見，但都是隨文札記，未成專文。

證據法成爲民國以來研究國學的重要方法。

郭氏是第一位大量考釋銅器銘文的大學者,對於銘文材料極爲熟稔,以之研究"西周職官"實是潮流所趨,郭氏能得先機,并提出成果,亦不得不令人佩服。就研究方法來看,當前討論周代職官,以新出土材料結合文獻記載相互參驗,仍爲重要的方法。

雖然方法是正確而重要的,但同樣以出土材料進行研究,也常會出現不同的結論,這問題的關鍵不在於出土材料本身,而與研究者對材料的詮釋與推論的方式有關。

對西周職官做全面整理與探討的專書首推張亞初與劉雨合撰的《西周金文官制研究》,我們引其文爲例:

> 内史未見於殷墟卜辭。在西周早期的銘文中僅見於井侯毁和𠁁鼎兩條材料。從現有材料的認識講,内史是西周新增設的官職,而且是西周昭王以後才出現的。從西周中期以後,内史成了一種較爲常見的職官。據銘文材料看,西周中期有十八條材料,西周晚期有七條材料。《尚書‧酒誥》有"太史友、内史友"之載。一般認爲,《酒誥》是西周早期的文獻。如果從這種認識出發,當然可以根據《酒誥》來證明内史是周初所設官職。但事實上也存在這樣一種可能性,即《酒誥》雖然在一定程度上保存了西周的原始材料,但它可能經過了昭王以後歷代文人的加工,所以才出現了昭王以後的職官名内史,這種可能性也是應該考慮到的。㉙

上面引文由殷墟卜辭及西周早期金文僅有的二條内史資料,推測内史可能是西周昭王時新增設的官職,這是依據了出土材料推測傳世文獻材料《酒誥》的内史友可能被後世修改過,當然這樣的推測很具有成立的可能。材料是客觀存在的,出土材料的確比傳世材料更不易爲後人更改,自然在論證的引用上,更有分量。不過,如果我們看到内史的金文材料在西周中期有十八條、晚期有七條,就推論西周中期内史特盛,而晚期漸衰落,這樣恐怕就不見

㉙ 張亞初、劉雨:《西周金文官制研究》(北京:中華書局,2004年),頁29。

得合乎史實了。據西周早期二條金文材料,是否能推論內史在周昭王時才設,猶待斟酌,所以作者也說"這種認識將來隨着新出土材料的增加,當可得到進一步的證實或者作必要的修正",㉚可是對於《酒誥》的内史,學界該質疑抑或引用以論證西周早期職官?殷墟卜辭没出現內史是否受限於材料性質?抑或殷代没有内史這樣的史官名稱?研究者是否陷入設定内史爲西周昭王後才有的命題,所以懷疑《酒誥》中提到内史友是後人所加工?㉛詮釋材料,提出假設,驗證學説,是學術研究必經的過程,各種假設和詮釋,常隨着研究者的角度與視野不同,而得出迥異的結論。

《周官質疑》和《西周金文官制研究》二者的研究方法基本是相同的,後者的論點與成果能較前者完密,除了肇因於材料多寡、處理職官規模的大小之外,尚有研究者推論與詮釋水平的進步。同樣是《周禮》和金文所載職官的比較,《西周金文官制研究》認爲相合之處甚多,對於《周禮》持肯定的態度,也較《周官質疑》更有説服力:

> 《周禮》天官六十四官,與西周金文有相同或相近者十九官;地官八十官有二十六官;春官七十一官有十三官;夏官七十四官有二十七官;秋官六十七官有十一官,總計《周禮》三百五十六官有九十六官與西周金文相同或相近,這説明《周禮》中有四分之一以上的職官在西周金文中可找到根據,有如此衆多的相似之處,無論如何不能説成是偶然巧合,只能證實《周禮》一書在成書時一定是參照了西周時的職官實況。㉜

可以説《周禮》六官的體系與西周中晚期金文中的官制體系大體是相近的,二者雖有名稱及層次的不同,但其内在的聯繫則是很鮮明的。㉝我們認爲對《周禮》一書似有重新認識的必要,對這部書過去一段時間的研究多以否定方面出發,而今後有必要多從肯定方面,援

㉚ 同前注。
㉛ 本文認爲:關於"内史"的金文材料,只能推論西周昭王時期内史受到周王的重視,不足以推論内史爲昭王新設,亦不能推論殷商無内史之職官。
㉜ 張亞初、劉雨:《西周金文官制研究》,頁140。
㉝ 同前注,頁141。

引第一手金文材料,找出其合於西周制度的內容,充分利用它幫助我們開闢西周職官研究的新途徑。㉞

就《周官質疑》的研究方法來看,對《周禮》的研究有很大的推進。《西周金文官制研究》在前言中指出:

> 郭先生對《周禮》持過分的否定態度,未免有偏激之嫌,但他敢于向傳統的信古好古的舊思想猛烈挑戰,指出必須用最可靠的西周銘文材料作爲評判《周禮》是非曲直的標準,這無疑是十分正確的,至今仍然值得我們稱道和效法。㉟

這是很中肯的評論,郭氏之後,以金文材料研究周代禮儀及制度,成爲一個重要的方法,對於先秦文化的研究起了很大的推進作用。然而金文材料在與古籍比對的使用上,也有局限於詮釋的問題。

要質疑一本書的真偽和時代,用可信度高的材料爲論證的依據,是正確的,但是只由一個層面提出質疑,這樣的效力就值得商榷,一件傳世的文件,在流傳過程中,會有錯簡、失簡、注文誤入正文、後人改字等現象,因此能從更多層面來探討、研析,也較能避免角度的局限。在評論《周官質疑》對《周禮》這本書是否成功地達到了質疑的作用,可由兩點來看:其一,若就"《周禮》中有與西周出土金文不合者,故《周禮》視爲西周時代作品是值得懷疑的"來分析,的確達到了質疑的效果;其二,若就"西周金文與《周禮》有不合者,故《周禮》非西周時代作品"來分析,就不算是成功的論證,因爲要論證此書非西周時代之作品,僅以西周金文爲依據,是不夠全面的,畢竟西周金文內容有其情境背景(如册命、賞賜、軍功等),呈現的面相當有限。

(二) 關於職官考釋的評論

今日檢視郭沫若對《周禮》職官的研究,不免要考慮到當時的時代背景與研究材料,也不能忽略他的研究目的。當時(一九三二年前後)經學的權

㉞ 同註32,頁144。
㉟ 同註32,《前言》,頁2。

威性已漸次降低，以新時代知識分子自居的學者，引入西方思潮，疑古學風在北京學界開始散播，郭沫若接受《周禮》爲戰國末年所作又經劉歆改纂的看法，冀由新出土材料提出質疑，因此《周官質疑》一文的撰寫，是他完成《金文所無考》後，另一篇對於傳世古籍提出質疑的作品，這篇文章的完成，立場明確，先有主張，才尋找資料填補，專注於異而不討論其同。

郭氏在寫作《周官質疑》時已進行《兩周金文辭大系》的考釋，并且也處於接近完工的階段，㊱他考釋過的金文數量，在那個時代已屬第一，就這點而言，他是當時最能掌握周代銅器銘文的學者，《周官質疑》之作應是在其考釋金文過程中發現金文中的職官與《周禮》所記載有出入，於是將金文常見的職官匯選，撰寫專文。他并未采取以系統性的方式來探討周代職官的問題，僅以選列的方法來處理，這是因爲他設定的研究目的不是在《周禮》的全面剖析。對於《周禮》職官的系統化整理與探究，也非郭氏的興趣。因此他着重於二者不同處立說，對於相同處則不多做討論。

郭氏只是企圖由金文所載職官和《周禮》所載不同來質疑這部書，這只是起到"提供輔證"的作用。康有爲《新學僞經考》對《周禮》爲劉歆僞作的說法，已就傳世文獻提出證據，而郭氏此文的寫作重點則爲——補充出土材料的證據。

在郭沫若的銅器銘文考釋著作中，關於周代職官的意見，除了沿用《周官質疑》的看法，其他的幾近於"簡略注釋"，點到輒止，均未探其源流派衍之變化。茲舉"卿事寮與大史寮"爲例，說明郭氏考釋周代職官的學術趨向與特質：

關於卿事寮與大史寮，郭沫若認爲卿士有六位，三左三右，其中大史或可別出，其五位卿士爲卿事（士）寮。對於兩寮的形成，沒有多加着墨。學術界對於兩寮關注的重點在"形成與演進"、"職司與寮屬"，郭氏的討論只在於六大和三左三右中哪些是卿事寮、哪些是太史寮。

較早王國維已提出"事"和"史"是一字之分化，卿事和史官有淵源，卿

㊱ 郭沫若在一九三一年三月三十日寫給容庚的信中提到《金文辭通纂》大體已就，分上下二篇：上編錄西周文，以列王爲順……"，參見《郭沫若書簡——致容庚》（廣州：廣東人民出版社，1981年），頁94。

事本由史官分出。㊲ 這是很具突破性的説法，對於瞭解卿事寮和大史寮的關係也很有啓發性。楊寬根據《左傳・昭公十七年》記載郯子言及少皞"以鳥名官"的傳説，提出以下的看法：

> 原始官職不外乎"天官"和治民之官兩大系統，西周中央政權之所以分設太史寮和卿事寮兩大官署，當即由此而發展形成。㊳

由王國維和楊寬的研究，對於兩寮的源起可做以下的推論：卿事本爲史的一種稱呼（卿史），後來卿事由史官中分立出來，史官系統仍具有天官的性質，而治民之事就由卿事系統負責。楊寬又認爲太師和太保是一個體系，爲卿事寮的長官，而太史則爲太史寮的長官，他的研究如下：

> 西周初期的中央政權，十分明顯，是以太保和太師作爲首腦的。太保和太師掌握着朝廷的軍政大權，并成爲年少國君的監護者。這種政治上的長老監護制度，是從貴族家内幼兒保育和監護的禮制發展起來的。㊴

> "師氏"和"保氏"的性質相同，只是保氏守于内，師氏守于外。因爲保氏是從保育人員發展成的教養監護之官，師氏原是從警衛人員發展成的教養監護之官。這就是太保和太師官職的起源。㊵

> 太史寮的官長是太史……既是文職官員的領袖，又是神職官員的領袖。其地位僅次於主管卿事寮的太師或太保。㊶

> 西周的中央政權機構，以卿事寮和太史寮爲首腦。西周初期由

㊲ 王國維云："古之官名多由史出，殷周間王室執政之官，經傳作卿士（《書・牧誓》"是以爲大夫卿士"、《洪範》"謀及卿士"又"卿士惟月"、《顧命》"卿士邦君"、《詩・商頌》"降予卿士"，是殷周已有卿士之稱）。而《毛公鼎》、《小子師敦》、《番生敦》作卿事，殷虚卜辭作卿史（《殷虚書契前編》卷二第二十三葉又卷四第二十一葉）。是卿士本名史也，又天子諸侯之執政，通稱御事。而殷虚卜辭則稱御史，是御事亦名史也。又古之六卿，《書・甘誓》謂之六事。司徒、司馬、司空，《詩小雅》謂之三事，又謂之三有事，《春秋左氏傳》謂之三吏，此皆大官之稱事若吏即稱史者也。"見王國維：《釋史》，《定本觀堂集林》上册卷6，收錄於楊家駱主編：《讀書札記叢刊》第1集第6册（臺北：世界書局，1991年），頁269—270。

㊳ 楊寬：《西周史》（上海：上海人民出版社，1999年），頁327，内容曾於《歷史研究》1984年第1期發表。

㊴ 同前注，頁315。

㊵ 同注38，頁316。

㊶ 同注38，頁325。

於沿用長老監護制度，卿事寮以太保或太師爲其長官，太史寮以太史爲其長官。自從東都成周建成，成周曾與宗周同樣設有卿事寮，由召公以太保之職主管宗周卿事寮，周公以太師之職主管成周卿事寮，實行"分陝而治"。……西周中期以後，就不見有太保擔任執政大臣的，但是太師仍然爲卿事寮的長官，掌握軍政大權。㊷

楊説認爲三公中的太保與太師源於長老監護制度，西周早期中央政權以太師和太保爲首腦，亦是卿事寮的長官，中期以後僅以太師爲長官，太史寮長官爲太史，位在太師和太保之下。這些看法能補郭説之不足，很值得參考。

同時提到兩寮的金文有西周晚期的《毛公鼎》與《番生毁蓋》，毛公和番生位在兩寮之上，這可以確定最遲到西周晚期的職官系統中，兩寮是清楚分立的，另外，西周早期的《夨令方尊》、《夨令方彝》中清楚地指出朙僎被授予管理"卿事寮"，而職嗣是"尹三事"和"尹四方"，所謂的"尹三事"是指王朝的重要執務，分別由内服"眔者尹、眔里君、眔百生"執行，而"尹四方"就是外服四方的諸侯"侯、田、男"。關於夨器的人物與職司，筆者曾提出以下的看法：

　　觀《夨令方彝》(尊)、《夨令方尊》銘文關於周公子朙僎的職嗣是掌理"卿事寮"，没有提到大史寮，且銘文的兩位受朙僎賞賜的"亢師(亢)"和"作册夨"，銘文説"我隹(唯)令女(汝)二人：亢眔夨，夷酓(佐)祐(佑)丂(于)乃寮吕(以)乃友事"，亢是師，夨是作册，銘文中的"我"是朙僎自謂，他令亢和夨佐佑他們的寮友，亢和夨是朙僎的屬官，亢的職嗣是師，師屬於卿事寮的一員，這一點諸家所説大致相同；夨是作册，另有《作册夨令毁》㊸……他既爲朙公所管，則似當屬卿事寮。但作册的性質是史官，可見西周的職官制度中，由周天子任命的"卿事"可以統攝百官(包含卿事寮及史官)。……那麽"卿事"系統和

㊷　同注 38，頁 331。
㊸　銘文："隹(唯)王伐楚白，才(在)炎。隹(唯)九月既死霸丁丑，乍册夨令障宜(俎)于王(＝)姜＝，(王姜)商(賞)令貝十朋、臣十家、鬲百人。公尹白(伯)丁父既于戍冀嗣气(訖)，令敢諹(揚)皇王宭丁公文報……用乍(作)丁公寶毁。"《作册夨令毁》和《夨令方尊》、《夨令方彝》都提到其父爲"丁公(父丁)"，而族徽都是"卨册"，器皆於一九二九年河南省洛陽邙山馬坡出土，是一人之器。

"史官"系統是否已是後來各自獨立的"卿事寮"和"大史寮"？或者西周早期大史寮和卿事寮的區分并不明顯（事字由史字分化而來，卿事寮一詞可能本來就是指與史官有關的寮屬）。……有學者説毛公和番生的獨尊在西周早期是没有的，其實朙僳之於西周早期，就如毛公、番生之於西周晚期，西周早期没有大史寮的資料，這可能是出土資料有限，也有可能是卿事寮是一個泛稱。㊹

關於西周職官中最上層的卿事，本文以爲他們來自外服的侯，或内服的伯，他們很可能都是公爵，㊺如周公、䀠（召）公、毛公、畢公等，這些卿事是周王的卿，地位最尊，他們是周王以下的最高執政團體，其中又有較尊者，如西周成王時的周公和召公、康王時的召公、㊻昭王時的朙保，他們或是太師、太保、太史。卿事寮可能是職官的通稱（"史"、"事"爲一字之分化，由卿事寮來概括所有職官，并不難理解），因此矢器銘文所載昭王時的朙僳被授予領導卿事寮，其實就是領導所有的職官，隨着時代的發展，職官量不斷增加，系統也更爲明顯。史官是西周職官系統中龐大而重要的部分，其由"宗教化"向"宗教—政治化"轉變，㊼而職官也逐漸分工，因此

㊹ 鄭憲仁：《西周銅器銘文所載賞賜物之研究——器物與身份的詮釋》下册，收録於潘美月、杜潔祥主編：《古典文獻研究輯刊》十二編（新北：花木蘭文化出版社，2011 年），頁 262—263。此書原爲 2004 年臺灣師範大學國文學系博士論文。
㊺ 銘文中稱爲公者，未必是公爵，多數是尊稱。
㊻ 朱鳳瀚認爲："自文王始至昭王幾世代中，周王朝主要執政大臣之位是由周、召、畢三世族占據的。但在整個西周早期，三世族權力并非始終穩定如初，而或有起落。……成王初周、召二公曾爲王之左右，而在周公故後，王之左右已改爲召、畢二公。……我們以爲此或與學者所論周、召二家勢力之爭的背景有關，周公卒後，其家族勢力受到當時健在的召公的排擠，故直到召公卒後，約康王晚期，周公後人才又重掌主要執政大臣之權。"見《商周家族形態研究》（天津：天津古籍出版社，1990 年），頁 407。
㊼ 陳錦忠對周代史官角色的變化做了以下的論述："西周史官之所以能夠在實際的政治工作上扮演着位高而權重的角色，除了既有的崇高地位與本身的能力之外，西周的政治結構，在宗教的要素趨於政治化的性格時，對於周政權的政治力量有了強化的作用，更是史官在政治上得以取得位高而權重的一個重要因素。……是故，史官在這種政治結構中，不但未失其原有的崇高地位，反而在宗教政治化的祭政結構中，不僅取得了以宗教威權爲基礎的政治權力；同時更促使史官的性格發展爲極具政治化的形態。這是史官的性格，發展至有周一代第一階段的轉變。"參見《先秦史官制度的形成與演變》（臺北：臺灣大學歷史研究所博士論文，1980 年），頁 265。

職官分系更爲明確,卿事寮和大史寮的兩系才逐漸成形。㊽

本文此處討論所引之金文資料,在《周官質疑》一文寫作時,郭沫若都是知道的,其《周官質疑》的目的不在深究,所以其討論內容自然不會涉及這個層面。

(三) 關於《周禮》成書與學派的評論

1. 變動時代的一種學術潮流

《周官質疑》云"作《周官》者乃周末人也"(頁 185)、"蓋趙人荀卿子之弟子所爲……纂集遺聞佚志,參以己見而成一家言"(頁 185)。又云"作者本無心託之于周公,託之于周公者乃劉歆所爲",其意爲《周禮》成書於戰國末年荀子學派,劉歆將之與周公扯上關係,并且此書已被劉歆"竄亂割裂"(頁 185—186)。

郭氏推《周禮》爲荀子弟子所編纂,并無堅確證據,若僅由"爵名從周"一點來論證,更流於片面取證,實在難以令人信服。説《周禮》爲劉歆竄亂,乃受到今文經學與當時的疑古學風的影響。今文經學在清乾嘉時期逐漸爲常州學派(莊存與、劉逢祿等)所重視,清中晚期在龔自珍、魏源的提倡下興盛,一直延續到清末康有爲以今文倡變法,今文經學的突起,使得質疑古文經與劉歆的論點再度爲學界重視,康氏主張劉歆爲新莽作僞經的説法受到不少學者支持。古史辨時代對於《周禮》的質疑是承接康有爲《新學僞經考》的論點,這些意見刊行於《讀書雜志》、《北京大學國學門週刊》、《國立北京大學國學季刊》等,以錢玄同和顧頡剛爲主,錢氏重要的説法如:

㊽ 關於大史寮的部分,有一點尤應説明。張亞初在《商代職官研究》一文中依據卜辭"奉令,其唯大史僚令"(《前》五·三九·八)提出卜辭有大史僚(寮)的記錄[《商代職官研究》,收入中國古文字研究會、中華書局編輯部、陝西省考古研究所合編:《古文字研究》第十三輯(北京:中華書局,1986 年),頁 89]。這段卜辭收於《甲骨文合集》的第 36423 號甲骨片,"大史"一詞,在卜辭中常作"大事"解釋,此條文例是可以作職官"大史"來看。又《甲骨文合集》第 5643 號甲骨片有"大史夾令"與 36423 號"大史寮令"的文例相同,"大史夾"的"大史"是職官名,而夾是人名,那麽"大史寮"也應是職官加上人名"寮"。所以本文認爲卜辭中尚未見到"太史寮"這個職官系統的材料。

《周禮》是劉歆僞造的。㊾

若講僞書底價值，正未可一概而論。亂抄亂説的固然不少，至於《易》之《彖》、《象》、《繫辭傳》，如《小戴禮記》中之《禮運》、《中庸》、《大學》諸篇，如《春秋》之《公羊傳》與《繁露》，如《周禮》，這都是極有價值的"託古"著作。㊿

辨古書的真僞是一件事，審史料的虚實又是一件事。譬如《周禮》、《列子》雖然都是假書，但是《周禮》中也許埋藏着一部分周代的真制度。(51)

我以爲從制度上看，云出於晚周，并無實據，云劉歆所作，則《王莽傳》恰是極有力之憑證，故仍認康氏之論爲最確。即使讓步説，承認《周禮》出於晚周，然劉歆利用此書以佐王莽，總是無可否認的事實。既利用矣，則大加竄改以適合王莽更法立制之用，當時實有此必要。故今之《周禮》，無論是本有此書而遭劉歆之竄改，或本無此書而爲劉歆所創作，總之只能認爲劉歆的理想改制而不能認爲晚周某一學者的理想政制。若考周代之政制而引用《周禮》爲史料，則尤爲荒謬矣。(52)

錢玄同認爲《周禮》是劉歆僞托古之作，即使可能有一部分是周代的真制度，但不足以引爲周代之政制史料。民國二十一年，顧頡剛對於《周禮》辨僞的態度，比起錢玄同的看法，已較肯定此書的價值：

我們闢《周官》僞，只是闢去《周官》與周公的關係，要使後人不再沿傳統之説而云周公作《周官》。至於這部書的價值，我們終究承認的。要是戰國時人作的，它是戰國政治思想史的材料。若是西漢時

㊾　錢玄同：《答顧頡剛先生書》，《古史辨》第1册第37篇（臺北：藍燈文化公司，1987年），頁77。本篇著作時間爲1923年6月10日，原載於《讀書雜志》第10期。

㊿　同前注，頁79。

(51)　錢玄同：《論説文及壁中古文經書》，《古史辨》第1册第54篇，頁231。本篇著作時間爲1926年1月27日，原載於《北京大學國學門週刊》第15、16期合刊期。

(52)　錢玄同：《重論：經今古文學問題》（《方國瑜標點本〈新學僞經考〉序》），《古史辨》第5册第254篇，頁47。本篇著作時間爲1931年11月16日，刊登時間爲1932年6月，原載於《國立北京大學國學季刊》第3卷，第2號。

人作的，它便是西漢政治思想史的材料。㊵

古史辨時代，對《周禮》成書時代的探究，仍依據傳世古籍，郭沫若援引金文爲據，用不同的材料爲論證前人説法提出新的支撑，使《周禮》爲戰國晚期作品并經劉歆篡改成爲定論，同時又提出新的見解，將戰國晚期儒生托古之作的範圍縮小到荀子弟子。這樣的論點没有堅實的論據，也無嚴謹的推論過程。

與《周官質疑》同年發表的錢穆《周官著作時代考》一文以傳統文獻考據的研究方法，認爲成書的時代爲戰國，似屬晉人作品，遠承李悝、吳起、商鞅，參以孟子。郭、錢二人方法有别，對《周禮》成書時代的看法相近，而認定所屬的學派不同。其後一九五四年楊向奎《周禮的内容分析及其著作時代》認爲《周禮》可能是一部戰國中葉左右齊國的書。㊱ 一九七九年顧頡剛《周公制禮的傳説和周官一書的出現》提出《周禮》爲戰國後期齊人作，不成於一人，也不作於一時，亦有後人竄入。㊲ 一九八〇年徐復觀《周官成立之時代及其思想性格》主張《周禮》出於王莽，劉歆僞撰的看法。㊳ 一九八八年陳連慶《周禮成書年代的新探索》則主張成書年代的上限不早於商鞅變法，下限不晚於河間獻王在位之時，最大的可能是秦始皇之世。㊴ 一九九一年彭林《周禮主體思想與成書時代研究》認爲成書年代不得晚於文景之時，和漢初儒者有關。㊵ 劉起釪於一九九一年發表《周禮真僞之争及其書寫成的真實依據》、㊶ 一九九三年發表《周禮是春秋時周魯衛

㊵　顧頡剛：《序》，《古史辨》第 4 册，頁 18。原載於 1932 年 12 月 19 日《大公報·小公園》。

㊱　楊向奎：《周禮的内容分析及其著作時代》，《山東大學學報》1954 年第 4 期，頁 1—32。

㊲　顧頡剛：《周公制禮的傳説和周官一書的出現》，《文史》第六輯（北京：中華書局，1979 年），頁 1—40。

㊳　徐復觀：《周官成立之時代及其思想性格》，臺北：臺灣學生書局，1980 年。

㊴　陳連慶：《周禮成書年代的新探索》，《中國歷史文獻研究》（二）（武漢：華中師範大學出版社，1988 年），頁 36—50。

㊵　彭林：《周禮主體思想與成書年代研究》，北京：中國社會科學出版社，1991 年。

㊶　劉起釪：《周禮真僞之争及其書寫成的真實依據》，《古籍整理與研究》1991 年第 6 期，頁 1—22。

鄭官制的產物》提出《周禮》官制與文獻及金文所載西周官制無明顯衝突，推論《周禮》一書實據春秋時代周、魯、衛、鄭四國官制寫成。⑥ 一九九三年金春峰《周官之成書及其反映的文化與時代新考》則主張秦統一前，入秦的各國學者所作。⑥ 二〇〇四年沈長雲與李晶《春秋官制與周禮比較研究——周禮成書時代再探》提出成書不會早於春秋末葉，當在戰國時期。⑥

考證先秦某本古籍成書於哪個時期，在學術上有其重大的意義，也是難度極高的研究工作。先秦留下來的史料有限，若能得到新出土材料的驗證，自然是最理想的研究方式。出土材料的多樣化，未必都能與《周禮》相印證。書中有的，不見得能在出土材料中呈現；出土材料有而不見於書中，也不足以論證這本古籍有問題。如果看到《周禮》中某一制度，除非有可依據的明確史料記載其創始於何時，否則不能以後世施行此制度來論證前代必無此制度。益以古籍不斷流傳，或多或少滲入後世用字與思想，亦不得據此以推翻該本古籍所代表最早時代之價值。

現在的學者對周公作、劉歆偽作這兩種說法，都不再采信，目前以成書於戰國的說法影響最大，成書於秦至漢初的說法也有支持者。《周禮》一書取材甚廣，其內容所記載能與出土文物相合者頗多，可證其編寫之時，曾大量參考各種資料，其中西周的史料為數不少，春秋與戰國者亦有相當部分，此書匯集各職官制度，即使其中有憑空構想的部分，但是仍大量地保存先秦珍貴資料，是當代研究先秦文史一部重要的典籍。

郭沫若身處變動的時代，對先秦古籍的疑古是一種時代潮流，不僅針對《周禮》，對於《左傳》，郭沫若亦指出有劉歆竄亂者，如《彝銘名字解詁》：

《國語‧魯語》"伐備鐘鼓，聲其罪也"，侵，伐之牺者（《公羊》莊十年《傳》"牺者曰侵，精者曰伐"），故名侵字鐘伯。《左氏》莊二十九年

---

⑥ 劉起釪：《周禮是春秋時周魯衛鄭官制的產物》，《中國文哲研究通訊》1993 年第 3 卷第 3 期，頁 15—22。
⑥ 金春峰：《周官之成書及其反映的文化與時代新考》，臺北：東大圖書公司，1993 年。
⑥ 沈長雲、李晶：《春秋官制與周禮比較研究——周禮成書時代再探》，《歷史研究》2004 年第 6 期，頁 3—26。

《傳》"凡師有鐘鼓曰伐,無曰侵",此乃劉歆所竄入也,凡《左氏》言"凡"及解經之語,均非《左氏春秋》本文。⑥

於《正考父鼎銘辨僞》亦云:

……《左傳》文決爲劉歆所竄綴無疑。⑥

知正考父鼎銘爲僞託,則知孟僖子之預言亦必爲僞託。蓋後之儒者推崇其先師,欲爲之爭門望,故託爲此言以示光寵。託僞者蓋秦漢間人,以其曾見《莊子》雜篇及《檀弓》也。史公未深考,誤錄其文以爲史料,劉歆更矯誣,任意改竄以混經典。⑥

這些認爲劉歆竄改的看法,若看成《左傳》文句有可疑處,不失爲發現問題,足爲研究切入點,然認爲經劉歆改竄,則顯然缺乏有力的證據,受到廖平、康有爲之説與古史辨的疑古學風影響很明顯。

2. 學術性格與興趣

章玉鈞與譚繼和對於郭沫若的學術性格,做了以下的評論:

郭沫若的古文字學研究長於規律性的探討,建立了彝器形象年代學,長於宏觀性的創見,但在某些具體考據上則略嫌粗疏。在史學研究上,他長於開拓性的創見,喜歡不斷追求新的東西、新的研究課題,而在史學的縝密性上、考據的精確性上則往往受到詩人浪漫氣質的妨礙,很難回頭再就相同的課題作深入的研究。⑥

郭氏的論文常有驚人之處,這其中有開創性,也有過於求新求快而產生的錯誤。在《周官質疑》的最後一部分,他提出《周禮》爲荀子弟子所編,企圖提出新的看法,然而此間并未做充分的比對,諸如:政治制度、經濟制度、宗教思想、語言文字等層面都未列入討論,也沒能提出《周禮》爲荀子學派作品的有力證據,以致於考據的精確性不足,立論新穎而不夠

---

⑥ 郭沫若著作出版委員會編:《郭沫若全集・考古編》卷5,頁254。
⑥ 郭沫若著作出版委員會編:《郭沫若全集・考古編》卷6,頁10。
⑥ 同前注,頁15。
⑥ 章玉鈞、譚繼和:《與時俱進的二十世紀中國文化巨人》,收入中國郭沫若研究會編:《郭沫若與二十世紀中國文化》(福州:福建人民出版社,2002年),頁31。

縝密。

　若就郭氏研究的興趣來分析，他對於經學的興趣并不大，他留意的是古史，即使後人盛稱他爲古文字學大家，然而他研究古文字的目的可由其自叙中瞭解：

> 我研究殷周金文，主要目的是在研究古代社會。爲要達到這個目的，必須做好文字研究工作。這種工作，看來是很迂闊的，但捨此即無由洞察古代的真相。[67]

郭沫若寫有關《周易》、《詩經》以及銅器銘文考釋等文章，都指向於着力探討殷周的社會的真相，是對古史的關注，對於經學的興味是較淡的。《周官質疑》已是他的著作中經學色彩較濃的作品，然而，郭氏更關注的是《周禮》的時代與真僞，而不是官制的問題。即使在後來，銅器出土量更多了，郭氏所寫考釋專文，遇到西周職官亦大多沿用《周官質疑》舊說，很少修正，即使提出修正，也常是點到爲止，無意於深切探究。

　郭沫若的學術性格與興趣使他在古史界（中國上古史）有重要的學術地位，也促成他在金文考釋上的成就。不過，他的學術性格和興趣也着實限制了他在探討問題時的廣度與深度。他選擇以金文材料來探討《周禮》，對於兩者有相同處，他修正康有爲等以《周禮》全出劉歆之手的說法，已有推進，惜未再做探究。至於金文材料和《周禮》不合之處，郭沫若亦未深思，不就兩者不合之可能成因加以分析，乃下定論爲荀子弟子所纂、劉歆竄亂，思考之層面廣度不足，而討論之深度也有限。

四、結　　論

　民國初年，向來爲中國學術重心的經學如同當時政治社會的轉變，進入變動時代，疑古與整理國故的思潮使得對《周禮》的檢視也有更新的方法與視野。郭沫若善於用不同的角度與新材料對傳統學術提出新的研

---

[67] 郭沫若：《重印弁言》，《殷周青銅器銘文研究》，頁1。

究,他是一位公認的,具有開創性的先驅學者。郭氏在銘文考釋與《周官質疑》一文中,都對周代職官提出看法,本文由三個部分探討其研究的成果與重要性:

(一) 關於研究方法

傳統禮學對周代職官的研究都以《周禮》爲主要依據,參照《尚書》、《毛詩》、《左傳》、《國語》等先秦古籍,這樣的研究有材料的局限性。

大量引用新出土材料是民國以來學術研究的重要特色,雖然在宋儒與清儒已將研究的領域投向金石學與古文字學,但是提煉出重要學術成果的,則當推羅振玉、王國維、楊樹達、郭沫若、于省吾等清末跨到民國的學者(大多數的作品也都是民國以後發表的),他們的成果對於學術研究起了很大的推進作用。郭沫若以可信度更高的金文材料研究周代職官,在研究方法上突破了傳統受限於傳世古籍的情況。這樣的方法也是當前研究中國上古相關課題的主要方法之一。

如上所述,采取了最新的方法、選擇較具真實性的材料、突破傳統研究《周禮》的局限,是郭沫若在周代職官研究方法上的長處。至於未能考慮到金文材料本身的局限、考慮不夠全面,則是其研究方法的不足處。

(二) 關於周代職官考釋

《周官質疑》列出二十個職官條目,加上其他著作所涉及的周代職官,有三十多個,他提出的意見有三類:一是補充《周禮》之不足,這類是最具建設性的意見;二是說明《周禮》與金文兩者在職官上的歧異,這類意見佔的比例較多,也是他特意發揮之處;三是引用《周禮》注釋金文中的職官,這是他肯定《周禮》職官的部分。

整體而論,他對於周代職官的研究并未探尋其源流與演進,而着重於《周禮》歧異處,他所指出的歧異,對於研究先秦官制,提供了重要的參考意見,雖達到"質疑"的效用,然而這在《周禮》一書的探究上,是單方面的切入,不是整體的分析,就質疑全書的真僞方面,論證方式不夠全面。

(三) 關於《周禮》成書與學派

對於《周禮》成書與學派，郭沫若以西周金文爲證據，反對《周禮》爲周公致太平之書的説法，也不同意康有爲視《周禮》爲全出於劉歆之手的説法，所以他提出該書編纂者爲戰國末年荀子弟子的意見。郭氏的意見只是片面取證，未做充分的比對，也缺乏足夠的證據，立論新穎却不夠縝密，考據的精確性也不足，因此難爲學界所從。這是他在周代職官研究上，最大的失誤。

整體而言，研究方法及以金文材料對《周禮》職官的補充與考辨，是其長處；過度質疑《周禮》與提出由荀卿子弟編輯成書，是其缺失。在經學變動的時代，郭沫若的這些研究，仍應視爲時代潮流的前鋒，也明顯地影響後世的研究。他對《周禮》的批評質疑，表面上看起來是"破"，實際上也是"立"。那個時代學者們對《周禮》的諸多討論，不論是將此書貶爲西漢僞書，或提出書中有諸多可信的史料，這些意見建立了《周禮》研究的新途徑，提出新的視野，也使得後人對於此書有更切實的認識，對經學研究有承先啓後的作用與影響力。今日在評價二十世紀前期的《周禮》研究，郭沫若的意見是不可忽視的。

後記：本文原於 2007 年 7 月 18 日在中研院中國文哲研究所主辦"變動時代的經學與經學家(1912—1949)第三次學術研討會"上宣讀，會後就部分文字修正，2009 年審查通過，收錄於林慶彰、蔣秋華教授總策劃之《變動時代的經學與經學家——民國時期(1912—1949)經學研究》第三冊(臺北：萬卷樓圖書股份有限公司，2014 年)，頁 317—347。

雖然延遲到 2014 年才正式刊登，却於匿名審查通過後，就未再改動，學術進展快速，却修改舊作，不當重作，故保留 2009 年審查通過之原貌，以爲紀念。

讀李雲光先生《三禮鄭氏學發凡》三則

一、前　言

　　李雲光先生，1927 年 11 月 12 日出生，河南省唐河縣人，為第四位國家文學博士。《三禮鄭氏學發凡》一書寫於 1963 年，①是其就讀於臺灣省立師範大學國文研究所②之博士論文，由高明（1909—1992）、孔德成（1920—2008）、林尹（1910—1983）三位先生共同指導，該年 4 月 26 日通過考試，1966 年由嘉新水泥公司文化基金會正式出版。該書自出版至今，堪稱臺灣地區對鄭玄（127—200）《三禮注》研究的代表之作，就兩岸三地而言，本書亦是禮學研究的巨構。

　　《三禮鄭氏學發凡》內容宏富，六章九十二節，對於鄭玄之禮學多有整理與發揮，全書分六個部分探討鄭玄注《三禮》之校勘、矯正、訓詁、名物之

---

　　①　據中正大學中國文學系陳韻教授在"戰後臺灣的經學研究（1945 至今）第二次學術研討會"（中研院中國文哲研究所主辦，2015 年 11 月 12—13 日臺北市南港）發表的《李雲光先生的〈三禮〉學》一文中指出："1963 年臺灣省立師範大學舉行博士學位候選人考試，李先生提出論文——《三禮鄭氏學發凡》，并以最優等成績，報請教育部審核。1964 年 4 月 26 日，教育部舉行'李雲光博士學位評定考試'，獲得陳大齊先生等 7 位考試委員全票通過。"并有"1963 年 6 月，臺灣省立師範大學（今臺灣師範大學）國文研究所高級研究生畢業論文（上、中、下），手寫油印本"，此論文完成於 1963 年，但 1964 年教育部考試後才有 1966 年嘉新水泥公司文化基金會出版的印刷本，本文用的版本是後者（李雲光：《三禮鄭氏學發凡》，臺北：嘉新水泥公司文化基金會，1966 年）。

　　②　即今日臺灣師範大學國文學系博士班。

考釋、禮制之解說，條分縷析，研幾析理，面面俱到，高明先生評云：

> 自康成爲《三禮》之學，及今一千七百六十餘年，傳康成之學者不可更僕數，類多枝枝葉葉，得其一體。若雲光之籠圈條貫，總攬無餘，使後之治康成禮學者，展此一卷，即能心領神會，而得其精微，此誠前修之所未有也！③

《三禮鄭氏學發凡》的確如高先生所言，對於鄭玄《三禮注》"籠圈條貫，總攬無餘"，是書之功於鄭學者，甚矣！觀此書之九十二節，誠每節皆可爲專題以作專文，李先生當年之用功，足爲學術界表率，而五十年來，禮學研究益爲精細，對於本書各章節，或有再發展者，誠可使鄭玄禮學之研究精益求精。筆者試以平日讀《三禮鄭氏學發凡》，受李先生學術之啓發者爲架構，擇爲三題：鄭玄注《三禮》之次序、鄭玄《儀禮注》發凡例之統計、讀《鄭氏對名物之考釋》，以成此文。

二、鄭玄注《三禮》之次序

鄭玄注《三禮》爲歷代學者所共知，其注《三禮》之時間約在東漢第二次黨錮之禍時，④即由建寧跨至光和年間，⑤而其注《三禮》之先後次序則古籍未載，學者多難以考知，黄以周（1828—1899）曾有專文《答鄭康成學業次第問》以論其次序，其説云：

> 《自叙》注《三禮》，不別先後，注《尚書》、《毛詩》、《論語》，又以經叙先後爲言，亦非其次。《毛詩序》"哀窈窕"，《箋》改讀"哀"爲"衷"，其注《論語》，仍以哀爲義。劉恢舉以問，答曰："《論語注》，人間行久，

---

③ 高明：《三禮鄭氏學發凡·序》，收録於李雲光：《三禮鄭氏學發凡》，頁3。
④ 第二次黨錮之禍由靈帝建寧元年(168)至中平元年(184)四月。
⑤ 鄭玄《戒子益恩書》云"遇閹尹擅埶，坐黨禁錮十有四年，而蒙赦令"，故以中平元年(184)四月上推十四年，約在建寧三年(170)前後遭黨錮，中平元年得赦。中平元年《三禮注》應已完成，故其作注時間在建寧至光和年間。（清）鄭珍《鄭學録·年譜》卷2以爲熹平四年乙卯(175)鄭玄四十九歲"自後在禁錮中，注《周官》、《儀禮》、《禮記》"[收録於《續修四庫全書》(上海：上海古籍出版社，2002年，影印清同治刻本)，頁7]。

義或宜然,故不復定以遺後。"此與"《記注》已行,不復追改"同,是注《論語》在箋《毛詩》之先也。《三禮注》之先後,初無明文可考。今以《注》義求之,約略可定。鄭先治《三家詩》,後習《毛詩》,其注《禮記》,多用三家,注《禮經》升歌《笙》入間歌,合樂諸詩,純用毛義:是注《禮記》在注《禮經》之先也。《詩箋》引經,多據已所正讀之字爲文。而《周官注》引《禮記》,又多仍舊誤,如《明堂位》"有虞氏之旂,夏后氏之綏"《注》正其文曰:"有虞氏當言綏,夏后氏當言旂。"《周官》夏采注仍舊未正。《檀弓》"天子之哭諸侯也,爵弁絰紂衣"《注》正其文曰:"麻不加于采。經衍字也。"《周官·大宗伯》注沿訛未去。是注《周官》又在注《禮記》之先也。……故以從學而論:先通《京氏易》、《公羊春秋》,次治《周官》、《禮記》、《左氏春秋》、《韓詩》、《古文尚書》,最後治《毛詩》。以著述而論:先注《周官》,次《禮記》,次《禮經》,次《古文尚書》,次《論語》,次《毛詩》,最後乃注《易》。⑥

黃以周由鄭玄經注之校勘比對出《周禮注》早於《禮記注》,而《儀禮注》成書較晚。依學者的統計,《周禮注》中引《禮記》經文227處、引《周禮》經文100處、引《儀禮》經文97處;《禮記注》中引《周禮》經文147處、引《禮記》經文113處、引《儀禮》經文60處;《儀記注》中引《禮記》經文175處、引《周禮》經文69處、引《儀禮》經文64處。⑦在唐代以前文獻皆未載及《三禮注》成書先後次序的情況下,由其中相互引文之比對探討,正是解決此問題較好的研究方法。

李雲光先生於《三禮鄭氏學發凡》第一章第二節《鄭氏注禮之年代》提出個人研究的成果,認爲《禮記注》早於《周禮注》,而《儀禮注》最晚成書,其考證意見和黃以周不同,下面分述李雲光先生之研究方法與推論過程:

1. 考訂《禮記注》成書最早

《三禮鄭氏學發凡》以鄭玄與盧植(?—192)同事馬融(79—166)爲綫

---

⑥ 黃以周:《儆季雜著·文鈔》卷4"答鄭康成學業次第問",清光緒20—21年江蘇南菁講舍刻本,轉引自王利器:《鄭康成年譜》(濟南:齊魯書社,1983年),頁83—85。

⑦ 陳韋銓:《試論鄭玄〈儀禮注〉引〈春秋〉經傳在"名物"詮釋上之應用》,《經學研究集刊》2012年第13期,頁148。

索，對比資料得出鄭玄注《禮記》時已結識盧植，但尚未師事馬融，故以《禮記注》最早。其説云：

> 鄭氏之注《禮記》，創始於與盧植交游之時，其時蓋在桓帝建和或和平年間，鄭氏方二十餘歲，盧氏亦年少，尚未師事馬融也。何以言之？考《邶風·燕燕》《正義》、《南陔序》《正義》及《禮記·坊記》《正義》引《鄭志》答炅模之言，皆謂爲《記注》時就盧君，是創始於與盧氏交游時也。愚謂其時在桓帝建和或和平年間者，就諸家所爲鄭氏年譜推尋可得。……是游學之始，必在二十餘歲也。《盧植傳》云："少與鄭玄俱事馬融。"盧氏既事馬氏，尚稱年少，是未事馬氏時尤爲年少也。鄭氏在未師事馬氏之前，先與盧氏交游者，以鄭氏本傳云："因涿郡盧植，師事扶風馬融。"又唐史承節"鄭公祠碑"云："因盧植而見馬融。"既皆言因之，則必先識也。……方鄭氏就盧氏注《禮記》之時，尚未得《毛詩傳》，《禮記·孔子閒居》《正義》云："案《鄭志》，注《禮》（自注：雲光案此指《禮記》）在先，未得《毛詩傳》。"是也。《隋書·經籍志》云："梁有融注《毛詩》十卷。"馬氏既傳《毛詩》，而《鄭志》謂未得《毛傳》，是注《記》之始，必未至馬氏門下也。……考鄭氏本傳，鄭氏未入關之前，嘗從東郡張恭祖受《禮記》、《韓詩》等……又《盧植傳》載熹平四年，盧氏上書，自謂少從通儒故南郡太守馬融受古學，并稱《毛詩》、《左傳》、《周禮》各有傳記，宜置博士。而《鄭志》答炅模云：爲《記注》時就盧君，未得《毛詩傳》者，斯時盧氏亦未師事馬氏也。⑧

這裏主要根據的文獻有《鄭志》、《後漢書·鄭玄傳》與《盧植傳》、《隋書·經籍志》等，其論點爲鄭玄先從張恭祖受《禮記》，故《三禮》先學《禮記》，而其時仍少，依本傳知其游學十餘年，至年過四十迺歸鄉里，故學《禮記》當在二十餘歲，此時結識盧植，故"《記注》時就盧君"，李先生并推定此時鄭、盧皆少，尚未師事馬融，兩人後從馬融受古學——《毛傳》、《左氏》、《周禮》。由此推論，鄭玄注《禮記》最早，師事馬融始有《周禮注》。而此處所

---

⑧ 李雲光：《三禮鄭氏學發凡》，頁 9—10。

云注《禮記》乃就創始而説，非謂成書。

事實上文獻材料尚有一條提到馬融和盧植有《禮記》傳本，李先生再論云：

> 然《經典釋文・序錄》云："後漢馬融、盧植，考諸家同異，附戴聖篇章，去其繁重，及所叙略，而行於世，即今之《禮記》是也。鄭玄依盧、馬之本而注焉。"兼言馬氏者，蓋後事馬氏，又加修訂，有從馬氏之本者也。⑨

《經典釋文》此條，看似是李先生以鄭玄先注《禮記》説法之反證，李説乃認爲鄭玄《禮記注》早於師事馬融前，在師事馬融後，又以馬融和盧植本修訂《禮記注》。若然，則《禮記注》創始雖早，而成書則必在師事馬融後。雖師事馬融，始學《周禮》，然亦未可驟斷《禮記注》成書之時代必然早於《周禮注》。

《經典釋文》之説法雖可備一説（或其親見馬盧之本），不過，如果鄭玄注《禮記》時就盧君一語無誤，則《禮記注》受到盧植之影響，事必在鄭玄受黨錮之前，蓋黨錮時，無可與盧植討論禮事，而本傳云其注禮在黨錮時，或許鄭玄與盧植交往時，得盧植本《禮記》，而盧本又受到馬融之影響，若然，則鄭玄之注《禮記》便不會是李雲光先生所説的在師事馬融前了。

2. 其次《周禮注》

《三禮鄭氏學發凡》以鄭玄注《周禮》在師事馬融後，亦對馬融有所質詢。其説法如下：

> 鄭氏之注《周禮》，蓋創始當在於師事馬氏之後，考鄭氏初事馬氏，約在桓帝延熹二、三年間，鄭氏方三十三、四歲時。……《後漢書・儒林・董鈞傳》云："中興，鄭衆傳《周官經》，後馬融作《周官傳》，授鄭玄，玄作《周官注》。"又賈公彥序《周禮》廢興引鄭氏《序》云："世祖以來，通人達士，大中大夫鄭少贛名興，及子大司農仲師名衆，故議郎衛次仲，侍中賈君景伯，南郡太守馬季長，皆作《周禮》解詁。"又云：

---

⑨ 李雲光：《三禮鄭氏學發凡》，頁10。

> "玄竊觀二三君子之文章，顧省竹帛之浮辭。其所變易，灼然如晦之見明；其所彌縫，奄然如合符復析。斯可謂雅達廣攬者也。然猶有參錯，同事相違，則就其原文字之聲類，考訓詁，捃祕逸。"皆可見鄭氏之注《周禮》，在師事馬氏之後。……然則注《周禮》時，蓋亦於馬氏有所質詢也。⑩

此處參考《後漢書》與鄭玄《周禮注·序》爲證，尤其後者爲鄭玄自叙《周禮注》參考馬融之《周官傳》，因此《周禮注》之啓始與成書必在師事馬融後。

3. 其後者《儀禮注》

《三禮鄭氏學發凡》考校各種著録，認爲鄭玄注《儀禮》創始至完成皆在禁錮之時，其説法如下：

> 鄭氏之注《儀禮》，其創始及完成，蓋在禁錮逃難之時，其時在靈帝建寧二年至中平元年之間，當鄭氏四十三歲以後，五十八歲以前也。《唐會要》七十七及《孝經正義》引鄭氏《自序》云："遭黨錮之事，逃難注禮。"所謂"禮"者，蓋主《禮經》言之。此時鄭氏客耕東萊，鄭氏本傳云："玄自游學十餘年，迺歸鄉里，家貧，客耕東萊，學徒相隨，已數百千人。及黨事起，迺與同郡孫嵩等四十餘人俱被禁錮。遂隱修經業，杜門不出。"又本傳引《戒子書》云："年過四十，迺歸供養。假田播殖，以娱朝夕。遇閹尹擅埶，坐黨錮十有四年。"所謂"客耕東萊"及"假田播殖"，蓋即一事。……鄭氏於此時，隱居授徒，弟子甚衆，躬親解説，勢有不能。宜有注本，以代口述。且《儀禮·有司徹》云："兄弟之後生者舉觶于其長。"《注》云："古文觶皆爲爵，延熹中詔校書定作觶。"是亦《儀禮注》成於延熹以後之證。鄭氏之注《三禮》，《儀禮》所以較遲者，蓋以前無所承之故。《後漢書·馬融傳》雖云注《三禮》，於《儀禮》實止有《喪服經傳》一卷，見於《隋志》；《盧植傳》亦云作《三禮解詁》，所傳亦僅有《禮記》十卷，見於《隋志》。蓋皆有志而未逮也，或居官之日多，有以致之。鄭氏絕意仕途，且有良師益友之誘導，宜有

---

⑩ 同注⑨，頁10—12。

以完其志也。⑪

此處論證以史傳與《孝經正義》、《唐會要》等爲據，馬融雖有意注《儀禮》，僅有《喪服經傳》完成，鄭玄則於黨錮時完成《儀禮注》，并推論"蓋以前無所承"所以《儀禮注》最遲完成。至於舉《注》之文字以證《儀禮注》成於漢桓帝（132—168）延熹以後，對於評定《三禮注》之順序的功能有限，因爲鄭玄開始進行經書的相關注解工作均在漢靈帝熹平年間（172—178）至獻帝建安年間（196—220）。

至此《三禮注》之先後次序乃以各種古籍之記載爲主要依據，雖然也參考鄭玄的文章（序文及家書等），前者實屬他人記敘的性質，後者爲鄭玄自己的陳述，雖然後者可信度遠大於前者，可惜後者之資料甚少。因此，李雲光先生《三禮鄭氏學發凡》不得不多依據前者進行考證與推論。

4. 再就《三禮注》中關涉《毛傳》者論之

《三禮鄭氏學發凡》以《周禮注》及《儀禮注》二書各引據《毛詩故訓傳》二處，《周禮注》於《春官・小宗伯》處引《詩・小雅・車政》《毛傳》稱"《詩傳》曰"、《夏官・大馭》處稱"詩家説曰"，疑引《毛傳》而申其義。《儀禮注》於《士冠禮》"介爾景福"處、⑫《聘禮・記》"釋軷"處稱"《詩傳》曰"。并云此四例皆引據《毛傳》之文，可證注此二《禮》時，已師馬融，而得見《毛詩》也。

至於《禮記注》，李雲光先生有較多的説明：

《禮記注》中未見有引《毛傳》者，但有稱述毛氏者二處。《文王世子》……《注》云："《周禮》曰：凡有道有德者使教焉……若漢《禮》有高堂生，樂有制氏，《詩》有毛公，《書》有伏生，億可以爲之也。"又《緇

---

⑪ 同注⑩，頁 11—12。
⑫ 《三禮鄭氏學發凡》云："《士冠禮》云：'始加，祝曰……介爾景福。'《注》云：'介景皆大也。因冠而戒，且勸之，女如是有壽考之祥，大女之福也。'胡培翬云：'介與景皆訓大，見《爾雅・釋詁》。《詩・小明》："介爾景福。"《毛傳》："介景皆大也。"'（見《儀禮正義》卷 2）考《詩・七月》云：'以介眉壽。'《小明》云：'介爾景福。'《楚茨》云：'以介景福。'《甫田》云：'以介我稷黍。'《旱麓》云：'以介景福。'《酌》云：'是用大介。'鄭氏《箋》皆云：'介，助也。'不用毛公《傳》義，唯此《注》與《毛傳》同。是注《禮》與箋《詩》時所取之義有不同者。箋《詩》以助訓介，取三家説也。"（頁 12）

衣》云"《詩》云：'彼都人士，狐裘黃黃。其容不改……萬民所望。'"《注》云："此詩毛氏有之，三家則亡。"……⑬《禮記注》中有與《毛傳》不合者，多不追改，亦間有改之者。若然，此《禮記·文王世子》《注》云"《詩》有毛公"，顯有宗毛之意。《緇衣》《注》云"此詩毛氏有之"，似已得見《毛傳》者，此特殊現象，似有二種可能，一爲既得《毛傳》，而後改之。一爲注《記》之時，於詩學傳授，知毛公爲大宗，於三家詩不見者，知毛氏有是詩，而不必親見毛公之書也。⑭

上揭1—4爲李雲光先生判定鄭玄《三禮注》各書啓始及完成之先後次序，我們由其提出的論述與證據來看，1—3點引用各類記載，屬於以外在資料爲證據作爲推論，其中只有鄭氏《自序》及家書屬於內在資料之證據，至於4提到《三禮注》各引《毛傳》兩次，《禮記注》所引未必可證實鄭玄已受《毛詩》於馬融，以此說《禮記注》較早。

比較黃以周與李雲光先生在舉證方面，最大的不同在於黃以周就《注》中引用經文文字的異同，爲主要研究方法，其證據較外在資料來得可信。兩家同用《毛詩》爲論證依據，黃以周用《毛詩》經文，其云："其注《禮記》，多用三家；注《禮經》升歌、笙入、間歌、合樂諸詩，純用毛義；是注《禮記》在注《禮經》之先也。"只用來比較出《禮記注》早於《儀禮注》，李雲光先生則用《毛詩故訓傳》，推論出《禮記注》早於《周禮注》和《儀禮注》。在這方面，《禮記注》早於《儀禮注》是兩家所同。

黃以周用《周禮注》引《禮記》文字，未如《禮記注》對《禮記》改動爲依據，認定《周禮注》早於《禮記注》。李雲光先生則先論定《禮記注》最早，再比較《儀禮注》和《周禮注》，依據《周禮注》前有所承，鄭氏《自序》云之"逃難注《禮》"之禮指《禮經》(《儀禮》)，故認定《周禮注》早於《儀禮注》。

另外，李雲光先生重視《三禮注》各書啓始之先後，亦論及成書之先後。

---

⑬ 此處刪去五條《毛詩正義》與《禮記正義》引《鄭志》答炅模之說，五處引文文字有出入，李雲光先生有討論。

⑭ 李雲光：《三禮鄭氏學發凡》，頁13。

觀二家之學，各有其長處，然此議題猶有可斟酌者，如《禮記注》或爲《三禮注》中最早啓始者，然《後漢書·鄭玄傳》云"又從東郡張恭祖受《周官》、《禮記》、《左氏春秋》、《韓詩》、《古文尚書》。以山東無足問者，乃西入關，因涿郡盧植，事扶風馬融"。⑮故鄭玄於師事馬融前，已習《禮記》與《周禮》，未必要到讀馬融《周官傳》才習《周禮》，而與盧植熟識，也未必在師事張恭祖前。王利器先生《鄭康成年譜》認爲鄭玄於桓帝建和元年（147），就東郡張恭祖受《周禮》與《禮記》之學，建和二年（148）左右"玄嘗從陳球受業"，盧植與鄭玄同學於陳球，⑯故李雲光先生推《禮記注》早於《周禮注》則可斟酌，楊澧亦考定《禮記注》在《周官注》後。⑰其實，《三禮注》之成書皆當在鄭玄受黨錮之時，鄭玄先從張恭祖受《周禮》與《禮記》，又從馬融受《周禮》，故如李雲光先生所言，《儀禮注》最後。然《周禮注》之先於《禮記注》如黃以周與楊澧等學者考證較爲合宜。不過，這個議題仍可再進行深入的探討，在方法上，黃以周和李雲光先生皆可爲準則。

三、鄭玄《儀禮注》之發凡例

發凡例，是研考禮制與訓詁的方法，"蓋得其條例，則可執簡馭繁，觀其會通"。鄭玄《三禮注》皆有發凡例，這些發凡例對於研讀經書與禮文，實有歸納經文，通貫各篇的功能。張舜徽先生（1911—1992）云：

> 鄭氏注書，於舊文之不易理解者，輒爲發凡起例，俾學者能以彼概此，持簡馭繁，而有以觀其會通，法至善也。《儀禮》一書，昔人舊苦難讀。舉凡冠昏喪祭以及飲射朝聘之儀法度數，紛如亂麻，不易猝理。鄭注是書，常發凡以釋其義，亦有不云凡而與發凡無異者，求之

---

⑮ （劉宋）范曄：《後漢書》卷65（武英殿二十四史本），《張曹鄭列傳》（列傳第25），頁11。

⑯ 王利器：《鄭康成年譜》，頁39、43。

⑰ （清）楊澧：《鄭注〈禮記〉在注〈周官〉後考》（氏著《沅湘通藝錄》卷1），引自王利器：《鄭康成年譜》，頁85—86。

注中，適得百事，而《禮經》大例，不外是矣。⑱

即舊文用字之際，有因一字而可見義者，鄭亦必拈出而起其例。如《鄉射禮》："不嚌肺，不啐酒，不告旨。"鄭氏《注》云："凡所不者，殺於賓也。"此則連一字之微，亦申言其故。注書之法，縝密至此，所以啓示後世塗徑者爲用甚宏。⑲

漢人注《三禮》流傳今日者，首推鄭《注》，治《三禮》者，必由鄭《注》始，讀其注文更應重視發凡之例。

李雲光先生《三禮鄭氏學發凡》第六章《鄭氏對禮制之説解》第十節"歸納凡例以解之"，對《三禮注》中的發凡例做了匯整，在陳澧、凌廷堪、黃季剛先生的基礎上，"茲師陳氏之意，檢《三禮注》中發凡言例者，抄出；并取凌⑳氏八目之名，加以宮室之例。又凌氏所稱'變例'，專述喪禮之事，非常例變例之謂，蓋取變故之義。今改稱'喪例'，取名義之明確也"。㉑ 由此可知李先生乃依據凌廷堪《禮經釋例》之架構爲分類，更改喪例，共有九目。

檢《三禮鄭氏學發凡》，李先生抄出之例，其數據如下表所示：

表一　《三禮鄭氏學發凡》整理《三禮注》"凡例"統計表
（説明：括號爲凡例中"不以凡字"起首者之筆數）

	周禮注	儀禮注	禮記注	各目總計
通　　例	2	21(4)	8	31(4)
飲食之例	2	21(2)	4	27(2)
賓客之例	5	25(1)	2	32(1)
射　　例	3	8	0	11
喪　　例	2	20(2)	18	40(2)

⑱　張舜徽：《鄭氏經注釋例》，《鄭學叢著》（濟南：齊魯書社，1984年），頁135。
⑲　同上注，頁141—142。
⑳　原文誤作淩，引用時改之。
㉑　李雲光：《三禮鄭氏學發凡》，頁630。

(續表)

	周禮注	儀禮注	禮記注	各目總計
祭　　例	5	9(1)	11	25(1)
器服之例	16(2)	14(2)	6	36(4)
宮室之例	0	4	1	5
雜　　例	11	7(1)	7	25(1)
各經總計	46(2)	129(13)	57	232(15)

李先生在整理《三禮注》發凡例時，已去其重，各目與各書之筆次如表一所示。《三禮注》之232例發凡例中有15例未以凡字起例，此可由兩點説明之，其一：有打字之誤者，如"初牲皆用左胖，煮於鑊曰亨，在鼎曰升，在俎曰載（《士冠禮注》）"㉒起首之"初"字當是"凡"誤打，故此條屬於凡字起例。其二：未用凡字起例者其内涵實具有發凡例之作用，但這類未以凡字起例者，在整理上，數量相當龐大，要求其全，實有困難，如李先生於"通例"一目收"婦人無外事（《士昏禮·記》《注》）"一條，㉓《儀禮·士昏禮·記》云"見主婦，主婦闔扉，立于其内"，《注》云"主婦，主人之婦也。見主婦者，兄弟之道，宜相親也。闔扉者，婦人無外事。扉，左扉"。㉔ 李先生取"婦人無外事"爲通例，依其標準則未以凡字起例而可爲發凡例，然《三禮注》中此類者多矣，如《士冠禮》"主人玄冠，朝服，緇帶，素韠，即位于門東，西面"。鄭《注》云："衣不言色者，衣與冠同也。筮必朝服者，尊蓍龜之道。"㉕其"衣不言色者，衣與冠同也"、"筮必朝服，尊蓍龜之道也"亦可爲發凡例，此二條若加凡字爲"凡衣不言色者，衣與冠同也"、"凡筮必朝服，尊蓍龜之道也"，與不加凡字於義無別。因此，我們在看待《三禮鄭氏學發凡》第六章第十節"歸納凡例以解之"時，或許可認爲李先生無意遍舉《三

㉒ 同上注，頁632。
㉓ 同上注，頁630。
㉔ （東漢）鄭玄注，（唐）賈公彦疏：《儀禮注疏》卷25（臺北：藝文印書館，清嘉慶二十年阮元南昌府學重刊宋本），頁3（總300）。
㉕ 同上注，卷6，頁14（總65）。

禮注》發凡例爲宜,否則必然有不少得增補的條數。

前文,我們講到李雲光先生《三禮鄭氏學發凡》各篇章皆足以爲專題專文,這也是此書影響後來的研究者之處。康金村先生《鄭玄〈儀禮注〉凡語例句之研究》㉖便是受李先生影響的禮學研究論著,《鄭玄〈儀禮注〉凡語例句之研究》認爲鄭玄《儀禮注》不采計"凡作計數總合義"與"引用他文者",得發凡例 117 條,包含通例 16 條、飲食之例 23 條、賓客之例 21 條、射例 7 條、喪例 17 條、祭例 9 條、器服之例 13 條、宮室之例 5 條、雜例 6 條。是近年來針對《儀禮注》發凡例較新的統計與研究。

本文也試着對於鄭玄《儀禮注》之發凡例做統計,也是不采計"凡作計數總合義"與"引用他文者",初得 136 條,其中內容重複的 4 條,因此去其重後得到有 132 條。如下所列(楷體字者爲內容重複者):

《士冠禮》,5 條
- 薦東,薦左。凡奠爵,將舉者於右,不舉者於左。
- 凡醴事,質者用糟,文者用清。
- 凡薦,出自東房。
- 凡牲皆用左胖。
- 凡醮者不祝。

《士昏禮》,7 條
- 凡祭於脯醢之豆間,必所爲祭者,謙敬示有所先也。
- 凡魚之正,十五而鼎,減一爲十四者,欲其敵偶也。
- 凡腊用全,髀不升者,近竅賤也。
- 凡婦人不常施袿之衣,盛昏禮,爲此服。
- 凡酬酒皆奠于薦左不舉,其燕則更使人舉爵。
- 凡饗速之。
- 凡廟,無事則閉之。

㉖ 康金村:《鄭玄〈儀禮注〉凡言例句之研究》,新竹:玄奘人文社會學院中國語文研究所碩士論文,2003 年。

《士相見禮》,1 條
- 凡不荅而受其贄,唯君於臣耳。

《鄉飲酒禮》,5 條
- 凡鄉黨飲酒,必於民聚之時,欲其見化,知尚賢尊長也。
- 天子相工使視瞭者,凡工,瞽矇也,故有扶之者。
- 凡工賤,不爲之洗。
- 凡牲,前脛骨三:肩、臂、臑也。後脛骨二:膊、胳也。尊者俎尊骨,卑者俎卑骨。
- 凡進物曰獻。

《鄉射禮》,8 條
- 凡所不者,殺於賓也。
- 凡納射器者,皆執以俟事。
- 凡事升堂,乃袒。
- 凡他薦俎,皆當其位之前。
- 凡言還者,明取俎各自鄉其席。
- 凡射時矢中人,當刑之。
- 凡祭,取餘獲降於澤,然後卿大夫相與射也。
- 凡鄉侯,用布十六丈,數起侯道五十弓以計。

《燕禮》,9 條
- 後設公席者,凡禮,卑者先即事,尊者後也。
- 凡入門而右由闑東,左則由闑西。
- 凡異者,君尊,變於賓也。
- 凡爵,不相襲者也。於尊者言更,自敵以下言易。更,作新;易,有故之辭。
- 凡下未拜有二,或禮殺,或君親辭。君親辭,則聞命即升,升乃拜,

是以不言
- 凡技執藝者稱工。
- 凡燕坐，必說屨，屨賤，不在堂也。
- 凡獻皆薦也。
- 凡《夏》，以鍾鼓奏之。

《大射》，7 條（另重 1）
- 凡侯北面，西方謂之左。
- 凡授爵，鄉所受者。
- 凡異者，君尊，變於賓。
- 凡爵不相襲者，於尊者言更，自敵以下言易。更，作新；易，有故之辭也。（燕禮重出）
- 凡相者以工出入
- 凡射皆袒。
- 凡繼射，命耦而已，不作射，不作取矢。從初。
- 凡射之鼓節，《投壺》其存者。

《聘禮》，22 條
- 凡釋幣，設洗盥如祭。
- 凡物十曰束。玄纁之率，玄居三，纁居二。
- 凡授受者，授由其右，受由其左。
- 凡賜人以牲，生曰餼，餼猶稟也，給也。
- 凡爲人使，不當其禮。
- 凡其鼎實與其陳，如陳饔餼。
- 凡饌以豆爲本。
- 凡賓與君入門，賓必後君，介及擯者隨之，并而雁行。既入，則或左或右，相去如初。
- 凡襲于隱者，公序站之間可知也。
- 凡當盛禮者，以充美爲敬。非盛禮者，以見美爲敬。禮尚相變也。

- 凡禮裼者左,降立,俟享也。
- 凡君於臣,臣於君,麛鹿皮可也。
- 凡取幣于庭,北面。
- 凡碑,引物者,宗廟則麗牲焉,以取毛血;其材,宮廟以石,窆用木。
- 凡饌屈錯要相變。
- 凡升者,主人讓于客三。敵者則客三辭,主人乃許升,亦道賓之義也。使者尊,主人三讓,則許升矣。今使者三讓,則是主人四讓也。公雖尊,亦三讓,乃許升,不可以不下主人也。古文曰三讓。
- 凡所不貶者,尊介也。
- 凡酒,稻爲上,黍次之,皆有清白,以黍閒清白者,互相備。
- 凡介之位,未有改也。
- 凡君有事於諸臣之賓,車造廟門乃下。
- 凡使者所當以告君者,上介取以授之,賄幣在外也。
- 凡致禮,謂君不親饗賓及上介……

《公食大夫禮》,3條
- 凡鼎鼏,蓋以茅爲之,長則束本,短則編其中央。
- 凡賓即朝,中道而往,將至,下行,而後車還立于西方,賓及位而止,北面。
- 凡朝位,賓主之間,各以命數爲遠近之節也。

《覲禮》,3條
- 凡以禮事者左袒,入更從右者,臣益純也。
- 凡君所乘車曰路。
- 凡會同者,不協而盟。

《喪服》,16條(另重3)
- 凡服,上曰衰,下曰裳。
- 凡服,上曰衰,下曰裳。此但言衰不言裳,婦人不殊裳,衰如男子

衰，下如深衣。深衣則衰無帶。（與上重出）
- 凡女行於大夫以上曰嫁，行於士庶人曰適人。
- 凡不降者，謂其如親服服之，降有四品：君、大夫以尊降，公子、大夫之子以厭降，公之昆弟以旁尊降，爲人後者、女子子嫁者以出降。
- 凡父於將爲後者，非長子，皆期也。
- 自士至上公，凡九等，君命其夫，則后夫人亦命其妻矣。此所爲者，凡六命夫、六命婦。
- 凡言子者，可以兼男女。
- 凡天子諸侯卿大夫既虞，士卒哭而無服。
- 凡布細而疏者，謂之總，今南陽有鄧總。
- 凡不見者，以此求之也。
- 凡庶子，爲君母，如適子。
- 凡不見者，以此求之。（重出）
- 凡不見者，以此求之。（重出）
- 凡婦人相弔，吉笄無首，素總。
- 祭服朝服，辟積無數，凡裳前三幅，後四幅也。
- 凡五服之衰，一斬四緝，緝裳者，內展之。緝衰者，外展之。
- 凡用布，三尺五寸。
- 凡衣用布，一丈四寸。
- 凡不著之者，服之首主於父母。

《士喪禮》，11 條
- 凡於襚者出，有司徹衣。
- 凡衣死者，左衽，不紐，襲不言設牀，又不言遷尸於襲上，以其俱當牖，無大異。
- 凡衾制同，皆五幅也。
- 凡在東西當下者，南齊坫。
- 凡七體皆覆，爲塵。
- 凡奠設于序西南者，畢事而去之。

- 凡未異於生者，不致死也。
- 凡宮有鬼神曰廟。
- 凡廟門有事則開，無事則閉。
- 凡筮，因會命筮爲述命。
- 凡卜述命，命龜異，龜重，威儀多也。

《既夕》，9條

- 凡入門，參分庭一在南。
- 凡士車制無漆飾。
- 凡從柩者，先後左右如遷于祖之序。
- 凡弔賓有五，去皆拜之，此舉中焉。
- 凡脛在南以拘足，則不得辟戾矣。
- 凡他服，無短見膚，長無被土。
- 凡喪，自卒至殯，自啓至葬，主人之禮其變同，則此日數亦同矣。
- 凡道車、槀車之纓、轡及勒，亦縣于衡也。
- 凡爲矢，前重後輕也。

《士虞禮》，7條

- 凡事，宗人詔之。
- 凡誦，宗人詔之。
- 凡異者皆變吉。
- 凡爲喪事略也。（指主人視牲不視殺）
- 凡吉祭饗尸，曰孝子。
- 凡祔已，復于寢。
- 凡宿，或作速，《記》作肅，《周禮》亦作宿。

《特牲饋食禮》，13條

- 凡尊，酌者在左。
- 凡鄉內，以入爲左右。鄉外，以出爲左右。

- 凡婦人助祭者同服也。
- 凡饌必方者，明食味，人之性所以正。
- 凡解體皆連肉。
- 凡獻佐食皆無從，其薦俎，獻兄弟，以齒設之。
- 凡節解者，皆曰折俎。不言其體，略云折俎，非貴體也。
- 凡非主人，升降自西階。
- 凡堂下拜，亦皆作北面。
- 凡去者不答拜。
- 凡俎食之數奇，脊無中，脅無前，貶於尊者。不貶正脊，不奪正也。
- 凡接於神及尸者，俎不過牲三體，以《特牲》約，加其可并者二，亦得奇名。《少牢饋食禮》：羊、豕各三體。
- 凡貴有肉曰殽。

《少牢饋食禮》，5條
- 凡概者，皆陳之而後告潔。
- 凡設水用罍，沃盥用枓，禮在此也。
- 凡割本末，食必正也。
- 凡牲體之數及載，備於此。
- 凡腊之體，載禮在此。

《有司徹》，1條
- 凡獻，位定。

以上132條較康先生117條多出15條《儀禮注》之發凡例，而《周禮注》與《禮記注》仍可再加以整理，《三禮鄭氏學發凡》已爲《三禮注》的發凡例研究奠定基礎。

四、讀《鄭氏對名物之考釋》

名物之學範疇極廣，舉凡事物"名號物色"者皆是也，所以辨名號、種類、用途、形制之別也，所謂宮室、器物、山川地理、草木、蟲魚鳥獸畜等均屬於是。東漢以前留下來的資料中，對於名物之學涉及較多的除了《爾雅》與《釋名》外，就屬《毛詩故訓傳》與鄭玄的《詩經》與《三禮》之注解。其中，鄭《注》在名物學上更是自爲一家之學。

李雲光先生《三禮鄭氏學發凡》第五章爲《鄭氏對名物之考釋》，分爲十一節以明鄭玄對名物注釋的各種層面與方法，這十一節各別重點爲"考其創始"、"考其因革"、"考其古今之名"、"考其別名"、"釋所取之名"、"釋所取之象"、"釋所取之義"、"説其形制"、"辨其施用"、"據典籍所記以釋之"、"據目驗其物以釋之"。此雖爲全書第五章，其内容可以視爲"鄭玄名物學"之專書。其分十一目而可互兼，如注《天官·外府》"掌邦布之入出"。雖在"考其因革"舉例，但鄭云"貨布長二寸五分，廣寸；首長八分有奇，廣八分。其圜好徑二分半，足枝長八分……"，㉗是説其長廣形制，可互見於"説其形制"。

所分十一節中，除"釋所取之名"、"説其形制"和"辨其施用"，因内容較多而分有小類外，其他依《周禮注》、《儀禮注》、《禮記注》的次序舉例，并引用漢代以後禮家意見，或佐證鄭《注》、或補充鄭《注》、或與鄭《注》分歧，其後常有李雲光先生之案語。

"考其創始"者僅兩條，但亦有李雲光先生之案語，如"凡此皆傳説，似不必質言也"；㉘"考其因革"者之舉例《春官·司服》云"王之吉服，祀昊天上帝則服大裘而冕……祭群小祀則玄冕"。再引鄭《注》，其後則引孫詒讓（1848—1908）《周禮正義》，最後有案語：

> 雲光案：黄以周説與戴震等略同，其圖見前頁（自注：見《禮書通故》弟四十九）。其定冕服十二章，與鄭氏言古天子冕服義相合。唯黄氏以爲周天子郊祀亦用此服，與鄭氏義不同耳。㉙

此處舉出與鄭《注》分歧者，而未驟論臧否，所以謹慎存其異同也。

㉗ 李雲光：《三禮鄭氏學發凡》，頁349—350。
㉘ 同上注，頁348。
㉙ 同上注，頁354。

"考其古今之名"、"考其別名"與"釋所取之名"乃鄭《注》説解名稱者，《三禮鄭氏學發凡》於前兩者則依次條舉經與注之文字，甚少案語，唯於"釋所取之名"一節，則一改前幾節之排列方式，不純以書篇分類，而先以名物分類，各名物類下再依書篇排次。在排列分類與條目前，李雲光先生先説明"緣音求義，以聲相諧"之理，亦即爲訓詁學所謂"推因"之法，蓋以説明事物命名之由，彰顯名物音與名之關係。其分成 28 類爲：釋天附鬼神祭名、釋地、釋山、釋水、釋丘、釋道、釋州國、釋形體、釋姿容、釋長幼、釋親屬、釋言語、釋飲食、釋采帛、釋首飾、釋衣服、釋宮室、釋牀帳、釋書契、釋典藝、釋用品、釋樂器、釋兵、釋車、釋船（闕）、釋疾病、釋喪制、釋官職。其中釋天附鬼神祭名、釋言語、釋飲食、釋宮室、釋用品、釋兵、釋喪制、釋官職八類内容較多，而有釋船一類徒具類名。

所以分爲 28 類，李先生自叙云：

> 劉熙《釋名》分爲二十七目，今檢鄭氏《三禮注》中訓釋物名者，除釋船一目未得其例外，其餘皆有之。張金吾采輯漢代各家著述如《白虎通》、《説文》及鄭氏各經注等釋事物者，依二十七目編纂爲《廣釋名》一書。因是書不主一家，於鄭氏經注者不盡采取者，兹專據《三禮注》，録其已采者，復加輯補，兼引經文，述之於後。㉚

> 以上二十七目，共計三百一十二條。其中張金吾《廣釋名》原采者一百二十一條，雲光補録者一百九十一條。㉛

> 此外，鄭氏注《周禮》，於官職取名，多所訓釋，此爲劉熙《釋名》所不具者。據《三國志・吳志・韋曜傳》，曜以劉熙所作《釋名》時有得失，因作《辯釋名》一卷，又補官職之缺，作《官職訓》一卷。今更師韋氏之意，取《三禮注》補"釋官名"一目於後。㉜

李雲光先生於"釋所取之名"一節，用功甚勤，能補張金吾《廣釋名》之缺者達 191 條，較張氏原取自《三禮注》者，多出一倍半，又在原十七類中補以

㉚ 同上注，頁 363。
㉛ 同上注，頁 390。
㉜ 同上注。

"釋官職"得十八類，是亦有多於前人者，另有可留意處，李先生"釋所取之名"不限於推因之法，亦有義界之法者，對於各條凡有他處重出者，皆加案語說明。李先生此節在增補《廣釋名》方面，有重要的學術意義。

關於"釋所取之名"，釋船一目無《注》可取，實徒具類目而無內容，應可取消分類，只需一語說明即可。而其他十七類，亦有可斟酌者，如"釋言語"、"釋姿容"是否屬於"名物"範疇，"釋天附鬼神祭名"、"釋喪制"中亦有若干條與名物不相干者，李先生皆列於第五章《鄭氏釋名物之考釋》中，有混淆之嫌，況且名物之學不等於雅學(《爾雅》之學)，亦與《釋名》之學不全同，雖皆云"名"，而取意有殊，虛實有別，此處實有類雜之失。

"釋所取之象"除了整理名物取名所象之意，亦兼及名物形象，與"說其形制"一節，對於後人研究名物(尤其器物)形貌與禮圖，有所裨益。

"說其形制"分宮室、衣服、玉瑞符命、食器、酒器、樂器、射器、兵器、車制、喪服喪器等十類，或引出土文物，或引歷代禮圖，於說法分歧者，亦謹慎存其異同，如宮室類有云：

> 雲光案，天子諸侯及大夫士房室形制是否不同，各家之說雖異，不外有無西房之辨而已。今就此二種形制，各舉一圖以見之。其有西房者，取張惠言"天子諸侯左右房圖"；其無西房者，取張惠言"大夫士房室圖"(自注：均見《儀禮圖》)。㉝[李雲光先生所引"天子諸侯左右房圖"(見圖一)，所引"大夫士房室圖"(見圖二)]

對於大夫士之房室是否有西房，李先生點出禮家有分歧之意見，而不評其臧否，不刻意爲調合之論。不過，此處留有小疵，其所取之圖皆有東西房，唯北堂之制有別，其似有失察，應補引一幅大夫士有東房無西房之宮室圖，方能顯示兩說之不同。附其405頁與406頁之圖於此。

"釋所取之義"所取者，對於鄭玄所論禮制，可爲參考，此節除一段總論外，各條目皆無案語。

㉝ 同上注，頁407。

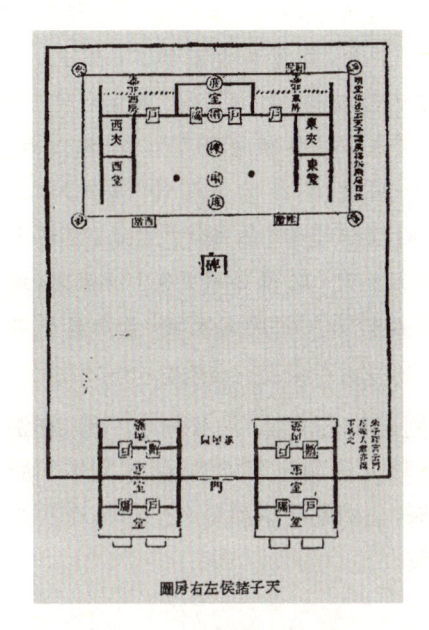

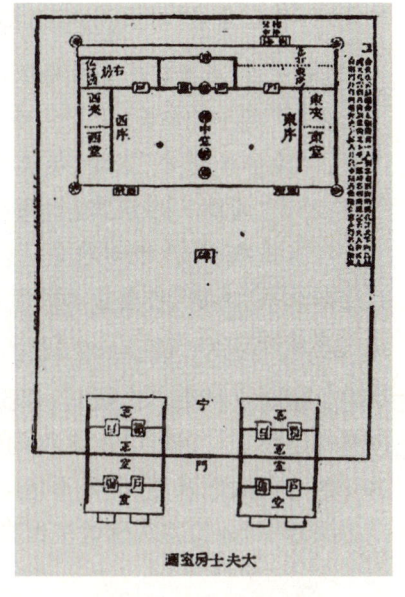

圖一　天子諸侯左右房圖　　　　圖二　大夫士房室圖

"辨其施用"所取者,整理鄭玄禮制器用之看法,分成宮室、衣服、食器、酒器、水器、樂器、射器、一般用器、喪具等九類,并附錢玄《三禮名物圖表》。此與"說其形制"兩節最能彰顯鄭氏名物學,李先生亦用力最深。

"據典籍所記以釋之"和"據目驗其物以釋之"兩節則說明鄭《注》引學者或典籍之内容以說釋名物,但"據目驗其物以釋之"一節,乃因賈公彥《儀禮疏》之啓發。深察之,有些似乎未必爲目驗,可能亦引典籍或學者通人之說法,其他則引漢制,故"目驗"之名,或可再議。其間亦有雲光先生案語可昭示後學者,如《周禮·春官·巾車》"王之喪車五乘:木車……小服皆疏"。鄭《注》云"鄭司農云:蒲蔽,謂贏蘭車……'漢儀'亦然",李先生案語云:

　　雲光案:鄭司農所稱"漢儀",賈公彥《疏》及孫詒讓《正義》皆不以書名釋之,蓋以爲泛指漢制也。考《春官·小祝》云:"及葬,設道齎之奠。"《注》引杜子春云:"齍當爲粢,道中祭也。《漢儀》'每街路輒祭'。"孫詒讓云:"云漢儀每街路輒祭者,蓋據漢大喪儀。"(自注:見《周禮正義》卷50)此注釋喪車,亦大喪時事,然則所稱"漢儀",亦"漢大喪儀"也。又鄭氏《天官・凌人》《注》引"漢禮器制度",孫氏《正義》云:"'漢禮器制度'蓋即《後漢書・曹褒傳》所云叔孫通《漢儀》十二篇,王充《論衡・謝短篇》云高祖詔叔孫通作《儀品》十六篇,亦即是書。惟篇數不同,未知孰是。"(自注:見《周禮正義》卷10)據此,此《注》所稱"漢儀"爲書名,而"漢禮器制度"及"漢大喪儀"皆爲其中之一篇歟?㉞

此李先生讀書之精細者。觀其《鄭氏對名物之考釋》一章分十一節,詳細整理與歸納鄭玄《三禮注》對名物的考釋方法與注解之內涵,本文本節雖提出一些可斟酌之意見,但仍不足以掩《三禮鄭氏學發凡》之光輝,李雲光先生之深厚學養,值得後學效法與崇敬。

五、結　語

本文以三個子題:鄭玄注《三禮》之次序、鄭玄《儀禮注》發凡例之統計、讀《鄭氏對名物之考釋》,對李雲光先生《三禮鄭氏學發凡》提出讀後心得。

本文認爲李先生主張鄭玄注《三禮》之順序是《禮記注》爲先,次爲《周禮注》,再次爲《儀禮注》,此說法可再討論,李先生限於當時資料不便,未能見到黃以周與楊澧的說法,二家以《周禮注》早於《禮記注》。鄭玄既遍注《三禮》,則多少會因後來意見修改舊時意見,故《三禮》之次序的判定可將黃以周和李雲光先生的方法結合起來,再做更深入的比對,或許可以堅實地論證任何一家說法。

在李雲光先生的啓發下,本文對《儀禮注》的發凡例進行整理統計的工作,得出132條的數量,可補《三禮鄭氏學發凡》第六章第十節"歸納凡

㉞　同上注,頁499。

例與解說"之條例。至於《周禮注》與《禮記注》的發凡例也值得整理統計，應有新的數據可爲學界參考。

在《三禮鄭氏學發凡》第五章《鄭氏對名物之考釋》方面，本文提出三點意見，對於"釋所取之名"一節，本文提出所歸納類別過於廣泛，受到《爾雅》與《釋名》類影響，未能精確控制在名物之學的範疇；"説其形制"一節所引之大夫士房室圖除了引兩房者外，應補引有東房無西房之宮室圖，如此才能知分歧之處；"據目驗其物以釋之"一節未有堅確依據以説明所整理各條皆爲鄭玄目驗其物以釋之，亦無法排除據典籍或通人學者之説的可能。

李雲光先生《三禮鄭氏學》一書，體系龐大，考釋精實，其一章一節，皆足以引領後學以專題專文接續研究，此書揭櫫研究鄭玄禮學的架構與方針，不僅是二十世紀禮學的重要著作，在二十一世紀仍爲引領禮學研究的大作。

後記：本文於 2015 年 11 月 12 日在中研院中國文哲研究所主辦"戰後臺灣的經學研究(1945 至今)第二次學術研討會"上宣讀，會後就部分文字修正。

文 字 類

山西翼城霸伯尚盂銘文禮說[*]

一、前　言

"霸伯①尚盂（M1017：6）"（圖一）又稱爲"霸伯盂"、"尚盂"，是 2010 年大河口西周墓地 M1017 出土的一件銅盂。大河口墓地位於中國山西省南部翼城縣東約 6 公里處的隆化鎮大河口村北臺地上，②2007 年 5 月被盜，③同年 9 月 19 日開始進行探勘和試掘，④2009 年 5 月開始大規模的搶救性發掘，至 2011 年 5 月發掘的墓地面積約 4 萬平方公里，得西周墓葬 1 500 餘座。⑤ 考古編號爲 M1017 的墓出土多件西周銅器，因爲霸

---

[*] 本文爲科技部專題計劃"周代賓禮探討——以天子諸侯爲中心"（NSC 98 - 2410 - H - 024 - 016 -）的部分成果修改而成，寫作期間得經費補助，謹致謝忱。初稿原題《霸伯尚盂銘文禮說》，發表於"第二十四屆中國文字學國際學術研討會"（臺灣中正大學中文系主辦），蒙特約討論人指正，會後修訂并由匿名審查人提供修改意見，謹此一并申謝。

① 霸爲非姬姓族的地域性政治實體，依附而同化於周王朝，其首長自稱爲"伯"，此爲其自我定位，未必是周天子册命的諸侯爵位。由於器銘自稱爲霸伯，故依例稱此器爲霸伯尚盂或霸伯盂。

② 謝堯亭、王金平、李兆祥、狄跟飛、解雲霞、王英澤：《山西翼城大河口西周墓地》，《文物天地》2008 年第 10 期，頁 80。

③ 山西省考古研究所大河口墓地聯合考古隊：《山西翼城縣大河口西周墓地》，《考古》2011 年第 7 期，頁 9。謝堯亭等合撰之《山西翼城大河口西周墓地》載盜墓在 7 月中旬發生（出處參注 2）。國家文物局：《2010 中國重要考古發現》（北京：文物出版社，2011 年）亦記錄被盜時間爲 2007 年 5 月（頁 65）。

④ 謝堯亭、王金平、李兆祥、狄跟飛、解雲霞、王英澤：《山西翼城大河口西周墓地》，同注 2。

⑤ 山西省考古研究所大河口墓地聯合考古隊：《山西翼城縣大河口西周墓地》，同注 3。

伯尚盂器壁銘文十行 117 字（含重文 2，圖二），是整個墓地所得字數最多的器銘，所以自 2011 年公布以來，已有多篇論文討論。目前，對霸伯尚盂銘文的討論大致上已告一個段落，本文希望各家考釋意見做整理與訂補，因此彙集所見多篇學術論文，梳理異同，益以己見，以供學界參考。

圖一　霸伯尚盂⑥

圖二　霸伯尚盂銘文⑦

本文共分爲四節，第一節爲前言，說明寫作動機與研究回顧；第二節爲器銘之通釋與討論，學者提出之意見擇其所善而從之，有不足者，則

---

⑥　錄自國家文物局：《2010 中國重要考古發現》（北京：文物出版社，2011 年），頁 69。
⑦　錄自《考古》2011 年第 7 期，頁 17。

補充個人看法，以期通讀全文，學者提出之意見分歧較大者，則列表以便比較與討論；第三節以先秦禮學的角度對霸伯尚盂銘文做詮釋，第四節是全文的總結。

霸伯尚盂的銘文隸定如下（各行前的數字爲銘文行序）：

1 隹(唯)三月，王史(使)白(伯)考蔑尚厤(曆)，歸(饋)

2 柔(枆—茅)、芬(鬱)、旁(芳)罔，減(？)。尚撰(拜)頶(稽)首。既頶(稽)

3 首，征(延)賓，罔(祼)，賓(儐)用虎皮兩(乘)，毀用

4 章(璋)，奏。翌日，命賓曰："撰(拜)頶(稽)首，天子

5 蔑其臣厤(曆)，敢敏用章(璋)。"遣賓，罔(祼)，用

6 魚皮兩，側毀用章(璋)，先馬。又毀

7 用玉，賓出。以胆(俎)或(又)征(延)，白(伯)或(又)遵(原)毀

用玉，

8 先車，賓出。白(伯)送賓于葬(郊)，或(又)舍(舍—予)

9 賓馬。霸白(伯)撰(拜)頶(稽)首對覎(揚)王休，

10 用乍(作)寶盂，孫＝(孫孫)子＝(子子)其邁(萬)年永寶。

霸伯尚盂的相關論文，大致可分成兩類：一類以銘文考釋爲重點；另一類專對霸伯尚盂銘文的聘禮內涵進行討論，當然有的論文是兼跨兩類的。黄錦前、張新俊先生的《霸伯盂銘文考釋》⑧一文爲最早討論此器之作，在銘文隸定與斷句方面，提出多數可從的意見。曹建敦先生《霸伯銘文與西周時期的賓禮》⑨一文提出其時代爲西周中期早段。隸定"[字]"爲鬱字，讀"[字]"爲賄，皆爲關鍵性的意見。又由《儀禮·聘禮》、

---

⑧ 黄錦前、張新俊：《霸伯盂銘文考釋》，武漢大學簡帛網(http://www.bsm.org.cn/show_article.php?id=1494)，2011年6月15日。凡後文引用此文時，因無頁數，不再另行注明出處。

⑨ 曹建敦：《霸伯盂銘文與西周時期的賓禮》，復旦大學出土文獻與古文字研究中心網站(http://www.gwz.fudan.edu.cn/SrcShow.asp?Src_ID=1560)，2011年6月21日。凡後文引用此文時，因無頁數，不再另行注明出處。

《儀禮·覲禮》對照，得出"賓出"爲每段儀節之結束，并以此爲全文之分節，這是很正確的看法。李學勤先生《翼城大河口尚盂銘文試釋》⑩一文釋器名爲"尚盂"，云"從竊曲紋有較原始的'臣'字形目看，時代應在西周中期前段，可估計屬穆王前後"，⑪關於此器由形制和紋飾以及銘文風格參看，其説甚是。丁進先生《新出霸伯盂銘文所見王國聘禮》⑫爲討論此器禮儀最晚出之文，此文釋"鬻"爲"瓚"，提出有"瓚"有"毁"的是饗禮，無"瓚"有"毁"的是食禮。又認爲此銘文霸伯招待考伯⑬有燕有食兩次，無燕有食一次，即兩饗一食。⑭ 其説甚好。燕禮重飲，食禮重食，而饗禮兼有之，故饗禮重於食禮，食禮重於燕，《儀禮·聘禮》明載若卿爲聘賓，則當有兩饗一食。此文的確爲目前所見對霸伯尚盂之禮儀研究之最佳者。⑮ 另外注釋此器銘文的尚有徐伯鴻先生的《霸伯墓地 M1017 霸伯盂銘文新注》⑯與張恒蔚先生的《霸伯銅器群研究·霸伯盂銘文彙釋》；⑰詮釋此器禮儀的尚有張亮先生的《論霸伯盂銘文所反映的西周賓禮》⑱和孫慶偉先生的《尚盂銘文與周代的聘禮》。⑲ 下文在各家基礎上，對霸伯尚

---

⑩　李學勤：《翼城大河口尚盂銘文試釋》，《文物》2011 年第 9 期，頁 67—68。
⑪　同前注，頁 67。
⑫　丁進：《新出霸伯盂銘文所見王國聘禮》，《文物評論》2012 年第 2 期，頁 4—8。
⑬　同前注，頁 4。由銘文來看，使者是伯考，而非考伯，此處可能是筆誤。
⑭　同前注，頁 5—6。但其認爲毁借爲"侑"，是勸食。説法并不正確，本文對此有討論。
⑮　又，此文提到霸伯簋銘文有周王派卿士到霸伯一處，此説有待商榷。該器銘文并未提到是周天子派丼叔來聘，況且文末霸伯對揚丼叔，而非周王。
⑯　徐伯鴻：《霸伯墓地 M1017 霸伯盂銘文新注》，bohong 的博客（http://blog.sina.com.cn/s/blog_4d399bba0100vich.html），2011 年 6 月 28 日。凡後文引用此文時，因無頁數，不再另行注明出處。
⑰　張恒蔚：《霸伯銅器群研究》（臺南：臺南大學國語文學系碩士論文，2012 年），頁 15—52。
⑱　張亮：《論霸伯盂銘文所反映的西周賓禮》，武漢大學簡帛網（http://www.bsm.org.cn/show_article.php?id=1514），2011 年 6 月 15 日。凡後文引用此文時，因無頁數，不再另行注明出處。
⑲　孫慶偉：《尚盂銘文與周代的聘禮》，復旦大學出土文獻與古文字研究中心網站（http://www.gwz.fudan.edu.cn/SrcShow.asp?Src_ID=1763），2012 年 1 月 1 日。此文就銘文所載禮儀之性質，依序分爲"王蔑曆之賜"、"伯考私覿之物"、"霸伯托伯考轉奉周王之物（亦可看作覲禮的一種儀節）"、"兩次饋贈（有兩種可能："私覿的回贈和饗賓的酬幣"或"霸伯對伯考的加禮或厚禮"）"、"歸饔餼"、"再行郊勞之饋贈"。凡後文引用此文時，因無頁數，不再另行注明出處。

盂的銘文提出一些補充意見。

二、器銘通釋與補充

霸伯尚盂口徑39.5釐米,高34釐米,[20]敞口,方唇,雙附耳,深直腹,三足作象首形,象鼻朝外上卷,器口下飾獸面紋一圈。其銘文依内容可以分成七段。

第一段記録時間和賓來聘的目的——"隹(唯)三月,王史(使)白(伯)考蔑尚厤(曆),歸(饋)柔(茅)、芎(鬱)、旁(芳)鬯,誡。尚撑(拜)𩒨(稽)首"。周王派遣使者(聘賓)伯考至霸來蔑厤尚,并且饋賜茅、鬱和芳鬯,整個蔑厤禮完成後,受賞賜的尚以拜稽首的禮儀向周王拜謝。這段應補充說明之處有二:其一爲鬱和芳鬯爲二物;其二爲誡字之問題。學者對此處斷句甚爲分歧,今以表一呈現之:

表一　霸伯尚盂銘文"歸柔茅芎旁鬯誡"隸定與斷句分歧表

學　者	隸　定　與　斷　句
黃錦前、張新俊、張亮	歸(饋)柔(矛—茅)苞、旁(芳)鬯,誡
曹建敦、徐伯鴻	歸(饋)柔(茅)、鬱旁(芳)鬯,誡
李學勤、孫慶偉	歸柔芎(鬱)、旁(芳)鬯,誡(漿)
丁進	歸柔茅[21]芳鬯。誡
鄭憲仁	歸(饋)柔(枬—茅)、芎(鬱)、旁(芳)鬯,誡

本文認爲茅、鬱、鬯爲三物,茅和鬱爲香草,學者或有以鬱和鬯爲一物者,故以西周銘文中"鬯"爲"鬱鬯"之省,處理霸伯尚盂則因鬱和鬯字中間有"旁(芳)"字,而不知釋芎爲鬱字。事實上,只要檢索西周銘文便可知鬯

---

[20]　山西省考古研究所大河口墓地聯合考古隊:《山西翼城縣大河口西周墓地》,同注3,頁16。

[21]　此處應有漏字。

和鬱鬯不必爲一物,況且宜庆矢簋(4320)㉒有"▨"(盉)鬯",是鬯字之前不必然爲鬱字。鬯和鬱本爲二物,加鬱之鬯固可稱爲鬱鬯,然鬯不必然爲鬱鬯。

臧字就文例來看,似可釋爲咸之誤字,咸字作爲禮儀完備、禮成之意,於銘文常見,曹建敦先生《霸伯盂銘文與西周時期的賓禮》引陳劍先生説亦主張此字爲咸之誤字,并舉上海博物館藏戰國《緇衣》簡爲證,可惜材料時代相差較遠,而且西周銘文未有其他例證,姑且存疑待考。

第二段記録主國君(霸伯尚)以饗禮款待聘賓(伯考)——"既䭫(稽)首,延(延)賓,䙴(裸),賓(儐)用虎皮再(乘),毁用章(璋),奏"意指霸伯向天子行拜稽首禮後,乃延請聘賓饗禮,饗裸後贈送賓四虎皮以及一件璋,并有奏樂。這段文字可補充説明的有幾處:

䙴字釋裸已有多位學者指出來,白川静、㉓賈連敏、㉔方稚松㉕諸位先生,皆有專文討論,學者可以參閲。

賓字於此處作動詞用,爲贈賜賓客專用動詞,即後來分化出的"儐"字。賓作賞賜動詞的用法,在西周銅器銘文中已有數例,如西周早期的鯀簋(4146)、小臣守簋(4179)、作册䢅尊(5989)、中期的如公貿鼎(2719)、蒴簋(4195)。對於釋金文賓字爲儐,孫詒讓早已説過,其云:

"賓"即禮經之"儐"也。……凡"儐"之見于金文者,字皆作"賓"。㉖

王國維先生有更深入的看法:

金文及小篆易从止爲从貝者,乃後起之字。古者賓客至,必有物以贈之,其贈之事謂之賓,故其字从貝,其義即禮經之"儐"也。……後世以賓爲賓客字,而別造"儐"字以代"賓"字。……"賓"則"儐"之

㉒ 此數字爲中國社會科學院考古研究所編《殷周金文集成》之編號。
㉓ 周法高編:《金文詁林(附録)》(日本京都:中文出版社,1981年),頁2802—2803。
㉔ 賈連敏:《古文字中的"裸"和"瓚"及相關問題》,《華夏考古》1998年第3期,頁109—110。
㉕ 方稚松:《釋殷墟花園莊東地甲骨中的瓚、裸及相關諸字》,《中原文物》2007年第1期,頁83—87。
㉖ 周法高編:《金文詁林(上)》(日本京都:中文出版社,1981年),頁1089。

本字也。㉗

金文的賓字或爲名詞，即賓客也，若爲動詞，學界習以賞賜釋之，其實此爲"賞賜賓客"之專用字，即孫、王之説"儐"字也，賞賜賓客與賓禮有關，尤其銘文中用賓字爲動詞者，多爲賓禮有關銘文，尤以聘禮爲多，部分屬殷見禮或殷國禮，銘文之動詞賓字，相當於先秦禮學所稱之餽贈、酬、侑諸義，淩廷堪《禮經釋例》云："凡賓，主人行禮畢，主人待賓，用醴則謂之禮，不用醴則謂之儐。"㉘《儀禮》用儐字尚留西周時代主人贈賓之意。霸伯尚盂銘文之"賓用虎皮再"乃指霸伯尚以四件虎皮餽贈聘賓。在禮的性質上屬於饗禮的酬幣。

至於"毀"字，學者釋讀分歧，較値得注意的是讀爲"賄"或"餽"，或有認爲"侑"者。㉙《左傳》莊公十八年、僖公二十五年、僖公二十八年傳文有"命之宥"、"命晉侯宥"諸語，僖公二十五年事載於《國語‧晉語》字作"命公胙侑"，禮家或以宥和侑有別，侑爲食禮之侑幣，宥於西周銘文作"友"、"者"等。㉚ 或許在西周時，侑和宥還未必如禮書所載那樣區分，但在銘文隸定時，可以儘量地留意到宥和侑的區別，如鄂侯馭方鼎（2810）、穆公簋蓋（4191）、師遽方彝（9897）、應㽙見工簋（NA0078、NA0079）㉛等，皆與饗禮有關（其銘文雖未出現饗字，而有祼字者亦可包括在内），㉜與其讀爲

㉗ 王國維：《與林浩卿博士論洛誥書》，《定本觀堂集林》上册卷1，收録於楊家駱主編：《讀書札記叢刊》第1集第6册（臺北：世界書局，1991年），頁43—44。

㉘ （清）淩廷堪：《禮經釋例》卷6，（臺北：中研院中國文哲研究所，彭林點校本，2002年），頁307—311。

㉙ 曹建敦《霸伯盂銘文與西周時期的賓禮》認爲此字通"賄"，意爲贈送，同注9；李學勤：《翼城大河口尚盂銘文試釋》認爲讀作"餽"，乃進物於尊者之意，同注10（頁68）；丁進：《新出霸伯盂銘文所見王國聘禮》認爲侑，即勸食，同注12；其他説法如：黃錦前、張新俊：《霸伯盂銘文考釋》讀此字爲"委"，訓爲"置"，同注8；徐伯鴻：《霸伯墓地M1017霸伯盂銘文新注》讀此字爲簋，并讀"又毀"爲"侑簋"，同注16，忽略銅器銘文（作毀）字常見，徐説先以此字爲簋，後又以爲即侑食，立説稍嫌草率；張亮：《論霸伯盂銘文所反映的西周賓禮》訓此字爲襲，同注18。諸説皆有可商議之處，論證亦不夠精密。

㉚ 周聰俊：《饗禮考辨》（臺北：文史哲出版社，2011年），頁145—146。

㉛ 此爲中研院歷史語言研究所"殷周金文暨青銅器資料庫"（http://www.ihp.sinica.edu.tw/~bronze/detail-db-1.php）之編號。

㉜ 祼禮之施用範圍據周聰俊先生《祼禮考辨》（臺北：文史哲出版社，1994年），其説有四：朝禮之祼、饗禮之祼、冠禮之祼、籍禮之祼。

"侑"字不若用"宥"字爲佳。饗禮有"宥",其字形已如上所述,宥可能與賜物關係較小。㉝ 毁字於霸伯尚盂銘文出現四次,分別爲"毁用章"、"側毁用章"、"又毁用玉"、"遽毁用玉",顯然和玉器有關,學者各家考釋,以釋"賄(饋)"較好。毁字釋爲賄(饋),雖於聲韻可通,仍乏通讀之有力證據,只能存疑待考。㉞ 饗禮之饋物者,當爲酬或賜,霸伯尚盂"賓用虎皮再,毁用章"則酬幣也。

第三段記錄第二天霸伯尚請聘賓回傳感謝周王的謝辭——"翌日,命賓曰:'搽(拜)頜(稽)首,天子蔑其臣厤,敢敏用章(璋)。'"對於"命賓"有學者提出"可能即訝賓",㉟牽附經書,命釋作訝,無據。至於臣字或有學者隸定爲亡,㊱細觀字形,第一筆(字左外圍筆畫)似有殘斷,字形與臣字和亡字皆有落差,有失範的可能,不排除其爲臣字形訛。至於有學者提出"霸伯用璋也可看作是覲禮的一種儀節",㊲則推之過甚,霸伯尚盂銘文之性質與覲禮無關,王遣使來霸,禮儀性質爲聘禮,即使與覲禮有相似儀節,斷不可以覲禮詮釋。

第四段記錄霸伯尚第二次以饗禮款待聘賓——"遣賓,鬯(祼),用魚皮兩,側毁用章(璋),先馬。又毁用玉,賓出"。饗禮有酬幣與加厚之賜,賓出,表示一段禮儀結束,在《儀禮》各篇也常可見"賓出"表示一個儀節的結束。

第五段記錄霸伯尚以食禮款待聘賓——"以胆(俎)或(又)延(延),白(伯)或(又)遽(原)毁用玉,先車,賓出"。這次重點在俎,食禮重食,諸侯

㉝　周聰俊:《饗禮考辨》,頁164。關於饗禮之宥,周聰俊先生認爲"當含有勤王事之特殊意義存焉。蓋欲諸侯爾後更盡心竭力,勤勉於王事者是也";"通讀《穆公毁》、《師遽方彝》及《鄂侯鼎》三器銘辭,義未嘗有不通者,而施諸《左傳》'命宥'之文,其義尤爲曉達。所異者,彝銘乃臣屬自誓敬勉,而傳文則爲天子躬親嘉勉而已"。

㉞　當然,我們也可以考慮侑、宥、賄之區別是禮書與傳世先秦古籍系統的區別,或許是西周晚期才有的現象,將霸伯尚盂的四個"毁"皆讀爲"賄",解釋爲贈送,看似可通,但何以毁字專對用玉,而且於其他西周銘文未見以毁爲動詞,在問題沒有更好的解釋前,仍當以不知爲不知的闕疑方式來處理。

㉟　如黃錦前、張新俊《霸伯盂銘文考釋》該文先釋命賓爲告賓,此説甚是,後又再立新說認爲"則'命賓'可能即訝賓"甚爲添足,同注8。

㊱　李學勤《翼城大河口尚盂銘文試釋》,同注10,頁68。

㊲　如孫慶偉《尚盂銘文與周代的聘禮》,同注19。

食聘賓之禮於《儀禮》有《公食大夫禮》一篇，食禮有侑幣。對於"以胆"的斷句，各家不同，這影響到兩個儀節，也關係到銘文下一個句子的斷句，試以表二說明之：

表二　霸伯尚盂銘文"賓出以胆或徙白或邍毀用玉先車"隸定與斷句分歧表

學　者	隸　定　與　斷　句
黄錦前、張新俊	賓出，以俎。或徙(延)白(伯)，或邍(原)毀(委)，用玉，先車。
曹建敦	賓出。以俎或(又)徙(延)，白(伯)或(又)邍(原)毀(賄)用玉，先車。
徐伯鴻	賓出。以俎，或延伯，或邍(原)毀(簋)，用玉，先車。
張亮	賓出。以俎，或(又)徙(延)，白(伯)或(又)邍(原)，毀，用玉，先車。
李學勤、孫慶偉	賓出，以胆(俎)或(又)徙(延)，白(伯)或(又)邍(原)毀(饋)，用玉先車。
丁進	賓出以胆(俎)。或延伯，或邍毀用玉、先車。
鄭憲仁	賓出。以胆(俎)或(又)徙(延)，白(伯)或(又)邍(原)毀用玉，先車。

學者將"以胆"和"賓出"連讀，其緣由有二端。其一爲《儀禮·公食大夫禮》有"有司卷三牲之俎，歸于賓館"。㊳ 乃所謂"歸俎"之儀節，歸俎是食禮、醴賓等設俎款待賓客時皆有的儀節，其非禮之主要內容，故若銘文於賓出後獨言以俎歸之，甚爲枝蔓，而且銘文記前一日之饗禮，無"以俎"二字。另一原因爲三年瘐壺(9726-9727)銘文中有饗醴、饗酒後天子賜羔俎、彘俎之例，然其文法與此不同，四字連讀爲"賓出以俎"，賞賜俎之語意甚弱，不若讀"以俎延賓"，解釋設俎以食禮延請聘賓來得順暢合宜。

第六段記載霸伯尚送賓於郊，并且饋贈馬匹——"白(伯)送賓于蓐(郊)，或(又)舍(舍—予)賓馬"。送字，學者多誤釋爲遣字，此字與遣字字

㊳　(東漢)鄭玄注，(唐)賈公彥疏：《儀禮注疏》卷25(臺北：藝文印書館，清嘉慶二十年阮元南昌府學重刊宋本)，頁17。

形有別，遣字於本銘已見，可爲對照。舍字，或有隸定爲"舍"字，讀爲"捨"者，不若隸定爲"舍"（舍—余），釋爲"予"好，關於此字，季旭昇先生云：

于省吾《鄂君啓節考釋》："'舍'即'余'字。《居簋》和魏《三體石經》古文'余'均如此作，'余'應讀作'給予'之'予'。凡周代典籍中的'予'本應作'余'"，"'予'爲後起字。"旭昇案：于說甚好，但"凡周代典籍中的'予'本應作'余'"，似稍有語病，應作"凡周代典籍中的'予'本應作'舍'"，甲骨文"余"字作第一人稱，并不作"給予"義用。金文"舍"（即舍），應是借用"余"的字形，加"口"爲分化符號，因而分化出"舍"（舍）字以表達"給予"的意義，亦因"余"字以爲聲。"給予"義又作"予"，但是比較後起，"予"是"吕"的假借分化字，首先出現於戰國時代。"余"、"予"兩字上古音都屬於喻紐魚部。中山王鼎"舍"字用同"余"，可證"舍"從"余"得聲。㊴

第七段記載霸伯對揚周王，作盂流傳後世子孫——"霸白（伯）捧（拜）韻（稽）首對趴（揚）王休，用乍（作）寶盂，孫₌（孫孫）子₌（子子）其邁（萬）年永寶"，此爲銘文文末套語。這次伯考是奉周王之命來霸進行蔑曆賞賜的聘問之禮，因此霸伯尚對揚的對象是周王而不是伯考。萬年的萬字寫作"邁"於西周早期已見，如先獸簋（2655）與叔宇簋（3724），西周中期後已經流行開來。

三、器銘所載相關禮制的討論

霸伯尚盂銘文最受學界重視的在於其内容記載西周時期的聘禮，這是第一次有考古出土的先秦文字材料提到聘禮的細節，銘文由聘賓伯考至霸國代表周王進行蔑曆和賞賜開始，一直記録到霸伯尚於郊送聘賓離去，不僅和文獻《儀禮·聘禮》可以相印證，亦涉及了饗禮和食禮。

《儀禮·聘禮》的"正經"文字可以分爲三個部分、八個階段、二十九個

㊴ 季旭昇：《説文新證》（福州：福建人民出版社，2010年），頁452。

儀節,如下:

第一部分——使者至受聘國前諸事

1. 出使前諸儀——包括"圖事命使介"、"授幣"、"告禰"、"受命遂行",這個階段是使者出國境前諸事。

2. 途中諸儀——包括"過他邦假道"與"習儀",這是在路途中的諸事。

第二部分——至受聘國行聘禮

3. 至受聘國聘享前諸儀——包括"及竟"、"入竟展幣"、"郊勞"、"致館展幣"、"設飧"、"至朝及廟門",這是到了受聘國,在正式的聘享儀節前的諸事。

4. 聘享諸儀——包括"聘"、"享"、"聘享夫人",這個階段是正式行禮聘享,爲聘禮的中心部分。

5. 禮賓勞賓諸儀——包括"禮賓"、"私覿"、"公送賓問勞"、"卿勞賓",這個階段是主國君禮賓、勞賓、卿大夫勞賓諸事。

6. 歸饗諸儀——包括"歸饗餼於賓介"、"賓介問卿大夫"、"夫人歸禮於賓介"、"大夫餼賓介"、"饗食賓介",是以歸禮和饗食爲主的諸事。

第三部分——返國諸事

7. 將返前諸儀——包括"還玉報享"、"賓將行君館賓"、"賓行主國贈送",使者準備回國,主國君贈送諸事。

8. 至國諸儀——包括"使者反命"、"使還奠告",是使者回國覆命,并告廟諸事。⑩

霸伯尚盂銘文中,伯考代表周王蔑厤霸伯尚,并饋賜"柔、芇、旁邕",相當於"聘享諸儀"中的"聘",《儀禮‧聘禮》爲諸侯間遣使互聘,故聘以圭璋,此器是天子遣使爲蔑厤而聘,器銘此處所載之饋物非屬於聘禮的"享"

---

⑩ 參考鄭憲仁:《〈儀禮‧聘禮〉儀節之研究》,《南臺科技大學學報》2006 年第 31 期,頁 81—82。

這個儀節，"享"爲聘賓奉束帛加璧爲之，故知饋物爲周王對霸伯尚的賞賜。霸伯尚得到周王的賞賜後，對周王行了拜稽首的禮儀，使者伯考依禮當避而不回拜，蓋以拜之對象爲周王，不是拜使者，故使者不答拜。

接着銘文記載的"延賓，祼"、饋賓以"虎皮再，毀用章"及奏樂，屬於聘禮"饗食賓介"，這段文字是記載霸伯尚以饗禮款待聘賓伯考，但《儀禮·聘禮》并没有饗禮和食禮的細部程序，只有"主國君臣饗食賓介之法"㊶一段文字：

> 公於賓壹食再饗。燕與羞，俶獻，無常數。賓介皆明日拜于朝。上介壹食壹饗。若不親食，使大夫各以其爵，朝服致之以侑幣，如致饗，無儐。致饗以酬幣，亦如之。大夫於賓壹饗壹食，上介若食、若饗。若不親饗，則公作大夫致之以酬幣，致食以侑幣。㊷

文字清楚地記載受聘國對於聘賓依其身份有兩饗一食或一饗一食的款待，也就是説聘禮中本有饗禮與食禮（《儀禮》有《公食大夫禮》一篇）的儀節，饗禮於先秦禮書中無專文記其詳細內涵，㊸周聰俊先生有《饗禮考辨》一書詳考之，依其研究，饗禮之行禮次序爲：迎賓、獻賓（包含：祼與獻、酬幣與賞賜）、樂舞、旅酬、饗射。㊹ 霸伯尚盂銘文只載了延賓（相當於迎賓）、獻賓（祼和酬幣）、用樂。有學者指出此處爲"私覿"饋物，㊺殆非。

不過還有一點應該説明，"聘"和"饗"是否可以同一日舉行？這影響銘文"延賓……奏"是否爲《聘禮》的"禮賓（以醴酒款待賓）"的判定，依《聘禮》文字來看，饗禮當與聘享不同日，而"禮賓"在聘享後進行，"禮賓"有幣（束帛）和庭實（馬），則是饗禮和"禮賓"皆有饋贈。據周聰俊先生研究，饗

㊶ （清）張爾岐：《儀禮鄭注句讀》卷 8 如此稱（臺北：學海出版社，1980 年），頁 24（總 386），由其文意可知其舉行則宜在"聘"、"享"、"私覿"、"問卿面卿"、"問下大夫"等之後，賓已見過主國君，主國君便以饗禮、食禮待之，此處僅做原則性説明饗食賓介之事，不交代進退拜受之細節。

㊷ （東漢）鄭玄注，（唐）賈公彥疏：《儀禮注疏》卷 22，頁 13—14（總 267）。

㊸ 《儀禮·公食大夫禮》經文"設洗如饗"處，鄭玄注云"饗禮亡"。同上注，卷 25，頁 3（總 300）。

㊹ 周聰俊：《饗禮考辨》，同注 30，頁 120—230。

㊺ 如孫慶偉《尚盂銘文與周代的聘禮》，同注 19。

禮之祼,可分爲禮賓之祼與饗祼:

〉《儀禮・聘禮》聘享禮畢,禮賓用醴,諸侯朝天子,或自相朝,朝享禮畢,天子或主國之君以鬱鬯之酒獻賓,蓋事本相同,而用醴用鬱鬯,禮有差降耳。故《大行人》公再祼,侯伯子男一祼,諸侯有祼而卿無祼,則以酒禮之。質言之,朝享禮畢,以鬱鬯祼賓,此禮賓之祼事,蓋即黃以周所謂"禮祼"是也。饗祼者,饗獻所包之祼也。一在朝覲禮畢之禮賓節,一在大饗賓客之饗獻中,二者俱以祼名而實有異也。㊻

〉按聘享後之禮祼,固不可與饗禮之祼混同。蓋禮祼是禮祼,饗祼是饗祼,二者殆有殊異。知然者,就聘禮行禮之節次言之,將幣與禮賓同日,饗食則不同日。《周禮・大行人》賈公彥疏以爲朝禮三享禮賓,與王速賓來廟中行饗異日,即據聘禮言之。又《周禮・齊僕》云:"朝覲宗遇饗食,各以其等爲車送逆之節。"孫詒讓以爲朝享純乎君臣,故無法迎,享後禮祼及饗食,純乎賓主,故依諸侯相朝禮有迎法。經云朝覲宗遇,即指禮賓而言,以將幣與禮賓同日,饗食則不同日,故備言之。孫據迎賓之法亦以禮賓與饗食不同日。且縱使饗禮附聘禮之後而行,但聘饗本各爲獨立之禮典,聘禮禮賓一節,亦非饗禮所當有,是聘禮禮祼與饗禮固無關涉也。㊼

周先生考辨嚴緊細密,禮祼與饗祼之別清楚,朝覲禮畢之禮賓與大饗賓客之饗獻亦區分明確,其研究成果可以用於霸伯尚盂銘文禮事之深究。諸侯於聘賓"聘享"後之"禮賓"一儀節,本無祼事,故推霸伯尚盂銘文此處有"祼"字,其性質固非"禮賓"也,而是"饗祼"。然依禮書所載,饗祼與聘享將幣不同日,而就霸伯尚盂銘文來看是同一日舉行,本文推測可能霸伯尚盂內容爲西周中期早段之禮事,未若後代之規範,若必以禮書與銘文相合無間,則恐泥矣。

〉銘文兩處饗禮之陳述分別爲"徣(延)賓,鬲(祼),賓(儐)用虎皮再

㊻ 周聰俊:《饗禮考辨》,同注 30,頁 123。
㊼ 同前注,頁 129。

(乘)，毁用章(璋)，奏"、"𩛥(祼)，用魚皮兩，側毁(賄)用章(璋)，先馬。又毁用玉"，兩者皆以祼和酬幣爲重點，第一次饗禮酬以虎皮和璋，第二次饗禮酬以魚皮、璋和庭實，又再加玉以申厚之。第二次饗禮進行完，以"賓出"表示禮畢。

其後，設俎爲食禮，食禮備物有俎以盛太牢，此外有豆以盛菹醢炙膾，有簠(簋)以盛黍稷稻粱，有鉶以盛芼，因牲體載俎於食物爲最盛，故以爲代表，食禮有侑幣，即銘文之"或(又)逺(原)毁用玉，先車"。此亦爲"饗食賓介"之部分儀節。

聘賓伯考將返，主國君霸伯尚親送之郊，并有"或(又)舍(予)賓馬"，此爲將返前諸儀之"賓行主國贈送"儀節，《儀禮·聘禮》載賓將行，三拜乘禽于朝，而主國君不親見，訝聽之而可，此銘文載霸伯尚因尊天子之使者，故親送之於郊，所以尊重事也。至此，霸伯尚既受天子蔑厤，又知禮以申明賓主之義，乃鑄此銅盂，亦所以榮耀祖先，爲子子孫孫典範。

下面將銘文中的儀節與各家説法做一對照表，并附以《儀禮·聘禮》相對之儀節。（見下頁）

四、結　語

本文將霸伯尚盂銘文與《儀禮·聘禮》和《儀禮·公食大夫禮》聯繫，認爲依銘文先後可分成七段，第一段是記録時間和此次聘禮的主要目的在於蔑厤霸伯尚；第二段是記録主國君(霸伯尚)以饗禮款待聘賓(伯考)，并有酬幣；第三段記録翌日霸伯尚請聘賓回傳感謝周王的謝辭；第四段記録霸伯尚第二次以饗禮款待聘賓，并有酬幣和加賜；第五段記録霸伯尚以食禮款待聘賓，并有侑幣；第六段記載霸伯尚親送賓於郊，并有饋贈；第七段爲銘文文末對揚和作器之套語。

在銘文的通釋方面，本文認爲周天子給霸伯尚的賞賜物是兩種香草(茅和鬱)及有香味的鬯酒。銘文的賓字凡作動詞用者，乃贈賜賓客之專用字，本文同意孫詒讓與王國維先生的意見，認爲銘文賓字即後來分化出的"儐"字。對於霸伯尚盂銘文的斷句，本文也提出個人的意見。

表三 各家對霸伯尚盂銘文禮儀詮釋異同表

銘文	本文	黃錦前 張新俊	曹建敦	張亮	李學勤	孫慶偉	丁進
王史（使）白（伯）考蔑尚厤（曆）歸柔考舊旁毖訊尚搈（揚）諸首	王使至霸對蔑厤（曆）尚賜禮并賞（主賓行聘）			蔑曆之禮	蔑厤并賞賜	蔑曆并賞賜（主賓行聘禮）	蔑歷
征賓賜賓用虎毀（簋）賓用璋奏 再饗聘賓之禮，并有酬幣（饗食賓介）	第一次饗聘賓之禮，并有酬幣（饗食賓介）	儐⑭	儐禮，主人以幣勞賓	儐禮，霸伯賓使者的禮儀	伯考對尚奉贈禮物	伯考私覿，贈霸伯	初饗賓
翌日命賓曰揉誦首賓天子蔑毖其臣厤敢敏用章	霸伯請賓回傳謝辭，遣返	（至朝至廟門，聘享）⑤	霸伯之禮辭		向周王稟告詰尚當要使者代為傳達，還玉（還玉報享）	對天子的蔑厤和賞賜予以回報（主人歸饗餞）	還玉
遣賓馬用魚皮兩毀（簋）用章又（有）馬先臣毓（賓）用賓出	第二次饗聘賓之禮，并有酬幣與加厚之賜（饗食賓介）	（聘享）	使者將返，主人送時的贈賄（賓行主國贈送）	賄禮，報周王霸伯還	賄贈，初獻與再獻（賓行國贈送）	私覿的回贈或饗賓酬幣，也有可能是加禮或厚禮（主人饗賓）	遣賓再饗

⑭ 凡主人對賓客之饋贈皆可視爲儐禮。

⑭ 黃錦前、張新俊《霸伯孟銘文考釋》云"此所言之章，即禮書之所謂'禮玉'。'奉'，進、獻也。銘文此段所述，即禮書所謂之'賓禮'"，同注 8。

⑤ 同前注，云："銘文所述與禮書可以對照，如《儀禮·聘禮》：'厥明，訝賓於館。賓皮弁韋，至于朝。賓入于次。乃陳幣。卿爲上擯，大夫爲承擯，士爲紹擯。擯者出請事。公皮弁，迎賓于大門内。大夫納賓。公再拜。賓入門左。'"本文由其說法推其以此段銘文相當於《聘禮》爲"至朝至廟門，聘享"之儀節。

(續表)

銘文	本文	黃銘前張新俊	曹建敦	張亮	李學勤	孫慶偉	丁進
以賏或征白遽毀用王先車賓出	食聘賓之禮（饗食賓介）	還王報享	餞行	饗禮或食禮（饗食賓介）	第三次饋贈（賓行主國贈送）	饋饗餕（主人還）	食禮
白送賓于葦或舍賓馬	賓行主國贈送	賓行主國贈送	郊送（賓行主國贈送）	郊贈之禮（賓行主國贈送）	又贈馬（賓行主國贈送）	返前郊勞賓（賓行主國贈送）	郊送（賓行主國贈送）

在銘文的饋物釋讀和屬性方面，本文認爲周天子賞賜給霸伯尚的是茅、鬱和芳香的鬯酒，有兩次饗禮酬幣，第二次饗禮又有加贈，一次食禮侑幣，一次親自送賓於郊時的饋贈。其程序和《儀禮·聘禮》大致相合，主國君對聘賓的兩饗一食，在此銘文的先後爲"饗—饗—食"，值得禮學界留意。

後記：本文初稿原題《霸伯尚盂銘文禮說》，寫於 2013 年 4 月 5 日，後發表於（臺灣）中國文字學會舉辦之"第二十四屆中國文字學國際學術研討會"（嘉義：中正大學中文系主辦，2013 年 5 月 3 日），收入《會議論文集》，頁 339—350。并於 2014 年 10 月 25 日修改後，登刊於中正大學中國文學系主編的《中正漢學研究》2015 年第 1 期。

作者於 2015 年 8—9 月訪問復旦大學出土文獻與古文字研究中心，9 月 9 日進行學術報告時，劉釗教授指出銘文"送賓于郊"的"送"字，在此鳴謝。

本文於 2015 年 12 月 20 日修改部分文字，收入本論文集。

子犯編鐘"西之六自"探討

一九九四年九月臺北故宫博物院公布所藏春秋中期編鐘十二件,由銘文研究得知爲八件成套,作器人乃晉文公舅父"子軑(犯)",此套編鐘由張光裕先生首先揭露,張光遠先生正式發表,其後學界討論文章甚多,①

---

① 關於子軑編鐘的論文相當多,陳雙新先生曾對篇目加以整理,在此補充陳文未提及者,將目前所知相關文章排列如下:
張光遠:《故宫新藏春秋晉文稱霸"子犯和鐘"初釋》,《故宫文物月刊》1995 年總 145 期,頁 4—31。
黄錫全:《新出晉"搏伐楚荆"編鐘銘文述考》,載《長江文化論集》第一輯(武漢:湖北教育出版社,1995 年),頁 326—333。
李學勤:《補論子犯編鐘》,《中國文物報》1995 年 5 月 28 日。
裘錫圭:《也談子犯編鐘》,《故宫文物月刊》1995 年總 149 期,頁 106—117。
張光遠:《春秋晉國子犯和鐘的排次》,《中國文物報》1995 年 8 月 6 日。
張光遠:《子犯和鐘的排次與補釋》,《故宫文物月刊》1995 年總 150 期,頁 118—123。
蔡哲茂:《再論子犯編鐘》,《故宫文物月刊》1995 年總 150 期,頁 124—135。
裘錫圭:《關於子犯編鐘的排次及其他問題》,《中國文物報》1995 年 10 月 8 日。
朱啓新:《關於子犯編鐘的討論》,《中國文物報》1995 年 12 月 31 日。
李學勤:《子犯編鐘續談》,《中國文物報》1996 年 1 月 7 日。
張聞玉:《子犯和鐘"五月初吉丁未"解》,《中國文物報》1996 年 1 月 7 日。
朱啓新:《子犯編鐘討論資料續補》,《中國文物報》1996 年 1 月 21 日。
彭裕商:《也談子犯編鐘的"五月初吉丁未"》,《中國文物報》1996 年 2 月 11 日。
張聞玉:《再談子犯和鐘曆日》,《中國文物報》1996 年 6 月 2 日。
黄錫全:《子犯編鐘補議》,《中國文物報》1996 年 6 月 2 日。
張光遠:《春秋晉國子犯和鐘淺説》,《故宫文物月刊》1996 年總 158 期,頁 28—33。
蔡哲茂:《子犯編鐘"克奠(定)王立(位)"補釋》1996 年總 159 期,頁 56—57。
白光琦:《子犯編鐘的年份問題》,《文物季刊》1997 年第 2 期,頁 53。
馮時:《春秋子犯編鐘紀年研究——晉重耳歸國考》,《文物季刊》1997 年第　(轉下頁)

對於此套編鐘的研究取得很大的成果，學界的焦點以"鐘銘順序"（張光遠、李學勤、裘錫圭等先生）、"文字考訂"（裘錫圭、黃錫全、蔡哲茂、陳雙新等先生）、"紀年曆日"（李學勤、裘錫圭、馮時、張聞玉、彭裕商等先生）三方面討論尤多，在此先參考各家精論，將鐘銘隸定於下：

> 隹（唯）王五月初吉丁未，子䣄（犯）宕（右）/晉公左右，來復其邦。者（諸）楚荊（荊）【第一鐘】/不聖（聽）令（命）于王所，子䣄（犯）及晉公/達（率）西之六𠂤（師），博（搏）伐楚荊（荊），孔休【第二鐘】大工（功），楚荊（荊）喪氒（厥）𠂤（師），滅氒（厥）☒。子/䣄（犯）宕（右）晉公左右，燮者（諸）厌（侯）寽（得）淖（朝）【第三鐘】，王克奠王立（位），王易（賜）子䣄（犯）輅車、/三（四）駐（牡）、衣、常（裳）、帶、巿、佩。者（諸）厌（侯）羞元【第四鐘】/金于子䣄（犯）之所，/用爲龢鐘九緒（堵）【第五鐘】/孔盄（盅、淑）𢾿（且）碩，乃/龢（和）𢾿（且）鳴，用匽（燕）【第六鐘】/用寧，用喜（享）用/孝，用旂（祈）覺（眉）壽【第七鐘】/萬年無彊（疆），子=/孫=永寶用樂。【第八鐘】

銘文除了☒字仍未能定之外，大致可以通讀，此套鐘銘涉及古書中的三件事，對於子犯而言，亦是一生功迹所在，這三件事分別是：文公反晉、城濮之戰、踐土之盟。另有一點值得留意，就是子犯得到周襄王的賞賜，這個賞賜所得和西周冊命之賜相類，能得到周天子賞賜，即使在王權衰弱的

（接上頁）4期，頁59—65。

江林昌：《新出子犯編鐘銘文史料價值初探》，《文獻》1997年第3期，頁96—101。

武家璧：《子犯編鐘銘考釋》，《中原文物》1998年第2期，頁61—65。

周鳳五：《子犯編鐘銘文"諸楚荊"的釋讀問題》，《故宮文物月刊》1998年總183期，頁118—123。

陳雙新：《子犯鐘銘考釋》，《安徽教育學院學報》2000年第18卷第1期，頁35—37。

張光遠：《春秋中期晉國子犯龢鐘的新證、測音與校釋》，《故宮文物月刊》2000年總206期，頁48—67。

羅衛東："子範編鐘"補釋》，《古漢語研究》2000年第2期，頁7—9。

何樹環：《談"子犯編鐘"銘文中的"西之六師"》，《故宮文物月刊》2001年總218期，頁108—117。

陳雙新：《子範編鐘銘文研究述略》，《故宮文物月刊》2001年總220期，頁88—93。同文又發表於陳雙新：《子範編鐘銘文補議》，《考古與文物》2003年第1期，頁85—88。

春秋時期仍是無上的榮耀。

對於鐘銘的釋讀，文字上大約如上述，在文意上，有一點是本文要討論的：第二鐘載"子䚱及晉公達西之六𠂤博伐楚荆"，這裏出現了曾見於西周銅器銘文的"西六𠂤"（或稱"六𠂤"）一詞，對此學界有三類說法，分別擇其要如下：

說法一 "晉國的大軍"

對子犯編鐘銘文首先進行校釋的張光遠先生認爲"西之六師"是指"晉國調來的六師大軍"：

> 子犯便與晉文公率領由西方晉國調來的六師大軍，再次攻打楚國而獲得大勝的喜慶。②

> 到文公四年才作三軍，躋於大國之列。但文公所建的三軍，却是上軍由狐毛任主將，而由其弟狐偃（子犯）充副將佐之；中軍由却穀任主將（文公五年春二月，却穀卒，升先軫爲元帥），却溱充副將佐之；下軍由欒枝任主將，先軫充副將佐之（先軫升中軍主將後，以胥臣任副將）。由此六員大將組成之"三軍"，是即鐘銘之稱"六師"甚明，應非有所僭越特仿周王六軍之制而擴編。③

對於晉國當時是不是有"六師"之制，李學勤先生提出看法：

> 西周晚期禹鼎有"西六師"，指周王六軍。因六軍以宗周爲中心，在西，故稱"西六師"。鐘銘"西之六師"則爲晉軍，《國語·鄭語》云晉在成周之西。《左傳》載"晉侯作三行以禦狄，荀林父將中行，屠擊將右行，先蔑將左行"，事在僖公二十八年之末。《史記·晉世家》集解說："辟（避）天子六軍，故謂之三行。"三軍三行，就是六軍，或稱"六師"。看鐘銘，可能城濮之戰時已有三行的設置，後來不過加以固定罷了。④

---

② 張光遠：《故宫新藏春秋晉文稱霸"子犯和鐘"初釋》，頁 27。
③ 張光遠：《子犯龢鐘的新證、測音與校釋》，頁 62。
④ 李學勤：《補論子犯編鐘》，《中國文物報》1995 年 5 月 28 日。

兩位先生對於六師爲晉國軍隊,這點是一致的,至於何以稱六師,則觀點有異,張先生認爲晉的三軍有主將有副佐,故爲六師。李先生則認爲三軍加上三行,是爲六師。

說法二 "駐紮在洛陽成周的周王軍隊"
黃錫全先生提出"西之六師":

> 如是晉國軍隊,就勿需增一"西"字,因爲站在晉國一邊次於城濮的,除齊、宋以外,還有真正來自西方的秦軍。如《左傳》僖公三十二年冬晉文公卒,卜偃使大夫拜,曰:"君命大事。將有西師過軼我,擊之,必大捷焉。""西師"即指秦軍欲經晉伐鄭。按當時制度,祇有周天子有六軍,諸侯祇有三軍。城濮之戰晉參戰者爲上中下三軍,即使加上晉文公在城濮之戰後新增二軍,也祇有五軍。……"西之六師",如不是指布署在陣地西面的軍隊,就很可能是指周王的軍隊。也就是說,建於西周的"西六師(或稱六師)"的編制或名稱此時仍然存在,駐紮在洛陽成周,因楚荊在京師不聽王命,"六師"奉周王之命也參加了由晉文公率領的"搏伐楚荊"的戰鬥,子犯爲歌頌周王,故着意點出是因仰仗周王的"六師"大軍才得以獲勝的。⑤

黃先生於文中提及幾項意見,然後推論春秋時成周仍有"六師"之制,江林昌先生於《新出子犯編鐘銘文史料價值初探》一文也同意這樣的看法。

說法三 "晉國三軍加上齊、秦、宋的三國軍隊"
持這個說法的是何樹環先生,他認爲所以稱西之六師,是因爲晉的三軍加上來自齊、秦和宋三國的軍隊,合爲六師,所稱的西不是方位,而是一個代表四國的詞:

> ……把"子犯編鐘"銘文中的"西之六師",視爲晉國實際參與戰鬥

---

⑤ 黃錫全:《新出晉"搏伐楚荊"編鐘銘文述考》,頁 328—329。

的部隊,是不妥當的。既然編鐘銘文中的"西之六師"不會是西周時所習見的"西六師",也不會全然是晉國參與實際戰鬥的軍隊編制,但由編鐘銘文上下文意來看,"搏伐楚荆"的"西之六師"中,肯定是包含了實際參與戰鬥的晉國的三軍,至於另外的三師,個人認爲指的應該就是有參與城濮之戰,但并未參與戰鬥的秦、齊、宋的軍隊……"西之六師"就是"西"的六支軍隊,也就是晉的三軍(三支軍隊)和宋、齊、秦三國的軍隊……至於編鐘銘文把晉國一個國家的軍隊(三師),和其他三國的軍隊(三師),統稱爲"六師",可能是有意表現晉國地位較其他三國爲高,在城濮之戰時,晉國居於主導地位的緣故……我認爲銘文中的"西",指的并不是方位,而是可以統攝晉、秦、宋、齊四國的一個詞。⑥

……"西"在銘文中所表示的似乎應是與"中原國家"之類意義有關的一個詞。……銘文中用"西"來表示當時中原國家的王——周王。⑦

學界說法,如上所陳。子魰編鐘銘文和《左傳》内容可以相互印證,這是學界共知的事,因此,我們先將《左傳·僖公廿八年》有關城濮之戰的文句引錄如下:

> 己巳,晉師陳于莘北,胥臣以下軍之佐當陳、蔡。子玉以若敖之六卒將中軍,曰:"今日必無晉矣。"子西將左,子上將右。胥臣蒙馬以虎皮,先犯陳、蔡。陳、蔡奔,楚右師潰。狐毛設二旆而退之。欒枝使輿曳柴而偽遁,楚師馳之。原軫、郤溱以中軍公族橫擊之,狐毛、狐偃以上軍夾攻子西,楚左師潰。楚師敗績。

主要的戰鬥過程如經文所述,正式和楚軍作戰的是晉軍,而晉軍包含其上、中、下軍。接着我們來剖析上述三種說法成立的可能性:

第一個說法認爲西之六自是晉軍,這一點合乎史實。至於六自是"三軍加三行"這一說法有其可能性,亦有可斟酌之處。三行之設見於《左傳·僖公

---

⑥ 何樹環:《談"子犯編鐘"銘文中的"西之六師"》,頁113—114。

⑦ 同上注,頁115。

廿八年》文末,《經》無文,而同年的城濮之戰《傳》文在前。⑧ 若考慮制度成爲定制之前,常有其源,這個說法是有可能的。可斟酌之處在於與《左傳》記載有所出入,由文獻來看,應戰的晉軍就是三軍,并無三行出戰的記録。

第二說認爲西之六自是駐紮在成周的周王軍隊,何樹環先生已駁斥道"若是此時周王仍建制有名爲'西六師'軍隊,恐怕也已經没有什麽戍衛的能力,更遑論是派出去作戰了"。⑨ 這一說成立的可能性很小。

第三說認爲西之六自是"晉三軍加上宋、齊、秦三國軍隊",這個說法因執着於"六"這個數字上,所以得在晉三軍外,再找個三軍來湊成"六",何先生以不小篇幅來說明何以是六自,又說明何以宋和齊的軍隊會稱爲"西",這樣的一再解釋正說明此種說法意猶未安。事實上將齊和宋的軍隊稱爲"西",是不合理的,而且依《左傳》所載,與楚軍交戰的只有晉的三軍。所以這一說是很難成立的。

學界的三種說法,只有第一說有可能成立,但又有可商量之處,因此,本文試着提出另一種看法:鐘銘稱"西之六自"實有尊王攘夷之意。

下面先就"西六自"一詞在西周金文及傳世文獻中的情況來說明:

對於西六師的問題,于省吾、楊寬、李學勤、王人聰等先生都有專文探討,⑩

---

⑧ 當時晉有二行之制,清儒惠棟在《春秋左傳補注》中提出"獻公時已有左、右行"(《皇清經解》學海堂本卷354,臺北:漢京出版社,頁6下"晉侯作三行以禦狄"條)。關於二行(左行、右行),《左傳·僖公十年》就記録了晉惠公殺左行共華和右行賈華。

⑨ 同注6,頁111。

⑩ 關於六自和八自探討的專文如下:
于省吾:《略論西周金文中的"六自"和"八自"及其屯田制》,《考古》1964年第3期,頁152—155。
楊寬:《論西周金文中"六自""八自"和鄉遂制度的關係》,《考古》1964年第8期,頁414—419。
于省吾:《關於〈論西周金文中六自八自和鄉遂制度的關係〉一文的意見》,《考古》1965年第3期,頁131—133。
楊寬:《再論西周金文中"六自"和"八自"的性質》,《考古》1965年第10期,頁525—528。
孫曉春:《成周八師爲東方各國軍隊說》,《史學集刊》1986年第4期,頁1—4。
李學勤:《西周金文的六師、八師》,《華夏考古》1987年第2期,又載於《李學勤學術文化隨筆》(北京:中國青年出版社,1999年),頁273—284。
王人聰:《西周金文中的殷八師與成周八師——讀金文札記》,《考古與文物》1993年第3期,頁76—77。

徐中舒先生在"禹鼎"考釋、王慎行先生在"吕服余盤"考釋⑪時都提出看法。

銘文中出現"西六𠂤"一詞的只有禹鼎（2833-2834）一例兩器：（器名後數字爲《殷周金文集成》編號）：

……噩(鄂)/厌(侯)駿方達(率)南淮尸(夷)、東尸(夷)廣/伐南或(國)、東或(國)，至于歷内。王/迺命西六𠂤(師)、殷八𠂤(師)曰："𢧢(撲)/伐噩(鄂)厌(侯)駿方，勿遺壽幼。"𢖃(肆)/𠂤(師)彌怵匌匡(恇)，弗克伐噩。𢖃(肆)/武公迺遣禹達(率)公戎車百/乘，斯(廝)駿(馭)二百、徒千，曰："于匡朕/肅慕，叀(隹、惟)西六𠂤(師)、殷八𠂤(師)伐/噩(鄂)厌(侯)駿方，勿遺壽幼。"……

禹鼎爲西周晚期器(夷王或厲王)，這事件中噩厌率領南淮夷、東夷來犯，武公命禹率其戎車兵徒佐西周王師：西六𠂤和殷八𠂤伐噩。此外，西周銘文中尚見有"六師"一詞，學界認爲是"西六師"的簡稱，西周中期三例五器：《□肇貯毁》4047 摹本、《吕服余盤》10169、《𥂴方尊》6013、《𥂴方彝》二件9899-9900(銘文與𥂴方尊同，皆西周中期偏晚)；晚期一例一器：《南宫柳鼎》2805。

　　□肇貯毁：隹(唯)巢來伐，王令東宫追㠯(以)六𠂤(師)之年。
　　吕服余盤：王曰："服余！令(命)女(汝)更乃且(祖)考事疋(胥)備中(仲)，嗣(司)六𠂤(師)服。……"
　　𥂴方尊(彝)：王册令(命)尹易(賜)𥂴：赤市、幽亢、攸(鋚)勒。曰："用嗣(司)六𠂤(師)、王行、參有嗣＝(嗣：嗣)土、嗣馬、嗣工。"王令𥂴曰："𦎫嗣(司)六𠂤(師)眔八𠂤(師)埶(藝)。"

---

⑪　相關文章如下：
李學勤：《郿縣李家村銅器考》，《文物參考資料》1957 年第 7 期，頁 58—59。
徐中舒：《禹鼎的年代及其相關問題》，《考古學報》1959 年第 3 期，又載於《徐中舒歷史論文選輯》下册(北京：中華書局，1998 年)，頁 994—1020。
王慎行：《吕服余盤銘考釋及其相關問題》，《文物》1986 年第 4 期，頁 1—7。
吕建昌：《金文所見有關西周軍事的若干問題》，《軍事歷史研究》2001 年第 1 期，頁 87—96。

南宮柳鼎：王乎(呼)乍冊尹冊令(命)柳："嗣(司)六𠂤(師)牧、場(場)……"

由南宮柳鼎，可知六𠂤有其駐地，故南宮柳被冊命任職管理六𠂤駐地的牧、場等職，而呂服余盤的"六𠂤服"及盠方尊彝銘文中的"六𠂤八𠂤埶"，應是有關六𠂤和八𠂤的事務。因此六𠂤有其駐地，有職官管理，由銘文來看，至晚在西周中期已爲定制。

"殷八𠂤(師)"除了見諸禹鼎外尚見於西周早期的《小臣謎毁》4238－4239"白(伯)懋父吕(以)殷八𠂤(師)征東尸(夷)"。

銘文中尚有"成周八𠂤(師)"之制，見於西周中期偏後的《曶壺》蓋9728及西周晚期的《善夫克鼎》(又稱《小克鼎》)2798－2802：

曶壺蓋：王乎(呼)尹氏冊令(命)曶曰："更乃且(祖)考乍(作)冡嗣土于成周八𠂤(師)……"

善夫克鼎：王命譱(善)夫克舍(捨)令于成周，遹正八師之年。

另外，又見"成𠂤(師)"一詞，見諸西周中期前段(可能是穆王時代)的《競卣》5425："隹(唯)白(伯)屖父吕(以)成𠂤既東，命戍南尸(夷)。正月既生霸辛丑才(在)軝。"

至於"八𠂤"一詞，見於上文所引盠方尊及彝(一例三器)。

因此，"西六𠂤"和"六𠂤"出現於西周中期至晚期的銘文中，西周早期雖未出現於銘文，然由傳世文獻中可以看出，西周建國之初既有六師，據有天下後，在東方(殷故地、成周)另有設立軍隊，所以才加上"西"字，但又由於東方的軍隊以八𠂤爲制，所以西六𠂤又簡稱爲"六𠂤"。

就文獻上來看，"六師"("六軍")屢見，而"八師"則未見，見於文獻的"六師"以《詩經》爲多，其他文獻提及者亦有數例，舉其要者如下：

《尚書·周書·顧命》：張皇六師，無壞我高祖寡命。
《詩·小雅·瞻彼洛矣》：韎韐有奭，以作六師。
《詩·大雅·棫樸》：周王于邁，六師及之。
《詩·大雅·常武》：整我六師，以修我戎。
《穀梁傳·襄公十一年》：古者天子六師，諸侯一軍。

《吕氏春秋·仲夏紀》：武王即位，以六師伐殷，六師未至，以銳兵克之於牧野。

《初學記》卷7《漢水》引《竹書紀年》：喪六師于漢。

另外亦有"六軍"一詞：

《左傳·襄公十四年》：周爲六軍，諸侯之大者，三軍可也。
《周禮·夏官》：王六軍，大國三軍，次國二軍，小國一軍。
《周禮·夏官》：大喪，作士掌事，作六軍之士執披。

由以上的銘文文例和傳世文獻互參，"六自（師）"爲周人心目中的傳統王師，即使由銘文可知西周中央的正統軍隊還有"殷八師"、"成周八師"之名，但由傳世文獻來看周人心目中似乎只以六師是王師的代表。自周人建國即以六師爲制度，東周文獻或稱爲"六軍"，這或許是東周用字的習慣，況且當時已經沒有實質上的"六師"了。

由子犯編鐘銘文和文獻所載史事互參，就不難理解鐘銘的"西之六自"是沿用周人習慣用法，而特別稱"西之六自"實藉"王師"之名，這是"尊王攘夷"的表現。晉文公來復其邦後，欲合諸侯建立霸業，子犯提出"尊王攘夷"的方針：

《左傳·僖公二十五年》：秦伯師于河上，將納王。狐偃言於晉侯曰："求諸侯，莫如勤王。諸侯信之，且大義也。繼文之業，而信宣於諸侯，今爲可矣。"

《國語·晉語》：冬，襄王避昭叔之難，居于鄭地氾。使來告難，亦使告于秦。子犯曰："民親而未知義也，君盍納王以教之義。若不納，秦將納之，則失周矣。何以求諸侯？不能修身而又不能宗人，人將焉依？繼文之業，定武之功，啓土安疆，於此乎在矣！君其務之。"公説，乃行賂于草中之戎與麗土之狄，以啓東道。

《吕氏春秋·慎大覽·不廣》：晉文公欲合諸侯。咎犯曰："不可。天下未知君之義也。"公曰："何若？"咎犯曰："天子避叔帶之難，出居于鄭。君奚不納之，以定大義？且以樹譽。"文公曰："吾其能乎。"咎犯曰："事若能成，繼文之業，定武之功，闢土安疆，於此乎在矣。事若不成，補周室之闕，勤天子之難，成教垂名，於此乎在矣。君其勿疑。"文公聽之，遂與草中之戎、驪土之翟，定天子于成周。於是天子賜之南陽之地，遂霸諸侯。

子犯一生的成就在"宕晉公左右，來復其邦"和助文公"城濮之戰、踐土之盟"兩方面，前者功在晉國，後二者正是"尊王攘夷"的表現，功在周王室，所以鐘銘中有周王之賜。既然輔助文公尊王攘夷是子犯一生的得意功業，那麼鐘銘中出現代表王師的"西之六自"，并言自己率西之六自打敗諸楚荆，便不難理解。試看鐘銘提到伐楚的原因"者楚刜不聖令于王所"，尊王攘夷之旨不就是清清楚楚鑄於鐘銘上！

再由鐘銘記載周天子賜子犯"輅車三馬衣常帶市佩"，這是車服之賜，子犯得到周天子的賞賜，正顯示出他對周王室是有功勳的，而這樣的賞賜，與西周銘文中的册命賞賜物，着實相當，這也是周天子對子犯佐文公尊王攘夷的厚賜。

由春秋形勢來看，周天子已沒有西六師這樣的大軍了，子犯編鐘中提到的西六自當然不會是周王所掌控的軍隊，這一點無庸多說，驗諸文獻亦未見東周王室掌有西六師，那麼在晉楚這次交戰中，周王室的軍隊自是發揮不了作用的，不過"普天之下，莫非王土；率土之濱，莫非王臣"，既然城濮之戰有尊王攘夷的意義在，那麼將晉的大軍稱爲王師，自是名正言順了。觀《左傳・僖公廿八年》記載"丁未，獻楚俘于王"、"王命尹氏及王子虎、内史叔興父策命晉侯爲侯伯"，策命之辭"敬服王命，以綏四國，糾逖王慝"，獻俘于王正是尊王攘夷的表現，文公以獻俘來表示與楚戰是爲周王室而戰，而周王也以策命來賦予文公征伐之責，雖然這是戰後之事，豈不爲城濮之戰正名！那麼稱晉軍爲王師，其意益顯。

鐘銘的"西之六自"即沿用西周以來文獻及銘文中常見的"六師"、"西六師"之名，"六師"和"西六師"即是"王師"，這本來只是在"尊王攘夷"的名號下，盛稱王師在文公和子犯的率領下擊潰諸楚荆，實則不必在"六"字上落實出是哪六師了。至於"西"字若解釋由西方來的，這樣也無不可，晉在中國是屬西方，而城濮之戰雖有宋、齊、秦的聯軍助陣，但實質上和楚軍作戰的是晉的軍隊，這一點《左傳》的記錄很清楚。文獻中只見"六師"之名,未見"西六師"之名,此處稱"西"或有兼指作戰之師爲來自西土的晉軍,如此解釋,當不致曲解鐘銘本意,而可備一説吧!

後記:本文曾於香港中文大學舉行之"第四屆國際中國古文字學研討會——新世紀的古文字學與經典詮釋"國際研討會上宣讀(2003年10月15日),收錄於該次研討會論文集。

銅器銘文札記

一、顒卣(頂卣)

時代屬於西周早期的《顒卣》，收録於《殷周金文集成》的 5388 號和 5389 號，兹將其銘文隸定如下：(參圖一)

顒(頂)乍(作)母辛隣
彝。顒(頂)易(賜)婦
☒曰："用鼒
于乃姑宑"。

銘文最後一字从宀从升，當隸定爲"宑"，而《殷周金文集成引得》①與《殷周金文集成釋文》②皆隸定爲宓，於字形辨識不正確，應更正。宑字於金文中二見，另一器是《子乍婦㚿卣》，《殷周金文集成》編號爲5375，兹將其銘文隸定如下：(參圖二)

子乍(作)婦㚿彝，
女子母庚宑
祀隣彝。 冀

---

① 張亞初：《殷周金文集成引得》(北京：中華書局，2001 年)，頁 106。
② 中國社會科學院考古研究所編：《殷周金文集成釋文》第四卷(香港：香港中文大學中國文化研究所，2001 年)，頁 144。

圖一　《顱卣》銘文
（錄自《殷周金文集成》）

圖二　《子作婦媩卣》銘文
（錄自《殷周金文集成》）

"宩"字舊釋爲"宓"，要釐清這一點，得由"升字"與"必字"的字形來探討。升與必的字形如下：

字例	甲骨文	西周金文	東周文字
升	甲五五〇 前二‧一六‧二	友殷	秦公毁 安邑下官鍾
必	前四‧三四‧一 乙三〇六九	走馬休盤 裹盤	包山二‧二一七

升字，《説文解字》云："🕮，十合也，从斗。象形。"（十四篇上斗部）③

必字，《説文解字》云："🕮，分極也，从八弋，八亦聲。"（二篇上八部）④

---

③　大徐本作"十龠也，从斗，亦象形"，段玉裁改"龠"爲"合"，删"亦"字。（段玉裁：《説文解字注》十四篇上，臺北：天工書局影印經韵樓藏本，頁35）

④　關於《説文解字》將必字的六書歸類爲形聲，實乃誤飾筆爲聲符，顯然是不對的，必字的六書歸類當如季旭昇先生所説，是"省體象形，後加飾筆"[季旭昇：《説文新證》上册（臺北：藝文印書館，2002年），頁76]。

從古文字觀察：

甲骨文有升、祄，于省吾先生已釋做神宮，認爲从必：

> 綜之，⿰即必字，當爲柲之初文。从⿰从丨，丨示其柄之所在，指事字也。《説文》以必爲从八弋聲，誤以指事爲形聲，而聲亦不符，契文叚必爲祀神之密室，字亦作祕，金文作宓，从宀而密室之義遂顯矣⑤

葉玉森先生釋⿰爲升：

> 友敢升作⿰，漢臨淄鼎作⿰，與篆文異，卜辭作⿰（《前》肆二十）與鼎文同，異體作⿰、⿰，丨八疑溢米散落形。⑥

楊樹達先生也考釋此字爲升。⑦ 本文認爲⿰字當依葉、楊兩位先生的考釋，隸定爲升，甲文或作祄，金文則作宆，其義則爲"祭名"或如于省吾先生之説爲"祀神之密室"。據以上所論，《顯卣》此字字形即應隸定爲"宆"。

劉雨先生在《西周金文中的祭祖禮》一文將"宆"字隸定爲"閟"，認爲是"高禖祭"，并説：

> 《閟宮》所記與金文合，高禖祭行於閟宮，在周人是由來已久的，從西周金文看，祭祀高禖由妃婦單獨進行。閟祀的對象也不必是先妣姜嫄，而往往是"先姑"，這與周人祭祖重近祖的習俗一樣，祈求繁衍子孫也只是向近世的先姑神求告。殷人先妣之廟稱"必"，如"于妣辛必，王此"（京津 4092）殷人之"必"，周人之"閟"，大概就是《魯頌》

---

⑤ 于省吾：《雙劍誃殷契駢枝三編》，收錄於于省吾：《殷契駢枝全編》（臺北：藝文印書館，1975 年），頁 22。又《釋必》一文再申其説［于省吾：《甲骨文字釋林》（臺北：大通書局，1981 年），頁 38—40］。

⑥ 說法見朱芳圃：《甲骨學文字編》（臺北：臺灣商務印書館，1983 年），《補遺》頁 23 引文。

⑦ 楊樹達：《釋⿰》，《積微居甲文説》卷上（臺北：大通書局，1974 年），頁 3—4。

之"閟宫",而《月令》、《毛傳》所講的情況可能是春秋戰國以後的制度。⑧

此字甲骨文和金文字形都从升,甲骨文文例不限於對先妣,亦用於先祖先王,而金文僅出現二次,皆祀"先姑",和《月令》所載祭高禖之禮,不必牽合。

至於甲骨文的必字,裘錫圭先生指出:由甲骨文的"戈"字形去掉象戈頭的一橫,剩下來的象戈柲的部分就是"柲"的象形初文。⑨

必和升是不同的兩個字,也沒有任何淵源,學者們將升(祊)字誤爲必(宓),又引以論證閟宫及周代廟制,都應修正。

《顥卣》乃顥爲其母辛所作祭器,并賜婦[字],使之祭祀其姑(即顥之母辛)。由顥之母爲婦[字]之姑(舅姑之姑,婦稱夫之母爲姑)來看,婦[字]與顥的關係很可能是夫婦。

《顥卣》和《子作婦嫿卣》的時代依《殷周金文集成》定在西周早期,北京故宫博物院將《子作婦嫿卣》定在商代後期,⑩而《顥卣》定爲西周早期器,⑪事實上西周早期和殷晚期的銘文差異不大,以祊爲"祀祖之所"或"祭祖禮"於殷墟甲骨文中常見,⑫《顥卣》作器人顥的族屬,囿於資料很難推論,然而顥屬殷族是很有可能的(若器在西周早期,則顥爲殷遺族)。

---

⑧ 劉雨:《西周金文的祭祖禮》,《考古學報》1989年第4期,頁513。
⑨ 裘錫圭:《釋柲》,《古文字研究》第三輯(北京:中華書局,1980年),亦收錄於《古文字論集》(北京:中華書局,1992年),此處引自後者,頁17。
⑩ 故宫博物院編:《故宫青銅器》(北京:紫禁城出版社,1999年),頁89。該書定名爲"子卣"。
⑪ 同上注,頁151。
⑫ 朱鳳瀚先生指出:

(爲近世直系先王增設祭所)在祖武丁時期的賓組與出組早期卜辭中,升、祼均未見,在出組晚期即祖甲卜辭中始見,此後屬無名組的武乙卜辭中,升、祼未見,在出組晚期即祖甲卜辭中始見,此後屬無名組的武乙卜辭中已不見祼,但升則一直延續見於黃組的帝乙卜辭中。(朱鳳瀚:《殷墟卜辭所見商王室宗廟制度》,《歷史研究》1990年第6期,頁12)

二、綵卣（繁卣）

西周中期的《綵卣》，收錄於《殷周金文集成》的 5430 號，茲將其銘文隸定如下：（參圖三）

唯九月初吉癸丑，公酻
祀，雩旬又一日，辛亥，公
畬（禘）酻辛公祀，卒事亡尤。
公穢綵（繁）曆，易（賜）宗彝一㲋（肆）、
車、馬兩。綵（繁）捧（拜）手頴（稽）首對
覭（揚）公休，用乍（作）文考辛公
寶隓（尊）彝，其萬年寶。 或

圖三 《綵卣》銘文
（錄自《殷周金文集成》）

公所畬酻的辛公和綵的文考辛公是否可能是一人呢？若然則公與綵爲兄弟，若非一人，則爲君臣關係。本文認爲由賞賜物"宗彝一㲋"來探究，或有助於探尋其間的可能性。

銘文所載作宗彝之例，多爲自作祖考宗彝或爲自己家族宗廟鑄器，作器人以男性居多，亦有宗婦作宗彝的例子，如時代屬於西周晚期的鄁嬰，鑄一組銅器：[13]七鼎（《宗婦鄁嬰鼎》2683–89）、十二殷（《宗婦鄁嬰殷》4076–87）、二壺（《宗婦鄁嬰壺》9698–99）、一盤（《宗婦鄁嬰盤》10152），這些均屬於常例，在此有必要探討的是屬於賞賜宗彝的例子，除了《綵卣》外，尚有三例：

殷周金文集成編號	器 名	文 例	時 代
4159	鼂殷	唯正月初吉丁卯，鼂造公，公易（賜）鼂宗彝一陬（肆）、易（賜）鼎二、易（賜）貝五朋……	西周中期

---

[13] 其銘文爲："王子剌公之宗婦鄁嬰，爲宗彝蘸彝，永寶用，以降大福，保辥（嬖）鄁國。"

(續表)

殷周金文集成編號	器　名	文　　例	時　代
4327	卯毁蓋	𤇾(榮)白(伯)乎令卯曰：䜌乃先且(祖)考死嗣𤇾(榮)公室，昔乃且(祖)亦既令乃父死嗣莽人，不盄(淑)，取我家寀用喪，今余非敢履先公又徣遂，余懋爯先公官，今余隹(唯)令(命)女死嗣莽宮莽人，女(汝)毋敢不譱(善)，易(賜)女(汝)鬲章四瑴、宗彝一肆(肆)……	西周中期
83-85	楚王酓章鐘	楚王酓章乍(作)曾庆(侯)乙宗彝，奠之于西旛	戰國早期

第一例《亀毁》是“公”賞賜作器人“亀”宗彝一肆，公和亀的關係可能是君臣(主從)，由銘文不能看出兩者有無血緣宗法上的關聯。第二例《卯毁》作器人卯是榮伯的世襲家臣，封建時代君臣常有大宗和小宗的關係，這是具有血源的宗族關係，當然也有非宗族的臣子，因此僅由賞賜宗彝，乃不足認定賞賜者和被賜者之間有同宗的關係。第三例《楚王酓章鐘》時代較晚了，而且曾侯乙和楚惠王是没有宗法血緣關係的。因此，宗彝的賞賜不必有宗族的關係，君賜臣宗彝，則表現出君臣關係的密切，對受賜人而言是很大的榮耀，所賜的宗彝有表達對受賜人家族重視的深意。

那麼《緐卣》銘文中作器人緐由公那得賜宗彝一肆，如果以同宗的角度去看待，在論據上還嫌不足，也就是説銘文的兩處辛公没有足夠證據認定爲同一人。

三、幾父壺

時代屬於西周中期的《幾父壺》，收録於《殷周金文集成》第 9721 號和 9722 號，玆將其銘文隸定如下(參圖四)：

隹（唯）五月初吉庚
午，同中（仲）寏（居）
西宮，
易（賜）幾父笄、𢆶六、
僕三（四）家、金十鈞。
幾父捧（拜）頴（稽）首對
丮（揚）皇君休，用
乍（作）朕剌（烈）考障壺，
幾父用追孝，其
萬年子＝孫＝永寶用。

圖四 《幾父壺》銘文
（錄自《殷周金文集成》）

賞賜幾父的是同中，所以銘文說"對揚皇君休"，皇君是指同中，若同中代周天子賞賜，則依當時人的習慣爲對揚天子休、對揚王休。當時只有周王可以稱天子，皇君則爲臣子稱其諸侯國君，或稱天子后妃。天子后妃賞賜臣子，或對揚此天子后妃"對揚天君休"，（如《公姞鬲》753、《尹姞鬲》754-5），或"對揚王休"（如《旟鼎》2704 記載王姜賞賜旟，而旟對揚王休，⑭《不壽毁》4060 記載王姜賞賜不壽，不壽對揚王休⑮）。所以《幾父壺》是臣屬受賜於諸侯所作之器。

另外，朱鳳瀚先生有一個推論：

或是同宗小宗分支，奉同仲爲宗君。同仲又見於元年師兑簋，爲師兑右者，該簋有"師和父"名，學者多以爲即共伯和，此器應屬宣王元年，同仲爲右者，知其當時是王朝要臣。由此亦知幾父可能屬厲王至宣王時人。⑯

---

⑭ 銘文隸定爲："唯八月初吉，王姜易（賜）旟田三于待劀，師櫨酤貺，用對王休，子＝孫其永寶。"此器銘文若將旟釋爲所賜田，則無受賜人之名，故應讀旟爲受賜人。

⑮ 銘文隸定爲："隹（唯）九月初吉戊戌，王才（在）大室，王姜易（賜）不壽裘，對丮（揚）王休，用乍（作）寶。"

⑯ 朱鳳瀚：《商周家族形態研究》（天津：天津古籍出版社，1990年），頁371。

關於《元年師兌簋》中的"師和父"與"共伯和"是否爲一人，本文認爲尚缺乏有力證據，在西周人名的判定上，不可因名字相同就認爲是一人。⑰ 此銘文的同仲和幾父是否爲同宗，是值得考慮的。

四、𰯼簋（榮簋）

西周早期偏晚的《榮簋》，收錄於《殷周金文集成》第 4121 號，兹將其銘文隸定如下（參圖五）：

佳（唯）正月甲申，𰯼（榮）
各（格），王休賜氒（厥）臣
父𰯼（榮）㻌王祼
貝百朋，對𣌭（揚）天子
休，用乍（作）寶障（尊）彝。

銘文中"㻌王祼"可能有兩讀：一讀爲"贊王祼"，意爲"贊助王行祼禮"，如此則所賜雖非職掌，然能參與王祼，爲殊榮，此榮耀亦爲賞賜品類之一；另一讀爲"㻌，王祼貝百朋"，以㻌爲瓚，賞賜物之一。似以第二説爲佳。⑱

圖五 《榮簋》銘文
（録自《殷周金文集成》）

出現"臣父"一詞應是作器者𰯼爲銘文中所稱"天子"的長輩，爲父輩又爲其臣，故稱爲臣父，由銘文中提到"𰯼（榮）各（格、佫）"一詞可以看出，榮的身份是特殊的，銘文中常記載王各（格、佫）某地，此銘文也用動詞"各"，則作器人𰯼的身份應該非常尊貴。

---

⑰ 關於金文人名的問題可以參考：
吳鎮烽：《金文人名彙編》，北京：中華書局，1987 年。
盛冬鈴：《西周銅器銘文中的人名及其對斷代的意義》，《文史》第十七輯，北京：中華書局，1983 年。
鄭憲仁：《西周銅器斷代研究上的幾點意見》，《第四屆先秦學術研討會論文集》，高雄：高雄師範大學，2001 年。

⑱ 關於此銘賞賜物祼瓚，可參考孫慶偉：《周代祼禮的新證據——介紹震旦藝術博物館新藏的兩件戰國玉瓚》，《中原文物》2005 年第 1 期。

五、䛊圜器（召圜器）

西周早期的《䛊圜器》，收録於《殷周金文集成》，編號 10360。兹將其銘文隸定如下（參圖六）：

> 隹（唯）十又二月初吉丁卯，
> 䛊（召）啓（肇）[19] 進事，旋走
> 事皇辟君，休。王
> 自穀事（使）貢（賞）畢土，
> 方五十里，䛊（召）弗敢朢（忘）
> 王休異（翼），用乍（作）軟宫
> 旅彝。

此銘文記作器人䛊事王后，周王封賞方五十里的畢土。畢土方五十里，應是采邑。郭沫若先生於《兩周金文辭大系圖録考釋》初將本器定爲孝王時代器，其主要依據乃是將休王釋爲孝王，之後作廢其説。[20] 陳夢家先生於《西周銅器斷代（二）》將《䛊圜器》和"畢公諸器"相聯繫，提出"畢土乃王錫于召的采地"、"此王賞畢土之召疑是畢公高"。[21]

圖六　《䛊圜器》銘文
（録自《殷周金文集成》）

陳先生説畢土是采地，甚是，可從。至於認爲本器的召可能是西周初年的畢公高，則仍缺乏有力證據。本文認爲䛊是西周初期貴族，曾服事王后，受到周天子的賞賜，封采邑於畢這個地方，如果䛊是畢公高，那麼銘文所呈現的身份和文獻中所載不能相合，《尚書・顧命》載"乃同召大保奭、芮伯、彤伯、畢公、衛侯、毛公"、"畢公率東方諸侯，入應門右"、"命畢公保

---

⑲ 此字依其字形可隸定爲"啓"，是"肇"的異體，和"開啓"的啓不是同一字，啓的金文字形从户从又，而啓从户从攴，二字不同。説法可參考張世超等：《金文形義通解》卷 3（日本京都：中文出版社，1996 年），"啓"、"肇"字，頁 710—719。

⑳ 郭沫若：《兩周金文辭大系》（上海：上海書店出版社，1999 年），頁 93—94。

㉑ 陳夢家：《西周銅器斷代（二）》，《考古學報》第十册（北京：科學出版社，1955 年），頁 104—106。又《西周銅器斷代》上册（北京：中華書局，2004 年），頁 51—53。

釐東郊",畢公在周中央顯然有崇高的地位,而《盠圓器》所載的賞賜封邑、典禮和冊命禮相較,似乎較爲簡略。㉒ 西周早期的冊命賞賜銘文如《宜侯夨毁》4320:"王立于宜,入土(社),南鄉(嚮)。王令……厌(侯)于宜。易(賜)鬯—卣、商瓚—……易(賜)土……"典禮隆重,非《盠圓器》銘所能相比,禮制和身份是相應的,若盠爲畢公,其禮制與器物的形制都不應如此,此器爲盠記錄自己得到周天子賞賜,對他而言是很重大的事件,製作如此小的器,㉓和畢公高的身份不合。畢公高於文獻記載,或認爲是文王子(《漢書・古今人表》),或認爲與武王同姓,武王時封於畢(《史記・魏世家》),這些記載雖爲漢代記錄,但輔以《尚書・顧命》的內容來看,畢公於西周創建之初其地位就很崇高,和《盠圓器》的作器人盠顯然非一人。

六、匍盉

《匍盉》爲一九八八年於河南平頂山滍陽嶺應國墓地 M50 出土,時代上屬西周中期,此器器形和銘文最早在王龍正、姜濤、婁金山三位先生發表的《匍鴨銅盉與頫聘禮》㉔一文中公布。

此器銘文隸定如下(參圖七):

> 佳(唯)四月既生霸戊申,匍
> 即于氏(氐),青公史(使)嗣史[字]
> 曾(贈)匍于柬:麀韋、韋兩、赤
> 金一勻(鈞),匍敢對䉻(揚)公休,
> 用乍(作)寶䦫彝,其永用。

㉒ 當然可能西周早期冊命禮并沒有記錄於銘文中的習慣,然而《大盂鼎》、《宜侯夨毁》、《麥方尊》、《夨令方尊》等,猶可見其大略,相較各器所載禮制和《盠圓器》所載,程度上明顯不同。

㉓ 有些銅器器形本來就很小,這和器類有關,例如觶、銁,都是器形較小的器類,除此之外,有些器是因爲性質特殊的緣故,所以造形較小,例如:弄器、明器。

㉔ 王龍正、姜濤、婁金山:《匍鴨銅盉與頫聘禮》,《文物》1998 年第 4 期,頁 88—91、95。

關於青公，三位學者認爲即井公（邢侯）。至於"青公史嗣史🈳曾匍于楝"一句中的"于"字，三位學者認爲：

> 于，指所贈送的對象。與大保簋銘"王降征命于大保"的語法結構一致。㉕

此說尚可商議，楝爲地名，指嗣史🈳在楝贈送匍禮物，本銘文例與所舉大保簋銘實有不同，"王降征命于大保"的"于"有"予、給"的意思，而此銘"贈匍于楝麀鹿……"而不作"贈于匍……"，故其文例有別，"贈（某人）于……"應理解爲"贈送（某人）在……"。

圖七 《匍盉》銘文
（錄自《文物》1998 年第 4 期）

這篇銘文是關於諸侯間聘禮的重要文獻，匍出使至軝，青公派使者饋贈匍，匍達成了兩國的交聘任務，回到應國便鑄此器以爲紀念。"諸侯遣使交聘禮"在五禮的分類中屬於賓禮，《儀禮》中載有"聘禮"一篇，鄭玄《三禮目錄》云："大問曰聘，諸侯相於久無事，使卿相問也，殷相聘也，世相朝也，於五禮屬賓禮。"本器銘文對於聘禮的研究，提供了出土文物的實例，值得重視。㉖

七、《商卣》與《商尊》

《商卣》與《商尊》出於一九七六年陝西扶風莊白一號窖藏。此窖藏的出土器，學界常稱爲斂氏家族器，《商卣》、《商尊》在《殷周金文集成》編號爲 5404、5997，卣和尊是同銘器，茲就卣銘隸定如下（參圖八）：

㉕ 王龍正、姜濤、婁金山：《匍鴨銅盉與頫聘禮》，《文物》1998 年第 4 期，頁 89。
㉖ 對於和諸侯遣使交聘禮有關的銅器銘文，將另外探討。

隹(唯)五月辰才(在)丁亥，
帝司(后)賣(賞)庚姬貝
卅朋、迖丝(絲)廿孚
(鋝)。商
用乍(作)文辟日丁
寶隣彝。 嚴

在銘文釋讀上，庚姬的姬字或釋爲嬴，㉗然由比對此器與同銘的《商尊》器銘與蓋銘四處，仍釋爲姬較佳。

又《商周青銅器銘文選》將"帝司"讀爲"禘祠"，"商"讀爲"賞"，和廿孚連讀。㉘ 本文認爲讀帝司爲禘祠，成立的可能性不高，文例也不好解說，至於將

圖八 《商卣》銘文
(錄自《殷周金文集成》)

商字讀爲賞，連上讀，或許是考慮到銘文受賞的人是"庚姬"，而在作器人的自叙"用乍某人尊彝"一句中，若將"商"連著讀，便會產生"商"是作器人(成爲該句的主詞)的問題，那麼商和庚姬的關係就不好理解。所以《商周青銅器銘文選》將商字上讀，釋"迖丝廿孚商"爲"取此廿孚以賞"。

《殷周金文集成》將本器定名爲《商卣》、《商尊》，由銅器命名的原則來看，是認定了"商"爲作器人。另有學者將本銘的"商"釋爲商婦的簡省。㉙ 當然，也有兩種可能：一是以商爲庚姬的私名；一是庚姬再將所得之物，賞賜於商。

以上對於"商"的四個說法：(1)賞；(2)商婦省稱；(3)庚姬名；(4)作器人，與庚姬非一人。第一種說法，是將此器文句讀爲"賞＋(某人)＋物一，物二＋賞"，和常見的"賞＋(某人)＋物一、物二……"、"賞＋(某人)＋物一、賞＋物二……"不同，而且連用兩個賞，一在賞賜物之前，一在賞賜物之後，這樣的文例實在罕見。就是"物＋賞"的文例也很罕見，

㉗ 伍仕謙：《微氏家族銅器群年代初探》，《西周微氏家族青銅器群研究》(北京：文物出版社，1992年)，頁189—190。

㉘ 馬承源主編：《商周青銅器銘文選》第三册(北京：文物出版社，1988年)，頁94。

㉙ 伍仕謙：《微氏家族銅器群年代初探》，頁190—191。

勉強可以舉出來的如《貝父乙觚》7310"貝隹（唯）賜，用乍（作）父乙尊彝天黽"，若將貝釋爲賞賜物㉚才有可能成立，而且還得接上助詞"隹"。因此《商卣》若依《商周青銅器銘文選》的意見，斷句爲"迮丝廿夺商"（迮絲廿鋝賞），仍應再審思。

第二種爲商婦省稱之說，此說實是誤庚姬爲庚嬴，而以傳世銘文《商婦甗》和《商尊》繫聯，㉛得出的看法，立據乃嫌薄弱。

第四種説法，雖不無可能，但是銘文未有提及轉賜，所以是一種可能的推測。

去除了第一種和第二種説法，本文認爲銘文中的庚姬與商的關係有兩個可能：

其一：庚姬即是商，是日丁的妻子，她稱已逝世的丈夫爲文辟日丁。

其二：商爲庚姬之從，受到庚姬的賞賜。

庚是殷的大族，在殷至西周早期的銘文中不乏其例，由於散氏家族器《史墻盤》及相關器銘都未能找到與《商卣》繫聯的材料，而此器乃同窖所出，所以只能推測器主爲此家族的另一支族成員。

八、銅器斷代的意見

關於《殷周金文集成》對各器的斷代，或有可爲修正的，茲舉以下三例説明：

（一）《舊✦乍兄癸卣》

此器銘文爲傳世刻本，《殷周金文集成》編號爲 5397，茲隸定如下（參圖九）：

丁巳王易（賜）舊

✦貝，才（在）寑。用

乍（作）兄癸彝，才（在）九月，

㉚　此銘文的貝可能是作器人之名，也可能是賞賜物。
㉛　同上注，頁 189—191。

佳（唯）王九祀，叠日。

《殷周金文集成》定其時代爲西周早期，然由銘文"九祀叠日"來看，似乎爲殷商較宜，叠日之祭常見於殷墟卜辭。

（二）《保侃母壺》與《保侃母毁》

由銘文知作器人爲保侃母的青銅器，目前可見到一壺二毁，此處要討論的是壺的斷代問題。先就斷代較無爭議的毁來看：

《保侃母毁》爲二件同銘器，《殷周金文集成》編號爲 3743－3744，兹將銘文隸定如下（參圖十）：

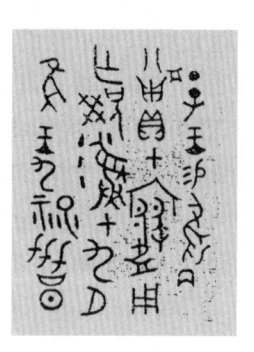

圖九 《𤰔 乍兄癸卣》銘文
（錄自《殷周金文集成》）

保侃母易（賜）貝
于庚宮，乍（作）寶毁。

保侃母爲作器人，也是受賜者，銘文未提及賞賜者爲何人，此器爲西周早期器。

圖十 《保侃母毁》銘文
（錄自《殷周金文集成》）

圖十一 《保侃母壺》銘文
（錄自《殷周金文集成》）

《保侃母壺》，《殷周金文集成》編號爲 9646，銘文隸定如下（參圖十一）：

王姛(姤)易(賜)保侃

母貝，毁(揚)姤

休，用乍(作)寶壺。

此壺，《殷周金文集成》認爲是西周晚期器，此斷代恐非，就其形制和銘文風格來看，應爲西周早期器，最晚也只能推到西周中期，《保侃母壺》現藏北京故宮博物院，器形爲一貫耳壺，與同類壺形相較，其頸不甚長，紋飾簡單，僅一弦紋，由器形來判斷應在西周早期，《故宮青銅器》定時代在西周早期，[32]是很正確的。

《保侃母毁》和《保侃母壺》時代雖然同爲西周早期，仍缺乏充分證據將兩器繫聯（兩器侃字寫法有別，當然這可能和鑄工不同有關，不過即使同一人所鑄器，其名字寫法也可能不同）。作器人"保侃母"之保爲女官名，侃母爲其名，王后爲其主，所以《保侃母毁》的賞賜人很可能是王后。

(三)《執卣》與《執尊》

《執卣》與《執尊》爲異器同銘的器組，《殷周金文集成》的編號分別是卣5391、尊5971（參圖十二），二器一組是一人所作，西周早期酒器常是尊卣成組（這種風氣延續到西周中期），如：

《𤾓刧卣》5383、《𤾓刧尊》5977

《作册翱卣》5400、《作册翱尊》5991

《趞卣》5402、《趞尊》5992

《商卣》5404、《商尊》5997

《保卣》5415、《保尊》6003

《䀠卣》5416、《䀠尊》6004

《士上卣》5421-2、《士上尊》5999

《效卣》5433、《效尊》6009

---

[32] 故宮博物院編：《故宮青銅器》（北京：紫禁城出版社，1999年），頁154。

卣　　　　　　　　　尊

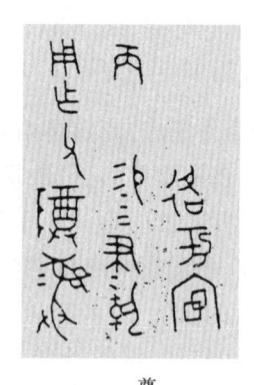

圖十二　《執卣》與《執尊》銘文
（錄自《殷周金文集成》）

　　以上皆爲異器同銘而且尊卣成組的例子，各組尊與卣的時代應是相同的，《殷周金文集成》對《執卣》、《執尊》二器的斷代却是有分歧的：《執卣》定爲西周早期器而《執尊》定爲殷器。因爲是刻本或摹本，所以字體不免失真，雖然殷晚期與西周早期銅器和銘文風格相近，然而二器畢竟是同銘器，斷代上不宜有異，若就卣尊成組同銘的情況來看，或許屬西周早期的可能性高，囿於此二器銘皆爲傳世刻本或摹本，加上銘文內容有限，本文僅提出可能的斷代意見。

　　後記：本文發表於臺灣師範大學國文學系主編：《國文學報》2005年第38期，頁145—164。
　　其中一些金文隸定與解釋在現今古文字學界已修正，本文除改正錯字外，其他保存刊登時的原貌，以爲紀念。

關於𠭯尊銘文考釋的探討

一、前　言

　　𠭯尊(何尊)於一九六三年由陝西寶雞賈村塬陳家後院出土,乃賈村大隊社員掘土而得,一九六五年寶雞博物館從廢品回收站以三十元收購。遲至一九七五年除鏽時才發現銘文,①凡十二行,一一九字,又合文三,尊底破孔一處字,有損傷。口徑 28.6 釐米、高 38.8 釐米、底縱 19.8 釐米、底橫 20.2 釐米,重 14.6 千克。本器侈口圓唇,器身有四條大棱脊,紋飾方面則器首飾獸形蕉葉紋、器頸飾蛇紋、腹飾高浮雕獸面紋、器足亦爲獸面紋,皆以細雷紋爲地。

　　兹隸定銘文如下:

　　　　隹(唯)王初[⿱𥁕共](鄷)宅𢎹(于)成周,復□/
　　　　䏈王豊(禮)[示果](祼)自天,才(在)三(四)月丙戌。/
　　　　王亯(誥)宗小子𢎹(于)京室,曰:"昔才(在)/
　　　　爾考公氏,克逨玟王,肆(肆)玟/
　　　　王受兹(兹)[大命],[隹(唯)]䏈王既克大/
　　　　邑商,則廷[告]𢎹天,曰:'余其/

---

①　馬承源先生於《何尊銘文和周初史實》中説:"一九七五年此器調至北京出國文物展覽工作室,當時筆者在此適有短期工作,爲了清除一批青銅器的粉狀蝕鏽,意外地發現何尊内底有一大篇銘文。"[馬承源:《何尊銘文和周初史實》,吴澤主編:《王國維學術研究論集(一)》(上海:華東師範大學出版社,1983年),頁 45]

宅丝(兹)中或(國),自之辭(乂)民。'烏/
虖(呼)！爾有唯小子亡戠(識),視于/
公氏,有爵于天,徹令,敬/
亯(享)戋(哉)！"叀(唯)王龏德谷(裕)天,順(訓)我/
不每(敏)！王咸羃(誥)。㽙易(賜)貝卅朋,用乍(作)/
□公寶障彝。隹(唯)王五祀。

銘文引自《殷周金文集成》

　　一九七六年,始有關於本器銘文考釋的文章發表,三十年來,▆字仍未有定說,除此字外,銘文多處亦有不少的歧見,近年討論者漸少,但回顧何尊銘文的考釋史,這些討論仍有很重要的學術價值。

二、銘文考釋回顧

　　一篇重要的銘文,往往在發現的一年內,便有多位知名的學者進行考證,其後的兩三年中,仍陸陸續續會有論文發表,或針對之前學者的看法表達支持、補充、疑惑、反對等意見,也會有新說提出。本文收集對何尊做考釋意見的十多篇文章,也呈現這樣的情況。

寶雞博物館保管部主任王光永先生從廢品收購站買回何尊,并以《寶雞市博物館新徵集的饕餮紋銅尊》②一文首次公開何尊於學界,此時尚未發現銘文,因此何尊的學術意義還屬於器形學或工藝美術史的範疇。到了一九七五年,因爲要出國展覽,在進行除鏽的過程,發現銘文,於是在一九七六年,有三篇論文同時發表,這三篇爲唐蘭先生的《何尊銘文解釋》、③馬承源先生的《何尊銘文初釋》④與張政烺先生的《何尊銘文解釋補遺》,⑤揭開了何尊近二十年的考釋接力。其後銘文進行徹底除鏽,將原來的▨字清理爲▨字,一九八三年馬承源先生公布新的拓片,⑥因此可以一九八三年將考釋何尊的論文分期。下文在叙述上,爲了精準反映研究,一九八三年以前的▨字一律用字形▨。

唐蘭先生《何尊銘文解釋》一文先對何尊銘文進行隸定,并且提出引起學界重視的看法:"遷都"、"天室"、"筵告"、"有勞於天"等意見。

銘文的▨字,唐先生隸定爲"鄩",釋爲"遷",因此主張"遷宅"爲"遷都"。但因爲遷都説與史實不合,其説明如下:

> 從這篇銘文裏,可以看到成王確實要遷都成周,并已見諸行動,這在過去是不知道的,至少也是不清楚的……那末,他的自稱爲成王,就是表示"王業"已經告成的意思,而且把這新邑也改稱爲"成周",把原來的鎬京則改稱爲"宗周",這顯然表明成周是周王朝的新都,而宗周只是它的老家了。⑦

---

② 王光永:《寶雞市博物館新徵集的饕餮紋銅尊》,《文物》1966 年第 1 期,頁 4。
③ 唐蘭:《何尊銘文解釋》,《文物》1976 年第 1 期,頁 60—63。
④ 馬承源:《何尊銘文初釋》,《文物》1976 年第 1 期,頁 64—65、93。
⑤ 張政烺:《何尊銘文解釋補遺》,《文物》1976 年第 1 期,頁 66。
⑥ 同注 1。
⑦ 同注 3,頁 61。

而《左傳》記成王"定鼎于郟鄏"。就把俘獲的所謂九鼎遷到成周。周王朝是把這些鼎代表王權的,把這樣的重器遷來,可見當時確實已經把成周定爲正式的國都了。但是後來不知由於什麼原因,周王朝的政治中心,還是在宗周。⑧

其隸定"復向(稟)斌王豐(禮),禰(福)自天"一句,銘文復字的下一字殘泐,唐先生辨識爲"向",⑨對後來從事本器考釋的學者有很大的影響。至於豐字:

> 小篆从豊的字,金文多从豐。醴字,師遽方彝等均作醴,長囟盉"穆王饗豐",就是饗醴。那末,大豐簋的"王又大豐"和麥尊的"爲大豐",都應讀爲"大禮"。⑩

當時的文字學界對於豊豐二字常混淆,到了林澐先生《豊豐辨》⑪一文發表,才全面地將豊與豐做了區分,唐先生對天亡簋(即其所稱大豐簋)和麥尊的豐字的推測是很正確的。關於天字,學界習慣以"上天"的概念來詮釋,唐蘭先生提出很特別的看法:

> "天"是"天室",《詩經·下武》說"三后在天",就指天室。大豐簋說"王祀于天室,降天亡尤",降天就指從天室下來。⑫

這個意見也被不少學者接受。

銘文"廷告于天"一句的廷字,唐先生認爲是折竹卜:

> "廷"疑當讀爲"莚",《離騷》"索瓊茅以莚篿兮",莚篿是折竹卜。⑬

另外,讀"𤔲"爲"勞",云"有勞于天":

---

⑧ 同注3,頁61、63。
⑨ 同注3,頁60。
⑩ 同注3,該文注釋1,頁63。
⑪ 林澐:《豊豐辨》,《古文字研究》第十二輯(北京:中華書局,1985年),頁181。
⑫ 同注3,該文注釋3,頁63。
⑬ 同注3,該文注釋8,頁63。

毛公鼎"勞勤大命"作 [字], 录伯𣪘"有勞于周王"作 [字], 均象兩手捧爵形, 爵與勞音近。此無兩手形而上从凡, 而句法與录伯𣪘相似, 當仍讀作勞。師克盨"有勞于周邦", 作 [字], 則有兩手。⑭

又《西周青銅器銘文分代史徵》云：

[字]字從凡從[爵], [爵]即爵字的象形, 凡像覆蓋之物。有爵指有爵禄。录伯𣪘"有[字]于周王", 像兩手捧爵；師克盨"有[字]于周邦", 則從奴從[字]。詞例均與此相近。毛公鼎"[字]勤大命", 則當讀如勞, 勞與爵音近。⑮

以上爲唐蘭先生提出的主要看法。

馬承源先生的《何尊銘文初釋》以提出"𪭢宅"的解釋最受矚目：

𪭢字从𠬝从邑,《說文》"[字], 升高也, 从𠬝凶聲, [字]或从阝（憲仁案：當更正爲阝）", 也隸寫作𨞙。這個字和《說文》鄩字所從的[字]字完全相同, 𪭢就是鄩字。……朱駿聲在《說文通訓定聲》中認爲𠬝字就是"《左傳》'堙之環城, 傅于堞''乘堙而窺宋城'之堙, 此其本字也"。這是正確的。……銘文中的𪭢（鄩）字, 指的是堆土造城。

關於"𪭢宅"的宅字,《爾雅‧釋言》解釋爲居。西周金文中王所在的地名也稱居, 如"王在杜居","王在雝居","穆王在下淢居"等等, 這些居字和都邑的都意思相同……宅字在這裏也有這個意思, 就是指"營周居于洛邑"的周居。

根據以上所說, 銘文"𪭢（鄩）宅"的解釋是墊土造周都, 說得直接一點, 就是營造洛邑。

𪭢字另外一種解釋是假借爲遷移的遷, 從字面上可以說得通, 如《廣雅‧釋言》"𨞙, 遷也"。如果是這樣, 那末"𪭢宅"就要解釋爲遷都了, 意義就完全不一樣。遷字的本義是登, 引申爲徙移。但遷都通常是離散之辭, 是放棄舊的首都遷移到新的首都去。……西周除了平

---

⑭ 同注3, 該文注釋12, 頁63。
⑮ 唐蘭：《西周青銅器銘文分代史徵》(北京：中華書局, 1986年), 該文注19, 頁76。

王東遷洛邑以外，不僅成王沒有遷都的事，以後也沒有這回事。武王成王父子兩代營造洛邑，不是爲了放棄宗周，重建首都，而是在不放棄宗周這個王室中心的前提下，建設洛邑。在西周時代，宗周和成周兩地，都駐有大量的宿衞軍，駐成周的軍隊主要用來對付商殷遺民、東夷、徐戎及淮夷，駐宗周的軍隊是保衞王室，抵禦獫狁（即匈奴）犬戎之類的進攻。爲了管理大片的國土，光是宗周不够，還需要建造洛邑。這是西周的國策。所以"䙴宅"是營造洛邑，而不是東遷洛邑。⑯

由於■字从䙴是很清楚的，而傳世古籍僅系統記載營建洛邑，而未有遷都洛邑的說法，因此馬先生將■字，在不違背从䙴的情况下考釋爲堙，䙴宅爲營居，指營造洛邑。一九八三年，馬先生又發表《何尊銘文和周初史實》一文，將■字改隸爲䙴：

> 銘文首句"王初䙴宅于成周"之䙴，開始剔鏽不徹底而隸定爲"䙴"，筆者當時的見解，以爲"䙴宅"是營造城邑，"䙴宅于成周"，就是營洛邑。這個見解的由來是對此字的意符"䙴"涵義分析的結果。但是，"䙴"字還不能直接解釋爲營造之營，從字義看，包涵着這層意思。⑰

> 清剔後的字作䙴，是从鳥形的呂聲字。此鳥形不作側視式，而是正面展翅的。這個字在《殷墟書契前編》卷6第44頁第八片作䙴，同書同卷第43頁第六片作䙴，結體有簡繁之不同。此字治甲骨文諸家都釋作燕……在此作意符，與《說文解字》古文邕作營相似，巛爲意符，呂爲聲符。

> 甲骨文䙴就是雍字，本義爲鳥的和鳴之聲。《詩·邶·匏有苦葉》"雍雍鳴雁"，《詩·小雅·蓼蕭》"和鸞雍雍"，都説明雍是鳥鳴。那末从燕形的呂聲字，也即雍字的繁體或別構，䙴从呂聲和䙴从呂是相似的，作燕形無非是表示鳥屬之意符。⑱

---

⑯ 同注4，頁65。
⑰ 同注1，頁45—46。
⑱ 同注1，頁46。

《詩‧大雅‧文王之聲》:"宅是鎬京。"《尚書‧召誥》:"宅新邑。"何尊銘:"王初壅宅于成周。"這些宅字是擇處的意思,《釋名‧釋宮室》:"宅,擇也。擇吉處而營之也。"那末,壅宅于成周很明顯的就是營建成周。⑲

"[圖]宅"一詞的解釋從"埕宅"到"壅宅",都是指"營建成周"。

對於銘文的豊字,馬先生初隸定爲"豊",⑳《銘文選》改爲"豊",云:

豊通作禮,亦作福禮。福,祭祀散福之胙肉。《國語‧晉語》"必速祠而歸福",韋昭《注》:"福,胙肉也。"禮福亦祭祀的牲肉。古代祭祀後要分發牲肉以散福。㉑

將銘文[圖]字釋爲胙肉的福,這個説法最早是郭沫若先生考釋德方鼎時提出來的。㉒ 至於何尊的廷字,馬先生提出和唐蘭先生不同的意見,認爲廷讀作"侹",《説文》所無,《廣韻》:"侹,敬也。"㉓另外,馬先文對[圖]字初釋爲"昏(勛)",㉔銘文選則改釋爲"爵(恪)":

爵 舊釋勞,非是。字爲爵,象爵形。假借爲恪,爵、恪古音相同。《尚書‧盤庚》"先王有服,恪謹天命"。毛公鼎"爵董大命"應讀爲"恪謹天命",是爵假爲恪之證。恪,或作愙,《説文‧心部》:"愙,敬也。"㉕

字形上來看,確實从爵形,但字或加宀,或加廾,《銘文選》未對此現象説

---

⑲ 同注1,頁50。
⑳ 同注4,頁64。
㉑ 馬承源主編:《何尊》,《商周青銅器銘文選》(北京:文物出版社,1986年),該文注2,頁21。
㉒ 郭沫若:《由周初四德器的考釋談到殷代已在進行文字簡化》,《文物》1959年第7期,頁1。
㉓ 同注1,頁50。
㉔ 同注4,頁64。
㉕ 同注21,該文注11。

明。砢尊銘文最後一行第一個字稍有漫涣，馬先生摹作困公可供參考。㉖

張政烺先生的《砢尊銘文解釋補遺》討論▉字：

> 隸古定當作䣉，左㠯，右呂，古今字典中皆不見。呂字在甲骨文、金文中出現，有兩種方式：一是專名詞，作人名、氏族名、國名、地名，大約音鋁，無本義可尋；一是作爲宮、雝等字的聲符，不獨立存在，大約音邕，其義也不詳。㠯見《説文》舁部，形體相合，銘文把巳寫在右旁罷了。㠯的字形比較複雜，不是部首，也不會從它會意，故按六書條例定䣉爲從呂，㠯聲。順着聲音的線索追求，"䣉宅"當即《尚書》中《召誥》、《洛誥》的"相宅"。古書中當省視講的相字，甲骨文、金文皆寫作省。㠯的讀音，段玉裁、朱駿聲説和信、西等字相近。省和㠯聲音既近，可以通假。《尚書·召誥·序》説："成王在豐，欲宅洛邑，使召公先相宅，作《召誥》。"《召誥》正文有"惟太保先周公相宅"。按照司馬遷《史記》的講法，相宅即相土，是勘察地址。《洛誥·序》："召公既相宅，周公往營成周，使來告卜，作《洛誥》。"正文有"（周）公不敢不敬天之休，來相宅"。又有"孺子來相宅"。孺子指周成王，這和何尊銘文第一句"惟王初䣉宅于成周"相合。㉗

張先生藉由字形的分析，依六書之例定爲㠯聲之字，和馬承源先生定爲呂（邕、雝）聲不同。

以上三位學者在▉字未完整去鏽前提出的看法，或推測爲鄨和䣉，解釋上，分別釋爲遷、埅、相。雖然釋字不同，但都認爲從㠯得聲。此字，後來主埅字説的馬承源先生改釋爲"雝"，認爲從呂（邕）聲。

一九八一年起，又有幾篇討論砢尊的論文發表。李學勤先生的《何尊新釋》對"遷都"、"何的身份"、"斷代"三方提出新的看法。他反對遷都説，對於▉字的解釋是配合着上下文來看，并且與德方鼎繫聯，其説法如下：

㉖ 同注 4，頁 64。
㉗ 張政烺：《何尊銘文解釋補遺》，《文物》1976 年第 1 期，頁 66。

凡从"睪"的字都以之爲聲,此字左側从"睪"是肯定的,所以不管右側怎麽寫,總該是从"睪"聲的字。至於它相當今什麽字,最好結合上下文義考慮。

銘文"宅于成周","宅",《爾雅‧釋言》:"居也。"古代講到定都,有時用"宅"字,如《書序》"欲宅洛邑"即欲居洛邑,本銘"宅兹中國"即居兹中國。但是這只是"宅"訓爲"居"的一種應用,不能説"宅"字本身即有定都的涵義。比如殷墟卜辭有"三婦宅新寢",《尚書‧多士》"今爾惟時宅爾邑",《多方》"今爾尚宅爾宅",都是一般的"居",没有定都的意思。本銘"宅于成周",也就是居于成周。㉘

"稟"原作"靣",意爲領受。"復稟"是再一次領受。"豊"讀爲"醴","醴"是酒,"福"是胙肉,"武王醴福"是祭祀武王的酒肉。武王已死,古人以爲其靈在天,因此領受致祭武王的祭物不妨説是"自天"。據德方鼎,三月份周王在成周曾接到從鎬京送來的武王福胙,到何尊所載四月丙戌日,又一次領受武王福胙,所以叫做"復稟"。這一點只有參看德方鼎,才能得到説明。㉙

因爲第一,周王在三月份已經居住在成周,并不是四月才到成周;第二,周王兩次接受鎬京致送的福胙,可見重要的祭祀仍在鎬京舉行,没有移到成周。……這個从"睪"聲的字可能讀爲祭名"禋"而不好讀作"遷"。㉚

李先生由"豊爲醴"、"福是胙肉"及德方鼎有"延武王福自蒿"的記載,推論"[字]"从睪聲,可釋爲祭名"禋",那麽他的斷句當是"惟王初禋,宅于成周,復稟武王醴福自天"。後來李先生所出專書提及此器時,已改釋爲"遷"。㉛

㉘ 李學勤:《何尊新釋》,《中原文物》1981 年第 1 期,頁 36。
㉙ 同上注,頁 36—37。
㉚ 同注 28,頁 37。
㉛ 李學勤:《青銅器與古代史》(臺北:聯經出版事業股份有限公司,2005 年),頁 183。

《何尊新釋》中較特別的有"廷"和"▨"的考釋,對於廷字,李先生引《廣雅‧釋詁二》:"廷,歸也。"認爲武王克商後"廷告于天"是"歸周告于天"。㉜ 至於▨字,他認爲當釋作"毖":

> 此字作雙手捧爵,原爲會意字,何尊、師克盨的這個字則增從"冃"即"宀"聲。金文"邑"字、"鼏"字所從"宀",其形多與此同⋯⋯我們所討論的這個字,在文獻裏也是一個从"必"聲的字,就是"毖"。

> "毖"字,《書‧大誥》孔傳和《玉篇》都訓爲勞,彔伯簋、師克盨"有毖于周邦"意即有勞于周邦。毛公鼎"毖勤大命",例同于《大誥》"天亦惟用勤毖我民",均爲勤勞之意。因此,何尊的"有毖于天"也就是有勞于天了。㉝

這樣的解釋既合於字形从爵,在音韻上也關照到,并有古籍佐證,是很好的解釋。

李先生於文末并對何尊做了斷代的論證,他定何尊爲康王五年,這一點和學術界的看法有很大的出入,成周的營建爲成王的重要功績,若時王爲康王,其於王誥中未提及其父之功績,而且依其説德方鼎也在康王世,那麼兩件銘文都裡祭武王,而未祭成王,是值得懷疑的。何尊器形和臺北故宮博物院的祖乙尊較爲近似,由祖乙尊、何尊到旂尊,時代自殷周之際到西周早期後段,由器腹的弧度可以推測何尊的時代宜在旂尊前,而其棱脊發展宜在涇陽高家堡出土的尊之後,因此何尊的時代仍維持前説,定在成王五年。

李民先生於《何尊銘文補釋——兼論何尊與〈洛誥〉》一文也將"▨"隸定作"鄦",釋爲"遷"即"遷徙":

> "鄦宅"就是徙居,并非遷都。查諸史實也正是如此,當周人克殷之後,爲削弱殷人的反抗而大規模地遷徙殷人,其中有相當大的一部

㉜ 同注28,頁38。
㉝ 同注28,頁39。

分殷人被遷居到洛邑。如《尚書・多士》載："(王曰)猷告爾多士,予惟時其遷居西爾。"(楊筠如:《尚書覈詁》曰:"猶言遷而居西。")又《史記・周本紀》云:"成王既遷殷遺民。"都是指的這件事。而何尊銘文的"惟王初遷宅于成周"也正是説的這件事,其義與"予惟時其遷居西爾"相協。是知,"惟王初遷宅于成周"譯成今語,當爲:周王既遷居殷人于成周。㉞

這個意見是把"■宅"和"遷殷遺民"聯繫起來,其後,李仲操先生也持相同的意見:

> 遷宅應是遷而治之的意思。遷字,《正韻》謂"涉也"。《書・堯典》有"竄三苗于三危",而《書・皋陶謨》却謂"何遷乎有苗"。可見遷就是竄涉之的意思。宅字訓度也、擇也,有法制、制度和擇居而營之的意思。當爲居的引申義。《書・堯典》"五流有宅",《史記・五帝紀》作"五流有度",《書・禹貢》"三危既宅",《史記・夏本紀》作"三危既度"。可見宅、度古爲一義。在《尚書》裏宅字用爲政治措施,指事物的處置……何尊銘文宅字兩見,也都是度的意思。㉟

> 成王的遷宅,尚書《多方》、《多士》如實地反映了這一内容,《多士》謂"猷告爾多士,予惟時其遷居西爾""我乃明致大罰,移爾遐逖""今予惟不爾殺,予惟時命有申。今朕作大邑于兹洛,予惟四方罔攸賓。亦維爾多士攸服,奔走臣我,多遜""今爾維時宅爾邑,繼爾居,爾厥有幹有年于兹洛,爾小子乃興從爾遷"。這些雖是直接告戒被遷人員的話,但却真實反映出成王"遷殷頑民"于洛邑,并在洛邑對其實行管教與安撫,這正是"遷宅"的具體内容。㊱

另外,這段時間,值得留意的是楊寬先生在《釋何尊銘文兼論周開國年代》

㉞ 李民:《何尊銘文補釋——兼論何尊與〈洛誥〉》,《中州學刊》1982年第1期,頁117。至1991年所發表《何尊銘文與洛邑——中國古代文明探索之二》仍持此見,然二文内容除幾處文字有別外,大多相同。

㉟ 李仲操:《何尊銘文釋補》,《考古與文物》1987年第4期,頁70。

㊱ 同上注,頁70—71。

中提出的"踐阼"説:

> 我們把何尊銘文和《尚書》的《召誥》、《洛誥》作了比較研究,認爲"惟王初鄷宅于成周"不應作一句讀,"惟王初鄷"是一句,"宅于成周"又是一句,"鄷宅"二字不應連讀。"惟王初鄷,宅于成周"意義和《召誥》所説"王乃初服。……知今我初服,宅新邑"相同。
>
> "鄷"字在《説文》爲地名,何尊銘文當作"豎"字用,也可以讀作"遷",其原義爲升登。……"豎"字本義確爲升登,它所从的"卩"即是所升登的階級。"惟王初鄷",應該是説成王初次升登阼階,也即初登王位之意。
>
> "鄷",與文獻上所謂"踐阼"和"踐天子之位"的"踐",音義俱近。……"踐"和"豎"意義相同,都是升登之意。"惟王初鄷"是説成王初次踐阼,初登王位。㊲
>
> "惟王初鄷",和《召誥》所説"惟王初服"用意相同;"宅于成周",即是《召誥》所説"宅新邑"。㊳
>
> 我們認爲,把"鄷宅"二字連讀是不恰當的,解釋爲遷都更不合適。西周時代自從營建成周以後,始終東西兩都并立,周天子經常居于鎬京(即宗周)聽政,有時也來到成周處理政務,西周金文就有"王才(在)成周"的記載。無論古文獻和西周金文中,都不見有遷都成周的踪迹,更不見有還都宗周的迹象。㊴

楊先生考慮到西周并無遷都的史實,於是將▨字隸作鄷而釋爲"踐阼",故銘文句子讀爲"惟王初踐阼,宅于成周"。

這時期,亦有主張遷都説的,如陳昌遠先生《有關保尊的幾個問題》認爲"那自然是表示周初周人有遷都之事。因此文獻記載周人新遷的都城曰新都,或稱爲新洛邑"。㊵ 另外,高明先生同意張政烺先生的意見,認爲

㊲ 楊寬:《釋何尊銘文兼論周開國年代》,《文物》1983年第6期,頁53。
㊳ 同上注,頁53—54。
㊴ 同注37,頁54。
㊵ 陳昌遠:《有關何尊的幾個問題》,《中原文物》1982年第2期,頁52。

"■宅"是文獻記載的"相宅":

■當从睪得聲,古爲心紐元部字,相爲心紐陽部字,■相古讀音相同,故可通假。《尚書・召誥》"惟太保先周公相宅",《洛誥》"公不敢不敬天之休,來相宅","孺子來相宅"。孺子指成王,則本辭云"隹王初,■宅于成周",彼此正合。㊶

此後,對於𠰻尊銘文考釋的意見都不出上述的說法。一九八三年馬承源先生發表新拓片"■"字(其文隸定爲"遷"),但一九八三年以後對𠰻尊銘文發表看法的資料中,有些是舊文重刊(小部分更動,或爲一文兩投),有些是依前人說法,未加新的意見,僅有張亞初先生隸定作"遷",㊷注意到此字右下从魚。張先生將"■"字隸定做"裸"。㊸ "復□珷王豐……"的空字,學者多認爲是向(稟),《銘文選》認爲是禀,㊹張亞初先生也隸作禀。㊺ 以上是自一九八三年後,對於𠰻尊銘文所提出較爲特別的意見。

三、對前說的探究

上一章節已對𠰻尊銘文的考釋做了論述,學者們提出來的意見大致上集中在"■宅"、"王所指爲何王"兩個問題上。第一個問題,因爲在馬承源先生發表新拓片"■"字之前的研究都認爲此字右下从卩,所以隸定爲"鄹"或"鄹",但解釋上紛紜,未有定說。王的問題,有成王、周公攝政、康王的三種意見,但當前學者們大都同意爲成王,本來主張康王五年

㊶ 高明:《𠰻尊》,《中國古文字學通論》(北京:文物出版社,1983年),頁443。
㊷ 張亞初:《殷周金文集成引得》(北京:中華書局,2001年),頁115。
㊸ 同上注。
㊹ 同注21,頁20及該文頁21注2。
㊺ 同注42。

的李學勤先生在後來的文章中也改從成王之說。㊻

其他被學者們所討論的是個別字詞如"▣"、"▣"、"廷",第一個字學者幾乎一致性地隸定爲"福",而有"祭名"與"胙肉"二説。"▣"从爵,以釋作"勞"爲主流,李學勤先生提出"惢"字説與《銘文選》的"恪"字説,都有一定的影響力,本文認爲▣字从爵,上或从宀,下或从卄,若以會意來解釋此字,亦能有勞的意思,但不若李先生"惢"字説爲佳,此字出現數次,文例上來看,詮釋爲"惢",訓爲"勞",可以兼顧各例,是較好的看法。"廷"字應作庭解,唐蘭先生釋爲"筳(折竹卜)"恐非周制。下面對"▣宅"、"▣"、"全銘斷句"三方面做説明。

(一)"▣宅"的探究

"▣"字左从鼻,鼻字从舁象上下各兩手,右上从吕(宮、邕所从的吕),右下从魚,因爲第一次除鏽和第二次除鏽的字形右下有別,故之前的說法在釋形方面不免受到誤導。兹將第一次的除鏽的"▣"字放大爲圖 A,第二次除鏽的"▣"字放大爲圖 B,兩相比較可以看出从魚的部分因未剔清,以致於看來像是从卩。馬承源先生認爲从燕,然此形實爲魚形。

圖 A   圖 B

㊻ 同注 31,頁 185—186。

此字左所从之"𦥑"从𠬞,象四手(上下各兩手)捉角,陳秉新先生《釋𦥑、彀、般及从囧諸字》一文認爲囧即觓,捉持獸角以捕獸、鬥獸。㊼ 楚系望山二號墓遣策""字即从木粤聲,而其粤仍从臼从角,从臼和从𠬞同義,故囧字和𦥑字其義相同。

後來𦥑字形訛,先是由"角形"聲化爲"囟聲",於是𦥑字乃訛形爲𦥔,《説文解字》對𦥔字分析爲"从𠬞囟聲",實乃聲化的結果。粤爲𦥔之或體,因隸變後从臼和囟的部分訛爲西形。

已知字从𦥔从呂从魚,依六書之例,此字爲形聲字,而"宅"一詞由文例來看"隹王初宅于成周",字當爲動詞,本文上一章節提到有學者在字後斷句爲"隹王初,宅于成周",此説若然,則宅二字皆爲動詞。設字从𦥔(粤)聲,那麼此字的解釋就可能爲唐蘭先生釋遷(粤聲)、馬承源先生釋堙(亞聲)、李學勤先生釋禋(亞聲)中的一説。若从呂得聲,那麼馬承源先生所釋的邑或雍、壅(呂聲),就有可能的成立。現在就兩種可能的聲符來分析:

1. 从𦥔得聲:如此則字可釋爲遷、禋或堙,釋遷是直接相關的。由"囧→𦥔→粤→遷"是一系的演變,依釋字的習慣,若本字能訓釋,則無需求助假借字,之所以釋爲禋或堙,乃是因爲若將"遷宅"解爲"遷都或遷居洛邑"則未見記載於傳世古籍文獻,因此才排除了遷的可能。李學勤先生由德方鼎與矢尊的"豊(醴)"、"福"、"祭武王"、"自天"等内容推論""()爲祭名禋,就算銘文真的爲"復禀珷王醴福自天"(也就是説殘缺之字確爲卣字無誤),也沒有足夠證據將"宅"分讀上下句,李先生在《青銅器與古代史》中提及矢尊(何尊)已不再主張禋的説法,而將

㊼ 陳秉新:《釋𦥑、彀、般及从囧諸字》,《吉林大學古籍整理研究所建所十五周年紀念論文集》(長春:吉林大學出版社,1998年),頁15—24。

"▨宅"隸定爲"鄦(遷)宅"。⁴⁸ 至於堙的說法，馬先生已經揚棄。進一步說：字若从舛聲，則以釋爲"遷"最爲適合，而此字所从的呂可以看待爲形符，所从魚這點也應再加以處理，馬先生以爲从燕，於字形恐不相合。

2. 从呂得聲：若字从呂得聲，則可釋爲雍或壅，做動詞使用便是指積土營城。不過作爲形符的舛，便不好理解，因爲形符主義，舛有罨之意，那麼還是不得不說爲遷都或遷城，另外，所从的魚旁也得加以處理。

由以上的討論，可知此字不論由呂得聲或舛得聲，都以釋"遷"爲優先考量，形聲字聲符兼義是很常見的，所以此字有"遷"之意是非常可能的，甚至說是必然的。但从魚的部分還得處理才行。

▨字既从舛(罨)得聲，而字又从魚。魚於此應該不做形符，茲由罨與魚分析其古音：⁴⁹

| 罨 | 清紐元部 | tsʻian |
| 魚 | 疑紐魚部 | ŋia |

元魚二部爲旁對轉，雖非對轉與旁轉關係，但其主要元音相同，故推測▨字可能罨魚皆聲，若然則字爲从呂从罨，罨魚皆聲，是二聲字。

那麼，"▨宅"該如何解釋呢？▨既然由罨得聲，"▨宅"應釋爲"遷宅"，也就是"遷居"。這樣解釋或許有學者會提出反駁意見：西周沒有遷都成周的史實。的確如此，西周中央長期以鎬京的重心，直到幽王失國。周天子有時居於成周、穆王以下或有居西鄭的說法，但大多數時間是居於鎬京的。由傳世古籍的記錄來看，武王初已營周居於洛邑，成王時再大規模營建洛邑：

《左傳》桓公二年："武王克商，遷九鼎于雒邑。"
《左傳》宣公三年："成王定鼎于郟鄏。"

---

⁴⁸ 同注31。
⁴⁹ 古音的聲韻分部與擬音以陳新雄先生的古音系統爲主，并參考王力先生的古音系統。

《史記·周本紀》"營周居于雒邑而後去"、"成王在豐,使召公復營洛邑,如武王之意。周公復卜申視,卒營築,居九鼎焉。曰:'此天下之中,四方入貢道里均。'作《召誥》、《洛誥》"。

洛邑居天下(周疆)之中,設有宗廟,爲大會諸侯與朝聘的地點:

《尚書·康誥》:"周公初基作新大邑于東國洛;四方民大和會,侯甸男邦采衛,百工播民……"

《尚書·召誥》:"惟太保先周公相宅;越若來三月,惟丙午朏,越三日戊申,太保朝至于洛,卜宅。厥既得卜,則經營。越三日庚戌,太保乃以庶殷,攻位于洛汭;越五日甲寅,位成。若翼日乙卯,周公朝至于洛,則達觀于新邑營。越三日丁巳,用牲于郊,牛二。越翼日戊午,乃社于新邑,牛一、羊一、豕一。越七日甲子,周公乃朝用書命庶殷——侯、甸、男、邦伯。厥既命殷庶,庶殷丕作。""旦曰:'其作大邑,其自時配皇天;毖祀于上下,其自時中乂,王厥有成命,治民今休。'"

《洛誥》:"王肇稱殷禮,祀于新邑,咸秩無文。予齊百工……""王在新邑,烝,祭歲:文王騂牛一,武王騂牛一。王命作册逸祝册,惟告周公其後。王賓,殺、禋,咸格,王入太室祼。"

《逸周書·作雒》:周公敬念于後曰:"予畏周室不延,俾中天下,及將致政,乃作大邑成周于土中,立城方千七百二十丈,郛方七十里,南繫于雒水,北因于郟山,以爲天下之大湊……"

結合柯尊來看,成王大規模營洛(由武王所立周居的基礎上擴建),本有意在天下之大湊的成周治理萬民,但是後來并未能遷都來此。柯尊銘文的"[圖]宅"記載了成王初年於成周治天下的政策,這并不違背史實,反而是被遺漏史料的重現,成王未能正式遷都成周,以後的諸位周王亦多居於宗周,但是,成周仍是國家重要的都城,有六自駐守,而且周王常使卿事大夫至成周朝會諸侯或宣揚政令。學者因囿於未遷都的問題,而將[圖]字迂迴訓詁爲埋、踐阼、遷殷民……皆不得柯尊銘文之意。

(二) "福"的探究

玥尊福字，學者多隸定爲福，張亞初先生隸爲"祼"，本文認爲張先生的隸定是正確的。

銘文中有二組字，一組"从示从畐"，即是福字；一組"从示，从一有流之器形"當釋爲"祼"，二組清楚有別，由文例來判斷，也能分辨。

福字字形如圖 C，本文由"多福無疆"、"以降大福"、"厚福"等文例取樣，以確定福字字形的精純度，這些福字所从的畐皆是封口，沒有流的造形。

祼字或从示，或不从示，但主要的部分——"以手持一有流口之器"則不變，字取象手持酒器祼祭。祼字字形如圖 D。

圖 E 爲玥尊的祼字。

圖 C(瘋鐘福字)　　　圖 D(焂簋祼字)　　　圖 E(玥尊討論之字)

仔細比較圖 C、圖 D 與圖 E，可以清楚地分辨，玥尊福字右所从者爲近於圖 D 的祼字，而與圖 C 福字有別。

甲骨文有一組爲學界釋爲福的字，字形和玥尊福字相似，郭沫若先生、屈萬里先生已提出當釋爲祼字，屈先生《殷墟文字甲編考釋》云：

> 畐字之異體甚多，常見者有 畐、畐、福、禑、禑、畐 等形。羅振玉以爲即後世之福字(《殷釋》中，一七葉)，葉玉森隸定作酒、禫，謂即櫺之古文。郭某釋祼(《萃釋》一九九，三二三等)。尋繹卜辭，以釋祼之說爲長。此處爲名詞，蓋祼酒之器。吳其昌謂"古禮器中有流之尊

壺"(《解詁》三一)者,是也。㊿

何尊銘文![]字釋祼爲是,諸家釋爲福者,乃於字形未細審故也。

(三) 銘文斷句

何尊銘文最爲爭議的斷句部分在銘文的前兩行"隹王初![]宅丂成周復□珷王豊![]自天",由前文所論,第四字爲鄴(遷),則鄴宅二字不宜拆開,第十字殘缺,學者或補回(禀)字或補禹字,但因拓片不足以斷定爲何字,爲謹慎起見,姑闕疑之。不過,可以留意一點,馬承源先生是器銘的除鏽人員,他在第一篇何尊的論文中并未補字,而由他主編的《商周青銅器銘文選》則已補"禹"字,唯未説明緣由。

這兩行可以斷句爲"隹(唯)王初宅丂成周,復□珷王豊(禮)自天"。

本文試將何尊銘文以現代用字轉寫如下:

唯王初遷宅于成周,復□武王禮祼自天,在四月丙戌。

王誥宗小子于京室,曰:"昔在爾考公氏,克弼文王,肆文王受茲大命,唯武王既克大邑商,則廷告于天,曰:'余其宅茲中國,自之乂民。'嗚呼!爾有唯小子亡識,視丂公氏,有毖于天,徹令,敬享哉!"

唯王恭德裕天,訓我不敏!王咸誥。何賜貝卅朋,用作□公寶尊彝。唯王五祀。

四、結　語

何尊爲西周成王時代器,銘文記載成王五年在成周訓誥何,并賞賜何三十朋貝。成王叙述了武王克商後,向天祭告將居天下之中,治理萬民,

---

㊿　屈萬里:《殷墟文字甲編考釋》上册(臺北:聯經出版事業股份有限公司,1984年),頁78。

銘文并且提到成王爲承續武王治天下的規劃，乃遷居於成周洛邑。

銘文"■宅"爲學者討論的焦點，說法衆多，本文認爲■字由"嬰、吕、魚"構成，字形的分析上從吕，以嬰與魚爲聲（嬰聲符兼義）。銘文提到遷宅（既遷居）之事，這是武王的弘謀，但武王未能實現，僅初營周居於洛邑，成王即位，召公與周公繼續營建東都洛邑的工程，五年告成，成王遷居於此，但後來因故仍以宗周鎬京爲王城，并未正式遷都，砢尊銘文記載了成王遷居洛邑，是極爲珍貴的史料。

銘文"■"字當隸定爲祼，釋爲祼禮，不少學者隸定爲福，以爲是"胙肉"或"祥福"的意思，這是不正確的。銘文的處理應先求字形之辨，再論字義，字形若判定有誤，則詁訓亦常失銘文本義。

銘文"爵"字，依李學勤先生所考釋，當是文獻"毖，勞也"的意思。

在斷代上，曾有周公攝政五年、成王五年、康王五年等三種說法，但學界已論定爲成王五年。在銘文斷代的研究史上，這些歧見并不只是對錯的問題，而有着學術上的意義，結合器形檢驗，砢尊對尊形器的器形學提供重要的樣本。

砢尊銘文兩次除鏽，但學界多未能留意第二次除鏽拓片，以致隸定不夠精確，這點提醒從事銘文研究的學者，對於拓片的更新，必須更加心思，仔細核校，這也是本文作者所自我警惕的。

後記：本文宣讀於（臺灣）中國文字學會主辦的"第十八屆中國文字學國際學術研討會"（臺北：輔仁大學中國文學系主辦，2007年5月19日），并收錄於《第十八屆中國文字學國際學術研討會論文集》，頁103—117。

由於古文字學學術進展快速，本文發表已多年，收入本論文集時，存其原貌，未再修改，以爲紀念。